중국철학과 농경문화

김인호 지음

신아사

이 저서는 2,018학년도 동의대학교 연구년 지원에 의하여 연구되었습니다.

목차

1. 서론

이 저서는 농경문화적 관점에서 중국 철학을 해석하고자(comprehension) 집필하였다. 인류가 만들어낸 그 어떤 철학과 사상 그리고 문학과 예술 문화도 그들이 삶을 누린 지역의 지리 경제적 환경의 영향을 절대 벗어날 수 없다는 엄연한 사실을 직시하여, 중국철학을 농경문화적 관점에서 이해하고자 한 것이다. 인간의 사상과 행위란 주로 지리 경제적 환경의 필요에 적응하는 데서 변화한 것이다.

혹자는 중국이 꼭 농경문화 지역이라고 볼 수 있느냐고 의문을 제시하시는 분도 있다. 만리장성 이북과 만주지역 그리고 신강위구르지역과 티벳지역이 농경문화 지역이지 않지 않느냐는 것이다. 그러나 이들 지역이 중국에 편입된 것은 18C 중 후반이었고, 또한 중국의 주요 지역은 본질적으로 농경문화 지역이었다는 사실에는 변함이 없다고 생각한다. 중국의 주요 지역인 황하 유역의 화북지역은 밭농사 중심의 농경문화 지역이고, 양자강 유역의 화남지방은 논농사 중심의 농경문화 지역이었다. 중국의 주요 부분은 농경문화 지역이었던 것이다. 또한 옛 중국인들의 대부분이 농민이었다는 것도 엄연한 사실이다. 그들 중국 농민들은 입춘부터 대한까지 24절기라는 농경일지에 철저히 맞추어 수천 년 동안 순환 회귀적(歸)인 삶을 살아왔었다. 그들은 그런 삶을 1, 2년 그렇게 산 것이 아니고, 그 할아버지의 할아버지 또 그 할아버지의 할아버지 때부터 수천 년 동안 순환 회귀적(歸)인 농경일지적 삶을 살아 온 것이다. 이에 농경문화의 특징이 중국인의 사고체계와 철학 형성에 깊은 영향을 주어왔을 것이 틀림없을 것이라고 필자는 생각한다.

혹자는 그러면 중국만이 농경문화 지역인가라고 묻는다. 물론 중국만이 농경문화 지역이 아니고 세계에서 농업을 주업으로 하며 살아온 지역은 적지 않다. 그러나 그 지역 농경문화가 그 지역 사람들의 사고와 철학에 어떤 영향을 끼쳤는가는 필자는 전공자가 아니라서 잘 모른다. 예를 들어 옛 이집트도 농경문화 지역이라고 할 수 있는데, 그 농경문화가 옛 이집트인의 철학에 어떤 영향을 끼쳤는가는 이집트 철학을 전공하는 학자들이 연구해야 할 몫이다. 중국을 위시한 한국과 일본 등의 동아시아 지역 역시 농경문화 지역이라고 할 수 있다. 일본에 대해서는 필자가 잘 알지 못하지만, 중국과 한국은 철저하게 입춘부터 대한까지 24절기라는 농경일지에 맞추어 순환 회귀적(歸)인 삶을 영위해 온 것은 엄연한 사실이다.

필자가 본 저서를《중국철학과 농경문화》라고 했지만, 내용 중에 중국철학을 위주로 설명하기는 하지만 철학 이외에도 다도 태극권 서예나 중국의 한의학 그리고 단전호흡 같은 것도 농경문화와 관련시켜 다루고 있다. 특히 한시의 내용과 그 특징을 농경문화와 관련시켜 서술한 분야가 적지 않다. 이는 필자가 중국 고전문학을 연구하는 학자로서 한시의 내용과 그 특징을 농경문화와 관련하여 연구하는 와중에 중국철학도 농경문화와 깊은 관련성이 있다는 것을 깨달았기 때문이다.

필자가 이 저서를 집필하면서 중국철학을 농경문화적 관점에서 연구한 전문적인 저서나 논문을 한국이나 중국 그리고 서구에서 하나도 발견하지 못했다. 적어도 국내에서는 중국철학을 농경문화와 관련시켜 연구한 저서나 논문은 없는 것으로 보인다. 저자가 미처 발견하지 못했을 수도 있겠지만, 서구나 중국학계에서도 이 방면에 대해 연구를 한 저서나 논문이 없는 것이 아닌가 하는 생각까지 든다.

어쨌든 인류가 만들어낸 그 어떤 철학이나 사상 그리고 문학 예술 문화 등도 그들이 살고 있는 지역의 지리 경제적 환경 속에서 만들어진 것이란 엄연한 사실을 직시한다면, 중국철학을 농경문화와 관련시켜 연구하는 것이 있음직 한데도 그런 연구가 거의 없다는 사실에 필자는 놀랐다고 하지 않을 수 없다. 고로 이 저서를 집필하는데 직접적인 도움을 준 저서나 논문은 아예 없고, 거의 대부분이 필자의 생각과 상상력에 의존하여 집필되었음을 밝혀둔다. 논리의 비철저성과 주관적인 선입견 등이 적지 않은 세련되지 못한 저서가 될 것이라고 생각된다. 후일 두고두고 수정 보완해야 할 작업일 것이다.

필자의 설명을 증명하기 위해 가능하면 중국 고전철학의 많은 문헌적 예를 들고자 풍우란의《중국철학사》를 주로 참고하였음을 밝혀둔다. 그 방대한 책인《중국철학사》상 하를 한국어로 번역하여 주신 박성규교수에게 진심으로 감사의 말씀을 드린다. 그 책은 필자가 필자의 주장을 뒷받침할 문헌적 예를 찾아내는데 주로 이용했다.

요즘 읽기보다는 보기를 좋아하는 인터넷세대를 위하여 관련된 그림이나 사진도 첨부하여 이해도를 높이려고 하였으며, 또한 한자를 어려워하는 요즘 세대들을 위해 한지 옆에 모두 한글 발음을 병기하여 힘께 썼다. 예를 들어 중국철학中國哲學이라 쓴 것이다. 중국 고유명사는 모두 중국 음으로 달지 않고 한국 음으로 달았다. 예를 들어 北京을 베이찡北京이라고 하지 않고 북경北京이라고 음을 달며,《중국철학사》를 쓴 馮友蘭을 중국식 발음인 펑여우란馮友蘭이라고 하지 않고, 한국식 발음인 풍우란馮友蘭이라고 한 것이다. 중국음을 낯설어하고 한자의 정확한 뜻을 이해하기 어려워하는 요즘 인터넷세대들에 대한 배려이다. 비록 중국철학이 어려운 내용일지라도 가능하면 일반 독자들이 쉽게 접근할 수 있도록 해야 한다는 것이 필자의 소신이다.

2. 농사꾼의 사고

중국은 전통적인 농경문화 지역이다. 수천 년 전부터 끊임없이 농사를 지어 왔으며 그것을 바탕으로 삶을 영위해 왔다. 중국은 전 세계에서 가장 대표적인 농경문화 지역인 것이다. 옛날에는 인구의 80% 이상이 농업에 종사했었다. 지금도 중국 인구 중 절반이 농촌 인구인 것으로 알려져 있다. 농업국은 토지가 부의 원천이어서 땅에 대한 애착이 유목문화나 해상무역문화 지역 사람들보다 월등하게 강하다. 중국인들은 옛날부터 '농자천하지대본야農者天下之大本也.'라고 하여 농업을 하나의 성직으로까지 여겼었다. 중국 전통사회에서 신분계급도 크게 사士 농農 공工 상商의 4가지로 나뉘었는데, 사는 독서를 통해 관직에 오르는 지배계급으로 대체로 토지의 소유주이고, 농은 사계급으로 부터 토지를 빌려 경작하는 소작농이거나 혹은 소규모 자영 토지 소유자였다. 중국에서 사계급과 농계급은 명예로운 직업이고, 공계급과 상계급은 천시 받았다. 중국에서 과학기술과 자본주의가 일찍 발달하지 못하고 근대화가 서구에 뒤쳐진 이유에는 공과 상을 무시하고 천시하며 농업만을 중시한 민족이었다는데에도 그 이유가 존재한다고 보여 진다. 공은 지배계급에서도 중인이 맡았고 일반에서는 천민들이 담당했으며, 상은 장사치 장사꾼이라고 부르며 항상 천시하여 온 것이다.

BC 3세기 여러 학파의 철학을 집약한《여씨춘추呂氏春秋 상농편上農篇》에서 민民을 두 가지 부류로 나누었는데, 그 하나는 본本에 종사하는 농민을 들고, 또 다른 하나는 말末에 종사하는 상인을 들고 있다. 농부들은 순박하고 단순하여 언제나 명령을 받아들일 태세가 되어 있고, 그들은 어린아이같이 순진하고 이기심이 적다. 그들의 재산은 거추장스럽고 옮길 수 없어 위험을 당해도 제 고장을 떠날 줄 모른다. 반면 상인은 순수성을 잃어버려 복종심이 없고 교활하고 이기적이다. 상인들은 이사하기 쉬운 간편한 재산을 가지고 있다. 때문에 반란이 생기면 제 고장을 버리기 일쑤이다라고 하여 상인을 천시하고 농민을 중시하였다.

> 옛적의 선왕은 백성을 인도함에 있어서 먼저 농업에 힘쓰도록 하였다. 농부들이 농사를 지음에는 땅에서 얻는 이익(농산물)만이 아니고, 농사짓는 뜻도 귀중하게 여겼다. 농부들은 순박하였고 순박하므로 다스리기 쉬웠다. 다스리기 쉬웠기 때문에 국정이 안전하였고 지배자는 존중받았다. … 농부들의 수입이 늘어나면 옮겨 다님(이사)을 무겁게 생각하였다. 이사를 무겁게 생각하였으므로 이사를 즐겨하지 않았다. 그들은 평생을 한 마을에서 살았고 다른 직업을 생각하지 않았다. 그들은 근본(本)인 농업을 버리고 다른 직업(末)을 추구하면, 그들은 명령에 잘 복종하지 않는다. 명령에 복종하지 않으면, 그들을 부리기 어렵고 방어도 어렵고 또한 전쟁에 동원할 수도 없었다.[1]

중국의 위정자들은 무엇보다 농사를 중시하였다. 가뭄이 나거나 홍수가 나서 흉년이 들면 그것을 위정자가 덕이 없었기 때문이라고 여겼고, 심지어는 그 일로 해서 위정자의 자리에서 내쫓기거나 혹 옛날에는 살해당하기도 했었다. 황하유역을 통치하는 위정자들의 최대 임무는 황하를 다스리는 치수작업이기도 했다. 또한 위정자들은 모내기나 추수 때가 되면 일반 농민들과 함께 모내거나 추수하는 상징적인 의식에 참가하기도 했고, 위정자의 부인들은 일반 아녀자들과 함께 길쌈이나 뽕잎 따는 상징적인 의식에 참가하기도 했다. 또한 위정자가 직접 농사짓는 토지를 소유하여 상징적으로나마 농사를 짓기도 했다. 이 모든 것은 중국인들이 농사를 그 얼마나 중시하였는가를 상징적으로 나타내준다.

수천 년 동안 그 할아버지의 할아버지 또 그 할아버지의 할아버지 때부

---

1) 古先聖王之所以導其民者, 先務於農. 民農非徒爲地利也, 貴其志也. 民農則樸, 樸則易用, 易用則邊境安, 主位尊. … 民農則其産復, 其産復則重徙, 重徙則死其處而無二慮, 民捨本而事末則不令, 不令則不可以守, 不可以戰.(《여씨춘추 상농편》)

터 끊임없이 농사를 지어온 중국인들은 은연중에 농사꾼의 사고와 인생관 그리고 세계관을 가지게 되었을 것이다. 그리고 이런 농사꾼의 사고와 인생관 세계관은 중국 문화 전반 즉 철학 사상 문학 음악 미술 등등 모든 분야에서 은연중에 영향을 주어 나타나게 된다. 중국의 철학사상이란 근본적으로 농사꾼의 사고가 형상화된 것이라고 할 수 있다. 고로 농사꾼의 사고를 잘 이해하면 중국인의 철학사상과 의식체계 사고방식을 더욱 깊게 이해할 수가 있을 것이다. 이 농사꾼의 사고방식은 유목문화나 해양 상업문화와는 다르게 그 나름대로의 독특한 특징을 가지고 있다.

〈첫 수확의 기쁨을 누리는 농사꾼. 그들은 수천 년 동안 입춘부터 대한까지의 농경일지에 맞추어 철저히 순환 회귀(歸)적인 삶을 살아왔다.〉

1) 자연에의 순응 조화 찬미

농경민족 중국인들은 자연을 아주 중시하였는데, 중국인들처럼 자연을 찬양하고 많이 읊조린 사람도 전 세계에 별로 없다. 한시에서 가장 많은 분량을 차지하는 것이 바로 자연을 즐기며 읊조린 자연시 산수시 전원시 부류인 것이다. 서구시들의 주 주제가 청춘남녀간의 사랑의 감정을 읊은 연애시 부류인과도 대비가 되는데, 중국의 옛 시인치고 자연을 소재로 시를 읊지 않은 시인은 단 한 명도 없다고 할 수 있다. 자연 속에서 그 자연과 <더불어 하나>되어 그것을 읊조리고 노래하여 그 속에 자신의 감정을 기탁한 자연시 산수시 전원시 부류는 부지기수로 많다. 전문적으로 자연을 읊조린 이런 자연시 전원시 산수시 부류가 아닌 시들도 대부분 기 승에서 자연의 경물을 먼저 읊고, 전 결에서 그것에 감촉되어 자신의 감정을 읊는다. 님을 그리워하는 시도 먼저 기 승에서 자연의 경물을 읊고 전 결에 가서 그 자연의 경물에 기탁하여 님을 그리워하는 자신의 애달픈 감정을 읊고 있으며, 고향을 그리는 시도 기 승에서 자연의 경물을 읊고 전 결에 와서 그 경물에 감촉되어 고향으로 돌아가고 싶다는 자신의 심정을 읊고 있으니, 도대체 한시 중에 자연을 소재로 하여 읊조리지 않은 시는 거의 발견하기 어렵다 하겠다.

중국의 동양화들은 초상화를 제외하고는 대부분 자연과 산수를 소재로 하여 그린 산수화이다. 서양의 그림에 인물화나 추상화 누드화 등이 있는 것과는 대비가 되는데, 그들은 기암계곡과 전원풍경을 주로 그렸다. 그 속에 그려진 사람들도 자연의 일부로 조그맣게 그려져 있지, 서구의 그림처럼 사람이 중심이고 자연이 배경이 된 산수화는 중국에 없다고 할 수 있다. 자연이 중심이지 결코 사람이 중심이 아닌 것이다. 농경민족 중국인들은 자연의 일부가 되어 그 자연과 <더불어 하나>되어 조화롭게 살기를 갈망했던 것이다. 중국의 산수화에는 산중턱 혹은 시냇가에 앉아서 자연의 미를 감상하며, 자연과 인간이 하나 되는(天人合一) 경지와 도道를 관조하는 사람이 그려진 것이 상례이다.

옛날부터 농경민족 중국인들은 자연에 철저히 순응하며 살고자 했다. 이미《여씨춘추》에,

〈중국의 옛 그림은 대부분 이와 같은 산수화이다. 자연을 너무나 사랑하고 즐긴 농경민족이기 때문이다.〉

만물의 변화에 응하는 데에는 일정한 법칙이 있은 즉, 만물을 본성대로 (스스로 그러하게 자연에) 맡겨두면 어느 것도 합당하게 되지 않는 것이 없다. 이런 원칙에 의거하여 팽조彭祖는 장수했고, 삼대三代(하 은 주)는 창성했으며, 오제五帝는 빛이 났고, 신농神農은 위대해졌다.[2]

그러므로 스스로 그러하게(自然) 맡겨두는 사람은 장구할 수 있고, 통칙(常: 불변의 진리)을 터득한 사람은 일을 성취한다.[3]

〈귀거래사를 읊으며 전원으로 돌아온 도연명 모습. 이처럼 자연을 찬양하며 읊은 자연시 산수시 전원시는 중국시인들에 의해 부지기수 많이 지어졌다.〉

2) 물아일체 혼연일체 천인합일天人合一

흙과 <더불어 하나>되어 평생을 살아온 농경민족 중국인들은 항상 그 자연과 혼연일체가 되어 <더불어 하나>되고자 한다. 인생과 사회, 인생과 자연을 구분하여 보지 않고, <더불어 하나>로 보는 물아일체의 경향이 아주 강하다. 자연과 내가, 우주와 내가 그리고 그 모든 것이 <더불어 하나> 되는 천인합일天人合一 사상을 가지고 있다.

---

2) 變化應求而皆有章, 因性任物而莫不當. 彭祖以壽, 三代以昌. 五帝以昭, 神農以鴻.(《여씨춘추 執一篇》)

3) 是以任自然者久, 得其常者濟.(《愼子 13쪽》)

자연과 우주는 대아大我요 인간은 소아小我로, 대아와 소아가 하나로 합치되어 구분되지 않는 것으로 파악하고 있다. 이 대아인 우주 자연이 축약된 것이 소아인 우리 인간이요, 우리 인간이 더 축약된 것이 바로 손이요, 발이요, 귀라고 본다. 그래서 몸에 병이 나면 그 부분에 해당되는 손 발 귀 부위에 침을 놓는데, 우리는 이를 수지침手指針, 족침足針, 이침耳針이라고 부른다.

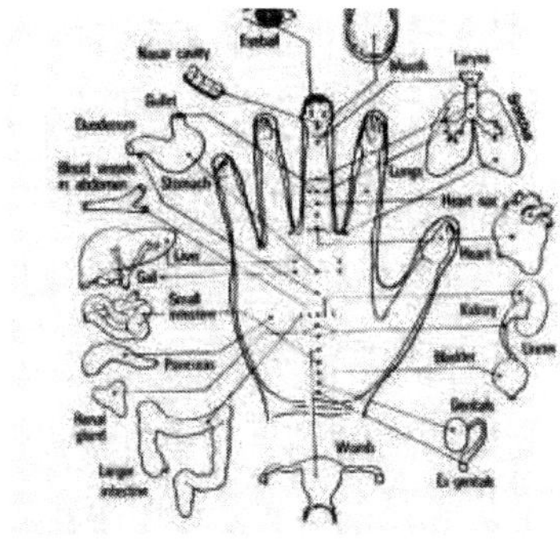

〈손을 인체 각 부위와 연계시켜 이해하고 있다.〉

중국인들은 자연의 법칙(계절의 변화)에 그대로 순응하며 살기를 원했는데, 그래서 모든 만물이 소생하는 봄에는 전쟁을 일으키거나 사형을 집행해서도 안 된다고 믿는다. 봄은 모든 만물을 소생시기는 계절로, 그 계절의 법칙을 어기며 전쟁을 하거나 죽이는 것은 자연에 순응하지 않는 것이라 여겼기 때문이다. 전쟁과 사형은 자고로 모든 만물이 시드는 가을과 겨울에 행하였다. 봄의 절기에 맞게 옛날에는 봄에 집단혼례를 많이 행한 것도 마찬가지이다.

유목민족들은 항상 자연을 극복하고 투쟁하면서 살아왔다. 그래서 그들의 철학에는 세계는 나와 서로 대립되는 존재로 여겨 역사는 아我와 피아被我의 투쟁에 의해서 변해온 것이라고 생각한다. 헤겔의 정正 반反 합合 이론도 마찬가지이다. 대립 투쟁과 그리고 모순 극복이 인류사라는 것이다.

그들은 모든 것을 이분법적으로 본다. 서구 고대 관념에 사람에게는 영혼과 육체의 두 부분이 있고, 영혼부분이 접촉하는 것이 이성적인 정신세계요, 육체부분이 접촉하는 것이 감각적인 물질세계이다. 그러나 자연과 <더불어 하나>되어 조화롭게 살아온 중국인들은 심心과 신身이 서로 일치한다는 관념에 기울어져 영혼과 육체의 대립을 믿지 않았다. 유목민들은 자연에 순응하여 삶을 사는 것이 아니라, 투쟁하고 개척하여야만 비로소 삶을 유지할 수 있었기 때문에, 본능적으로 외부 세계에 대하여 적의를 품고 투쟁하여 없애버리려고 한다. 그리고 자기가 우리가 아닌 모든 존재에 대하여 항상 적대시하며 경계한다. 그래서 외부세계는 단지 자신의 양과 말을 훔쳐가고 자신을 파괴시킬지도 모를 적이라고 생각한다. 그들은 적과 나를 확실하게 구분하여 인식하는 이분법적 사고를 한다. 그들의 세계관과 인생관에는 일종의 강렬한 대립적인 감정이 존재한다. 자연에 대해서는 천天(자연)과 인人이 대립되고, 인간에 대해서는 적敵과 아我가 대립된다. 자연과 투쟁하여 이기지 않으면, 적과 투쟁하여 이기지 않으면, 내가 져 소멸되어 버릴 것이라고 생각한다. 그런 까닭에 그들의 철학을 성립시키는 심리상의 필연적 이론에는 내 외와 아와 피아가 완전 대립된다. 낯선 자를 이방인이라고 항상 경계하며 살아온 것이다.

서구인들은 적에 의해서 나 아닌 존재에 의해 속박당한 삶에서 해방되는 것을 중시하여, 자유 독립 해방 개성 등을 중시하는데, 이는 곧 자연과의 투쟁과 극복이라는 그들 삶의 방식이 만들어낸 것이다. 이것이 서구에서 신의 속박으로부터 벗어나 인간 자신이 바로 자신의 주인이라는 민주주의 사상과 인권이 일찍이 고양될 수 있었던 문화적 배경이 된 것이 아닌가 한다. 그러나 흙(자연)과 <더불어 하나>되어 수천 년을 살아온 중국인들은 자연과 어울려 그 자연의 구속으로부터 벗어나고 싶지 않아 구속(속박)으로부터의 해방, 그리고 자유와 독립 같은 것에 그리 큰 비중을 두지 않았다고 생각된다. 중국 농경민족은 수천 년 동안 자연(흙)과 하나되어 살아와 외부세계와 물아일체 혼연일체 천인합일되고자 하는 성향이 강한 것이다.

〈자연(흙)과 투쟁하며 산 것이 아니라 자연과 더불어 하나(天人合一) 되어 살아온 농사꾼〉

3) 보수적 사고

농경인들은 한 곳에서 수천 년 동안 움직이지 않고 붙박여서 생활하여 왔다. 유목인들은 풀이 많은 곳으로 이동하고 다른 곳으로 약탈하러 가기도 하는 유랑하는 민족인 것과는 다르다. 고로 농경인들은 유목인들보다 이동과 변화를 싫어하고 지금의 상태가 그대로 영속되기를 바란다. 변화나 진보보다는 보수적인 사고방식을 가지게 되는 것이다. 산 너머 남촌에는 누가 사는 지도 모르고 살았던 사람들이 바로 농경민족이고, 고작 5일에 한 번 읍내 장터 나가는 것이 바로 땅에 붙박여 사는 농경민족인 것이다.

그러나 유목인들은 개척적이고 진취적인 성향을 갖게 된다. 유목과 상업은 생활 내부의 경제적 부족으로 말미암아 나타난 문화유형들이라, 그들은 생활필수품을 외부에서 구해야하므로 자연히 이동이 많아져 그들의 성격이 유동적이고 진취적이게 된 것이다. 그러나 농경생활은 안에서 자급자족할 수 있으므로 밖으로 생활필수품을 구하러 나갈 필요가 없어, 자연히 일정한 생활공간 안에서 지속적으로 생활함으로 그들은 안정적이고 보수적인 성향을 가지게 되는 것이다. 지금도 변화가 많은 삶을 사는 도시사람들보다 생활에 거의 변화가 없는 농촌사람들이 보수적이다.

4) 인내심과 기다림

농사를 짓는데 절대적인 영향을 미치는 것은 비와 햇볕이다. 그런데 이 비와 햇볕은 인간의 힘으로 조절할 수 있는 것이 아니다. 인간이 어떻게 할 방법이 없다. 오직 하늘의 뜻을 기다리며 '인내심'을 가지고 '순응'할 뿐이다.

유목문화 지역 사람들은 풀이 많은 곳을 예측하여 자신의 의지대로 양이나 말을 몰고 간다. 혹은 남의 지역을 침입해 약탈해오기도 한다. 이 문화 지역 사람들은 자연의 뜻에 순응하며 살아가지는 않는다. 풀이 많은 지역을 예측하고, 또한 자신의 의지로 약탈할 방법을 찾기도 한다.

그러나 농사를 천직으로 하여 살아온 농경문화 지역 사람들은 농사를 잘 짓기 위해서는 적당한 비와 햇볕이 내리고 쬐어주기를 기다리고 인내할 수밖에 없다. 농경문화 지역 사람들은 다른 지역 사람들 보다 월등히 인내력이 강하고 또한 기다림의 미학을 가지고 있다. 중국인의 인내력은 타의 추종을 불허하는데, 이것은 그들 나라가 대륙국인 것과 함께 그들이 전통적인 농경문화 민족이었던 점과도 관련이 있을 것이다. 농사를 짓는 데는 자신의 의지에 의해 되는 것이 아니라 하늘의 뜻을 기다리며 인내할 수밖에 없었기 때문에, 이런 삶을 수천 년 동안 살아온 농사꾼들은 은연중에 인내하고 기다리는 능력이 강해진 것이다. 비가 와야 할 때 비가 와주기를, 또 햇볕이 쬐어야할 때 쬐어주기를, 비가 그쳐주어야 할 때 그쳐주기를, 햇볕이 그만 쬐어야 할 때 그만 쬐어주기를 기다릴 수밖에 없는 삶을 수천 년 동안 살아온 것이다.

비와 햇볕은 인간의 힘으로 조절할 수 있는 것이 아니니, 단지 그것에 대처할 준비를 해놓고 자연을 믿고 순응할 뿐이다. 인간의 힘으로 어쩔 수 없는 이 자연은 투쟁하여 극복할 대상이 아닌 것이다. 인간은 단지 자연에 대한 무한한 '신임'과 '인내'로써 자연을 믿고 의지하며 '기다릴' 뿐이다.

그래서 농경민족들은 비와 햇볕의 부적절함으로 홍수나 가뭄이 드는 것을 자신이 하늘에 무언가 잘못한 것이 있기 때문이라고 믿는다. 자신이 덕이 있으면 비가 와야 할 때 비가 오고 햇볕이 쬐어야 할 때 햇볕이 쬐는 올바른 계절적 순환으로 인해 풍년이 들지만, 자신이 하늘에 무언가 잘못한 것이 있으면 부적절한 계절적 순환으로 농사를 망치게 되는 것이라 여긴다.

인간은 자연의 일부로, 그 자연의 법칙에 순응하여야만 올바른 계절적 순환으로 농사를 잘 짓게 된다고 생각하는 것이다. 그런 까닭에 농경문화의 가장 근저가 되는 것은, 인간과 자연이 서로 대립하고 투쟁하는 것이 아니라 서로 영향을 주고받는 유기체로 여겨, 자기 이외의 것에 대해서도 친밀감을 느껴 인간들은 자연의 법칙과 변화에 순응하며 조화롭게 살아가야 한다고 믿는다. '자연을 거스르는 자는 망하고 자연에 순응하는 자는 흥한다.'(逆天者亡, 順天者興)고 생각한다.

하늘(자연)과 인간이 조화롭게 서로 영향을 주고받는 것을 철학적으로 천인상관天人相關 사상 혹은 천인상여天人相與 사상이라 한다. 이 사상은 고대 중국철학의 근저를 이루는 사상인데, 자연의 섭리에 항거하지 않고 순응하여 삶을 영위해 나가며 자연과 <더불어 하나>되어 살아가고자 하는데, 이를 '물아일체', '주객일체'라고 하고 또한 '순順'한다고 하며 '화和'한다고 한다. 농경문화 지역 사람들은 천지 자연 만물의 순환에 순응(順)하고, 또한 그것들과 조화롭게(和) 살아가려고 노력했던 것이다. 자연의 법칙을 거스르거나 혹 자신의 의지로 무엇을 하려고 하지 않는다. 자연과 무난하게 부딪힘 없이 조화롭게 살아가려고 노력하였다.

또한 중국문학에는 기다림을 주제로 한 작품이 굉장히 많다. 님이 자신을 찾아주기를 기다리고, 친구가 오기를 기다리며, 그리고 임금이 자기를 찾아 발탁해주기를 기다리고, 또한 고향으로 돌아갈 수 있기를 기다리며, 그것을 읊은 한시는 부지기수이다. 규방시閨房詩 행역시行役詩 사향시思鄉詩 사우시思友詩 등등으로 불리는 시들이 모두 '그리움(思)' 그리고 '기다림'을 주제로 한 시들이다. 서구시에서도 기다림을 읊조린 시가 전혀 없는 것은 아니나, 서구시에는 떠나 가버린 님을 적극적으로 찾아나서는 시들도 굉장히 많다.

옛 중국 사대부들이 가장 즐겨했던 스포츠가 낚시라고 할 수 있다. 그들 중국인들은 벼슬을 던져두고 낙향했을 때나 유배를 당했을 때 홀로 강가에서나 연못가에서 낚시를 하며 자신의 울적함을 달래기도 했다. 이 세상의 스포츠 중 가장 소극적인 스포츠라고 할 수 있는 이 낚시가 그들에 의해

〈기다림의 미학이 담겨있는 낚시질하고 있는 모습. 유종원의 강설江雪이란 시가 적혀있다.〉

많이 행해졌던 것은 기다림에 매우 익숙한 농경민족이었다는 것과도 깊은 관련성이 있다고 생각한다. 그들은 낚시줄을 드리우고 물고기가 낚시밥을 물어주기를 소극적으로 기다렸다. 또한 그런 낚시를 하면서 그것처럼 임금이 다시 자신을 찾아 중앙정계로 발탁해주기를 기다렸다.

5) 중용적 사고

농사를 짓는 데는 적당한 비와 햇볕이 아주 중요하다. 그 절기에 맞게 비와 햇볕이 적당해야 하는데, 그 절기에 맞지 않게 비가 너무 많이 오면 홍수가 나고 그렇다고 비가 너무 적게 오면 곡식이 자라지 않는다. 또한 햇볕이 너무 많이 쬐면 곡식이 타 들어가고 너무 적게 쬐면 곡식이 여물지 않는다. 항상 그 절기에 맞게 적당한 것이 가장 좋다. 이런 농경인의 삶을 수천 년 동안 살아온 중국인들은 은연중에 모자란 것(不及)도 나쁘지만 넘치는 것(過)도 결코 좋은 것이 아니라는 중용적인 사고방식을 가지게 된다. 이런 중용적인 사상은 중국철학의 근간을 이루는 핵심이라고 여겨진다. 농경문화에서 중요한 자연적 조건은 비와 햇볕인데, 농사를 잘 지으려면 이것들이 '적당해야' 한다. 따라서 수천 년 동안 대대로 농사를 지으며 살아온 농경민족들은 모든 것이 적당해야 한다고 생각했다. 중국 철학적 용어로 말하자면, 중용을 지켜야 한다고 생각하는 것이다. 과過하지도 불급不及하지도 않은 중용을 지키려는 사고방식이 농경민족에게 있는 것이다. 그래서 중국철학에는 어느 한 곳에도 치우치지 않는 '중中', '정正', '화和'라는 용어가 매우 많이 사용되고 있다. 수천 년 동안 이렇게 비와 햇볕의 조절에 의해 농사를 지어온 농경문화 민족인 중국인들은 그들의 농사 체험으로 말미암아, 모든 것에 모자란(不及) 것도 좋지 않지만 그렇다고 넘쳐나는(過) 것도 결코 좋지 않다는, 이른바 중용의 도리를 몸소 체득하여 그들의 사고방식이 조화와 절제 그리고 중용을 중시하는 방향으로 나간 것이 아닌가 한다.

중국인들은 햇볕은 양陽의 요소로 비를 음陰의 요소로 생각했는데, 이들의 조화 즉 음양의 조화야말로 농작물의 풍요를 가져다주는 절대적인 역할을 한다고 믿었다. 음(비)과 양(햇볕)이라는 기氣에 의하여 이 우주 자연이 조화롭게 구성되었다는 것 역시 이처럼 농경문화와 관련이 깊은 것으로 보인다. 농경문화에서의 자연의 미묘한 균형은 농작물의 풍요를 가져다주는 절대적인 조건이다. 양의 기운이 필요할 때는 필요한 만큼의 양의 기운이 있어야 하고, 음의 기운이 필요로 할 때는 그만큼의 음의 기운이 있어야 한다. 만약 음이나 양이 한쪽이 많거나 적으면 자연의 조화 균형이 파괴되어 풍요를 기할 수 없고, 인간의 육체도 음양의 조화가 깨지면 병이 난다고 믿는다. 비와 햇볕의 조화 즉 음과 양의 조화가 농작물의 풍요를 가져다주고 건강을 가져다준다고 믿은 것이다.

그러나 풀이 많은 곳을 항상 찾아다니는 유목인들은 풀이 많으면 많을수록 좋다고 생각한다. 이른바 다다익선이라고 생각하는 것이다. 이런 삶을 수천 년 동안 살아온 유목민족의 후손들은 모든 것을 다다익선이라고 생각하지, 모자란(不及) 것도 좋지 않지만 많은(過) 것도 결코 좋지 않다는 이른바 중용적인 사유 체계를 가지지 않게 되는 것이다. 양떼와 말떼를 몰고 초지를 찾아 떠돌아다니는(去) 유목민족들의 철학에는 진보주의(去)적인 경향이 강하지만, 농경민족 중국인의 철학에서처럼 조화와 절제 중용을 중시하는 사유 체계는 나타나지 않고 있다.

〈4서 중의 하나인 《중용》. 중용철학은 비와 햇볕의 적절한 조화가 풍요를 가져다주는 농경문화가 만들어낸 사상이라 할 수 있다.〉

6) 섞임(和)과 조화의 사고

농사는 비(陰)와 햇볕(陽)이 잘 섞여야 풍요를 가져다 줄 수 있다. 그래서 농사꾼들은 조화와 섞임의 사고를 한다. 음과 양이 조화롭게 잘 섞여야 생산도 할 수 있고, 사람도 병이 나지 않으며 무병장수할 수 있다. 인간과 인간과의 관계에도 조화를 중시한다. 또한 인간과 자연과의 조화도 중시한다. 음악도 조화를 중시한다. 같은 것에 같은 것이 합치면 아무 것도 생산할 수 없지만, 서로 다른 것이 조화롭게 서로 잘 어울리면 모든 것을 낳을 수 있다고 생각한다. 음과 음이 합치면 아무 것도 낳을 수 없고, 양과 양이 합쳐도 아무 것도 낳을 수 없다. 음과 양이 조화롭게 합쳐야 모든 것을 낳을 수 있는 것이다. 비가 온데 또 비가 오면 홍수가 나고 햇볕이 쬔데 또 햇볕이 쬐면 가뭄이 들지만, 비와 햇볕이 조화롭게 잘 버무려 섞여야 풍요를 가져다 줄 수 있다. 농경민족 중국인들은 화이부동和而不同을 중시한다. 중국음식에도 불의 세기와 물 그리고 식자제가 조화롭게 잘 섞는 것을 중시한다. 그리고 음식 식자제도 잘 버무려야 맛이 난다. 또한 중국인들은 둥근 식탁에 둘러앉아 판을 돌려가며 서로 어울리며 식사하는 것을 좋아한다. 혼자 개인적으로 식사하는 것을 좋아하지 않는다. 모두 조화와 섞임을 중시하는 것이다.

7) 순환 회귀적(歸) 사고

입춘부터 대한까지의 24절기를 주기로 순환 회귀적 삶을 살아온 농경민족 중국인들의 사고방식에는 회귀적 관념이 들어있다. 봄이 가면 다시 오지 않는 것이 아니라 아무리 매서운 겨울이 있다고 하더라도 1년 후에는 반드시 돌아오고(歸), 춘분은 또 반드시 1년 후에는 돌아온다.(歸) "추위가 가면 더위가 오고, 더위가 가면 추위가 온다.[4]", "달이 차면 기운다.[5]", "간 것은 반드시 돌아온다.(去者必返)", "천지간에 떠났다가 다시 돌아오지(歸) 않는 것이란 하나도 없다."라고 생각한다. 달도 차고 기우는 것이 있고, 강물이 바다로 흘러가도 언젠가 다시 구름이 되고 비가 되어 되돌아온다(歸)고 믿듯이, 우리네 인생사와 역사도 망할 때가 있으면 흥할 때가 있다고 믿는다. 모든 만물은 주기성을 띄고 순환하며, 모든 만물이 한번 가버리면(去) 영원히 돌아오지 않는 것이 아니라 언젠가 반드시 되돌아온다(歸)고 믿는다.

중국인들의 역사관은 진보적이지 않고 굉장히 순환론적이다. 봄(陽이 생겨남), 여름(陽이 극에 달함), 가을(陽이 쇠퇴하고 陰이 생겨남), 겨울(陰이 극에 달함) 4계절에 따라 자연이 변화 순환하듯이, 중국인들은 역사의 흐름도 성할 때가 있으면 쇠할 때가 있고 쇠할 때가 있으면 성할 때가 있다고 믿으며 그 성쇠는 계절의 순환처럼 끊임없이 순환한다고 믿는다. 미래에 언젠가 예수님이 이 지상이 재림하여 지상의 악을 쓸어버리고 미래의 지상천국을 이룩할 것이라고 믿는 서구의 미래지향적이고 진보적인 사관을 농경민족 중국인들은 가지고 있지 않는 것이다.

중국인의 사유체계에 절대적인 영향을 미친 유 불 도의 3대사상과 음양오행사상 역시 순환 회귀적인 구조를 그 기본으로 삼고 있다. 이들 사상은 수천 년 동안 24절기를 주기로 순환 회귀적인 삶을 살아온 정통 농경민족

4) 寒往則暑來, 暑往則寒來.(《周易 繫辭 하》)

5) 月盈則食.(《周易 豊卦》)

중국인들의 기본적인 심성에 맞았기 때문에 지금까지 중국인들의 의식을 지배할 수 있었을 것이라 보여 진다.

유가사상은 복고주의와 예교주의를 그 골간으로 하는데 이 중 복고주의만을 설명하면, 중국 유가인들은 항상 과거의 요순시대 하 은 주시대로 되돌아가고자(歸) 한다. 모든 것의 전범을 과거에서 구해 현실 삶에 적용 현실 삶을 수정 보완하여 살고자 한 것이다. 유토피아는 과거에 존재한다고 믿으며 그래서 그 과거를 항상 본받으며 돌아가고자(歸) 한다. 유가인들처럼 과거를 중시하고 어른과 조상과 제사를 중시하며 역사적 기술을 중시한 사람이 없는데, 이는 모두 유가 복고주의(歸) 사고방식 때문이다.

우리네 인생과 우주 자연 역사가 모두 끊임없는 윤회(歸)의 사슬에 얽매여 있는 것으로 보는 불교를 중국인들이 쉽게 받아들일 수 있는 까닭도, 24절기를 주기로 순환 회귀적 삶을 살아온 농경민족 중국인들의 심성에 잘 맞았기 때문이라 할 수 있다.

도가인들은 속세를 떠나 항상 '무위자연으로 돌아가라.(歸)' 라고 외치는 있고, 영아상태와 소국과민小國寡民의 소박한 원시 농경사회로 되돌아가고자(歸) 한다.

중국인들의 사고체계에 깊게 영향을 준 음양오행사상 역시 순환 회귀(歸)적인 특징을 그 골간으로 하고 있다. 인생 우주 역사 자연현상 등 그 모든 것을 음과 양이 서로 순환(歸)하는 것으로 해석하며, 또한 목상木象 화상火象 토상土象 금상金象 수상水象의 오행의 순환에 의해 그 모든 것을 설명하고 있다. 음과 양 그리고 오행의 올바른 순환은 우주 자연현상의 올바른 변화를 가져다주어 농사에 풍년이 들게 하지만, 음과 양 그리고 오행의 올바르지 못한 순환은 계절에 변고를 가져다주어 농사를 망치게 한다고 믿는다. 그들은 음양오행에 따라 자연과 우주와 역사와 인생이 끊임없이 순환 회귀한다고 믿고 있는 것이다.

8) 원형회귀

농경민족은 먼 지방으로 여행하거나 집을 옮기는 경우도 드물었고, '붙박이'처럼 한 곳에 붙어서 살았다. 5일에 한번 읍내 장터 나가보는 것이 고작이고, 정말로 산 너머 남촌에는 누가 사는 지도 모르고 살아온 것이 한 곳에 붙박여 살아온 농경민족인 것이다. 농업을 기반으로 한 중국인들의 붙박이 삶은 실은 등소평의 개혁 개방정책으로 사회가 변모하여 도시화되기 이전까지 중국 전통사회에서 수천 년 동안 이어온 삶이다. 대부분이 농민인 중국인들은 일정한 토지를 중심으로 농사를 지으며 붙박이로 살아온 것이다. 이에 비해 서구사회는 일찍부터 상공업이 발달했는데, 고대 그리스 로마는 해양국가로 주로 상업과 교역을 통해 부를 축척해와 일찍부터 상업이 발달하였으며, 이에 따라 인구이동도 심했다. 특히 12-13세기 도시의 탄생과 상공업의 발달은 서구에서 '방랑자 시대'를 열었다고 할 수 있다. 유럽 중세의 잦은 이동성은 기독교를 세계주의적 종교로 만든 것과도 관련이 있다는 지적이 있다.[6]

흙과 고향을 떠나면 죽음으로 간다고 믿는 농경민족인 중국인들은 항상 원래 상태, 즉 원형으로 돌아가고(歸) 싶어 한다. 고향을 떠나 살더라도 명절에는 고향을 찾는 귀소본능이 강하며, 노년에는 고향에 묻혀 흙과 <더불어 하나>되어 살고 싶어 한다. 중국인이나 한국인들처럼 설 추석 등의 명절에 고향을 찾아가는 귀성인파가 이렇게 많은 민족도 별로 없다. 중국인들은 고향에서 태어나 서당 공부를 하며 자라서 나중에 대처에 나가 벼슬자리하거나 성공하여도 말년에는 항상 다시 고향으로 돌아와(歸) 후학을 기르치며 살다가 고향 뒷동산에 묻히는 것을 가장 이상적인 삶으로 여겼다. 밖에 나가 죽는 것을 객사客死라 하여 불행한 죽음이라 여겨서, 죽을 때에는 항상 집이나 고향으로 돌아와(원형으로 회귀하여) 고향집 안방에서

---

6) 이광주, 《교양의 탄생》(한길사, 2009) 121-123쪽 참조

죽고자 한다. 고향을 떠난다는 것은 포근한 모태를 벗어나는 것이라고 믿는다. 한시에는 고향(원형)을 그리워하며 그 고향으로 돌아가고(歸) 싶은 심정을 읊조린 사향시思鄕詩 회향시回鄕詩가 부지기수이다.

〈설에 고향으로 가고자하는 엄청난 중국 귀성인파. 농경민족처럼 귀소(歸)본능이 강한 민족도 없다.〉

9) 낯선 세계에 대한 두려움과 거부

산너머 남촌에는 누가 사는지도 모르고 5일에 한번 읍내 장터에 나가는 것이 고작인 농경민족은 먼 낯선 곳으로 가는 것에 대해 기본적으로 두려움을 가지고 있다. 고향을 떠난 삶이란 chaos(불완전한) 상태로 가는 것이라 여긴다. 그래서 한시에는 나그네 생활의 외로움 고독 슬픔을 읊은 작품이 부지기수이다. 이른바 유자시遊子詩 객수시客愁詩가 그러한 시들이다. 또한 변방지방에서의 외로움과 고향으로 돌아가고 싶은 심정을 읊은 변새시邊塞詩도 많이 지어졌다. 그러나 한시에는 여행시나 개척시 항해시가 존재하지 않으며, 초원에서의 말달리는 장쾌함이나 초원의 목가적인 풍경을 읊은 시도 없다. 농경민족 중국인들은 유목 초원지역의 삶에 대해 두려워했고 거부반응을 보인 것이다. 낯선 곳으로의 여행에 대한 즐거움이나 호기심을 읊은 작품은 하나도 없고, 고향을 떠난 나그네 생활(去)이란 항상 고독하고 슬픈 것이라고 읊고 있다. 한시에 개척시와 유람시 그리고 여행시가 없는 것은 고향(鄕)을 떠난 나그네 생활(원형에서 떠난 생활)이란 항상 chaos(불완전한) 상태라는 관념을 가지고 있는 농경민족이기 때문이다. 객지에서의 떠돌이 삶에 대한 애수를 읊은 작품도 많다.

10) 직관 중시

장사꾼들은 숫자와 계산이 이미 습관화되어 있고 유목인들은 자신 소유의 양과 말을 숫자로 세어 파악하지만, 농사꾼들은 자신의 수확량에 대해 그렇게 치밀하게 숫자로 계산할 수 없고 대략 눈짐작으로 보아 직감적으로 계산한다. 유목인들은 숫양 12마리 암양 17마리 새끼양 20마리 말 5마리 등 자신이 소유한 가축을 정확하게 헤아리지만, 농경인들은 그렇게 할 수 없어 일기가 순조롭지 못해 흉년이 들면 자신의 경작지를 바라보고 대략 직감으로 올해는 벼 12가마가 나겠다고 하고, 일기가 순조로워 풍년이 들면 자신의 경작지를 바라보고 대략 직감으로 벼 17가마가 나겠다고 하는 것이다. 그러므로 이런 삶을 수천 년 동안 살아온 중국 농경민족들은 객관적 과학적 분석이나 인식론이 그리 발달하지 못했고, 주관적인 직관 직감 분야가 매우 발달하게 되었다.

인식론 문제는 인식 주체와 인식 대상이 확연히 구분되어야 제기되는 것인데, 인식론이 발달하지 못한 중국인들은 이 두 가지를 구분하지 않고 하나로 보는 경향이 있다. 그래서 주관적인 직관에 근거하다 보니 과학적이지 못하고 경험에 의존해서 판단하는 경우가 많았다. 중국 철학이 직각적이고 반이지적인데, 그들은 사유방식에서도 직각直覺과 돈오頓悟를 중시한다. 불가에서 최고의 경지를 "말로는 도저히 설명할 수 없는(不可說, 不可說)" 깨달음에 달려 있다고 하는 것도 농경민족 중국인들의 비과학적 사유방식에 기인한다고 볼 수 있다. 고대 중국비평계에 인상비평이 주류를 이루고 과학적인 분석비평이 거의 없는 것도 이 때문이라 할 수 있으며, 중국 철학 용어의 개념이 명확하지 못하고 모호한 것도 이 때문이라 할 수 있다. 주관적 직관적 사고는 객관적 과학적 사고를 막아 과거 중국에서 과학이 서구보다 발달하지 못한 이유 중에 하나라고 생각된다.

〈벼 수확량은 정확히 계산할 수 없고 대략 눈짐작으로 알 수 있다.〉

11) 내부지향적

농사꾼들은 외부로 향해서 생계를 찾지 않고 자신의 땅에서 자급자족하며 살기 때문에 그 모든 것을 외부에서 구하거나 찾는 경우가 드물다. 농사가 잘되고 못되는 것은 결국 자신에게 달려있다고 여겨, 모든 것을 자기 자신에게서 찾는 경향이 강했다. 농사가 잘못된 것은 자신이 덕이 없어 하늘이 비를 내려주지 않고 햇볕을 쬐어주지 않아 그렇게 된 것이라고 여긴다. 이에 중국인들은 항상 자기 자신을 살피고 성찰하는 그리고 모든 것의 원인을 자신에게서 구하는 내성內省의 경향이 강하다. 그래서 중국철학은 서구철학보다 인격도야 정신수양 도덕함양 인간완성 등 자신의 심신수련을 중시하고 항상 자기 자신을 살피고 성찰하는 것을 중시한다. 일찍이 공자도 군자는 일의 잘잘못을 모두 자기 자신에게서 찾는다.[7]고 했다.

참선을 위주로 하는 선불교(선종)가 그러하고, 심산유곡에서 수련하는 수련도교가 그러하며, 오로지 침잠하여 몸 안에 단丹을 축적하는 내단內

7) 君子求諸己, 小人求諸人.(《논어 衛靈公篇》)

丹의 단전호흡이 그러하고, 무위자연으로 돌아가고자 하는 도가사상이 그러하며, 인격도야 정신수양 도덕함양 인간완성 등등을 중시하는 성리학이 그러하다. 중국철학에는 이렇게 자신의 마음을 깨끗하게 만들려는 <정심淨心에의 추구>가 굉장히 발달한 것이 특징인데, 그들은 극도의 정신적 정결성을 통하여 궁극적으로는 우주와 합일하는 도에 도달하고자 한다. 도가사상, 선불교(선종), 수련도교, 단학 등은 모두 극도의 <정심에의 추구>를 기본 특징으로 하고 있으며, 태극권 다도 서예 등등도 <정심에의 추구>와 깊은 관련성이 있다. 지금 물질문명에 찌든 서구인들이 동양에서 잃어버린 정신을 찾고자 하며 동양사상에 매력을 느끼는 것은 이렇게 극도로 발달한 동양철학의 <정심에의 추구> 때문인 것으로 여겨진다.

〈선방에서 참선하는 스님들의 모습. 모든 것의 원인을 자기 지신에게서 찾는 농경민족은 그들의 철학에 이처럼 淨心에의 추구가 굉장히 발달하였다.〉

12) 올바른 시간적 연장 중시

자급자족하는 농경문화 민족인 중국인들은 떠돌아다니는 유목민족의 공간적인 확장보다는 24절기의 올바른 계절적 순환을 동반한 끊임없는 시간적 영속성을 중시한다. 그들은 자급자족만 할 수 있다면 공간의 확장을 바라는 마음은 별로 없고, 다만 올바른 계절적 순환이 끝없이 연속되기를 바랄 뿐이다.

입춘부터 대한까지 24절기에 맞추어 농경일지적 삶을 수천 년 동안 살아온 전통 농경민족인 중국인들, 그들이 그들의 조상과 후손 그리고 핏줄과 가계 혈통 등을 아주 중시하는 것도 종적인 시간의 연속성에 대한 무한한 갈망 때문이라 할 수 있다. 가계를 중시하고 족보를 중시하며 혈통을 중시하는 것도 크게 보면 농경인들의 올바른 시간의 영속성 중시에 그 원인이 있다 할 것이다. 조상을 중시하는 것도 마찬가지이다. 이로 인해 제사도 중시하는데, 부모님이 돌아가시면 벼슬자리도 내던지고 3년을 무덤 옆에서 호곡號哭을 한다.

농경민족 중국인들은 대를 잇는 것을 중시하였다. 후손을 낳지 못해 대가 끊어지는 것은 칠거지악 중에서도 가장 큰 것으로 여겼다. 아들을 낳지 못해 대가 끊어지면 양자를 들어서도 대를 잇고자 하는 것은 종적인 시간의 영속성을 중시하였기 때문이다. 중국 전통사회에서 혈통을 끊는 멸문滅門을 가문의 가장 큰 수치로 여겼으며, 역적에게는 집안의 모든 남자를 죽여 씨를 말려 가문이 이어지지 않도록 만들기도 했다.

중국인들은 이런 종적인 혈통의 이음을 매우 중시하지만, 그러나 그들은 자급자족만 할 수 있다면 횡적인 영토 확장에는 그리 중시하지 않았다. 중국이 변방의 유목 지역을 쳐들어간 적도 있지만, 그것은 영토 확장에 목적이 있었던 것이 아니라 이들 오랑캐 이민족이 중국적 질서에 복속하지 않음에 대한 징벌적 의미가 크다고 하겠다. 또한 18세기 중엽 건륭제가 영토를 확장하기 이전까지만 하더라도 중국의 영토는 만리장성 이남의 농경문화 지역에 불과했고, 티벳지역 신강위구르지역에는 관심도 없었다.

13) 안분자족安分自足 안빈낙도安貧樂道

자연과 투쟁하며 살아가는 삶이 아니라 순응하며 살아가는 삶이기 때문에, 농경민족들은 자신의 분分(분수)을 지키며 안분자족하려는 경향이 강하다. 삶이 힘들고 어렵더라도 혹은 흉년이 들어 농사를 망치더라도 그것을 자신이 덕이 없어서 그리고 자신의 운명인 줄 생각하고 그저 포기하고 그럭저럭 살아가고자 하는 경향이 강한 것이다. 풀을 찾아 떠돌아다니는 유목인들과는 달리 자신의 삶을 자신의 의지대로 개척하고자 하는 경향이 적다. 그래서 올바른 계절적 순환을 중시하며 자급자족하는 농경인들은 평화로운 환경과 지족知足을 중시한다. 농경민족 중국인 그들은 안분자족 안빈낙도하는 삶을 즐겼다. 공자가 말하기를,

> 나물 먹고 물을 마시고 팔을 굽혀 베게 삼고 있어도 즐거움은 그 가운데 있으니, 의롭지 않으면서도 부귀해지는 것은 나에게는 뜬구름 같은 것이다.[8]

> 군자는 먹는 데 있어서 배부름을 구하지 않고, 사는 데 있어 편안함을 구하지 않는다.[9]

> 선비가 도에 뜻을 두고도 거친 옷과 거친 음식을 부끄러워한다면 족히 함께 논할 수가 없다.[10]

> 공자께서 말씀하시기를, "현명하도다 안회여. 한 그릇의 밥과 한 표주박의 마실 것으로 누추한 곳에 살아도 다른 사람들은 견디지 못하지만, 안회는 그 즐거움 고치지 않으니, 현명하도다 안회여."[11]

---

8) 飯疏食, 飮水, 曲肱而枕之, 樂亦在其中矣, 不義而富且貴,於我如浮雲.(《논어 述而篇》)

9) 君子食無求飽, 居無求安.(《논어 學而篇》)

10) 士志於道, 而恥惡衣惡食者, 未足與議也.(《논어 里人篇》)

11) 子曰, 賢哉, 回也. 一簞食, 一瓢飮, 在陋巷, 人不堪其憂. 回也, 不改其樂, 賢哉, 回也.(《논어 옹야편》)

〈강가에서 낚시하는 모습. 농경민족 중국인들은 자기 분수에 만족하고 자연을 즐기며 산 안빈낙도하는 삶을 즐겼다.〉

또한 노자가 말하기를,

> 족함을 알면 욕되지 않고, 멈출 줄 알면 위태롭지 않으니 가히 장구할 수 있다.[12]

> 만족을 모르는 것보다 더 큰 재앙은 없고, 탐욕을 부리는 것보다 더 큰 허물은 없다. 고로 만족을 아는 만족이 영원한 만족이다.[13]

14) 대가족제도의 발달, 가족 위계질서와 인간관계에서의 예 중시

농사짓는 데는 많은 노동력이 필요하다. 특히 논농사 위주인 농경사회는 더욱 그러하기 때문에, 농경사회에서는 다산을 중시하며 대가족사회를 이루게 되는 것이 특징이다. 또한 노동력이 강한 남자를 선호하는 남아선호사상이 강한 것이 일반적인 특징이기도 하다. 여성과 남성의 노동 강도

12) 知足不辱, 知止不殆, 可以長久.(《노자 44장》)

13) 禍莫大於不知足, 咎莫大於欲得, 故知足之足常足矣.(《노자 46장》)

를 비교할 때 남성의 그것이 여성이 비해 강하고 그에 따른 생산력이 증대되기 때문이다. 전통 농경사회에서 남성의 노동력은 하나의 덕목으로 작용했으며, 이에 따라 전통적으로 농경사회에서는 생산력이 강한 남성 위주의 남존여비는 있어왔었다.

이렇게 많은 가족 많은 친척들이 집성촌을 이루며 한 마을에 모여 살기 때문에 가족 친척간의 위계질서를 아주 중시하여, 가족 간이나 사람 간의 위계질서를 유지시키는 윤리와 인륜도덕이 발달하게 된다. 군신간의 관계, 부자간의 관계, 부부간의 관계, 붕우간의 관계, 장유간의 관계 등 이른바 삼강오륜이 발달하게 되는 것이다. 구성원 간의 위계질서를 유지하기 위해 웃어른의 말은 무조건 따르고 순종해야 한다. 웃어른이 틀리더라도 그것에 반항하거나 거스르면 안 된다. 그렇지 않으면 가족 간의 위계질서가 무너져 공동체를 운영해 나갈 수 없다. 가족 간의 친척 간의 위계질서를 유지하기 위한 이런 엄격한 인간관계 중시는 웃어른을 중시하고 조상을 중시하는 문화를 낳게 되는데, 이로 인해 혈통과 가계 가문 족보를 중시하는 문화풍조가 나타난다.

또한 농사(모심기 밭매기 벼베기 등)는 온 마을 사람들이 함께 협동적으로 짓기 때문에, 집단적인 품앗이 향약 두레 계 등의 협동적인 제도가 발달한 것이 특징이다. 농경문화 지역에서는 집안의 대소사도 온 마을 사람들이 나서서 함께 도와주는 상부상조의 미덕과 부조扶助제도가 많이 발달되어 있다. 그래서 농경문화 지역에는 동문회 동창회 향우회 문중 등 이른바 '우리'라고 하는 단합하는 모임이 많이 발달했다.

〈협동으로 모내기하는 모습〉

양과 말을 몰며 떠돌아다니는 유목인들에게는 집단적인 일이 별로 없었고, 또한 집단으로 촌락을 이루며 모여 살지도 않았기 때문에 품앗이 두레 향약 계 같은 집단적인 제도나 상부상조하는 미덕 그리고 동문회 동창회 향우회 등의 '우리'라는 모임이 별로 없고, 또한 그 개념도 희박하다. 그들은 씨족으로 모여 살지 않았기 때문에 문중이나 족보 가계 혈통 등에 대해 그리 중시하지 않았다.

농경인들은 개인의 뛰어난 통솔력과 창의력 리더십보다, 모내기 벼베기 등의 협동적인 일을 많이 했기 때문에 협동심과 단결 단합을 중시하는 경향이 강하다. 그러나 유목인들은 목자에 의해 양떼와 말떼를 몰고 다녔기 때문에 한 명의 완벽한 리더십을 갖춘 지도자를 중시 여기는 문화를 가지게 되었고, 그들은 사람들의 창의력 통솔력 리더십 등을 중시 여겼다.

서구에서 말하는 성격(character)이란 남과 다른 나만이 가지고 있는 독특한 성격을 뜻하지만, 중국에서는 남과 아무 문제없이 잘 어울리며 모나지 않는 것을 '성격 좋다.'라고 표현한다. 독특한 창의력이나 개성 등이 별로 필요 없는, 모두 함께 협동적인 일을 하며 삶을 살아온 농경민족이기 때문에 개인의 뛰어남보다는 남과 두리뭉실하게 어울려 사는 삶을 중시 여겼던 것이다. 모난 돌이 정 맞는다는 말도 있다.

〈대가족으로 씨족집단을 이룬 중국 농촌마을 풍경〉

15) 농경문화 사상으로서의 도가와 유가

중국에서 발생한 유가와 도가사상은 모두 농사꾼의 사고방식을 잘 반영하고 있다. 만약 이들 사상이 반 농사꾼 적이었다면 지금까지 중국에서 지속되어 내려오지 않았을 뿐만 아니라, 언젠가는 역사 속으로 소멸되어

버렸을 것이다. 이들 사상이 중국에서 지금까지 수천 년 동안 그 생명력을 유지할 수 있었던 것은 그 사상들이 농경문화의 특징을 잘 반영하고 있기 때문이라 할 수 있다.

농사꾼들의 생활은 단순하고 그들의 생각은 소박하다. 도가사상은 농사꾼들의 이런 면을 잘 반영하고 있는데, 도가사상은 문명과 인위적인 것을 비난하며 소박한 소국과민의 원시 농경사회를 가장 이상적인 사회로 묘사하고 있다.

농부는 항상 자연과 더불어 혼연일체가 되어 살아간다. 흙과 인간이 하나가 되는 것이다. 그들은 흙을 어머니로 여기며 살아간다. 그리고 자연을 항상 찬미하고 순종하며 살아간다. 자연에 대한 무한한 찬미와 사랑 그리고 융합은 도가사상에 아주 잘 표현되어 있다. 그들은 무위자연(인위적인 것을 가하지 않은 스스로 그러한) 상태로 돌아가기(歸)를 원했다. 그들은 스스로 그러한 것(自然)과 인위적인 것을 엄격하게 구분하였다. 자연의 법칙과 우주의 질서에 그대로 따라가며 살고자 한 것이다. 그들은 우주와 자연과 합일되어 하나 되기를 원했고, 그것은 농부가 흙과 하나 되기를 원한 것과 마찬가지였다.

농경이 중국사회의 경제적 기반을 이룩하였다면, 유가사상은 농경인들의 윤리를 천명했다고 할 수 있다. 사람들 사이의 위계질서와 단결과 협동이 중시되는 농경사회에서 인륜도덕과 예를 중시하는 유가사상은 사회적 위계질서와 그 책임을 강조하고 있다.

그 반면에 도가사상은 인간의 자연적인 면과 자발적인 면을 강조하였다. 유가가 사회 위계질서 안에서의 속박된 윤리라면, 도가는 이를 벗어난 초월과 자연에의 소요를 중시하였다. 이 양자는 세력 균형을 유지하면서, 중국인들로 하여금 세간世間과 출세간出世間의 평형감을 유지시켜 주었다고 할 수 있다. 중국인들은 벼슬자리에 나가 사회에 적극 참여할 때는 유가사상에, 벼슬을 떠나 고향과 전원 그리고 유배지에 은거할 때는 도가사

〈대가족으로 모여 살았던 농경민족은 사람과 사람 사이의 위계질서와 인륜도덕을 중시하였다. 그림은 삼강행실도三綱行實圖〉

상에 기울어졌다. 중국에서는 사회에 적극 참여하고 관리가 되어 사람들과 많은 교분을 나눌 때는 유가적 교양을, 사회를 떠나 자연에 은거할 때는 도가적 교양을 중시하였기 때문에, 이를 모두 갖춘 사람을 진정한 성인으로 보고 '내성외왕內聖外王'이라고 불렀다.

3-4세기 위진남북조시대 도가를 유가에 접근시키려는 경향을 신도가新道家라 부르고, 11-12세기 송나라 때 유가를 도가에 접근시키려는 경향을 신유가新儒家(성리학)라고 부르는데, 이 양자는 중국 역사 속에서 항상 대립하는 듯 하면서도 또한 서로 융합하고 서로 영향을 주고받는, 대립 속의 융합과 조화를 이루었다고 할 수 있다.

유가와 도가가 농경문화적인 사상이기 때문에 지금까지 2,000년 동안 중국인들에게 막대한 영향을 끼쳐왔지만, 춘추 전국시대 한때를 풍미했던 묵가나 법가사상이 그 이후 지속적으로 중국인들의 철학에 영향을 미치지 못한 것은 필자는 그것이 농경문화적인 사상이 아니었기 때문이라고 생각한다.

"천지간에 떠났다가 다시 돌아오지(歸) 않는 것은 하나도 없다."

- 북송 철학자 소옹邵雍-

3. <귀歸>의 철학

1) 유가 복고(歸)주의

유가사상은 예교주의와 복고주의를 그 근간으로 하여 이루어진 사상이라 할 수 있다. 이 중 복고주의란 Utopia는 항상 과거에 있었다고 내세우며 그 과거로 돌아가려는(歸) 사상이다. 유가인 그들은 이상정치가 행해졌다고 여겨온 하 은 주 3대로 돌아가고(歸) 싶어 하고, 또한 요순의 황금시대로 돌아가고(歸) 싶어 한다. 과거는 항상 좋았다고 여기고, 시간의 흐름에 따라 미래로 흘러가는(去) 것은 chaos(불완전한)상태로 가는 것이라고 여긴다. 황금시대는 언제나 한 문화의 과거에 존재했으며, 뒤따르는 역사는 쇠퇴하는 것이라고 보고 있는 것이다. 유가에서 말하는 황금시대란 -3,000년경의 황제 요 순 우같은 전설적인 제왕들에 의해 나라가 다스려진 시대를 가리킨다. 그래서 유가인들이 생각하는 역사의 발전이란, 그들의 위대한 선조들이 이룩했다고 믿었던 이 낙원 황금시대로 돌아가(歸), 그 시대에 가까워지는 것이다. 유가인 그들은 항상 선인先人을 본받고 선친의 말씀을 좇으며 선왕이 이룬 업적을 따르고자 했다.

이런 과거지향적인 성격 때문에, 유가인들처럼 제시를 중시하고 역사를 중시하며 또한 어른과 조상을 숭배하는 사람들도 이 세상에 별로 없다. 그들은 부모가 돌아가시면 무덤 옆에서 갈근으로 된 옷을 입고 거친 음식을 먹으며 3년 동안이나 호곡呼哭을 하며 무덤 곁을 떠나지 않았다. 이름을 짓는데도 부모님이나 군주의 이름을 범하지 않으려고 휘諱했는데, 이 역시도 조상과 과거를 중시하는 복고주의(歸) 때문이다.

그들은 어떠한 일을 할 때에도 항상 과거의 사건을 전범으로 삼아 행했다. 예를 들어 가의賈誼가 한漢 문제文帝에게 제후들의 세력을 견제하여 천자의 권력을 절대화시켜야 한다고 건의하는 상소문인 <논시정소論時政疏>를 보면, 자신의 주장을 과거의 역사적 사실에 근거하여 펼치고 있다. 과거의 일을 살펴 보건데 대저 강자가 먼저 반란을 일으킨다고 하면서, 그 예로 회남왕초淮南王楚 한신韓信 관고貫高 진승陳勝 팽월膨越 경포鯨布 여관盧綰 등등의 인물들의 사적을 들어 자신의 주장을 설명하고 있는 것이다.[1] 여러 사적을 뒤져보면, 이처럼 항상 과거의 역사적인 일들을 들어 신하가 임금에게 자신의 주장을 펴는 예는 이루 다 들 수 없을 정도로 많다. "과거의 누구누구 임금은 이러이러해서 정치를 잘 하였으니 폐하께서는 그것을 본받으십시오."라느니, "과거의 누구누구 임금은 이러이러하여 정치를 망쳤으니 폐하께서는 교훈으로 삼으십시오."라는 등, 모두 과거의 역사적 사실에 비추어 현실 정치를 조정하고, 또한 그것에 의존하여 현실 삶을 살려고 했던 것이다.

유가문화가 상층문화로 군림한 한 이후부터 청까지, 《사기》에서 《청사淸史》까지 25사가 사가들에 의해 끊임없이 기록되어져 왔다. 사가들의 최대 임무는 전 조대나 전 제왕의 역사적 사실을 그대로 기록에 남겨두는 것이다. 중국처럼 이렇게 면면히 사서가 기록된 나라도 이 세상에 별로 없다고 한다. 서구인들이 중국을 '역사의 나라'라고 칭하는 것처럼, 역사의 기록은 끊임없이 기술되어져 온 것이다. 이렇게 중국인들이 역사 기록을 중시

1) 臣竊跡前事, 大抵强者先反: 淮南王楚最强, 則最先反: 韓信倚胡, 則不反: 貫高田趙資, 則不反: 陳頌兵精, 則不反: 膨越用梁, 則不反: 鯨布用淮南, 則不反: 盧綰最弱, 最後反, 長沙乃在二萬五千戶耳. 功少而最完, 勢疏而最忠, 非獨性異人也, 亦形勢然也. 最分樊酈 絡 灌據數十城而王, 今以殘亡可也. 令信越之倫, 列爲徹侯而居, 雖至今存可也.

한 것은 과거를 중시하여, 과거를 전범으로 삼아 현실 삶을 수정 보완해 살려고 하는 유가 복고주의(歸) 경향 때문이라 할 수 있다. 여러 전적에 나오는 다음과 같은 공자의 언급은 그의 복고적(歸)인 사상을 그대로 잘 나타내고 있다.

> 나는 태어나면서 그것을 아는 사람은 아니니, 다만 옛 것을 좋아하여 민첩하게 그것을 구했을 따름이다.[2]
>
> 주周는 (하나라와 은나라) 2대를 거울삼았으니 그 문화가 찬란하도다! 나는 주(즉 주의 문화)를 따르겠다.[3]
>
> 오래되었도다. 내가 다시 꿈에 주공周公을 뵙지 못한 것이, 공자님께서 말씀하시기를, '심하도다. 나의 쇠衰함이여!'라고 하셨다.[4]
>
> 하나라 예를 나는 능히 말할 수 있지만 (그 후손인) 기杞나라에 충분한 증거가 남아있지 않고, 은나라 예를 나는 능히 말할 수 있지만 (그 후손인) 송宋나라에 충분한 증거가 남아있지 않다. 문헌이 부족한 까닭인데, 충분하다면 나는 능히 입증할 수 있을 것이다.[5]
>
> 문왕文王께서 이미 돌아가셨으나, (주나라의) 그 문물제도가 바로 여기에 있지 않느냐? 하늘이 이 문물제도를 없애려했다면 나와 같은 후세들은 이 문물제도를 접할 수 없었을 것이다. 하늘이 이 문물제도를 없애려 하지 않았을 진데, 광匡 땅 사람들이 나를 어찌하겠느냐![6]
>
> 만약 나를 쓰는 자가 있다면, 나는 동쪽의 주周나라를 건설할 것이다.[7]

---

2) 吾非生而知之者, 好古敏而求之也.(《논어 7장 20절》)

3) 周監於二代, 郁郁乎文哉! 吾從周.(《논어 3장 14절》)

4) 久矣吾不復夢見周公. 子曰"甚矣吾衰也!"(《논어 7장 5절》)

5) 夏禮吾能言之, 杞不足徵也; 殷禮吾能言之, 宋不足徵也. 文獻不足故也, 足則吾能徵之矣.(《논어 3장 9절》)

6) 夏禮吾能言之, 杞不足徵也; 殷禮吾能言之, 宋不足徵也. 文獻不足故也, 足則吾能徵之矣.(《논어 3장 9절》)

7) 如有用我者, 吾其爲東周乎.(《논어 17장 5절》)

공자 그는 항상 과거 전통 제도를 따르고 선왕의 법도를 쫓으며 주례周禮를 따르고 주공周公을 본받고자 한 것이다. 공자가 보기에 주의 전장典章제도는 "위로는 과거 성왕의 업적을 계승하고 아래로는 미래의 학술을 개척할 수 있는"(上繼往聖, 下開來學)[8] 것이라고 여겼다.

"옛 것을 조술祖述하고 (내 멋대로) 창작하지 않았으며, 신념을 가지고 옛 것을 좋아했다."[9]라고 했다. 전대의 것을 조술하지 자기 멋대로 창작하지 않는다는 '술이부작述而不作' 정신을 지켜, 전대부터 전해 내려오는 여러 전적들 즉, 《시》《서》《역》《예기》《춘추》 등을 모아서 조술하여 편찬했을 따름이지 스스로 짓지는(作) 않았었다. 공자 외에도 맹자나 순자 같은 유가 추종자들의 언급에도 복고적인(歸) 경향이 강하게 나타난다.

> 임금의 마음이 어질고 또 그렇다고 소문이 난 경우라도 세상에 그 은택이 돌아가지 않고 후세에 모범이 되지 못하는 까닭은 선왕의 도를 행하지 않았기 때문이다. 시에 이르기를 '어기거나 저버리지 않고 옛 전통을 따르네.'했는데, 선왕의 법을 따르다 잘못을 저지른 경우는 있지 않다.[10]

> 옛날에 우임금이 홍수를 다스리자 천하가 태평해졌고, 주공이 오랑캐를 아우르고 맹수를 쫓아내자 백성은 안심했고, 공자가 춘추를 완성하자 난신적자亂臣賊子가 두려워했다. 나 역시 인심을 바로잡고, 간사한 학설을 종식시키고, 그릇된 행실을 배격하고, 궤변을 추방하여, 세 성인聖人을 계승하려는 것이다.[11]

> 공자는 어질고 슬기로우며 가려 막히지 않았다. 고로 천하통일에 대한 그의 학술은 선왕의 것에 비해 손색이 없었다. 일가一家의 언설로 주도周道의 핵심을 파악하고 나아가 그것을 들어 쓸 수 있는 것은 그가 기성의 잡설에 가려 막히

8) 주희의 《중용장구서》에 나오는 구절로 스승 공자를 칭송한 내용임.

9) 述而不作, 信而好古.(《논어 7장 1절》)

10) 今有仁心仁聞, 而民不被其澤, 不可法於後世者, 不行先王之道也. 詩云 '不愆不忘, 率由舊章.' 遵先王之法而過者, 未之有也.(《맹자 7장 1절》)

11) 昔者禹抑洪水而天下平, 周公兼夷狄驅猛獸而百姓寧, 孔子成春秋而亂臣賊子懼, 我亦欲正人心, 息邪說, 距詖行, 放淫辭, 以承三聖者.(《맹자 6장 9절》)

지 않았기 때문이다. 고로 공자의 덕은 주공과 나란히 하며, 공자의 명성은 3왕(하나라 우왕禹王 은나라 탕왕湯王 주나라 무왕武王)과 나란히 하니, 이것이 가려 막히지 않는 복이라는 것이다.[12]

공자는 성왕成王과 강왕康王의 도를 닦았고, 주공의 가르침을 이었다.[13]

왕된 자의 제도에서 도는 3대(하 은 주)를 넘지 않고, 법은 후왕後王[14]의 것과 다르지 않다. 도가 3대를 넘으면 황당하고 법이 후왕과 다르면 아雅하지 않는다. 의복에는 제도가 있고, 궁실에는 법도가 있으며, 아전들도 차등이 있고, 상례와 제례용 기물에 모두 등급과 마땅함이 있다. 소리는 즉 무릇 아성雅聲이 아닌 것은 들어 폐기하고, 색은 무릇 옛 무늬가 아니면 들어 없애며, 기물의 씀은 무릇 옛 기물이 아니면 들어 폐기한다. 무릇 그것을 복고復古라고 하나니, 이가 왕된 자의 제도이다.[15]

이 외에 문헌에 보이는 유가인들의 복고적인(歸) 언급은 이루 헤아릴 수 없을 정도로 많다. 공자가 육경(《시》《서》《역》《예》《악》《춘추》)을 산정刪定한 이유도 실은 그가 그렇게 본받고자 했던 주 초기 문왕과 주공시대의 문물제도를 알기 위해서였다. 천만다행으로 주를 종주로 삼았던 동방의 노나라에서는 그런대로 주의 예악제도가 많이 남아있어 공자는 말년에 주나라 예악제도를 복원시키기 위해 육정의 산정에 매진한 것이다 노나라의 문물은 종주宗周의 축소판이었던 것이다. 《사기 공자세가》에서는 이를 "주나라 왕실이 쇠미해져 주의 예악제도가 행해지지 않고 《시》《서》도 많이 흩어졌다. 그래서 공자는 삼대(하 은 주)의 예를 추적하여 《서전書傳》을 정리했다."(周室微, 而禮樂廢, 詩書缺. 追迹三代之禮, 序書傳)고 했다.

---

12) 孔子仁智且不蔽, 故學亂術足以爲先王者也. 一家得周道, 擧而用之, 不蔽於成積也. 故德與周公齊, 名與三王幷, 此不蔽之福也.(《순자 15장》)

13) 孔子修成康之道, 述周公之訓.(《회남자 要略》)

14) 여기서 후왕의 법은 周道와 周禮를 가리킨다.

15) 王者之制, 道不過三代, 法不貳後王. 道過三代爲之蕩; 法貳後王謂之不雅. 衣服有制; 宮室有度; 人徒有數; 喪祭械用, 皆有等宜. 聲則凡非雅聲者擧廢; 色則凡非舊文者擧息; 械用則凡非舊器者擧毁. 夫是之謂復古, 是王者之制也.(《순자 5장》)

"(옛 것을) 계술만 하고 창작하지 않았으며, 신념을 가지고 옛 것을 좋아했다."(述而不作 信而好古.)고 공자는 말했는데, 원래부터 전해오던《시》《서》《역》《예》《악》《춘추》를 공자가 계술하여 옛 주 문화를 복원하려고 노력했음을 말한다. 이런 술이부작의 유가정신으로 말미암아 후대 유가인들은 새로운 창작 저술물을 내는 것이 아니라, 유가경전에 주석을 달고 재해석하는 일에 몰두했었다. 이것이 후대 유가 학문의 전부라고 할 수 있는데, 그러나 유가 경전에 대한 주석과 재해석을 몰두했다고 하나 그 경전을 어떻게 이해할 것인가를 자기 나름대로 설명한 것이니 완전한 창작 저술물이 아니라고도 말하기 힘들다. 계술만 하고 창작하지 않음(述而不作)은 정말로 창작하지 않은 것이 아니고, 이런 면에서 보면 계술을 통한 창작(以述爲作)이라고도 할 수도 있겠다. 어쨌든 복고적인 술이부작의 정신으로 말미암아 새로운 학문은 개척되지 않고 항상 옛 유가 경전을 되씹는 것이 중국 유학자들의 학문 형태라고 할 수 있겠다. 전 세계 학문 중에 유가 경전(특히 사서오경)처럼 근 2,000년을 두고 끊임없이 모든 유학자들이 주석 달고 되씹고 해석하는 것에 매달렸던 서적도 없을 것이라 생각된다. 공자의 술이부작 정신은 새로운 학문의 개척과 탄생을 일정부분 막았다고 할 수 있을 것이다.

혼란스러운 춘추시대 말기 한 사회의 구제도가 날로 붕괴되는 과정 중에, 자연히 보수적인 경향을 가지는 사람들은 "세상풍조가 예전과 같지 않고 인심이 날로 하락하는 것"(世風不古, 人心日下)을 목도하고, 마침내 구제도를 옹호하게 되는데, 그 대표적인 인물이 바로 주나라 초기 문왕과 주공시대로 돌아가고자(歸) 한 공자인 것이다.

후대 유가인들은 창조 창신創新을 하지 못하고 탁고개제託古改制 탁고입언託古立言, 즉 새로운 제도나 사상을 만들 때에도 항상 옛 것에 기탁해 그 정당성을 찾으려 했는데, 이는 중국 사회로 하여금 진보적 진취적 미래지향적 방향으로 나가지 못하게 했다. 이들 유가인들은 항상 요순시대나 하은주시대를 이상화했고 모든 면에서 옛날이 지금보다 나았다고 여겼다. 과거는 지금보다 좋았고, 미래는 지금보다 좋지 않을 것이라고 여긴 것이다. 중국 최고의 지식인이며 권력자들이 이런 복고적(歸) 사유를 하는 유가적 교양의 소유자라는 것 때문에, 근대 이후 전통 중국사회가 더 발전하지 못하고, 중세 기독교 제일주의에서 벗어나 근대 이후 비약적인 사상 해방과 발전을 이룬 서구에 뒤처진 근본 원인이라고 생각된다. 후한의 과학적 이성주의자 왕충王充은 그의《논형論衡 제세편齊世篇》에서 이런 복고적인 사고를 하는 당시 사람들을 비판하며 말하기를,

> 역사를 기술하는 사람이 옛 것을 찬양하고 지금 것을 비하하기를 좋아했고, 선해들은 과거 것을 중시하고 눈으로 본 현실을 천시했다. 또 논변하는 자는 옛 것만 논했고 문인은 과거의 심원한 것만 기록했으며, 요즘 일은 기이해도 논변에서 언급하지 않았고 지금 일은 이변이라도 기록하지 않았다.[16]

〈중국 유가사상의 창시자 공자. 그는 일생동안 주 문왕과 주공의 업적을 계승할 것을 사명으로 삼아 복고적(歸)인 경향을 가졌다.〉

2) 불교 윤회(歸)사상

불교사상은 윤회사상을 그 중심으로 하고 있다. 전생과 현생 그리고 내세가 하나의 수레바퀴처럼 윤회하여 돌고 돈다는 것이다. 그늘에 의하년

16) 述事者好高古而下今, 歸所聞而賤所見. 辨士則談其久者, 文人則著其遠者. 近有奇而辨不稱, 今有異而筆不記.

현생은 과거의 업보에 의해 결정되고 내세 또한 현생의 업보에 의해 결정된다고 한다. 모든 것이 윤회함으로 그들은 "모든 행위에는 변하지 않는 것이 없고, 모든 법에는 나(我)라는 것이 없으며, 열반의 세계는 고요하고 깨끗하다."(諸行無常, 諸法無我, 涅槃寂淨)라고 하고 있다.

불교는 인과응보 사상이 윤회사상과 결합하여 업業이 전생으로부터 내세에 이르기까지 계속 연장되고 있다고 본다. 윤회란 인간 생사의 바퀴(輪)는 3界[17]와 6道[18]의 세계를 끊임없이 돌게 되는(歸) 바, 우리는 형태를 바꿔가며 계속 존재한다는 것이다. 유정有情의 존재는 탐욕 혹은 집착이 있는 한 윤회는 계속되는데, 윤회의 굴레를 벗어나는 길은 오직 고苦를 소멸시키는데 있다고 본다.

불교에서의 인생관 우주관 역사관 그리고 세계관이 굉장히 순환 회귀적으로 설명되어 있다. 예를 들어 그들은 역사를 파괴의 기간, 파괴의 연속 기간, 쇄신 기간, 쇄신의 연속 기간, 또 그 다음에 파괴의 기간, 파괴의 연속 기간으로 전체의 계기는 끊임없이 반복 순환한다고 보고 있다.[19] 5세기에 살았던 불교 교리의 최고 권위자인 Visuddi-Magga는 거시적인 역사의 전체 순환에 대해 다음과 같이 약술하고 있다.

> 이제 순환적인 파괴의 큰 구름으로부터 대화재(劫火)가 마치게 될 때까지 한 번의 무량겁無量劫이 이루어지며, 이를 '파괴의 시기'라고 부른다. 그리고 순

17) 三界는 欲界 色界 無色界를 말한다. 欲界은 생물의 본능적 욕망을 뜻하며, 식욕 음욕 색욕으로 채워진 존재가 사는 세계이다. 色界은 물질적 존재를 의미하는 바, 생물학적 욕망에서는 벗어났으나 물질의 세계로부터 자유롭지 못한 상태를 의미한다. 無色界이란 색이 없는 것으로, 욕계와 색계를 초월한 정신의 소유자가 사는 세계를 말한다.

18) 六道는 六趣라고도 하는데, 지옥 아귀 축생 아수라 인간 하늘의 6가지 생활을 말한다. 지옥은 고통받는 지하 세계이며, 아귀는 배곯은 귀신을 말하고, 축생은 동물을 가리키며, 아수라는 싸움을 좋아하는 魔神을 가리킨다. 인간은 즉 인류의 세계를 말하고, 하늘(天)의 세계는 천신 등의 미묘한 존재들의 세계이다. 하늘의 존재는 나머지 다섯에 비해 품격이 높으나 윤회의 사슬에서 완전히 벗어난 것은 아니다.

19) 《동양과 서양의 만남》 제 4장 불교 편 참조

환적인 파괴의 대화재로부터 수백억의 세계를 채우는 유익한 큰 비가 오기까지가 두 번의 무량겁이며, 이를 '파괴의 연속 시기'라고 한다. 큰 비로부터 태양과 달이 출현하기까지가 제3의 무량겁이며, 이를 '쇄신의 시기'라고 한다. 태양과 달의 출현으로부터 순환적인 파괴의 큰 구름이 되기까지가 제4의 무량겁이며, 이를 '쇄신의 연속 시기'라고 한다. 이들 넷의 무량겁이 한 번의 대 세계 순환을 이루는 것이다.[20]

브라마를 수행하는 제신諸神들의 수명은 세계 순환의 1/3이며, 브라마의 사제들의 수명은 세계 순환의 1/2이다. 대 브라마신은 1회의 세계 순환을, 제한된 장려壯麗한 제신諸神들은 2회의 세계 순환을, 무한히 장려한 제신들은 4회의 세계 순환을, 빛나는 제신들은 8회의 세계 순환을, 제한된 광휘光輝의 제신들은 16회의 세계 순환을, 무한한 광휘의 제신들은 32회의 세계 순환을, 완전한 광명의 제신들은 64회의 세계 순환을 한다. 부유하게 보상받은 제신들과 지각知覺을 갖지 않은 제신들은 500회의 세계 순환을, Aviha의 신들은 1,000회의 세계 순환을, 고통이 없는 제신들은 2,000회의 세계 순환을, 쉽사리 나툰 제신들은 4,000회의 세계 순환을, 쉽사리 보고 있는 제신들은 8,000회의 세계 순환을, 숭고한 제신들은 16,000회의 세계 순환을 한다. … 무한한 공간의 영역에 자기의 처소를 지은 제신들의 수명은 20,000회의 세계 순환을, 무無의 영역에 자기 처소를 마련한 제신들은 60,000회의 세계 순환을, 지각도 아니며 그렇다고 비지각도 아닌 영역에 처소를 마련한 제신들은 84,000회의 세계 순환을 갖는다.[21]

불교의 여러 신들도 거시적인 대 세계 순환의 역사에 따라 끊임없이 그 수명이 순환하고 있음을 나타내고 있다.

또한 그들은 사람의 삶도 전생 현생 내세가 죄의 업보를 지고 끊임없이 고해의 바다에서 윤회(歸)한다고 보고 있다. 죄의 업보를 지고 고해의 바다에서 끊임없이 윤회하는 인생이란 자고로 허무한 것이니, 이 사바세계에 집착할 것이라고는 하나도 없다는 것을 깨달으면 그 순간 마음이 평온해지면서 또한 이런 윤회의 사슬에서 벗어나 Nirvana(열반)의 세계로 잠입해

---

20) 《동양과 서양의 만남》 제 4장 불교 편 78-79쪽 참조

21) 《동양과 서양의 만남》 제 4장 불교 편 80-81쪽 참조

들어간다는 것이 불교사상의 골자라고 할 수 있다. 사바세계를 죄의 업보 속에서 끊임없이 순환 회귀(歸)하는 것으로 보는 불교의 윤회사상에는 우주와 인생 그리고 역사를 끊임없이 순환하고 회귀하는(歸) 사고의 패턴이 깊게 들어있다. 고승 혜원慧遠의 다음과 같은 언급은 끊임없이 순환 회귀하는 현생에 아무 것도 집착하지 않으면 업보의 윤회 사슬에서 벗어날 수 있음을 말하고 있다.

> 무명無明은 미혹의 근본이요, 탐애貪愛는 모든 고뇌의 근원이니, 이 두 원리에 함께 노닐면 정신의 작용이 흐려진다. 길흉과 재앙은 오직 무명과 탐애에서 발동한다. 무명은 자신의 통찰력을 가리기 때문에 고로 정욕은 외물에 집착한다. 탐애는 자기의 본성을 타락시키기 때문에 고로 사대四大가 응결하여 육체를 형성한다. 육체가 응결되면 나와 나 아닌 것이 구별이 되고, 정욕에 미혹되면 선악 분별에 자신의 주관이 생긴다. 나와 나 아닌 것이 구별이 되면 저마다 자기 몸을 사사롭게 여기며 자신의 육신만을 도모한다. 선악의 분별에 자신의 주관을 두게 되면 자신의 생명에 연연하여 삶이 윤회하여 끝없이 끊어지지 않는다.[22]

> 몸은 즉 태어나고(生) 늙고(老) 병들고(病) 죽지만(死), 죽은 후에도 다시 태어난다. 세계는 즉 생성하고(成), 유지하고(住) 붕괴되고(壞) 없어진다.(空) 없어진 후에도 다시 생성된다. 마치 우물물을 긷는 도르래처럼 끝도 시작도 없이 영원히 유지되고(住) 파괴되며(壞) 없어지지만(空) 영겁의 시간 속에 낳고(生) 낳아(生) 끊임없이 윤회한다. … 이 종파에 근거하면 색色과 심心 두 법 및 탐욕(貪) 성냄(瞋) 어리석음(癡) 등이 근신根身(신체기관)과 기계器界(물질세계)의 근본이 된다.[23]

인간은 생로병사했다가 다른 생명체로 다시 태어나 또 생로병사하며 영

22) 無明爲惑網之淵, 貪愛爲衆累之府, 二理俱遊, 冥爲神明. 吉凶悔吝, 惟此之動, 無明掩其照, 故情想凝滯於外物. 貪愛流其性, 故四大結而成形, 形結則彼我有封, 情滯則善惡有主. 有封於彼我, 則私其身而身不忘. 有主於善惡, 則戀其生而生不絶.(《홍명집》 33쪽)

23) 身則生老病死, 死而復生, 界則成住壞空, 空而復成. 劫劫生生, 輪廻不絶. 無終無始, 如汲井輪. … 據此宗中, 以色心二法, 及貪瞋癡, 爲根身器界之本也.(<척편천>)

겁의 시간을 윤회의 쳇바퀴 속에서 끊임없이 순환 회귀한다. 이 세상(器界)도 생성하고(成) 유지되고(住) 파괴되며(壞) 없어지지만(空), 없어진 후에도 다시 생성되는 순환 회귀를 한다. 세계(器界)가 생성하고(成) 유지되고(住) 파괴되며(壞) 없어지는(空) 4시기를 거치는 것을 4겁劫이라고 한다.

> 공겁空劫으로부터 처음 완성되는 세계에 대하여, 게송에 이르기를, '공계空界에 큰 바람이 일어나 무한대 넓이로 펼쳐져, 두께가 16 낙차洛叉(1낙차는 1억 * 7km임)이니 금강金剛 방망이(모든 것을 분쇄할 수 있는 무기)로도 붕괴시킬 수 없는데, 이것이 지계풍持界風(세계를 지탱하는 바람 바퀴)이다. 광음光音 천상에 금장운金藏雲(황금의 구름)이 삼천 세계를 뒤덮고 비가 차축처럼 내렸으나 바람에 막혀 흐르지 못하는데 길이가 11낙차에서 금강계가 형성된다. 다음으로 금장운이 그 안을 비로 채우면 범왕계梵王界로부터 야마천夜摩天까지 완성된다. 바람이 맑은 물을 치면 수미須彌의 일곱 금산(七金)이 만들어 지고 그 찌꺼기가 산과 사주四洲와 땅 속이 되고 짠 바다가 외곽을 둘러싸면 기계器界(물질세계)가 완성된다. 이 시기는 한 번의 증감增減을 거쳐 눌째 선천禪天에서 복이 다하여 아래로 인간이 태어나니 처음에 지병地餠(꿀 등)과 임등林藤(과일 등)을 먹다가 나중에 소화하기 힘든 딱딱한 쌀을 먹게 되면 대소변이 잘 나오고 남녀의 모습으로 구별된다. 그리하여 토지를 나누어 주인을 세우고 신하의 보필을 구하는 등 온갖 차별이 생겨 19 증감을 겪으면 앞의 1 증감과 합쳐 모두 20 증감이 되는데, 이것이 성겁成劫이다.[24]

이 이후에도 종밀은 성겁成劫에서 주겁住劫으로 변하는 과정, 주겁에서 괴겁壞劫으로 변하는 과정, 그리고 괴겁에서 공겁空劫으로 변하는 과정을 상세히 설명하고 있다. 다시 그 공겁空劫에 성겁成劫으로 변하여 이 세계(器界)는 거시적으로 영겁의 세월동안 끊임없이 순환 회귀(歸)한다는 것이다.

---

24) 從空劫初成世界者, 頌曰, '空界大風起, 傍廣數無量. 第十六洛叉, 金剛不能壞. 此名持界風, 光音金藏雲, 布及三千界, 雨如車軸下, 風遏不聽流, 第十一洛叉, 始作金剛界, 次第金藏雲, 注雨滿其內, 先成梵王界, 乃至夜摩天, 風鼓淸水成, 須彌七金等. 滓濁爲山地, 四洲及泥犁, 鹽海外輪圍, 方名器界立," 時經一增減, 乃至二禪福盡, 下生人間, 初食地餠林藤, 後便米不銷, 大小便利, 男女形別, 分田立主, 求臣佐, 種種差別, 經十九增減, 兼前總二十增減, 名爲成劫.(<적편천>에 있는 宗密의 自注)

> 주住는 주겁住劫이니 역시 20 증감增減을 거친다. 괴壞는 괴겁이니 역시 20 증감을 거친다. 앞 19겁 때 유정有情(생명체)이 붕괴되고, 그 후 1 증감 사이에 기계器界(물질세계)가 붕괴된다. 그 붕괴시키는 주역은 물과 불과 바람 등 삼재三災이다. 공空은 공겁이니 역시 20 증감을 거치는데 이 사이에 우주의 모든 세계와 모든 유정有情은 모조리 공무空無로 돌아간다.[25]

생성하고(成) 유지하고(住) 붕괴되고(壞) 없어진다(空)는 것을 끊임없이 반복하는 것이 이 세계(器界)이다. 이 세계는 성 주 괴 공으로 무한대로 순환 회귀(歸) 한다는 것이다. 이처럼 불교의 인생관 우주관 역사관 세계관은 끊임없는 순환(歸)에 그 바탕을 두고 설명하고 있다.

〈보리수 아래에서 깨우친 부처. 그는 이 세상의 모든 것은 수레바퀴처럼 끊임없이 돌고 돌아 윤회한다(歸)고 생각했다.〉

3) 도가 무위자연 회귀(歸) 사상

도가사상의 추종자들은 현실의 인위적인 삶을 버리고 그 본래의 무위자연 상태(원형 상태)로 돌아가라고(歸) 외치고 있다. 또한 도가의 추종자들은 어린이를 찬양하고 있으며, 성인聖人은 천하를 어린이같이 만들며, 백

25) 住者住劫, 亦經二十增減, 壞者壞劫, 亦二十增減. 前十九增減壞有情, 後一增減壞器界, 能壞是水火風等三災, 空者空劫, 亦二十增減, 中空無世界, 及諸有情也. (같은 책)

성들을 어린이같이 만들어야 한다고 하면서,[26] 영아로 복귀(歸)하라고 외치고 있다. "상덕常德을 떨어지지 않게 하고, 영아로 복귀(歸)하라.[27]"고 외치고 있고, "성인은 천하에서 천하 백성들의 마음을 담박한 상태로 복귀(歸)시키는데 있어, 성인은 모두 (백성들을) 어린아이 대하듯 해야 한다.[28]"고 주장하고 있다. "나 홀로 담박하여 동요도 없는 것이 영아가 아직 웃을 줄 모르는 것과 같다.[29]"와 "오로지 기氣가 유순한 경지에 이르러 능히 영아 같을 수 있을까?[30]"와 "덕의 두터움을 품은 것이 갓난아이에 비할 수 있다.[31]"에서 영아를 칭송하며 그 영아 상태로 돌아가고(歸) 싶어 한다.

현세의 인위적인 세계란 진리의 세계가 아닌 chaos(불완전)의 세계이다. 그래서 이 상태를 벗어나 인간의 영아 상태에 해당하는 무위자연의 소국과민小國寡民[32]한 원시 농경사회로 돌아가려고(歸) 한다. 도가사상은 문명과 인위적인 것을 비난하며 소박한 소국과민의 원시 농경사회를 가장 이상적인 사회로 묘사하고 있는데, 《노자》 제 80장에 다음과 같은 언급은 이를 잘 나타내주고 있다.

> 나라를 작게 하고, 백성들을 적게 하자. 설사 아주 우수한 효율의 기물이 있어도 쓰지 않고, 사람으로 하여금 죽음을 중시하고 멀리 이사 가지 않게 한다. 비록 배와 수레가 있어도 그것을 타는 바가 없고, 갑옷과 병장기가 있어도 그것을 쓰는 바가 없다. 백성들로 하여금 다시 노끈을 매어 문자로 사용하게 하

---

26) 我獨泊兮其未兆, 如嬰兒之未孩.(《노자 20장》)
專氣致柔, 能嬰兒乎.(《노자 10장》)
聖人在天下, 歙歙爲天下渾其心, 聖人皆孩之.(《노자 49장》)
含德之厚, 比於赤子.(《노자 55장》)

27) 常德不離, 復歸嬰兒.(《노자 28장》)

28) 聖人在天下, 歙歙爲天下渾其心, 聖人皆孩之.(《노자 49장》)

29) 我獨泊兮其未兆, 如嬰兒之未孩.(《노자 20장》)

30) 專氣致柔, 能嬰兒乎?(《노자 10장》)

31) 含德之厚, 比於赤子.(《노자 55장》)

32) 小國寡民, 使有什伯器而不用, 使民重死而不遠徙. 雖有舟輿, 無所乘之, 雖有甲兵, 無所陳之. 使人復結繩而用之, 甘其食, 美其服, 安其居, 樂 其俗.(《노자 8장》)

자. 그 음식을 달게 먹고, 그 옷을 곱게 입고, 그 집에 편히 살며, 그 일과를 즐기게 하면, 비록 이웃나라가 바로 보이고, 닭과 개짓는 소리 들려오더라도 백성들은 늙어 죽을 때까지 서로 왕래하지 않을 것이다.[33]

이동하지 않고 정착하여 사는 자급자족하는 소박한 원시 농경사회를 가장 이상적인 사회로 묘사하고 있는 것이다. 이는 모태로 복귀(歸)하려고 하는 것이라고 할 수 있다. 모태(자궁)에서 태어난 우리 인간들은 본질적으로 그 모태로 복귀(歸)하려는 무한한 잠재적 욕망을 가지고 있다. 인간은 모태로 완전히 복귀(歸)하기를 바라고, 또한 그것이 불가능하다면 모태에서 얼마 벗어나지 않은 상태인 영아 상태까지라도 복귀(歸)하고 싶어 했다.[34]

도가의 추종자들은 그 무위자연을 도道라고 표현하고 있으며, 그 도의 상태 즉 무위자연의 세계로 복귀(歸)하고 싶어 한다. "사람은 땅을 본받고, 땅은 하늘을 본받고, 하늘은 도를 본받고, 도는 자연을 본받는다.[35]"라고《도덕경》에서 말하고 있는데, 결국 도가사상의 추종자들의 목적은 존재본래의 근원인 자연으로 되돌아가고자(歸) 하는 것이다. 도가사상은 무위자연으로의 복귀를 골간으로 하는 <歸>의 사상이라 할 수 있다.《노자》와《장자》등의 여러 도가서에서 무위자연으로 돌아가고자(歸) 하는 것과 우주 자연이 순환 회귀(歸)한다는 것을 나타내는 구절은 수도 없이 많다.

---

33) 小國寡民. 使有什伯之器而不用, 使民重死而不遠徙. 雖有舟輿, 無所乘之; 雖有甲兵, 無所陳之. 使民復結繩而用之. 美其服, 安其居, 樂其俗. 隣國相望, 鷄犬之聲相聞, 民至老死不相往來.

34) 에덴신화에 보면 최초의 인간 아담과 이브가 뱀의 유혹에 빠져 선악과를 따먹고 벌거벗은 부끄러움을 알았다고 하고 있다. 그렇다면 선악과를 따먹기 이전의 아담과 이브는 벌거벗어도 부끄러운 줄 몰랐고 또한 선과 악을 구별할 줄도 몰랐다는 뜻이 된다. 벌거벗어도 부끄러운 줄 모르고 선과 악을 구별할 줄도 모르는 사람이란 바로 어린아이(영아)이다. 에덴동산이라는 Utopia란 바로 이런 어린아이(영아)의 심성을 가진 자들만이 가질 수 있는 것이다. 노자가 '무위자연의 소국과민으로 복귀(歸)하라.' '영아로 복귀(歸)하라.'고 외친 것은 실은 예수가 어린아이 같아야 천국을 볼 수 있다고 한 것이나 에덴동산이 벌거벗어도 부끄러운 줄 모르고 선과 악을 구별할 줄도 모르는 어린아이의 것이라는 것과 같은 의미라고 할 수 있다.

35) 人法地, 地法天, 天法道, 道法自然.(《노자 25장》)

되돌아가는 것(反)이 도의 운동이다.[36]

광대하면 운행하고, 운행하면 멀어지며, 멀어지면 되돌아온다.(反)[37]

만물이 어울러 지어지는데 나는 돌아오는(復) 것을 관찰했다.[38]

인생과 자연이란 항상 돌고 돌아가는 것으로 고로 화는 복이 깃들이는 바이고 복은 화가 숨어있는 바이니, … 바름이 돌아가(復) 기이함이 되고, 선함이 돌아가(復) 요사함이 된다.[39]

고로 구부러진 즉 온전해지고 굽은 즉 곧아지며 비면 채워지고 낡으면 새로워지며 적은 즉 얻게 되고 많은 즉 미혹하게 된다.[40]

그렇기 때문에 회오리바람은 아침 내내 불지 않고, 폭우는 온종일 쏟아지지 않는다.[41]

외물은 혹 그것을 덜면 반드시 더해지고, 혹 그것을 더하면 반드시 덜어진다.[42]

상덕常德(영원불변의 덕)은 어긋남이 없는 바 무극無極(궁구할 수 없는 진리)으로 복귀(歸)한다. … 상덕이라야 비로소 충족할 수 있어, 박樸(사물의 질박한 본성)으로 복귀(歸)할 수 있다.[43]

바야흐로 생기면 죽고, 바야흐로 죽으면 생긴다.[44]

---

36) 反者道之動. (《노자 40장》)

37) 大曰逝, 逝曰遠, 遠曰反.(《노자 25장》)

38) 萬物幷作, 吾以觀復.(《노자 16장》)

39) 禍兮福之所倚, 福兮禍之所伏 … 正復爲奇, 善復爲妖. (《노자 58장》)

40) 曲則全, 枉則直, 窪則盈, 敝則新, 少則得, 多則惑.(《노자 22장》)

41) 飄風不終早, 驟雨不終日.(《노자 23장》)

42) 物或損之而益, 或益之而損.(《노자 42장》)

43) 常德不貳, 復歸於無極 … 常德乃足, 復歸於樸.(《노자 28장》)

44) 方生方死, 方死方生.(《장자 제물편》)

> 태양은 남중하면 기울고, 사물은 바야흐로 생기면 죽는다.[45]

> 지극한 곧음(大直)은 마치 굽은 것 같고, 지극한 기교(大巧)는 마치 서투른 것 같으며, 지극한 웅변(大辯)은 마치 어눌한 것 같다.[46]

> 만물의 생성은 마치 (말이) 내달리는 것과 같다. 움직여 변하지 않는 것이 없고, 잠시도 움직이지 않는 것이 없다.[47]

> 그것(자연)은 기계와 같아 부득이 한 것이고, … 그 (자연의) 돌고 도는 것은 스스로 멈출 수 없는 것이다.[48]

이들 구절에서는 입춘부터 대한까지 24절기를 주기로 1년의 자연현상이 끊임없이 변화 순환하듯이, 우주 자연의 모든 법칙과 우리네 인생과 역사도 이처럼 끊임없이 변화 순환 회귀(歸)한다고 보고 있는 것이다. 더위가 있으면 추위가 있고 추위가 있으면 더위가 있듯이, 우리네 인생과 역사도 좋을 때가 있으면 나쁠 때가 있고 나쁠 때가 있으면 좋을 때가 있다. 추위와 더위가 있는 계절의 변화처럼, 덜면 더해지고 더하면 반드시 덜어지며, 생겨나면 죽고 죽으면 반드시 생기며, 구부러진 것은 언젠가 온전해지고, 비면 언젠가 채워지며, 낡으면 언젠가 새로워지고, 잃은 것은 언젠가 얻게 되고. 많은 것은 언젠가 덜어지는 것, 그것이 인생사란 것이다. 고로 한 때의 희로애락에 일희일비할 필요가 없다고 도가사상가들은 주장한다. 도가사상은 자연과 우주 세계 그리고 인생도 끊임없이 순환 회귀한다고 보는 <歸>의 특징을 가진 사상이라 할 수 있다.

모든 것이 계절의 순환 회귀처럼 순환 회귀하기 때문에 어떤 것에 대해 일희일비할 필요가 없다. 따뜻한 봄이 있다고 영원히 따뜻한 것만은 아니

---

45) 日方中方睨, 物方生方死.(惠施의 《新編》)

46) 大直若屈, 大巧若拙, 大辯若訥.(《노자 45장》)

47) 物之生也, 若驟若馳. 無動而不變, 無時而不移.(《장자 10장》)

48) 其有機械而不得已, … 其運轉而不能自止. (《장자 10장》)

다. 언젠가는 서늘한 가을이 오기 마련이다. 추운 겨울이 있다고 영원히 추운 것은 아니다. 언젠가는 더운 여름이 오기 마련이다. 이것처럼 우리네 인생도 좋을 때가 있으면 나쁠 때가 있고, 불행할 때가 있으면 행복할 때가 있기 마련이다. 인생이란 새옹지마인 것이다. 삼재三災가 들었다고 너무 괴로워하지 마라. 언젠가는 좋을 때가 있을 것이다. 서늘한 가을이 있다고 슬퍼하지 말 것이니, 언젠가는 따뜻한 봄이 찾아올 것을 믿는 것과 같은 것이다.

> 재앙 속에 행복이 깃들이고, 행복 속에 재앙이 숨어 있다.[49]
>
> 정상이 비정상으로 돌아서고, 경사가 재해로 돌아선다.[50]

〈도교에서 태상노군太上老君으로 신격화된 노자. 그는 무위자연으로 돌아가라(歸)고 주장했다.〉

4) 음양오행 순환 회귀(歸) 사상

유 불 도의 3대사상 외에 중국인들의 의식구조를 너무나도 중요하게 지배하여온 사상으로, 우리는 한대 동중서의 《춘추번로春秋繁露》에서 완성된 음양오행 사상을 들 수 있다. 이 사상 역시 순환 회귀적(歸)인 구조로 이루어져 있다. 한대가 되면 공자와 전혀 상관이 없는 음양오행 사상이 유가 이론에 도입되었는데, 한이 오행 중 황색을 숭상하는 것은 토덕土德으로

49) 禍兮福兮所倚, 福兮禍兮之所伏.(《노자 58장》)

50) 正復爲奇, 善復爲妖.(《노자 58장》)

왕이 되었기 때문이라 생각해서, 오행의 숫자, 정삭개정, 개제론改制論 등 모두 음양오행설로 설명하였다. 이러한 사상은 전국시대 제齊나라의 방사들에게서 시작하여 추연鄒衍을 거쳐 한대에 들어와 장창張蒼 동중서董仲舒 등에 의해 이론적으로 세련화되어 한대 사상의 근간을 이루었다.[51] 그 이후 지금까지 이 음양오행 사상은 중국인의 철학관 우주관 인생관 역사관 그리고 자연관 등에 깊은 영향을 주었으며 지속적인 힘을 키워왔다. 그러면 여기에서 음양오행 사상에 나타난 관념들이 그 얼마나 순환 회귀적(歸)인가를 살펴보자. 오덕종시설의 창시자로 알려진 제나라 추연에 대해서는《사기 맹자순경열전》에 잘 설명되어 있다.

> 제나라에 세 추자鄒子가 있었다. 첫 번째 사람은 추기鄒忌이다. 그는 거문고를 잘 연주하여 위왕威王에게서 벼슬을 구했고, 국정을 담당하여 성후成侯에 봉해지고 재상이 되었는데, 맹자 이전의 인물이다. 다음은 추연鄒衍인데 맹자 이후의 인물이다. 추연은 나라의 임금들이 더욱 음란과 사치만 일삼을 뿐, 덕을 숭상하여 <시 대아>의 가르침처럼 자신의 인격을 수양하여 뭇 서민들을 교화하지 못한 현실을 목도하고, 마침내 음양의 소식영허消息盈虛하면서 괴이하고 오묘한 변화를 낳는 현상을 깊이 고찰하여, <종시終始> 와 <대성大聖> 편 등 10여만 자를 지었다. 그의 말은 너무 굉장하여 황당했지만, 소소한 사물부터 관찰하여 무한의 지경까지 확대하여 추론하였다. 먼저 당대를 논한 다음 위로는 황제黃帝에까지 거슬러 올라갔는데, 이것은 학자들이 공동으로 서술한 것이다. 대대적으로 각 시대의 흥망성쇠와 아울러 각 시대의 길흉의 제도들을 논하고 더욱 멀리 추론하여, 천지개벽 이전의 그윽하고 아득하여 고찰 불가능한 데까지 궁구했다. 먼저 중국의 명산, 대천, 큰 계곡, 새와 짐승, 기타 수생水生 및 토생土生의 각종 생물들과 각종 진기한 사물들을 열거한 다음, 그로부터 유추

---

51) 始皇推終始五德之傳, 以爲周得火德, 秦代周德, 從所不勝, 方今水德之始, 改年始, 朝賀皆自十月朔, 衣服旄旌節旗皆上黑, 數以六爲紀, 符法冠皆六寸, 而輿六尺, 六尺爲步, 乘六馬, 更名河曰德水, 以爲水德之始.(《史記 秦始皇本紀》)

張蒼爲計相時, 緒正律曆, 以高祖十月至霸上, 固故秦時, 本以十月爲歲首, 弗革, 推五德之運, 以爲漢當水德之時, 尙黑如故.(《史記 張丞相列傳》)

董仲舒 … 今上卽位, 爲江都相, 以春秋之變, 推陰陽所以錯行, 故求雨, 閉諸陽, 徒諸陰, 其止雨反是.(《史記 儒林列傳》)

> 하여 눈으로 볼 수 없는 멀리 해외의 일까지 논급했다. 그리하여 천지개벽 이래 오덕五德(木 火 土 金 水)이 순차적으로 돌아가며, 그 때마다 각 덕에 합당한 정치가 존재하고 또한 각기 다른 징조가 그에 부응한다고 주장했다.[52]

전국시대 추연을 중심으로 한 오행학파가 존재했었는데, 그들의 사상이 《여씨춘추 유시람명류有始覽名類》에 다음과 같이 기록되어 있다.

> 무릇 제왕이 장차 일어나려고 하면, 하늘은 반드시 먼저 백성들에게 그 상서로움을 보인다. 황제黃帝 때 하늘은 먼저 큰 지렁이와 큰 땅강아지를 보였다. 황제가 말하기를, "토土의 기운이 뛰어나다."고 했다. 토의 기운이 뛰어난 고로 그 색은 황색을 숭상하니, 그 일은 토 때문이다. 우왕禹王 때에 이르러 하늘은 먼저 초목을 보여 가을과 겨울에도 죽이지 않으셨다. 우왕이 말하기를, "목木의 기운이 뛰어나다."고 했다. 목의 기운이 뛰어난 고로 그 색은 청색을 숭상하니, 그 일은 목 때문이다. 탕왕湯王 때에 이르러 하늘은 먼저 금金을 보였는데, 칼날이 물에서 생겨났다. 탕왕이 말하기를, "금金의 기운이 뛰어나다."고 했다. 금의 기운이 뛰어난 고로 그 색은 흰색을 숭상하니, 그 일은 금 때문이다. 문왕文王 때에 이르러 하늘은 먼저 화火를 보였는데, 붉은 새가 단서丹書를 물고 주나라의 사당에 모였다. 문왕이 말하기를, "화의 기운이 뛰어나다."고 했다. 화의 기운이 뛰어난 고로 그 색은 적색을 숭상하니, 그 일은 화 때문이다. 화를 대신한 것은 반드시 수水인데, 하늘은 게다가 먼저 수의 기운이 뛰어남을 보였다. 수의 기운이 뛰어난 고로 그 색은 흑색을 숭상하니, 그 일은 수 때문이다. 수의 기운이 다하면 알지 못하는 사이에 수數가 갖추어지니, 장차 토土로 옮기게 된다.[53]

---

52) 齊有三鄒子, 其前鄒忌, 以鼓琴干威王, 因及國政, 封爲成侯, 而受相印, 先孟子. 其次鄒衍, 後孟子. 鄒衍睹有國者益淫侈, 不能尙德, 若大雅整之於身, 施及黎庶矣. 乃深觀陰陽消息, 而作怪迂之變, 終始大聖之篇, 十萬餘言. 其語閎大不經, 必先驗小物. 推而大之, 至於無垠. 先序今以上至黃帝, 學者所其述. 大並世盛衰, 因載其禨祥度制. 推而遠之, 至天地未生, 窈冥不可考而原也. 先列中國名山, 大川, 通谷, 禽獸, 水土所殖, 物類所珍. 因而推之, 及海外人之所不能睹. 稱引天地剖判以來, 五德轉移, 治各有宜, 而符應若玆.(《사기 맹자순경열전》)

53) 凡帝王之將興也, 天必先見祥乎下民. 黃帝之時, 天先見大螾大螻. 黃帝曰: '土氣勝.'. 土氣勝, 故其色尙黃, 其事則土. 及禹之時, 天先見草木, 秋冬不殺. 禹曰: '木氣勝.' 木氣勝, 故其色常青, 其事則木. 及湯之時, 天先見金, 刃生於水. 湯曰: '金氣勝.' 金氣勝, 故其色常白, 其事則金. 及文王之時, 天先見火, 赤鳥銜丹書集於周社. 文王曰: '火氣勝.' 火氣勝, 故其色尙

이 글에서 보면, 황제黃帝(土) - 하 우왕禹王(木) - 은 탕왕湯王(金) - 주 문왕文王(火) - 진秦(水) - 한漢(土)으로 역사는 오행을 따라 끊임없이 순환 회귀(歸)한다고 보고 있다.

> 첫째가 물(水)이요, 둘째가 불(火)이며, 셋째가 나무(木)요, 넷째가 쇠(金)요, 다섯째가 흙(土)이다. 물은 아래로 흘러 윤택하게 하고, 불은 위로 타오르며, 나무는 굽었다 펴졌다 하고, 쇠는 모양이 바뀌고, 흙은 곡식을 심고 거둔다. 아래로 흘러 윤택하게 하는 것은 짠 맛이고, 위로 타오르는 것은 쓴 맛이고, 굽었다 펴졌다 하는 것은 신 맛이고, 모양이 바뀌는 것은 매운 맛이고, 심고 거두는 것은 단 맛이다.[54]

위의 내용은 오행(목 화 토 금 수)의 속성을 설명한 것이며, 또한 그기에 다섯 가지 맛을 배합하여 설명하고 있다. 다섯 가지 맛을 오행에 억지로 끼워 맞추었다는 느낌은 있지만 어쨌든 옛 중국인들은 맛도 다섯 가지로 나누어 오행에 배치시켜 일치시키고 있다.

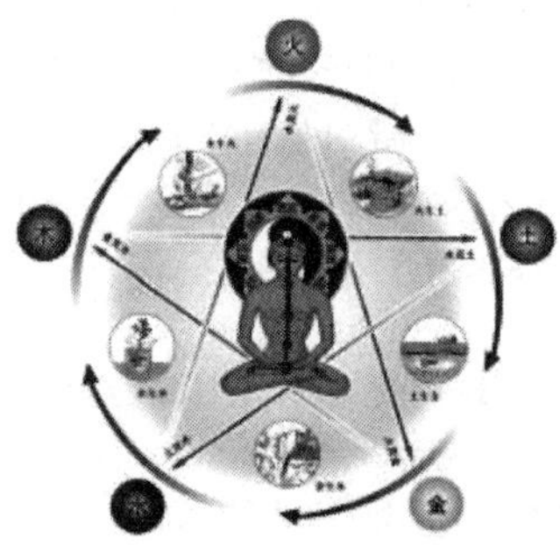

〈음양오행의 창시자로 알려진 전국시대 제나라 추연 상상도와 오행도〉

赤, 其事則火. 代火者必將水, 天且先見水氣勝. 水氣勝, 故其色尙黑, 其事則水. 水氣至而不知, 數備, 將徙於土.

54) 一曰水, 二曰火, 三曰木, 四曰金, 五曰土. 水曰潤下, 火曰炎上, 木曰曲直, 金曰從革, 土受稼穡. 潤下作鹹, 炎上作苦, 曲直作酸, 從革作辛, 稼穡作甘. (《상서 홍범》)

추연은 전국시대 제나라 사람으로 당시에 군주들이 서로 모셔갈 정도로 인기가 있었다. 추연이 위나라로 가면 혜왕이 직접 영접하여 국빈 대우를 했고, 또 조나라에 가면 평원군은 그 앞을 걷지 않았고, 자리의 먼지를 손수 털만큼 정중했다. 연나라에 가자 소왕이 비를 들고 앞서서 안내하고 제자들과 나란히 앉아 가르침을 청했다. 또한 소왕은 갈석궁을 짓고 친히 찾아가 가르침을 받았다. 공자公子나 다른 유세가들이 주유천하하면서 한 자리 하려 했다. 추연은 욕심 많은 제후를 맹자의 도덕론으로 설득할 수 없음을 알고, 다른 방법을 찾는다. 음양의 생성과 소멸을 깊이 관찰하고 음양오행설을 체계적으로 정리하여 오행(木, 火, 土, 金, 水)을 통해 길흉과 다스림을 설명했다. 추연은 고대 왕조의 흥망성쇠도 오행설로 설명을 하였다. 요임금은 화火였고, 그래서 토土인 순임금이 뒤를 이었고, 그 뒤는 금金인 하나라, 다음에 수水인 은나라, 목木인 주나라 순으로 화 토 금 수 목의 오행으로 설명했고, 군주들은 오행론에 열광하여 서로 모셔가려고 했다. 어쨌든 음양오행설은 추연에 의해 활성화되면서 음양오행설은 의학이나 풍수지리학, 점술에도 폭넓게 깊숙이 침투한다. 그 이후 오행은 동양인의 생활과 의식에 깊이 내재되었다. 음양오행설은 후대에 더욱 발전하면서 한의학이나 사주명리의 확고한 기초가 되었다.

또한 이것을 사계와 덕德과도 연결시켜 설명하고 있다. 봄에는 양이 우세함에 있는데, 방위는 동이고 요소는 목木이며 용서가 그 덕이다. 여름에는 양이 그 절정에 이르는데, 방위는 남이고 요소는 화火이며 자선과 쾌락이 그 덕이다. 가을에는 음이 우세함에 있는데, 방위는 서이고 요소는 금金이며 평온 성실 정직이 그 덕이다. 겨울에는 음이 그 절정에 이르는데, 방위는 북이고 요소는 수水이며 조화와 평등이 그 덕이다. 결론적으로 추연은 계절이 춘 - 하 - 추 - 동으로 끊임없이 순환 회귀하듯이, 우주와 역사도 유기적으로 끊임없이 순환 회귀(歸)한다고 보고 있는 것이다. 음양오행설의 이론을 완성한 동중서의《춘추번로 음양위편陰陽位篇》을 보면,

> 양기가 처음 동북쪽에서 나와 남쪽으로 움직여 자기 위치로 나아가, 서쪽을 돌아 북쪽으로 들어가 자기 휴식처에 숨는다. 음기는 처음 서남쪽에서 나와 북쪽으로 움직여 역시 자기 위치로 나아가, 동쪽을 돌아 남쪽으로 들어가 자신의 잠복처에 숨는다. 이런 까닭으로 양기는 남방을 위치로 삼고 북방에서 쉬고, 음기는 북방을 위치로 삼고 남방에 숨는다. 양기는 그 자신의 위치에 이르면 크게 더워지고, 음기는 그 자신의 위치에 이르면 크게 추워진다.[55]

계절적 변화에 따라 음기와 양기에 대해서 동지 후에는 음이 서로 숨어 들어 가고 대신 양이 동에서 떠올라, 양이 동지로부터 차츰 차츰 강해지다가 하지에 와서 절정에 이르며, 그 하지부터 다시 음이 증가하기 시작하여 동지에 이르러 가장 강해져 음과 양이 1년을 주기로 끊임없이 순환 회귀(歸)한다고 보고 있는 것이다. 또《춘추번로 음양출입편陰陽出入篇》에 보면,

> 하늘의 도(자연의 법칙)는 막 초겨울이 되면 음양이 각기 한쪽으로부터 와서 뒤로 이동한다. 음은 동쪽에서 서쪽으로 이동하고, 양은 서쪽에서 동쪽으로 이동한다. 중동仲冬의 달에 북방에서 서로 만나 합하여 하나가 되는데, 그것을 불러 동지라고 한다. 헤어져 서로 떠나 음은 우측으로 가고 양은 좌측으로 간다. … 겨울이 다하면 음양 모두가 남쪽으로 돈다. 양은 남쪽으로 돌아 인寅에서 나오고, 음은 남쪽으로 돌아 술戌로 들어간다. … 중춘仲春의 달이 되면 양은 정동에 있고 음은 정서에 있어 그것을 춘분이라고 부르는데, 춘분은 음양이 서로 반이다. 고로 주야의 길이가 같고 추위와 더위가 서로 같다. 음은 날로 줄어들어 양을 좇고, 양은 날로 증가해 커지니 고로 따뜻해진다. 처음 한여름 달에 남방에서 서로 만나 합하여 하나가 되니, 그것을 하지라고 한다. 헤어져 서로 떠나 양은 우측으로 가고 음은 좌측으로 간다. … 여름이 다하면 음양이 모두 북쪽으로 돈다. 양은 북쪽으로 돌아 신申으로 들어가고, 음은 북쪽으로 돌아 진辰에서 나온다. … 중추中秋의 달에 이르면 양은 정서에 있고, 음은 정동에 있어 그것을 추분이라 부른다. 추분은 음양이 서로 반이다. 고로 주야의

55) 陽氣始出東北而南行, 就其位也, 西轉而北入, 藏其休也. 陰氣始出西南而北行, 亦就其位也. 東轉而南入, 屛其伏也. 是故陽以南方爲位, 以北方爲休. 陰以北方爲位, 以南方爲伏. 陽至其位而大暑熱. 陰至其位而大寒凍.

> 길이가 같으며 추위와 더위가 서로 같다. 양은 날로 줄어들어 음을 쫓고, 음은 날로 증가해 커지니 고로 추워진다.[56]

라고 되어 있으며, 또한 그의 《춘추번로 오행지의五行之義》에 다음과 같은 설명이 있다.

> 하늘에는 오행이 있다: 하나는 목木이라고 하고, 둘은 화火라고 하며, 셋은 토土라고 하고, 넷은 금金이라고 하며, 다섯은 수水라고 말한다. 목은 오행의 시작이요, 수는 오행의 끝이다. 토는 오행의 중간이니, 이것이 그 하늘의 순서이다. 목이 화를 낳고 화가 토를 낳으며 토는 금을 낳고 금은 수를 낳으며 수는 목을 낳으니, 이것이 그 아비와 아들이다. 목은 좌측에 거하고, 금은 우측에 거하며 화는 앞에 거하고 수는 뒤에 거하며 토는 중앙에 거하니, 이는 아비와 아들의 순서로 서로 받아 펼치는 것이다. 이런 까닭으로 목은 수에서 받고, 화는 목에서 받으며, 토는 화에서 받고, 금은 토에서 받으며, 수는 금에서 받는데, 여러 주는 것은 아비이고, 그것을 받는 것은 모두 아들이다. … 오행의 운행은 각기 그 순서와 같고, 오행의 관직은 각기 그 역량과 같다. 이런 까닭으로 목은 동쪽에 거하며 춘기春氣를 주관하고, 화는 남방에 거하며 하기夏氣를 주관하며, 금은 서방에 거하며 추기秋氣를 주관하고, 수는 북방에 거하며 동기冬氣를 주관한다. 이런 까닭으로 목은 삶을 금은 죽음을 화는 더위를 수는 추위를 주관한다.[57]

---

56) 天之道, 初薄大冬, 陰陽各從一方來, 而移於後. 陰由東方來西, 陽由西方來東. 至於中冬之月, 相遇北方, 合而爲一, 謂之曰至. 別而相去, 陰適右, 陽適左. …冬月盡而陰陽俱南還. 陽南還出於寅, 陰南還入於戌.…. 至於仲春之月, 陽在正東, 陰在正西, 謂之春分, 春分者, 陰陽相半也. 故晝夜均而寒暑平. 陰日損而隨陽, 陽日益而鴻, 故爲暖熱. 初得大夏之月, 相遇南方, 合而爲一, 謂之曰至. 別而相去, 陽適右, 陰適左 … 夏月盡而陰陽俱北還. 陽北還而入於申, 陰北還而出於辰. … 至於中秋之月, 陽在正西, 陰在正東, 謂之秋分. 秋分者, 陰陽相半也. 故晝夜均而寒暑平. 陽日損而隨陰; 陰日益而鴻, 故爲寒凍.

57) 天有五行: 一曰木, 二曰火, 三曰土, 四曰金, 五曰水. 木, 五行之始也, 水, 五行之終也, 土, 五行之中也, 此其天次之序也. 木生火, 火生土, 土生金, 金生水, 水生木, 此其父子也. 木居左, 金居右, 火居前, 水居後, 土居中央, 此其父子之序, 相受而布. 是故木受水而火受木, 土受火, 金受土, 水受金也. 諸授之者, 皆其父也; 受之者, 皆其子也. … 五行之隨, 各如其序; 五行之官, 各致其能. 是故木居東方而主春氣; 火居南方而主夏氣; 金居西方而主秋氣; 水居北方而主冬氣. 是故木主生而金主殺; 火主暑而水主寒.

동중서는 천지만물이 목木 - 화火 - 토土 - 금金 - 수水 - 목木 - 화火 - … 의 순서로 끊임없이 순환 회귀(歸)해야 만물이 질서에 맞아 풍년이 들고 삶에도 변고가 없다고 했다.

이와 반대로 "금은 목을 이기고, 목은 토를 이기며, 토는 수를 이기고, 수는 화를 이기며, 화는 금을 이긴다."(金勝木, 木勝土, 土勝水, 水勝火, 火勝金)[58] 라고 하여, 서로 상극되는 것을 피해야 한다고 했다. 또 《춘추번로 음양종시陰陽終始》에 보면,

> 하늘의 도는 끝나면 다시 시작하는 것으로 고로 북방이라는 것은 하늘의 마치고 시작하는 곳이고, 음과 양이 합치고 나누어지는 곳이다. 동지 후에 음이 고개 숙여 서로 들어가고 양은 고개 들어 동쪽에서 나오니, 출입하는 곳이 항상 반대되어, 많고 적으며 조화로운 자취는 항상 서로 좇아가, 많아도 넘치지 않고 적어도 끊어지지 않으니, 봄과 여름은 양이 많고 음이 적으며, 가을과 겨울은 양이 적고 음이 많으니, 많고 적음에는 일정한 것이 없어, 일찍이 나누어져 서로 흩어지지 않은 것은 아니나, 출입하여 서로 빼고 더함으로써 많고 적음이 서로 물을 대주어 많은 것이 적은 것을 이기는 자는 배로 들어가나 들어가는 것은 하나를 손해를 보나 나오는 자는 둘을 덧보탠다.[59]

라고 되어 있다. 풍우란의 《중국철학사》 501쪽에는 음양오행가들의 우주관과 세계관이 아래 그림으로 설명되어 있다.

---

58) 《春秋繁露 五行相勝篇》참조.

59) 天之道, 終而復始, 故北方者, 天之所終始也, 陰陽之所合別也. 冬至之後, 陰俛而西入, 陽仰而東出, 出入之處, 常相反也, 多少調和之適, 常相順也, 有多而無溢, 有少而無絶, 春夏, 陽多而陰少, 秋冬, 陽少而陰多, 多少無常, 未嘗不分而相散也, 以出入相損益, 以多少相溉濟也, 多勝少者倍入, 入者損一, 而出者益二.

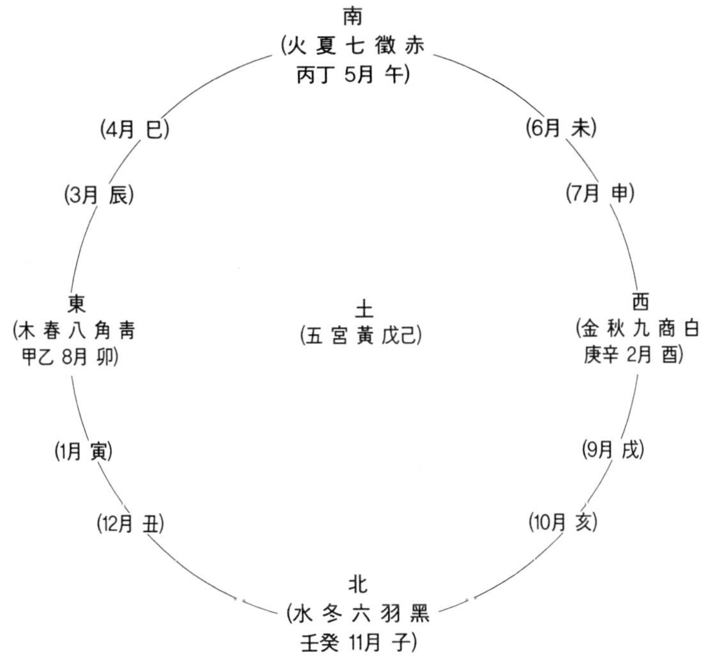

위의 표에서 보듯이 음양오행가들은 계절이 1년을 주기로 끊임없이 순환 회귀(歸)하듯이, 그 순환을 따라 우주와 자연의 모든 현상, 즉 오행(木 - 火 - 土 - 金 - 水의 순으로), 승상하는 숫자(8 - 7 - 5 - 9 - 6의 순으로), 음률(角 - 徵 - 宮 - 商 - 羽의 순으로), 승상하는 색깔(青 - 赤 - 黃 - 白 - 黑의 순으로), 십간十干(甲乙 - 丙丁 - 戊己 - 庚申 - 壬癸의 순으로) 등, 모든 현상이 그 계절에 맞게 순환 회귀(歸)한다고 보고 있다.

풍우란의 《중국철학사》에 보면 여러개의 도표가 나오는데, 모두 이렇게 원을 그려 중국철학을 설명하는 것은, 중국 철학이 그 얼마나 유기적 순환론에 기초하고 있는가를 알 수 있게 한다. 풍우란의 《중국철학사》 뿐만 아니라 중국의 철학을 설명하는 책에는 대부분 이와 같은 원을 그려 중국 철학을 해석하고 있다.

음양가는 오행五行, 사방四方, 사계四季, 오음五音, 십이월十二月, 십이률十二律, 천간天干, 지지地支와 수數를 서로 배합하여 우주와 자연의 구조 그리고 인생사와 역사 등을 유기적 순환 회귀관으로 설명하고 있다. 자연의 계절이 입춘부터 대한까지 24절기를 주기로 끊임없이 순환 회귀하듯이, 우주와 자연 그리고 인생과 역사도 음과 양의 순환에 따라 그리고 오행의 순환에 따라 끊임없이 주기적으로 순환 회귀(歸)한다고 보고 있는 것이다.

인의예지신 오상五常도 5행에 맞추어 인仁은 봄 남쪽 목덕木德에 해당하고, 의義는 가을 서쪽 금덕金德에 해당하며, 예禮는 여름 남쪽 화덕火德에 해당한다. 또한 지智는 겨울 북쪽 수덕水德에 해당하고, 신信은 중간 토덕土德에 해당한다. 우리나라 서울에서 세워진 성문도 이에 따라 동쪽에 인을 의미하는 흥인문興仁門, 서쪽에 의를 의미하는 돈의문敦義門, 남쪽에 예를 의미하는 숭례문崇禮門, 북쪽에 지를 의미하는 물 수水변인 숙청문肅淸門, 중앙은 신을 의미하는 보신각普信閣을 세웠다. 이 역시 5행을 따른 명칭이다.

그러나 중국의 오행은 우리와 약간 다르게 동쪽을 인仁, 서쪽을 의義, 남쪽을 예禮, 북쪽을 신信, 그리고 중앙을 지智라고 보고 있다. 이는 우리 조선시대 북쪽을 지智라고 보고 중앙을 신信이라고 보는 것과 다르다. 동서남북 사방을 구제하는 것이 지智의 결단력이기 때문에 중앙을 지라고 한다고 하고 있다. 또한 "도는 인仁에서 흥하고, 예禮에서 서며, 의義에서 다스려지고, 신信에서 안정되며, 지智에서 완성된다."고 하고 있다.

동중서는 음양과 오행을 가지고 우주와 자연 역사 그리고 인생 등을 유기적 순환론으로 설명할 뿐 아니라, 또한 흑黑 백白 적赤이라는 삼계기三繼起의 끊임없는 순환 회귀(歸)로 왕조 창설의 정당성을 설명하고 있다. 하는 흑을 계기로 삼았기 때문에 왕조를 설립할 수 있었고, 그 다음 왕조인 은

은 백을 계기로 삼았기 때문에 왕조를 설립할 수 있었으며, 주는 적을 계기로 삼았기 때문에 왕조를 설립할 수 있었고, 또한 진은 다시 순환하여 흑을 계기로 삼았기 때문에 왕조를 설립할 수 있다 하였다. 천명이 떠나 가버린 흑의 진에서 천명을 이어받은 한은 당연히 백의 계기를 준수하였기 때문에 왕조를 설립할 수 있다고 주장하여, 유기적 순환론(歸)에 기초한 역사철학을 완성시켰다.

〈공자의 《춘추》를 해석한 《춘추번로》를 지어 유교를 국교화시킨 한 무제 때의 대학자 동중서〉

5) 주역 64괘 순환 회귀(歸) 사상

음괘와 양괘의 조합으로 점사占辭를 읽어내는 주역은 아마도 주나라 때의 시초점蓍草占에서 생겨난 것이다. 은대 딱딱한 거북 등껍질의 균열을 보고 점을 치는 것이 여간 불편한 것이 아니었다. 거북 등껍질을 매번 구하는 것도 쉬운 것이 아니다. 이에 주나라에 들어 와서는 시초蓍草라는 풀로 점을 치는 것이 도구 상 사용하기 쉬웠다. 이 시초라는 풀로 점을 치는 것은 나중에 산가지(산통)로 점을 치는 것으로 더욱 간략화 되기도 했다. 원래 이 주역周易이란 뜻은 주나라(周)에 발생한 쉬운(易) 점치는 도구라는 의미에서 나온 것 같기도 하다.

역 8괘는 복희伏羲가 창시한 것이라고 전해 온다. 8괘를 중첩한 64괘는 복희가 창시한 것이라고도 하고(왕필 설), 문왕이 만든 것이라고 한다.(사마천 설) 괘사 효사는 문왕의 창작이라고도 하고(사마천 설), 괘사는 문왕 효사는 주공의 창작이라고도 한다.(마융馬融 설) 또한 상단上彖 하단下彖 상상上象 하상下象 상계上繫 하계下繫 문언文言 서괘序卦 설괘說卦 잡괘雜卦의 이른바 10익翼은 공자가 지은 것(사마천 설)이라고 하는 등 여러 설이 전해 오지만 모두 믿을 것이 못된다. 예전의 여러 점술가들의 점사를 모두 모아 전해온 것이라고 보면 된다.

옛 중국인들은 그들이 인지할 수 있는 이 세상의 모든 것을 남성적인 것 아니면 여성적인 것으로 나누어 보았다. 사람을 위시한 모든 동물은 수컷 아니면 암컷뿐이다. 그러므로 인해 그들이 인지할 수 있는 모든 것에도 남성적인 것 아니면 여성적인 것이라고 믿었다. 하늘적인 것이 양이고 땅적인 것이 음이 아니고, 하늘은 남성적인 성향이 강하다고 여겨 양이고 땅은 여성적인 성향이 강하다고 여겨 음인 것이다. 불이 양인 것은 그것이 여성적 성향보다 남성적 성향이 강하다고 여겼기 때문이다. 이와 똑같이 물이 음인 것은 그것이 남성적 성향보다 여성적인 성향이라고 여겼기 때문이다. 서양인들도 그들이 인지할 수 있는 것을 모두 남성적인 것 아니면 여성적인 것으로 나누어 보았다. 그러나 서양은 그것이 이렇게 음양철학으로 발전하지 못하고 모든 명사를 남성명사 여성명사로 나누어 보는 혹은 좀 헷갈리는 것은 중성명사로 여기는 관사冠詞로 발달하는 방향으로 발전했다. 그러나 관사가 없는 고립어인 한자는 그렇게 발전하지 못하고 이렇게 철학화하여 음양철학을 만들어 낸 것이다. 또한 중국에서 음양철학이 이렇게 발전한 것에는 그들 지역이 농경문화 지역이었다는 것에도 커다란 영향이 있었다고 생각한다. 농사는 비와 햇볕의 조화에 의해 결정 난다. 비는 음이고 햇볕은 양이다. 비와 햇볕을 아주 중시한 농경민족 그들은 농사의 풍요가 비(음)와 햇볕(양)의 조화(和)에 의해서 결정 난다고 믿었던 것이다.

또한 양괘는 막대기를 상징(symbol)하고, 음괘는 구멍을 상징(symbol)한다. 막대기는 남성성을 의미하고, 구멍은 여성성을 의미한다. 음괘는 작은 막대기 2개가 상징이 아니고 그 사이에 있는 조그만 구멍(틈)이 상징인 것이다. 막대기(남성의 symbol)와 구멍(여성의 symbol)이 양과 음의 상징인 것이 근 3,000년 이상 변하지 않는 것은 옛 중국인들이 은연중에 무의식적으로 남성성은 막대기, 불룩 튀어나온 것, 산등성 등이, 여성성은 구멍, 움푹 페인 곳, 동굴, 계곡 등으로 받아들였기 때문이라 생각된다.

> 건乾은 하늘이므로 고로 아버지라 칭한다. 곤坤은 땅이므로 고로 어머니라고 칭한다. 진震은 첫째 효가 양이므로 고로 장남이라 칭한다. 손巽은 첫째 효가 음이므로 고로 장녀라 칭한다. 감坎은 둘째 효가 양이므로 고로 중남中男이라 칭한다. 이離은 둘째 효가 음이므로 고로 중녀中女라 칭한다. 간艮은 세 번째 효가 양이므로 고로 막내아들이라 칭한다. 태兌는 세 번째 효가 음이므로 고로 막내딸이라 칭한다. … 건乾은 하늘, 둥근 것[60], 임금, 아버지가 된다. … 곤坤은 땅, 어머니가 된다. … 진震은 우뢰가 된다. … 손巽은 나무가 되고 바람이 된다. … 감坎은 물이 되고 달이 된다. … 이離는 불이 되고 해가 된다. … 간艮은 산이 된다. … 태兌는 못이 된다.[61]

〈신의神意를 획득하기 위해 점을 치는 산가지(산통)〉

60) 예전에 하늘이 둥근 것이라고 생각했음. 이에 반해 땅은 네모난 것이라고 여겼음.

61) 乾, 天也, 故稱乎父. 坤, 地也, 故稱乎母. 震一索而得男, 故謂之長男. 巽一索而得女, 故謂之長女. 坎再索而得男, 故謂之中男. 離再索而得女, 故謂之中女. 艮三索而得男, 故謂之少男. 兌三索而得女, 故謂之少女 … 乾爲天, 爲圜, 爲君, 爲父, … 坤爲地, 爲母, .. 震爲雷, … 巽爲木, 爲風, … 坎爲水, … 爲月, … 離爲火, 爲日, … 艮爲山, … 兌爲澤. (《주역 說卦》)

옛 점술가들은 8괘를 아버지 어머니 장남 장녀 중남 중녀 막내아들 막내딸로 나누어 이해했고, 또한 자연현상에서 흔히 볼 수 있는 천둥(震) 못(澤) 불(火) 땅(地) 산(山) 하늘(天) 물(水) 바람(風) 등을 그 성질에 맞는 팔괘에 맞추어 이해했다.

> 만물은 진震에서 나오는데, 진은 동쪽이다. 만물은 손巽에서 평등(齊)해지는데, 손은 동남쪽이고 평등이란 만물이 깨끗하게 정제되었음을 말한다. 이離라는 것은 밝음이며, 만물이 모두 눈에 띄는 상태로써 남쪽의 괘이다. … 곤坤이란 것은 땅이다. 만물은 모두 그 곳에서 양육되기 때문에 '원조는 곤에서 받는다.'고 했다. 태兌는 한 가을로 만물이 기뻐하는 계절이기 때문에 '기쁨은 태를 지칭한다.'고 했다. 건乾에서 전쟁이 있는데 건은 북서쪽의 괘이니 음양이 서로 겨루는 것을 말한다. 감坎은 물이며 정북의 괘이자 위로의 괘로써 만물이 돌아가는 곳이다. 따라서 '감에서 위로를 받는다.'고 한 것이다, 간艮은 북동의 괘로서 만물이 종결하고 다시 시작하는 곳이다. 따라서 '성취는 간에 해당한다.' 고 한 것이다.[62]

팔괘를 방위(八方)와 계절에 맞추어 설명하고 있다. 방위와 계절이 팔괘에 맞추어 끊임없이 순환 회귀(歸)한다는 것이다.

> 공자가 말하기를, 역易은 태극太極에서 시작하는데, 태극은 둘로 나뉘어짐으로 하늘(天)과 땅(地)이 생겼다. 하늘과 땅은 봄 여름 가을 겨울의 계절이 있어 고로 사계절이 생겼는데, 사계절은 각기 음양陰陽과 강유剛柔의 나뉨이 있어 고로 팔괘八卦가 생겼다. 팔괘가 배열되어 하늘과 땅의 도가 수립되고 천둥, 바람, 물, 불, 산, 연못의 상象이 정해져 각자 분포되어 작용을 일으킨다.(用事) 진震은 동쪽에서 만물을 낳는데 그 자리는 (음력) 2월이다. 손巽은 남동쪽에서 만물을 퍼뜨리며 그 자리는 4월이다. 이離는 남쪽에서 만물을 성장시키는데 그 자리는 5월이다. 곤坤은 서남쪽에서 만물을 양육시키는데 그 자리는 6

---

62) 萬物出乎震, 震東方也. 齊乎巽, 巽東南也. 齊也者, 言萬物之潔齊也. 離也者, 明也, 萬物皆相見, 南方之卦也. … 坤也者, 地也, 萬物皆致養焉, 故曰致;役乎坤, 兌, 正秋也. 萬物之所說也. 故曰, 說言乎兌, 戰乎乾. 乾, 西北之卦也, 言陰陽相薄也. 坎也, 水也, 正北方之卦也. 勞卦也, 萬物之所歸也. 故曰, 勞乎坎, 艮, 東北之卦也, 萬物之所成終而所成始也. 故曰, 成言乎艮.(《주역 八卦傳》 84쪽)

> 월이다. 태兌는 서쪽에서 만물을 거두어 들이는데 그 자리는 8월이다. 건乾은 북서쪽에서 만물을 규제하는데 그 자리는 10월이다. 감坎은 북쪽에서 만물을 저장하는데 그 자리는 11월이다. 간艮은 동북쪽에서 만물을 종결시키는데 그 자리는 12월이다. 팔괘의 기가 종결되면 사정四正(동 서 남 북 사방을 의미함)과 사유四維(동남 남서 서북 북동의 4방위를 의미함)의 분리가 명확해져, 탄생(生) 성장(長) 수렴(收) 저장(藏)의 도는 완비되어 음양의 본체가 정해지고 신명神明의 덕德이 통하여 만물이 저마다 모두 그 종류에 따라 성취된다. 이 모두가 역에 포함된 내용이니 지극하도다! 역의 덕德이여! 공자가 말하기를, "한 해는 360일로 천기天氣가 한 바퀴 돈다."고 했다. 팔괘가 저마다 45일씩 작용하여 비로소 한 해가 갖추어지는 것이다. … 공자가 말하기를, 건곤乾坤은 음양의 주인이다. 양은 (12지 중의) 해亥에서 시작하여, 축丑에서 형태를 갖추는데, 건乾은 북서쪽에 자리하니 양은 미미한 기운에도 (북서쪽에서) 시작의 기반을 둔다. 음은 사巳에서 시작하여 미未에서 형태를 갖추는데, 바른 자리에 기반을 두었기 때문에, 곤坤의 자리가 남서쪽에 있을 때 음은 바른 자리가 된다. (정현鄭玄이 주를 달아 말하기를, "음기가 사巳에서 시작하여 오午에서 생기고 미未에서 형태를 갖추는데, 음의 도는 비하와 순종이므로 시작점에 근거함으로써 감히 음과 필적하지 않기 때문에 바른 모습을 갖춘 자리에 기반을 둔다고 했다.) 임금의 도는 시작을 주창하는 것이고, 신하의 도는 끝맺음을 바르게 하는 것이다. 그러므로 건乾의 자리는 해亥이지만, 곤坤의 자리는 미未인 것이다. 그럼으로써 음양의 직분을 밝히고 군신의 지위를 정했다.[63]

태극이 태초에 있었고 이것이 둘로 나뉘어 천天(양)과 지地(음)가 생겼으며, 또 이 천지가 나뉘어 사시(봄 여름 가을 겨울)가 생겼고, 다시 사시에 나뉘

---

63) 孔子曰, 易始於太極, 太極分而爲二, 故生天地. 天地有春秋冬夏之節, 故生四時, 四時各有陰陽剛柔之分, 故生八卦. 八卦成列, 天地之道立. 雷風水火山澤之象定矣. 其布散用事也. 震生物於東方, 位在二月. 巽散之於東南, 位在四月. 離長之於南方, 位在五月. 坤養之於西南方, 位在六月. 兌收之於西方, 位在八月. 乾制之於西北方, 位在十月, 坎藏之於北方, 位在十一月. 艮終始於東北方, 位在於十二月. 八卦之氣終, 則四正四維之分明, 生長收藏之道備. 陰陽之體定, 神明之德通. 而萬物各以其類成矣. 皆易之所包也. 至矣哉. 易之德也. 孔子曰, 歲三百六十日, 而天氣周. 八卦用事, 各四十五日, 方備歲焉. … 孔子曰, 乾坤, 陰陽之主也. 陽始於亥, 形於丑. 乾位在西北, 陽祖微據始也, 陰始於巳, 形於未, 據正立位, 故坤位在西南, 陰之正也. (鄭康成注云; 陰氣始於巳, 生于午, 形於未, 陰道卑順, 不敢據始以敵, 故立於正形之位.) 君道倡始, 臣道終正. 是以乾位在亥, 坤位在未. 所以明陰陽之職, 定君臣之位也.(《건착도》)

어 팔괘가 생겼다는 것이다. 팔괘 즉 진震 손巽 이離 곤坤 태兌 건乾 감坎 간艮이 각자 그 성질에 맞게 천둥(震) 못(澤) 불(火) 땅(地) 산(山) 하늘(天) 물(水) 바람(風) 등을 상징한다. 진震은 동쪽을 의미하고 계절은 2월에 해당하며 만물을 낳는다.(生) 손巽은 남동쪽을 의미하고 계절은 4월이며 만물을 퍼뜨린다.(散) 이離는 남쪽을 의미하고 계절은 5월이며 만물을 성장시킨다.(長) 곤坤은 서남쪽을 의미하고 계절은 6월이며 만물을 양육시킨다.(養) 태兌는 서쪽을 의미하고 계절은 8월이며 만물을 거두어 드린다.(收) 건乾은 북서쪽을 의미하고 계절은 10월이며 만물을 규제한다.(制) 감坎은 북쪽을 의미하고 계절은 11월이며 만물을 저장한다.(藏) 간艮은 동북쪽을 의미하고 계절은 12월이며 종결시킨다.(終) 이렇게 팔괘를 방위와 계절 그리고 만물에 끼치는 영향 등으로 나누어 설명하고 있다. 계절이 순환 회귀하듯이 그에 따라 팔괘도 그것에 맞추어 순환 회귀적으로 설명하고 있는 것이다. 또한 만물에 끼친 영향도 계절의 변화에 따라 만물을 낳고(生) 퍼뜨리고(散) 성장시키며(長) 양육시키고(養) 거두어 드리며(收) 규제하고(制) 저장하고(藏) 마지막에 종결시키는(終) 것으로 설명하고 있다. 24절기 계절의 변화에 따라 농작물을 낳고(生) 퍼뜨리고(散) 성장시키며(長) 양육시키고(養) 거두어 드리며(收) 규제하고(制) 저장하고(藏) 마지막에 종결시킨다.(終) 또한 24절기의 변화에 따라 그것에 맞추어 팔괘도 끊임없이 변화 순환 회귀(歸)한다고 보고 있는 것이다. 1년 360일 중 1괘가 45일씩을 관장해, 여덟 괘 즉 팔괘가 360일 1년을 모두 관장한다. 인의예지신 즉 오상五常도 팔괘와 방위와 관련시켜 설명하고 있다.

> 공자가 말하기를, 팔괘의 순서가 제자리에 서면, 오기五氣가 변형된다. 따라서 사람은 태어날 때 팔괘의 본체에 응하여 오기를 얻어 오상五常으로 삼는데, 인의예지신仁義禮智信이 이것이다. 무릇 만물은 처음에 진震에서 생기며 진은 동방의 괘이다. 양기가 처음 생긴다고 하는 형체가 부여되는 도이다. 따라서 동쪽이 인仁이 된다. 만물은 이離에서 완성되며. 이는 남방의 괘이다. 양

> 은 위에서 바른 자리를 얻고 음은 아래에서 바른 자리를 얻어, 존비尊卑의 상象이 정해진 것은 예禮의 질서이다. 따라서 남쪽이 예이다. 만물은 태兌로 들어가며 태는 서방의 괘이다. 음이 작용을 일으켜 만물이 각기 올바른 상태로 도달함은 의義의 이치이다. 따라서 서쪽이 의이다. 만물이 감坎에서 잠기어 감은 북방의 괘이다. 음기의 형체가 왕성하지만 음양의 기가 폐색을 품은 격이니 신信의 부류이다. 따라서 북쪽은 신이다. 무릇 사방의 도리는 모두 중앙에 통제된다. 따라서 건乾, 곤坤, 감艮, 손巽은 사유四維(동남 남서 서북 북동의 4방향)에 자리하고 있다. 중앙에서 사방을 구제하는 것은 지智의 결단력이다. 따라서 중앙이 지이다. 고로 도는 인에서 흥하고, 예에서 서며, 의에서 다스려지고, 신에서 안정되며, 지에서 완성된다. 이 다섯 가지는 도덕이 나뉜 것으로서 자연과 인간과의 관계(天人之際)를 보여준다. 그것으로써 성인聖人은 하늘의 뜻을 교통하고 인륜을 관장하며 지극한 도를 밝힌다.[64]

팔괘와 오상(인의예지신)이 방위와 계절을 주기로 끊임없이 순환 회귀함을 알 수 있다. 계절의 순환에 따라 팔괘와 그들의 인륜도덕도 순환 회귀하는 것으로 인식하고 있는 것이다. 팔괘뿐만 아니라 64괘도 12달에 배합시켜 12지와 함께 끊임없이 순환 회귀하는 것으로 설명하고 있다.

> 소과小過, 몽蒙, 익益, 점漸, 태泰의 괘는 인寅의 자리이고, 수需, 수隨, 진晉, 해解, 대장大壯의 괘는 묘卯의 자리이며, 예豫, 송訟, 고蠱, 혁革, 쾌夬의 괘는 진辰의 자리이다. 여旅, 사師, 비比, 소축小畜, 건乾의 괘는 사巳의 자리이고, 대유大有, 가인家人, 정井, 함咸, 구姤의 괘는 오午의 자리이다. 정鼎, 풍豊, 환渙, 이離, 둔遯의 괘는 미未의 자리이다. 항恒, 절節, 동인同人, 손損, 비否의 괘는 신申의 자리이고, 손巽, 췌萃, 대축大畜, 비費, 관觀의 괘는 유酉의 자리이다. 귀매歸妹, 무망无妄, 명이明夷, 곤困, 박剝의 괘는 술戌의 자리이고,

64) 孔子曰, 八卦之序成立, 則五氣變形, 故人生而應八卦之體. 得五氣, 以爲五常, 仁義禮智信是也. 夫萬物始出於震. 震, 東方之卦也, 陽氣始出, 受形之道也, 故東方爲仁. 成於離. 離, 南方之卦也, 陽得正於上, 陰得正於下, 尊卑之象也, 禮之序也. 故南方爲禮. 入於兌. 兌, 西方之卦也, 陰用事而萬物得其宜, 義之理, 故西方爲義. 漸於坎. 坎, 北方之卦也, 陰氣形盛, 陰陽其含閉, 信之類, 故北方爲信. 夫四方之義, 皆統於中央, 故乾, 坤, 艮, 巽, 位在四維. 中央所以繩四方行也, 智之決也, 故中央爲智. 故道興於仁, 立於禮, 理於義, 定於信, 成於智. 五者, 道德之分, 天人之際也. 聖人所以通天義意 聖人倫, 而明至道也.(《건착도》)

> 간艮, 기제旣濟, 서합噬嗑, 대과大過, 곤坤의 괘는 해亥의 자리이다. 미제未濟, 건蹇, 이頤, 중부中孚, 복復의 괘는 자子의 자리이고, 준屯, 겸謙, 규睽, 승升, 임臨의 괘는 축丑의 자리이다.[65]

64괘 중 동 서 남 북을 의미하는 진震 이離 태兌 감坎의 4괘를 제외한 나머지 60괘를 모두 12지支 즉 12달에 각각 다섯 괘씩 배합시켜 설명하고 있다. 64괘가 12달을 주기로 끊임없이 순환 회귀(歸)한다고 보고 있는 것이다. 중국 농경민족은 온대 기후 4계절 순환의 고리에 그들 자신을 맡겼고, 이를 어기지 않고 잘 적응하는 것을 지혜로 삼았다.《주역》은 온대 기후의 순환 관념을 바탕으로 형성된 사상체계이다.

《주역》을 칭송하여 읊은 양웅揚雄(-53 - 18)의 <태현부太玄賦>에 보면, 이 세상 모든 것은 성盛할 때가 있으면 쇠衰할 때가 있으며, 성함 속에 쇠함의 요소가 있고 쇠함 속에 성함의 요소가 숨어있다고 설명하고 있다. 고로 총애 속에 재앙이 숨어 있어 인생이란 궁극적으로 좋음도 나쁨도 없으니, 하나의 사건에 일희일비할 필요가 없다. 이는 농경민족의 성향을 그대로 잘 드러낸 것으로, 따뜻한 봄이 있다고 영원히 따뜻한 것만은 아니다. 언젠가는 서늘한 가을이 오기 마련이다. 추운 겨울이 있다고 항상 추운 것은 아니다. 언젠가는 더운 여름이 오기 마련이다. 사람 삶은 계절의 변화 순환처럼 희로애락과 성쇠와 부침이 끊임없이 순환하기 마련이다. 고로 잘 나간다고 자랑할 것도 아니고, 그렇다고 불행하다고 슬퍼할 만은 아닌 것이다. 인생은 새옹지마와 같은 것이다.

> 나는 위대한 역易의 차고 기우는 것을 관찰하고, 노자가 말한 행복과 재앙이 뒤얽혀 있는(倚伏) 것을 살펴본다. 근심과 기쁨이 똑같은 문으로 들어옴을 성찰하고, 길흉이 동일한 영역에 존재함을 관찰한다. 이러한 원리가 해와 달처

65) 小過蒙益漸泰(寅), 需隨晉解大壯(卯), 豫訟蠱革夬(辰), 旅師比小畜乾(巳), 大有家人井咸姤(午), 鼎豊渙離遯未, 恒節同人損否申, 巽萃大畜賁觀酉, 歸妹无妄明夷困剝戌, 艮旣濟噬嗑大過坤亥, 未濟蹇頤中孚復子, 屯謙睽升臨丑.(《易緯 稽覽圖》)

럼 환하게 빛나고 있거늘, 세속의 성인聖人이 비추는 희미한 빛이 무슨 의미가 있겠는가? 어찌 임금의 총애를 탐하여 재앙을 입어, 일이 그릇된 다음 한탄한들 무슨 소용이 있겠는가? 회오리바람은 아침 내내 불지 않고 소나기는 온종일 계속 되지 않으며, 요란한 천둥일수록 빨리 끝나고 세찬 불길일수록 빨리 죽듯이. 모든 사물은 번성하면 다시 쇠락하거늘, 하물며 파란만장한 인간사에 있었서랴![66]

"회오리바람은 아침 내내 불지 않고 소나기는 온종일 계속 되지 않으며. … 모든 사물은 번성하면 다시 쇠락하거늘, 하물며 파란만장한 인간사에 있었으랴!"라고 했듯이, 우리네 인생의 길흉화복과 성쇠부침은 끊임없이 돌고 도는 것이다. 추위와 더위가 1년을 주기로 끊임없이 돌고 도는 것처럼. 마냥 행복이란 것이 없고 마냥 불행이란 것은 없다. 사물이 극에 달하면 반드시 반전하고(物極則返), 달도 차면 기우는 것처럼 우리네 인생도 좋을 때가 있으면 나쁠 때가 반드시 오게 마련이고, 나쁠 때가 있으면 언젠가는 좋을 때가 반드시 오게 마련인 것이다.

양웅은 그의 저서《태현太玄》에서 81수數가 있다고 했으며 이를 1년 4계절을 배합하면 계절의 변화가 바르게 된다고 했다. 계절의 현저한 변화를 나타내는 '수數'를 '천天'이라고 불렀는데, 아홉 개 수가 1천天으로 모두 9천天이 있다고 했다. 양웅이 9천에 대해 말하기를,

구천九天이 있는데, 제1단계가 중천中天, 제2단계가 선천羨天, 제3단계가 종천從天, 제4단계가 경천更天, 제5단계가 수천睟天, 제6단계가 확천廓天, 제7단계가 감천減天, 제8단계가 심천沈天, 제9단계가 성천成天이 된다.[67]

66) 觀<大易>之損益兮, 覽老氏之倚伏. 省憂喜之共門兮, 察吉凶之同城. 著乎日月兮, 何俗聖之暗燭? 豈愒寵以冒災兮, 將噬臍之不及. 若飄風之不終朝兮, 驟雨不終日. 雷隆隆而輒息兮, 火猶熾而速滅. 自夫物有盛衰兮, 況人事之所極. (양웅의 <태현부>)

67) 九天: 一爲中天, 二爲羨天, 三爲從天, 四爲更天 ,五爲睟天, 六爲廓天, 七爲減天, 八爲沈天. (《太玄, 太玄數》)

81수數 중 제1수가 중천, 제10수가 선천, 제19수가 종천, 제28수가 경천, 제37수가 수천, 제46수가 확천, 제55수가 감천, 제64수가 심천, 제73수가 성천이 된다. 81수를 아홉으로 나누어 그 첫 수가 천天이 되는 것이다. 각 천은 40일을 관장하여 모두 360일 즉 1년이 된다. 또한 그는 이 천에 대해 설명하기를,

> (양기의) 참됨이 (땅) 안에 잠재된 때가 중천中天, 만물이 싹트는 때가 선천羨天, 구름이 일고 비가 내리는 때가 종천從天, 만물이 빠르게 자라 변화무쌍한 때가 경천更天, 식물이 무성하게 자란 때가 수천睟天, 빈 속이 밖으로 부풀어지는 때가 확천廓天, 만물이 쇠퇴하고 흩어지는 때가 감천減天, 식물이 떨어져 다시 감추어지는 때가 침천沈天, 타고난 성명性命을 완수하고 끝나는 때가 성천成天이다. 이런 까닭으로 제1단계(中天)에서부터 제9단계(成天)에 이르는 것은 음양이 줄고 느는 과정이다. 반복 진술하면 양은 자子에서 11월에 생기니 양은 10월에 마침을 알겠고, 음은 오午에서 5월에 생기니 양은 4월에 마침을 알겠다. 양은 자子에서 생성되고 음은 오午에서 생성되기 때문에, 북서쪽에서 자子의 아름다움이 소진하고 남동쪽에서 오午의 아름다움이 소진한다.[68]

중천中天부터 성천成天에 이르는 구천九天이 계절의 순환에 따라 돌고 돌아 순환 회귀(歸)한다는 것이다. 인간의 행위 생각도 이에 따라 아홉 개 단계를 거쳐 순환한다고 양웅은 보고 있다.

> 고로 1단계에서 어떤 생각이 일어나며, 2단계에서 이리저리 고려하고, 3단계에서 의지가 확정된다. 4단계에서 활발히 전개하며, 5단계에서 뚜렷해지고, 6단계에서 극대화된다. 7단계에서 손실을 입고, 8단계에서 마모되고, 9단계에서 소멸된다. 정신의 발생은 1단계에서 가장 먼저 이루어지고, 중화中和는 5단계에서 가장 성대하고, 곤란한 지경은 9단계에서 가장 극심하다. 무릇 1단계는 생각의 기미요, 4단계는 복의 풍요로움이요, 7단계는 재앙의 계단이다. 3단계

68) 誠有內者存乎中, 宣而出者存乎羨. 雲行雨施存乎從. 變節易度存乎更. 珍光淳全存乎睟. 虛中弘外存乎廓, 削退消部存乎減, 降隊幽藏存乎沈. 考終性命存乎成. 是故一至九者, 陰陽消息之計邪. 反而陳之. 子則陽生於十一月, 陰終於十月可見也. 午則陰生於五月, 陽終於四月可見也. 生陽莫如子, 生陰莫如午, 西北則子美盡矣, 東南則午美極矣.(《태현 太玄圖》)

> 는 생각의 절정이요, 6단계는 복의 전성기요, 9단계는 재앙의 막다름이다. 2단계 5단계 8단계는 각각 생각과 복과 재앙의 중간 단계이다. … 1단계에서 3단계까지는 빈천하여 마음이 괴롭고, 4단계에서 6단계까지는 부귀하여 높이 존경받고, 7단계에서 9단계까지는 과오를 범하여 재앙을 당한다. 처음부터 5단계까지는 오르막길이고, 6단계부터는 내리막길이다. 단계가 높아갈수록 귀함을 받지만 실상은 궁핍하고, 단계가 낮을수록 천시당하지만 실상은 풍족하다. 오르막길과 내리막길이 서로 뒤얽히고 귀천이 서로 교차한다.[69]

1단계 중천부터 9단계 성천까지 인간의 생각과 복과 재앙이 끊임없이 순환한다고 보고 있다. 이는 계절의 순환에 따라 음과 양이 순환 회귀하는 것으로 보는 농경민족의 사고방식인 것이다. 만물이 음과 양의 순환에 따라 끊임없이 변하듯이, 우리의 생각도 변하고 또한 복과 재앙도 변한다는 것이다. 양이 성한 봄 여름은 복이 관장하는 것이요, 음이 성한 가을과 겨울은 재앙이 관장하는 시기인 것이다.

> 천지의 기운이 뒤섞여 만물이 화육하고, 남녀의 정기가 섞여 만물이 화생化生한다.[70]

하늘(양)과 땅(음) 그리고 남(양)과 여(음)가 뒤섞이어야 만이 만물이 화육化育하고 화생化生한다는 것이다. 양과 음이 결합해야 만이 만물이 생겨날 수 있다. 농사도 비(음)와 햇볕(양)이 잘 섞여야 만이 풍요를 기할 수 있다.

---

69) 故思心乎一, 反復乎二. 成意乎三. 條暢乎四, 著明乎五, 極大乎六, 敗損乎七, 剝落乎八, 殄絶乎九. 生神莫先乎一, 中和莫盛乎五, 倨劇莫困乎九, 夫一也者, 思之徵者也. 四也者, 福之資者也. 七也者, 禍之階者也. 三也者, 思之崇者也. 六也者, 福之隆者也. 九也者, 禍之窮者也. 二五八, 三者之中也. … 自一至三者, 貧賤而心勞. 四至六者, 富貴而尊高. 七至九者, 離咎而犯菑, 五以下作息, 五以上作消. 數多者見貴而實索, 數少者見賤而實饒. 息與消糾, 貴與賤交.(《태현 태현도》)

70) 天地絪縕, 萬物化醇, 男女構精, 萬物化生.(《주역 계사전》)

무릇 건乾(양)은 그 고요할 때는 가만히 있다가(專) 그 움직일 때는 꼿꼿하다.(直) 이로서 위대한 생성이 생겨난다. 무릇 곤坤(음)은 그 고요할 때는 닫혀있다가(翕) 그 움직일 때는 열린다.(闢) 이로서 넓은 생성이 생겨난다.[71]

"무릇 건乾(양)은 그 고요할 때는 가만히 있다가(專) 그 움직일 때는 꼿꼿하다.(直)"는 의미는 남자 성기의 움직임을 의미하는 듯하고, "무릇 곤坤(음)은 그 고요할 때는 닫혀있다가(翕) 그 움직일 때는 열린다.(闢)"는 것 역시 여자 성기의 움직임을 의미하는 것으로 보인다. 남녀의 결합 즉 음과 양의 결합만이 모든 만물을 잉태할 수 있는 것이다.

하늘(양)은 베풀고 땅(음)은 생육하는 혜택이 끝이 없다.[72]

문을 닫는 것은 곤坤이요, 문을 여는 것은 건乾이다. 한번 닫고 한번 여는 것 그것을 변화(變)라고 한다. 왕래하여 무궁한 것 그것을 통한다(通)라고 말한다.[73]

이 모두 음과 양 그리고 건과 곤을 남녀 성의 특징으로 설명하고 있다.

태괘泰卦는 하늘과 땅이 서로 교합할 때 만물이 형통하고, 상하가 서로 교통할 때 그 뜻이 같아진다는 의미이다.[74]

하늘과 땅이 서로 느껴야 만물이 모두 화생化生한다.[75]

하늘과 땅이 서로 만나야 온갖 사물이 모두 창성한다.[76]

---

71) 其靜也翕, 其動也闢, 是以廣生焉夫乾, 其靜也專, 其動也直, 是以大生焉. 夫坤, 其靜也翕, 其動也闢, 是以廣生焉.(《주역 계사전》)

72) 天施地生, 其益無方.(《주역 益象 》)

73) 闔戶謂之坤, 闢戶謂之乾 一闔一闢謂之變, 往來不窮謂之通.(《주역 계사상》)

74) 泰, … 則天地交而萬物通也, 上下交而其志同也.(《주역 泰象》)

75) 天地感而萬物化生.(《주역 咸象》)

76) 天地相遇, 品物咸章也.(《주역 姤象》)

> 하늘과 땅이 풀어지면 우뢰와 비가 일고, 우뢰와 비가 일어야 백과와 초목이 껍질에서 싹이 나온다.[77]

음양의 이론을 가지고 그것을 철학화시킨 《주역》에도 우주와 자연 역사와 인생을 모두 순환 회귀적(歸)으로 설명하고 있다.

> 한번은 음으로 한번은 양으로 변하는 것을 도라고 한다. 이것을 잇는 것이 선善이다. … 모든 사람들이 매일 이것을 사용하고 있지만 그 사실을 알지 못하기 때문에 군자의 도는 드문 것이다.[78]

> 천지의 운행에는 절도가 있으므로 사계절이 이루어진다.[79]

> 가서 돌아오지(復) 않는 것은 없는데, 이것이 천지의 법이다.[80]

> 끝난 즉 시작이 있는데 이것이 하늘의 운행이다.[81]

> 그 도를 반복하는데, 칠 단계를 거쳐 돌아온다.(復) 이 복復에서 천지의 마음을 볼 수 있다.[82]

> 태양이 남중하면 기울고, 달도 차면 먹어 들어가는 것이 있다. 천지간의 차고 기우는 것은 때와 더불어 쇠하고 성한다.[83]

> 해가 지면 달이 뜨고 달이 지면 해가 뜬다. 해와 달이 서로 추동하여 밝음이 생긴다. 추위가 가면 더위가 오고 더위가 가면 추위가 온다. 추위와 더위가 서로 추동하여 한 해가 이루어진다. 감(往)은 움추림이요 옴(來)은 펼침이다. 움추림

77) 天地解而雷雨作, 雷雨作而百果草木皆甲坼.(《주역 解彖》)
78) 一陰一陽之謂道. 繼之者善也. … 百姓日用而不知, 故君子之道鮮矣.(《주역 卦辭 上》)
79) 天地節而四時成.天地節而四時成.(《주역 節彖》)
80) 無往不復, 天地際也.(《주역 泰象》)
81) 終則有始, 天行也.(《주역 蠱彖》)
82) 反復其道, 七日來復 … 復, 其見天地之心乎!(《주역 復彖》)
83) 日中則昃, 月盈則食; 天地盈虛, 與時消息.(《주역 豊彖》)

과 펼침이 서로 감응하여 결과가 생긴다.[84]

하늘과 땅은 (자연의 법칙에) 순응하여 움직인다. 고로 해와 달은 착오가 없고 4계절은 어김이 없다.[85]

길흉이란 것은 끊임없이 반전하고, 천지의 도는 끊임없이 나타나며, 일월의 도는 끊임없이 밝히는데, 천하의 움직임은 오로지 한결같다.[86]

"사물이 절정에 이르면 반드시 반전한다."(物極必返) 음이 극에 달한 추운 한겨울이라도 반드시 반전하여 따뜻한 봄이 온다.

계절의 무궁한 변화와 순환처럼 우리네 인생의 길흉화복도 끊임없이 돌고 돈다. 그러므로 삼재가 들었다고 한탄할 일도 아니다. 언젠가는 좋은 날이 있을 것이다. 서늘한 가을이 있어도 언젠가 따뜻한 봄이 찾아오는 것처럼. 인생은 이처럼 새옹지마 같은 것이다. 그러므로 출세했다고 잘 났다고 교만하면 안 된다. 언제나 겸손한 자세를 가져야 한다. 따뜻한 봄이 마냥 영원히 있는 것이 아니란 것을 농경민족 중국인들은 아는 것이다.

하늘의 도는 양기를 하강시켜 널리 비추고, 땅의 도는 낮은 곳에서 위로 상승한다. 하늘의 도는 충만한 것을 들어 겸허한(부족한) 곳에 보태고, 땅의 도는 충만한 것을 깎아 겸허한(부족한) 곳에 유입시켜준다. 귀신은 교만한 사람에게 손해를 입히고 겸허한 사람에게 복을 준다. 인간의 도리는 교만을 증오하고 겸허함을 좋아한다. 사람이 겸허하면 존귀한 자리에서는 영광을 얻고 비천한 자리에서도 멸시당하지 않는다. 이것이 군자의 유종의 미이다.[87]

---

84) 日往則月來, 月往則日來. 日月相推, 而明生焉. 寒往則暑來, 暑往則寒來, 寒暑相推, 而歲成焉. 往者, 屈也; 來者, 伸也; 屈伸相感而利生焉.(《주역 繫辭下》)

85) 天地之順動, 故日月不過, 而四時不忒.(《주역 豫象》)

86) 吉凶者, 貞勝者也. 天地之道, 貞觀者也. 日月之道, 貞明者也, 天下之動, 貞于一者也.(《주역 繫辭下》)

87) 天道下濟而光明, 地道卑而上行. 天道虧盈而益謙, 地道變盈而流謙, 鬼神害盈而福謙, 人道惡盈而好謙. 謙尊而光, 卑而不可踰, 君子之終也.(《주역 謙象》)

계절에 따뜻한 계절(봄) 서늘한 계절(가을)이 있고, 더운 계절(여름) 추운 계절(겨울)이 있는 것처럼. 우리네 인생도 좋을 때가 있으면 나쁠 때가 있기 마련이다. 잘되었다고 교만하면 안 된다. 높은 벼슬하고 출세했다고 해도 항상 겸허해야 한다. 이것이 사시의 변화를 아는 군자의 유종의 미인 것이다.

> 이런 까닭으로 군자는 편안할 때 위험한 것을 잊지 않고, 존립할 때 멸망을 잊지 않으며, 태평할 때 혼란을 잊지 않는다. 이로써 자신의 몸은 안전하고 국가는 가히 보존할 수 있다.[88]

좋을 때가 있으면 언젠가는 나쁠 때가 있을 것이니 항상 그것에 대비해야 한다는 것이다.

송대 성리학자 소옹邵雍(1,011-1,077)의 《황극경세서皇極經世書》에 그의 순환론적인 우주관이 잘 나타나 있다.

> 변이變易들에 대한 수數가 (자기들 회전의) 끝에 이르면 하늘과 땅은 한 번의 순환을 마친다. '그러면 하늘과 땅도 역시 한 번의 순환을 거치는 것인가?'라고 물을 수 있을 것이다. 나는 다음과 같이 말할 수 있을 것이다. (만물에) 성장과 소멸이 존재하고 있는데 그들이라고 그러한 순환을 갖지 않겠는가? 하늘과 땅은 크기는 하지만 그들 역시 형상과 질료로 이루어져 있으며, … 이런 까닭으로 해서 두 가지 대상을 구성하는 요소가 된다.[89]

그의 《황극경세서》에서는 음양의 운동을 상징하는 64괘의 견지에서 64괘의 순환 회귀로 전 우주의 세계년世界年의 진화기능을 기술하고 있다. "세계의 발단으로부터 전체의 파멸에 이르기까지 기간을 한 번의 순환이라고 한다. 한 번의 순환은 129,600년이다. 각각의 순환은 마치 1년이 12달인 것과 마찬가지로 12의 시대를 가진다. 각각의 시대는 마치 한 달이 30일

88) 是故君子安而不忘危, 存而不忘亡, 治而不忘亂. 是以身安而國家可保也.(《주역 繫辭傳》)

89) 풍우란의 《중국철학사》 469쪽에서 재인용

을 갖는 것처럼 30회의 회전을 한다. 한 번씩 회전할 마다 12세대가 지나간다. 각각의 세대는 30년으로 이루어진다. 매년은 12달을 가지며, 1개월은 30일을, 그리고 하루는 24시간을 가진다."[90] 라고 하여, 1년 12달 시간과 계절이 끊임없이 순환 회귀하는 것처럼 64괘도 순환 회귀하며 그에 맞추어 세계년도 발단에서 파멸에 이르기 까지 끊임없이 순환 회귀(歸)하는 것으로 보고 있다.

이들 시간의 흐름은 역易의 육효六爻와 밀접한 관계가 있는데, 세계의 시간은 동지로 상징되는 대성괘大成卦에서 시작하여 마지막에 음陰의 원지점遠地點에 나타나는 것에서 끝난다. 제1의 시기(10,800년)에서 양이 자라기 시작하며 이 때 하늘이 생긴다. 제2의 시기(10,801년-21,600년)에서 땅이 생긴다. 제3의 시기(21,601년-32,400년)에는 사람이 태어나며, 제6의 시기까지 양이 계속 증가하여 원지점에 도달한다. 제6의 시기의 마지막(64,800년)이 바로 양이 극한 달한 시기이며, 순환의 백중伯仲이고 인간의 덕德이 완전히 만개한 정점이다. 이 시기가 기원전 3,000여년의 위대한 전설적 현군 요임금의 치세 하에 있었던 황금시기이다. 이때부터 차츰 차츰 기울기 시작하며, 음이 점차 증가하여 제7시기(64,801년-75,600년)가 시작된다. 이 제7시기가 바로 요임금 이후 하 은 주로 부터 소옹이 살았던 송宋까지이다. 절대 황금시기(요임금시기)로부터 역사는 점차 퇴보하고 있는 것으로 소옹은 보고 있다. 이러한 시간 척도에 따르면 제12의 시기(118,880년-129,600년)에 이르기까지 음이 강해지며 역사는 계속 쇠퇴할 것이다. 제12의 시기의 마지막(129,600년)에 음이 원지점에 도달하며 이에 전 지구의 모든 생물체들은 죽어서, 아무 것도 없는 암흑의 세계가 된다. 이것이 세계 순환이다. 그러면 또 다른 새로운 세계가 일어나 129,600년을 주기로 음양의 순환을 반복하며 이러한 세계 순환은 끝없이 반복된다고 소옹은 음양과 《역》의 육효六

90) 풍우란의 《중국철학사》 469쪽에서 재인용

爻와 64괘를 바탕으로 그의 순환 회귀적인 세계관을 펼치고 있다. 우주와 역사 그리고 자연이 음양의 순환에 따라 끝없이 순환 회귀(歸)하는 거시적 순환 관점을 그는 가지고 있는 것이다.

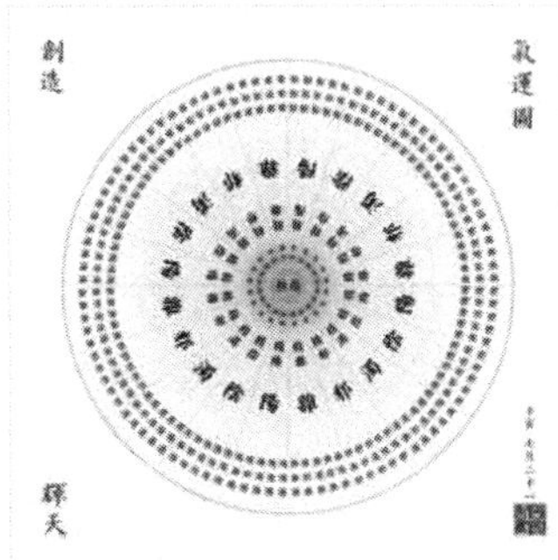

〈음양오행의 기운도氣運圖. 이 세상의 모든 것은 음과 양의 순환으로, 그리고 오행의 순환 회귀(歸)로 설명하고 있다.〉

6) <歸>의 철학과 농경문화

필자는 본고에서 유가 복고주의(歸), 불교 윤회사상(歸), 도가 무위자연 회귀사상(歸), 음양오행사상(歸), 주역 8괘와 64괘를 통한 우리네 인생의 순환 회귀(歸) 사상을 통하여 중국철학이 기본적으로 <귀歸>의 철학임을 설명하려고 노력하였다. 그러면 무엇이 중국철학을 이토록 <歸>적으로 만든 것일까? 중국철학이 이토록 순환 회귀적(歸)인 근본 이유는 도대체 무엇일까?

필자는 그것은 중국인들이 옛부터 입춘부터 대한까지 24절기를 주기로 끊임없이 순환 회귀적인 삶을 절서하게 살아온 농경문화 민족이었기 때문이라고 생각한다. 농경문화란 계절의 올바른 순환을 굉장히 중시하는 문화 세계인데, 이는 계절의 올바른 순환이 농작물의 풍요에 막대한 영향을 주기 때문이다. 입춘부터 대한까지 1년을 24절기로 나누어 그 절기에 맞는 주기적인 삶을 수천 년 동안 살아온 농경문화 민족인 중국인들, 그들은 그런 삶을 그 할아버지의 할아버지 또 그 할아버지의 할아버지 때부터 수천 년 동안 끊임없이 살아왔다. 24절기를 주기로 사는 순환 회귀적인 삶이란 농경인의 삶 그 자체였다. 이러한 순환 회귀적인 삶을 수천 년 동안 살아온 농경민족인 중국인 그들의 사고방식 역시 순환 회귀적(歸)이 되었을 것이다. 24절기는 아래와 같은데, 각 절기마다 그들은 그 절기에 맞는 농경일지적 삶을 산 것이다.

봄: 입춘立春, 우수雨水, 경칩驚蟄, 춘분春分, 청명淸明, 곡우穀雨,
여름: 입하立夏, 소만小滿, 망종芒種, 하지夏至, 소서小暑, 대서大暑,
가을: 입추立秋, 처서處暑, 백로白露, 추분秋分, 한로寒露, 상강霜降,
겨울: 입동立冬, 소설小雪, 대설大雪, 동지冬至, 소한小寒, 대한大寒

입춘 때는 그 절기에 '맞는' 농경일지적 삶을 살았고, 또한 우수에도 또 그 절기에 '맞는' 농경일지적 삶을 살아 온 것이다. 또한 경칩에는 경칩 절기에 '맞게', 춘분에는 춘분 절기에 '맞게' 농경일지적 삶을 산 것이다. 이처럼 그 절기에 '맞게' 입춘立春부터 대한大寒까지 1년을 주기로 끊임없이 순환 회귀적(歸) 삶을 살아왔기 때문에 그들의 철학과 그들의 사고방식이 이렇게 순환 회귀적(歸)이 되었을 것이라 생각한다.

농사꾼들은 이 24절기 그 계절적 변화에 철저하게 '적응하여' 살고자 했는데, 이에 따라 농경민족 중국인들의 지배자인 천자 역시 매달 그 절기에 '맞는' 거처로 옮겨 거주했고, 옷 색깔도 그 절기에 '맞는' 옷을 입어야 했으

〈모내기하는 모습. 중국 농경민족 그들은 24절기의 농경일지에 맞추어 그들의 삶을 살아왔다.〉

며, 음식도 그 절기에 '맞는' 것만 먹어야 했고, 시행할 정사도 그 절기에 '맞는' 것만 행했다. 《예기 월령月令》은 각 달마다 천자를 중심으로 한 사람들이 어떻게 살고 행동할 것인가를 적어놓은 책인데, 천자는 달마다 그 절기에 '맞게' 명당明堂의 거주지를 옮겼다. 맹춘孟春에는 청양靑陽 좌개左个[91]에, 중춘仲春에는 청양 태묘太廟[92]에, 계춘季春에는 청양 우개右个[93]로 거주를 옮기며 정치를 행하였다. 맹하孟夏에는 명당明堂 좌개[94]에, 중하仲夏에는 명당 태묘[95]에, 계하季夏에는 명당 우개[96]로 거주를 옮기며 정치를 행하였다. 맹추孟秋에는 총장總章 좌개[97]에, 중추仲秋에는 총장 태묘[98]에, 계추季秋에는 총장 우개[99]로 거주를 옮기며 정치를 행하였다. 그리고 맹동孟冬에는 현당玄堂 좌개[100]에, 중동仲冬에는 현당 태묘[101]에, 계동季冬에는 현당 우개[102]로 거주를 옮기며 정치를 행하였다. 천자는 계절이 변하는 법칙을 그대로 '모방'하여, 자신의 거주지를 옮기며 정치를 행한 것이다.

또한 천자는 해당되는 달의 성격에 '맞게' 행동하고 명령을 내리며 정치를 행하였다. 《예기 월령》 전편은 천자를 중심으로 한 사람들이 어떻게 그 달에 '맞게' 행동할 것인가를 기록하고 있다. 천자를 중심으로 한 사람들은 계절의 순환에 따른 자연의 법칙을 그대로 '모방'하여 살고자한 것이다. 그

91) 明堂 동쪽 방에 딸린 곁방 중 北室을 가리킴.

92) 明堂의 동쪽 방임.

93) 明堂 동쪽 방에 딸린 곁방 중 南室을 가리킴.

94) 明堂 남쪽 방에 딸린 東室을 가리킴.

95) 明堂의 남쪽 방임.

96) 明堂 남쪽 방에 딸린 西室을 가리킴.

97) 明堂 서쪽 방에 딸린 南室을 가리킴.

98) 明堂의 서쪽 방임.

99) 明堂 서쪽 방에 딸린 北室을 가리킴.

100) 明堂 북쪽 방에 딸린 西室을 가리킴.

101) 明堂의 북쪽 방임.

102) 明堂 북쪽 방에 딸린 東室을 가리킴.

럼 여기에서 맹춘孟春의 예 한 가지만 들어 살펴보고자 한다.

> 맹춘의 달에는 진辰이 영실성營室星에 있다. 저녁에는 참성參星이 남방의 중앙에 있고, 아침에는 미성尾星이 남방의 중앙에 있다. 그 날은 갑甲과 을乙에 '해당'하고, 그 제帝는 태호太皡, 그 신神은 구망句芒, 그 동물은 인족鱗族, 그 음은 각조角調, 그 율律은 태족太蔟, 그 수는 8, 그 맛은 산酸, 그 냄새는 전羶에 '해당'한다. 그 제사는 호신戶神이며, 제사를 지낼 때는 먼저 비脾를 바친다. 천자는 청양靑陽 좌개左个에 거주한다. 난로鸞路를 타고, 창용倉龍을 몰며, 청기靑旂를 세우고, 청의靑衣를 입고, 창옥倉玉을 차고, 보리와 양고기를 먹는다. 그 사용하는 그릇은 조각이 성기고 나무결이 곧다. 이 달에 입춘이 있으므로, 입춘 삼일 전에 태사太史가 천자를 뵙고 고한다. "모일이 입춘입니다. 성대한 덕이 목木에 있습니다." 천자는 곧 재계한다. 입춘 날 천자는 삼공三公 구경九卿 제후諸侯 대부大夫를 거느리고 동교東郊로 가 봄을 맞이한다. 조정으로 돌아와 공경대부에게 시상을 한다. 또 재상에게 명하여 덕교德敎를 선포하고 금령禁令을 조정하며, 상을 주고 은혜를 베풀어서 아래로 만백성에게 미치게 한다. 상주는 일을 널리 백성에게 이르게 하여, 부당한 일이 없게 한다. … 희생은 암컷을 쓰지 못하게 하고, 벌목을 금지하고 둥우리를 뒤집어서 새를 잡지 못하게 하고, 애벌레, 새끼를 밴 조수, 갓 태어난 짐승, 처음 나는 새를 죽이지 못하게 한다. 짐승의 새끼를 잡지 못하게 하고, 알을 꺼내지 못하게 한다. 공사를 일으켜서 사람을 모으지 못하게 하고, 성곽을 쌓아서 백성을 노역부리는 일 없게 하고, 사람의 시체가 노출되었을 때 그것을 묻어주어야 한다. 이 달에는 군대를 일으켜서는 안 된다. 군대를 일으키면 반드시 하늘의 재앙이 있을 것이다. 전쟁이 일어난다면 할 수 없이 그것을 막아야겠지만, 전쟁이 일어나지 않는 이상 스스로 전쟁을 시작해서는 안 된다. 천지인天地人의 도는 생육을 위주로 한다. 전쟁은 만물의 생육을 방지하고 이것을 죽인다. 이것은 천지인의 대도에 어긋나는 것이다. 하늘의 재앙을 받을 것이다. 그렇기 때문에 군사를 일으켜서 하늘의 도리를 변경시키지 말아야 하고, 땅의 도리를 끊지 말아야 하며, 사람의 기강을 어지럽히지 말아야 한다.[103]

103) 孟春之月, 日在營室, 昏參中, 旦尾中. 其日甲乙, 其帝太皥, 其神句芒. 其蟲鱗, 其音角, 律中太蔟, 其數八, 其味酸, 其臭羶. 其祀戶. 祭先脾. 天子居靑陽左个. 乘鸞路, 駕倉龍, 載靑旂, 衣靑衣, 服倉玉. 食麥與羊, 其器疎以達. 是月也, 以立春, 先入春三日. 太史謁之天子曰 某日入春, 盛德在木. 天子乃齊, 入春之日, 天子親帥三公九卿諸侯大夫,

위 내용을 보면 맹춘에는 그 절기에 '맞는' 제帝(太皞)와 신神(句芒)을 모셔야 하며, 덕도 그 절기에 '맞는' 목덕木德[104]을 쓰며, 십간十干도 갑을甲乙[105]을, 오충五蟲에서는 인鱗[106]을, 오음五音에서는 각角[107]을, 오미五味에서는 산酸[108]을, 오취五臭에서는 전羶[109]을, 오사五祀에서는 호신戶神[110]을, 오장五臟에서는 비脾[111]를 사용해야 한다고 했는데, 이는 모두 봄의 성질과 '맞기' 때문에, 그 자연의 법칙을 그대로 '모방'하여 인사人事에 '적용'시켰다. 천자는 그 계절에 '맞게' 명당明堂의 동쪽 방인 청양靑陽의 북실北室인 좌개左个에 거주하며, 그 계절에 '맞게' 난로鸞路, 창용倉龍, 청기靑旂, 청의靑衣, 창옥倉玉을 타거나 입는다. 봄의 빛깔인 푸른색[112]에 '맞게' 치장하거나 입고, 또 봄의 계절에 '맞는' 보리[113]와 양[114]을 먹는다. 그리고 천자는 모든 만물을 생육시키는 봄의 성격에 '따라', 공경대부로부터 만 백성에 이르기까지 상을 주고 은혜를 베풀어야 한다. 이 달에는 만물에 새싹이 돋는 계절이므로, 그 계절의 성격을 그대로 인사에도 '모방'하여, 갓 태어난 짐승의 새끼와 알 등을 잡거나 꺼내어서는 안 된다. 이를 위반하는 것은 자연의

以迎春於東郊, 還反賞公卿大夫於朝, 命相布德和令, 行慶施惠, 下及兆民, 慶賜遂行毋有不當. … 犧牲毋用牝, 禁止伐木, 毋覆巢, 毋殺孩蟲胎夭飛鳥, 毋麛毋卵, 毋聚大衆, 毋置城郭, 掩骼埋胔. 是月也, 不可以稱兵. 稱兵必天殃. 兵戎不起. 不可從我始, 毋變天之道, 毋絶地之理, 毋亂人之紀.

104) 봄은 木, 여름은 火, 중앙은 土, 가을은 金, 겨울은 水에 '해당'된다.

105) 봄은 甲乙, 여름은 丙丁, 중앙은 戊己, 가을은 庚辛, 겨울은 壬癸에 '해당'된다.

106) 봄에는 鱗, 여름에는 羽, 중앙에는 羸, 가을에는 毛, 겨울에는 介가 '해당'된다.

107) 봄에는 角, 여름에는 徵, 중앙에는 宮, 가을에는 商, 겨울에는 羽가 '해당'된다.

108) 봄에는 酸, 여름에는 苦, 중앙에는 甘, 가을에는 辛, 겨울에는 鹹이 '해당'된다.

109) 봄에는 羶, 여름에는 焦, 중앙에는 香, 가을에는 腥, 겨울에는 朽가 '해당'된다.

110) 봄에는 戶, 여름에는 竈, 중앙에는 中霤, 가을에는 門, 겨울에는 行神이 '해당'된다.

111) 봄에는 脾, 여름에는 肺, 중앙에는 心, 가을에는 肝, 겨울에는 腎이 '해당'된다.

112) 봄은 靑(蒼), 여름은 赤(朱), 중앙은 黃, 가을은 白, 겨울은 黑(玄)이 그 계절에 '맞는' 색깔이다.

113) 봄은 麥, 여름은 菽, 중앙은 稷, 가을은 麻, 겨울은 黍가 그 계절에 '맞는' 곡식이다.

114) 봄에는 羊, 여름에는 鷄, 중앙에는 牛, 가을에는 犬, 겨울에는 稚가 그 계절에 '맞는' 가축이다.

법칙을 어기는 것이다. 모든 만물을 키워주는 이 계절에, 사람을 죽이는 전쟁 같은 것을 일으켜서는 안 된다. 봄의 성질을 '모방'하지 않고 전쟁을 일으킨다면, 천지인天地人의 대도를 어기는 것으로 하늘이 벌을 내린다. 봄에는 자연이 모든 만물을 생육시키듯이, 인간도 모든 것을 생육시키는 방향으로 인사를 행하여야 하는 것이다. 이런 자연의 법칙을 '모방'하지 않는 행위는, 바로 천도天道와 지리地理와 인기人紀를 어기는 것이다. 필자는 여기에서 맹춘의 경우만 예로 설명했지만, 그 외 모든 절기에 대해서도《예기 월령》에 이와 같이 설명되어 있다. 중국인들이 그 얼마나 자연의 법칙(계절의 변화)에 그대로 적응하여 살고자 한 것인가를 잘 알 수 있다. 한마디로 고대 중국인들은 24절기를 주기로 변하는 자연의 법칙(계절의 변화)을 그대로 '모방'하여 농경일지적 삶을 순환 회귀적(歸)으로 살고자 한 것이다.

만약 그 절기에 맞지 않는 행동을 하면 기후에 영향을 끼쳐 기이한 재이현상이 일어나 농사를 망치게 된다.

> 맹춘에 여름 명령을 시행하면 비가 제 때 오지 않고 초목이 시들며 나라에 대대로 두려운 일이 생긴다. (맹춘에) 가을 명령을 시행하면 백성에게 큰 돌림병이 돌고 돌풍과 폭우가 한꺼번에 닥치고 명아주 고들빼기 쑥과 같은 온갖 잡초가 일제히 무성해진다. (맹춘에) 겨울 명령을 시행하면 냇물이 범람하고 눈서리가 마주 쏟아져 기장과 같은 조생곡식을 파종할 수 없게 된다.[115]

항상 그 절기에 맞게 살아야지, 만약 그 절기에 맞지 않게 산다면 기이한 재이災異현상이 나타난다는 것이다.

> 봄에 밭 갈고 여름에 김매며 가을에 거두고 겨울에 갈무리한다. 이 네 가지가 제 때에 이루어지면 오곡이 끊이지 않아 백성들이 먹는 것에 넉넉함이 있다.[116]

115) 孟春行夏令, 則雨水不時, 草木凋落, 國時有恐, 行秋令, 則民大疫, 猋風暴雨總至, 藜秀蓬蒿幷興. 行冬令, 則水潦爲敗, 雪霜大摯, 首種不入.(《예기 월령 》)

116) 春耕夏耘, 秋收冬臧, 四者不失其時, 故五穀不絶, 而百姓有餘食也.(《순자 王制편》)

봄에 밭 갈고(春耕) 여름에 김매며(夏耘) 가을에 거두고(秋收) 겨울에 갈무리하는(冬藏) 삶이 농경민족의 삶인 것이다. 이런 농경일지에 맞춰 수천 년 동안 순환 회귀(歸)적 삶을 살아왔다.

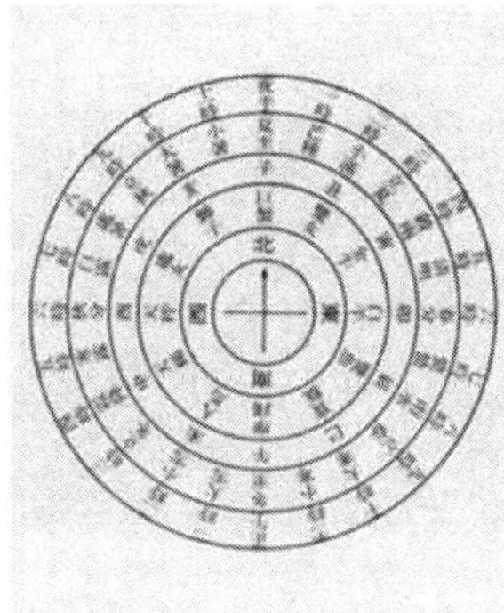

〈24절기도〉

겨울이 지나면(去) 반드시 봄은 돌아오기(歸) 마련이다. "간(去) 것은 반드시 돌아오는(歸) 것."(去者必返)이요, 봄이 가면 영원히 다시 돌아오지 않는 것이 아니라 아무리 매서운 겨울이 있어도 1년 후면 반드시 돌아오는(歸) 것이다. "천지간에 떠났다가 다시 돌아오지(歸) 않는 것이란 하나도 없다."라고 한 송나라 철학자 소옹邵雍의 언급은 중국인의 사고방식이 그 얼마나 순환 회귀적인가를 여실히 나타내주고 있다 하겠다. 수천 년 전부터 자연의 법칙(계절의 변화)에 적응하여 흙과 <더불어 하나>되어 살아온 정통 농경문화 민족인 중국인, 그들은 24절기를 주기로 끊임없이 유기적으로 순환하는 자연의 생리에 맞추어 그들의 삶도 24절기를 주기로 주기성을 띠게 됨에, 은연중에 그들의 철학과 사고방식에도 이런 순환 회귀적(歸)인 관념이 뿌리 깊게 도사리게 된 것이다. 유가 복고주의(歸), 불교 윤회사상(歸), 도가 무위자연 회귀사상(歸), 음양오행 순환회귀사상(歸), 8괘 64괘의 순환 회귀(歸)로 우리네 인생사를 설명하는 주역사상 등은 근본적으로 24절기를 주기로 수천 년 동안 순환 회귀적 삶을 살아온 농경민족 중국인들만이 가질 수 있는 사상인 것이다.

태극太極이라고 하든지, 천天이라고 하든지, 도道라고 하든지, 성性이라고 하든지, 자연自然이라고 하든지, 이理라고 하든지 간에, 이는 모두 우주 자연의 근원 즉, 삼라만상의 원형을 뜻하는 것으로, 중국의 철학자들은 이런 근원을 항상 연구해 왔고 심지어 극도의 정신적 수련을 통해 이 우주

〈봄은 한번 가면 다시 돌아오지 않는 것이 아니라, 아무리 매서운 겨울이 있어도 반드시 1년 뒤에는 돌아온다.(歸)〉

자연의 근원으로 되돌아가고자(歸) 노력하였다. 그 근원(原型)을 연구하고 극도의 정신적 수련을 통해 그 근원에 도달하며, 그 근원을 펼쳐 해석(演繹)하여 우주와 자연 그리고 인생과 역사의 본질과 변화를 설명하는 것이 중국의 철학과 형이상학의 대부분이라고 해도 크게 틀린 말은 아니라고 생각한다. 그들은 자연과 우주현상을 과학적으로 관찰하여 그 어떤 법칙을 도출해내는 귀납법적인 철학을 진행 시킨 것이 아니라, 만고불편의 근원인 道(太極, 天, 性, 理, 自然)를 먼저 설정하고 그 도로부터 펼쳐 해석(演繹)해 나가 우주와 자연 그리고 인생과 역사의 모든 현상을 해석하고 이해한 것이다. 그리고 그들은 극도의 자기 절제와 정신수련을 통해 모든 것의 근원인 道(太極, 天, 性, 理, 自然)와 <더불어 하나>되는 상태로 돌아가고자(歸) 했다. 중국의 정통적인 학자들은 서양의 학자들처럼 도가 낳은 개별 자연현상을 관찰 연구하려고 하지 않고, 모든 삼라만상의 근원이라고 여긴 도만을 연구하여 왔기 때문에, 중국의 철학이 심하게 형이상학적이며, 명료하고 과학적이지 못했다고 할 수 있을 것이다. 이는 농경민족인인 중국인들의 회귀적(歸)인 사고방식이 이렇게 항상 道(근원)로 돌아가고자(歸) 하고, 또한 그것만을 연구하는 철학을 만들게 된 것이 아닌가 생각한다.

중국인들의 순환 회귀적 사유체계(유가 복고주의, 불교 윤회사상, 도가 무위자연 회귀사상, 음양 오행사상, 주역사상 등)가 근본적으로 중국인들이 24절기를 주기로 끊임없이 순환 회귀적(歸)인 삶을 살아온 농경민족이었기 때문일 것이라는 필자의 견해를 더 잘 이해하기 위해서는 서구사상의 근원을 설명하여 이를 비교해볼 필요가 있다고 생각한다. 서구사상은 헤브라이즘과 헬레니즘을 2대 골간으로 하여 이루어졌다고 한다. 이 중 먼저 헤브라이즘을 설명하면, 헤브라이즘이란 Mesia 사상(언젠가 구세주가 나타나 그들을 젖과 꿀이 흐르는 가나안 땅으로 인도해 줄 것이라고 믿는 사상)을 그 골간으로 하는데, 유대인들이 이렇게 Mesia 사상을 가지게 된 이유는 그들의 지리적 환경과 밀접한 관련이 있다. 이른바 양떼를 몰고 끊임없이 광야(황무지)를 유랑하여 떠돌아다니는 유대민족들은 근본적으로 그 땅과 <더불어 하나>되어 살아갈 수 없는 민족이었다. 거친 땅 더운 기후와 같은 불리한 지리적 요건을 가진 그들은, 항상 이런 불리한 지역을 벗어나고 싶다는 욕망을 가지게 되었다. 이런 고대 유대인들의 욕망이 목자가 양떼를 푸른 풀밭으로 인도하듯이 언젠가 구세주가 선지자가 나타나 그들 자신들을 구원하여 젖과 꿀이 흐르는 풍요의 땅으로 인도해줄 것이라는 미래의 약속을 믿는 Mesia 사상을 가지게 만든 것이다. 즉 광야지대란 불리한 지리적 자연요건이 그들 유대인들에게 Mesia 사상이라는 미래지향적인 사상을 가져다 준 것이다. 지금도 기독교인들은 미래에 언젠가 우리의 구세주 우리의 Mesia인 예수님이 이 지상에 재림하여 지상의 악을 쓸어버리고 지상천국을 이룩할 것이라는 것을 믿고 신앙생활을 하고 있다. 나라를 잃어버린 유대인들이 근 2,000년 만에 다시 나라를 세울 수 있었던 근본 원인도 아무리 무서운 박해와 고난이 있다하더라도 미래에 언젠가 반드시 메시아가 나타나 그들 유대민족을 구원해줄 것이라고 믿었던 종교적 아집이 세계 제일의 독종민족 유대인들로 하여금 나라를 다시 일으키게 한 것이다.

다음으로 헬레니즘을 설명하면, 고대 그리스인들의 정신세계를 가장 잘 대변해주는 신은 젊음과 용기를 상징하는 태양의 신인 Apolo라고 한다.[117] 그들 그리스인들이 젊음과 용기를 상징하는 태양의 신인 Apolo신적인 사

117) 《그리스 로마 神話》의 張旺綠 해설편 참조.

유 체계를 가지게 된 근본 이유도 역시 그들의 지리적 환경과 밀접한 관련이 있다. 그리스 지역은 온통 산악으로 둘러싸여 있어 고대에는 교통과 통신이 너무 불편하여 하나의 나라로 통일되기가 참으로 어려웠다고 한다. 그래서 산악으로 둘러싸인 곳곳에 나라를 세우게 되니 이것이 바로 Polis 즉 도시국가란 것이다. 이들 도시국가들은 그 지역에서 맹주 노릇하기 위하여 수많은 경쟁과 투쟁 그리고 전쟁을 서로 벌여왔다. 물론 그 중에 아테네와 스파르타라는 도시국가가 어느 정도 맹주 역할을 하였기는 했지만, 서로 맹주가 되려고 도시국가들 간의 수많은 경쟁과 투쟁 그리고 전쟁이 은연중에 그들 도시국가 사람들로 하여금 젊음과 용기를 상징하는 Apolo 신적인 사유체계를 가지게 만든 것이다.

이와 똑같은 이치로, 이와 전혀 다르지 않는 이치로 중국인들이 이렇게 순환 회귀적(歸)인 사유 체계를 가지게 된 것은 그들이 본질적으로 24절기를 주기로 끊임없이 순환 회귀적(歸)인 삶을 살아온 정통 농경민족이었기 때문이라 할 수 있다. 유 불 도의 3대사상과 음양오행사상 주역사상이 지금까지도 끊임없이 중국인들의 사고체계를 지배할 수 있었던 것은, 그들 사상의 기저를 이루는 유기적인 순환론과 회귀성이 24절기를 주기로 순환 회귀적인 삶을 살아온 농경민족 중국인들의 기본적인 심성과 잘 맞았기 때문일 것이다. 묵가나 법가 같은 사상이 전국시대에 나타나 득세를 한 적도 있었지만, 그 후 중국인들에게 끊임없는 영향을 주어오지 못한 것은 그들 사상에 유기적인 순환론과 회귀성이 없어, 순환 회귀적인 삶을 살아온 농경민족 중국인들의 기본적인 심성과 맞지 않았기 때문일지도 모른다.

〈양떼를 풀밭으로 인도하는 목자 예수. 광야라는 불리한 지리적 조건이 언젠가 누군가가 나타나 젖과 꿀이 흐르는 가나안 땅으로 인도할 것이라는 메시아사상을 가져다주었다.〉

〈승리의 여신에게서 관을 받는 젊음과 용기를 상징하는 태양의 신 아폴론〉

또한 인도에서 발생한 불교가 지금의 중동지역으로 전파되지 못한 것은 윤회(歸)사상을 골간으로 하는 이 불교가 사막지역을 떠돌아다니는(去) 유목민족의 성향에 맞지 않았기 때문이 아닌가 한다. 지리적인 입장에서만 보면 이 불교는 지금의 중동지역 즉 서쪽으로 전파되기 훨씬 쉬웠다. 인더스강만 넘으면 지리적 장애요인이 거의 없지만, 역사적으로 보면 이 불교는 서쪽의 아프가니스탄에 전파된 흔적은 약간 남아있지만, 더 이상 서쪽 사막 유목지역으로 전파된 흔적은 아예 보이지 않는다. 그러나 이 불교는 지금도 상상하기 어려운 지리적 장애요인을 극복하고 중국으로 전파되어 왔다. 파미르고원을 지나 타클라마칸사막과 고비사막을 거쳐 실크로드를 따라 중국으로 전파되어 온 것이다. 이런 엄청난 지리적 장애요인을 극복하고 중국으로 전파되어 온 것을 문화적인 입장에서 보면 윤회(歸)사상을 골간으로 하는 이 불교가 입춘부터 대한까지 24절기를 주기로 수천 년 동안 순환 회귀(歸)적인 삶을 살아온 농경민족 중국인들의 심성에 잘 맞았기 때문에 이런 엄청난 지리적 장애요인을 극복하고 중국에 전파되어 온 것이 아닌가 한다.

4. 우주 자연 인생과 역사의 유기적 순환론

1) 도가의 변화와 순환관

> 말이 없이 (변하는 것이) 자연이다. 고로 회오리바람은 아침 내내 불지 않고, 폭우는 하루 종일 내리지 않는다. 누가 이렇게 한 것인가? 천지자연이다. 천지자연도 오히려 오래 지속될 수 없는데, 하물며 사람의 일에 있었으랴.[1]

모든 것은 오래되면 변한다는 것이다. "회오리바람은 아침 내내 불지 않고, 폭우는 하루 종일 내리지 않는다."고 했다.

> 화는 복이 의지하는 곳이요, 복은 화가 숨은 곳이다. 누가 그 끝을 알 수 있겠는가? 그것은 정해진 것이 없다. 올바른 것이 다시 기이한 것이 되고, 선한 것이 다시 요사스러운 것이 된다.[2]

추위가 더위가 되고 더위가 추위가 되는 자연현상을 보고 "화는 복이 의지하는 곳이요, 복은 화가 숨은 곳이다. … 올바른 것이 다시 기이한 것이 되고, 선한 것이 다시 요사스러운 것이 된다."고 한 것이다. 위진시대 현학자玄學者인 곽상郭象이 《장자 대종사大宗師》에 나오는 "그러나 한밤중에 힘센 자가 나타나 몽땅 지고 달아날 수 있다."(然而夜半有力者負之而走)는 구절에 주를 달아,

> 무릇 힘이 없는 힘 중에 변화보다 큰 것이 없다. 그것은 천지를 일신시키고 산악을 변모시킨다. 옛 것은 잠시도 머물지 않고 홀연히 새 것으로 되는 즉, 천지

1) 希言自然. 故飄風不終朝, 驟雨不終日. 孰爲此者 天地. 天地尙不能久, 而況於人乎?(《노자 23장》)

2) 禍兮 福之所倚, 福兮 禍之所伏. 孰知其極? 其無正也. 正復爲奇, 善復爲妖.(《노자 58장》)

> 만물은 잠시도 변하지 않는 것이 없다. 세상은 모두 새 것인데 자기만 옛 것이라고 생각하고, 배는 날마다 변화하는데 옛 것과 똑같다고 여기고, 산은 날마다 바뀌는데 이전과 똑같다고 여긴다. 남과 어깨를 부딪치고 헤어지면 이내 무의식 속으로 사라진다. 따라서 옛날의 나는 다시 현재의 나가 아니다. 나는 현재와 함께 과거로 흘러가니 어떻게 항상 옛날의 나를 고수할 수 있겠는가? 그러나 이런 이치를 깨닫지 못하는 속인들은 현재 내가 만나는 대상을 붙잡아둘 수 있다고 완고하게 말하니 어찌 몽매하지 않겠는가?[3]

이 세상의 모든 것은 끊임없이 변화한다. 한시도 똑같은 것이 없다. "옛 것은 잠시도 머물지 않고 홀연히 새 것으로 되는 즉, 천지만물은 잠시도 변하지 않는 것이 없다."(不暫停, 忽其涉新. 則天地萬物, 無時而不移也.), "옛날의 나는 다시 현재의 나가 아닌"(向者之我, 非復今我也) 것이다. 그런데 속인들은 "현재 내가 만나는 대상을 붙잡아둘 수 있다고 완고하게 말하니"(橫謂今之所遇, 可係而在.), 이것은 천지만물이 끊임없이 변화한다는 사실을 모르는 몽매한 것이다. 자연이 24절기를 주기로 끊임없이 변화하듯이, 이 세상의 모든 것은 한시도 변화하지 않는 것이 없다. 곽상은 여기에서 더 나아가 항상 과거 성인들을 전범으로 삼아 그들을 본받으려고 하는 유가인들의 사고방식을 비난하고 있다. 그가 같은 책에서 다시 말하기를,

> 성인聖人(유가적 성인을 말함)을 본받는다는 것은 그 자취를 본받는다는 것이다. 무릇 자취는 이미 지나간 사물이니 변화에 적응하는 도구가 아니거늘 어찌 항상 고집할 가치가 있겠는가? 정형화된 과거의 자취를 붙들고 변화무쌍한 현실을 통제하려고 하기 때문에, 변화무쌍한 현실에 이르면 그 자취는 정체되는 것이다.[4]

---

3) 夫無力之力, 莫大於變化者也. 故乃揭天地以趨新, 負山岳以舍高. 故不暫停, 忽其涉新. 則天地萬物, 無時而不移也. 世皆新矣. 而自以爲故. 舟日易矣, 而視之若舊. 山日更矣, 而視之若前. 今交一臂而失之, 皆在冥中去矣. 故向者之我, 非復今我也. 我與今俱往, 豈常守故哉? 而世莫之覺, 橫謂今之所遇, 可係而在, 豈不昧哉?(곽상의 《장자주》)

4) 法聖人者, 法其迹也. 夫迹者, 已去之物, 非應變之具也. 奚足尙而執之哉? 執成迹以御乎無方. 無方至而迹滯矣.

그는 장자에 나오는 물화物化(사물의 변화)에 주를 달아 말하기를,

> 무릇 시간은 잠시도 멈추지 않으니 고로 지금이란 존재하지 않는다. 따라서 어젯밤의 꿈은 현재에도 이미 변화되었다. 사생死生의 변화 역시 어찌 그 경우와 다를 바가 있겠으며, 또 그 문제에 대하여 노심초사할 필요가 있겠는가?[5]

> 지극한 음기는 고요하고 차며, 지극한 양기는 밝고 덥다. 고요하고 찬 음기는 땅에서 나오고, 밝고 더운 양기는 하늘에서 생긴다. 이 두 가지 기가 서로 섞이고 서로 왕래하여 화합하면 거기에서 만물이 생긴다. 이러한 현상은 무엇인가 있어서 주관하는 듯하지만, 그 모습은 눈으로 볼 수가 없다. 천지의 4계절에는 소멸과 소생이 있고, 만물에는 무성함과 공허함이 있으며, 어둠과 밝음이 있고, 해와 달의 교체가 있어 하루도 쉬지 않고 진행되지만, 그 조화의 공을 알아볼 수가 없다. 만물의 발생은 아무 것도 없는 상태에서 싹트고 그 종말은 다 흩어져 아무 것도 없는 상태로 돌아가는 것이다. 이리하여 사물의 시작과 끝이 한없이 되풀이되어 다하는 일이 없다. 이러한 도道를 제외하고 달리 무엇이 만물의 근원이 될 수 있겠는가?[6]

〈세상에 변하지 않는 것은 하나도 없다는 물화物化를 주장한 장자. 24절기 계절적 변화를 중시한 농경민족이 가질 수 있는 사고방식이다.〉

---

5) 夫時不暫停, 而今不遂存, 故昨日之夢, 於今化矣. 死生之變, 豈異於此, 而勞心於其間哉?(곽상의《장자주》)

6) 至陰肅肅, 至陽赫赫, 肅肅出乎天, 赫赫出乎地. 兩者交通成和, 而物生焉. 或爲之紀. 而莫見其形, 消息滿虛, 一晦一明. 日改月化, 日有所爲. 而莫見其功. 生有所乎萌, 死有所乎歸. 始終相反乎無端. 而莫知乎其所窮. 非是也. 且孰爲之宗.(《장자 田子方篇》)

이 세상의 모든 사물은 끊임없이 변화한다. 그 하나도 변하지 않는 것은 없다. 24절기가 끊임없이 변화하듯이 삶과 죽음도 변화하니 삶에 대해 그렇게 집착하여 노심초사할 필요가 있겠는가라는 뜻이다. 죽음의 계절인 겨울이 온다고 영원히 죽음이 지속되는 것은 아니다. 언젠가는 다시 생명의 계절인 봄은 오고야 마는 것이나. 이런 이치를 깨달으면 뭐 그리 삶에 연연하고 또한 죽음을 두려워 할 필요가 없다. 그는 또 장자에 나오는 "만세의 도와 뒤섞여 완전히 혼돈해진다."(參萬歲而一成純)란 구절에 주를 달아 설명하기를,

> 오직 위대한 성인聖人만이 집착이 없기에(無執) 아둔한 듯하나 의연히 전진하여 온갖 변화와 합일하며, 합일하고 변화하여 소요한다. 고로 성인은 억만의 세월에 뒤섞여 친번 만번 변모하더라고 '도는 운행하여 성취하는 것(道行之而成)'이므로 예나 지금이나 한결 같이 성취한다. '사물은 일컬어져 현존하는 것(物謂之而然)이므로 만물은 하나의 현존이다. 현존하지 않는 사물은 없고 성취되지 않는 때는 없으니 단순함(純)이라 할 수 있다. … 만세에 옳음이 쌓이면 만세 동안 하나의 옳음이 되고, 만물에 현존이 쌓이면 만물은 전부 현존이다. 고로 사생死生의 선후의 소재나 피차의 우열의 대상을 분간하지 않는다.[7]

"사생死生의 선후의 소재나 피차의 우열의 대상을 분간하지 않는"(不知死生先後之所在, 彼我勝負之所如也) 삶을 살고자 했다. 이 세상에 잘나고 못나고가 없다. 그 사물이 존재하는 것은 그 사물이 존재하는 이유가 있기 마련이다. 풀이 있는 것은 풀이 있을 이유가 있을 것이며, 벌레가 있는 것은 벌레가 있을 이유가 있을 것이다. 자연이 그렇게 만든 것이다. 그러므로 잘나고 못나고가 없고 옳고 그름이 없다. 이런 이치를 깨달으면 그 어디에도

7) 唯大聖無執, 故芚然直往, 而與變化爲一. 一變化而常遊於獨者也. 故雖參糅億載, 千殊萬異, '道行之而成', 則古今一成也. '物謂之而然'. 則萬物一然也. 無物不然, 無時不成, 斯可謂純也. …. 積是於萬歲, 則萬歲一是也. 積然於萬物, 則萬物盡然也. 故不知死生先後之所在, 彼我勝負之所如也.(곽상의《장자주》)

집착하지 않고(無執) 삶을 달관하며 유유자적하게 살게 될 것이다. 자연을 너무나 사랑하며 그 자연의 순환과 법칙에 그대로 순종하며 살고자 한 농경민족만이 가질 수 있는 인생관이라 할 수 있다. 또한 그는《장자 소요유逍遙遊》에 나오는 "작은 지혜는 큰 지혜에 미치지 못한다."(小知不及大知)에 주를 달아 지인至人의 경지에 대해 설명하기를,

> 삶과 죽음을 동일시하는 사람은 죽음도 없고 삶도 없는 사람이다. 삶과 죽음에 대해 괘념한다면 고목나무든 쓰르라미든 팽조彭祖든 아침버섯이든 모두 요절할 뿐이다. 고로 작은 것도 없고 큰 것도 없는 경지에 노니는 사람이 한계가 없는 사람이고, 담담히 죽지 않고 태어나지도 않는 사람이 종국이 없는 사람이다. 소요逍遙하여 한 측면에만 매여 있으면 마음껏 노닐게 되더라도 궁지에 빠지게 되니 완전히 독립하지 못한다.[8]

삶과 죽음을 동일시하여 그것에 괘념하지 않는 사람이 바로 진정한 지인至人인 것이다. 봄 여름 가을 겨울의 24절기가 끊임없이 순환하여 자연 만물의 삶과 죽음이 순환되는 것을 본 농경민족 중국인들은 삶(봄 여름 가을)과 죽음(겨울)을 동일시하는 것이다. 죽음의 계절인 겨울이라고 영원히 겨울이 아니며 삶의 계절인 봄이라고 영원히 봄은 아니고 언젠가는 죽음의 계절인 겨울이 오기 마련인 것이다. 고로 삶과 죽음은 하나이고 삶과 죽음을 초월해 사는 사람이 진정한 지인至人이라고 할 수 있다. 이런 이치를 깨닫고 지인은 이 세상에서 자연과 <더불어 하나>되어 유유자적하게 소요逍遙할 수 있는 것이다.《장자 대종사大宗師》에 나오는 "만약 천하를 천하에 감추어두면 달아날 여지가 없다."(若夫藏天下於天下而不得所遯)에 주를 달아 말하기를,

8) 齊死生者, 無死無生者也. 苟有乎死生, 則雖大椿之與蟪蛄, 彭祖之與朝菌, 均於短折耳. 故遊於無小無大者, 無窮者也. 冥乎不死不生者, 無極者也. 若夫逍遙而繫於有方, 則雖放之使遊而有所窮矣. 未能無待也.(곽상의《장자주》)

감추어두지 않고 모두 그대로 맡겨두면 사물과 더불어 합일하지 않는 바가 없으니(與物無不冥), 항상 변화와 합일한다. 고로 안도 없고 밖도 없으며 죽음도 없고 삶도 없이 천지와 일체가 되고 변화와 합일하면 달아날 곳을 찾아도 찾을 수가 없다. 이것이 바로 영원한 존재의 크나큰 진실(情: 특성)이고 한 부분의 작은 뜻이 아니다.[9]

농경민족 중국인들은 항상 변화하는 자연에 자신을 맡겨 그 자연과 <더불어 하나>되어 살고자 했다. 그러면 "사물과 더불어 합일하지 않는 바가 없고."(與物無不冥), "안도 없고 밖도 없으며 죽음도 없고 삶도 없이 천지와 일체가 되고 변화와 합일하면 달아날 곳을 찾아도 찾을 수가 없게 되는 것"(無內無外, 無死無生, 體天地而合變化, 素所遵而不得矣.)이다. 자연에 그 자신을 맡겨 이 천지와 <더불어 하나>되어 살고자 한 것이다.

만물이 다투어 생겨나지만, 나는 그것에서 그 돌이감(復)을 보았다.[10]

모든 자연 만물이 끊임없이 24절기를 주기로 되돌아감(復)을 말하고 있다. 만물은 낳고 소멸하는 과정을 반복 순환하는데, 노자는 그것을 주행周行이라고 했다. 그래서 노자는 "재앙은 복이 의지하는 곳이요, 복은 재앙이 숨어있는 곳이다."(禍兮福之所倚, 福兮禍之所伏.(《노자 58장》))라고 했고, "굽으면 온전할 수 있고, 구부러지면 펼 수 있다. 움푹하면 채울 수 있고 낡으면 새로워질 수 있다."(曲則全, 枉則直. 窪則盈, 幣則新.(《노자 22장》))라고 했다. 더워야 추워질 수 있고, 따뜻해야 서늘해질 수 있다는 것을 농경민족은 안 것이다. 무엇이든 극에 달하면 쇠락하는 전환점이 있게 된다. "되돌아가는 것이 도의 운동이다."(返者道之動.(《노자 40장》))라고 노자는 말한 것이다. 농경민족은 자연 현상의 조그마한 것에서도 봄이 오는 징조를 알 수 있

9) 無所藏而都任之, 則與物無不冥, 與化無不一, 故無內無外, 無死無生, 體天地而合變化, 素所遵而不得矣. 此乃常存之大情, 非一曲之小意.(곽상의《장자주》)

10) 萬物竝作, 吾以觀其復.(《노자 16장》)

다. 그래서 노자는 자연의 미묘한 변화에서 계절이 바뀌고 봄이 오는 것을 감지할 수 있다고 하며, 은밀하게 확인하기는 어렵지만 분명하게 드러나는 만물운행의 이런 이치를 그는 미명微明이라고 표현했다.[11] 첫서리가 내리면 겨울이 가까이 오는 것을 알 수 있고, 얼음짱 밑에 물이 흐르면 봄이 오는 것을 감지할 수 있다. 그래서 우리 인간은 조그마한 것(微明)에서도 앞날을 감지하고 대비해야 한다. 조그마한 자연 현상의 변화에서도 농사에 대비하는 농사꾼들이 가질 수 있는 사고방식이다. 얼음 짱 밑에 물이 흐르면 봄이 오는 것을 감지해 농사꾼은 농사에 대비한다. 《노자 64장》에, "그래서 일이 생겨나기 전에 처리하고, 혼란이 일어나기 전에 다스려야 한다. 아름드리나무도 털끝 같은 작은 씨앗에서 생겨나고, 아홉층 높이의 누대도 한 삼태기의 흙을 쌓는데서 시작되며, 천리의 먼 길도 한걸음부터 시작된다."[12]고 했다.

2) 음양오행의 변화와 순환관

일찍이 《관자管子 형세해形勢解》에,

> 봄에는 양기가 위로 올라가기 시작하므로 만물이 생겨난다.(生) 여름에는 양기가 끝까지 올라갔으므로 만물이 자라난다.(長) 가을에는 양기가 아래로 내려오기 시작하므로 만물을 거두어드린다.(收) 겨울에는 양기가 끝까지 내려왔으므로 만물을 저장한다.(藏) 그러므로 봄과 여름에 생겨나서 자라고, 가을과 겨울에 거두어드리고 저장하는 것이 4계절의 절도이다.[13]

봄 여름 가을 겨울 4계절의 변화 순환에 따라 만물이 생겨나고(生) 자라며(長) 거두어드리고(收) 저장한다(藏)는 것이다. 일찍부터 4계절의 순환에

---

11) 是謂微明.(《노자 36장》)

12) 爲之於未有, 治之於未亂. 合抱之木, 生於毫末. 九層之臺, 起於累土. 千里之行, 始於足下.

13) 春者, 陽氣始上, 故萬物生. 夏者, 陽氣畢上, 故萬物長. 秋者, 陽氣始下, 故萬物收. 冬者, 陽氣畢下, 故萬物藏. 故春夏生長, 秋冬收藏, 四時之節也.

따라 자연의 만물이 생장수장生長收藏한다고 중국인들이 보는 것은, 그들이 철저하게 계절의 변화 순환을 중시하는 농경민족이었기 때문일 것이다.

한대 동중서의 《춘추번로》에서 완성된 음양오행사상은 변화와 순환의 철학이다. 《춘추번로 음양위편陰陽位篇》에 보면,

> 양기가 처음 동북쪽에서 나와 남쪽으로 움직여 자기 위치로 나아가, 서쪽을 돌아 북쪽으로 들어가 자기 휴식처에 숨는다. 음기는 처음 서남쪽에서 나와 북쪽으로 움직여 역시 자기 위치로 나아가, 동쪽을 돌아 남쪽으로 들어가 자신의 잠복처에 숨는다. 이런 까닭으로 양기는 남방을 위치로 삼고 북방에서 쉬고, 음기는 북방을 위치로 삼고 남방에 숨는다. 양기는 그 자신의 위치에 이르면 크게 더워지고, 음기는 그 자신의 위치에 이르면 크게 추워진다.[14]

계절적 변화에 따라 음기 양기가 1년을 주기로 끊임없이 순환 회귀한다고 하고 있다. 또 《춘추번로 음양출입편陰陽出入篇》에 보면,

> 하늘의 도는(자연의 법칙은) 막 초겨울이 되면 음양이 각기 한쪽으로부터 와서 뒤로 이동한다. 음은 동쪽에서 서쪽으로 이동하고, 양은 서쪽에서 동쪽으로 이동한다. 중동仲冬의 달에 북방에서 서로 만나 합하여 하나가 되는데, 그것을 불러 동지라고 한다. 헤어져 서로 떠나 음은 우측으로 가고 양은 좌측으로 간다. … 겨울이 다하면 음양 모두가 남쪽으로 돈다. 양은 남쪽으로 돌아 인寅에서 나오고, 음은 남쪽으로 돌아 술戌로 들어간다. … 중춘仲春의 달이 되면 양은 정동正東에 있고 음은 정서正西에 있어 그것을 춘분이라고 부르는데, 춘분은 음양이 서로 반이다. 고로 주야의 길이가 같고 추위와 더위가 서로 같다. 음은 날로 줄어들어 양을 좇고, 양은 날로 증가해 커지니 고로 따뜻해진다. 처음 한여름 달에 남방에서 서로 만나 합하여 하나가 되니, 그것을 하지라고 한다. 헤어져 서로 떠나 양은 우측으로 가고 음은 좌측으로 간다. … 여름이 다하면 음양이 모두 북쪽으로 돈다. 양은 북쪽으로 돌아 신申으로 들어가고, 음은

14) 陽氣始出東北而南行, 就其位也, 西轉而北入, 藏其休也. 陰氣始出西南而北行, 亦就其位也. 東轉而南入, 屛其伏也. 是故陽以南方爲位, 以北方爲休. 陰以北方爲位, 以南方爲伏. 陽至其位而大暑熱. 陰至其位而大寒凍.

> 북쪽으로 돌아 진辰에서 나온다. … 중추中秋의 달에 이르면 양은 정서正西에 있고, 음은 정동正東에 있어 그것을 추분이라 부른다. 추분은 음양이 서로 반이다. 고로 주야의 길이가 같으며 추위와 더위가 서로 같다. 양은 날로 줄어들어 음을 좇고, 음은 날로 증가해 커지니 고로 추워진다.[15]

동중서의《춘추번로 오행지의五行之義》에 다음과 같은 설명이 있다.

> 하늘에는 오행이 있다: 하나는 목木이라고 말하고, 둘은 화火라고 말하며, 셋은 토土라고 하고, 넷은 금金이라고 하며, 다섯은 수水라고 말한다. 목은 오행의 시작이요, 수는 오행의 끝이다. 토는 오행의 중간이니, 이것이 그 하늘의 순서이다. 목이 화를 낳고 화가 토를 낳으며 토는 금을 낳고 금은 수를 낳으며 수는 목을 낳으니, 이것이 그 아비와 아들이다. 목은 좌측에 거하고, 금은 우측에 거하며 화는 앞에 거하고 수는 뒤에 거하며 토는 중앙에 거하니, 이는 아비와 아들의 순서로 서로 받아 펼치는 것이다. 이런 까닭으로 목은 수에서 받고 화는 목에서 받으며 토土는 화에서 받고 금은 토에서 받으며 수는 금에서 받는데, 여러 주는 것은 아비이고, 그것을 받는 것은 모두 아들이다. … 오행의 운행은 각기 그 순서와 같고, 오행의 관직은 각기 그 역량과 같다. 이런 까닭으로 목은 동쪽에 거하며 춘기春氣를 주관하고, 화는 남방에 거하며 하기夏氣를 주관하며, 금은 서방에 거하며 추기秋氣를 주관하고, 수는 북방에 거하며 동기冬氣를 주관한다. 이런 까닭으로 목은 삶을 금은 죽음을 화는 더위를 수는 추위를 주관한다. …
>
> 흙은 중앙에 있고, 천윤天潤(자연의 혜택)이라고 일컬어진다. 흙은 자연의 수족이므로, 그 덕성이 풍성하고 아름다워서 한 계절의 직책에 한정시킬 수 없는 것은 오행이 사계에 해당될 때 흙이 사계에 공통되기 때문이다. 금金 목木 수水 화火는 각기 다른 역할이 있지만, 흙(土)이 없으면 성립할 수 없다. 이는 마치 신맛 짠맛 매운맛 쓴맛 등이 단맛(감미료)에 의지하지 않으면 각자의 맛을

15) 天之道, 初薄大冬, 陰陽各從一方來, 而移於後. 陰由東方來西, 陽由西方來東. 至於中冬之月, 相遇北方, 合而爲一, 謂之曰至. 別而相去, 陰適右, 陽適左. … 冬月盡而陰陽俱南還. 陽南還出於寅, 陰南還入於戌. … 至於仲春之月, 陽在正東, 陰在正西, 謂之春分, 春分者, 陰陽相半也. 故晝夜均而寒暑平. 陰日損而隨陽, 陽日益而鴻, 故爲暖熱. 初得大夏之月, 相遇南方, 合而爲一, 謂之曰至. 別而相去, 陽適右, 陰適左. . 夏月盡而陰陽俱北還. 陽北還而入於申, 陰北還而出於辰. … 至於中秋之月, 陽在正西, 陰在正東, 謂之秋分. 秋分者, 陰陽相半也. 故晝夜均而寒暑平. 陽日損而隨陰; 陰日益而鴻, 故爲寒凍.

> 낼 수 없는 것과 같다. 단맛이 오미五味의 근본이라면 흙은 오행五行의 주재자이다. 오행의 주재자가 토기土氣인 것은 마치 오미五味가 그 안에 반드시 단맛이 있어야 완성되는 경우와 같다.[16]

동중서는 천지만물이 목木 - 화火 - 토土 - 금金 - 수水 - 목木 - 화火 - … 의 순서로 끊임없이 순환 회귀해야 만물이 질서가 맞아 풍년이 늘고 삶에도 변고가 없다고 한다. 이와 반대로 금은 목을 이기고, 목은 토를 이기며, 토는 수를 이기고, 수는 화를 이기며, 화는 금을 이긴다.[17] 라고 하여 서로 상극되는 것을 피해야 한다고 했다.

또한 음양에 대해서도 동지 후에는 음이 서로 숨어들어 가고 대신 양이 동에서 떠올라, 양이 동지로부터 차츰 차츰 강해지다가 하지에 와서 절정에 이르며, 그 하지부터 다시 음이 증가하기 시작하여 동지에 이르러 가장 강해져 음과 양이 1년을 주기로 순환 회귀한다고 보고 있다. 또 《춘추번로 음양종시陰陽終始》에 보면,

> 하늘의 도는 끝나면 다시 시작하는 것으로 고로 북방이라는 것은 하늘의 마치고 시작하는 곳이고, 음과 양이 합치고 나누어지는 곳이다. 동지 후에 음이 고개 숙여 서로 들어가고 양은 고개 들어 동쪽에서 나오니, 출입하는 곳이 항상 반대되어, 많고 적으며 조화로운 자취는 항상 서로 좇아가, 많아도 넘치지 않고 적어도 끊어지지 않으니, 봄과 여름은 양陽이 많고 음陰이 적으며, 가을

---

16) 天有五行: 一曰木, 二曰火, 三曰土, 四曰金, 五曰水. 木, 五行之始也, 水, 五行之終也, 土, 五行之中也, 此其天次之序也. 木生火, 火生土, 土生金, 金生水, 水生木, 此其父子也. 木居左, 金居右, 火居前, 水居後, 土居中央, 此其父子之序, 相受而布. 是故木受水而火受木, 土受火, 金受土, 水受金也. 諸授之者, 皆其父也; 受之者, 皆其子也. … 五行之隨, 各如其序; 五行之官, 各致其能. 是故木居東方而主春氣; 火居南方而主夏氣; 金居西方而主秋氣; 水居北方而主冬氣. 是故木主生而金主殺; 火主暑而水主寒 … 土居中央, 爲之天潤, 土者, 天之股肱也, 其德茂美, 不可名以一時之事, 故五行而四時者, 土兼之也, 金木水火雖各職, 不因土, 方不立, 若酸鹹辛苦之不因甘肥不能成味也. 甘者, 五味之本也, 土者, 五行之主也, 五行之主土氣也, 猶五味之有甘肥也, 不得不成.

17) 金勝木, 木勝土, 土勝水, 水勝火, 火勝金.(《춘추번로 五行相勝篇》)

과 겨울은 양이 적고 음이 많으니, 많고 적음에는 일정한 것이 없어, 일찍이 나누어져 서로 흩어지지 않은 것은 아니나, 출입하여 서로 빼고 더함으로써 많고 적음이 서로 물을 대주어 많은 것이 적은 것을 이기는 자는 배로 들어가나 들어가는 것은 하나를 손해를 보나 나오는 자는 둘을 덧보탠다.[18]

가서 돌아오지(復) 않는 것은 없는데, 이것이 천지의 법이다.[19]

끝난 즉 시작이 있는데 이것이 하늘의 운행이다.[20]

그 도를 반복하는데, 칠 단계를 거쳐 돌아온다.(復) 이 복復에서 천지의 마음을 볼 수 있다.[21]

태양이 남중하면 기울고, 달도 차면 먹어 들어가는 것이 있다. 천지간의 차고 기우는 것은 때와 더불어 쇠하고 성한다.[22]

해가 지면 달이 뜨고 달이 지면 해가 뜬다. 해와 달이 서로 추동하여 밝음이 생긴다. 추위가 가면 더위가 오고 더위가 가면 추위가 온다. 추위와 더위가 서로 추동하여 한 해가 이루어진다. 감(往)은 움추림이요 옴(來)은 펼침이다. 움추림과 펼침이 서로 감응하여 결과가 생긴다.[23]

하늘과 땅은 (자연의 법칙에) 순응하여 움직인다. 고로 해와 달은 착오가 없고 4계절은 어김이 없다.[24]

---

18) 天之道, 終而復始, 故北方者, 天之所終始也, 陰陽之所合別也. 冬至之後, 陰俛而西入, 陽仰而東出, 出入之處, 常相反也, 多少調和之適, 常相順也, 有多而無溢, 有少而無絶, 春夏, 陽多而陰少, 秋冬, 陽少而陰多, 多少無常, 未嘗不分而相散也, 以出入相損益, 以多少相漑濟也, 多勝少者倍入, 入者損一, 而出者益二.

19) 無往不復, 天地際也.(《주역 泰象》)

20) 終則有始, 天行也.(《주역 蠱象》)

21) 反復其道, 七日來復. … 復, 其見天地之心乎!(《주역 復象》)

22) 日中則昃, 月盈則食; 天地盈虛, 與時消息.(《주역 豊象》)

23) 日往則月來, 月往則日來. 日月相推, 而明生焉. 寒往則暑來, 暑往則寒來, 寒暑相推, 而歲成焉. 往者, 屈也; 來者, 伸也; 屈伸相感而利生焉.(《주역 繫辭下》)

24) 天地之順動, 故日月不過, 而四時不忒.(《주역 豫象》)

길흉이란 것은 끊임없이 반전하고, 천지의 도는 끊임없이 나타나며, 일월의 도는 끊임없이 밝히는데, 천하의 움직임은 오로지 한결같다.[25]

정이천은 "사물이 절정에 이르면 반드시 반전한다."(物極必返)고 했다.

만물의 생성은 마치 말이 내달리는 것과 같다. 움직여 변하지 않는 것이 없고, 잠시도 움직이지 않는 것이 없다.[26]

무릇 힘없는 힘 중에 변화보다 큰 것은 없다. 고로 이에 천지를 일신시키고 산악을 변모시킨다. 옛 것은 잠시도 머물지 않고 홀연히 새 것이 되는 즉, 천지만물은 잠시도 변하지 않는 것은 없다.[27]

해가 바야흐로 중천에 떴을 때가 바야흐로 저무는 것이고, 외물이 살아있을 때가 바야흐로 죽는 것이다.[28]

송대 성리학자 주자는 음양오행의 변화 순환에 대해 말하기를,

어떤 것이 오행이 아닌 것이 있겠는가? 음양오행의 7가지는 서로 뒤섞이어 사물을 생성하는 재료가 된다. 또 오행이 순조롭게 분포하여 4계절이 운행되는데 목木 화火 금金 수水가 각각 한번 운동하고 한번 고요할 때 서로가 서로의 근본이 된다. 운동하다 고요해지고 고요하다 운동하여 끊임없이 열리고 닫히며 오고 간다. 음으로 나뉘고 양으로 나뉘어 양의兩儀가 된다. 이 양의는 하늘과 땅으로서 괘를 그릴 때의 양의와 구별된다. … 혼돈하여 갈라지기 전에 음양의 기가 뒤섞여 그윽하고 어두운 상태로 존재했다. 갈라지면서 중간에 광활한 빛이 나면서 양의가 비로소 생겼다. 소강절은 129,600년을 1원元으로 삼았으나 129,600년 전에도 또 하나의 대개벽(闢闔)이 있었다는 말이다. 그 이전도

25) 吉凶者, 貞勝者也. 天地之道, 貞觀者也. 日月之道, 貞明者也. 天下之動, 貞夫一者也.(《역 繫辭下》)

26) 物之生也, 若驟若馳. 無動而不變, 無時而不移.(《장자 秋水篇》)

27) 夫無力之力, 莫大於變化者也. 故乃揭天地以趨新, 負山岳以舍故; 故不暫停, 忽已涉新; 則天地萬物, 無時而不移也.(《장자 大宗師篇》)

28) 日方中方睨, 物方生方死.(《장자 天下篇》)

> 마찬가지이다. 즉 동정動靜은 단초가 없고 음양은 시작이 없다는 말이다. 작은 것은 큰 것의 축소판이니 낮과 밤의 반복에서도 발견할 수 있다. … 양이 변하고 음이 부합하여 수 화 목 금 토가 생긴다. 음양은 기이니 오행의 질質을 낳으며, 하늘과 땅이 사물을 낳을 때 오행이 맨 먼저였다. 땅은 토土이고 토는 곧 금 목 등의 온갖 부류를 포함한다. 천지간에 그 어떤 것에도 오행이 아닌 것이 있겠는가? 음양오행의 7가지는 서로 뒤섞여 사물을 생성하는 재료가 된다. 또 오행이 순조롭게 분포하여 4계절이 운행되는데 목 화 금 수가 각각 춘 하 추 동에 분배되므로 토는 4계절에 걸쳐 있다.[29]

그는 태극 속에 이가 있고 이 이가 기를 낳는데 기는 음기와 양기가 있어 이를 양의兩儀라고 하며 양의가 오행을 낳으며 이들 음양오행 7가지가 뒤섞이어 천지만물을 낳고 또한 변화 순환시킨다는 것이다.

음과 양의 조화를 중시했고, 또한 음과 양이 제자리를 찾아 음기가 필요할 때 음기가 있어야 하고 양기가 필요할 때 양기가 있어야 자연적 변고가 일어나지 않는다고 한다.

> 주나라는 장차 망할 것이다. 무릇 천지의 기氣는 그 질서를 잃지 않는 법이다. 만약 그 질서를 잃는 것은 백성들이 그것을 어지럽혔기 때문이다. 양이 엎드려 나오지 못하고, 음이 그것을 압박하여 상승하지 못하게 하면 이에 지진이 일어날 것이다. 지금 삼천三川 유역에 지진이 발생한 것은 양이 그 자리를 잃고 음에 의해 압박당했기 때문이다. 양이 제자리를 상실하고 음의 자리에 있은 즉, 강물의 근원은 틀림없이 막힐 것이다.[30]

---

29) 一動一靜, 互爲其根. 動而靜, 靜而動. 闢闔往來, 更無休息. 分陰分陽, 兩儀立焉. 兩儀是天地, 與畵卦兩儀意思又別. … 渾淪未明, 陰陽之氣, 混合幽暗. 及其散分, 中間放得寬闊光朗, 而兩儀始立. 康節以十二萬九千六百年爲一元, 則是十二萬九千六百年之前, 又是一個大闢闔. 更以上亦復如此. 直是動靜無端, 陰陽無始, 小者大之影, 只晝夜便可見. … 陽變陰合, 而生水火木金土, 陰陽氣也, 生此五行之質, 天地生物, 五行獨生, 地卽是土. 土便包含許多金木之類. 天地之間, 何事而非五行? 五行陰陽七者相合, 便是生物的材料. 五行順布, 四時行焉. 金木水火, 分屬春夏秋冬, 土卽寄莊四季.(《朱子語類 1,367쪽》)

30) 周將亡矣. 夫天地之氣, 不失其序, 若過其序, 民亂之也. 陽伏而不能出, 陰迫而不能升, 於是有地震. 今三川實震, 是陽失其所而鎭陰也. 陽失而在陰, 川源必塞.(《국어 주어상》)

음과 양이 제자리를 지키지 못하니 천지天地의 기氣는 그 질서를 잃어 지진이 일어나고 강물의 근원이 막혔다는 것이다. 조익趙翼(1,727-1,814)의 《입이사찰기廿二史札記》에 기록된 것을 보면, 진평陳平이 한 문제文帝에게 말하기를, "재상이란 자는 위로 천자를 보좌하고 음양을 다스려 사시사철을 순조롭게 하며 만물을 바르게 가꾸어야 한다."(宰相者, 上佐天子理陰陽, 順四時, 遂萬物之宜者也)라고 했고, 또한 병길丙吉(? - 55B.C)은 더위에 헐떡이는 소를 두고 말하기를, "삼공三公은 음양을 조화시켜야 한다. 지금은 바야흐로 봄으로 소양少陽인데 큰 더위가 없어야 하건만, 소가 더위로 인해 헐떡이는 것은 시절이 올바른 기운을 상실해 해를 입었기 때문이다."(三公調和陰陽, 今方春少陽用事, 未可大熱, 恐牛因暑而喘, 則時節失氣, 所有傷害.)라고 하면서, 삼공은 자연계의 올바르지 않은 변화가 수반한 이변에 대해서도 정치적 책임을 져야 한다고 했다.

자연 현상을 관찰하여 그것으로부터 신의神意를 획득하려는[31] 고대인들은, 자연 현상의 관찰을 통해 자연이 몇 가지 기본 요소로 구성된 것으로, 그 나름대로 체계적으로 분류하는 작업을 하게 된다. 고대 그리스인들은 자연이 4가지 기본 요소로 구성되어졌다고 믿어, 자연을 그 나름대로 4가지로 분류하였다.[32] 고대 인도인들도 자연 현상을 관찰하여 자연이 4가지 기본 요소로 이루어져 있다고 믿어, 모든 자연 현상을 이 4가지로 분류하였다. 그것이 이른바 '사대四大'라는 것으로, 수水 풍風 화火 지地가 그것이다.

31) 고대인들이 자연 현상으로부터 신의를 획득하고자 하는 노력에 대해서는, 뒤의 <의사천문학(점성술)과 의사지리학(풍수지리설)의 발달>에서 상론고자 한다.

32) 그리스 최초의 철학자라고 일컬어지는 탈레스는 우주 자연의 기본 요소가 물이라고 주장했다. 또한 어떤 철학자는 우주 자연이 더 나눌 수 없는, 어떤 한 요소로 이루어졌다고 주장하며, 그것을 Atom(원자)라고 불렀다. 그러나 여러 철학자들에 의해 우주 자연의 기본 요소에 대한 그 나름대로의 주장이 있었으나, 가장 대표적인 것이 우주 자연이 4가지 요소로 이루어졌다는 주장이었다.

이와 마찬가지로 고대 중국인들도 신의神意를 획득할 목적으로 행해진 자연 현상의 관찰을 통해, 그 나름대로 자연 현상을 체계적으로 분류하는 작업을 진행시켰다. 그 중에 가장 대표적이며 지금까지도 중국인들의 의식 구조에 막대한 영향을 주어온 것이, 바로 우주 자연의 모든 현상을 다섯 가지로 분류한 오행설五行說이다. 이 오행설은 전국시대 동방의 연燕 제齊[33]에서, 방사들로부터 시작되어 추연에 이르러 비로소 하나의 사상이라 할 만한 것으로 싹텄다고 할 수 있다.[34] 그러나 이의 체계적인 완성은 한 무제 때의 인물 동중서董仲舒가 지은 《춘추번로春秋繁露》란 책이며, 또한 그 이후 이 사상은 유향劉向 등에 의해 조직적으로 전파되어진 것으로 추측된다.[35]

전한 철학사에서 동중서의 위치는 확고하다. 그는 음양오행의 학설을 체계화시켰을 뿐만 아니라, 천인상관설天人相關說 제이설災異說 수명론受命論 등으로 당시 철학을 공고하게 했으며, 한 건국의 정당성과 한 황제의 지존의 권위를 이론적으로 내세운 인물이라고 할 수 있다. 공양춘추 전문가인 그는 그 당시 만고불변의 진리서로 인식되어온 공자가 직접 쓴 춘

---

33) 한초의 저명한 黃老學者 田淑 蓋公 曹參 등이 모두 동방의 齊人이다. 무문화에서 배태되어진 黃老思想 煉丹術 陰陽 五行思想 神仙思想 등등은 모두 동방의 燕 齊에서 일어난 것으로 여겨지는데, 그 당시(전국시대) 그 지역(燕 齊)에서는 이미 이런 사상들이 상층사상으로 군림한 것으로 여겨진다.

34) 騶衍乃深觀陰陽消息而作迂怪之變, 《終始》, 《大聖》之篇十餘萬言. … 稱引天地剖判以來, 五德轉移, 治各有宜, 而符應若玆.(《史記 孟子筍卿列傳》)

齊威宣之時, 騶子之徒論著終始五德之運. 及秦帝, 齊人奏之.(《史記 封禪書》)

전국시대 五德終始說을 말한 騶衍이란 인물이 齊人이다. 그러나 위의 기록에 나타난 그의 저작 《終始》와 《大聖》의 십여만 언은 지금 남아있지 않아, 그가 말한 五德終始說의 전모를 알 수는 없으나, 후에 나온 오행설의 초기 형태일 것으로 여겨진다.

35) 子有終始五德從所不勝. 土德後, 木德次之, 金德次之, 火德次之, 水德次之.(《文選 魏都賦》 注의 《七略》 인용문)

漢興, 承秦滅學之後, 景武之世, 董仲舒治《孔羊春秋》. 始推陰陽, 爲儒者宗. 宣元之後, 劉向治《穀梁春秋》數其禍福, 傳以《洪範》, 與仲舒錯. 至向子歆治《左氏傳》, … 言《五行言》, 又頗不同. 是以董仲舒別向歆.(《漢書 五行志》)

추를 새롭게 해석하였다. 춘추에 담긴 심오한 의미를 찾아내는 것을 미언대의의 구현이라고 보고 춘추의 필법까지도 따지며 견강부회하게 확대 해석했다고 할 수 있다. 그의 대표 저서《춘추번로》의 의미는《춘추》라는 저서로부터 유출해낸 번다한 이슬(繁露)이라는 뜻이다.《춘추》로부터 많은 이론과 사상을 추출해내고 있다.《춘추》에 대한 해설서인 동중서의《춘추번로》는 주역에 대한 해설서인 역전과 같은 것이라고 이해하면 된다. 그의 건의를 무제가 받아들여 유가경전만이 궁중 학관學館에서 독존獨尊하여서 그 이후부터 유가사상이 지배사상으로 군림했다. 그 이후 중국 전통사회에서 관리가 되고자 하는 모든 사람들은 유가경전만을 공부하고 익혀야만 했다.《한서 동중서전》에,

> 동중서는 광천廣川 사람이다. 어려서《춘추》를 공부했는데, 효경제孝景帝(-156에서 -141) 때 박사가 되었다. 그는 장막을 내리고 강론을 했는데, 세자들은 오랫동안 선후배로 나누어 서로 수업을 했기 때문에 그의 얼굴을 직접 보지 못한 사람도 있었다. 대게 그는 3년 동안 한 번도 정원을 거닐지 않았는데, 학문의 정진이 이와 같았다. 모든 진퇴와 행동거지는 예가 아니면 행하지 않아. 학문하는 선비들로부터 모두 스승으로 존경을 받았다. .. 동중서가 지은 것은 모두 경학의 의미를 밝히는 것이었다. (임금에게 올린) 상소나 대책對策 등이 무릇 123편 있었다.《춘추》를 말하여 (정치) 득실을 살핀 것으로 <문거聞擧>, <옥배玉杯>, <번로繁露>, <청명淸明>, <죽림竹林>의 부류가 다시 수십 편 있었다. 모두 십여만 자에 달하여 후세에 전해진다.[36]

동중서 그는 대학자요 그 당시 유학자들의 영수라고 할 수 있다. 춘추로 박사가 된 그는 오지 춘추해설에만 몰두하여 당시 모든 사상을 집대성하여 한의 일통一統(천하통일)과 한 황실의 지존의 위치를 확고하게 이론화시

36) 董仲舒, 廣川人也. 少治<春秋>, 孝景時, 爲博士. 下帷講誦, 弟子傳以久次相授業, 或莫見其面. 蓋三年不窺園, 其精如此. 進退容止, 非禮不行. 學士皆師尊之. … 仲舒所著, 皆名經術之意. 及上疏條教, 凡百二十三篇. 而說<春秋>事得失, <聞擧>, <玉杯>, <繁露>, <淸明>, <竹林>之屬, 復數十篇, 十餘萬言, 皆傳於後世.

킨 인물이라고 할 수 있다. 권위와 카리스마를 갖춘 그는 그 당시 많은 학자들로부터 존경을 받은 것 같으며, 또한 아주 착실하게 강학과 저술에만 매진을 한 대학자이며 또한 유학의 영수였던 것으로 보인다. 그러나 그는 지금의 입장에서 보면 한 건국의 정당성과 한 황실의 권위를 드높이는데 크게 일조를 한 권력지향적인 어용학자라고도 볼 수 있다.

그들은 우주 자연의 모든 현상이 목상木象 화상火象 토상土象 금상金象 수상水象의 다섯 가지로 이루어졌다고 믿어, 그것들을 이 오상五象으로 분류하였다. 맛도 다섯 가지로 나누어 오미五味라 하고, 인간의 감각도 다섯 가지로 나누어 오감五感(視感 聽感 嗅感 味感 觸感)이라 하며, 예도 다섯 가지로 나누어 오례五禮(吉禮 凶禮 軍禮 賓禮 嘉禮)라 하였다. 색깔도 다섯 가지로 나누어 오색五色(青 黃 赤 白 黑)이라 하고, 음도 다섯 가지로 나누어 오음五音(宮 商 角 徵 羽)이라 하며, 이에 따라 중요한 악기도 다섯 가지로 나누어 오악五樂(鼓 鐘 鐸 磬 鞀)이라 했다. 금속도 다섯 가지로 나누어 오금五金(金 銀 銅 鐵 鉛)이라 하고, 희생제물도 다섯 가지를 사용하여 오생五牲(牛 羊 豚 狗 鷄)이라 하며, 형벌도 다섯 가지로 나누어 오형五刑(墨 劓 刖 宮 大辟)이라 했다. 천상의 중심이 되는 별도 크게 다섯이 있다고 여겨 오성五星(火星 水星 木星 金星 土星)이라 하며, 사람이 반드시 지켜야할 도리도 다섯 가지로 나누어 오상五常(仁 義 禮 智 信)이라 하고, 또한 사대부가 지킬 행동거지도 다섯 가지로 나누어 오덕五德(溫 良 恭 儉 讓)이라 하며, 예절상 중요한 것을 다섯 가지로 나누어 오사五事(貌 言 視 聽 思)라 하고, 사람이 본래부터 가지고 있는 나쁜 성질도 크게 다섯이 있다고 보아 오성五性(暴 淫 奢 酷 賊)이라 했다. 병법에서 중요한 것도 다섯 가지로 나누어 오사五事(道 天 地 將 法)라 하고, 옛날의 관직도 다섯 가지로 나누어 오관五官(司徒 司馬 司空 司士 司寇)이라 하며, 작위도 다섯 등급(公 侯 伯 子 男)으로 나누고, 여성의 신분도 다섯 등급(后 夫人 孺人 婦人 妻)으로 나누었으며, 백성도 그 직분에 따라 크게 다섯으로 나누어 오민五民(士 農 工 商 賈)이라 했다.[37] 죽음을 칭하는 것도 그 등급에 따라 다섯(崩 薨 卒 不祿 死)으로 나누었으며, 영묘한 동물도 오령五靈(驥麟 鳳凰 龜 龍 白虎)이라 하여 다섯 가지를 들고, 무기도 오병五兵(戟 刀 劍 矢 矛)이라 하여 다섯으로 나누었다. 또한 인간이 누리는 복도 오복五福(壽 富 康寧 修好德 考終命 혹은 壽 富 貴 康寧 多男)으로 다섯으로 나누며, 천기도 다섯으로 나누어 오기五紀(歲 月 日 星辰 曆數)라 하였으며, 인간 사이에 반드시 지켜야 할 인륜도 오륜五倫이라 하여 다섯 가지를 들고 있다. 또한 방위도 다섯으로 나누어 오방五方(東 西 南 北 中)이라 하고, 인간이 모범을 삼아야 하는 것을 오대五大(天 地 君 師 父)라 하여 다섯으로 나누었으며, 사람의 장기도 다섯으로 나누어 오장五臟(心火 肝木 脾胃土 肺金 腎水)이라 했다. 곡식도 중요한 것을 다섯 가지 들어 오곡(쌀 수수 보리 조 콩)이라 하며, 간지干支도 오행에 배속시켜 갑을목甲乙木 병정화丙丁火 무기토戊己土 경신금庚申金 임계수壬癸水로 다섯으로 나누고 있다.

심지어 중국에 들어온 외래 종교인 불교도 이 오행의 영향을 받아, 인간의 깨달음을 오각五覺(本覺 始覺 相似覺 隨分覺 究竟覺)이라 하여 다섯으로 나누고, 성도成道에 이르는 단계를 다섯으로 보아 오안五眼(肉眼 天眼 法眼 慧眼 佛眼)이라 했다. 외계를 인식하는 기관도 다섯 가지 들어 오근五根(眼根 耳根 鼻根 舌根 身根)이라 하며, 이 오근에 의한 인식을 오식五識(色 聲 香 味 觸)이라 하고, 이것에 의해 발생하는 욕망을 오욕五慾(色慾 聲慾 香慾 味慾 觸慾)이라 했다. 반드시 지켜야 할 계율을 오계五戒(殺生戒 偸盜戒 邪淫戒 妄語戒 飮酒戒)라 하여 다섯으로 나누며, 인생의 고苦(生苦 老苦 病苦 死苦 愛別離苦)도 다섯으로 나누고, 또한 내세에서의 고苦(諸天苦 人道苦 畜生苦 餓鬼苦 地獄苦)로 다섯으로 나누었다. 심지어는 불교에서는 원래 우주를 구성하는 요소를 네 가지로 보아 사대四大(水 風 火 地)라고 했는데, 중국에서

37) 일반적으로 사 농 공 상의 넷으로 나누는 것이 보통인데, 오행의 영향으로 억지로 다섯으로 분류하려다 보니까, 여기에 賈를 하나 더 첨가해 다섯으로 나누고 있다.

는 오행의 영향으로 여기에 공空을 하나 더 보태 오대五大라 하고 있다. 위에서 오행의 영향으로 우주와 자연의 모든 현상들을 다섯 가지로 분류하여 인식하려는 예를 많이 들었지만, 이것 외에도 그 예는 셀 수 없이 많다. 그들은 인간들이 인지할 수 있는 모든 것을, 가능하면 다섯 가지로 분류하려고 했던 것이다.

그들은 이런 우주와 자연의 모든 현상뿐만 아니라, 이 분류를 모방하여 그대로 인사人事에 적용시켜,[38] 시령時令 음률音律 복색服色 도덕道德 등과 심지어는 제왕의 계통과 국가제도(법률 제도 수레바퀴 수) 등등에도 그대로 이 오상五象을 적용시켰다.[39] 이는 우주 자연의 현상을 그대로 인문에 '적용'시키려는 철저한 천인상관적인 사고방식이라 할 수 있다. 이렇게 인간이 인지할 수 있는 모든 현상을 다섯 가지로 분류하고 설명하려는 것은, 현대인의 입장에서 보면 비과학적이고 철저하지 못한 단점을 무수히 가지고 있지만, 그러나 그 당시 사람들에게는 우주 자연 현상과 인문 현상에 대한 최대한의 좋은 해석이고 분류라고 여겼을 것이다.

《한서 예문지》에 오행에 대한 저술의 목록이 있다. 거기에는 <태일음양泰一陰陽> 23권, <황제음양黃帝陰陽> 25권, <황제제자논음양黃帝諸子論陰陽> 25권, <제왕자논음양諸王子論陰陽> 25권, <태원음양太元陰陽> 26권, <삼전음양담론三典陰陽談論> 27권, <신농대유오행神農大幽五行> 27권, <사시오행경四時五行經> 26권, <맹자려소猛子閭昭> 25권, <음양오행시령陰陽五行時令> 19권, <감여금궤堪輿金匱> 14권, <무성자재이응務成子災異應> 14권, <십이전재이응十二典災異應> 12권, <종률재이鐘律災異> 26권, <종률총진일원鐘律叢辰日苑> 23권, <종률소식鐘律消息> 29권, <황종黃鐘> 7권, <천일天一> 6권, <태일泰一> 29권, <형덕

---

38) 우주 자연 현상을 그대로 '모방'하여 인위적인 제도를 만드는 것을 天人合一說 내지는 天人相關說이라고 할 수 있다.

39) 顧頡剛《漢代學術史略》項一 참조.

刑德> 7권, <풍고육갑風鼓六甲> 24권, <풍후고허風后孤虛> 20권, <육합수전六合隨典> 25권, <전위십이신轉位十二神> 25권, <선문식법羨門式法> 20권, <선문식羨門式> 20권, <문해육갑文解六甲> 18권, <문해이십팔숙文解二十八宿> 28권, <五音奇胲 용병五音奇胲 用兵> 23권, <五音奇胲 형덕五音奇胲 刑德> 21권, <오음정명五音定名> 15권 등, 모두 31가家 652권이 실려 있다. 반고班固가 이를 설명하여, 모든 현상을 오행으로 미루어나가면 이르지 않는 곳이 없다(其法亦起五德終始, 推其極則無不至.)고 했다.[40]

음양가는 오행, 사방, 사계, 오음, 십이월, 천간 지지[41]와 수 등을 서로 배합하여 하나의 우주 구조를 수립했고, 음양이 또 이것들 사이에 유행하여 그 구조를 운동 변화시켜 모든 만물을 낳는다고 여겼다.

3) 주역 64괘의 변화와 순환관

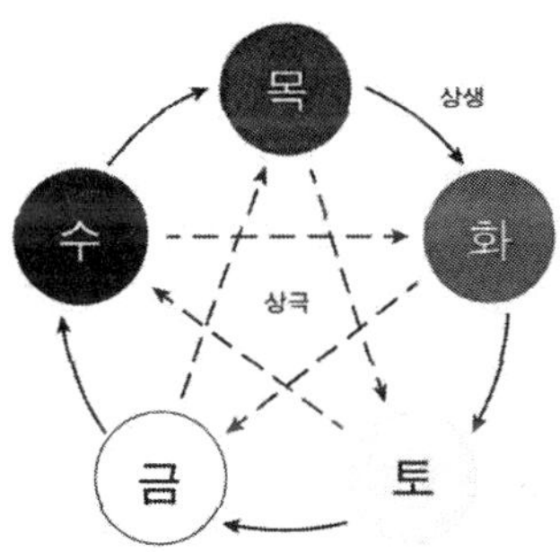

〈오행의 상생 상극도〉

고대에 거북의 배딱지나 짐승의 뼈로 치는 점은 그것들을 불에 구웠을 때 생긴 선을 판단의 재료로 하여 길흉을 점치는 것이다. 또한 갑골문이 복서卜筮에 사용되었다. 주대에는 서죽筮竹을 써서 길흉을 점치는 방법이 행해졌다. 이러한 점의 말이나 점법의 정신을 해설한 것이 《주역》이다. 주대

40)《漢書 藝文志》에 五行을 班固가 설명하여; "五行者, 五常之形氣也. 書云 初　五行, 次二曰敬用五事, 言進用五事以順五行也. 言, 視, 聽, 思. 心失, 而五行之序亂, 五星變作, 皆出於律曆之數而分爲一者也. 其法亦起五德終始, 推其極則無不至. 而小數家因此以爲吉凶, 而行於世, 漸以相亂."

41)《사기 律書》에서는 천간을 十母, 지지를 十二子라고 했다.

의 점서라는 데서 《주역》이라고도 호칭한다.

서죽을 조작하여 남은 수가 홀수일 때는 양 즉(一) 짝수일 때는 음 즉 (--)이라 하여, 그것을 세 번 반복하여 괘卦의 상象을 얻는다. 一 지 -- 인지 결정하려고 3회 반복하여 얻는 조합 여덟 가지를 8괘라고 한다. 건乾, 태兌, 리離, 진震, 손巽, 감坎, 간艮, 곤坤 등이 그것이다. 8괘를 알맞게 둘씩 조합하여 조합의 가능한 계인 64괘를 얻는다. 이 64괘 각자의 설명을 괘사卦辭라 하고, 一나 --을 각각 효爻라고 하거니와, 이 효에 대하여 설명한 것을 효사爻辭라고 한다. 이 괘사와 효사를 《주역》의 경經이라고 한다. 경의 해석이나 역의 정신을 표기한 것을 십익十翼이라고 한다.

그런 말을 신비화시키고 권위를 부여하려고 괘사卦辭는 주의 문왕文王이 지었고, 효사爻辭는 주공이 지었고, 십익十翼은 공자가 지었다고 전해지지만, 괘사나 효사는 고대부터 오랜 동안 점과 관련하여 전문가들 사이에서 생겨 고정된 것으로, 특정한 작자를 생각할 수는 없으므로 신빙성이 없다. 오늘날은 이들이 동주東周의 후기에서 -403년 이후 전국시대 사이에 체제가 갖추어졌다고 간주한다.

태극太極은 스스로 움직이지 않으나 삼라만상을 움직이게 하는 끝없는 우주의 순환 원리로, 이를 인격화하면 신이다. 태극은 음양으로 양분되는데, 양은 하늘, 남자, 광명, 위, 해, 강인, 정신, 불 등을 나타내고, 음은 땅, 여자, 암흑, 아래, 달, 유약, 육체, 물 등을 나타낸다. 음양은 음과 양으로 다시 양분되어 사상四象이 이루어진다. 태양太陽(양으로서 양으로 작용하는 것), 소양少陽(양으로서 음으로 작용하는 것), 소음少陰 (음으로서 양으로 작용하는 것), 태음太陰(음으로서 음으로 작용하는 것)은 그것이다. 사상이 음과 양으로 다시 양분되어 팔괘가 된다. 그 이름과 뜻은 다음과 같다.

	괘	이진수	이름	뜻	자연	방위	가족	신체
1		111	건 (乾)	건실	하늘(天)	북서	아버지	머리
2		110	태 (兌)	기쁨	연못(澤)	서	삼녀	입
3		101	리 (離)	이별	불(火)	남	차녀	눈
4		100	진 (震)	변동	번개(雷)	동	장남	발
5		011	손 (巽)	따름	바람(風)	남동	장녀	다리
6		010	감 (坎)	험난	물(水)	북	차남	귀
7		001	간 (艮)	중지	산(山)	북동	삼남	손
8		000	곤 (坤)	유순	땅(地)	남서	어머니	배

팔괘를 서로 겹쳐서 이루어지는 64괘를 대성괘大成卦 또는 중괘重卦라고 하며, 주역의 본문을 구성하는 괘이다. 제1번 건괘에서 제30번 이괘까지가 상경이고, 우주의 선천적인 생성 원리를 상징한다. 제31번 함괘에서 제64번 미제괘까지는 하경이고, 인간의 후천적인 변화와 순환 과정을 설명한다. 이러한 팔괘는 각각 3개의 효爻로 이루어져있고 괘들은 각기 총 6개의 효를 갖고 있다. 이때 효를 밑바닥에서부터 세며 초효初爻, 이효二爻, 삼효三爻, 사효四爻, 오효五爻, 상효上爻라고 부른다. 이때 '—' 양효陽爻를 '구九'로 표기하고 '--' 음효陰爻를 '육六'으로 표기한다.

주역은 읽는 방법에서 크게 2가지 방법이 흥행했는데, 상수역과 의리역으로 나뉜다. 상수역은 주역이 우주 전체의 원리를 포괄하는 사상에 입각해서 해석하며, 해석문보다는 음양의 중첩으로 이루어진 괘의 기호학적 해석에 중점을 둔다. 의리역은 주역이 군자의 수양에 대한 내용만을 나룬다는 대전제 아래, 괘의 기호학적 해석보다는 해석문의 유교적 해석에 중점을 둔다. 이 2가지 방법은 여러 가지 변형 방법을 낳으면서 발전했는데, 상수역이 의리역의 방법의 일부를 수용하기도 하고, 의리역이 상수역에 영향을 받기도 하면서 발전했다.

《주역》은 〈계사상전〉과 〈계사하전〉으로 나뉘는데, 〈계사상전〉(體)이 형이상적이고 본체론적 내용을 주로 담는다면, 〈계사하전〉(用)은 형이하적이며 인간의 길흉화복에 관한 내용을 많이 포괄하고 있다.

주역 64괘가 각각 서로 대립 상태를 보이고 있다. 예를 들어 건괘乾卦(하늘)와 곤괘坤卦(땅)가 서로 대립되고 있다. 11번째 괘명인 태괘泰卦와 12번째 괘명인 비괘否卦를 들어 설명하면, 태泰는 본래 '미끄럽다(滑)' '미끄럽게 하다'라는 의미를 지닌 글자이다. 여기에서부터 '통하다'는 뜻이 파생되었다. 괘상은 땅 아래에 하늘이 있는 형상인데, 무거운 지기는 아래로 내려오고 가벼운 천기는 위로 올라가 두 기운이 만나 교감 교통하는 것을 상징한다. 이것을 <단전彖傳>에서 "천지가 교합해 만물이 소통되며, 상하가 교합해 그 뜻이 같다."고 설명한다. 음양합덕陰陽合德을 대표하는 괘로서 12번째 괘인 비괘否卦와 반대이다. 또한 순음괘인 곤괘坤卦가 외괘外卦이고 순양괘인 건괘乾卦가 내괘內卦이기 때문에 양은 군자이고 음은 소인이므로 소인의 세력이 점차 소멸되고 군자의 세력이 성장하는 상황이 된다. 괘사에서 "태는 작은 것이 가고 큰 것이 오니 길하여 형통할 것이다."고 했고, 이 구절을 <단전>이 "군자가 안에 있고 소인이 밖에 있으니 군자의 도는 자라나고 소인의 도는 사라진다."고 해석한 것은 이러한 상황을 묘사한 것이다. 그러나 구삼효九三爻에서 "평평한 것은 반드시 기울어지고 가면 반드시 돌아오니 어렵게 하고 올바름을 지키면 허물이 없으며, 그 믿음을 근심하지 않으면 복을 누릴 것이다."고 한 것처럼 모든 것은 변화하기 때문에 태통泰通한 상황은 비색否塞한 상황으로 전개될 수 있다. 그러므로 태괘의 마지막 효인 상구上九에서 "성이 무너져 해자로 복귀할 것이다."고 하여 이러한 반전을 상징적으로 표현하고 있는 것이다. 이처럼 64괘가 각각 32쌍이 짝을 맺어 서로 상반되는 의미를 갖고 있다. 서로 대립된 것이 변화하는 것이다. 봄과 가을이 상반되고 여름과 겨울이 상반되며, 하늘과 땅이 상반되고 남자와 여자가 서로 상반되는 것에서 64괘 각각에 32쌍씩 짝을 맺어 옛 점술가들이 상반되는 의미를 부여했을 것이라 여겨진다. 그러나 이 상반되는 의미의 괘가 계속 대립만 하는 것이 아니라, 언젠가는 다시 상반되는 것으로 변한다고 보고 있다. 봄이 가을이 되고 여름이 언젠가는 겨울이 되는 것처럼. 주역의 괘 효사가 이렇게 각각 서로 상반되는 의미로 해석하고 있는데, 길한 점괘가 있으면 흉한 점괘가 있고, 나가는 점괘가 있으면 물러서는 점괘가 있다. 만사가 잘 풀리는 점괘가 있으면 또한 만사가 안 되는 점괘도 있다. 인생은 길흉화복이 순환 반복한다. 따뜻한 봄이 있으면 서늘한 가을이 있고, 더운 여름이 있으면 추운 겨울이 있다는 것을 잘 알고 있는 농경민족의 철학관 우주관 인생관이 주역 64괘 괘 효사에 녹아있는 것이다. 이들은 대립되는 듯 하지만 또 변화한다. "궁하면 통하고, 통하면 변한다."(窮卽通, 通卽變)는 사실을 농경민족은 잘 알고 있다. 양이 극한 여름이라도 마냥 여름이 지속되는 것은 아니다. 언젠가는 음이 반드시 극한 겨울로 변하고 있다. 길하다고 마냥 길한 것은 아니다. 언젠가는 흉한 일이 생기게 마련이다. 화禍가 있다고 마냥 화만 있는 것은 아니다. 언젠가는 복福이 돌아오기 마련이다. 인간사 길흉화복은 순환 반복한다. 계절이 순환 반복하는 것처럼 주역 곤괘坤卦 괘사에도 "먼저 혼미하면, 뒤에 얻는다."(先迷後得)이라고 하고, 태괘泰卦 구삼효사九三爻辭는 "평평하기만 하고 기울지 않는 것은 없으며, 가기만 하고 돌아오지 않는 것은 없다."(無平不陂, 無往不復.)했고, 비괘否卦 상구효사上九爻辭에서도 "먼저 나쁘면 뒤에는 기쁘다."(先否後喜)라고 했다.

> 크도다 건원乾元(하늘)이여! 만물이 여기에서 시작하는 도다.[42]
>
> 지극하도다 곤坤(땅)이여! 만물이 여기에서 생겨나는 도다.[43]

---

42) 大哉 乾元 萬物資始.(《주역 乾괘 단전》)

43) 至哉 坤元 萬物資生.(《주역 坤괘 단전》)

건(하늘)은 큰 시작을 주창하고, 곤(땅)은 물건을 만들어 완성했다.[44]

하늘과 땅이 있은 연후에 만물이 생겨났다.[45]

2기(음기 양기)가 감응하여 더불어 준다.[46]

하늘과 땅이 감응하여 만물이 변화하여 생겨났다.[47]

하늘과 땅이 서로 감응하여 만물을 변화하여 생겨나게 한다는 것이다.

역에는 태극이 있으며, 이가 양의兩儀[48]를 낳고, 양의가 사상四象[49]을 낳으며, 사상이 팔괘를 낳고, 팔괘가 길흉을 낳으며, 길흉이 대업大業을 낳는다.[50]

라고 하여, 역은 태극 양의 사상 팔괘로 확장되는데, 이를 가지고 길흉을 점쳐 우주만물의 원리와 인간사를 알 수 있다는 의미이다.

마치면 시작하는 것이 하늘의 운행(天行)이다.[51]

군자가 소멸하고 쉬고 채우고 비우는 것(消息盈虛)을 숭상함이 하늘의 운행(天行)이다.[52]

마치면 시작하고, 소멸하고 쉬고 채우고 비우는 것(消息盈虛)이 하늘의 운행(天行)이라고 했다. 우주만물 모든 것이 변화 순환한다고 역에서는 말

44) 乾知大始, 坤作成物.(《주역 계사전 상1장》)

45) 有天地然後, 萬物生焉.(《주역 서괘전》)

46) 二氣感應而相與.(《주역 咸괘 단전》)

47) 天地感而萬物化生.(《주역 咸괘 단전》)

48) 음과 양

49) 太陽 少陽 太陰 少陰의 4가지

50) 易有太極 是生兩儀 兩儀生四象 四象生八卦 八卦生吉凶 吉凶生大業.(《주역 계사전 상10장》)

51) 終則有始, 天行也.(《주역 蠱괘 단전》)

52) 君子尙消息盈虛, 天行也.(《주역 剝괘 단전》)

하고 있는 것이다.

역의 가장 큰 특징은 자연의 변화를 연구한 바탕으로 인간사의 변화를 다룬다는 것이다.

> 문을 닫으면 (고요하고 어두우니) 곤坤이라고 부르고, 문을 열면 (밝고 적극적이니) 건乾이라고 부른다. 문을 열고 닫는 행동에 따라 (음이 되었다가 양이 되었다가 하므로) 이를 변變이라고 부른다. (음양의 변화가) 무궁무진 내왕하니 이를 통通이라고 부른다.[53]

곤은 지地 음陰 추秋 동冬을 상징하고, 건은 천天 양陽 춘春 하夏를 상징한다. 가을과 겨울에는 우주의 문이 닫혀 만물이 들어가 저장되며, 봄과 여름에는 우주의 문이 열려 만물이 밖으로 나와 풀린다. 우주의 문이 한 번 닫히고 열리며, 만물이 한 번 들어가고 나오는 것을 변變이라고 한다. 닫히고 열리며 들어가고 나오는 왕래가 무궁무진하여 통通이라고 부른다는 것이다. 천지자연에 변變이 있으며, 이에 따라 인간사도 변이 있다.

> 태양은 (하늘의) 한가운데로 오면 (서쪽)으로 기울고, 달도 차면 기운다. 천지는 찼다 비워지며 때와 더불어 번성했다 휴식했다 하는데, 하물며 사람에게 있었으랴, 하물며 귀신에게 있었으랴![54]

《역 계사하繫辭下》에서는 또 역사의 변화를 설명하고 있는데, 복희로부터 신농이, 신농으로 부터 황제黃帝 요 순이 나왔다고 하면서, 역사를 3단계로 나누어 수렵에서 농경으로, 농경에서 문명으로 변했다고 말하고 있다. 노끈을 묶어 사건을 기록한데서 문자를 사용하게 되었고, 예법제도 없는데서 예제가 만들어졌다고 했다. 이런 변화 가운데 하나의 규율이 존재하는데 그것이 바로 "궁하면 변하고, 변하면 통하며, 통하면 영원하다."(窮

---

53) 闔戶謂之坤, 闢戶謂之乾. 一闔一闢爲之變, 往來無窮謂之通.(《역 繫辭上》)

54) 日中則昃, 月盈則食. 天地盈虛, 與時消息. 而況人乎, 況於鬼神乎. (《역 彖傳》)

則變, 變則通, 通則久)는 것이다. 이 이후에도 궁함이 오고 궁하면 변하며 변하면 통하고 통하면 영원한 것으로 계속 순환한다고 설명하고 있다. 이것이 역 사상의 본질이라고 할 수 있는데, 인간 삶은 이런 응변應變에 적응한 것이다. 인간은 때에 맞추어 그 때에 맞게 적응하며 살아야 한다. "군자는 역법曆法을 정리하여 때를 밝힌다."[55], "그칠 때 그치고 행할 때 행한다. 움직임과 고요함이 제때를 잃지 않으니 그 도가 밝게 빛난다."[56], "변화유통이란 적당한 때에 내맡기는 것이다."[57], "때와 더불어 행동을 함께 한다."[58], "때에 맞추어 멈춘다.(時止)", "때에 맞추어 행한다.(時行)"라는 말이 역에 자주 등장한다.

> 강한 것을 덜어내고 부드러운 것을 보태는 데는 때가 있어야 한다. 덜고 더하고, 차고 비는 것은 때에 맞추어 행해야 한다.[59]

> 태泰는 통한다는 의미이다. 그러나 만물이 끝까지 통할 수는 없다. 그래서 (태괘에 이어) 비否(막힘)괘가 이어받는다.[60]

> 박剝은 벗겨진다는 의미이다. 그런데 만물이 시종 철저히 벗겨질 수만은 없으며, 극에 달하면 위로부터 아래로 되돌아온다. 그래서 復(되돌아옴)괘가 이어받는다.[61]

"모든 사물은 극에 달하면 반드시 되돌아온다."(物極必返)는 것은 더위가 있으면 반드시 추위가 다가오고 따뜻함이 있으면 언젠가는 서늘함이

55) 君子以治曆明時.(《역 象傳》)

56) 時止則止, 時行則行. 動靜不失其時, 其道光明.(《역 彖傳》)

57) 變通者, 趣時者也.(《역 繫辭下》)

58) 與時偕行.(《역 文言》)

59) 損剛益柔有時, 損益盈虛, 與時偕行.(《역 彖傳》)

60) 泰者, 通也. 物不可以終通, 故受之以否.(《역 序卦》)

61) 剝者, 剝也. 物不可以終盡剝, 窮上反下, 故受之以復.(《역 序卦》)

온다는 것을 너무나 잘 체득하고 있는 농경민족이 가질 수 있는 사고방식이다. 이는 모두 농경민족 중국인들이 24절기에 맞추어 철저하게 적응하며 살고자한 것이 주역사상에 나타난 것이라 할 수 있다. 농경민족은 변화하는 자연의 때를 잘 알아 거기에 맞추어 농경일지적인 삶을 살아왔다. 심을 때가 있으면 거둘 때가 있고, 생겨날 때가 있으면 죽을 때가 있다. 이런 자연변화에 철저하게 순응하며 살아온 농경민족이기 때문에 좋을 때가 있으면 항상 나쁠 때가 올 것이라는 것을 대비하며 살아왔다.

> 군자는 평안할 때 위태로움을 잊어서는 안 되며, 생존할 때 멸망을 잊어서도 안 되고, 잘 다스려질 때 변란을 망각해서는 안 된다. 그래야 제 몸이 안녕하고 국가도 보존할 수 있다.[62]

> 군자는 환난을 깊이 생각하여 예방한다.[63]

계절은 하루도 변하지 않은 적이 없다. 계절(절기)의 변화에 순응하며 살아온 농경민족 중국인들은 그래서 그들은 변화(變)를 중시하는 철학을 가지게 되었다. 모든 만물은 한 번 이루어지면 불변하는 것이 아니라 언제 어느 때고 변화하지 않는 것은 하나도 없다. 이 세상이 고정불변의 절대 진리는 존재하지 않는다고 보고 있다.

〈64괘의 순환 회귀로 우주론을 펼친 송대 성리학자 소옹〉

62) 君子安而不忘危, 存而不忘亡, 治而不忘亂. 是以身安而國家可保也.(《역 繫辭下》)

63) 君子以思患而預防之.(《역 象傳》)

4) 유기론적 순환의 우주 자연철학

24절기를 주기로 순환 회귀하는 자연현상에 따라 우주 자연도 유기론적으로 순환 회귀한다고 보고 있다. 곽상郭象(252-312)은 삼국시대 위나라 서진의 인물로 자는 자현子玄 하남사람으로 젊어서부터 재능이 있었고 도학을 흠모해 노장에 뜻을 두었으며, 당시 사람들이 그를 왕필 다음이라 여겼다. 곽상은 사물은 스스로 만들어지고 사물을 만드는 주인은 없다는 주장을 했는데, 이는 왕필이 주장한 유무설有無說에 대해 반대되는 주장이다. 곽상은《장자주》를 지었는데, 그는 사람됨이 경박했지만 뛰어난 재능의 소유자였다. 상수가 쓴 장자의 해의가 세상에 전하지 않는 것을 보고 <추수秋收> <지락至樂> 두 편에 자신의 주석을 달고 <마제馬蹄> 한 편의 주를 바꾸었으며, 나머지 여러 편에 대해서는 문구를 수정했다. 그는《장자 제물론》에 나오는 "바람 소리는 만 가지로 다르지만 스스로 그러한 것이다."[64] 에 대해 주를 달아,

> 무無는 무이므로 유有를 낳을 수 없다. 유가 생기지 않으니 무엇을 낳을 수도 없다. 그렇다면 만물은 누가 낳은 것인가? 홀로 스스로 생겼을 뿐이다. 스스로 생겼을 뿐 내가 낳은 것은 아니다. 내가 사물을 낳을 수 없고 사물도 나를 낳을 수 없으니 자기 스스로 그러하다. 자기 스스로 그러한 것은 곧 천연天然이다. 천연이니 인위가 아니다. … 따라서 사물은 저마다 스스로 생길 뿐 어떤 것으로부터 나오지 않는다. 이것이 천도天道이다.[65]

사물은 스스로 생겨서 변화할 뿐이라는 것이다. "사물은 저마다 스스로 생길 뿐 어떤 것으로부터 나오지 않는다."는 것이다. 여기서 "유가 생기

64) 吹萬不同, 而使其自己也.

65) 無旣無矣. 則不能生有. 又不能爲生. 然則生生者誰哉? 塊然而自生耳. 自生耳, 非我生也. 我無不能生物, 物亦不能生我, 則我自然矣. 自己而然, 謂之天然, 天然耳, 非爲也. … 故物各自生以無所出焉, 此天道也.

지 않으니 무엇을 낳을 수도 없다."라고 한 것은 사물은 "홀로 스스로 생긴다."는 이치를 설명한 것이다. 인위적으로 생기는 것이 아니고 우주 자연은 스스로 생겨서 유기적으로 순환하며 성장과 소멸을 반복할 따름이다. 이것을 독화獨化(홀로 스스로 변화한다)라고 한다. 또한 그는 같은 책에서,

> 사물 창조의 주인은 없고 사물은 저마다 스스로 창조된다. 모든 사물은 다 스스로 창조되어 어떤 의존대상도 없는 것이 바로 천지의 본 모습이다.[66]

라고 하고 있다. 그는 말하기를,

> 오직 위대한 성인은 집착이 없기(無執) 때문에 아둔한 듯하나, 의연히 전진하여 온갖 변화와 합일하며, 합일하고 변화하여 항상 홀로 소요한다.[67]

> 사생의 선후의 소재나 피차의 우열의 대상을 분간하지 않는다.[68]

《장자 소요유》에 나오는 "세월도 잊고 명분도 잊은 채 무궁의 경지에 소요하며 그 안에 깃든다."[69] 는 구절에 주를 달아,

> 세월을 잊으므로 사생을 그윽이 동일시하며 명분을 잊으므로 시비를 포괄한다. 시비와 사생을 하나로 뒤섞는 것이 바로 지극한 이치이다. 지극한 이치는 무궁으로 통하기 때문에 그 안에 깃드는 자는 궁지에 빠지지 않는다.[70]

생사의 변동은 춘하추동 사계절의 운행과 비슷하다. 삶과 죽음의 모습은 비록 다르지만 저마다 각자의 위치에 안주하는 것은 똑같다. 지금 살아

---

66) 造物者無主, 而物各自造, 物各自造, 而無所待焉, 此天地之正也.

67) 唯大聖無執, 故芚然直往, 而與變化爲一, 一變化而常遊於獨者也.

68) 故不知死生先後之所在, 彼我勝負之所如也.

69) 忘年忘義, 振於無竟, 故寓諸無竟.

70) 大忘年故玄同死生, 忘義故彌貫是非. 是非死生, 蕩而爲一, 斯至理也. 至理暢於無極, 故寄之者不得有窮也.(《장자 110쪽》)

있는 사람은 삶을 삶이라고 말하지만 죽은 사람은 삶을 죽음이라 말하므로 삶이란 없고, 살아있는 사람은 죽음을 죽음이라고 부르지만 죽은 사람은 죽음을 삶이라고 말하므로 죽음이란 없다. 이처럼 죽음도 없고 삶도 없으며 그 가운데 옳은 것도 없고 그른 것도 없다.

시간은 잠시도 멈추지 않는다. 따라서 현재란 존재하지 않는다. 어젯밤의 꿈은 현재에는 이미 변화되었다. 삶과 죽음의 변화 역시 어찌 그 경우와 다를 바가 있겠으며 또 그 문제에 대해서 노심초사할 필요가 있겠는가?

아무 것에도 의존하지 않는 사람이 무대지인無待之人인데, 상대도 잊고 나도 잊으며 저 온갖 상이한 것들을 무시하는 경지, 즉 나 이외의 다른 사물도 나와 함께 누리며 나는 공명을 내세우지 않는다는 것으로 종결지었다. 그러므로 큰 것 작은 것을 통괄한 사람이란 작은 것 큰 것을 따지지 않는 사람이다. 큰 것 작은 것을 괘념한다면 비록 대붕이든 메추라기든 관리든 바람을 모는 사람이든 한결같이 번뇌의 사물이 될 뿐이다.

사생을 동일시한 사람은 죽음도 없고 삶도 없는 사람이다. 사생을 괘념한다면 고목나무든 쓰르라미든 팽조든 아침버섯이든 모두 요절일 뿐이다. 따라서 작은 것도 없고 큰 것도 없는 경지에 노니는 사람이 한계가 없는 사람이고 담담히 죽지도 않고 태어나지도 않는 사람이 종국이 없는 사람이다. 소요하며 한 측면에 매여 있으면 마음껏 노닐게 되더라도 궁지에 빠지게 되니, 완전히 독립하지는 못한다.

5) 유기론적 순환의 역사철학

일찍이 맹자는 역사는 한 번 다스려지고 한 번 혼란이 오는 과정을 되풀이한다고 했다.[71] 자연현상은 음양의 순환에 의해 운행 된다고 보고 있다.

---

71) 天下之生久矣, 一治一亂.(《맹자 滕文公篇 下》)

봄(양의 시기), 여름(양이 극한 시기), 가을(음의 시기), 겨울(음이 극한 시기)로 음과 양이라는 기의 운행에 의해서 만물 현상이 나타나고 변화한다고 본 것이다. 이런 자연 현상을 그대로 본받아 인생과 역사도 이처럼 유기적으로 순환한다고 본다. 인생도 좋을 때가 있으면 반드시 나쁠 때가 있고, 역사도 좋을 때가 있으면 불운할 때가 있다고 보는 것이다. 인생이 잘 풀린다고 자랑할 것도 없다. 왜냐하면 언젠가는 또 나쁠 때가 있기 때문이다. 따뜻한 봄은 마땅 따뜻한 것이 아니라, 언젠가는 서늘한 가을이 오는 것이다. 삼재三災가 들었다고 인생이 잘 풀리지 않는다고 항상 우울해 할 필요는 없다. 서늘하고 추운 가을과 겨울이 있어도 언젠가는 따뜻하고 더운 봄 여름이 있는 것처럼, 우리네 인생도 나쁠 때가 있으면 언젠가는 잘 풀리는 좋을 때가 있기 마련이기 때문이다. 자연현상에 따뜻할 때가 있으면 서늘할 때가 있고 추울 때가 있으면 더울 때가 있는 것처럼, 우리네 인생이란 좋을 때가 있으면 나쁠 때가 있고 나쁠 때가 있으면 좋을 때가 있기 마련이다. 그래서 어떤 것에 대해 마냥 일희일비할 필요가 없다. 좋다고 자랑할 것도 나쁘다고 그리 슬퍼할 일도 아니다. 우리네 인생이란 한마디로 새옹지마 같은 것이다.

24절기 맞추어 수천 년 동안 끊임없이 순환 회귀(歸)적 농경일지 삶을 살아온 농경민족 중국인들은 인간의 역사도 진보 발전하는 것이 아니라, 흥하고 망하며 성하고 쇠하기를 끊임없이 반복한다고 보고 있다. 계절이 봄(生) 여름(長) 가을(收) 겨울(斂)로 끊임없이 반복 순환하는 것처럼. 그러나 서구의 역사관은 중국의 이것과 다르다. 서구인들은 역사는 미래로 가면 갈수록 진보 발전한다고 보고 있다. 미래에 언젠가 예수님이 이 땅에 재림하여 지상의 모든 악을 쓸어버리고 지상천국을 이룩할 것이라고 믿고 있듯이, 역사는 끊임없이 발전할 것이라고 생각한다. 이는 유목민족의 특징을 그대로 드러낸 것으로써 그들 유목민족들은 양과 말을 몰고 돌아다니며 앞으로 나가기만 해서, 그들은 인간의 역사도 미래로 가면 갈수록 발전할 것이라고 믿게 된 것이다.

동중서는 역사는 오덕五德(오행의 역량:木 火 土 金 水)에 의해 그리고 삼통三統(三正: 黑統 白統 赤通)에 의해 끊임없이 순환 회귀(歸)한다고 보고 있다. 그러므로 정치도 그에 맞는 덕德을 사용해야 한다고 주장했다. 그는 하나라는 목덕木德에 의해 나라를 일으켰으니 목덕에 맞는 모든 정치 행위를 행하여야 하고, 하나라를 무너뜨린 은나라는 금덕金德에 의해 일어났으니 금덕에 맞게 모든 정치 행위를 행하여야 하며, 은나라를 무너뜨린 주나라는 화덕火德에 의해 나라를 일으켰으니 화덕에 맞는 정치 행위를 행하여야 하고, 주나라를 무너뜨린 진나라는 수덕水德 에 의해 나라를 일으켰으니 수덕에 맞는 정치 행위를 행하여야 하며, 진나라를 무너뜨린 한나라는 토덕土德에 의해 나라를 일으켰으니 토덕에 맞는 정치 행위를 행하여야 한다는 것이다. 이처럼 왕조의 변화는 목덕 금덕 화덕 수덕 토덕으로 오덕五德의 순환 회귀에 따라 유기적으로 순환한다고 보고 있다. 한을 무너뜨린 다음 왕조는 물론 목덕에 맞게 정치를 해야 나라가 안정되고 변고가 없는 것이다. 이 오덕설은 동중서에 의해 완성되었기 때문에 그는 한나라를 오덕의 중심인 토덕에 의해 나라가 설립된 것으로 본다. 역사는 오덕에 의해 끊임없이 유기적으로 순환한다고 보고 있는 것이다. 또한 그는 삼통에 의해 역사가 끊임없이 유기적으로 순환한다고 보고 있기도 하다.

> 삼정三正은 흑통黑統으로부터 시작된다. 역법상의 정월 초를 영실營室(페가수스자리), 즉 북두의 '건인建寅'으로 개정하는 것이다. 하늘의 양기를 통솔하여 두루 만물을 화목하기 시작하면 만물이 싹이 트는데 그 색은 흑색이다. 따라서 제후가 천자를 알현할 때의 조복은 흑색, 물풀 무늬의 모자도 흑색, 수레의 바탕도 흑색, 말도 흑색이며, 큰 부절과 인끈의 머리쓰개는 흑색을 높이고, 깃발도 흑색, 큰 보옥도 흑색, 교제(郊: 천자가 올리는 제사)에 쓰는 소도 검은 소, 희생(종묘 제향용 소)은 뿔이 달걀 모양인 것으로 한다. 관례는 동편 층계(阼:대청을 오르는 주인용 계단)에서 행하고, 혼례 때 신랑은 뜰에서 신부를 맞으며, 상례 때 빈소는 동쪽 섬돌 위에 마련한다. … 정백통正白統이란 역법상의 정월 초를 허虛 즉 북두의 '건축建丑'으로 개정하는 것이다. 하늘이 양기를 통솔하

여 만물의 껍질을 벗기고 화육하기 시작하면 만물은 싹이 트며 그 색은 백색이다. 따라서 조복은 백색, 물풀 무늬의 모자도 백색, 수레의 바탕도 백색, 말도 백색이며, 큰 부절과 인끈의 머리쓰개도 백색을 높이고, 깃발도 백색, 큰 보옥도 백색, 교제에 쓰는 소도 흰 소, 희생은 뿔이 누에고치 모양인 것으로 한다. 관례는 대청(堂)에서 행하고, 혼례 때 신랑은 대청에서 신부를 맞으며, 상례 때 빈소는 두 기둥 사이에 마련한다. … 정적통正赤統이란 역법상의 정월 초를 견우牽牛 즉 북두의 '건자建子'로 개정하는 것이다. 하늘이 양기를 통솔하여 만물에게 베풀어 화육하기 시작하면 만물은 꿈틀거리며 그 색은 적색이다. 따라서 조복은 적색, 물풀 무늬의 모자도 적색, 수레의 바탕도 적색, 말도 적색이며, 큰 부절과 인끈의 머리쓰개도 적색을 높이고, 깃발도 적색, 큰 보옥도 적색, 교제에 쓰는 소도 붉은 소, 희생은 뿔이 밤 모양인 것으로 한다. 관례는 방에서 행하고, 혼례 때 신랑은 문에서 신부를 맞으며, 상례 때 빈소는 서쪽 층계 위에 마련한다. … 정삭을 고친다는 의미는 하늘을 받들어 일어난다는 의미이다. 옛날 왕이 된 사람은 천명을 받아 왕이 되었으므로 제노를 개정하고 정월을 고쳐 불렀다. 복색服色이 정해진 후에 교제를 지내어 천지와 뭇 신령께 고하고 먼 조상을 추모한 다음 천하에 포고하며, 제후는 묘당에서 (정삭을) 받아 종묘 사직과 산천에 고하는데, 그러면 천하 사람들은 한결같이 똑같은 역법을 따른다. … 이로써 천통天統의 의미를 밝혔다. 이른바 통삼정統三正에서 정正이란 개정(正)한다는 뜻이다. 음양의 기를 통솔하면 만물은 그에 응하여 개정된다. 즉 통솔(統)이 바르면 그 밖의 모든 것도 개정되므로 무릇 한 해의 요점은 정월에 있다. 모범적인 개정의 도란 근본을 올바르게 하면 말단이 호응하고 안을 바르게 하면 바깥이 호응하는 것인데, 모든 행위와 조치들이 변화하여 순종하지 않는 것이 없어야 모범적인 개정이라고 할 수 있다. … 고로 왕이 된 자는 바꾸지 않는 것이 있으며, 둘로 반복 되는 것, 셋으로 반복 되는 것, 넷으로 반복 되는 것, 다섯으로 반복 되는 것, 아홉으로 반복 되는 것이 있다. 왕이 된 자의 제도는 한번은 상商 한번은 하夏, 한번은 질質 한번은 문文으로 한다. 상商과 질質은 하늘을 근본으로 삼고, 하夏와 문文은 땅을 근본으로 삼으며, 《춘추》는 사람을 근본으로 삼는다.[72]

72) 三正以黑統初, 正日月朔於營室, 斗建寅, 天統氣始通化物, 物見萌達, 其色黑, 故朝正服黑, 首服藻黑, 正路輿質黑, 馬黑, 大節綬幘尚黑, 旗黑, 大寶玉黑, 郊牲黑, 犧牲角卵, 冠于阼, 昏禮逆于庭, 喪禮殯於東階之上, … 正白統者, 歷正日月朔于虛, 斗建丑, 天統其始蛻化物, 物初芽, 其色白, 故朝正服白, 首服藻白, 正路輿質白, 馬白, 大節綬幘尚白, 旗白, 大寶玉白, 犧牲白, 犧牲角蟒, 冠于堂, 昏禮逆于堂, 喪事殯于楹柱之間, … 正赤統者, 歷正日月朔于牽牛, 斗建子, 天統氣始施化物, 物始動, 其色赤, 故朝正服赤, 首服藻赤, 正路輿質赤, 馬赤

실제의 역사를 놓고 보면, 하나라는 흑통黑統이고 인월寅月을 정월로 삼고 흑색을 숭상했다. 은(상)나라는 백통白統이고 축월丑月을 정월로 삼고 백색을 숭상했다. 주나라는 적통赤統이고 자월子月을 정월로 삼고 적색을 숭상했다. 주를 계승한 나라는 반드시 다시 흑통黑統을 숭상하게 된다. 이처럼 역사와 조대는 흑통 백통 적통의 삼통三統에 따라 끊임없이 순환해야 한다고 보고 있다. 만약 흑통을 숭상해야 할 나라가 백통을 숭상하여 모든 조복과 관제를 마련한다면, 그 나라에는 큰 변고가 생기고 그 정통성이 없게 된다. 오덕五德에 의해 나라의 건립이 순환한다는 것과 마찬가지로 동중서는 삼통에 의해서도 나라의 건립이 순환한다고 보고 있는 것이다. 역사는 진보 발전하는 것이 아니라, 목덕木德 화덕火德 토덕土德 금덕金德 수덕水德의 오덕五德에 의해, 또한 흑통黑統 백통白統 적통赤統의 삼통三統에 의해 끊임없이 유기적으로 순환하고 회귀한다고 보고 있다. 이는 농경민족의 사고방식을 잘 반영한 것이라 보여지는데, 정통 농경민족 중국인들은 24절기라는 농경일지에 맞추어 끊임없이 순환회귀적인 삶을 수천 년 동안 살아왔다. 그래서 그들은 이 세상 모든 것이 끊임없이 유기적으로 순환하고 회귀한다고 믿은 것이다. 역사도 정치도 그에 따라 유기적으로 순환해야 하며, 그렇지 않는 경우에는 커다란 변고가 일어나 나라가 망하게 된다. 24절기의 계절의 변화처럼 역사는 유기적으로 순환 회귀하는 것이다. 계절이 봄(生) 여름(長) 가을(收) 겨울(斂)로 유기적으로 끊임없이 반복 순환하는 것처럼, 인간의 역사도 진보 발전하는 것이 아니라, 흥하고 망

, 大節綬幘尚赤, 旗赤, 大寶玉赤, 郊牲騂, 犧牲角栗, 冠于房, 昏禮逆于戶, 喪禮殯于四階之上, … 改正之義, 奉元而起, 古之王者受命而王, 改制稱號正月, 服色定, 然後郊告天地及群臣, 遠追祖禰, 然後布天下, 諸侯廟受, 以告社稷宗廟山川, 然後感應一其司, … 所以明乎天統之義也. 故謂統三正者, 曰: 正者, 正也, 統致其氣, 萬物皆應而正, 統正, 其餘皆正, 凡歲之要, 在正月也, 法正之道, 正本而末應, 正內而外應, 動作擧錯, 靡不變化隨從, 可謂法正也, … 故王者有不易者, 有再而復者, 有三而復者, 有四而復者, 有五而復者, 有九而復者, … 一商一夏, 一質一文, 商質者主天, 夏文者主地, 春秋者主人.

하며 성하고 쇠하기를 끊임없이 반복한다고 보고 있는 것이다.

따뜻한 봄이 있으면 서늘한 가을이 있고 더운 여름이 있으면 추운 겨울이 있듯이, 인간의 역사도 흥할 때가 있으면 망할 때가 있고 성할 때가 있으면 쇠할 때가 있다고 믿는다. 흥망성쇠가 주기적으로 반복된다고 믿는 농경민족은 그래서 역사는 상대적이라고 본다. 인간의 역사에서 옛 중국인들은 숱하게 많은 흥망성쇠를 보아왔다. 그래서 그들은 계절의 순환 회귀처럼 인류의 역사도 흥하고 망하며 성하고 쇠하기를 반복한다고 생각한 것이다.

5. 기氣철학

농사는 햇볕과 비란 2대 조건에 의해서 결정된다. 햇볕은 양陽을 비는 음陰을 의미하는 것으로 보인다. 이런 햇볕(양기)과 비(음기)와의 적절한 조화를 통해 풍년이 드는 것이다. 햇볕(양기)이 너무 강해도 농사가 안 되며 그렇다고 너무 약해도 안 된다. 또한 비(음기) 역시 너무 많이 내려도 안 되고 그렇다고 너무 적게 내려도 안 된다. 모두 음기(비)와 양기(햇볕)가 적당해야 되는 것이다. 이런 농경적인 삶을 수천 년 동안 살아온 중국인들은 이 우주 자연 만물이 눈에는 보이지 않는 기(음기와 양기)에 의해서 이루진다고 보는 것으로 여겨진다.

> 하늘과 땅 사이에 음양의 기가 있다. 그 기가 항상 사람 속에 있는 것은 물고기가 물 속에 있는 것과 같다. 그러나 그 기가 물과 다른 것은 가히 볼 수 있다는 것과 가히 볼 수 없으며 고요하다는 것의 차이일 뿐이다. 그런 즉 사람이 하늘과 땅 사이에 사는 것은 물고기가 물에 의지하여 사는 것과 마찬가지이다. 그러한 기는 어디에나 있으나 다만 물보다 더 부드러울 따름이다. 물과 공기의 관계는 마치 진흙과 물과의 관계와 같다. 그래서 하늘과 땅 사이에는 텅 빈 듯 하지만 (공기로) 꽉 차있다. 사람은 늘 이 고요한 것(공기) 속에 젖어 있으면서 치란治亂의 기를 바탕으로 그것과 교섭하며 서로 뒤섞인다.[1]

음의 기와 양의 기는 우리 눈에 보이지는 않지만, 항상 우리 곁에 존재하여 이 우주만물을 양육시키고 변화시킨다. 공기는 우리 눈에 보이지는 않지만 바람이 불면 그것을 느낄 수 있는 것과 마찬가지이다. 사람이 기 속에 있는 것은 물고기가 물속에 있는 것과 마찬가지이다. 단지 기는 물보다 엷

1) 天地之間, 有陰陽之氣. 常漸人者, 若水常漸魚者. 所以異於水者, 可見與不可見耳. 其澹澹也, 然則人之居天地之間, 其猶魚之離水, 一也, 其無間若氣而淖於水, 水之比於氣也, 若泥之比於水也, 是天地之間, 若虛而實, 人常漸是澹澹之中, 而以治亂之氣與之流通相殽也. (《춘추번로 天地陰陽 81》)

어 볼 수 없을 뿐이다. 봄이 따뜻한 것은 우리 눈에 보이지는 않지만 양의 기가 생겨나기 때문이고, 가을이 서늘한 것은 우리 눈에 보이지 않지만 음의 기가 생겨나기 때문이라는 것이다. 봄이 따뜻한 것은 실은 우리 지구가 태양과 가까워졌기 때문이고, 가을이 서늘한 것은 우리 지구가 태양과 멀어졌기 때문인데, 이런 사실을 고대 중국인들은 알지 못하고 양기와 음기로 이를 설명한 것이다.

자연에 음과 양이 있듯이 우리 인간도 그것에 적응해 성性과 정情이 있다고 동중서는 주장한다. 성은 양 즉 하늘에 해당되는 것이고, 정은 음 즉 땅에 해당되는 것이라고 했다. 또한 그는 성은 선한 것이고 정은 악한 것이라고 했는데, 여기에서 양존음비陽尊陰卑 즉 남존여비의 유가의 고루한 생각이 철학화된다. 그는 자연현상뿐만 아니라 인간관계에서도 철저하게 양과 음의 관계로 이해하려고 노력했다. 모든 자연현상에 음이 있으면 양이 있듯이, 그리고 그것이 짝을 이루어야만 존재의 의미를 찾듯이, 인간관계도 음과 양이 짝을 이루어 존재한다고 생각하며 어느 한쪽만 있으면 완성되지 못한 불완전한 관계라고 여겼다.

> 무릇 외물에는 반드시 짝(合)이 있다. 짝에는 위가 있으면 반드시 아래가 있고, 왼쪽이 있으면 반드시 오른쪽이 있다. 추위가 있으면 반드시 더위가 있고, 낮이 있으면 반드시 밤이 있는데, 이것은 모두 짝을 이루는 것이다. 음은 양의 짝이다. 부인은 남편의 짝이고, 아들은 아버지의 짝이며, 신하는 임금의 짝이다. 외물에 짝이 없는 것이 없으니, 짝을 이루어 각자 음과 양을 가지게 된다. 군신 부자 부부의 뜻은 모두 음양의 도에서 그것을 취한 것이다. 임금은 양이 되고 신하는 음이 되며, 아버지는 양이 되고 아들은 음이 되며, 남편은 양이 되고 아내는 음이 된다. … 왕도王道의 3 강령은 가히 하늘(자연의 법칙)에서 찾을 수 있다.[2]

---

2) 凡物必有合, 合, 必有上,必有下, 必有左, 必有右 … 有寒必有暑, 有晝必有夜, 此皆其合也. 陰者陽之合. 妻者夫之合. 子者父之合. 臣者君之合. 物莫無合, 而合各有陰陽. … 君臣, 父子, 夫婦之義, 皆取諸陰陽之道. 君爲陽, 臣爲陰. 父爲陽, 子爲陰. 夫爲陽, 妻爲陰. … 王道

도가 일一(기)을 낳고, 일一이 이二(음기 양기)를 낳고, 이二가 삼三(음기 양기 和氣)을 낳으며, 삼三이 만물을 낳는다. 만물은 음을 지고 양을 안으며, 이 기가 섞이면서 화기和氣가 생긴다.[3]

장자에 기에 대해 설명하기를,

야마野馬(아지랑이)와 티끌은 만물이 내뿜은 숨이다.[4]

이에 대해 사마표는 야마野馬는 봄날 연못가에 너울거리는 기[5]라고 설명하였다. 또한 이에 대해 장횡거張橫渠(1,020-1,077)가 《정몽正蒙 태화편太和篇》에서 태화太和와 기氣를 설명하기를,

태화太和는 이른바 도인데, 그 안에는 부침浮沈 승강升降 동정動靜이 상호 감응하는 성性이 내포되어 있고, 태화는 인온絪縕(음양 2기의 상호 작용)하여 서로 부딪혀 승부勝負와 굴신屈伸의 시작을 낳는다. … 야마野馬(아지랑이)처럼 인온하지 않으면 태화라고 말할 수 없다. 도를 논할 경우 이것을 아는 것이 도를 아는 것이고, 《역》을 배울 경우 이것을 통찰하는 것이 《역》을 통찰하는 것이다.[6]

장횡거가 말한 태허太虛는 아마도 이런 기를 설명한 것으로,

흩어져 응축되지 않은 상태에 있을 때의 그 기가 이른바 태허太虛이다. 태허에서 기가 모이고 흩어지는 것은 마치 물에서 얼음이 얼고 녹는 것과 같다. 태허가 바로 기임을 안다면 무無는 없다.[7]

之三綱, 可求於天.(《춘추번로 基議 53》)

3) 道生一, 一生二, 二生三, 三生萬物. 萬物負陰而抱陽, 沖氣以爲和.(《노자 42장》)

4) 野馬也, 塵埃也. 生物之以息相吹也.(《장자 4쪽》)

5) 野馬春日澤中游氣也.(《장자 63쪽》)

6) 太和所謂道, 中涵浮沈升降動靜相感之性, 是生絪縕相盪勝負屈伸之始. … 不如野馬絪縕, 不足謂之太和, 語道者知此謂之知道. 學易者見此謂之見易.

7) 氣之聚散於太虛, 猶氷凝釋於水. 知太虛卽氣則無無.(《正蒙 太和篇》)

〈호수에서 물안개(아지랑이)가 자욱이 피워 오르는 모습. 이런 모습에서 농경 민족 중국인들은 자연에 기가 있다고 느꼈던 것 같다.〉

여기에서 보듯이 봄날 연못가에 아지랑이가 피어오르는 것에서 중국인들은 기의 존재를 느꼈던 것 같다. 장자는 기가 모이면 삶이 되고 기가 흩어지면 죽음이 되는 것으로, 삶과 죽음은 기의 순환에 불과하니 굳이 죽음에 대해 슬퍼할 것도 없다고 했다.

기는 생태계 일반을 두루 관통하고 있는 우주적 생명력이라고 할 수 있다. 기의 개념을 정확하게 파악하기 위해서는 우선 그것이 농경사회와 깊이 연관되어 있는 개념이라는 것을 알 필요가 있다. 중국의 가장 오래된 사서인 《설문해자設文解字》는 기를 운기雲氣 즉 구름이라 풀고 있는데, 그러나 실제로는 못이나 들판에서 피어오르는 아지랑이에서 옛 중국인들은 처음으로 기의 실체를 감지했던 듯하다. 또한 그들은 기상과 계절의 변화를 나타내는 천기天氣와 땅의 기운인 지기地氣가 결합하여 곡물이 생장한다고 생각했다. 기는 이렇게 해서 생태계 일반을 두루 관통하고 있는 우주적 생명력을 뜻하게 되었다. 《논어》에 이미 혈기血氣라는 용어가 나오고, 또한 병기屛氣라는 용어도 나온다. 병기란 숨을 죽인다는 의미이다. 《맹자》에도 호연지기浩然之氣라는 말이 나오는데, 이는 대장부의 큰 용기를 의미하는 것으로 보인다. 또한 《노자》에도 충기沖氣라는 용어가 나오는데, 이 충기란 천지 사이의 조화된 기를 의미한다. 이처럼 춘추 전국시대에 이미 기라는 용어가 사용되고 있음을 알 수 있다. 인간의 생명 역시 기의 흐름으로 파악하여, 그것이 피의 순환과 연관된다고 보아 혈기血氣라 했고, 또한 호흡이 그 관건이라 보아 기식氣息이라 했다. 내적 생명의 상태는 자연히 밖으로 드러난다 해서 기색氣色 기분氣分 기품氣品이라는 표현도 있다. 글에서는 문기文氣, 글씨에서는 서기書氣가 문제되는 것도 동일한 맥락이다.

질병은 체내에 있는 기가 순조롭게 돌지 않을 때 생기는 현상이었다. 한의학에서는 치료를 엉킨 기, 막힌 맥脈을 소통시키는 행위로 이해한다. 한의학의 치료와 결합한 도교는 기를 잘 기르고 보존하는 일을 가장 중요하게 여겼다. 그러자면 재산이나 명예 따위의 세속적 욕망에 흔들리지 않고 생리적 필요에 충실해야 한다면서 내단의 단전호흡과 같은 호흡을 조절하는 조식법調息法을 개발시켰다.

그런데 공자 이래 유가의 생각은 달랐다. 생리적 욕구인 기는 오히려 다스리고 제어해야 할 대상으로 보았다. 공자는 "혈기를 조심하라."고 했고, 순자는 "인간과 동식물에 공통된 힘은 기이나, 인간이 인간다우려면 이理로 이 기를 제어해야 한다."고 말했다. 맹자는 "이理가 굳으면 기를 움직일 수 있다."고 하여 이 기를 이로 조절하고 다스려야 한다고 생각했다. 그러면서 한편 순수한 감정과 도의적 자긍심을 야기夜氣 혹은 호연지기浩然之氣로 명명함으로써 기의 부정적인 의미에 대한 논란을 예비하기도 했다.

1) 송宋 명明 기氣철학

송대 성리학의 이기설은 우주 인간의 성립 구성을 이理와 기氣의 두 원칙에서 통일적으로 설명하는 이론이다. 이 이와 기라는 용어는 성리학이 성립되기 이전에도 있었으니, 《역경》에 이미 천지만물을 음양 2기의 활동에서 성립된 것이라 하여 기氣의 개념을 말하였다. 송대에 이르러 주돈이는 그의《태극도설》에서 모든 근원인 태극이 2기를 낳고, 2기에서 목 화 토 금 수의 5행을 낳고, 5행에서 남과 여가 생겨 거기에서 만물이 화생化生하였다고 논하였다. 장재는 우주의 본체를 태허太虛라 하였고 그 작용으로서 음양의 2가 있어 여기에서 천지만물이 만들어졌다는 기일원론氣一元論을 폈으며, 정호도 기의 통일체로서의 건원乾元을 내세웠으나 그의 아우 정이는 기의 세계에서 출발하면서도 기와는 별도로 이理의 세계를 생각하여 이理와 기氣를 확실히 구별함으로써 이기이원론理氣二元論의 단서를 열었다.《역경》에 "일음일양一陰一陽을 도道라 한다."는 구절이 있는데, 정이는 이 도를 '음양의 원인이 되는 것이 도'라고 보았다. 즉 형이상의 도를 형이하의 기에서 구별하여 도를 기의 현상 속에 존재하는 원리로 하여 새로운 우주관을 세운 것이다. 이 도가 곧 이理이다. 그러나 이와 기는 서로 밀접한 관계가 있어, 그 어느 것이 빠져도 존재할 수 없다. 이런 의미에서 이 기 양자는 동시존재이며 다만 그 질을 달리할 뿐 경중의 차이는 없는 것이나, 기는 항상 변화하는데 대하여 이는 법칙성을 지니고 부동不動한 것이기 때문에 거기에 자연히 경중이 부여된다. 특히 그것이 윤리에 관련될 경우 이러한 경향이 더욱 뚜렷하다. 북송 철학자 장재張載(1,020 - 1,077)는 기 일원론을 내세웠다.

> 태화太和는 이른바 도이다. 그 안에는 떴다 가라앉았다, 올라갔다 내려왔다, 움직였다 고요했다 하여 상호 감응하는 본성이 내포되어 있다. 태화는 기의 상호 작용이 서로 부딪쳐 우세 및 열세와 응측 및 확장의 시작을 낳는다. … 태허太虛는 형체가 없으니 기의 본체이다. 그 모이고 흩어짐이 변화의 객형客形(객체)이다.[8]

> 태허太虛가 기인 것을 알면 무無는 없다.[9]

---

8) 太和所謂道, 中涵浮沈, 乘降, 動靜, 相感之性. 是生絪緼, 相盪, 勝負, 屈伸之始. .. 太虛無形, 氣之本體. 其聚其散, 變化之客形爾.(《張載集 正蒙 太和篇》)

9) 知太虛卽氣, 則無無.(《張載集 正蒙 太和篇》

그는 이 세상에 오직 기氣만 있지 달리 무無나 이理라는 것이 있는 것이 아니라는 것이다. 장재의 이런 생각 때문에 중국 대륙학자들에 의해 그는 고대 유물주의 철학자로 추종되고 있다.

'천天은 이理이다.(天卽理)', '마음은 이理이다.(心卽理)'라고 하는 이면에는, 이 이에 법칙적 성격이 부여된 데 대하여, 기氣는 항상 물질적인 것 그리고 자칫하면 이理의 발현을 방해하는 것이라는 해석이 내재하게 된다. 이것을 일방적으로 말하자면 종래의 성선설에 명확한 설명을 붙이는 결과가 되었으니, 즉 '성은 이이다(性卽理)'라는 입장이 그것이다. 이와 같은 정이의 이기철학은 주자에게로 계승되어 이理와 기氣의 성격은 더욱 확연하게 구별되었다. 주자는 이에 '소이연所以然(존재론적 의미)'과 '소당연所當然(법칙론적 의미)'라는 두 가지 성격을 부여하는 동시에 그것은 기의 내부에 항상 존재하는 것으로 보았다. 기가 형질을 지니고 운동하는 것에 대하여, 이는 형질도 없고 운동도 하지 않고, 그 실재는 기를 통하여 관념적으로 파악되는 것이라 하였다. 즉 기가 형질을 갖고자 할 때, 또는 운동을 일으키려 할 때, 이가 거기에 존재하지 않는다면 기의 이러한 작용은 전혀 불가능하며, 기의 존재 자체도 불가능해질 수밖에 없다.

> 천지간에는 이도 있고 기도 있다. 이는 형이상의 도道로서 사물을 낳는 근본이며, 기는 형이하의 기器로서 사물을 낳는 도구이다. 따라서 사람이나 사물은 생길 때 반드시 이 이를 타고나 성性으로 삼고, 반드시 이 기를 타고나 몸체(形)를 갖춘다.[10]

> "기 안에서 발견되는 이란 대체 어떤 것입니까?" 말씀하시기를, "예컨대 음양오행이 뒤얽혀 있어도 조리를 상실하지 않는 것이 바로 이이다. 기가 응집하지 않을 때는 이도 붙어있을 대상이 없다."[11]

---

10) 天地之間, 有理有氣. 理也者, 形而上之道也, 生物之本也. 氣也者, 形而下之器也, 生物之具也. 是以人物之生, 必稟此理, 然後有性, 必稟此氣, 然後有形.(《주희집 答黃道夫書》)

11) 理在氣中發見處如何? 曰, 如陰陽五行錯綜不失條緒, 便是理. 若氣不結聚時, 理亦無所附

기가 응집하지 않으면 이는 붙어 있을 대상이 없으니 이는 구체적인 사물로 표현하지 못한다. 구체적인 사물 내의 질서와 조리가 곧 "기 안에서 발견되는 이"라는 것이다.

그리고 주자는 이것을 윤리에 적용시켰을 때, 이理와 기氣에 경중을 두면서도 기를 나쁜 것으로만 단정하지 않고, 기의 청탁淸濁에 의한 결과에서 선악을 인정하려 하였다. 인간의 신체나 희로애락의 정情은 기에서 성립되고, 그것이 도덕적으로 선한 성性은 이理가 마음에 내재화된 것으로 보았다. 이 이기설은 그 후 오랫동안 철학자들에게 계승되어 윤리적 입장에서 기氣에 중점을 두느냐, 이理에 중점을 두느냐의 차이일 뿐, 우주관 자체는 부동의 것이 되었다.

이에 비해 명대 왕부지王夫之(1,619 - 1,692)는 청에 대항해 군사를 일으켜 싸웠으나 패한 후 반청운동의 기회를 엿보다가, 42세 이후에는 그 반청운동에 더 이상 희망이 없음을 깨닫고 은둔하며 학문과 저술에 전념하였다. 왕부지는 장재의 "허공은 모두 기이다."라는 '허즉기虛則氣' 이론을 계승 발전시켰다. 그는 성한 기운으로 기의 본체를 나타내고 기의 모임과 흩어짐(聚散)으로 본체와 만물과의 관계를 설명한다. 구체적인 사물은 비록 생멸生滅이 있지만 물질의 기는 생멸이 없다는 것이다. 왕부지는 이기관계에 있어 이理의 독자성을 인정하지 않고 이는 다만 기 가운데 있다고 보았다. 그에 의하면 도는 이이고 기器(구체적인 사물)는 기라고 할 때, 도道와 이理는 기器 혹은 기氣에 종속되는 것으로서 구체적인 사물에서 벗어난 추상적인 도 혹은 이란 있을 수 없다는 것이다. 그는 형이상이고 추상적인 이의 존재를 인정하지 않은 것이다. 이른바 기일원론氣一元論이다.

> 천하에는 오직 기氣만이 있을 따름이다. 도는 기의 도이지만 기는 도의 기라 부를 수 없다.

著.(《주자어류 3쪽》)

앞서 말한 대로 그는 북송 장재의 기론氣論을 계승하여 실재하는 것은 오직 기뿐임을 주장하면서, 이는 다만 '기'의 조리條理로서 구체적인 사물을 떠나 독립적으로 존재하는 '이'나 '도'는 없다고 하였다. 이러한 입장은 '기'에 비하여 '이'나 '도'를 우위에 두었던 송명 시대의 학자들과는 사뭇 다른 것이다. 공허하고 실리적이지 않는 송대 성리학에 대한 거부라고 할 수 있다.

또한 그는 중화와 오랑캐를 구분하는 화이론華夷論을 강조하면서, 황제黃帝 이후 중국의 문명이 계속적인 발전을 거듭하고 있다는 역사관을 지니고 있었다. 그래서 과거 특정 제도를 만고불변의 가치로 생각하는 복고주의를 비판하고 문물과 제도는 시대에 따라 변해야 함을 역설하였다. 이와 같은 왕부지의 사상은 당시에는 빛을 보지 못하다가 170년 후 증국번曾國藩 형제에 의해 《선산유서船山遺書》로 간행되면서 세상에 알려졌는데, 민족주의적인 색채가 짙다는 이유로 청나라 말기의 학자들로부터 많은 관심을 받았다.

이처럼 중국 송명철학에서 이와 기의 성격은 많은 논쟁거리가 되었었다. 이기일원론理氣一元論 이기이원론理氣二元論 기일원론氣一元論 같은 것이 그것이다. 조선 유학도 성리학으로 이율곡과 이퇴계 사이에 이기일원론과 이기이원론을 가지고 많은 사상적 논쟁을 하여 조선철학을 풍성하게 했지만, 이는 철학을 너무 공허하고 형이상학적으로 만들어 실리적이지 못하다는 단점을 가지고 있다. 그러나 기철학은 형이상학을 배격하고 실리적인 면도 가지고 있어, 중국에서 과학적 사유(특히 한의학의 기맥氣脈 설명이나 태극권 단전호흡에서 운기법運氣法 설명 그리고 천기天氣와 지기地氣에 대한 설명)를

〈이理를 배격하고 기론氣論을 펼친 명말 청초의 대학자 왕부지〉

더욱 왕성하게 만든 요인도 제공했다.

2) 한의학의 기氣의학

한의학이나 태극권 단전호흡에서는 인체에는 기가 흐르는 길이 있다고 본다. 이것을 기맥氣脈이라고 하는데, 그 길이 막히거나 좁아지면 병이 든다고 한다. 한의학에서는 그 기맥을 크게 기경팔맥寄經八脈 정경십이맥正經十二脈 그리고 낙맥絡脈으로 나누고 있다. 기경8맥은 인체를 크게 도는 8가지의 기맥을 말하며, 정경12맥은 기경8맥보다는 규모는 작지만 역시 인체의 각 장부를 흐르는 12가지 기맥을 말한다. 그리고 낙맥은 정경12맥에서 뻗어 나와 인체의 세세한 세포 부분까지 흐르는 기맥을 말한다. 한의원에서 경혈經穴에 침을 맞거나 뜸을 뜨는데 이때 경혈은 이러한 기맥의 중요한 포인트이다. 한의학에서는 어린 아기 때까지는 기경8맥에 기가 흐르나 자라면서 기가 흐르지 않게 된다고 한다. 따라서 한의학 이론에서는 기경8맥보다는 정경12맥과 낙맥을 위주로 발전하게 된다. 그렇다면 기경8맥에는 왜 기가 흐르지 않을 것일까? 기경8맥과 정경12맥은 어떤 차이가 있는 것일까? 기경8맥은 기 중에서도 우주 자연의 기가 흐르는 기맥이다. 이에 반해 정경12맥과 낙맥은 자신의 영혼과 육체가 형성되면서 가지게 되는 정보를 담고 있는 기가 흐르는 통로를 말한다. 즉 정경12맥이라는 것은 자신이 태어나면서 가지고 있는 기가 흐르는 통로인 것이다. 따라서 우주 자연의 기가 아직도 인체와 교류하는 어린 아기 때에는 기경8맥이 열려있으나, 자신의 의식을 가지고 사는 나이가 되면 정경12맥의 기를 가지고 산다. 그리고 음식물과 공기를 섭취하면서 거기에서 영양분과 함께 기를 흡수하고 그것이 정경12맥과 낙맥으로 흐르면서 그 힘으로 사는 것이다.

그러나 인간은 음식물과 공기 그리고 자신이 가지고 태어난 기만을 기지고 결코 건강하게 장수할 수 없고, 우주 자연의 기를 받아들어 막혀있는 기경팔맥寄經八脈을 뚫어야 한다고 한다. 이에 단전호흡이나 태극권 참선 등의 정공靜功 내지는 동공動功을 통해 우주 자연의 원기元氣(生氣)를 인체에 받아들여 그것이 전체 기맥을 흐르게 함으로써 밝고 건강하게 살 수 있다. 그렇게 할 때 우주 자연의 기운氣運과 하나가 되어 항상 마음이 평화롭고 초월의식에 젖어 일상생활도 잘할 수 있으며 궁극에 이르면 깨달음도 얻을 수 있다고 본다. 우주 자연의 원기를 받아들여 인체 내 막혀있는 기경팔맥寄經八脈을 뚫는 것은 비에 비유할 수 있다. 비가 내려 그 빗물이 흘러 저절로 생성된 큰 계곡을 일러 기경팔맥이라 하고, 그 빗물이 땅속에 스며들어 굵직하게 흘러가는 지하수맥이 정경12맥이고, 다시 거기에서 뻗어 나와 가늘게 지엽적으로 흘러가는 것들이 낙맥이라고 할 수 있다. 비가 오지 않으면 큰 계곡(寄經八脈)은 말라버려 인간은 땅 속에 있는 지하수맥(정경12맥)의 물만 가지고 유지할 수밖에 없게 된다. 그러다가 그것마저 말라버리면 죽게 되는 것이다. 그러니 항상 운기법運氣法을 통해 우주 자연의 원기(生氣)를 받아들여 기경팔맥을 뚫어줘야 건강하게 무병장수할 수가 있다. 특수한 호흡법이나 인체의 굴신屈申으로 우주 자연의 원기(생기)를 잘 받아들이는 것을 운기運氣한다고 한다. 이런 특수한 수련을 통해 인체 내에 말라버린 큰 계곡(기경8맥)에 우주 자연의 원기를 담고 있는 기(빗물)가 흐르게 된다. 그리고 기경8맥에 흐르는 기(빗물)는 우주 자연의 원기(생기)를 인체에 크게 돌리게 된다. 이것이 인체에 순통하면 정경12맥과 낙맥으로 스며들어 이것 또한 순통하는 것이다. 그리하여 온 몸 구석구석까지 우

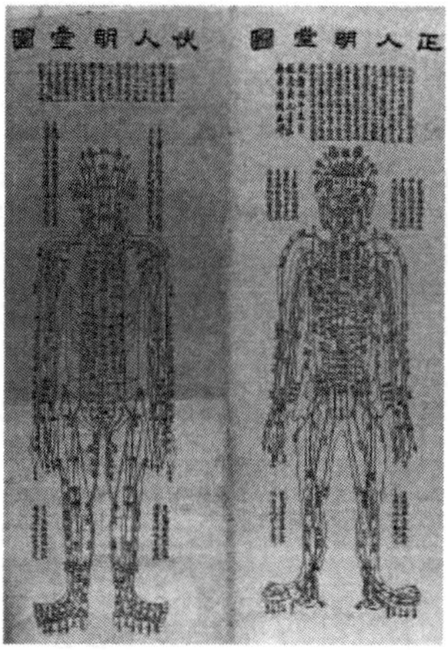

〈한의학의 인체경혈도人體經穴圖. 혈血과 기氣의 순통을 중시했다.〉

주 자연의 원기(생기)가 다 전달된다. 이런 원리를 통해 기 수련을 하면 심신이 밝고 건강해지며 정신과 육체가 우주 자연과 일체가 되는 느낌을 가질 수 있다. 원기(생기)로 가득 찬 대우주와 하나가 되는 소우주가 되는 것이다. 궁극적으로 거대한 우주 자연과 하나가 되는 경지의 깨달음에 이른다. 또한 이런 특수한 호흡법이나 인체의 굴신屈申 외에 섭생과 관련시켜 하면 이를 크게 양생술이라고도 부른다.

3) 태극권과 기공체조의 氣

기공 수련은 동양 전래의 기氣를 다스리는 수련으로, 기는 우주만물 작용력의 근원이며, 공功은 정성을 다해 기를 단련하는 방법이다. 중국 4천년의 건강 비법으로, 기공은 몸 안에 흐르는 '기'라는 생체 에너지의 흐름을 부드럽고 원활하게 하는 중국의 전통 자기치유 체계를 말한다. 신체 움직임과 호흡 운동, 초월명상 등이 종합한 것으로 보면 된다. 기의 흐름을 촉진하는 기공은 크게 나눠 내적 기공(내공법)과 외적 기공(외공법)이 있는데, 내공법은 명상, 호흡, 신체 동작 등의 방법으로 개인이 스스로 자신의 기를 증진시키는 것을 말한다. 외공법은 숙련된 대가가 자신의 기를 치유가 필요한 다른 사람에게 전해 주는 것이다. 보건의료를 목적으로 하는 기공 외에도 무술 수련을 목적으로 하는 무술 기공도 있다.

현대 기공은 크게 무술기공 보건기공 의료기공 등 3가지로 나눈다. 1,950년대부터 정책적으로 보건 의료기공 측면에서 기공학을 강조한 중국은 1,979년 이후 2차례의 기공 대 논쟁을 통해 "기공이란 기의 흐름을 정상적으로 유도하여 심신의 건강을 도모하기 위한 동양체육학의 집대성이다. 기는 사람의 오관을 통해 감촉하는 형태(넓은 의미의 기)와 의지력, 영감, 심체로써 느끼는 형대(좁은 의미의 기)로 존재하며, 이 2가지가 서로 간섭 교차

〈광장에서 태극권을 하는 중국인들. 몸 안의 기를 순통시키는 것과 관련이 있다.〉

하여 변화를 꾀한다. 사람은 인체 내의 경락經絡을 열어주는 기공의 삼조三調를 통해 인체 내외의 기를 잘 조화시켜 심신 긴장완화, 진기 촉진, 도덕수양, 지력과 특수능력개발, 질병예방을 통한 무병장수를 꾀한다."고 일단락 지었다. 세계 의학계의 관심을 끌고 있는 기공학은 중국에서는 중의학과 함께 인체과학의 양대 봉峯으로 정립되어 있다.

기공은 내용상으로는 성공性功(정신수양)과 명공命功(신체단련), 형태상으로는 정공靜功(서거나 앉거나 누워서 수련)과 동공動功(체조나 무술처럼 걷거나 뛰며 하는 수련), 작용상으로는 경공硬功(무공연마나 차력 등 강한 공법)과 연공軟功(병치료나 체조 등 부드러운 공법)으로 나뉜다. 중국에서는 기공의 종류가 적지 않은데, 도가양생道家養生과 불노장생술 등 10여 가지는 일반화되어 있다. 철학 의학 천문학은 물론 각종 예술의 이론적 뿌리이자 줄기로 인식되는 동양 전래의 기공은 의가醫家 도가 불가 유가 무가武家 등 여러 유파가 현대적 기공으로 종합되었다.

기공은 또 선禪을 위주로 하는 유파, 의념意念 집중을 위주로 하는 존상파存想派 주천파周天派 도인파導引派 등으로 나눈다. 의가는 예방의학, 곧 양생養生을 으뜸으로 1,700년 전 중국 삼국시대의 명의 화타華陀가 호랑이 사슴 곰 원숭이 학 등 5가지 동물 자세에서 고안한 오금희五禽戲 등이 유명하다. 도가는 내단술內丹術에 바탕을 둔 단학丹學 또는 단도丹道로 발전했다. 음양오행 원리의《황제음부경皇帝陰符經》《도장경道藏經》등이 단학 도인법의 대표 경전이다. 한국에서는 조선조에 '바라문 도인법'이 있었으나 지금은 전해지지 않고, 이황의《활인심방活人心方》이 1,992년

체육학계에 의해 민속 건강체조로 발굴되었다. 불가에는 고대 인도의 참선과 요가 등의 행법이 함께 전해져 현대 기공수련의 핵인 삼조, 즉 조신調身 조식調息 조심調心의 틀을 세우는 데 큰 영향을 끼쳤다. 중국 무가武家에서는 내공력內功力을 키우는 핵심 수련법으로 기공을 중시했다. 외가권外家拳의 대표인 숭산嵩山의 소림기공과, 도가에 뿌리를 둔 내가권內家拳의 대표인 무당산武當山의 무당기공이 대표적이다.

송나라 말 도가의 본산인 무당산에서 나왔다는 태극권은 오늘날 건강과 호신 기공으로 세계에 보급되어 있다. 태극권의 기공 심제법心齊法은 도가단공의 비법으로 전래되었다. 한국은 중요무형문화재 제76호인 택견, 불가의 선무도禪武道, 전승 선도仙道의 하나인 기천문氣天門과 심무도, 국선도國仙道, 천도선법天道仙法, 단월드 등에서 선禪호흡이나 난학, 특히 단전호흡을 건강 도인법으로 세웠다. 단전호흡은 한국에서 특히 인기를 끌고 있는데, 이것은 음양오행의 기를 인체의 단전에 충만시켜 자연 속의 기와 교감을 꾀하는 수련법이다. 가슴으로 숨을 들이마시는 서양의 흉식 호흡과는 다르며, 배꼽 5cm 아래의 단전에 기를 모으는 양생호흡법으로, 숨을 들이마실 때 단전이 위로 볼록 솟아오르며 숨을 뱉을 때 배가 다시 밑으로 내려간다. 몸의 힘을 뺀 상태에서 코로만 숨을 내쉬는 것이 특징이다.

〈보건소에서 어르신을 상대로 건강증진을 위해 한방 기공체조를 하는 모습〉

4) 내단內丹의 기氣

내단의 단학丹學은 체내에 기의 흐름을 자연의 순환법칙에 일치시킴으로서 건강을 도모하고 생명의 참모습에 대한 깨달음에 도달하기 위한 수련법을 일컫는다.

중국의 단학은 도교의 발달과 함께 발전하였다. 북위北魏의 도사 구겸지寇謙之(365-448)에 의하여 신천사도新天師道가 성립됨으로써 도교는 비로소 내용과 형식을 가진 종교로 조직되었다. 한편 민간에서 널리 신앙되던 신선사상을 집대성한 것은 서진西晋의 갈홍葛洪(283-343)이었다. 그는 저서 《포박자抱朴子》에서 단을 연마하는 연단법으로, 외부의 물질 즉 금단金丹을 섭취하여 장생불사를 이루는 외단外丹과 정신 수련을 통해 육체의 근원적인 힘을 이끌어내는 내단內丹의 2가지를 들었다. 뒷날 단학이라 불리게 된 내단은 인간 육체에 내재한 원정元情, 원기元氣, 원신元神의 세 가지 근원적인 힘을 고도의 정신 수련을 통해 단련함으로써 얻어진다. 단학과 관련된 또 하나의 중요한 문헌은 2세기경 오吳나라의 위백양魏伯陽이 저술했다고 전해지는 《주역참동계周易參同契》(줄여서 《참동계》라고 함)이다. 이는 주역과 음양오행설을 연결시킨 저술로, 천지의 운행원리에 따라 단을 제련하는 방법을 나누어 담고 있다. 일부 학자들은 《포박자》가 외단의 대표적인 저작이라면, 《참동계》는 내단의 대표적인 저작이라고 주장하기도 한다.

내단의 단학은 도교의 수련법으로, 연명장수延命長壽와 도통신선道統神仙의 술術로 환반지학還反之學 금단지학金丹之學 연단지학煉丹之學 등으로도 불린다. 단학의 원류는 고대의 불로장생을 기원하는 신선술에서 유래하며, 이를 신앙하는 방사方士들에 의하여 존경받고 숭상되어 전해왔다. 방사의 '방方'은 기술을 의미한다. 그들은 불로장생의 약을 탐구하고, 정기精氣나 생명의 구조를 연구하는 등 실험과 기술을 연마하고 축적하면서 이를 전개하였다. 이것이 점차 체계화되면서 외단학外丹學과 내단학內丹學으로 크게 구별된다. 외단학은 벽곡僻穀(곡식은 먹지 않고 솔잎 대추 밤 등을 날로 먹는 일)이나 단약丹藥 즉 선약仙藥을 연조煉造하여 복용함으로써 신단神丹을 연마하고 신선을 이루는 타력적 외적 방법이다. 이에 비해 내단학은 자력적 내적 수련에 의한 공행功行을 쌓음으로써 천지운행의 법칙에 의하여 몸 안에 음양의 조화를 도모하는 즉 몸에 단을 형성하여 장생불사長生不死하려는 본성의 수련법이다.

위백양의 《주역참동계》에서는 연단의 공功, 즉 내단에 대하여 "음양이기陰陽二氣는 지극히 멀리 떨어져 있어도 감응이 서로 통하거늘, 하물며 몸 안 가슴 속에서야 당연하지 않겠는가! 음양은 해와 달에 해당하고 불과 물로써 그 징험徵驗(징조를 경험함)을 삼는다. 귀 눈 입 삼보三寶는 굳게 지켜 함부로 쓰지 말라."고 하였다.

내단학은 조식調息(호흡법) 도인導引(선인이 되기 위한 양생법) 방중房中 등의 방법을 써서 불로장생의 양생술을 전개한다. 외단법의 연단 복용에도 반드시 내단의 조식행기調息行氣를 행하기는 하였지만, 조식법은 후대 도교수행의 대표격이 되었다. 조식은 태식胎息 수일守一 등의 호흡법이며, 도인은 안마법, 방중술은 남녀 성합법性合法이다.

즉 조식에 대해서 《장자》 내편에서는 "옛 진인眞人(도교의 깊은 참뜻을 닦은 사람)은 그 식息(호흡)이 깊고 깊어서 발꿈치로 하지만, 중인衆人은 식을 함에 목으로 한다."고 하여 진인의 양생법을 말하고 있다.

《포박자》 내편에서는 "대체 사람은 기氣 안에 있고, 기는 인체 안에 있어서, 천지에서 만물에 이르기까지 기를 통하여 생겨나지 않는 것이 없다. 기를 행하는 것을 잘 하는 사람은 안으로는 나의 몸을 건강하게 하고, 밖으로는 사악을 물리친다. 그런데도 사람들은 매일 쓰면서도 그것에 어둡다." 하고, 또 "입으로 탁한 기를 토해 내고 코로 맑은 기를 들이마신다."고 하여 다양한 호흡법을 전개한다.

《포박자》에서는 "천 가지 약을 복용하고 삼생三牲(소 양 돼지)을 길러 먹어도, 방중술을 알지 못하면 무익하게 되고 만다."고 하여 방중술이 선술仙術의 최대 효과를 나타내는 것으로 본다. 방중술은 후대 중국사회의 도덕적 타락과 관련되기도 하였으나, 어쨌든 내단학은 역사가 흐름에 따라 성행하게 된다.

금단술은 도교 교단의 발전과 그 교의사상教義思想이 유행함에 따라 전개되어 당대唐代에 이르러 최고조에 달하며 점차 사양길로 접어든다. 당대의 많은 황제가 단약에 중독사하였기 때문이다. 이러한 연금술의 시행착오는 척불斥佛 척도斥道의 유학자 한유韓愈가 통렬히 비판한 대로 커다란 각성을 가져와 오대五代를 거쳐 송宋나라에 들어오면서 외단에서 내단으로 방향을 바꾸게 된다. 이는 수나라 당나라의 불교가 철학적 이론적 전개를 가져온 다음, 전란의 오대를 거쳐 송나라에 이르면서 선禪의 실천이 현저하게 강조된 것과 궤도를 같이 하며, 이 도교의 내단과 불교의 선이 주자朱子의 신유학新儒學 형성에 지대한 영향을 주고 있다.

송대에는 진종眞宗 등 도군道君 황제가 많이 나와 도교가 유행하고, 따라서 도교의 학문적 전개도 눈부신 바 있다. 11세기에 장군방張君房이 찬술한 축약도장縮約道藏인 《운급칠첨雲笈七籤》에 내단부가 설정되는 등 내단학이 크게 진전을 보인다.

〈특수한 호흡법으로 몸 안에 단을 축척하고 기를 순통케 하는 내단학의 일종인 단전호흡을 하는 모습〉

6. 상대주의 철학관

1) 도가의 상대주의 철학관

자연현상은 24절기를 주기로 끊임없이 순환 회귀한다. 모든 자연현상과 그에 따른 인생과 역사도 끊임없이 변화한다. 고로 절대적인 것 변하지 않는 것은 이 세상에 존재하지 않는다. 아름다움도 절대적인 아름다움이란 존재하지 않는다. 다른 그 무엇보다 아름다운 것이다. 큰 것도 절대적인 큰 것이란 존재하지 않는다. 다른 것에 비교하여 큰 것이 존재할 따름이다. 좋다라는 것은 나쁜 것이 있기 때문에 좋은 것이고, 작은 것은 큰 것이 있기 때문에 그에 비해 작은 것이 존재하는 것이다. 덥다라는 것은 춥다라는 느낌이 있기 때문에 더운 것이 있고, 그 어떤 것보다 더 더운 것이 있는 것이지 절대적인 더움이란 존재하지 않는다. 아무리 무더운 여름이라도 그것보다 더 더운 날이 있을 수 있듯이, 모든 더위는 상대적인 것이지 절대적인 더위는 없는 것이다.

노자는 변화하는 자연현상을 관찰하고, 사회 개인 및 자연사물을 포괄하여 성패, 흥망, 성쇠, 영고榮枯, 화복禍福, 강약, 장단, 한서寒暑 등이 모두 상대적이라는 것을 깨달았다. 이것이 노자 장자 철학의 핵심적인 상대주의라고 할 수 있다. "도를 도라고 한다면 진짜 도가 아니고, 이름을 이름이라고 한다면 진짜 이름이 아닌 것이다."(道可道不常道, 名可名不常名.) 모든 것은 상대적인 것이지 절대적인 진리는 존재하지 않는다. 이런 것을 스스로 알게 되면 그 어디에도 집착하지 않으며, 절대 행복을 느낄 수 있다. 모든 것은 보기 나름이고 상대적인 것이다.《장자 제물편齊物篇》에,

> 만약 나와 그대가 변론을 한다고 하자. 그대가 나를 이기고 내가 진다면 그대

> 가 과연 옳고 내가 과연 그른가? 내가 그대를 이기고 그대가 나에게 진다면 내가 과연 옳고 그대가 과연 그른가? 우리 둘 중 한사람은 옳고 한사람은 그른가? 그렇지 않으면 우리 둘 다 옳거나 모두 다 그른가? 나도 그대를 알 수 없고 그대도 나를 알 수 없다. 사람들은 그 무엇에 가리워져 알지 못하는데 우리는 누구에게 시비를 가려 달라고 하겠는가? 만약 그대와 의견이 같은 이에게 가려달라고 한다면, 이미 그대하고 같은데 어떻게 가릴 수 있겠는가? 또 설령 나와 의견이 같은 이에게 가려 달라고 한다면 이미 의견이 같은데 또 어떻게 공정하게 가릴 수 있겠는가? 나도 그대도 아닌 이에게 가려달라고 한다면 이미 나와도 다르고 그대와도 다른데 어떻게 가릴 수 있겠는가? 만일 나와도 의견이 같고 그대와도 같은 이에게 가리라고 한다면 이미 나와도 같고 그대와도 같은데 어떻게 공정하게 가릴 수 있겠는가? 그렇다면 나도 그대도 남도 할 것 없이 모두 다 서로 누가 옳고 그른지 알 수 없는데, 또 그 누구에게 가려달라고 하겠는가?[1]

또《제물편》에서,

> 생명이 있는 곳에 죽음이 있고, 죽음이 있는 곳에 바로 생명이 있다. 가능한 곳에 바로 불가능이 있고, 불가능한 곳에 바로 가능이 있다. 무엇 때문에 옳기도 하고 그르기도 하며, 그 무엇 때문에 그르기도 하고 옳기도 하다.[2]

이 세상의 만물은 끊임없이 변한다. 24절기의 계절이 끊임없이 변하는 것처럼. 모든 사물은 사물마다 여러 국면을 가지고 있다. 그러므로 동일한 사물을 놓고 보는 관점에 따라 여러 가지로 해석할 수가 있다. 절대적인 진리란 존재하지 않는 것이다. 모든 것은 상대적이다.

---

1) 旣使我與若辯矣. 若勝我, 我不若勝, 若果是也, 我果非也邪? 我若勝, 若不吾勝, 我果是也, 而果非也邪? 其或是也, 其或非也邪? 其俱是也, 其俱非也邪? 我與若不能相知也, 則人固受其黮闇, 吾誰使正之? 使同乎若者正之? 其與若同矣, 惡能正之! 使同乎我者正之? 其同乎我矣, 惡能正之! 使異乎我與若者正之? 旣異乎我與若矣, 吾能正之! 使同乎我與若者正之? 旣同乎我與若矣, 惡能正之. 然則我與若與人俱不能相知也, 而待彼世邪?

2) 方生方死, 方死方生. 方可方不可, 方不可方可. 因是因非, 因非因是.

> 밝은 덕은 어두운 것 같고, 전진하는 도는 물러나는 것과 같으며, 평탄한 도는 험난한 것 같고, 숭고한 덕은 (낮은) 계곡과 같다. 지극한 결백은 더러운 것 같고, 넓은 덕은 부족한 것 같으며, 강건한 덕은 나태한 것 같고, 충실한 덕은 비어있는 것 같다. 큰 네모남은 모서리가 없는 것이다.[3]

> 지극한 완벽(大成)은 흠이 있는 것 같지만 그 작용에 다함이 없으며, 지극한 충만함(大盈)은 비어있는 듯 하지만 그 작용이 무궁하다. 지극한 곧음(大直)은 마치 굽은 것 같고, 지극한 기교(大巧)는 마치 서툰 것 같으며, 지극한 웅변(大辯)은 마치 어눌한 것 같다.[4]

> 굽으면 온전해질 수 있고, 구부려야 펼 수 있다. 움푹하면 채울 수 있고, 낡아야 새로워질 수 있다. 적으면 얻을 수 있고, 많으면 미혹질 수 있다. 이로서 성인聖人은 하나(道)를 굳게 잡고 천하의 법식으로 삼았다. 스스로 드러내지 않으므로 고로 밝을 수 있고, 스스로 옳다고 하지 않으므로 고로 뚜렷해지며, 스스로 자랑하지 않으니 고로 공이 있고, 스스로 교만하지 않으니 고로 오래갈 수 있다. 무릇 남과 다투지 않으므로 세상에 아무도 그와 다투지 않는다. 옛 사람들이 말하던 '굽으면 온전해질 수 있다.'란 말이 어찌 빈 말이겠는가? 진실로 모든 것은 도에 귀결된다.[5]

> 하늘의 도는 그것이 활시위를 매는 것과 같다. (활시위가) 높으면 그것을 아래로 누르고 낮으면 그것을 위로 올린다. 남는 것은 그것을 덜고 부족한 것은 그것을 보충한다. 하늘의 도는 남는 것을 덜고 부족한 것을 보충하는 것이다.[6]

모든 것이 상대적이다. 굽음과 온전함, 구부림과 펼침, 움푹 패임과 채움, 낡음과 새로움, 적음과 얻음, 많음과 미혹은 상대적인 개념인데, 굽음

---

3) 明道若昧, 進道若退, 夷道若纇, 上德若谷, 大白若辱, 廣德若不足, 建德若偸, 質德若窬, 大方無隅.(《노자 41장》)

4) 大成若缺, 其用不弊. 大盈若沖, 其用不窮. 大直若屈, 大巧若拙, 大辯若訥.(《노자 45장》)

5) 曲則全, 枉則直. 窪則盈, 敝則新. 少則得, 多則惑. 是以聖人執一爲天下式. 不自見, 故明, 不自是, 故彰, 不自伐, 故有功, 不自矜, 故能長, 不唯不爭, 故天下莫能與之爭. 故之所謂曲則全者豈虛言哉. 誠全而歸之.(《노자 22장》)

6) 天之道, 其猶張弓與. 高者抑之, 下者擧之. 有餘者損之, 不足者補之. 天之道, 損有餘而補不足.(《노자 77장》)

구부림 패임 낡음 적음 미혹이 있어야 온전함 펼침 채움 새로움 많음 얻음이 있을 수 있다는 것이다. 모자라야 채울 공간이 있고, 낡아야 새로워질 수 있다. 이런 관념은 계절의 변화를 중시하는 농경민족이 가질 수 있는 관념이 아닌가 한다. 따뜻한 봄이 있어야 서늘한 가을이 있고, 더운 여름이 있어야 추운 겨울이 있는 것이다. 따뜻한 봄이 1년 내내 마냥 따뜻해 질 수는 없고, 더운 여름이 1년 내내 마냥 더울 수 없다. 언젠가는 서늘한 가을이 오고 추운 겨울이 온다. 이런 자연의 법칙을 체득하고 있는 농경민족은 "굽으면 온전해질 수 있고, 구부려야 펼 수 있다. 움푹 하면 채울 수 있고, 낡아야 새로워질 수 있다. 적으면 얻을 수 있고, 많으면 미혹질 수 있다."라고 생각한 것이다. 또한 아무리 더워도 그보다 더 더운 것이 있으니 절대적인 더움이란 것이 없고 모든 더움은 상대적이다. 또한 추위가 있기 때문에 더움이라는 것도 있다. 만약 추위라는 개념 자체가 없다면 더움이란 개념도 생겨날 수 없다. 따뜻한 봄이 있기 때문에 상대적으로 서늘한 가을이란 개념이 있는 것이고, 더운 여름이라는 계절이 있기 때문에 추운 겨울이라는 개념이 있다. 모든 것은 상대적이다.

> 만물의 생성은 마치 말이 질주하는 것과 같다. 움직여 변하지 않는 것이 없고, 잠시도 움직이지 않는 것이 없다.[7]

모든 만물은 움직여 끊임없이 변화한다. 자연이 한시도 쉬지 않고 변화하는 것처럼, 이 세상은 한시도 변하지 않는 것이 없다.

> 만물은 모두 씨앗이 있다. 만물은 이 꼴에서 저 꼴로 서로를 바뀌어간다. 처음과 끝은 원과 같이 이어져 있어 아무도 그 차례를 정할 수 없다. 이를 천균天均(자연의 끊임없는 운행)이라고 부르는데, 천균은 천예天倪(자연의 양상)이다.[8]

---

7) 物之生也, 若驟若馳, 無動而不變, 無時而不移.(《장자 秋水편》)

8) 萬物皆種也. 以不同形相禪, 始卒若環, 莫得其倫, 是謂天均. 天均者, 天倪也.(《장자 寓言편》)

만물은 끊임없이 변화해 가는데, 어디가 시삭이고 어디가 끝인지도 알 수 없는 원과 같은 것으로, 그 원을 돌며 끊임없이 순환 회귀하여 변화해 가는 것이다. 이는 자연의 현상이 24절기를 주기로 끊임없이 변화하며 순환 회귀하는 것과 같다. 이것을 천균天均(자연의 끊임없는 운행)이라고 부르고, 이 친균은 천예天倪(자연의 양상)이다

> 차이로써 그것을 관찰하면, 그 크다는 바에 의해 크다고 하면 만물에 크지 않은 것이 없고, 그 작다고 하는 바에 의해 작다고 하면 만물에 작지 않은 것이 없다. 천지도 (우주에 비하면) 좁쌀만하기도 하고, 털끝도 (미립자에 비하면) 산언덕만하기도 하다라는 이치를 안다면, 차이의 이치를 파악하는 것이다.[9]

이 세상 모든 것은 상대적이다. 크다라는 것은 작다라는 것이 있기 때문에 큰 것이다. 작다라는 것 역시 크다라는 것이 있기 때문에 작은 것이다. 천지도 우주에 비하면 좁쌀만한 것이고, 털끝도 미립자에 비하면 산언덕만한 것이다. 이 세상 모든 것은 상대적이고, 절대적인 것은 존재하지 않는다. 더운 여름도 추운 겨울이 있기 때문에 더운 것이다. 만약 추운 겨울이 없다면 더운 여름도 없을 것이다. 추움이라는 것에 상대적으로 더운 것이 있을 따름이다. 계절의 변화에 아주 민감하게 반응하는 농경민족이었다는 점이 이런 상대주의 철학을 만든 것으로 보인다.

> 유有와 무無가 서로 낳고, 어렵고 쉬움이 서로 이루어주고, 길고 짧음이 서로 나타내주고, 높고 낮음이 서로 기울고, 음과 소리가 서로 조화하고, 앞과 뒤가 서로 따른다.[10]

상반된 것이 서로 대립되는 것이 아니라, 서로 상생한다는 것이다. 더위

9) 以差觀之, 因其所大而大之, 則萬物莫不大. 因其所小而小之, 則萬物莫不小. 知天地之爲稊米也, 知毫末之爲丘山也. 則差數覩矣.(《장자 추수편》)

10) 有無相生, 難易相成, 長短相形, 高下相傾, 音聲相和, 前後相隨.(《노자 2장》)

(여름)와 추위(겨울)가 서로 대립되며 부딪히는 것이 아니라, 서로 도우며 상생한다는 것을 농경민족 중국인들은 이미 알고 있다. 더위(양)가 극에 달하면 어느새 추위(음)로 가고, 추위(음)가 극에 달하면 어느새 계절은 더위(양)로 간다는 것을 알고 있다. 여기에서 더 나아가 노자는 "재앙은 복이 의지하는 바이요, 복은 재앙이 숨은 바이다."[11]라고 하고 있다. 이는 계절적 변화를 너무나 잘 아는 농경민족이기 때문에 가질 수 있는 철학이다. 아무리 더운(양) 여름이라도 그 속에는 추위(음)의 씨앗이 숨어 있어, 곧 추워지기 시작한다. 그리고 아무리 추운(음) 겨울이라도 그 속에는 더위(양)의 씨앗이 숨어 있어, 곧 더워지기 시작하는 것을 그들 농경민족은 몸소 체득하고 있다. 무엇이든 극에 달하면 반드시 쇠락하는 것을 농사꾼은 계절의 변화를 통해 이미 체득하고 있는 것이다. 《노자 40장》에서 "(극에 달하면) 되돌아가는 것이 도의 움직임이다."(返者道之動.)라고 하고 있다. 24절기의 순환처럼 우주만물도 이렇게 순환 반복하는데, 이것을 노자는 '주행周行'이라고 표현하고 있다.

> 사물은 혼돈스럽게 뒤섞여 있지만, … 끊임없는 움직임(周行)을 그치지 않는다. … 그것을 억지로 이름 붙여 도라고 하고, 억지로 이름 하여 크다(大)라고 한다. 크면 가고, 가면 멀어지고, 멀어지면 되돌아온다.[12]

이 세상의 천지만물은 끊임없이 움직이고(周行), 크면 가고, 가면 멀어지고, 멀어지면 되돌아온다는 것이다. 모든 사물은 극에 달해 멀어지면 되돌아온다(返)는 것은 24절기 계절적 순환 회귀(返)를 체득한 농경민족이 가질 수 있는 사고방식이다. 여름이 극에 달해 멀어지면 반드시 겨울로 되돌아온다. "만물이 다투어 일어나지만, 나는 (그 속에서) 그 되돌아감(復)을 관찰

---

11) 禍兮福之所依, 福兮禍之所伏.(《노자 38장》)

12) 有物混成 … 周行而不殆 ….强字之曰道, 强爲之名曰大, 大曰逝, 逝曰遠, 遠曰返.(《노자 25장》)

할 수 있다."[13]고 노자는 말하고 있다.

> 천하 사람들이 아름다움의 아름답게 되는 것을 알지만, 이것은 추함이다. 모두 선善의 선善됨을 알지만, 이는 선하지 않는 것이다.[14]

모든 것은 상대적이라는 것이다. 이런 상대주의 관점은 장자에 이르러 모든 사물이 평등하다는 제물론齊物論과 절대자유를 추구하는 소요유逍遙遊를 주장하게 된다. 인간은 절대 자유가 있기 때문에 자연의 본성(性)에 순응해야 행복을 얻을 수 있다. 절대 자유를 주장하는 것은 필연적으로 절대 평등을 주장하는 것인데, 만약 사람과 사람 사이 사물과 사물 사이에 저것이 이것보다 좋거나 혹은 이것이 저것보다 더 좋은 경우가 존재한다고 여긴다면, 마땅히 좋지 않은 것은 개조하여 좋은 것으로 바꾸어야 하므로, 모든 사물에 저마나 절대 자유가 있다고 주장할 수 없다. 장자는 천하의 온갖 사물 중에 좋지 않은 것이 없고 천하의 온갖 의견 중에 옳지 않은 것이 없다고 여긴다.《장자 제물론齊物論》에서 말하기를,

> 내가 한번 묻겠다. 사람은 습한 곳에서 자면 요통으로 반신불구가 되지만, 미꾸라지도 그렇던가? 사람은 나무 위에서 살면 두려워 현기증이 나지만, 원숭이도 그렇던가? 이 셋 중에서 누가 바른 거처(正處)를 안 것인가? … 원숭이는 개코원숭이와 짝을 맺고, 고라니는 사슴과 교미를 하고, 미꾸라지는 물고기와 어울린다. 모장毛嬙과 여희麗姬는 사람들이 좋아하는 미녀들이지만, 물고기가 보면 깊이 숨고, 새가 보면 높이 날아가며, 사슴이 보면 힘껏 달아난다. 이 넷 중 누가 천하의 바른 미색을 아는 것인가?[15]

---

13) 萬物竝作, 吾以觀其復.(《노자 16장》)

14) 天下皆知美之爲美, 斯惡已. 皆知善之爲善, 斯不善已.(《노자 2장》)

15) 且吾嘗試問乎女. 民濕浸則腰疾偏死, 鰌然乎哉? 木處則惴慄恂懼? 猨猴然乎哉? 三者孰知正處? … 猨, 猵狙以爲雌, 麋與鹿交, 鰌與魚游, 毛嬙, 麗姬, 人之所美也, 魚見之深入, 鳥見之高飛, 麋鹿見之決驟, 四者孰知天下之正色哉?

모든 것이 상대적이라는 것이다. 동물의 종류에 따라 각자 바른 거처라고 정해진 것이지 결코 바른 거처라는 절대적인 것은 존재하지 않는다. 또한 물고기나 새 그리고 사슴이 보면 모장毛嬙과 여희麗姬는 결코 미인이 아닌 것이다. 각자의 위치와 입장에 따라 다르며, 이에 따라 옳고 그릇 것도 각자의 위치에 따라 달라지는 것이지, 절대적인 옳고 그름은 존재하지 않는다. 장자는《제물론》에서 또 말하기를,

> 옳은 것(是)과 그른 것(不是), 그런 것(然)과 그렇지 않은 것(不然)에서, 옳은 것이 과연 옳다면 왜 그것이 그른 것과 다른 지에 대해서는 논변할 필요가 없고, 그런 것이 과연 그렇다면 왜 그것이 그렇지 않은 것과 다른지 대해서도 역시 논변할 필요가 없다. 화성化聲[16]이 서로 상대적이든 아니든 간에, 그것들을 천예天倪[17]에 조화시키고, 만연曼然[18]에 맡겨두자. 그것이 모든 존재가 천수를 다하는 길이다. 세월을 잊고 명분도 잊은 채 무궁의 경지(無竟)에 소요하고 그 안에 깃들자.[19]

모든 것에 시시비비를 가리려 하지 말고, "화성化聲이 서로 상대적이든 아니든 간에, 그것들을 천예天倪에 조화시키고, 만연曼然에 맡겨두자. 그것이 모든 존재가 천수를 다하는 길이다. 세월을 잊고 명분도 잊은 채 무궁의 경지(無竟)에 소요하고 그 안에 깃들자."고 했다. 모든 것을 자연의 법칙에 순응하며 그냥 소요하며 살자는 것이다. 새 울음과 바람 소리에 아무도 시비를 따진 적이 없는데, 하필 사람의 언론에 대해서만 굳이 그 시비를 따지려하는가 하며 그대로 내버려 두면 된다고 했다. 그는《제물론》에서 당시 학술계의 쟁변爭辯에 대해 대응하며 말하기를,

---

16) 자연의 소리, 바람이 불 때 온갖 구멍에서 울리는 소리, 인간의 논쟁

17) 자연의 한계, 조화, 天均

18) 자연조화의 과정, 무한한 변화

19) 是不是, 然不然. 是若果是也, 則是之異乎不是也, 亦無辯. 然若果然也, 則然之異乎不然也, 亦無辯. 化聲之相待, 若其不相待. 和之以天倪, 因之以曼衍, 所以窮年也. 忘年忘義, 振於無竟, 故寓諸無竟.

> 사물은 저것(彼: 어떤 것의 상대)이 아닌 것이 없고, 또 이것(是: 그것 자신)이 아닌 것이 없다. 사물은 자신도 저것이란 것을 모르고, 자신은 이것일 뿐이라고 이해한다. 즉 저것은 이것에서 나오고 이것 역시 저것에서 되니, 즉 저것과 이것은 나란히 생긴다는 주장이다. 그러므로 생기자마자 죽고 죽자마자 생기며, 가능이 있자마자 불가능이 있고 불가능이 있자마자 가능이 있다. 옳은 것 때문에 그른 것이 있고 그른 것 때문에 옳은 것이 있다. 그래서 성인聖人이 시비의 노선을 따르지 않고, 하늘(자연)의 관점에 비추어 보는 것(照之於天)도 그 때문이다. 이것은 또한 저것이고 저것은 또한 이것이다. 저것도 하나의 시비체계이고 이것도 하나의 시비체계이다. 저것과 이것은 진정 구별되는가? 저것과 이것은 진정 구별되는가? 저것과 이것이 더 이상 대립물이 되지 않는 것이 도의 축(道樞)이다. 축만이 비로소 고리의 중앙을 얻어 무궁한 변화에 응한다. 옳은 것도 무궁하고 그른 것도 무궁하다. 따라서 "밝은 지혜를 쓰는 것이 제일이다."는 말이다.[20]

장자에 따르면 저것과 이것은 상대적이다. 따라서 "저것은 이것에서 나오고 이것 역시 저것에서 되니, 즉 저것과 이것은 나란히 생긴다는 주장이다."고 했다. 옳고 그른 것이 따로 분리되어 있는 것이 아니니, "성인聖人이 시비의 노선을 따르지 않고, 하늘(자연)의 관점에 비추어 본다.(照之於天)"라고 했다. 옳은 것이 있으므로 그른 것이 있고, 그른 것이 있으므로 옳은 것이 있는 것이다. 따라서 시비는 상대적인 것, 즉 대립물(偶)에 불과하다. 만약 시비是非와 피시彼是(저것과 이것)를 그대로 맡겨두고 따지지 않으면 대립은 없어진다. 고로 "저것과 이것이 더 이상 대립물이 되지 않는 것이 도의 축(본질)이다."라고 했다. 그는 또 《제물론》에서 말하기를,

> 그러므로 성인은 시비를 조화시키고, 천균天鈞(자연 속의 조화) 속에서 쉰다. 그

20) 物無非彼, 物無非是. 自彼則不見, 自是則知之. 故曰, 彼出於是, 是亦因彼. 彼是方生之說也. 雖然, 方生方死, 方死方生, 方可方不可, 方不可方可. 因是因非, 因非因是, 是以聖人不由, 而照之於天, 亦因是也. 是亦彼也, 彼亦是也. 彼亦一是非, 此亦一是非. 果且有彼是乎哉? 果且無彼是乎哉? 彼是莫得其偶, 謂之道樞. 樞始得其環中, 以應無窮. 是亦一無窮, 非亦一無窮也. 故曰, 莫若以明.

것이 바로 양행兩行(두 가지를 동시에 인정함)이다.[21]

"천균天鈞(자연 속의 조화) 속에서 쉰다." 함은 성인은 모든 행위를 자연 그대로 맡겨두고 인위적인 시비를 가리지 않고 그대로 살아간다는 것이다. 그는《추수편》에서 말하기를,

> 도의 관점에서 보면 사물에는 귀천이 없다. 사물 자신의 관점에서 보면 자신은 귀하고 상대는 천하다. 속인들의 관점에서 보면 귀천은 사람의 인격과 무관하다.(즉 부나 지위에 달려있다.) 차이의 측면에서 볼 때, 상대적으로 크기 때문에 크다고 하면 세상에 크지 않은 사물이 없고, 상대적으로 작기 때문에 작다고 하면 세상에 작지 않은 사물이 없다. 천지도 (우주에 비하면) 좁쌀만하고 털끝도 (미립자에 비하면) 산언덕 만하다는 이치를 안다면, 차이의 이치를 파악한 것이다. … 만물은 한가지로 똑 같은 즉 무엇이 못나고 무엇이 잘났으랴! 도는 끝도 시작도 없지만 만물은 죽음과 삶이 있다. 만물의 생성 변화는 무궁한지라 한 번 비었다가 한 번 충만하여 고정불변의 형상이 없다. 가는 해는 막을 수 없고 가는 세월은 잡을 수 없다. 소식消息(소멸과 생장)과 영허盈虛(차고 빔)의 현상은 끝나면 다시 시작한다. 그렇기 때문에 대의大義의 내용을 이야기하고 만물의 이치를 논하는 것이다.[22]

도의 관점에서 보면 사물은 동등하지 않은 것이 없다. 더욱이 도와 합일할 수 있다면 일체의 분별을 행하지 않고 "만물은 나와 더불어 하나인" 경지에 도달하게 된다. 24절기를 주기로 철저하게 자연의 법칙에 합일된 삶을 수천 년 동안 살아온 농경민족 중국인들은 모든 것이 상대적이라고 생각했다. 따뜻한 봄이 꼭 좋은 것이 아니며 서늘한 가을이 꼭 나쁜 것도 아니다. 더운 여름이 꼭 좋은 것이 아니며 추운 겨울이 꼭 나쁜 것도 아니다.

---

21) 是以聖人和之以是非, 而休乎天鈞. 是之謂兩行.

22) 以道觀之, 物无貴賤. 以物觀之, 自貴而相賤. 以俗觀之, 貴賤不在己. 以差觀之, 因其所大而大之, 則萬物莫不大. 因其所小而小之, 則萬物莫不小. 知天地之爲稊米也, 知毫末之爲丘山也, 則差數覩矣. … 萬物一齊, 孰短孰長. 道无終始, 物有死生. 不恃其成, 一虛一滿, 不位乎其形. 年不可擧, 時不可止. 消息盈虛, 終則有始. 是所以語大義之方, 論萬物之理也.

단지 계절의 순환에 따라 따뜻하고 덥고 서늘하고 춥고 할 뿐이다. 무엇이 좋고 나쁜 것이 없다. 만약 추운 겨울이 나쁘다고 추운 겨울을 없앤다면 만물이 소생하는 따뜻한 봄이 오지 않는다. 추운 겨울도 그 나름대로 있을 이유가 있는 것이다. 이 세상만사 모든 만물은 그 나름대로 존재해야 할 이유가 있다. 땅강아지도 땅강아지가 존재해야 할 이유가 있고, 파리도 파리가 존재해야 할 이유가 있다. 단지 우리 인간이 그 존재해야 할 이유를 모를 따름이다. 그래서 우리 인간이 땅강아지를 무시하고 파리를 무시하면 안 된다. 그런 존재도 자연의 법칙 속에 존재해야 할 이유가 분명 존재한다. 고로 이 세상에 도의 관점에서 보면 좋고 나쁘고가 없고 옳고 그른 것이 없다. 우리 인간도 땅강아지처럼 이 자연 속에서 조화롭게 살다가 가면 그만이다. 굳이 좋고 나쁘고 옳고 그른 것을 가릴 필요가 없다. 모든 사물은 동등한 것(齊物)이다.

이런 관점에서 이 세상에 태어나서 자연에 순응하며 자연스럽게 살다가 그냥 자연의 법칙에 따라 죽으면 될 뿐이다. 아둥바둥 삶에 집착할 필요가 없으며 죽는 것도 자연의 순환 질서에 호응하는 것일 뿐이다. 곽상郭象은 "사생은 무궁한 변화일 뿐, 끝과 시작이 아니다."[23]고 했다. 《장자 대종사大宗師》에서 말하기를,

> 탄생(得)은 때(時)를 만난 것이요[24], 죽음(失)은 자연의 질서에 순응함(順)이니[25], 만날 때에 조용히 머물다가 자연의 질서에 순응하여 돌아가면 애락哀樂은 개입하지 못한다. 옛 사람은 이것을 일컬어 현해懸解(거꾸로 매달린 상태가 풀림)라고 했다.[26]

---

23) 死生者, 無窮之變耳, 非終始也.

24) 곽상이 말하기를, "정해진 때에 해당된 것을 세상은 득得이라고 한다."(郭云, 當所遇之時, 世所謂得.)

25) 곽상이 말하기를, "시간이 잠시도 머물지 않고 자연의 순서에 따라 지나간 것을 세상은 실失이라고 한다."(郭云, 時不暫停, 隨順而往, 世謂之失.)

26) 且夫得者, 時也. 失者, 順也. 安時而處順, 哀樂不能入也. 此古之所謂懸解也.

《장자 양생주養生主》에서 진일秦佚은 노자의 죽음을 슬퍼하는 사람에게 이렇게 말했다.

그것은 자연의 이치를 거역하고(遁天) 인간의 정념을 배가시키고 자연으로부터 품부받은 것을 망각하는 일이다. 옛 사람들은 그것을 자연의 이치를 거역하는 형벌이라고 불렀다.[27]

《장자 지락편至樂篇》에 보면, 장자의 아내가 죽자 장자가 동이를 두드리며 즐겁게 노래했는데, 이를 본 혜자惠子(혜시)가 어떻게 그럴 수 있느냐고 반문하자 말하기를,

아내가 죽었을 때 나라고 어찌 슬퍼하지 않을 수 있었겠는가? 그러나 문제의 시원을 고찰했는데, 태초에 아내는 생生이 없었고 생이 없었을 뿐더러 형체도 없었고 형체도 없었을 뿐더러 기氣도 없었네. 그러다가 혼돈 가운데 섞여 있다가 변하여 기가 생겼고, 기가 변하여 형체가 생겼으며, 형체가 변하여 생명이 생겼다가, 이제 변하여 죽음으로 간 것인 즉, 춘하추동 4계절의 운행과 같은 이치가 아니겠는가? 그 사람은 지금 우주의 대저택에 편히 잠들어 있는데 나는 소리쳐 곡했으니, 스스로 자연의 법칙에 무식함을 선언한 것 같아 그만둔 것이라네.[28]

또 《장자 대종사大宗師》에서 말하기를,

성인은 상실할 수 없는 경지 속에서 소요하고 온전히 존립한다. 요절도 좋고 장수도 좋고 탄생도 좋고 죽음도 좋다고 여기는 인물도 사람들은 오히려 추종하거늘, 하물며 만물을 연계시키며 갖가지 조화가 그로부터 비롯되는 존재(道)임에랴?[29]

---

27) 是遁天倍情, 忘其所受, 古者謂之遁天之刑.

28) 是其始死也, 我獨何能無慨然? 察其始而本無生. 非徒无生也, 而本無形. 非徒無形也, 而本无氣. 雜乎芒芴之間, 變而有氣. 氣變而有形. 形變而有生. 今又變而之死. 是相與爲春秋冬夏四時行也, 人且偃然寢於巨室, 而我噭噭然隨而哭之, 自以爲不通乎命, 故止也.

29) 聖人將遊於物之所不得遯而皆存, 善夭善老, 善始善終, 人猶效之, 又況萬物之所係而一化之所待乎?(一化之所待: 모든 변화가 의존하는 道, 즉 大宗師)

우리가 우주와 합일하여, “하나가 되는 경지를 체득하여 거기에 동화되면”, 우주는 끝도 시작도 없듯이 우리도 끝도 시작도 없을 것이며 우주가 영구하듯이 우리도 영구할 것이다. 즉 “상실할 수 없는 경지 속에서 소요하여 온전히 존립한다.”는 말이다. 인간은 이런 경지에 이르러서야 절대적 소요가 가능하다. 《장자 소요유逍遙遊》에서 말하기를,

> 비유하건대 자연의 법칙에 따라 육기六氣(陰 陽 風 雨 晦 明)의 변화를 다스리며 무궁한 세계에 소요하는 사람이라면 다시 또 무엇에 의존하겠는가? 따라서 말한다. “지인至人(완전한 사람)은 자아가 없고(無己) 신인神人(영적인 사람)은 공적이 없으며(無功) 성인聖人은 명성이 없다(無名)”라고.[30]

“자연의 법칙에 따라 육기六氣의 변화를 다스리며 무궁한 세계에 소요하는 사람”이란 바로 우주와 합일한 사람이다. 이 경지에 도달할 수 있는 이유는 바로 그가 “자아가 없고(無己) 공적이 없으며(無功) 명성이 없기(無名)” 때문인데, 무엇보다 자아가 없기(無己) 때문이다. 이런 사람을 지인至人이라고 부르는데, 《제물론》에서 지인을 설명하여 말하기를,

> 지인은 신령스럽다. 온 초지가 불타올라도 그를 뜨겁게 할 수 없고, 큰 강물이 꽁꽁 얼어붙어도 그를 춥게 할 수 없으며, 벼락이 산천을 깨뜨리고 폭풍이 바닷물을 뒤흔들어도 그를 놀라게 할 수 없다. 그러므로 그는 구름 기운에 올라타 해와 달을 몰아 사해四海 바깥에서 소요하므로, 사생死生도 그의 존재에 영향을 끼칠 수 없거늘, 하물며 이해의 말단이랴?[31]

지인은 어떤 처지에서든 간에 자득自得하지 못하는 경우는 없다.(至人無入而不自得) 이것이 바로 소요의 극치라고 할 수 있다. “천지는 나와 더불어

30) 若夫乘大地之正(자연의 법칙), 御六氣之變, 以游無窮者, 彼且惡乎待哉? 故曰, “至人無己, 神人無功, 聖人無名.”

31) 至人神矣. 大澤焚而不能熱. 河漢沍而不能寒. 疾雷破山, 風振海, 而不能驚. 若然者, 乘雲氣, 騎日月, 而遊乎四海之外, 死生無變於己, 而況利害之端乎?

생겼고, 만물은 나와 더불어 하나이다."[32]라는 경지이다. 이런 사상은 자연(흙)과 철저하게 <더불어 하나>되어 살고자 한 농경민족만이 가질 수 있는 사상이라고 할 수 있다.

2) 중국인의 상대주의 인생관

우리 인간은 자연의 일부로 이 자연세계에서 미미한 존재에 불과하다. 장자가 말하기를,

> 사해四海가 천지에 있는 것을 헤아려 본다면 마치 개미구멍이 큰 못 속에 있는 것과 같지 않은가? 중국이 사해 안에 있는 것을 헤아려 본다면 마치 싸라기가 큰 창고 안에 있는 것과 같지 않은가? 모든 물건의 수를 만물이라고 부르는데, 사람은 그 중의 하나로 살고 있는 것이다. 그러나 사람도 중국 안의 곡식이 나는 곳이나 배나 수레가 다니는 곳에는 어디에나 있지만, 각 개인은 곧 그 중의 하나에 불과하다. 이것을 만물에 비하면 마치 가느다란 털끝이 말의 몸에 붙어 있는 것과 같지 않겠는가?[33]

이런 인생관을 가진 중국인들은 인생이 잘 나간다고 뻐기거나 교만하지 않는다. 왜냐하면 언젠가는 잘못될 때가 있다는 것을 알기 때문이다. 따뜻한 봄이 있다고 마냥 계속 따뜻한 봄이 지속되는 것은 아니다. 그들은 언젠가는 서늘한 가을이 오는 것을 알고 있다. 또한 그들은 인생이 잘 안 풀린다고 결코 낙담하지도 않는다. 왜냐하면 언젠가는 좋을 때가 올 것을 알고 있기 때문이다. 추운 겨울이 있다고 마냥 계속 추운 것은 아니다. 언젠가는

---

32) 天地與我幷生, 而萬物與我爲一.(《장자 제물론》)

33) 計四海之在天地間也, 不以疊空之在大澤乎. 計中國之在海內, 不以稊米之在太倉乎. 號物之數謂之萬. 人處一焉. 人卒九州穀食之所生. 舟車之所通. 人處一焉. 此其比萬物也, 不以毫末之在於馬體乎.(《장자 秋水篇》)

반드시 따뜻한 봄이 온다는 것을 알고 있기 때문이다. 그래서 농경민족 중국인들은 성공해도 교만하지 않고 실패해도 낙담하지 않으며, 잘 나간다고 뻐기지도 않고 못 나간다고 비굴하지도 않는다. 인간의 삶이란 길흉과 화복이 계절처럼 반복 순환하는 것이다. 노자가 말하기를,

> 총애를 받거나 치욕을 당할 때 놀란 듯이 하라. 큰 환란을 (멀리 하지 말고) 제 몸처럼 귀하게 여겨라. '총애를 받거나 치욕을 당할 때 놀란 듯이 하라'는 말은 무엇을 말하는가? 총애가 변하여 비하卑下가 될 수 있으니, 얻어도 놀란 듯이 잃어도 놀란 듯이 하라는 것이다. 이것을 일러 총욕약경寵辱若驚이라고 한다.[34]

노자는 총애를 받았다고 자랑하지 말고 치욕을 당했다고 슬퍼하지 말라고 하고 있다. 총애가 변하여 치욕이 될 수 있고, 치욕이 변하여 총애가 될 수 있으니, 총애를 받거나 치욕을 당했을 때도 한결같이 놀란 듯이 하라는 것이다. 인생에 마냥 따뜻한 봄만 있는 것이 아니고 그것이 변하여 서늘한 가을이 될 수 있으며, 또한 인생에 마냥 서늘한 가을만 있는 것이 아니고 그것이 변하여 따뜻한 봄이 될 수 있으니, 인생이 잘 풀린다고 좋아할 것도 아니고, 안 풀린다고 슬퍼할 일이 아니다. 이에 그냥 마냥 총애를 받거나 치욕을 당했을 때도 놀란 듯이 하라(寵辱若驚)는 것이다. 양웅揚雄(-53 - 18)은 그의 <태현부>에서 읊기를,

> 나는 위대한 《역》의 차고 기우는 것(損益)을 관찰하고, 《노자》가 말한 의복倚伏(행복과 재앙은 서로 뒤얽혀 있음)을 명상한다. 근심과 기쁨이 똑같은 문으로 들어옴을 성찰하고 길흉이 동일한 영역에 존재함을 관찰한다. 이러한 원리가 해와 달처럼 환하게 빛나고 있거늘, 세속의 성인이 비추는 희미한 빛이 무슨 의미가 있겠는가? 어찌 임금의 총애를 탐하다 재앙을 입어 일이 그릇된 다음 한탄한들 무슨 소용이 있겠는가? 회오리바람은 아침 내내 불지 않고 소나기

34) 寵辱若驚, 貴大患若身. 何謂寵辱若驚? 寵, 爲下, 得之若驚, 失之若驚, 是謂寵辱若驚.(《노자 13장》)

> 는 온종일 계속되지 않으며, 요란한 천둥일수록 빨리 끝나고 세찬 불길일수록 빨리 죽듯이, 모든 사물은 번성하면 다시 쇠락하거늘 하물며 파란만장한 인간사에 있었으랴?[35]

이는《역》과《노자》에서 말한 "사물의 발전이 극에 달하면 반전한다."(物極則返)의 이치를 서술한 것이다. 수시로 변하는 천지자연의 사물과 마찬가지로 인생도 상대적인 것이니, "근심과 기쁨이 똑같은 문으로 들어옴을 성찰하고 길흉이 동일한 영역에 존재함을 관찰한다."고 했다. "회오리바람은 아침 내내 불지 않고 소나기는 온종일 계속되지 않으며, 요란한 천둥일수록 빨리 끝나고 세찬 불길일수록 빨리 죽듯이, 모든 사물은 번성하면 다시 쇠락하거늘 하물며 파란만장한 인간사에 있었으랴?"고 하고 있다. 그래서 인생이 잘 나간다고 자랑할 것도 뻐길 것도 없으며, 인생이 잘 안 풀린다고 의기소침할 필요도 없다. 계절의 변화처럼 우리네 인생도 길흉과 성쇠가 반복하니 사람 삶은 상대적이라는 것이다.

〈자연의 순환법칙을 몸소 체득한 농경민족 중국인들은 그 계절의 변화처럼 우리네 인생도 길흉과 성쇠가 반복하여 상대적이라고 생각했다.〉

---

35) 觀大易之損益兮, 覽老氏之倚伏. 省憂喜之共門兮, 察吉凶之同域. 著乎日月兮, 何俗聖之暗燭? 豈愒寵以冒災兮, 將噬臍之不及. 若飄風之不終朝兮, 驟雨不終日. 雷隆隆而輒息兮, 火猶熾而速滅. 自夫物有盛衰兮, 況人事之所極.(《揚雄集 138쪽》)

3) 안분자족의 겸양 절제의 철학관

모든 것이 상대적이라는 것을 아는 도가사상가들은 항상 안분자족하는 겸양의 철학을 가지고 있다. 무위자연, 유약柔弱, 부쟁不爭(다투지 않음), 위이불시爲而不恃(이루고도 공을 뽐내지 않음), 장이부재長而不宰(자라게 하되 다스리지 않음), 거하居下(낮은 곳에 거함)의 처세술을 가지고 있다. 그들 농경민족은 잘나간다고 항상 잘나가는 것이 아니라는 것을 잘 알고 있다. 이런 것을 잘 아는 농경민족은 성공했다고 자랑하지 않으며, 돈이 많다고 뽐내지도 않는다. 공을 이루고도 뽐내지 않으며(爲而不恃), 항상 겸손히 낮은 곳에 거한다.(居下)

> 발끝으로 선 사람은 오래 서 있지 못하고, 가랑이로 걷는 자는 멀리 가지 못하며, 스스로 나타내려는 자는 드러나지 못하고, 스스로 옳다고 하는 자는 나타나지 못하며, 스스로 뽐내려는 자는 공이 없어지고, 스스로 자랑하는 사람은 오래 가지 못하는데, 그것에 도가 있기 때문이다. (이런 행위는) 남은 밥 덩어리나 군더더기 같은 것으로 누구나 그를 싫어하게 된다. 그래서 도가 있는 자는 그렇게 하지 않는다.[36]

> 족함을 알면 욕되지 않고, 그만둘 때를 알면 위태하지 않아 가히 장구할 수 있다.[37]

> 고로 귀한 것은 천한 것을 근본으로 삼고, 높은 것은 낮은 것을 터전으로 삼으니, 이로서 제후와 왕들은 스스로를 (낮추어) 고孤 과인寡人 불곡不穀이라 불렀다. 이것은 천한 것으로 근본을 삼은 것이 아니겠는가? 그렇지 않은가?[38]

> 강과 바다가 능히 모든 계곡의 왕이 될 수 있는 까닭은 계곡보다 낮은 곳에 있

36) 跂者不立, 跨者不行. 自見者不明, 自是者不彰, 自伐者無功, 自矜者不長, 其在道也, 曰餘食贅行, 物或惡之, 故有道者不處.(《노자 24장》)

37) 知足不辱, 知止不殆, 可以長久.(《노자 44장》)

38) 故貴以賤爲本, 高以下爲基, 是以侯王自謂孤寡不穀. 此非以賤爲本邪? 非乎?(《노자 39장》)

> 는 것을 좋아하기 때문으로 고로 능히 모든 계곡의 왕이 될 수 있다. 이로서 성인聖人이 백성 위에 서고자 하면 반드시 말로써 그들 아래에 있어야 하고, 백성보다 앞서고자 하면 반드시 자신을 그들 뒤에 두어야 한다.[39]

자연의 순환 질서를 잘 아는 사람은 항상 자신을 내세우지 않고 겸손할 수밖에 없다.

> 온갖 색깔은 사람의 눈을 어지럽게 하고, 온갖 소리는 사람의 귀를 멀게 하며, 온갖 맛은 사람의 혀가 맛을 못 느끼게 하고. 말을 달리며 즐기는 사냥은 사람의 마음을 방탕하게 하며, 희귀한 재물은 사람의 행동을 어지럽힌다. 이로서 성인聖人은 배만 불리려고 하고 다른 욕망을 구하지 않으니, 고로 물욕의 유혹을 버리고 만족한 생활만을 유지한다.[40]

> 화는 만족을 모르는 것보다 큰 것이 없고, 허물은 얻으려는 욕심보다 큰 것이 없으니, 고로 만족할 줄 아는 만족이라야 항상 만족스러운 것이다.[41]

> 사람을 다스리고 하늘을 섬기는 일에 검약(嗇)한 것만큼 중요한 일이 없다.[42]

온갖 색깔과 소리와 맛을 추구하고, 말달리는 사냥을 즐기고 희귀한 재물을 추구하는 것은 눈을 어지럽히고 귀를 멀게 하며 맛을 못 느끼게 하고 마음을 방탕하게 하며 사람의 행동을 어지럽히는 것이니 진정한 성인聖人은 이런 것들을 추구하지 않고 물욕의 유혹을 버리고 배만 불리는 만족한 생활만 추구한다는 것이다. 배만 불리는 안분자족한 생활에 만족하는 것이다. 더 많은 것을 가지려고 하는 것은 더 많은 불행을 가져다준다. 만족

---

39) 江海之所以能爲百谷王者, 以其善下之, 故能爲百谷王. 是以聖人欲上民, 必以言下之, 欲先民, 必以身後之. (《노자 66장》)

40) 五色令人目盲. 五音令人耳聾. 五味令人口爽. 馳騁畋獵令人心發狂. 難得之貨令人行妨. 是以聖人爲腹不爲目, 故去彼取此.(《노자 12장》)

41) 禍莫大於不知足, 咎莫大於欲得, 故知足之足, 常足矣.(《노자 46장》)

42) 治人事天, 莫若嗇.(《노자 59장》)

할 줄 알고 얻으려는 욕심을 가지지 말라는 것이다.

> 원헌原憲은 노나라에서 빈궁했고, 자공子貢은 위나라에서 재산을 증식했다. 원헌의 빈궁은 삶을 손상시켰고, 자공의 재산 증식은 몸에 누를 끼쳤다. 그런즉 빈궁도 옳지 않고 재산 증식도 옳지 않다. 그러면 어떻게 해야 하나? 생을 즐기는 것이 옳고 몸을 안락하게 하는 것이 좋다. 따라서 생을 잘 즐기는 사람은 빈궁하지 않고, 몸을 잘 안락하게 하는 사람은 재산 증식을 하지 않는다.[43]

안분지족하여 소박한 생활 속에서 삶을 즐겨야 한다는 것이다.

또한 농경민족은 한쪽으로 치우치는 것을 싫어한다. 비가 너무 많이 와도 안 된다. 햇볕도 너무 많이 쬐어서도 안 된다. 많다고 결코 좋은 것이 아니다. 그래서 중국인들은 한 쪽에 치우치면 항상 그것을 절제하려고 했다. 절제의 미덕을 가지고 있는 것이다. 항상 중용을 지키려고 노력했다. 무엇이든 치우치면 탈이 나게 마련이다. '지나친 것은 모자란 것만 못하다.'(過猶不及)고 생각한다. 따뜻하고 덥고 서늘하고 추운 계절 변화의 법칙을 잘 알고 있는 농경민족 중국인들은 항상 모든 일에 겸허의 미덕을 가지고 있는 것이다.

옛 중국 위정자들은 "백성은 먹는 것을 하늘로 여긴다."(民以食爲天)고 했는데, 백성은 배부르게만 해주면 되지 더 많은 것을 추구하게 하면 문제가 생긴다고 보았다. 옛 위정자들은 백성들에 대해 우민愚民정책을 써왔다고 할 수 있는데, 이도 노자의 이런 생각에 기인하는 면도 있다 하겠다. 정치도 마찬가지이다. 노자가 말하길,

> 고로 대국이 소국에게 (겸손하게) 낮추면 소국을 취할 수 있고, 소국이 대국에게 (겸손하게) 낮추면 대국에게 취해질 수 있다. 고로 혹 낮추어 취할 수 있고 혹 낮추어 취해질 수 있다. 대국은 소국을 아울러 기르려고 하는 것에 불과하고,

43) 原憲陋於魯, 子貢殖於衛. 原憲之陋損生, 子貢之殖累身. 然則陋亦不可, 殖亦不可. 其可焉在? 可在樂生, 可材逸身. 故善樂生者不窶, 善逸身者不殖.(《열자 222쪽》)

> 소국은 받아들여져 그들을 섬기는 것에 불과하다. 무릇 양자는 각기 그 하려는 바를 얻게 되니, 그래서 큰 것도 마땅히 (겸손하게) 낮추어야 한다.[44]

고 하여 나라 간에도 겸손하게 낮추는 것을 말하고 있다.

신하는 임금에게 자신을 낮추어 소신小臣이라고 하고, 자녀는 부모에게 자신들을 낮추어 소자小子 소녀小女라고 하며, 아내는 남편에게 자신을 낮추어 소첩小妾 신첩臣妾이라고 하고, 제후왕은 신하에게 자신을 낮추어 과인寡人(허물이 있는 사람)이라고 한다. 또한 제후왕 그들은 자신을 드물기는 하지만 불곡不穀이라 부르기도 했다고 한다. 불곡不穀이란 곡식을 기르지 못한다는 뜻으로 임금이나 제후왕이 백성을 잘 기르지 못해 곡식보다 못하다는 뜻이라고 한다. 또한 황제를 폐하라고 하고, 제후왕은 전하라고 높여 부른다. 그 외 각하 귀하 등 상대를 존칭하는 용어도 적지 않다. 중국인들은 항상 자신을 낮추고 상대를 높여 부른 것이다. 서구인들은 그렇지 않다. 상대방에 대한 존칭의 의미로 sir라는 단어를 사용하기는 하나, 자신을 낮추어 부르는 용어는 아예 없다. 중국인들의 이런 겸양의 문화는 기본적으로 사람과 사람 사이의 예를 중시한 유가 예교주의에 그 근본 원인이 있다고 느껴지기는 하지만, 또한 도가의 상대주의 사상에도 그 원인이 있다고 여겨진다. 흥망성쇠는 돌고 돌아 모든 것이 상대적인 것이 때문에, 흥했다고 성했다고 자랑하고 자만하지 않는 것이다. 언젠가는 망하고 쇠하는 것

〈공자와 노자가 만나 서로 읍하는 모습을 새긴 벽돌조각. 옛 중국인들의 읍하는 모습에서 서양의 악수하고는 다르게 중국인들의 겸허를 느낄 수 있다.〉

44) 故大國以下小國, 則取小國, 小國以下大國, 則取於大國. 故或下以取, 或何而取, 大國不過欲兼畜人, 小國不過欲入事人. 夫兩者各得其所欲, 大者宜爲下.(《노자 61장》)

을 그들 농경민족은 알고 있다. 따뜻한 봄이 있다고 마냥 따뜻한 것이 아니고, 언젠가는 서늘한 가을이 다가온다는 것을 알고 있기 때문이다. 이런 자연의 변화 법칙을 이미 잘 알고 있어 농경민족 그들은 잘나가도 항상 겸양하는 처세술을 가지고 있는 것이다.

7. 도가의 무위자연 자연주의사상

1) 자연과 합일되어 자연의 순환 질서에 철저히 일치되는 삶 중시

천지는 그 어떤 것도 편애하지 않고, 만물을 자연스럽게 성장하도록 한다. 성인聖人 역시 편애하지 않고, 백성들로 하여금 스스로 성장하도록 한다. 천지 사이에 그것은 바람을 일으키는 풀무와 같아서, 비어있지만 작용이 다함이 없고 움직이면 그침이 없다. 교화와 법령이 많으면 많이 궁핍하게 되니, 가운데(中)를 지키느니만 못하다.[1]

도道의 뛰어남과 덕德의 귀함은 무릇 그것에 명령하지 않고 항상 저절로 그리하도록 만들었기 때문이다.[2]

사람은 땅을 본받고, 땅은 하늘을 본받으며, 하늘은 도를 본받고, 도는 자연을 본받는다.[3]

도가 그것을 낳고, 덕이 그것을 기른다. 만물이 형체를 갖추고, 기물이 이루어진다. 이로서 만물은 도를 존중하고 덕을 귀하게 여긴다. 도의 존중과 덕의 귀함은 무릇 명령하지 않으면서도 항상 스스로 그러하기 때문이다. 고로 도가 그것을 낳고, 덕이 그것을 기른다. 그것을 자라게 하고 기르며, 안정되게 하고 두텁게 하며, 기르고 복 돋운다. 만물을 낳고도 가지려고 하지 않으며, 하고도 주재하지 않으니, 이것이 심오한 덕이다.[4]

---

1) 天地不仁, 以萬物爲芻狗. 聖人不仁, 以百姓爲芻狗. 天地之間, 其猶槖籥乎. 虛而不屈, 動而愈出. 多言數窮, 不如守中.(《노자 5장》)

2) 道之章, 德之貴, 夫莫之命而常自然.(《노자 51장》)

3) 人法地, 地法天, 天法道, 道法自然.(《노자 25장》)

4) 道生之, 德畜之. 物形之, 器成之. 是以萬物尊道而貴德. 道之尊 德之貴 夫莫之命而常自然. 故道生之, 德畜之. 長之育之, 亭之毒之, 養而覆之. 生而不有, 爲而不恃, 是謂玄德.(《노자 51장》)

천지만물은 인위적인 힘에 의한 것이 아니라, 자연 그대로 성장한다. 봄에 꽃피고 가을에 열매 맺는 것은 누가 시켜서 억지로 그리된 것이 아니고 스스로 그리된 것(自然)이다. 이렇게 명령하지 않고 스스로 그러하도록(自然) 만드는 것을 무위無爲라고 할 수 있는데, 무위란 아무 것도 하지 않는 것이 아니라 인위적이지 않고 스스로 그러하도록 한다는 의미이다. 노자에게 있어 이 무위는 천지만물에 대한 도의 태도를 말하는 것보다는, 군자나 성인이 백성들에 대해 어떤 의도를 가지고 인위적으로 강제하지 않고 도의 자연성을 실천하는 의미로 많이 사용하고 있다. 다시 말해 천지만물의 운행 상태가 스스로 그렇게 되는 것을 자연이라고 하고, 사람의 행위가 인위적이지 않는 것을 무위라고 많이 표현한 것이다. 《노자 57장》에 "내가 무위하면 백성들은 스스로 교화된다."(我無爲而民自化.)고 한 것이 그것이다. 그러므로 자연과 무위는 표현과 적용이 다를 뿐 억지로 하지 않고 스스로 이루어지도록 둔다는 의미는 같다.

농경민족 중국인들은 모든 곡식들이 자연의 법칙에 따라 스스로 그렇게 자라는 것을 알고 있다. 농사꾼은 단지 곡식들이 그 자연의 순리에 따라 더 잘 자랄 수 있도록 돕고 조장할 뿐이다. 자연의 순리를 거슬러 인위적으로 무엇인가를 하지 않고 그 자연의 순리에 그대로 잘 순응해야 농사가 잘 된다. 벼를 빨리 자라게 한다고 억지로 벼를 뽑아낸다고 하여 빨리 크는 것은 아니다. 백성을 다스리는 정치도 인위적으로 억지로 하지 말아야 한다고 하고 있다. 무위자연의 도로 다스려야 한다는 것이다. 이런 자연의 법칙을 알면 문을 나가지 않고도 세상 돌아가는 것을 알며, 천하 만물이 돌아가는 이치를 알 수 있다고 했다. 《노자 47장》에 말하기를,

> 문을 나가지 않아도 천하를 알 수 있고, 창문으로 보지 않아도 천도天道를 알 수 있다. (나로부터) 더욱 멀어질수록 그 앎이 더욱 적어진다. 이로서 성인聖人은 움직이지 않고도 알고, 보지 않고도 밝게 살피며, (억지로) 하지 않고

도 이룬다.[5]

자연의 운행법칙을 아는 성인은 "문을 나가지 않아도 천하를 알 수 있고, 창문으로 보지 않아도 천도天道를 알 수 있다."고 했다. 이에 그들은 "움직이지 않고도 알고, 보지 않고도 밝게 살피며, (억지로) 하지 않고도 이룬다."고 한 것이다. 자연의 변화를 아주 중시한 농경민족은 움직이지 않고도 보지 않고도 억지로 하지 않고도 자연의 운행법칙을 안다.

> 백성들이 굶주리는 것은 그 윗사람이 세금을 많이 걷기 때문에 이로서 굶주리는 것이다. 백성들을 다스리기 어려운 것은 그 윗사람이 인위적으로 하기(有爲) 때문에 이로서 다스리기 어려운 것이다.[6]

> 내가 무위無爲하면 백성은 스스로 교화되고, 내가 고요함을 좋아하면 백성은 스스로 바르게 되며, 내가 일을 만들지 않으면 백성은 스스로 부유해지고, 내가 욕심을 내지 않으면 백성은 스스로 순박해진다.[7]

> 정도로 나라를 다스리고 기이한 계책으로 군대를 운용하지만, 억지로 일을 하지 않음(無事)으로 천하를 취해야 한다. 내가 그 연유를 아는 것은 자연에 근거한다. 천하에 금지하는 것이 많으면 백성은 더욱 가난해진다. … 법령이 점점 밝아지면 도적들이 많아진다. 고로 성인聖人이 말하기를, 내가 억지로 하지 않는 것(無欲)으로 다스리면 백성들이 스스로 교화되고, 내가 고요함을 좋아하면 백성들은 스스로 발라진다. 내가 일함이 없으면 백성들은 스스로 부유해지고, 내가 욕심이 없으면 백성들은 스스로 순박해진다.[8]

---

5) 不出戶, 知天下, 不窺牖, 見天道. 其出彌遠, 其知彌少, 是以聖人不行而知, 不見而明, 不爲而成.

6) 民之飢, 以其上食稅之多, 是以飢. 民之難治, 以其上之有爲, 是以難治.(《노자 75장》)

7) 我無爲, 而民自化, 我好靜, 而民自正, 我無事, 而民自富, 我無欲, 而民自樸.(《노자 57장》)

8) 以正治國, 以奇用兵, 以無事取天下. 吾何以知其然哉. 天下多忌諱而民彌貧. … 法令滋彰, 盜賊多有, 故聖人云, 我無欲而民自化, 我好靜而民自正, 我無事而民自富, 我無欲而民自樸.(《노자 37장》)

> 이로서 성인聖人은 인위적이지 않는 일(無爲之事)에 처하며, 말하지 않는 가르침을 행한다. 만물을 지으면서도 처음 했다 하지 않고, 낳으면서도 가지려고 하지 않으며, 하면서도 기대지 않고, 공을 이루면서도 (그 곳에) 머물지 않는다. 무릇 오직 머물지 않으니 이로서 사라지지 않는다.[9]

자연은 모든 만물을 낳고 기르지만, 처음 했다고 자랑하지 않고, 가지려고 하지 않으며, 기대지 않고, 머물려고 하지 않는다. 자연은 모든 만물을 낳고 기르지만, 자랑하거나 뽐내지 않으니 성인聖人도 이와 같다는 뜻이다. 이 우주자연의 법칙인 도는 만물에 대해 억지로 시키지 않고 저절로 이루어지게 두면서도 하지 못하는 것이 없다. 《노자 37장》에 이를 "인위적으로 하지 않으면서도 하지 못하는 것이 없다."(無爲而無不爲)라고 하고, 《노자 3장》에도 "억지로 하지 않은 즉 다스려지지 않는 것이 없다."(爲無爲, 則無不治)라고 표현하고 있다. 노자는 무위지치無爲之治(인위적이지 않은 자연스러운 정치)를 주장하고 있는 것이다. 자연은 억지로 하지 않으면서도 모든 만물을 낳고 길러낸다. 봄에 싹이 돋는 것은 사람이 인위적으로 억지로 하여 그리된 것이 아니라, 자연이 저절로 그리된 것이다. 모든 행위를 인위적으로 하면 안 된다.

> 장차 천하를 취하려고 하면서 그것을 인위적으로 한다면, 내가 보기에 그것은 되지 않는다. 천하의 신묘한 물건은 가히 인위적으로 해서는 안 된다. 인위적으로 하면 실패하고, 잡으려고 해도 잃게 된다. 고로 사물은 행해지는 것이 있고 뒤따르는 것이 있으며, 강한 것이 있고 유약한 것이 있으며, 복 돋우는 것이 있고 떨어지는 것도 있다. 이로서 성인聖人은 심한 것을 버리고 사치함을 버리며 교만함도 버린다.[10]

---

9) 是以聖人, 處無爲之事. 行不言之敎, 萬物作焉而不爲始, 生而不有, 爲而不恃, 功成而不居, 夫唯不居, 是以不去.(《노자 2장》)

10) 將欲取天下而爲之, 吾見其不得已. 天下神器 不加爲也. 爲者敗之, 執者失之. 故物或行或隨, 或噓或吹, 或强或羸, 或培或墮. 是以聖人 去甚 去奢 去泰. (《노자 29장》)

억지로 인위적으로 해서 되는 것이 없다는 것이다. 자연의 순리에 맞게 그 자연에 잘 적응하며 살라는 것이다. 노자가 공자를 만나 공자의 인의仁義를 꾸짖는 내용이《장자 천도편天道篇》에 실려 있다.

> 선생은 진정 천하가 혼란스러워지는 것을 바라지 않으시지요? 천지는 본래의 법칙이 있고, 해와 달은 본래의 광명이 있으며, 뭇 별들은 본래의 질서가 있고, 금수는 본래의 무리가 있으며, 나무는 본래의 특성이 있습니다. 선생 역시 이런 (자연의) 덕德에 따라 행하고 도道를 좇아 나가시면 이미 충분합니다. 그런데 왜 하필 애써 인의仁義를 제창하여, 마치 북을 치면서 도망범을 추적하듯 하십니까? 아아! 선생은 인간의 천성을 어지럽히고 계십니다.[11]

이 구절은 유명한 구절로 인위적인 인의仁義를 내세워 인간의 천성을 어지럽히고 세상을 혼란하게 만들지 말라는 것이다.

> 도를 잃은 뒤 덕이요, 덕을 잃은 뒤 인이다. 인을 잃은 뒤 의요, 의를 잃은 뒤 예이다. 예란 진실한 믿음(忠信)이 약해진 결과이며 혼란의 근원이다.[12]

> 도와 덕을 훼멸하고 인과 의가 생겼으니 성인의 잘못이다.[13]

> 호랑이와 승냥이가 인이다.[14]

유가적인 인의를 거부하고 도와 덕을 중시한 것이다.

> 도는 항상 인위적으로 하지 않지만 하지 못하는 것이 없다. 다스리는 자가 만약 능히 그런 이치를 지킨다면 만물은 장차 스스로 변화할 수 있을 것이다. 변

---

11) 夫子若欲使天下無失其牧乎? 則天地固有常矣, 日月固有明矣, 星辰固有列矣, 禽獸固有群矣, 樹木固有立矣. 夫子亦放德而行, 循道而趨已至矣. 又何偈偈乎揭仁義, 若擊鼓而求亡子焉? 噫! 夫子亂人之性也.

12) 失道而後德, 失德而後仁. 失仁而後義, 失義而後禮. 夫禮者忠信之薄而亂之首.(《노자 38장》)

13) 毁道德以爲仁義, 聖人之過也.(《장자 馬蹄》)

14) 虎狼, 仁也.(《장자 天運》)

> 화하면서도 욕망이 일어난다면 나는 장차 이름을 지을 수 없는 질박함으로 그것을 진정시킬 것이다. 이름을 지을 수 없는 질박함은 무릇 역시 장차 욕망이 일어나지 않게 할 것이다. 욕망이 일어나지 않아 고요해지면 천하는 장차 스스로 안정될 것이다.[15]

자연은 인위적으로 하지 않지만 스스로 변화(自化)한다고 했다. 봄에 꽃피고 여름에 자라며 가을에 열매 맺는 자연현상은 인간이 인위적으로 해서 그렇게 된 것이 아니다. 스스로 변화(自化)한 것이다. 고로 우리 인간도 억지로 인위적으로 하지 말고 이런 자연현상을 본받아 스스로 변화(自化)하도록 해야 한다. 인간은 자연에 대해 억지로 무엇을 해야 하는 것이 아니라, 봄에 꽃피고 여름에 자라며 가을에 열매 맺는 이런 자연현상을 그대로 잘 될 수 있도록 조장助長할 수 있을 따름이다. 빨리 자라게 한다고 억지로 인위적으로 벼 싹을 손으로 뽑을 수는 없다. 더 잘 자라도록 김매고 북 돋우며 조장해야 할 따름인 것이다.

> 사람은 땅을 본받고, 땅은 하늘을 본받으며, 하늘은 도를 본받고, 도는 자연을 본받는다.[16]

사람은 결국 자연을 본받는다는 것이다. 자연과 합일되는 삶을 살고 싶은 농경민족이 가질 수 있는 사고방식이다. 노자는 사람은 이런 자연의 법칙에 따라 살아갈 것을 강력하게 주문하고 있다. 이른바 자연의 법칙을 미루어 인간의 일을 밝히는 '추천도명인사推天道明人事'라고 할 수 있다.

> 천지는 장구하다. 천지가 능히 장구할 수 있는 까닭은 그것으로 스스로를 위해 하지 않기 때문이니, 그럼으로 장구할 수 있게 된다. 이로서 성인聖人은 그

---

15) 道常無爲而無不爲. 侯王若能守之, 萬物將自化. 化而欲作, 吾將鎭之以無名之樸. 無名之樸, 夫亦將不欲. 不欲以靜, 天下將自定.(《노자 37장》)

16) 人法地, 地法天, 天法道, 道法自然.(《노사 25장》)

자신을 내세우지 않지만 오히려 앞서게 된다. 그 자신을 도외시하니 오히려 자신을 보존할 수 있다. 사심을 버렸기 때문에 오히려 그 자신을 능히 이룰 수 있다.[17]

천지가 장구할 수 있는 것은 스스로를 위해 하지 않기 때문이다. 이렇게 자신을 내세우지 않으면서도 모든 것을 이루는 그런 자연을 본받아, 사람 또한 사심을 버리면 오히려 그 자신을 능히 이룰 수 있다는 것이다. 자연처럼 그 자연을 본받으며 살라는 것이다. 자연은 공을 이루면서도 공을 이루었다고 자랑하지 않는다. 또한 공을 이루어도 물러남을 안다. 자연은 모든 만물을 생육하고도 겨울이 되면 또한 물러나는 것이다. 이런 자연현상을 본받자고 노자는 주장하고 있다.

부귀하다고 교만하면 스스로 그 허물을 남기는 것이다. 공을 이루면 물러나는 것이 하늘의 도이다.[18]

자연이 가을에 풍요를 가져다주었다고 결코 교만하지 않는다. 겨울이 되면 스스로 물러나는 것을 안다. 그런 자연현상을 본받아 사람도 공을 이루면 물러나야 하는 것을 알아야 한다. 이것이 하늘의 도이다. 농경민족만이 가잘 수 있는 인생 처세술이다. 이에 노자는 어떤 사람이 벼슬자리를 권유하자 다음과 같이 말하고 있다.

천금千金은 무거운 이익이고 재상은 존귀한 자리이다. 그대 홀로 제사지낼 때의 희생 제물을 보지 못하는 것인가? 여러 해 동안 기르고 먹이며 무늬와 수놓은 좋은 옷을 입혀서 대묘大廟[19]에 들어가게 하지만, 이때가 되어 외로운 돼지가 되고자 한들 어찌 그리될 수 있겠는가? 그대는 돌아가시오. 나를 더럽히지

17) 天長地久, 天地所以能長且久者, 以其不自生, 故能長生. 是以聖人後其身而身先. 外其身而身存. 非以其無私耶, 故能成其私.(《노자 7장》)

18) 富貴而驕, 自遺其咎. 功遂身退, 天之道也.(《노자 9장》)

19) 천자의 사당

마시오. 나는 차라리 더러운 도랑에 노닐며 스스로 기뻐할지언정 나라를 가진 자에게 억매이지 않을 것이요. 죽을 때까지 벼슬하지 않고 내 뜻을 즐겁게 할 것이요.[20]

이 글은《사기 노자한비열전老子韓非列傳》에 나오는 구절인데, 노자의 처세술을 잘 알 수 있다. 그는 성장 소멸하는 자연 현상을 잘 알아, 높은 벼슬하며 호화호식 하더라도 언젠가는 죽는 희생제물처럼 그렇게 될 것이니, 자신은 벼슬하지 않고 자연에 묻혀 내 뜻대로 즐겁게 살겠다는 것이다.

'아무 일 하지 않아도 안 되는 일이 없다.'(無爲而無不爲)라는 것은 인위적인 행위를 가하지 말라는 뜻이다. 그냥 자연의 법칙에 따라 순응하면 모든 것이 저절로 이루어진다. 이 세상의 꽃들과 나무들도 누가 심고 가꾸지 않아도 저절로 자연의 법칙에 따라 나고 자라고 하지 않느냐는 것이다. 자연의 법칙 계절의 순환에 그대로 적응하며 살면 모든 것이 다 잘될 것이다. 죽는다고 너무 서러워하지 말자. 그냥 자연의 일부로 받아들여 죽음을 초연하게 쉽게 받아들이면 된다. 계절에도 죽음의 계절인 겨울이 있지 않느냐. 그러나 그 죽음의 계절인 겨울이 있어도 그 계절이 지나면 또 생명의 계절인 봄이 반드시 찾아온다. 그러니 자연의 법칙(계절의 순환)에 따라 적응하며 살면 되지 굳이 죽음을 두려워하고 삶에 아등바등 애착을 가질 필요가 없고, 삶과 죽음을 하나로 보면 된다. 삶과 죽음을 초월한 절대자유를 추구하고 있다 이런 철학은 24절기라는 농경일지에 맞추어 철저히 계절의 변화에 순응하며 살고자 한 정통 농경민족만이 가질 수 있는 철학인 것이다. 《백서帛書 노자 11장》에,

학문하는 자는 날마다 더하고, 도를 하는 자는 날마다 덜어낸다. 덜고 덜어내어 마침내 무위에 이르게 된다. 무위하면 하지 못할 것이 없다. 장차 천하를 취

20) 千金重利, 卿相尊位也. 子獨不見郊祭之犧牲乎. 養食之數歲, 衣以文繡, 以入大廟, 當是之時, 雖欲爲孤豚, 豈可得乎? 子亟去, 無汚我. 我寧遊戲汚瀆之中自快, 無爲有國者所羈, 終身不任, 以快吾志焉.(《사기 老子韓非列傳》)

하려고 한다면 항상 무사无事로서 해야 한다. 만약 일이 있게 되면(有爲) 천하를 취하기에 충분하지 않을 것이다.[21]

완적阮籍(210 - 263)은 그의 <달장론達莊論>에서 말하기를,

무릇 지인至人은 삶에 담담하고 죽음에 고요하다. 삶에 담담한지라 정욕에 미혹되지 않고 죽음에 고요한 지라 정신이 흩어지지 않는다. 따라서 음양과 더불어 화합할 뿐 변질되지 않으며, 천지를 따라 변화할 뿐 부화뇌동하지 않는다. 삶은 타고난 목숨의 완성이요, 죽음은 도리의 순종일 따름이다. 심기心氣가 평온히 다스려지니 음양의 차고 기우는 이치에 어긋나지 않는다.[22]

"삶은 타고난 목숨의 완성이요, 죽음은 도리의 순종일 따름이다."라고 하고 있다. 삶과 죽음 역시 자연의 법칙에 순응하는 것이다. 태어나고 자라고 죽는 것은 그냥 자연 현상의 하나로 봄 여름 가을을 거쳐 죽음의 계절인 겨울이 온 것과 마찬가지이다. 그러니 죽는다고 그리 애달파할 일도 아니다. 죽음도 계절이 변화하는 자연의 일부분인 것이다. 이런 도가의 자연주의 철학이 그 얼마나 철저하게 친 농경문화적인 지를 알 수 있다.

〈자연과 합일된 삶을 주장한 노자〉

정말 이 위대한 자연은 아무 것도 하지 않으면서도(無爲) 안 되는 일이 없는(無不爲) 것이다. 도가에서 말하는 무위無爲란

21) 爲學者日益, 爲道者日損. 損之又損, 以至於无爲也. 无爲而无不爲, 將欲取天下也. 有无爲, 及其有事也. 又不足以取天下.

22) 夫至人者, 恬於生而靜於死, 生恬則情不惑, 死靜則神不離. 故能與陰陽化而不易, 從天地變而不移. 生究其壽, 死循其宜. 心氣平治, 消息不虧.

그냥 자연의 법칙에 순응하고 인간의 뜻에 따라 인위적인 것을 하지 말라는 뜻이다. 인간도 자연의 일부분일 뿐이다. 고로 반드시 자연의 법칙(계절의 순환)에 따라야 한다. 농경인들이 24절기 계절의 순환에 철저히 따라 그들 삶을 영위한 것처럼.

장자는 《천도편天道篇》에서, "상上은 반드시 무위無爲함으로써 천하를 부리나, 하下는 유위有爲함으로 천하에 부림을 당한다. 이는 바뀌지 않는 도이다."(上必無爲而用天下, 下必有爲爲天下用, 此不易之道也.)라고 했는데, 여기에서 상上은 자연의 법칙을 아는 사람을 뜻하고, 하下는 자연의 법칙을 모르는 사람을 뜻하는 것으로 보인다. 자연의 법칙을 알아 순응하며 인위적인 행위를 하지 않는 사람은 천하를 부릴 수 있으나, 자연의 법칙을 몰라 자신의 의지대로 인위적인 행위를 가하는 사람은 도리에 전하에 부림을 당할 수 있는데, 이것은 바뀌지 않는 절대 진리라는 것이다. 철저히 자연(계절의 변화)에 순응하며 살고자 한 농경민족의 철학이다. 계속해서 장자는 "고로 옛날에 천하에 왕이 된 자는 지혜가 비록 온 세상에 펼친다 해도 스스로 생각하지 않고, 언변이 비록 만물을 아로새긴다 해도 스스로 말하지 않고, 능력이 비록 사해 내에서 다 해낼 수 있다 해도 스스로 행하지 않는다."(故古之王天下者, 知雖落天地, 不自慮也. 辯雖彫萬物, 不自說也. 能雖窮海內, 不自爲也.)고 했다. 장자는 아무리 지혜가 많고 언변이 좋으며 능력이 뛰어난 왕이라고 할지라도 자신의 의지대로 모든 것을 하는 것이 아니라, 자연의 법칙에 그대로 순응하며 해야 한다는 것이다. 이는 아무리 뛰어난 농사꾼이라고 할지라도 자신의 의지대로 농사를 짓는 것이 아니라, 그냥 자연의 법칙(계절의 순환)에 맞추어 농사를 지어야 풍요를 가져다준다는 경험칙이 이런 철학적 사유를 가져다 준 것으로 보인다. 한마디로 성군이란 자신의 의지나 능력으로 다스리는 것이 아니고, 자연의 법칙에 잘 순응하여 통치한 사람인 것이다. 장자는 위정자의 통치에 대해,

> 옛날에 대도大道를 밝히려는 자는 천天(자연의 법칙)을 규명하고 그 다음이 도덕이다. 도덕이 이미 밝혀지면 그 다음이 인의이다. 인의가 이미 밝혀지면 그 다음이 분수分守(나누어진 몫과 그것을 지키는 것)이다. 분수가 이미 밝혀지면 그 다음이 형명形名(실제 맡은 일과 그 이름)이다. 형명이 이미 밝혀지면 그 다음이 인임因任(재능에 따라서 직책을 맡김)이다. 인임이 이미 밝혀지면 그 다음이 원성原省(미루어 살펴봄)이다. 원성이 이미 밝혀지면 그 다음이 시비是非(옳고 그름을 밝히는 것)이다. 시비가 이미 밝혀지면 그 다음이 상벌賞罰이다. 상벌이 이미 밝혀지면 그 다음이 우매한 자와 지혜 있는 자가 마땅히 직위를 담당하고, 고귀한 자와 비천한 자 제자리를 차지하며, 어질고 현명한 자와 못난 자가 실정에 따라 쓰이게 된다. … 이것을 태평太平이라 하는데 통치의 극치이다.[23]

장자는 먼저 통치를 하려면 천天(자연의 법칙)을 알아야 한다고 했다. 그러면 저절로 모든 것이 순조롭게 다스려 질 수 있다. 자연의 법칙을 알면 도덕을 알게 되고, 도덕을 알면 인의仁義를 알게 되며, 인의를 알면 분수를 알게 되고, 분수를 알면 인임因任(재능에 따라서 직책을 맡김)을 알게 되며, 인임을 알면 원성原省(미루어 살펴봄)을 알게 되고, 원성을 알면 시비是非(옳고 그름을 밝히는 것)를 알게 되며, 시비를 알면 상벌을 알게 된다는 것이다. 그 상벌을 알면 우매한 자와 지혜 있는 자, 고귀한 자와 비천한 자, 어질고 현명한 자와 못난 자가 마땅한 직위를 담당하고 실정에 따라 쓰이게 되니 이것이 태평이고 통치의 극치라는 것이다. 한 마디로 통치자는 자연의 법칙(계절의 변화)을 잘 알면 모든 것을 이룰 수 있다는 것인데, 자연을 너무나 사랑하고 그 자연의 법칙(계절의 변화)에 철저히 순응하며 살고자 한 농경민족의 철학이 잘 반영되어 나타나 있다.

사마천은 《사기 태사공자서》에서 도가를 일컬어 "항상 시대적 추이와 함께 하고, 사물에 순응하여 변화했으니, 풍속을 수립하고 정사를 베푸는

23) 古之明大道者, 究明天而道德次之. 道德已明而仁義次之. 仁義已明而分守次之. 分守已明而形名次之. 形名已明而因任次之. 因任已明而原省次之. 原省已明而是非次之. 是非已明而賞罰次之. 賞罰已明而愚知處宜, 貴賤履位. … 此之爲太平, 治之至也.(《장자 天道篇》)

데에 온당하지 못한 바가 없고, 그 종지가 간략하여 견지하기가 쉽고 공력은 적게 들어도 효과는 많다."(與時推移, 應物變化, 立俗施事, 無所不道, 指約而易操, 事少而功多.)고 했다. 24절기 계절의 변화에 순응하며 살고자 했고, 그렇게 살면 공력은 적게 들어도 효과는 많은 것이다.

우리 인간은 스스로 그러한(自然) 계절의 변화에 적응하며 그 법칙에 순응하며 살아야 한다. 도가인들이 말한 도를 따른다는 것은 자연을 거스르지 않고 그대로 순응하며 사는 것을 말한다.

> 도는 언제나 (인위적으로) 작위하지 않지만 그러나 이루지 않는 일이 없다.[24]

자연은 인위적인 것을 가하지 않아도 스스로 식물을 내고 살리고 한다. 봐라 들에 핀 꽃들이 언제 인위적인 작위로 피는 것인가? 자연이 그대로 그렇게 피게 하는 것이다. 도란 바로 그런 것이다. 자연에 순응하면 모든 만물이 저절로 만들어지고 피고 죽고 하는 것이다. 자연은 인위적으로 하지 않지만 모든 만물을 키워내어 하지 못하는 것이 없다. 여기에서 도는 자연의 법칙을 의미한다고 여겨진다.

> 지혜(聖)를 끊고 지식(智)을 버리면 백성들의 이익은 백배가 되고, 인仁을 끊고 의義를 버리면 백성은 효도와 자애로 돌아오며, 기교(巧)를 끊고 이익을 버리면 도적이 없어진다. 이 3가지만을 법도로 삼기에는 부족하다. 고로 다음의 원칙을 제시한다. 겉으로는 단순하게 표현하고 안으로 소박한 마음을 품고 사적인 것을 없애고 욕망을 줄여야 한다.[25]

> 현명한 사람을 숭상하지 않음은 백성들로 하여금 다투지 않게 하고, 구하기 어려운 재화를 귀하게 여기지 않음은 백성들로 하여금 도직질하지 않게 하며,

24) 道常無爲而無不爲.(《노자 37장》)

25) 絶聖棄智, 民利百倍, 絶仁棄義, 民復孝慈. 絶巧棄利, 盜賊無有. 此三者以爲文不足, 故令有所屬, 見素抱樸, 少私寡欲.(《노자 19장》)

> 욕심을 낼만한 것을 보이지 않음은 백성들의 마음을 어지럽지 않게 하려 함이라. … 항상 백성들로 하여금 무지하고 무욕하게 하고, 저 꾀있는 자들로 하여금 감히 행동하지 못하게 한다. 무위를 하면 다스려지지 못함이 없다.[26]

인위적인 지혜나 유가의 인의 같은 것을 버리고 또한 기교나 이익을 추구하는 것을 버리고 욕심내지 않으며 자연으로 돌아가라는 것이다.

> 기술(技)은 일에 통섭되고, 일(事)은 의에 통섭되며, 의義는 덕에 통섭되고, 덕德은 도에 통섭되며, 도道는 자연(天)에 통섭된다.[27]

절대 진리인 도란 자연적(天)인 것을 말한다. 여기에서 말하는 천이란 자연의 법칙을 뜻한다.

> 무위無爲 그것을 행하는 것 그것을 자연(天)이라고 말한다.[28]

여기에서 무위란 인위적인 힘을 가하지 않는 즉 자연의 법칙에 그대로 순응하는 것을 말한다. 자연의 법칙에 계절의 변화에 그대로 순응하며 살고자 한 농경민족 특유의 사상이라 할 수 있겠다.

> 무릇 천지의 덕德을 명백히 아는 것, 그것을 대본大本(큰 근본)이라고 하고 대종大宗(큰 근원)이라고 하는데, 자연(天)과 더불어 조화(和)하는 것이다. … 자연(天)과 더불어 조화(和)하는 것 그것을 천락天樂(자연의 즐거움)이라고 한다.[29]

자연과 〈더불어 하나〉 되어 조화롭게 사는 것 그것을 천락天樂(자연의 즐

26) 不尙賢, 使民不爭. 不貴難得之貨, 使民不爲盜. 不見可欲, 使民心不亂. … 常使民無知無欲, 使夫智者不敢爲也. 爲無爲, 則無不治.(《노자 3장》)

27) 技兼於事, 事兼於義, 義兼於德, 德兼於道, 道兼於天.(《장자 天地편》)

28) 無爲爲之之謂天.(《장자 천지편》)

29) 夫明白於天地之德者, 此之謂大本大宗, 與天和者也. … 與天和者, 謂之天樂.(《장자 天道편》)

거움)이라고 하는 것이다. 농경민족 중국인 그들은 정말로 자연과 <더불어 하나>되어 살고자 했다.

> 그대가 심정을 담담하게 하고, 의기를 화평하게 유지하며, 자연의 변화에 순응하여 사심을 배제한다면, 천하는 잘 다스려질 것이다.[30]

나라를 사심을 가지지 말고 자연스럽게 다스려야 한다는 것이다. 자연의 이치를 어기지 않고 그대로 순응하면 자연히 나라도 태평하고 잘 다스려질 것이라는 것이다.

> 인위적인 것으로 자연(天)을 멸하지 말며, 지모(故)로써 운명(命)을 멸하지 말라.[31]

자연의 법칙에 따라 순응하며 살아야지, 억지로 인위적인 것이나 자신의 지모로써 자신의 운명을 바꾸려고 하지 말라는 것이다. 물 흘러 가는대로 자연에 순응하며 사는 것이 올바른 삶이요 천락天樂을 누리는 삶이다.

> 게다가 무릇 (생명을) 얻는다(得)는 것은 때를 만난 것이요, (생명을) 잃는다(失)는 것은 자연에 순응하는 것이다. 만난 때에 (이 세상에) 조용히 머물다가 자연에 순응하여 돌아가면 슬픔과 즐거움이 능히 개입할 수가 없다. 이것을 옛사람들이 현해懸解(거꾸로 매달린 상태에서 올바로 풀림)라고 말하는 것이다.[32]

장자는 이리화정以理化情 즉 이성을 통한 감정의 순화를 주장했다. 나고 자라고 거두어들이고 멈추는 생장렴장生長斂藏이 자연의 법칙을 알고

---

30) 汝游心於淡, 合氣於漠, 順物自然而無容私焉, 而天下治矣.(《장자 應帝王편》)

31) 無以人滅天, 無以故滅命.(《장자 秋水편》)

32) 且夫得者, 時也. 失者, 順也. 安時而處順, 哀樂不能入也, 此古之所謂懸解也.(《장자 大宗師편》)

생로병사의 인생의 법칙을 알게 되면 굳이 병들고 늙고 죽는다고 슬퍼할 일이 아니다. 그냥 자연의 순리에 맞겨 원래 상태로 돌아가는 것에 불과할 따름이다. 고 노무현대통령의 유서에 나오는 한 구절인 "삶과 죽음이 모두 자연의 한 조각이 아니겠는가?"라는 구절과 같은 의미인 것이다. 생에 아등바등 집착하지 말고 자연의 순리에 따라 담담히 죽음도 받아들이면 된다. 자연에 죽음의 계절인 겨울이 있듯이, 우리네 인생도 죽음이 있는 것이다. 그 죽음은 삶의 한 과정에 불과하다. 죽음의 계절 겨울이 지나면 또 다시 만물이 소생하는 봄이 오듯이, 우리네 인생도 죽음을 담담히 받아들이면, 또 다시 새 생명(후손)이 탄생하여 이 땅에서 씨 뿌리고 농사지으며 살아갈 것이다. 이런 이치를 알면 죽었다고 그렇게 애통할 일도 아니고, 살았다고 그리 즐거워할 일도 아니다. 생성과 성장 그리고 소멸이 영원히 반복 순환하는 자연의 질서를 안다면, 우리네 인생도 그런 자연의 일부로 삶에 그렇게 집착할 일도 아니며 자연의 순리대로 살다가 자연의 순리대로 죽으면 되는 것이다.

> 그것은 자연의 이치를 거역하고 인간의 정념을 배가시키며 자연으로 받은 것을 망각하는 것이다. 옛사람들은 그것을 자연의 이치를 거스르는 형별이라고 말했다.[33]

윗 구절은 노담老聃이 죽은 후 이를 슬퍼한 사람을 보고 진실眞失이라는 사람이 한 말이다. 죽음도 자연 현상의 일부분인데 무엇 때문에 그리 슬퍼하냐는 것이다.

> 옛날의 진인眞人은 삶에 애착할 줄도 몰랐고, 죽음을 싫어할 줄도 몰랐다. 이 세상에 태어난 것을 기뻐하지도 않았으며, 다시 돌아가는 것(죽는 것)을 거부하지도 않았다. 무심히 왔다가 무심히 갈 뿐이다. 자기 존재의 시원을 망각하

33) 是盾天倍情, 忘其所受, 古者謂之盾天之刑.(《장자 養生主》)

지도 않았으며 자기 존재의 종말을 추구하지도 않았다. 받은 생명을 기뻐하고 또 무심히 (자연에게) 돌려주는 것이다. 즉 자기 마음으로써 도를 저버리지 않으며 인위로써 자연을 거스르지 않는다는 것이다. 이가 바로 진인眞人이라 할 수 있다.[34]

옛 진인은 삶과 죽음에 초연히 산 사람이다. 죽는 것도 자연의 한 현상이니 담담히 받아들이고, 살았다고 또한 그리 좋아할 일도 아니다. 삶이 있으면 죽음도 있기 마련이다. 여름이 있으면 죽음의 계절 겨울이 있는 것처럼. 삶과 죽음은 자연의 한 조각으로 죽음도 그냥 담담히 받아들이며 사는 사람이 바로 진인眞人인 것이다.

후한의 합리적 이성주의자이며 자연주의 학자라고 할 수 있는 왕충王充(27 - 100?)은 "세간의 책과 속설은 대체로 온당하지 못하다고 여겨 홀로 칩거하여 그 허실을 논구한"[35] 《논형論衡》에서 그는 도가 자연주의의 영향을 받아 무위자연에 대한 그의 이론을 전개했다. 위에서 그가 "세간의 책과 속설은 대체로 온당하지 못하다."고 한 것은 당시 크게 유행한 음양학파의 천인상관설이나 수명론受命論 제이설災異說 등이 크게 온당하지 못하다는 뜻이다. 그는 이런 이론에 반대해 고심해서 《논형》을 지어 그의 합리적 사상을 주장했다. 《논형 자연편自然篇》에 그의 자연주의 사상이 잘 담겨 있는데, 노자의 자연주의를 그대로 계승 발전시킨 것이다.

천지의 기가 합하여 만물이 저절로 생기듯, 부부의 기가 합하여 자식이 생긴다. 만물이 낳은 것 중 혈기를 지닌 것(즉 사람)은 배고픔을 알고 추위를 알기 때문에, 먹을 수 있는 오곡을 보면 취하여 그것을 먹고 입을 만한 실을 보면 취하여 그것으로 옷을 해 입는다. … 자연의 운행은 만물을 낳으려 하지 않아도

34) 古之眞人, 不知悅生, 不知惡死. 其出不訢, 其入不距. 翛然而往, 翛然而來而已矣. 不忘其所始, 不求其所終. 受而喜之, 忘而復之, 是之謂不以心損道, 不以人助天, 是之謂眞人.(《장자 大宗師》)

35) 世書俗說, 多所不安, 幽居獨處, 考論實虛.(《論衡 目紀篇》)

만물이 저절로 생기니 그것이 자연이다. 기를 베풀면서 만물을 만들려고 하지 않아도 만물이 저절로 만들어지니 그것이 무위이다. 하늘이 자연무위하다 함은 무엇인가? 기이다. 염담恬澹하여 욕심이 없고 무무無無하여 아무 일도 꾸미지 않는다는 뜻이다 . … 덕이 높고 순수한 인물은 하늘의 기를 많이 타고나므로 하늘을 본받아 자연무위할 수 있다. … 현인 가운데 순수한 사람이 바로 황로黃老인데, 황黃은 황제黃帝 노老는 노자老子를 말한다. 황로의 처신은 염담을 지켰고, 정치는 무위를 따랐다. 몸가짐만 엄숙하고 단정하게 하면 음양이 저절로 화합하고, 작위에 노심초사하지 않아도 사물은 저절로 변화했고, 산생을 도모하지 않아도 사물은 저절로 생성되었다. 《역》에 말하기를, "황제黃帝와 요순은 예복만 입고 있어도 천하는 다스려졌다."고 했다. 예복만 입었다고 함은 단정히 무위를 했다는 말이다. … 《역》에 말하기를, "대인大人은 그 덕망이 천지天地에 필적한다."고 했는데, 황제와 요순이 대인이다. 그 분들의 덕망은 천지에 필적했으므로 무위를 알았던 것이다. 천도天道는 무위無爲이므로, 고로 봄은 탄생(生)을 여름은 성장(長)을 가을은 성숙(成)을 겨울은 저장(藏)을 억지로 도모하지 않지만, 양기가 저절로 생기면 사물이 저절로 탄생하고 성장하며 성숙하고 저장된다. 우물물을 긷고 못을 터서 논밭에 물을 대도 사물은 생장하지만, 큰비가 쏟아져도 사물의 줄기 잎 뿌리가 온통 촉촉이 젖는다. 적당하게 적셔주는 단비를 우물물을 긷고 못을 트는 일에 비할 수 있겠는가? 따라서 무위는 위대하다. 본래 업적을 구하지 않았기에 업적은 수립되고 본래 명성을 구하지 않았기에 명성은 성취되니, 후두둑 쏟아지는 비의 업적과 명성은 위대한 것이다. 천지는 도모하지 않아도 기는 화합하고 비는 저절로 모인다.[36]

인위적인 어떤 것을 행하지 않고(無爲) 자연에 그대로 순응하여 살고자

36) 天地合氣, 萬物自生, 猶夫婦合氣, 子自生矣. 萬物之生, 含血之類, 知飢知寒, 見五穀可食取而食之, 見絲麻可衣取而衣之. … 天動不欲以生物而物自生, 此則自然也. 施氣不欲爲物而物自爲, 此則無爲也. 謂天自然無爲者何? 氣也. 恬澹無欲, 無爲無事者也. … 至德純之人稟天氣多, 故能則天自然無爲. … 賢之純者黃老是也. 黃者, 黃帝也. 老者, 老子也. 黃老之操身中恬澹, 其治無爲. 正身共己, 而陰陽自和, 無心於爲, 而物自化. 無意於生, 而物自成. 易曰, "黃帝堯舜垂衣裳而天下治." 垂衣裳者 垂拱無爲也. … 易曰, "大人與天地合其德." 黃帝堯舜大人也. 其德與天地合, 故知無爲也. 天道無爲, 故春不爲生而夏不爲長, 秋不爲成而冬不爲藏. 陽氣自出, 物自生長. 陰氣自起, 物自成藏. 汲井決陂, 灌溉田園, 物亦生長, 霈然而雨, 物之莖葉根荄, 莫不洽濡, 程量澍澤, 孰與汲井決陂哉? 故無爲之爲大矣. 本不求功, 故其功立. 本無求名, 故其名成. 沛然之雨, 功名大矣. 而天地不爲也, 氣和而雨自集.

한 것이다. 자연은 위대하다. 뿌리지도 기르지도 않았는데 자연은 만물을 소생시킨다. 이런 자연의 법칙에 그대로 따라 살고자한 농경민족 특징이 그대로 반영된 것이라 할 수 있다.

도가에서 모든 만물의 근원을 무無라고 보고 있다. 이 무란 인위적인 것이 없는 즉 무위無爲의 무無라고 할 수 있다. 또한 농경민족 중국인들은 자연에 인위적인 작위를 하지 않았는데도, 자연은 모든 만물(有)을 내고(生) 있는데, 그 근원이 눈에 보이지 않아 무라고 여긴 것으로 보인다. 눈이 보이지도 귀에 들리지도 않지만 모든 만물을 생산하는 근원을 무라고 농경민족 중국인들은 생각한 것이다. 들에 핀 꽃 한송이 풀 한포기도 저절로 나고 자라는데, 그것을 낳고 자라게 하는 원동력이 보이지도 들리지도 않지만 분명히 있는 생명의 근원 무라는 것이다.

> 위魏나라 정시正始 중에 하안何晏과 왕필王弼 등이 노장을 추존하여 논의를 수립하여 천지만물은 모두 무위로써 근본을 삼는다고 여겼다. 무無라는 것은 사물을 열고(開物) 사물의 본분을 완성시키며(成務) 모든 곳에 두루 존재한다. 음양은 무에 의지하여 만물을 변화 생육시키고(化生), 만물도 무에 의지하여 형체를 이루고(成形), 현자賢者는 무에 의지하여 덕을 이루며(成德), 불초자不肖者는 무에 의지하여 행실을 유지한다. 고로 무의 역할은 관직이 없지만 관직만큼 고귀하다.[37]

천지만물은 모두 무위無爲로써 근본을 삼는데, 사물을 열고(開物) 사물의 본분을 완성시키며(成務) 모든 곳에 무는 두루 존재한다고 여겼다. 음양은 무에 의지하여 만물을 변화 생육시키고(化生), 만물도 무에 의지하여 형체를 이루고(成形), 현자賢者는 무에 의지하여 덕을 이루며(成德), 불초자不肖者는 무에 의지하여 행실을 유지한다고 생각했다. 모든 만물을 생성시기는 근원이 보이지도 들리지도 않는 무라는 것이다. 이는 인위적인 자위

37) 魏正始中, 何晏王弼等祖述老莊立論, 以爲天地萬物, 皆以無爲爲本, 無也者, 開物成務, 無往而不存者也. 陰陽恃以化生, 萬物恃以成形, 賢者恃以成德, 不肖恃以免身. 故無之爲用, 無爵而貴矣.(《晉書 王衍傳》)

를 가하지 않아도 꽃과 풀이 저절로 나고 자라는 것을 본 농경민족이 모든 생명의 근원을 눈이 보이지도 않고 귀에 들리지도 않는 무라고 본 것으로 보인다. 또한 눈에 보이지도 귀에 들리지도 않으며 모든 만물을 낳고 기르는 무를 도라고 표현하기도 한다.

> 유有가 유有되는 것은 무無에 의지한 산생이고. 일이 일이 되는 것은 무로 말미암아 이루어지는 것이다. 무릇 설명하려고 해도 설명할 말이 없고 명명하려고 해도 명명할 이름을 지을 수가 없다. 보려고 해도 형체가 없고, 들으려 해도 소리가 없으니 도는 그처럼 온전하다. 고로 도는 소리와 그 반향을 밝히고, 기氣와 물物을 드러내고, 형체와 정신을 구성하고, 빛과 그늘을 구별한다. 검은 것은 도에 의해서 검어지고, 흰 것은 도에 의해서 희어지며, 직각자는 도에 의해서 직각이 되고, 원은 도에 의해서 둥글어진다. 원과 직각은 형체가 있지만 도는 형체가 없고, 흑백은 이름이 있지만 도는 이름이 없다.[38]

모든 만물을 만들어 내는 무는 설명하려고 해도 설명할 말이 없고 명명하려고 해도 이름을 지을 수가 없다. 보려고 해도 형체가 없고 들으려 해도 소리가 없으나, 분명 모든 만물을 낳고 기르며 존재한다. 우리는 이를 도라고 이름 한다. 검은 것은 이 도에 의해서 검어지고, 흰 것은 이 도에 의해서 희어지며, 직각자는 이 도에 의해서 직각이 되고, 원은 이 도에 의해서 둥글어진다. 이 세상 모든 만물의 법칙은 도에 의해서 결정되는 것이다. 이 도란 자연의 법칙이라고 할 수 있다. 이 세상 모든 만물은 이 법칙 즉 도에 의해서 나고 자라고 죽고 하는 것이다. 모든 꽃과 풀도 인간의 힘이 아닌 이 도에 의해서 나고 자라고 죽고 한다. 인간도 자연의 법칙(道)에 의해 나고 자라고 죽고 하는 존재일 뿐이니, 그냥 자연에 순응하며 그 자연을 즐기고 그 자연의 일부분으로 살아가면 되는 것이다. 모든 불행은 자연을 거스르고

38) 色形神而彰光影, 玄以之黑, 素而之白, 矩以之方, 規以之圓, 圓方得形而此無形, 白黑得名而此無名也.有之爲有, 恃無以生. 事而爲事, 由無以成. 夫道之而無語, 名之而無名, 視之而無形, 聽之而無聲, 則道之全焉. 故能昭音響而出氣物, 色形神而彰光影, 玄以之黑, 素而之白, 矩以之方, 規以之圓, 圓方得形而此無形, 白黑得名而此無名也.(《列子 天瑞篇》)

억지로 인위적으로 하고자 하는데서 생긴다. "만난 때에 조용히 머물다가 자연의 질서에 순응하여 돌아가면 애락哀樂은 개입하지 못한다."(安時而處順, 哀樂不能入也) 이 세상에 태어나 자연에 순응하며 그대로 살다가 조용히 죽으면 슬픔과 기쁨이 개입할 여지가 없다는 장자의 이 언급은 도가사상가들의 인생관을 잘 알 수 있다. 고로 유가에서처럼 인仁같은 인위적인 것을 반대하고, 인위를 가하지 않고 만물 본래의 기능에 맞겨 두어야 한다고 주장한다. 유가에서 주장하는 인의는 허위적인 것이다.

> 천지는 자연(스스로 그러함)에 맞기니 인위적인 작위가 없고 조작이 없으며, 만물은 스스로 다스려지므로 천지는 어질지(仁) 않다. 어질다 함(仁)은 반드시 인위적인 교화를 실시하여 은혜를 인위적으로 베푸는 것을 말한다. 인위적인 교화를 실시하면 사물은 본바탕을 상실하고, (특정한 사물에) 은혜와 인위를 베풀면 사물은 평화롭게 공존할 수가 없다. 사물이 평화롭게 공존하지 못하면 (지상의 사물들을) 온전하게 모두 포용할 수 없다. 천지는 짐승을 위하여 풀을 내지 않았으나 짐승들은 풀을 뜯고, 천지는 사람을 위하여 개를 만들지 않았으나 사람은 개를 잡아먹는다. 만물에 대하여 인위를 가하지 않고 만물을 본래의 기능대로 맡겨 두면 모든 것이 풍족한 것이다. 고로 은혜를 자기 자신 위주로 수립하는 사람(孔子)에게는 만물을 맡길 수 없다.[39]

인의같은 작위적인 도덕을 가하지 말고 자연(스스로 그러함)에 맡겨두면 모든 것이 순리대로 돌아가며 풍족해질 것이다. 또 왕필 그가 말하기를,

> 만물의 본성은 자연(스스로 그러함)이다. 고로 따를 수는 있어도 억지로 작위할 수는 없고, 소통시킬 수는 있어도 집착할 수는 없다. 사물에는 일정한 본성(常性)이 있는데 억지로 작위하기 때문에 반드시 그르치고, 사물은 저절로 오고

39) 天地任自然, 無爲無造, 萬物自相治理, 故不仁也. 仁者必造立施化, 有恩有爲, 造立施化, 則物失其眞. 有恩有爲, 則物不具存. 物不具存, 則不足以備載矣. 天地不爲獸生芻而獸食芻, 不爲人生狗而人食狗, 無爲於萬物, 而萬物各適其所用, 則莫不贍矣. 若恩由己樹, 未足任也. (《王弼集》)

가는데 한사코 집착하기 때문에 반드시 잃어버린다.[40]

인간은 생각에 의해 판단해 인위적인 것을 가하지 말고, 자연에 그대로 맡겨 두라는 것이다. 인간이 억지로 작위하기 때문에 반드시 그르치고, 한사코 집착하기 때문에 반드시 잃어버린다.

《장자주》를 지은 위진시대 인물 곽상郭象(252 - 312)은 여기에서 더 나아가 자연이 그렇게 된 것은 모두 스스로 그렇게 된 것이지 무無가 그렇게 만든 것은 아니라고 주장했다. 풀과 꽃은 스스로 그렇게 나고 자라고 시들고 한 것이지 무가 있어서 그것이 그렇게 만든 것은 아니라고 주장한다. 이 세상의 모든 만물은 모두 스스로 그렇게 된 것이지 어떤 것이 그렇게 하도록 시킨 것이 아니니, 이것을 곽상은 독화獨化라고 불렀다. 《장자 지북유知北遊》에 나오는 "천지에 앞서 (천지를) 낳은 것은 사물인가?"(有先天地生者, 物邪?)라는 구절에 대한 곽상의 주에,

> 무엇이 사물에 앞선 존재인가? 나는 음양이 사물에 앞선 존재라고 생각한다. 그런데 음양은 그 자체가 사물일 따름이다. 그러면 무엇이 음양에 앞선 존재인가? 나는 자연이 그것에 앞섰다고 생각한다. 그런데 자연은 사물의 스스로 그러함일 뿐이다. 그러면 지도至道가 자연에 앞선 것일까? 그런데 지도至道란 바로 지무至無인 것이다. 이미 무無인 이상 어떻게 무엇에 앞설 수 있겠는가? 그러니 대체 사물에 앞선 무엇이 있겠는가? (즉 사물에 앞서 존재하는 것이 없음을 알 수 있겠다는 뜻) 그러나 어쨌든 사물은 여전히 계속 생기니, 사물 스스로 그렇게 생겼고 그렇게 만드는 존재는 없음을 알겠다.[41]

천지 만물이 스스로 나고 자라고 한 것이지 그것을 나고 자라게 한 어떤

---

40) 而造爲之, 故必敗也. 物有往來, 而執之, 故必失矣萬物以自然爲性, 故可因而不可爲也. 可通而不可執也. 物有常性, 而造爲之, 故必敗也. 物有往來, 而執之, 故必失矣.(《王弼集》)

41) 誰得先物者乎哉? 吾以陰陽爲先物. 以陰陽者卽所謂物耳. 誰又先陰陽者乎? 吾以自然爲先之. 而自然卽物之自爾耳. 吾以至道爲先之矣. 而至道者乃至無也. 卽以無矣, 又奚爲先? 然則先物者誰乎哉? 而猶有物無已. 明物之自然, 非有使然也.(곽상의《장자주》)

것(無나 道같은 것)이 따로 있는 것이 아니라는 뜻이다. 들에서 핀 꽃을 보라. 어떤 것이 그렇게 나고 자라게 한 것이 아니라, 스스로 나고 자란 것이 아니냐는 즉 모든 만물은 독화獨化되었다는 뜻이다. 또 곽상의 《장자주》에 이 독화에 대해 말하기를,

> 세상에서는 망량罔兩(그림자 바깥의 희미한 그늘)은 그림자에 의존하고, 그림자는 형체에 의존하며, 형체는 조물주에 의존한다고 말한다. 그러면 묻건대 조물주는 유인가? 무인가? 무라면 어떻게 물건을 창조할 수 있겠는가? 유有라면 뭇 형체를 존재하게 할 수 없다. 따라서 뭇 형체는 스스로 존재하는 사물임을 깨달은 사람이라야 비로소 더불어 조물造物의 이치를 논할 수 있다. 그러므로 만물의 영역을 통털어 비록 망량罔兩의 망량罔兩이라도 현명玄冥 가운데 독화하지 않는 것이 없다. 고로 사물 창조의 주인이 없고 사물은 저마다 스스로 창조된다. 모든 사물은 저마다 스스로 창조되어 의존대상도 없는 것이 바로 천지의 본모습이다.[42]

그 어떤 무엇이 그렇게 만든 것이 아니고, 사물은 스스로 존재한다는 것이다. 들에 핀 꽃 한 송이 풀 한포기도 누가 그렇게 만든 것이 아니고, 스스로 그렇게 피고 자라고 하는 것이다. 모든 만물이 나고 자란 것을 본 농경민족 중국인들이 갖는 철학관이다. "작위적인 것을 하지 않아도 하지 않은 것이 없는(無爲而無不爲)" 것이 바로 자연이다. 사람들이 작위적으로 심고 키우고 하지 않아도(無爲) 들의 풀과 꽃과 나무는 스스로 나고 자란다.(無不爲) 곽상은 《장자 대종사大宗師》에 나오는 "지혜로써 시세에 적응함은 사태의 필연성 때문이다."(以知爲時者, 不得已於事也)란 구절에 주를 달아,

> 무릇 물이 위에서 아래로 떨어지는 것은 거스를 수 없는 흐름이다. 크고 작은 것이 유유상종함은 부득이한 상황(勢)이다. 마음을 비워두고 편견을 가지지

---

42) 世或謂罔兩待影, 影待形, 形待造物者. 請問不造物者有耶? 無耶? 無也, 則胡能造物哉? 有也, 則不足以物衆形, 故明衆形之自物, 而後始可與言造物耳. 是以涉有物之域, 雖復罔兩, 未有不獨化於玄冥者也. 故造物者無主, 而物各自造, 物各自造, 而無所待焉. 此天地之正也.

> 않으면 모든 지혜가 모이는 창고가 된다. 온갖 견해의 흐름을 회합하여 인류 스승의 바른 길에 거하는 성인은 무엇을 꾀했는가? 시대와 세상의 지혜에 맡기고 사태의 필연성에 위임하여 스스로 돌보도록 맡겨두었을 뿐이다.[43]

온갖 견해의 흐름을 회합하여 인류 스승의 바른 길에 거하는 성인은 아무 것도 인위적으로 꾀하지 않았다. 시대와 세상의 지혜에 맡기고 사태의 필연성에 위임하여 스스로 돌보도록 맡겨두었을 뿐이다. 아무도 꾀하지 않아도 나고 자라는 자연처럼 성인도 그렇게 했다는 것이다. 또 그가 《장자 재유편在宥篇》에 나오는 "고로 군자는 부득이 천하를 통치할 경우 무위無爲만한 것이 없다."(故君子不得已而臨莅天下, 莫若無爲)라는 구절에 주를 달아 말하기를,

> 무위無爲(억지로 꾀하지 않음)란 조용히 침묵한다는 말이 아니라, 그저 각자 스스로 꾀하게(自爲) 맡겨두면, 성명性命이 편안해진다는 말이다. 부득이함이란 위협적인 형벌로 핍박한다는 것이 아니고 오직 도의 순수함을 견지하고 필연의 법칙에 맡기면 천하가 저절로 복종한다는 말이다.[44]

이른바 저절로 그렇게 되는 자연을 모방한 무위지치無爲之治가 진정한 통치인 것이다. 무위란 아무 것도 하지 않는다는 뜻이 아니고, "필연의 법칙에 맡겨"(任乎必然之極,) "그저 각자 스스로 꾀하게(自爲) 맡겨두는 것"(直各任其自爲)이다. 자연의 법칙에 그대로 순종하며 살고자한 농경민족의 철학이라 할 수 있다. 또 그가 《장자 인간세人間世》에 나오는 "복은 깃털보다 가볍거늘 아무도 실을 줄 모른다."(福輕乎羽, 莫之知載)란 구절에 주를 달아 무위를 설명하기를,

---

43) 夫高下相受, 不可逆之流也. 小大相群, 不得已之勢也. 曠然無情, 群知之府也. 承百流之會, 居師人之極者, 奚爲哉? 任時世之知, 委必然之事, 付之天下而已.(《장자주》)

44) 無爲者, 非拱默之謂也. 直各任其自爲, 則性命安矣. 不得已者, 非迫於威刑也, 直抱道懷朴, 任乎必然之極, 而天下自賓也.(《장자주》)

> 발은 걸을 수 있는 대로 놓아두고 손은 잡을 수 있는 대로 맡겨두며, 귀가 듣는 것은 듣고 눈이 보는 것은 보며, 앎은 알지 못하는데서 그치고 재능은 할 수 없는데서 그치며, 그 자체의 용도대로 사용하고 그 자체의 행위대로 행하고, 본성 안에서 자유자재하며 분외分外의 것은 조금도 개의하지 않는 것이 바로 무위의 아주 쉬운 길이다. 무위하면서 성명性命을 온전하지 못한 사람은 아직껏 없었고, 성명이 온전한데 복이 안 되는 이치는 들어보지 못했다. 고로 복이란 예전에 말한 온전함(全)의 의미일 뿐 물질에 대한 의존을 뜻하지 않으니, 어찌 터럭만큼의 무게를 느끼겠는가? 본성에 따른 행위란 본분을 벗어나지 않은 행위이니 세상에서 가장 쉽고, 자신이 드는 것을 들고 자신이 싣는 것을 싣기 때문에 세상에서 가장 가볍다. … 본성의 한계 내에 물건을 들 경우 만근을 짊어져도 그 무게를 느끼지 않지만, 본성의 한계를 넘어설 경우 100그램도 못되는 무게도 감당하기 어렵다. 자기의 본분 내에서 도모하는 것이 복이므로 복은 지극히 가볍고, 본분 밖의 것을 도모하는 것이 재앙이므로 재앙은 지극히 무겁나. 새앙은 지극히 무겁건만 아무도 피할 줄 모르니 이것이 세상의 그나큰 미혹이다.[45]

"본성 안에서 자유자재함"(恣其性內)이 무위이고 "분외分外의 것에 조금이라도 개의하면"(纖芥於分外.) 유위有爲인 것이다. 스스로 피고 자라는 자연의 현상처럼 자신의 본성 내에서 행동하면 복이 오지만, 인위적으로 하면 화가 미친다. 본분을 지키며 안빈낙도하려는 농경민족의 철학이라고 할 수 있겠다. 농경민족 중국인들은 자연의 순환법칙 하나만을 안고(抱一), 억지로 인위적으로 하지 않으며(無爲), 자연의 법칙을 어기며 억지로 일을 벌이지 않고(無事), 자연의 법칙에 어긋나게 자신의 욕심을 부리지 않는다.(無慾)

서구의 기독교문화권에서는 인간은 만물의 영장으로 모든 자연 만물을 인간이 다스리고 지배할 수 있다 라고 생각한다. 인간 이외의 모든 존재는

45) 足能行而放之, 手能執而任之, 聽耳之所聞, 視目之所見. 知止其所不知, 能止其所不能. 用其自用, 爲其自爲. 恣其性內, 而無纖芥於分外. 此無爲之至易也, 無爲而性命不全者, 未之有也. 性命全而非福者, 理未聞也. 故大福者, 卽向之所謂全耳, 非假物也, 豈有寄鴻毛之重哉? 率性而動, 動不過分, 天下之至易者也. 擧其自擧, 載其自載, 天下之至輕者也. … 擧其性內, 則雖負萬鈞而不覺其重也. 外物寄之, 雖重不盈錙銖, 有不勝任者矣. 爲內, 福也. 故福之至輕, 爲外, 禍也. 故禍至重, 禍至重而莫之知避, 此世之人迷也.(《장자주》)

모두 인간을 위해 존재하고 인간은 멋대로 사용해도 된다고 생각하는 것이다. 이는 인간만이 하나님의 형상을 닮은 영을 가지고 있다는 기독교 사고방식에서 나온 것인데, 자연과 <더불어 하나>되어 인간은 그 자연의 일부에 불과한 것이라고 생각하는 농경민족 중국인들의 사고방식과는 다르다고 할 수 있다. 바위와 돌과 나무가 자연의 일부분이듯이 우리 인간도 자연의 일부분인 것으로 보는 것이다. 인간은 자연의 일부분이고 인간이 가야할 길 역시 자연의 길과 다르지 않다고 본다.

〈인물이 중심이고 자연이 배경인 밀레의 〈만종〉〉

〈자연이 중심이고 사람은 바위 나무 물처럼 자연의 일부분으로 조그마하게 그려진 중국 산수화〉

2) 탈속 은둔문화

중국에서 탈속 은둔문화가 굉장히 발전하였다. 중국의 옛 선인들은 이 지상에서 정결한 곳을 찾아가서 정결하게 생활하는 것을 추구하였다. 이것이 바로 탈속 은둔문화를 낳은 것인데, 중국에서는 이런 은둔문화가 크게 성행하였으며, 이를 추구한 은자 은사들은 수도 없이 많았다. 그들은 언젠가는 죽을 수밖에 없고, 또한 속된 욕망과 시기심으로 가득 찬 이 속된 현실을 벗어나, 성스럽고 정결하게 살고자 하였다.

제정일치 시대엔 제왕 이하 모든 신하들이 성스러운 무적巫的 성격의 소유자였다. 그들은 모든 정치 행위를 신탁을 통해 얻은 신의神意에 의해 하는 신정정치를 행하였다. 그 때는 그들이 사는 곳이 바로 신이 주관하는 성지聖地요, 그들의 정치는 성정聖政이니, 자신이 사는 곳을 속되다고 여겨 그 곳을 벗어나서 탈속 은둔하려는 경향은 있지 않았다. 그러나 후대에 차츰 차츰 제정이 분리되기 시작하면서부터, 신정정치를 벗어나 정치가 관료화되기 시작하는데, 이에 정치에 신성성이 사라지는 것을 속이라 깔보고, 자신은 이런 속된 세계에서 벗어나(탈속) 정결한 곳(속세의 티끌이 묻지 않는 심산유곡 같은 자연 속)에 은거하여, 성스러운 가계에서 내려오는 무적巫的 정결함을 유지하며 정결하게 살고자하는 무리가 생기니, 이들이 바로 중국의 초기 은자들인 것으로 여겨진다. 중국에서 은자들의 발생은 제정이 분리되기 시작하면서 나타나기 시작하는 것으로 여겨지는데, 그들은 정결성을 유지하며 속화되기를 기부하고, 관료화되어 신성성이 사라진 당시의 정치를 속되다고 비난하면서, 지상의 정결한 곳을 찾아 정결하

〈초사를 지은 애국시인 굴원도 속된 정치를 벗어나 탈속 은둔하려고 한 은자이다.〉

게 살고자했던 듯하다. 제정의 말기 내지는 막 제정이 분리되기 시작한 나라로 여겨지는 초楚에서, 미자鬻子, 견자涓子, 노래자老萊子, 계관자鶡冠子[46], 접여接輿, 장저長沮, 걸익桀溺[47], 첨하詹何[48], 북곽선생北郭先生[49], 강상노인江上老人[50], 회봉인繪封人[51] 등의 수많은 은자가 나왔음을 이를 잘 증명한다 할 것이다.[52] 굴원屈原과 그가 본받으려고 했던 은의 대부 팽함彭咸, 그리고 은의 마지막 충신이라고 하는 수양산에 은거하다 죽은 백이伯夷 숙제叔齊도 종교적인 의미에서 보면, 모두 무적 정결함을 유지하며 정결하게 살려고 했던 은자들이라 할 수 있다.[53] 이는 서양의 고 중세시대 천하를 떠돌며 시를 읊조린 이른바 음유시인이란 무리들도, 이와 유사한 성격의 무리가 아닌가 한다.

중국에서 탈속 은둔문화의 정결성 추구가 하나의 철학으로 까지 정화된 대표적인 사상으로 도가사상을 들 수 있다. 노자나 도가의 추종자들은 현실을 속되다고 매도하면서 자신들은 자연에 은거하여 정결하게 살고자한 은자적 성격의 소유자들이라 할 것이다. 이들 은자들은 일반적으로 정결한 곳에 은거하여 정결한 것만 섭취하고 정결하게 행동하여, 영생불사했거나 적어도 불노장생했다고 믿어져 왔다. 그러나 이런 은둔문화의 본격적인 성행은 위진남북조 이후를 기다려야 했다. 이는 한대에는 지상에서 신계神界에서처럼 영생불사할 수 있다는 믿음이 있었고, 또한 당시는 제왕들의

46)《漢書 藝文志》참조.

47)《論語 微子篇》에 보임.

48)《列子 湯問篇》과《同 說符篇》그리고《韓非子 解老篇》에 보임.

49)《韓詩外傳》권9에 보임.

50)《呂氏春秋 異寶篇》에 보임.

51)《荀子 堯問篇》에 보임.

52) 졸고 <楚辭의 巫歌的 性格 考察> 참조.

53) 伯夷 叔齊는 은의 마지막 遺臣으로, 그들은 周의 속된 정치에 참가하는 것을 거부하고, 자신들의 정결성을 그대로 유지하기 위해 수양산에 은거한 것이라고도 할 수 있다.

절대적인 신적 권위에 의한 신권통치가 행해졌던 성정聖政의 시대였기 때문에, 당시 한에서는 지상의 현실 세계를 벗어나려고 하는 본격적인 은둔문화가 유행치 않았던 것이다. 그러나 지상에서의 영생불사에 대한 믿음도 사라지고, 신권통치도 사라진 위진남북조 이후부터, 이 지상에서 영생불사할 수 있는 신국神國 건설에 대한 믿음이 사라져, 이 속된 현실을 벗어나 은둔하려는 생각이 크게 성행하기 시작하는 것으로 여겨진다. 중국인들은 후한 중엽 내지는 말부터 지상 세계에서 영생불사할 수 없다는 것을 차츰차츰 깨닫기 시작한다.[54] 이처럼 지상 세계에서 성聖스러워질 수 없다는 믿음은 두 가지 경향을 낳게 되는데, 그 하나는 내세에서 영생을 추구하는 진정한 의미의 종교(도교, 불교)를 낳게 하고, 또 다른 하나는 지상 세계에서 성聖스럽고 정결한 곳을 찾아가는 경향을 낳게 된다.

위진남북조 이후 중국인들이 지상에서 더불어 하나 될 수 있는 정결한 곳을 발견했으니, 그 곳이 바로 속세의 티끌이 묻지 않은 자연이나. 그래서 그들은 항상 탈속하여 정결한 자연과 더불어 하나 되어 살고자 열망했고, 또한 그 속스럽지 않고 정결한 자연을 읊조리며 찬양한 이른바 자연시 산수시 전원시 부류의 작품들을 수없이 지어왔다. 중국문학에서처럼 이렇게 자연을 많이 읊은 문학도 전 세계문학사에서 별로 없는 듯한데, 이는 중국인들이 정결성을 '극도로 추구[55]'하였기 때문에, 정결함의 상징인 자연을 이렇게 많이 읊은 것이라 여겨진다. 자연을 묘사하고 그 자연과 더불어 하나 되어 살기를 바라면서 읊은 이른바 자연시 산수시 전원시 부류는, 현실 세

54) 전한에서는 영생불사를 추구한 사람들이 횡행했지만, 후한에 접어들면서부터 이에 회의를 느끼는 사람이 등장하기 시작한다. 후한 말의 작품인 古詩 19首를 비롯한 많은 고시에서, 영생불사란 이루어질 수 없는 것이니 그냥 술이나 마시며 즐기자는 작품이 등장하는 것으로 보아, 후한에 들어와서 영생불사의 추구가 한낱 헛된 것이라고 회의하는 사람들이 나타나는 시작하는 것이다.

55) 중국은 淨心에의 추구가 극도로 발달하였는데, 중국인은 서구인 보다가 마음을 정결하게 하는 것을 극도로 추구하였다.

계를 속세라 보고 그 속세를 벗어나(탈속하여) 정결한 자연과 일체가 되어 노닐고자 하는 중국인들의 욕망에서 나온 것이다. 이런 시들이 위진남북조 이후 본격적으로 지어지기 시작하는 것은, 근본적으로 후한 시대 때부터 현실 세계에서 성聖스러워질 수 없다(영생불사할 수 없다)는 자각으로 말미암아, 그 후 현실 세계에서 성스러운 곳을 찾으려는 노력의 결과 때문이라 여겨진다.

중국의 자연시 부류는 낙향을 했거나 유배를 당했거나 하여, 자의건 타의건 간에 현실 정치생활과 멀어졌을 때, 시인들에 의해 많이 읊어졌다. 또한 설사 관직에 있어 현실정치에 참여하는 경우라 할지라도, 일상적인 현실 삶에서 벗어나 여유를 가질 때, 이런 자연시 부류를 많이 지었다. 그들은 속세를 벗어나 자연에 은거한 은자같은 기분으로, 속스럽지 않고 정결한 자연을 읊조린 것이다. 특히 중국에서는 사회적 혼란기에(속된 정치가 극에 달했을 때), 탈속하여 정결한 자연에 은거하며 은자처럼 살고자하는 경우가 많았다. 서진西晋의 혼란기에 많은 지식인들이 정결한 자연에서 복약구선服藥求仙하면서 현실에 초연 방달한 태도를 지녔고, 속스럽지 않은 현리玄理를 주제로 청담淸談의 기풍이 크게 일었던 것이 그 예가 된다 할 것이다.

위진남북조 시대부터 현실 삶을 속세라 매도하고 탈속하여 은둔하려는 경향이 본격화된다. 이는 현실세계에서 영생불사 불로장생할 수 있다는 한대인들의 믿음이 깨어졌고 또한 도가 도교의 영향이 본격화되어 현실을 벗어나 정결한 자연에 은거하려는 사고방식이 보편화되었기 때문이라고 여겨진다. 그들은 자연에 은거하여 탈세속적인 현담玄談이나 나누며 정결하게 살고자 했으니 그 대표적인 인물들이 바로 죽림칠현이라고 할 수 있다. 그들은 당시 사회를 풍자하고 방관자적인 입장을 취하였으며 정치와는 무관하게 행동했다. 그 중 유명한 7인을 죽림칠현으로 부르는데 그들의 이름은 완적阮籍 혜강嵇康 산도山濤 향수向秀 유영劉伶 완함阮咸 왕융王戎이다. 그들은 개인주의적 무정부주의적인 노장사상을 신봉하여 지배권력

〈속세를 벗어나 산속에 은둔해 산 죽림칠현. 이들 은자들은 현담玄談이나 나누며 고상하게 살았다.〉

이 강요하는 유가적 질서나 형식적 예교禮敎를 조소하고 그 위선을 폭로하기 위하여 상식에 벗어난 언동을 하기도 하였다. 노신魯迅은 그들의 도피적 처세술이나 기교奇矯한 행동이 정치적 압력에 대한 소극적 저항을 표시한 것이라고 지적하고 있다. 그들이 그룹을 형성한 것은 일시적인 것이고 결국 집권자에게 죽음을 당하거나, 타협하여 관계로 돌아가거나 하여 모두 흩어졌지만, 그 풍부한 일화는 그 후《세설신어世說新語》등 인물평론이나 회화의 좋은 제재가 되었다.

또한 이때부터 자연과 전원에 은거하며 그것을 찬양하고 읊은 전원시와 자연시 산수시가 본격적으로 지어지기 시작한다. 도연명의 전원시와 사령운 등의 산수시가 대표적이라고 할 수 있다. 그 이전 한대에는 전원시 자연시 산수시가 지어지지 않았었다. 이 탈속 은둔의 은자 은둔사상은 또한 정결성의 추구와 정심淨心에의 추구와도 관련이 깊다 하겠다. 그들은 세속적인 이야기는 전혀 나누지 않고 현리玄理만 나누었다. 당시 이런 도가학파를 현학玄學이라고 불렀다.

공사도 자신의 뜻을 이룰 수 있으면 벼슬자리에 나가고 그렇지 않으면 물러나 은둔하라고 하고 있다. 임금에게 충언을 간언하여도 끝내 듣지 않으면 용퇴하여 제 몸을 깨끗이 하여야 한다고 했다.

훌륭한 신하라고 함은 도로서 군주를 섬긴다. 불가하면 그만둔다.[56]

나라에 도가 있으면 벼슬하고, 나라에 도가 없으면 뜻을 거두어 가슴에 묻는다.[57]

쓰이면 나아가 행하고 버리면 들어와 숨는다.[58]

천하에 도가 있으면 드러내고, 도가 없으면 은거한다.[59]

옛 중국 지식인들은 벼슬자리 나아가 자신의 뜻을 펼칠 수 있으면 입신양명하고, 그렇지 못하면 낙향하여 은둔하며 명철보신明哲保身했었다. 그들은 자연에 은거하며 낚시질하고 후학들을 가르치며 자연을 즐기면서 임금이 다시 불러줄 때를 기다리기도 했다. 그들은 벼슬에 나아갈 때는 유가적인 삶을, 물러날 때는 도가적인 탈속 은둔의 삶을 산 것이다.

3) 자연 질박質朴 고졸古拙과 평담의 삶 중시

서구 기독교문화권에서는 모든 사람들이 위로 하나님의 나라인 하늘로 올라가고자 한다. 이 지상에 소망을 두는 것이 아니라, 저 천국에 모든 소망을 두는 것이다. 성당의 첨탑은 위로 뾰족하면 할수록 더욱 좋다. 또한 과거의 에덴동산은 사라지고 미래에 언젠가 우리의 구세주 우리의 메시아 예수님이 이 지상에 재림하여 지상의 모든 악의 무리를 쓸어버리고 지상천국을 이룩할 것이라고 믿는 서구인들은 미래에 소망을 두는 미래지향적인

56) 所謂大臣者, 以道事君, 不可則止.過猶不及.(《논어 先進》)

57) 邦有道, 則仕. 邦無道, 則可卷而懷之.(《논어 衛靈公》)

58) 用之則行, 舍之則藏.(《논어 述而》)

59) 天下有道則見, 無道則隱.(《논어 泰伯》)

특징을 가지고 있다. 이런 하나님의 세계인 천국과 미래에 대한 무한한 소망으로 말미암아 서구문화는 한마디로 고상함과 장엄함 그리고 우아함과 거룩함(聖)을 그 특징으로 하고 있다. 그들은 하나님의 세계인 천상의 고상함과 우아함 그리고 거룩함(聖)을 노래하고 찬양하며 또한 그리고 조각하며 건축한다. 한 마디로 기독교의 영향으로 서구문화는 기본적으로 고상하고 우아하며 장엄하고 화려하며 거룩하다. 서구인들은 모든 소망을 예수님이 재림하는 미래에 두고 있다. 고로 기독교문화는 미래지향적이고 진취적이다. 20세기 들어와 미래지향적이고 진취적인 기독교문화를 기반으로 하여 발생한 서구문화가 다른 지역문화를 누르고 우위를 점하는 이유도 여기에 있다고 여겨진다. 서구문화가 중동의 이슬람문화나 인도문화, 중국을 위시한 동양문화, 그리고 아메리카 대륙의 인디언문화나 아즈텍문화 잉카문화 그리고 아프리카의 문화를 누르고 전 세계 우위를 점하는 이유도 예수의 재림을 바라며 미래에 모든 소망을 두고 미래지향적이고 개척적이며 진취적인 사고를 한 것에 그 원인이 있는 것으로 보인다.

그러나 흙과 자연과 <더불어 하나>되어 수천 년의 삶을 살아온 정통 농경민족 중국인들은 인위적이지 않는 있는 그대로의 자연스러움을 최고로 여기고 있다. 시나 그림이나 조각 등에도 자연스러움과 질박質朴함 그리고 고졸古拙과 평담을 중시한다. 문학작품이나 그림 붓글씨에 대한 비평에서 자연스럽다는 것이 최고의 찬사로 여겨지기도 한다. 《노자 45장》에서 노자는 "아주 교묘한 것은 서툰 것 같고, 탁월한 언변은 어눌한 것 같다."(大巧若拙, 大辯若訥.)라고 하고 있다. 인위적이지 않는 자연스러움과 질박 고졸함과 평담함을 농경민족 중국인들은 미적으로 추구하여 온 것이다.

〈화려하고 우아한 것이 아니라 자연스럽고 질박한 중국 도자기 그릇. 농경민족은 자연스럽고 질박하며 古拙하고 평담한 것을 숭상했다.〉

시에 있어서도 서구시는 청순발랄하고 순진무구하고 상쾌한 느낌을 주는 청춘남녀간의 사랑을 읊조린 연애시가 다수를 이룬다면, 중국은 자연스럽고 평담한 느낌을 주는 자연시 전원시 산수시가 주류를 이룬다. 또한 서구 귀족들은 고상하고 우아한 느낌을 주는 발레나 오페라 궁중무용 클래식음악 등을 즐겼지만, 옛 중국인들은 자연과 산수를 거닐면서 시를 읊조리는 것을 즐겼다. 또한 그들은 자연에서 혹은 누대에서 술을 마시며 시회를 열어 시를 서로 수창酬唱하기도 하며 그것을 즐겼다. 서구 귀족들은 골프 승마 사냥 등의 고상한 스포츠를 즐겼다면, 중국 사대부들은 고요히 혼자 시냇가나 강가에서 낚시를 드리우며 세월을 보내는 것을 즐겼다. 또한 그들은 바둑을 두고 차를 마시며 한담하거나, 혹은 붓글씨를 쓰거나 4군자를 그리고, 기공을 하거나 단전호흡을 하는 등 정적인 고요함을 즐기며 정신 수련을 하기도 했다. 서구문화가 고상함과 우아함 장엄함과 성스러움을 추구했다면, 중국문화는 자연스러움과 평담함 질박함 그리고 정적인 것과 정신수양을 많이 추구했다. 이는 천상天上과 미래를 중시하는 서구의 기독교문화와 자연을 중시하는 중국의 농경문화와의 차이에서 오는 결과가 아닌가 한다.

〈고상하고 장엄하며 우아하고 거룩한 유럽 성당 모습. 천상의 신을 갈구하는 기독교문화가 만들어 낸 현상이다.〉

4) 물, 여성, 영아철학으로서의 도가

(1) 물

도가에서는 물의 덕을 칭송하고 있다. 인류학적인 입장에서 볼 때 불은 남성적이라고 할 수 있지만, 물은 여성적 성향이라고 할 수 있다. 물은 높은 곳에서 낮은 곳으로 흘러 자신을 항상 낮추지만 그러나 모든 만물을 적셔주어 풍요롭게 한다. 그러나 물은 자신의 덕을 한 번도 드러내어 자랑한 적이 없다. 농경민족 중국인들은 항상 물의 덕을 본받으려고 했다. 성인聖人은 물과 같은 존재이고, 성인의 사귐은 물과 같아야 한다고 했다. 지극한 선함은 물과 같다(上善若水)고도 했다. 농경사회에서 물은 생명 그 자체인 것이다. 물(비)이 없으면 농사를 짓지 못한다. 또한 물은 시냇물 강물 바닷물로 증발하여 구름이 되었다가 다시 비로 내려 시냇물 강물 바닷물로 자연의 대 순환계를 따라 끊임없이 순환 회귀(歸)하며 온갖 만물을 적셔 풍요롭게 만든다. 농경문화 지역에서 물은 온갖 만물을 길러내는 생명의 원천인 것이다.

상선약수上善若水에서 상선上善이란 이상적인 생활의식을 제시해 준다. 가장 이상적인 생활을 살아가려면 물의 형태로 살아가라는 것이다. 물은 모든 만물에 생명을 주고 성장케 하며, 아주 낮은 곳에 이르기 까지 한다. 물은 네모난 그릇에 담으면 네모의 모양이 되고, 둥근 그릇에 담으면 모양이 둥글게 된다. 물은 자신의 모습을 고정시키지 않고 항상 변화를 가능하게 함으로써 상대방을 거스르는 일이 없으며, 그 어떤 모양으로도 바뀌는 유연성을 가진다. 《노자 8장》에 물의 덕에 관해 설명하기를,

> 최고의 선은 물과 같다. 물은 만물을 이롭게 하면서도 다투지 않고 뭇 사람들이 싫어하는 곳에 머무니 고로 도에 가깝다. (이런 물과 같은 덕을 가진 사람은) 낮은 땅에 거하기를 좋아하고, 마음씀이 깊은 것을 좋아하며, 배품에 어짐을 좋

아하고, 말에 신실함을 좋아하며, 다스리는 것에 간소함을 좋아하고, 일처리에 능력을 좋아하며, 행동에 때에 맞는 것을 좋아한다. 무릇 오직 다투지 않으니 고로 허물이 없는 것이다.[60]

"최고의 선은 물과 같다. 물은 만물을 이롭게 하면서도 다투지 않고 뭇 사람들이 싫어하는 곳에 머무니 고로 도에 가깝다."고 하고 있고, "무릇 오직 다투지 않으니 고로 허물이 없는 것이다."라고 하고 있다. 이런 물의 덕을 본받아 사람은 "낮은 땅에 거하기를 좋아하고, 마음씀이 깊은 것을 좋아하며, 배품에 어짐을 좋아하고, 말에 신실함을 좋아하며, 다스리는 것에 간소함을 좋아하고, 일처리에 능력을 좋아하며, 행동에 때에 맞는 것을 좋아해야 한다."는 것이다. 물의 덕을 본받자는 것이다.

또한 물은 항상 위에서 낮은 곳으로 흘러간다. 물은 위에서 흘러내려 아래로 흐르면서 아주 낮은 곳에까지 이르게 되는데,[61] 이것은 물의 존재처럼 겸손함을 보여주는 것이다. 또 물은 부드러움을 가지고 있는 한편으로 강함을 지니고 있다. 물은 홍수를 내어 세상을 집어 삼키고, 세상의 모습을 변하게 만든다. 이처럼 세상에 물처럼 약하고 부드럽고 유연한 것이 없고, 또 한편으로 물만큼 굳세고 강한 것도 없으며, 또 그렇게 겸손한 것도 없다. 모든 것이 자연스레 흐르면서 여러 가지 덕을 지니는 물처럼 살아가는 것이 도가사상에서의 이상적 삶의 과정으로 여기는 이유이다.

천하에 물보다 유약한 것이 없지만, 굳세고 강한 것을 공격하는데 물보다 나은 것이 없다. 그것으로 물을 바꿀 수 없기 때문이다. 약한 것이 강한 것을 이기고, 부드러운 것이 굳센 것을 이긴다.[62]

---

60) 上善若水. 水善利萬物而不爭, 處衆人之所惡. 故幾於道. 居善地, 心善淵, 與善仁, 言善信, 政善治, 事善能, 動善時, 夫唯不爭, 故無尤.

61) 川谷之與江海.(《노자 32장》)

62) 天下莫柔弱於水, 而攻堅强者莫之能勝. 以其無以易之, 弱之勝强, 柔之勝剛.(《노자 78장》)

(물은) 만물을 이롭게 하지만, 다투지 않는다.[63]

땅은 만물의 본원本原이고. 뭇 생명의 근원이다. 아름답고 추하고 현명하고 못나고 어리석고 영리한 것이 생겨나는 곳이다. 물은 땅의 피이니, 마치 혈맥이 통하는 것과 같다. 고로 물은 완전무결한 재질을 갖추고 있다. … 물은 천지간에 모여 만물 속에 들어 있고, 산에서 생겨나 온갖 생명체 안에 들어차니 고로 수신水神이라고 부른다. 물은 초목에 모여 뿌리를 뻗게 하고, 꽃을 활짝 피우고, 열매를 많이 영글게 한다. 또 동물에 흡수되어 몸을 살찌우고, 깃과 털을 풍부하게 하고, 색깔과 모양을 선명하게 만든다. 만물은 저마다 각각의 잠재력을 다 발휘하여 정상상태로 자라게 하는 것은 만물 속에 물이 차있기 때문이다.
인간도 물이다. 남녀의 정기가 합쳐지면 물이 형체에 흐른다. .. 그래서 물(정액)이 옥玉에 모여 구덕九德(仁, 知, 義, 行, 潔, 勇, 精, 容, 辭의 아홉 가지 덕)이 생기고, 응결하여 사람이 되고, 구규九竅(생리기관의 아홉 구멍)와 오려五慮(다섯 가지 사유 활동)가 생긴다. 이것이 바로 그 정기(精)이다. 그리면 완전무결한 재질이란 무엇인가? 물이 바로 그것이다. 만물 치고 물에 의하지 않고 생긴 것은 하나도 없은 즉, 이 이치에 의탁할 줄 아는 사람만이 올바로 도모할 수 있다. … 대체로 제齊나라의 물은 빠르고 선회하기 때문에 그 백성은 탐욕스럽고 거칠고 용맹을 즐긴다. 초楚나라의 물은 잔잔하고 맑기 때문에 그 백성은 경박하고 요사스럽다. 월越나라의 물은 탁하고 텁텁하기 때문에 그 백성은 질투심이 많고 우둔하다. 진秦나라의 물은 달짝지근하고 정체되고 잡스럽기 때문에 그 백성은 탐욕스럽고 사납고 몽매하며 일 벌리기를 좋아한다. … 따라서 성인聖人이 세상을 교화하는 관건은 물에 있다. 즉 물이 순수하면 인심이 바르고 물이 맑으면 민심이 평온하다. 민심이 바르면 욕망이 방종하지 않고, 민심이 평온하면 행실이 사특하지 않다. 그러므로 성인이 천하를 통치할 때 모든 사람에게 일일이 알리고 집집마다 유세하지 않았어도 되었던 것은 그 해결책이 물에 있었기 때문이다.[64]

---

63) 利萬物而不爭.(《노자 8장》)

64) 地者, 萬物之本原. 諸生之根源也. 美惡賢不肖愚俊之所生也. 水者, 地之血氣, 如筋脈之流通者也. 故曰, 水具材也. … 集於天地, 而藏於萬物, 產於金石, 集於諸生, 故曰水神. 集於草木, 根得其度, 華得其數, 實得其量. 鳥獸得之, 形體肥大, 羽毛豐茂, 文理明著. 萬物莫不盡其幾, 返其常者, 水之內度適也. 人, 水也. 男女精氣合而水流形. … 是以水集於玉, 而九德出焉. 凝蹇而爲人, 而九竅五慮出焉. 此乃其精也. … 是故具者何也? 水是也. 萬物莫不以生, 惟知其託也, 能爲之正. .. 夫齊之水遒躁而復, 故其民貪而好勇. 楚之水淖弱而淸, 故其民輕果而賊. 越之水濁重而洎, 故其民愚疾而垢. 秦之水泔㝡而稽, 於滯而雜, 故其民貪戾

물은 만물의 근원이요 모든 생명의 원천이라는 것이다. 치수治水가 치세治世의 핵심이라는 말이다. 치세를 잘하려면 민심을 얻어야 하고, 민심을 얻으려면 물을 개량해야 한다는 뜻이다. 지금도 "물맛이 좋은 곳에 인심도 순하다."는 말이 있다. 물은 농경민족에게 너무나 중요한 것이며 생명 그 자체이다. 그들은 물 좋은 곳에 살고자 했고, 또한 물처럼 살고자 했다. 항상 물의 덕(물의 특성)을 본받고자 했다.

물은 만물을 이롭게 하지만, 한 번도 자신의 공을 자랑하거나 내세우지 않는다. "(물은) 공을 이루어도 그곳에 머물지 않고"(功成而不居《노자 2장》), "공이 이루어져도 가지려고 하지 않으며"(功成而不有《노자 34장》), "공을 이루고도 몸이 물러난다."(功遂身退《노자 9장》)는 것이다. 그러나 이에 반해 중국에서 불꽃처럼 살다 가라는 충고는 없다.

〈물은 항상 높은 곳에서 낮은 곳으로 흐르며 자기를 낮추지만 만물을 윤택하게 한다. 상선약수上善若水이다. 농경민족 중국인들은 항상 물의 성질을 본받으려고 했다.〉

罔而好事 … 是以聖人之化世也. 其解在水. 故水一則人心正, 水清則民心易. 一則欲不汚, 民心易則行無邪, 是以聖人之治於世也, 不人告也, 不戶說也, 其樞在水.

(2) 여성

천하의 지극한 부드러움이 천하의 지극한 견고함을 쳐부순다.[65]

유약한 것이 도의 작용이다. 천하 만물은 유有에서 생겨나지만, 유有는 무無에서 생겨난다.[66]

유약한 것이 강한 것을 이긴다.[67]

굳세고 강한 것은 죽음의 무리이고, 유약한 것은 삶의 무리이다.[68]

살아있는 것은 부드럽고, 죽은 것은 딱딱하다.[69]

온화하고 약함과 겸하謙下의 덕목을 표방하고, 마음을 비우고 만물을 훼방하지 않는다는 것을 실질로 삼았다.[70]

계곡의 신(谷神)은 죽지 않는데, 이를 현묘한 암컷(玄牝)이라고 말한다. 현묘한 암컷의 문 이를 천지의 뿌리라고 말할 수 있다. 면면이 이어져 존재하는 것 같으니, 그것을 씀에 무궁하다.[71]

숭고한 덕은 계곡과 같다.[72]

큰 나라는 하류의 바다와 같다. 천하의 암컷(牝)으로 천하 모든 것이 모이는 곳이다. 암컷은 항상 고요함으로 수컷을 이긴다. 고요함으로 아래에 머물 수 있기 때문이다.[73]

---

65) 天下之至柔, 馳騁天下之至堅.(《노자 78장》)

66) 弱者道之用. 天下萬物生於有, 有生於無.(《노자 40장》)

67) 柔弱勝剛强 (《노자 36장》)

68) 堅强者死之徒, 柔弱者生之道.(《노자 76장》)

69) 人之生也柔弱, 其死也堅强.(《노자 76장》)

70) 以濡弱謙下爲表, 以空虛不毁萬物爲實 (《장자 천하편》)

71) 谷神不死, 是謂玄牝. 玄牝之門, 是謂天地根. 綿綿若存, 用之不勤.(《노자 6장》)

72) 上德若谷.(《노자 41장》)

73) 大國者下流, 天下之牝, 天下之交也. 牝常以靜勝牡, 以靜爲下. (《노자 61장》)

부드럽고 유약한 것은 여성성을 말하고 있다. 계곡의 신(谷神)과 현묘한 암컷(玄牝)은 여성과 자궁을 의미한다. 여성과 자궁은 모든 천지자연 만물을 낳는 본체이다. 이 현묘한 암컷은 만물을 낳고 낳는 것을 멈추지 않는다. 앞에 예를 든 "천하 만물은 유有에서 생겨나지만, 유는 무無에서 생겨난다."(天下萬物生於有, 有生於無.)고 한 《노자 40장》에서의 무無의 의미는 안이 텅 비어있지만 모든 것을 생산해내는 여성의 자궁을 의미하기도 한다. 계곡(谷)과 텅 빔(虛) 역시 여성성을 상징한다. 그리고 계곡은 모든 내와 하천의 물을 받아들여 포용력이 크다. 위대한 모성성을 노자는 중시한 것이다. 그는《노자 4장》에서 도를 표현하기를,

> 도는 텅 비어 있는 것 같은데 그것을 씀에 그침이 없으니, 깊도다! 만물의 근원 같으니, 깊도다! 혹 있는 것 같으나 나는 누구의 아들인지 모르겠으니, 하느님보다 먼저였던 것 같다.[74]

위 내용은 여성의 자궁을 표현하고 있는 듯하다. 여성의 자궁은 안이 텅 비어 있으나 그 씀에 그침이 없고 또한 만물의 근원이라는 것이다. 하느님(帝)보다 먼저 옛부터 있어왔다고 표현하고 있다. 도는 천지보다 먼저 생겨난 것으로 만물을 낳는 근원이다. 이는 여성의 자궁과 같다. 도는 텅 비어(虛) 있는 것이 역시 여성의 자궁과 같은 것이다. 또한 계곡을 숭상한다. 계곡 역시 여성성을 상징한다.

> 그 숫컷됨을 알고 그 암컷됨을 지키면 천하의 계곡이 될 수 있다. 천하의 계곡이 되면 항상 덕이 떠나지 않고 영아로 돌아갈 수 있다. 그 밝은 것을 알고 그 어두운 것을 지키면 천하의 법도가 된다. 천하의 법도가 되면 항상 덕이 어긋나지 않아 무극無極(끝이 없는 상태)으로 돌아간다. 그 영화로움을 알고 그 욕됨을 지키면 천하의 골짜기가 된다. 천하의 골짜기가 되면 항상 덕이 이에 족

74) 道冲而用之或不盈, 淵兮! 似萬物之宗, 湛兮! 似或存, 吾不知誰之子, 象帝之先.

하여 질박한 상태로 돌아갈 수 있다.[75]

계곡이 되고 골짜기가 되면 항상 덕이 떠나지 않고 족하여 영아로 돌아갈 수 있고 질박한 상태로 돌아갈 수 있다는 것이다. 계곡(谿)과 골짜기(谷)은 여성성을 상징한다. 계곡과 골짜기는 또한 모든 만물을 낳는 모체가 된다.

(3) 영아 소국과민小國寡民

정신을 쓰면서도 하나(一)를 껴안아 (그러한 상태를) 떠나지 않을 수 있을까? 정기를 전일專一하게 하여 유순함에 이른다면, 갓난아이의 상태와 같지 않을까?[76]

두터운 덕을 지닌 사람은 갓난아이에 비유할 수 있다. 벌 전갈 독사도 그를 물지 않고, 사나운 새나 맹수도 그를 덮치지 않는다. 그의 뼈와 살은 부드럽지만 힘은 오히려 세고, 암컷과 숫컷의 교합은 모르지만 생식기가 저절로 일어나는 것은 정기가 충만하기 때문이다. 종일 울어도 목이 쉬지 않으니, 이것이 조화의 지극함이다.[77]

노자는 갓난아이 상태로 돌아가라고 하고 있다. 갓난아이는 원시농경사회에 해당한다. 그것을 노자는 소국과민(조그마한 나라에 적은 백성)이라고 표현하고 있다.

나라를 작게 하고 백성들을 적게 하자. 많은 도구가 있어도 사용하지 말게 하고, 백성들이 죽음을 중히 여겨 멀리 옮겨가지 않도록 하자. 비록 배와 수레가 있어도 그것을 타지 않고, 비록 갑옷과 무기가 있어도 그것을 펼치지 않도록 하자. 백성들로 하여금 다시 노끈을 매어 문자로 사용하게 하자. 그 음식을 달

75) 知其雄, 守其雌, 爲天下谿. 爲天下谿, 常德不離, 復歸於嬰兒. 知其白, 守其黑, 爲天下式. 爲天下式, 常德不忒, 復歸於無極. 知其榮, 守其辱, 爲天下谷. 爲天下谷, 常德乃足, 復歸於樸.(《노자 28장》)

76) 載營魄抱一, 能無離乎? 專氣致柔, 能如嬰兒乎?(《노자 10장》)

77) 含德之厚, 比於赤子. 蜂蠆虺蛇不螫. 攫鳥猛獸不搏. 骨弱筋柔而握固, 未知牝牡之合而朘作, 精之至也. 終日號而不嗄, 和之至也.(《노자 55장》)

게 먹고, 그 옷을 곱게 입고, 그 집에 편히 살며, 그 일과를 즐기게 하면, 비록 이웃나라가 바로 보이고, 닭과 개짓는 소리 들려오더라도 백성들은 늙어 죽을 때까지 서로 왕래하지 않을 것이다.[78]

이동하지 않고 정착하여 사는 소박한 농경사회를 가장 이상적인 사회로 묘사하고 있는 것이다. 또한 백성을 영악하게 만들지 말고 우둔 소박하게 만들어야 하며, 지모智謀로 나라를 다스리지 말아야 한다고 했다.

옛날의 도를 지키고 나라를 다스리는 사람은 백성들을 영악하게 만들지 않고 도리어 우둔 소박하게 만들었다. 그러므로 지모로 나라를 다스리는 것은 나라를 해치는 것이요, 지모로 나라를 다스리지 않는 것이 복이다.[79]

그래서 성인은 욕심내지 말아야 할 것에 욕심내지 않고, 얻기 어려운 재화를 귀하게 여기지 않으며, 배우지 않아야 할 것을 배워 뭇 사람들의 잘못을 되돌려 주지 않고, 만물이 스스로 그러하도록 돕되 감히 작위하지는 않는다.[80]

---

78) 小國寡民. 使有什伯人之器, 而不用, 使民重死, 而不遠徙. 雖有舟輿, 無所乘之. 雖有甲兵, 無所陳之. 使民復結繩而用之. 美其服, 安其居, 樂其俗. 隣國相望, 鷄犬之聲相聞, 民至老死不相往來.(《노자 80장》)

79) 古之善爲道者, 非以明民, 將以愚之. 民之難治, 以其智多. 故以智治國, 國之賊. 不以智治國, 國之福.(《노자 65장》)

80) 是以聖人欲不欲, 不貴難得之貨, 學不學, 復衆人之所過, 以輔萬物之自然, 而不敢爲.(《노자 64장》)

8. 천인합일天人合一사상(자연(天)과 <더불어 하나> 되는 삶)

1) 자연(흙)과 <더불어 하나>된 농경일지적 삶과 월령月令

고대에는 봄철에 집단 혼례를 행한 경우가 많았는데, 이는 모든 만물이 봄에 소생하는 고로, 그런 자연 현상을 그대로 '모방'하여 생산하려는 이유 때문이었다. 또한 고대 중국의 젊은 부부들은 봄에 안개가 자욱하게 끼고 비가 오는 날 새벽에, 들판에 나가 성행위를 하였다는 거의 시작인 기록이 《예기》에 전해져 온다. 이는 풍요의식의 일종으로, 하늘이 땅에게 비를 내려 만물을 소생시키듯이, 그런 자연 현상을 그대로 '모방'하여 성력이 왕성한 젊은 남편이 젊은 아내에게 정액을 내려준다. 그들은 자연 현상을 그대로 '모방'한 이런 풍요의식을 거행함으로써, 봄철에 곡식의 풍요를 기원했던 것이다. 이런 행위는 무속에서 전형적으로 보이는 모방주술의 일종이라 할 수 있다.

고대 중국에서는 궁궐의 위치를 정하는데도, 북두칠성의 별자리 모양 즉 국자 모양을 그대로 '모방'하여 여러 궁궐 건물들의 위치를 배치하였다. 또한 하늘의 축 혹은 핵심으로 여긴 북극성을 그대로 '모방'하여, 고대 천자는 지상에서 축의 역할을 하였다. 하늘에서 북극성이 모든 별들의 중심에 있고 뭇 별들이 북극성을 중심으로 회전하듯이, 지상에서 천자들은 모든 사람들의 중심에 서서 지상의 모든 현상을 제어하는 중심으로서의 역할을 한 것이다. 또한 천자가 거주하는 수도는 천상의 북극성을 그대로 '모방'하여 만들었었다.[1]

---

1) 이상 케언즈의《동양과 서양의 만남》- 우주와 인간 역사의 목표와 의미 - 제 8장 <중국 사상

그럼 여기에서 고대 중국에서 천상天象(자연의 법칙, 계절의 변화)을 그대로 '모방'하여 인사人事에 '적용'시킨 예로, 농경 일지를 중점적으로 기술한 《예기 월령月令》을 중심으로 살펴보자. 《예기 월령》은 작가미상이다. 《예기 월령》에 보면, 천자는 매달 거주할 거처가 정해져 있고, 옷 색깔도 정해져 있으며, 먹는 음식도 그 달에 맞게 정해져 있고, 시행할 정사도 그 달에 맞게 정해져 있다. 또한 천자는 달마다 그 달에 '맞게' 명당明堂[2]의 거주지를 옮겼다. 천자는 계절이 변하는 법칙을 그대로 '모방'하여, 자신의 거주지를 옮기며 정치를 행한 것이다.

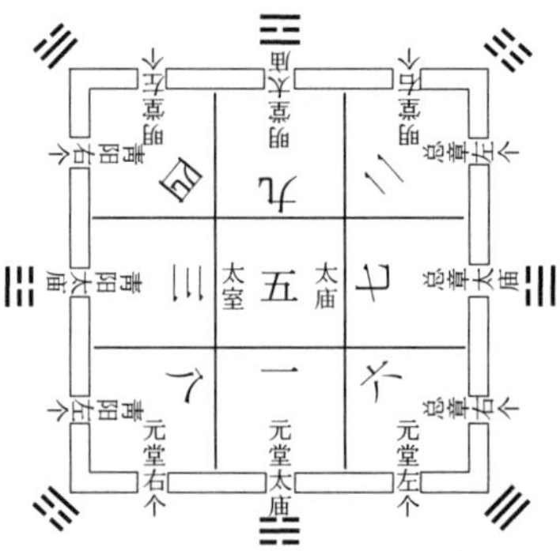

〈계절에 따라 그 계절에 '맞게' 천자가 거주지를 옮겨가며 정치를 행한 명당구실도明堂九室圖〉

또한 천자는 해당되는 달의 성격에 '맞게' 행동하고 명령을 내리며 정치를 행하였다. 《예기 월령》 전편은 천자를 중심으로 한 사람들이 어떻게 그 달에 '맞게' 행동할 것인가를 기록하고 있다. 계절의 순환에 따른 자연의 법칙을 그대로 '모방'하여 천자를 중심으로 한 사람들은 살고자한 것이다. 그

에 있어서 유기적인 순환사관> 164쪽 에서 174쪽 까지 참조.

2) 명당의 용도에 대해서는 학설이 구구하다. 그러나 학설은 크게 두 가지로 대변되는데, 그 하나는 제의를 행한 곳이라는 것과 또 다른 하나는 정치를 행한 곳이라는 것이다. 그러나 제정일치 시대인 원시시대에는 신에게 신탁을 행하여 얻어진 神意에 따라 정치를 행했기 때문에, 이 명당이란 신탁을 위한 제의와 정치를 함께 행한, 제정일치 시대 祭政을 행한 곳이라 할 수 있다. 이는 고대 그리스에서 신탁에 의해 정치를 행한 곳인 신전과도 같은 의미의 장소라고 여겨진다.

럼 여기에서 맹추孟秋의 예를 들어 보면,

맹추의 달에는 별자리가 각성角星에 있다. 저녁에는 견우성이 남방의 중앙에 있고, 아침에는 자휴성觜觿星이 남방의 중앙에 있다. 그 날은 경庚과 신辛에 '해당'하고, 그 제帝는 소호少皞, 그 신은 욕수蓐收, 그 동물은 모족毛族, 그 음은 상조商調, 그 율律은 남려南呂, 그 수는 9, 그 맛은 신辛, 그 냄새는 성腥에 '해당'한다. 그 제사는 문신門神이며 제사를 지낼 때는 먼저 간肝을 바친다. 서늘한 바람이 이르고 흰 이슬이 내리며 찬 매미 울고, 매가 새를 제사지내고,[3] 처음 형륙刑戮[4]을 시행한다. 이 달에 입추가 있으므로, 입추 삼일 전에 태사가 천자를 뵙고 고한다. '모일이 입추입니다. 성대한 덕이 금金에 있습니다.'한다. 천자는 곧 재계한다. 입추 날 천자는 친히 삼공 구경 제후 대부를 거느리고 서교西郊로 가서 가을을 맞이한다. 조정으로 돌아와 군수軍帥와 무인武人에게 시상을 한다. 또 천자는 장수들에게 명하여 군사를 선발하여 훈련시키며 공 있는 자를 임명하여 불의한 자를 정벌케 하고 포악한 자를 나무라고 죽여서, 좋고 나쁜 것을 밝혀 저 먼 곳의 오랑캐까지 순종케 만든다.
이 달에 유사有司에게 명하여 법제를 고치고 감옥을 수리하며 족쇄와 수갑을 갖추게 한다. 간통을 금지하고 죄를 범한 자는 신중히 죄를 주고 포박하는데 힘쓴다. 또 옥리에게 명하여 매질해서 심문한 죄인의 피부 상처를 보게 하고, 살의 깊은 상처를 살피고 뼈가 부서진 자를 살펴 치료하도록 하고, 자세히 소송을 판결하여 정직 공평하게 하여, 죄 있는 자는 반드시 죽여 형벌을 재판함에 있어 반드시 엄정하게 한다. 하늘과 땅이 처음으로 쌀쌀해지기는 하지만, (이때는) 아직 약간의 (따뜻함도) 남아있다.
이 달에는 농부가 햇곡식을 진상하는데, 천자가 햇곡식을 맛보기 앞서 먼저 침묘寢廟[5]에 바친다. 백관百官에게 명하여 처음 (세금을) 거두어들이도록 하고, 제방을 완전하게 하며 옹벽을 수리하여 물의 범람에 대비한다. 궁궐을 수리하고 담장을 고치며 성곽을 보수한다. 이 달은 제후를 봉하거나 대관大官을 임명하지 않고, 땅을 분봉하거나 사신을 보내 폐백[6]이 나가지 않게 한다.[7]

---

3) 매가 새를 잡아먹으려 할 때에는 먼저 새를 죽여 이를 늘어놓고 잠깐 먹지 않는 모습이 마치 사람이 제사를 지내는 모습과 비슷하다고 하여 생겨난 말

4) 사형 진행을 의미함.

5) 조상의 묘당

6) 옛날에 사신을 파견하게 되면 많은 선물을 함께 가지고 갔는데 그것을 폐백이라고 함.

7) 孟秋之月, 日在翼, 昏牽牛中, 旦觜觿中. 其日庚辛, 其帝少皞, 其神蓐收. 其蟲毛, 其音商, 律

위 내용을 보면 맹추에는 그 절기에 '맞는' 제帝(소호少皞)와 신神(욕수蓐收)을 모셔야 하며, 덕도 그 절기에 '맞는' 금덕金德[8]을 쓰며, 십간도 경신庚辛[9]을, 오충五蟲에서는 모毛[10]를, 오음五音에서는 상商[11]을, 오미五味에서는 신辛[12]을, 오취五臭에서는 성腥[13]을, 오사五祀에서는 문신門神[14]을, 오장五臟에서는 간肝[15]을 사용해야 한다고 했는데, 이는 모두 가을의 성질과 '맞기' 때문에, 그 자연의 법칙을 그대로 '모방'하여 인사에 '적용'시켰다. 천자는 그 계절에 '맞게' 명당明堂의 서쪽 방인 총장總章의 북실北室에 거주하며, 서쪽 교외로 가을을 맞이한다. 천자는 이때 가을의 성질과 '맞아' 장수와 무인武人들에게 시상을 한다. 또한 군사훈련도 전쟁도 이때에 시작해야 한다. 왜냐하면 그것이 가을의 성질과 '맞기' 때문이다. 형벌을 주고 심문하며 감옥에 가두는 것도 이때에 시작하는데, 이는 쌀쌀한 가을의 성질과 '맞기' 때문이다. 농작물을 거두어들이는 가을의 성질에 '맞게' 이때에 비로소 처음 백성들에게서 세금을 거두어들인다. 이때에는 땅을 분봉하거나 사신을 파견해 폐백이 나가도록 해서는 안 된다. 왜냐하면 그것은 거두

中南呂, 其數九, 其味辛, 其臭腥. 其祀門. 祭先肝. 凉風至, 白露降, 寒蟬鳴, 鷹乃祭鳥, 用始行戮. 是月也, 以立秋, 先入秋三日. 太史謁之天子曰 某日入秋, 盛德在金. 天子乃齊, 入秋之日, 天子親帥三公九卿諸候大夫, 以迎秋於西郊, 還反賞軍帥武人於朝, 天子乃命將率選士厲兵簡練桀俊 專任有功, 以征不義, 詰誅暴慢, 以明好惡, 順彼遠方. 是月也, 命有司, 修法制, 繕囹圄, 具桎梏, 禁止姦愼罪邪, 務搏執, 命理傷, 察創視折, 審斷決獄訟必端平, 戮有罪嚴斷刑, 天地始肅, 不可以贏. 是月也, 農乃登穀, 天子嘗新, 先薦寢廟. 命百官始收斂, 完堤防, 謹壅塞, 以備水潦, 修宮室坏垣牆, 補城郭. 是月也, 毋以封諸侯立大官, 毋以割地行大使出大幣.

8) 봄은 木, 여름은 火, 중앙은 土, 가을은 金, 겨울은 水에 '해당'된다.

9) 봄은 甲乙, 여름은 丙丁, 중앙은 戊己, 가을은 庚辛, 겨울은 壬癸에 '해당'된다.

10) 봄에는 鱗, 여름에는 羽, 중앙에는 羸, 가을에는 毛, 겨울에는 介가 '해당'된다.

11) 봄에는 角, 여름에는 徵, 중앙에는 宮, 가을에는 商, 겨울에는 羽가 '해당'된다.

12) 봄에는 酸, 여름에는 苦, 중앙에는 甘, 가을에는 辛, 겨울에는 鹹이 '해당'된다.

13) 봄에는 羶, 여름에는 焦, 중앙에는 香, 가을에는 腥, 겨울에는 朽가 '해당'된다.

14) 봄에는 戶, 여름에는 竈, 중앙에는 中霤, 가을에는 門, 겨울에는 行神이 '해당'된다.

15) 봄에는 脾, 여름에는 肺, 중앙에는 心, 가을에는 肝, 겨울에는 腎이 '해당'된다.

어들이는 가을의 성질에 '맞지'않기 때문이다. 이때에 제방 성곽 궁궐 옹벽을 수리하고 보수하는데, 이는 쌀쌀한 가을에 대비하기 위한 것이다. 옛 중국인들이 그 얼마나 계절이 변화하는 자연의 법칙에 그대로 적응하며 살고자 한 것인가를 잘 알 수 있다. 한마디로 고대 중국인들은 계절이 변화하는 자연의 법칙을 그대로 '모방'하여 농경일지적 삶을 순환 회귀적(歸)으로 살고자 한 것이다.

만약 이런 계절의 변화에 그대로 순응하여(順天) 삶을 살지 않으면 여러 가지 자연적 변고 현상이 일어난다.《관자管子 사시편四時篇》에 보면,

> 이런 까닭으로 봄에 시들고 가을에 꽃피고 겨울에 천둥치고 여름에 눈서리내리는 것은 모두 기의 이상함(氣之賊)이다. 형덕刑德이 절도에 어긋나 절기의 질서를 상실하면, 이상한 기운이 엄습한다. 이상한 기운이 엄습하면 국가에 많은 재앙이 발생한다. 그러므로 성왕은 절기에 부합하는 일에 정치의 역점을 두고, 교화를 베풀면서 무예를 추구했고, 제사를 받들면서 덕성德性을 추구했던 것이다. 이 3가지로써 성왕은 천지天地의 운행(계절의 올바른 변화)에 부합했던 것이다.[16]

그 계절에 맞게 성왕聖王은 행동하고 통치해야만 자연적 변고가 없고 재난이 일어나지 않는다는 것이다. 철저하게 계절의 변화(天)에 맞추어 삶을 살고자 한 농경민족의 특성이 그대로 드러나 있다. 또한 후한 인물 왕충王充의《논형論衡 한온편寒溫篇》에서 말하기를,

> 한온寒溫을 논한 자들이 이렇게 주장한다. "임금이 기뻐하면(喜) 날씨가 따뜻해지고(溫), 분노하면(怒) 날씨가 추워진다.(寒)" 그 까닭은 무엇인가? 희로가 흉중에서 발산된 다음 행위가 밖으로 나타나고 밖으로 상벌賞罰이 시행된다.

16) 是故春凋, 秋榮, 冬雷, 夏有霜雪, 此皆氣之賊也. 刑德易節失次, 則賊氣速至. 賊氣速至, 則國多菑殃, 是故聖王務時而寄政焉, 作教而寄武焉, 作祀而寄德焉. 此三者 聖王所以合於天地之行也.

> 즉 상벌은 희로의 결과이므로 한온이 크게 성하면 사물을 말리고 사람을 상하게 한다.[17]

"임금이 기뻐하면(喜) 날씨가 따뜻해지고(溫), 분노하면(怒) 날씨가 추워진다(寒)"고 했다. 임금의 기분과 날씨가 일치된다는 것이다. 하늘을 그대로 모방한 임금은 그 임금의 기분과 행위가 그대로 자연 현상에 나타난다는 것인데 철저한 천인합일적 사고방식이다.

동중서가 그의 《춘추번로》에서 주장한 천인합일설에서 내세운 천天이란 자연의 법칙 내지는 계절의 올바른 순환을 의미한다고 볼 수 있다. 인간은 반드시 자연의 법칙과 계절의 올바른 순환에 적응해 살아야 한다. 이것을 어기며 인간의 의지대로 살면 하늘에 노해서 여러 가지 재이현상을 보여준다. 이 자연의 법칙과 계절의 순환에 철저히 적응하며 살려는 천인합일의 사유방식은 24절기라는 농경일지에 철저히 맞추어 살려고 했던 농사꾼의 사고방식이 철학화된 것이라고 할 수 있다. 고대 중국인들은 수천 년 동안 끊임없이 24절기라는 농경일지에 맞추어 그들의 삶을 영위해왔다. 입춘 때는 입춘 때 맞는 농경 삶을 살았고, 경칩 때는 경칩이란 절기에 맞는 농경 삶을 살았으며, 우수 때는 우수라는 절기 맞는 농경 삶을 산 것이다. 이렇게 하여 대한까지 24절기에 맞추어 그들의 농경 삶을 살아와, 정통 농경민족 중국인 그들은 천天(올바른 계절의 순환을 동반한 자연 현상)에 철저히 적응하며 그대로 따라 삶을 살아온 것이다. 자연 현상이 음과 양의 순환 그리고 오행의 순환에 따라 지속적으로 순환 회귀하듯이 농사꾼도 그렇게 그것에 적응해 철저히 순환 회귀적인 삶을 산 것이다. 봄(양이 생겨남), 여름(양이 극에 도달함), 가을(음이 생겨남), 겨울(음이 극에 도달함)의 음양 순환에 적응하며 살고자 했고, 봄(木) 여름(火) 중앙(土) 가을(金) 겨울(水)의 5행 순환

---

17) 說寒溫者曰, 人君喜則溫, 怒則寒, 何則? 喜怒發於胸中, 然後行出於外, 外成賞罰. 賞罰喜怒之效, 故寒溫渥盛, 凋物傷人.

에 따라 농경민족은 살고자 한 것이다.

계절이 변화하는 자연의 법칙에 그대로 '따라' 살고자 하는 이런 사고방식은 고대 어느 나라에서나 있어왔던 사고방식이지만, 그러나 고대 중국인들은 더 더욱 이런 사고방식을 강하게 가졌었다. 그것은 철저하게 24절기 계절의 변화에 순응하여 삶을 살고자 한 정통 농경민족이라는 데에 그 근본적인 이유가 있다고 할 것이다. 그들 농경민족 중국인들은 더 더욱 철저하게 천(天象, 자연의 법칙, 계절의 변화)을 모방하고 그대로 따라 순응하며 살고자 했던 것이다.

2) 천본주의天本主義의 의미, 천하 천자 천명사상

(1) 천본주의의 의미

고대인들은 모든 권력이 하늘(신)에서 나온다고 믿었다. 따라서 모든 인간 행위의 정당성은 하늘(신)에 그 기초를 두어야 한다고 생각했다. 주권재천主權在天의 천본주의 사상이다. 그래서 고대의 위정자들은 하늘의 뜻인 천의天意(神意)를 찾아내려는 수많은 노력을 기울여왔다. 그러나 현대인들은 모든 권력이 국민에게서 나온다고 믿는다. 주권재민主權在民의 민본주의 사상이다. 따라서 현대의 위정자들은 그 민의를 획득하여 통치의 정당성을 얻으려고 노력하였다. 민의를 알 수 있는 방법에는 크게 두 가지가 있는데, 그 하나는 국민투표요 또 다른 하나는 여론이다.

〈국민이 주인되는 현대 민주주의 사회에서는 투표와 여론을 통해 민의를 알 수 있다.〉

주권재민의 현대 민주주의 사회에서는 국민투표와 여론에 의해 국민에게 물어 위정자는 자신이 통치의 정당성을 획득한다. 그러나 과거에는 모든 인간 행위의 정당성을 하늘에 물어 보자고 했을 것이다. 어떤 사람이 파렴치한 행위를 했을 때, “하늘도 두렵지 않느냐.” 혹은 “하늘이 내려다보신다.”라고 하면서 비난했다. 이는 주권재천의 천본주의 사회에서는 맞는 표현이다. 그러나 주권재민의 민주주의 사회인 현대에 와서는, “국민의 눈이 두렵지 않느냐.” 혹은 “국민이 보고 있다.”라고 표현해야 옳다. “천벌을 받을 것이다.”라는 표현 역시 모든 행위의 정당성을 하늘에 두고 있을 때의 표현이다. 주권재민의 현대에서는 “국민이 벌을 내릴 것이다.”라고 표현해야 옳다. “하늘에 순응하는 자 흥하고, 하늘을 거스르는 자 망한다.”(順天者興, 逆天者亡)[18]라는 사상은 고대 중국 사회에 널리 유포되어 믿어져온 사상이다. 그러나 이 역시 현대에 와서는 “국민에 순응하는 자 흥하고, 국민을 거스르는 자 망한다.”(順民者興, 逆民者亡)라고 표현해야 옳을 것이다.

19세기의 유명한 염세주의 철학자 니체(1,844 - 1,900)는 “신은 죽었다.”라고 했다. “신은 죽었다.”라고 표현한 것은 “신은 존재하지 않는다.”라고 하는 무신론과는 근본적으로 다르다. 신(여호와 하나님)은 원래 있었고 또한 그 신이 인간의 모든 행위에 막대한 영향을 주고 간섭하여 왔지만, 니체가 살았던 19세기에 와서는 그 신이 죽어 활동하지 못해 인간의 삶에 별 영향을 주지 못한다는 뜻이다. 신이 인간의 삶을 결정하고 영향을 준다는 신본주의神本主義(중국적 개념으로는 천본주의)에서 인본주의(Humanism)로 인간의 사유 방식이 변했다는 것을 뜻한다. 17 · 8세기 인본주의(Humanism)와 종교개혁 등의 르네상스 운동의 영향으로, 신에게 빼앗겼던 인간의 주

〈신은 죽었다고 말한 염세주의 철학자 프레드리히 니체〉

18)《맹자 7장 7절》

권(人權)을 비로소 되찾았다는 뜻도 된다. 그 이전에는 인권은 없었고, 오직 신권神權만이 있었을 따름이다. 서구에서 신에게 빼앗겼던 인간의 주권을 되찾으려는 노력은 17 · 8세기에 시작되고 있다.

그러나 중국에서 신(중국적 개념으로 천)에게 빼앗긴 인간의 주권을 되찾으려는 노력은 물밀듯이 밀려들어오는 서구문물의 영향으로 19세기 말 20세기 초에 비로소 시작된다. 중국이란 땅에서 인간이 살아온 이후 청 말까지 수만 년을, 인간의 세계를 신과 그의 대리자인 천자天子가 지배하여 왔다. 청까지 중국에서 세워진 모든 국가를 제국帝國(황제가 주인 되는 나라라는 뜻)이라 불렀었다.[19] 그러나 1,912년 손문이 신해혁명으로 청'제국'을 무너뜨리고 세운 국가를, 그는 중화'민국'이라고 불렀다. 황제가 주인 되는 나라가 아니라, 국민이 주인 되는 나라라는 뜻이다. 중화'민국'과 중화'인민'공화국처럼 그 이후 중국에서 세워진 국가의 국호에 '민국'이나 '인민'을 붙여, 민이 주인 되는 나라라는, 즉 모든 권력의 정당성은 국민에게 있나는 민주주의를 표방하고 있다.

중국뿐만 아니라 현대에 와서는 모든 나라들이 국호에 민국 혹은 인민이라는 용어를 사용하여, 모든 권력의 정당성이 국민에게 있다고 표방하고 있다. 지금에 와서는 모든 주권이 국민에게 있다는 주권재민 사상은 그 누구도 거스

〈중국의 국부로 불리는 손문(1,866–1,925) 그는 마지막 황제 부의를 축출하고 국민이 주인되는 나라인 중화민국을 세웠다.〉

19) 정확하게 말해 중국에서 帝國이라고 부를 수 있는 왕조는 秦부터 淸까지라고 할 수 있으나 周를 포함한 그 이전의 왕조에서는 그 왕조를 지배한 절대 권력자를 王이라 칭했으니, 그들이 다스린 나라를 왕국으로 부르는 것이 정확한 표현일 것이다. 그러나 그 시대 왕이란 후의 황제와도 같은 개념인 것이니, 대충 뭉뚱그려 중국에서의 모든 왕조를 帝國이라고 이름 불러도 크게 틀린 것은 아니라 여겨진다. 중국에서 이 왕 혹은 황제를 天子(天의 아들이라는 뜻)라고 불렀는데, 이는 절대적인 천이 그의 아들 천자를 통해 천하를 다스린다는 의미가 있다.

를 수 없는 하나의 상식에 속한다. 그러나 민주주의가 일찍 싹튼 서구에서도 2 · 3세기 전, 그 나머지 나라에서는 적어도 1세기 이전에는 사정은 이와 판연하게 달랐다. 인류가 이 지구상에 존재해온 이래 겨우 근세 이삼백년을 제외한 수만 년 동안, 그 어느 누구도 주권이 국민에게 있다고 믿어온 사람은 없었다. 수만 년 동안 인간들은 주권이 모두 신(天)에게 있다고 믿어온 것이다. 그래서 그 신의 주권을 대리로 행사해온 이른바 왕, 황제, 천자 등등으로 불리는 통치자들은, 신의 주권을 빌어 민民을 '지배'하고 '통치'[20]해왔다. 신권과 신의 대리자로서의 왕의 권리인 왕권만 있었지 민권은 없었던 것이다. 고대 국가란 양의 동서를 막론하고 국민의 나라가 아닌, 신과 신의 대리자인 천자의 나라인 것이다. 중국에서도 나라의 주인은 천天과 천자天子뿐이었다.

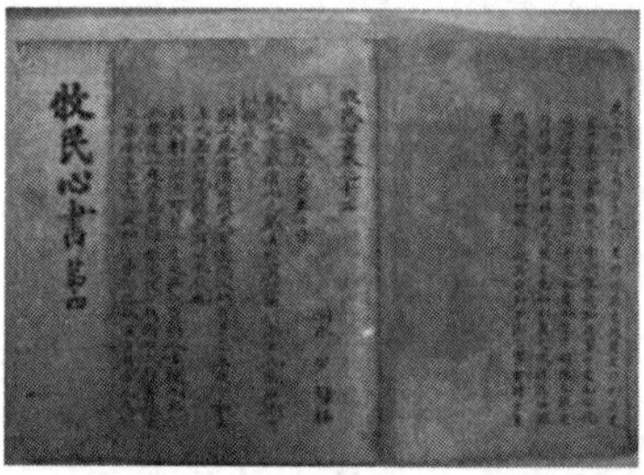

〈다산 정약용의 《목민심서》. 다산유물전시관. 목민牧民이란 '백성을 기른다.'는 뜻으로 민民이 주인이란 개념이 아니고 임금이 주인이라는 천본주의 사고방식에 배여 있다.〉

고대 중국에서 위민爲民사상이 전혀 보이지 않는 것은 아니나[21], 그것은 전체적으로 볼 때 드문 현상이었고, 또한 그것은 현대의 '민주' 개념하고는 틀린다. 고대의 이 위민사상은 민民이 주인이라(民主)는 민주사상에서 출발한 것이 아니다. 나라의 주인은 천자이지만, 그에 의해 하민下民을 '위한

20) '지배한다.', '통치한다.', '다스린다.' 혹은 '牧民한다.'라는 단어는 모두 천본주의적 사고방식의 소산이다. 민주주의인 현대에서는 '국민을 통치한다.'라는 표현 대신에, '국민에게 최고 책임을 지고 있다.'라는 표현해야 하며, '지배자', '권력자', '통치자'라는 표현 대신에, '최고 책임자', '최고 주권 수임자'라고 표현해야 옳다.

21) 《孟子》에도 위민사상이 나타나 있다.

다.(爲)'는 사상이라고 할 수 있다. 신의神意가 자연계의 상서로움과 재이[22]를 통해서 나타날 뿐만 아니라, 또한 그것은 하민을 통해서도 나타나니[23], 민民을 위하는 것이 바로 천의天意에 순종하는(順天) 개념으로 해석하는 것이 더욱 옳을 듯싶다. "국민의 국민에 의한 국민을 위한 정치"의 근대 민주주의 개념이 아니라, 기껏 봐준다면 "천자의 천자에 의한 백성을 위한 정치"라고는 할 수 있다. 민民이란 천자가 '다스려야할 통치의 대상물'로 여긴 것에는 변함이 없다. 이처럼 현대 민주주의가 발생하기 이전에 인권을 고양시킨 듯한 사상이 가끔 보이기는 하지만, 이 역시 주권재천의 천본주의 개념을 완전히 벗어난 것은 아니다. 인류사에서 길어도 2 · 3세기 이전에는, 양의 동서를 막론하고 철저한 주권재천의 천본주의(신본주의)적 사유방식을 하였다는 점에는 변함이 없다

(2) 천하사상

천하사상이란 자신들이 거주하는 곳이 신(天)의 은택을 받은 아래(下) 지역이라는 자부심에서 연원되어진 사상이다. 이를 무속에서는 세계(우주)중심설이라고 하는데, 양의 동서를 막론하고 어느 민족 어느 족속이든지 간에 자신들이 거주하는 지역을 세계(우주)의 중심 되는 곳으로, 신(天)이 내재하는 성스러운 지역으로 여겨왔었다.

천하(天이라는 절대 신이 다스리는 아래 지역이라는 뜻)라는 개념이 생겨난 것은, 천이란 개념이 생겨난 주시대부터인 것으로 여겨진다. 그러나 우리가 지금 말하는 중국(세계의 중심에 위치한 나라 혹은 세계의 중심 되는 나라라는 뜻)

22) 홍수, 한발, 일식, 지진, 혜성이나 운석, 철이 아닌 때의 서리, 벼락, 메뚜기 등의 곤충해, 寒暑가 순조롭지 않은 이상 기후 등등의 자연적인 이변을 가리킴. 이러한 자연적 이변 중에서도 작은 것을 '災' 큰 것을 '異'라 한다.

23) 《呂氏春秋 應同篇》에 나오는 "凡帝王者之將興也, 天必先見祥乎下民."란 구절에서 볼 수 있듯이, 제왕에게 내리는 天意는 자연 현상의 여러 가지 징조를 통해서 뿐만 아니라, 下民을 통해서도 나타난다고 보고 있다.

〈노나라사람 공자는 주나라(중원)의 입장에서 보면 동쪽에 있는 오랑캐 민족 즉 동이족이 된다. 산동반도까지 중국의 영토에 편입된 진시황 이전에 말하는 동이족이란 우리민족을 뜻하는 고유명사가 아니고 단지 동쪽 오랑캐를 뜻하는 일반명사이다.〉

을 대충 지칭하여 천하라고 한 것은, 양자강 유역까지 그 영토가 넓혀진 진 이후부터이며, 또한 이 천하사상이 중국인의 마음속에 확실하게 자리 잡은 것은 문화의 우월성으로 타 민족에 대한 우월감이 확실하게 자리 잡힌 한대부터인 것으로 여겨진다. 그 후 서구문물이 들어와 중국의 왜소함을 몸소 느끼는 20세기 이전까지, 자신의 나라를 천이 다스리는 축복받은 나라(천하)라고 하며, 자신의 나라를 세계의 중심으로 여겨 한족의 자부심을 높여왔다.

그리고 그 중심 되는 나라인 중국을 벗어난 기타의 주변 국가들을 동이東夷 서융西戎 남만南蠻 북적北狄이라고 부르며 오랑캐의 나라라고 깔보았다. 서구 문물이 들어온 이후에도 그들은 서양인들을 양이洋夷라고 부르며 깔보고, 자신들을 신의 축복이 내리는 지역에 사는 우월한 민족이라고 주장하였다. 자신의 나라를 세계의 중심으로 보고 주변의 변방 나라들을 오랑캐의 나라로 보는 것은, 고대에는 세계 어디에서나 볼 수 있는 보편적인 현상이다. 유대인들은 자신들이 여호와의 선택된 백성이라는 자부심에 가득 차, 주변 민족들(사두개인, 바리세인, 사마리아인 등등)을 여호와를 알지 못하는 이방인이라고 깔보았다. 알라신을 믿고 있는 회교권에서는 회교를 믿는 사람만을 형제라고 부르고 그렇지 않은 사람들을 모두 이방인이라고 부르며 깔보고 있다. 우리 민족도 일본을 왜놈 중국인을 됫놈이라고 부르며 깔보았었다.

이런 현상들은 세계에 공통적으로 퍼져 있는 현상인데, 이는 자신의 민족만이 신의 혜택을 받아 신의 은총이 내리는 곳에서 살고 있다는 아집에서 나온 것이다. 신의 축복을 받은 세계의 중심에 살고 있다는 사고체계는 고대이면 어느 민족이나 갖는 가장 보편적인 사유체계인데, 그러나 중국인의 이런 자부심은 다른 어느 나라보다도 월등하였다. 자신들이 살고 있는 지역에 대한 무한한 자부심에서 나온 중국인의 이 천하사상이, 20세기까지도 어떤 면에서 보면 지금까지도 그 힘을 줄기차게 발휘할 수 있었던 것은, 두 가지 이유 때문인 것으로 여겨진다. 그 하나는 땅과 <더불어 하나>되어 살아가는 정착한 농경민족이라는 점 때문이고, 또 다른 하나는 중국문화가 동양권에서 차지하는 우월성과 지도력 때문인 듯하다.

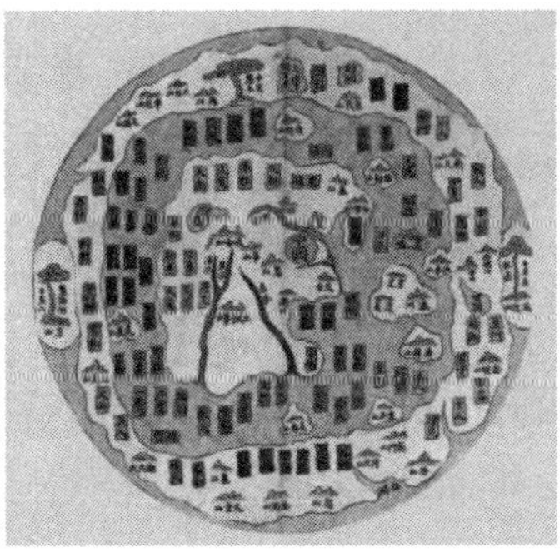

〈영남대학교 박물관에 소장된 18세기 중엽의 목판본(28.8 * 35.5cm)인 천하도로, 지도에 중국 중심의 세계관이 잘 나타나 있다. 중국(가운데 나라, 세계의 중심되는 나라)을 천이 다스리는 아래 지역이라고 생각하여 천하天下라고 불렀다.〉

(3) 천자사상

고대에는 어느 민족이고 간에 자신들의 시원을 신과 연관시킨다. 그들은 그들의 조상이 신의 후손이었다고 주장하며, 그래서 성스러운 신의 혈통을 이어받은 자신들의 민족은 타 민족과 다른 월등한 우월성과 정통성을 가지고 있다고 주장한다. 그래서 그들 시조의 탄생을 신과 연관시키는 것이 고대에 나타나는 가장 일반적인 현상이다. 이는 근본적으로 원시 제정일치 시대 무巫의 세계에서, 무들이 신의 혈통을 이어받았다고 주장하는 사상에서 배태되어져 나왔다.

〈우리의 시조 단군상. 단군이란 당군堂君으로, 당군은 무당을 의미한다.〉

우리 민족의 시조 단군檀君(당군[24])은 하느님(桓因[25])의 아들 환웅桓雄이 곰과 결혼하여 낳았다고《삼국유사》에 전해져 내려온다. 우리의 시조 단군은 하느님(桓因)의 후손이라는 성스러운 신의 혈통을 이어받아 우월성과 정통성을 가지고 있는 것이다. 신라를 세운 박혁거세나 고구려의 시조 주몽은 알에서 태어났다고 하는 난생설화를 가지고 있는데, 이런 난생설화는 동양권에서 보편적으로 존재하는 설화로, 새의 알에서 태어났다고 하는 것은 하늘 신계의 성스러운 혈통을 가지고 있다는 것을 뜻한다. 아브라함과 이삭의 후손인 유대인들도 절대신 여호와에 의해 선택된 선민이라는 우월감과 자부심이 대단하였다.

이와 마찬가지로 고대 중국인들은 그들 시조를 모두 신의 혈통을 이어받은 것으로 묘사하여, 타 민족 타 종족에 비해 우월한 혈통을 가지고 있다고 주장한다. 은 시조의 탄생 설화도 그러하고, 주 시조의 탄생 설화도 그러하다.[26] 제곡帝嚳의 둘째 부인 간적簡狄이 강에서 목욕을 하다가 현조玄鳥가 떨어뜨린 알을 삼키고 수태하여 은의 시조 계契를 낳았다는 설화는, 동양권에서 전형적으로 퍼져있는 난생설화의 일종인데, 새의 알에서 태어났다는 것은 바로 하늘 신의 후손을 뜻한다. 그리고 제곡의 첫째 부인[27] 강

24) 檀君은 당군堂君으로, 당군이란 바로 Shaman의 뜻이다. 지금도 일부 지방에서는 무당을 당군이라고 부르고 있다.

25) 桓因은 우리 고유 발음인 한님(하느님)을 한자로 가차한 자라고 한다.

26)《書經》과《史記》의 殷本紀 周本紀 참조.

27) 은의 시조 契를 낳은 사람이 帝嚳의 '둘째 부인'이고, 은보다 늦게 설립한 왕조인 주의 시조인 后稷을 낳은 사람이 거꾸로 帝嚳의 '첫째 부인'이라고 묘사한 것은, 周民族의 손이 가필된 것을 나타낸다고 하겠는데, 그들은 그들 민족을 은민족보다 더 정통적이라고 주장하기 위해 이

원姜嫄이 들판에 놀러나갔다가 우연히 거족巨足을 보고 호기심으로 밟고 난 뒤 수태하여 주의 시조 후직后稷을 낳았다는 시조설화 역시 주 민족이 신의 후손이라는 것을 나타낸다. 이는 거인족의 후손이란 뜻으로, 거인족이란 바로 신족神族을 의미한다.[28] 거족巨足을 밟고 태어난 거인족의 후예 후직后稷은 결국 신의 후손이라는 것을 뜻한다.

이렇게 자신들의 시조 탄생을 신성하게 만들어 자신들을 신의 후손이라고 내세우는 것은 나중에 성족聖族(Royal Family)을 발생시킨다. 이를 거꾸로 말하면 자신들의 '가家'가 하민下民을 다스릴 수 있는 권한을 가지는 성족인 것은 근본적으로 자신들이 바로 신의 후손이기 때문이라는 것이다. 신의 혈통을 이어받은 사람들은 당연히 그 신을 대신해 하민을 '지배하고 다스릴 권한'을 가진다. 성스러운 혈족이란 그 혈통이 하늘(신)에서 내려온 것을 말하고, 그렇지 않은 것은 모두 속된 혈족이라 불렀다. 이른바 원시시대 지배계급과 피지배계급으로 나뉘는 정당성에 대한 이데올로기는 바로 그가 성족이냐 아니냐에 달려 있었다. 양의 동서를 막론하고 고대는 크게 신의 성스러운 혈통을 이어받아 그래서 하민을 다

〈천지를 창조한 반고도 알을 깨고 밖으로 나왔다는 탄생설화를 가지고 있다〉

런 가필을 한 것이 아닌가 한다.

28) 원시시대에는 폭력의 명수들이 모든 권력을 잡았었다. 그래서 원시인들은 항상 힘이 센 장사(위대한 전사, 장수, 영웅)가 되기를 바랐는데, 이것이 바로 거인을 사모하는 문화를 만들어 내었다. 지금은 부모가 자식을 낳으면 그 자식이 머리가 총명한 자식이기를 바라는 것이 부모의 일반적인 소망이지만, 고대 원시시대에는 자식을 낳으면 그 자식이 힘이 센 장사(위대한 전사, 장수, 영웅)가 되기를 바랐던 것이다. 그래서 고대의 어느 신화이든지 간에 많은 거인족이 등장하는데, 그리스신화에도 많은 거인족이 등장한다. 중국 신화에서 우주를 창조한 인물인 반고도 몸의 길이가 구만리나 되었다고 하는 전형적인 거인상이다.

스릴 수 있는 권능을 가진 지배계급(성스러운 혈족)과 그렇지 않는 피지배계급(속된 혈족)으로 나뉘는 신분제 사회였는데, 이런 계급 분화는 굉장히 엄격하여 피지배계급에 속한 사람이 아무리 똑똑하더라도 그는 죽을 때까지 신을 대신해 피지배계급을 '지배할 수 있는' 지배계급이 될 수 없었다. 옛날에 지배계급에 속하는 사람들은 모두 머리에 관을 썼다. 임금이 가장 높은 관을 쓰고 그 다음으로 정승이 높은 관을 쓰며 이렇게 하여 말단 관리까지 모두 머리에 관을 쓴 것이다. 이는 모든 권력의 정당성이 하늘(신)로부터 내려온다는 천본주의 사회인 것을 의미한다. 그러나 모든 권력의 정당성이 국민으로부터 올라오는 현대의 민주주의 사회에는 대통령부터 동서기까지 그 어떤 관리도 머리에 관을 쓰지 않는다.

그러나 자신들의 혈족을 신의 혈족이라고 하는 것은 굉장히 자의적인 것이어서, 고대에는 일반적으로 힘이 있어 득세를 하게 되면, 자의적으로 자신의 혈족을 성스러운 혈족이라 부르며, 족보를 조작하거나 자신들의 시조설화에 신의 혈통을 집어넣어 스스로 성스러운 혈족으로 만들었었다. 고로 그가 성스러운 혈족인가 아닌가는 전적으로 득세를 하여 권력을 잡았는가 아닌가에 달려있다고도 볼 수 있다. 득세하여 지배계급에 속하면 그는 성스러운 혈족이 되는 것이다. 우리는 난세가 되어 기존의 계급제도 자체가 붕괴되면, 일부 돈 있는 사람들이 족보를 사서 양반(지배계급)이 되는 것을 옛 전적에서 흔히 볼 수 있는데, 이는 모두 성스러운 혈족에 끼기 위한 욕망 때문이라 할 수 있다.

〈신라 선덕여왕. 그녀는 신라 골품제에서 성골에 속한다.〉

성스러운 혈족(지배계급)은 그들 사이에서만 혼인을 맺으며, 또한 잡된 피를 섞지 않으려고 근친결혼을 행하기도 했다. 성족은 성족끼리 결혼하여 잡된 피를 섞지 않아 순수 혈통을 지키려고 했는데, 영국의 왕가사에서 지금의 찰스 황태자가 유일하게 민간 처녀와 결혼하였다고 한다. 민民이 주인 되는 민주주의 사회인 지금에 와서는 혈통의 성속聖俗 구별이 없어지고 있는 것이다.

〈조선왕조 종합족보. 예전 계급사회에서는 지배계급만 족보를 가질 수 있었다.〉

이는 왕가의 결혼뿐만 아니고 지배계급에 속하는 사람들의 결혼에서도 이런 현상을 볼 수 있는데, 그들은 그들의 '가家'를 성족聖族 성골聖骨 혹은 신족神族 신골神骨 진골眞骨이라고 불렀었다. 신라시대 통치계급들도 자신을 성골이라고 불렀었다.

자신의 혈통이 신의 혈통에서 내려왔다는 것을 나타내기 위해 행해지는 작업의 하나가 바로 족보의 기술이다. 이렇게 족보를 만들어 자신의 혈통을 나타내는 것은, 근본적으로 성스러운 신의 피를 이어받았다는 것을 나타내어 정통성을 내세우는, 원시 무들의 세계에서 연원되어진 것이다. 마태복음에는 예수의 성스러운 혈통의 족보가 기술되어 있고, <이소離騷> 처음에 굴원屈原은 자신의 성스러운 가계를 기술하고 있다. 그래서 아주 고대에는 신의 혈통을 이어받았다고 하는 지배계급에 속하지 않는 사람들은 원칙상 족보를 가지지 못했었다. 그러나 성스러운 혈통을 나타내기 위해 기술되어진 이 족보가, 천본주의 사고방식이 사라져 계급 자체의 의미가 없어져 버린 지금에 와서는, 성스러운 가계를 나타낸다는 성스러운 의미는 거의 사라져 버리고, 단지 가계의 혈통을 나타내는 것으로 그 의미가 변하고 말았다.

앞에서 필자는 각 민족들의 시조설화의 공통된 특징, 성족의 의미, 지배계급과 피지배계급의 분화와 지배계급의 정당성을 부여하는 성족으로서의 의미, 족보의 원초 발생 등등에 대하여 설명하였다. 그럼 여기에서 본고의 주제인 천자사상에 대하여 설명하여 보자. 중국인들은 그들이 살고 있는 지역만이 신(天)의 은총과 그 신(天)의 통치가 미친다는 천하사상이란 개념을 만들어 냈을 뿐만 아니라, 그 천하라는 성스러운 지역을 다스리는 사람은 바로 신(天)의 아들인 천자天子라고 하는 천자사상의 개념을 만들어 냈다. 중국에서 이 천자라는 개념은 천의 개념이 싹튼 주에서 발생했으나, 이 천자라는 개념은 통일 국가인 진을 거쳐 한에 들어와서야 완전히 정착되고 완성된 듯하다. 주대에 시작하여 한대에 완벽하게 정착된 이 천자사상으로 말미암아, 청조가 공식적으로 끝난 순문의 1,912년 중화'민국' 설립 때까지, 중국의 최고 통치자들인 황제들을 모두 천자(天의 아들)라고 불렀었다.

이 천자사상은 원시 제정일치 시대 무의 세계에서, 통치자로 군림한 무들이 신의 정결한 피를 이어받았다고 하는데서 그 깊은 뿌리를 두고 있다. 그들의 조상은 자신들이 모시고 있는 주신에서 기원되어 지며, 그들은 그 신의 정결한 혈통을 이어받았다고 주장한다. 그들이 그 신을 섬기는 것은 자신들의 혈통과 관계없는 일반 신을 섬기는 것이 아니라, 바로 자신의 조상을 섬기는 행위인 것이다. 제정일치 시대의 제왕들이란 모두 신의 정결하고 정통적인 피를 이어받았다는 자부심에 가득 차 있었고, 제정일치에서 벗어나 제의와 정치가 분리된 뒤에도, 통치자들은 자신들이 일반인과 같은 혈통이 아니라, 신의 성스러운 혈통을 이어받았다고 하여 그 자신의 권위의 우월성과 정당성을 내세운다. 이렇게 함으로써 신(天)의 아들(子)인 자신들이 신(天)을 대신해서 하민을 통치하는 것은 너무나 당연한 것이 된다. 이것이 중국에 계속 남아 후대에 까지 줄기차게 영향을 준 것이 바로 천자사상이다. 신(天)의 아들(子)이란 개념에는 일반 백성을 다스릴 수 있는 권한이 당연히 부여되는 것이고, 또한 그 누구도 그런 신의 아들인 천자의 신성불가침의 권위를 침범할 수 없다. 천자의 권력이란 하늘(天)이 내려주는 것이지 인위적으로 만들어지는 것이 아니라고 여긴 것인데, 이는 서양의 고중세에 거쳐 보편화된 개념인 왕권신수설과도 통한다. 이런 천자의 권위를 침범하는 것은 바로 그 아버지인 천의 신성불가침적인 권위를 침범하는 것이 된다. 천자가 천을 섬기는 것은 아들이 아버지를 섬기는 효의 행위와 똑같다. 이에 대한 기록은《춘추번로 심찰명호深察名號》의 다음과 같은 구절에서도 알 수 있다.

> 천명을 받은 군주는 천의天意가 이를 준 것이다. 그러므로 호명하여 천자가 된 자는 마땅히 하늘 섬기기를 아비 섬기듯 하여 효도로써 하늘을 섬겨야 한다.[29]

또한 천자가 절대적이고 신성불가침한 아버지[30]인 천에게 효로 '반드시 섬겨야 하듯이', 이 천자사상이 확고하게 이루어진 한대에는, 이 효라는 것은 절대적으로 반드시 행해야 하는 것으로 그 의미가 강화되고 경직화되어 버렸다. 마음에서 우러나와서 하는 행위이기보다는 반드시 행해야할 의무로 변한 것이다.

〈한 무제의 모습. 중국의 황제를 하늘(天)의 아들(子)이라는 의미에서 천자라고 불렀다.〉

천자가 즉위할 때 제천祭天 의식을 행한다. 또한 그 천자가 정사에서 중요한 일을 행할 때도 고천告天 의식을 거행했고, 그 천자가 재위 중에 커다란 업적을 이루었으면, 태산에 몸소 올라가 봉선封禪 의식을 행하

29) 受命之君, 天意之所予也. 故號爲天子者, 宜事天如父, 事天以孝道也.

30) 절대적 존재를 '아버지'라고 부르는 것은, 우리는 역사에서 흔히 볼 수 있다. 기독교인들은 여호와를 하나님 '아버지'라고 부른다. 그리고 인류 역사 최후의 살아있는 신으로 평가받는 김일성을 북한 사람들은 '어버이' 수령이라고 불렀었다.

기도 했다. 이런 제천의식과 고천의식 그리고 봉선의식은 천자만이 행할 수 있는 자격이 있었다. 왜냐하면 아들만이 아버지를 섬기고 고할 수 있듯이, 천자만이 천을 섬기고 고할 수 있기 때문이다. 과거 우리네 조상들은 과거에 합격하거나 대처에서 입신양명하면(功成하면), 조상의 사당이나 묘소를 찾아가 참배하여 그 사실을 고했다.(告祭) 또한 중요한 일을 행하기 전에 부모님에게 먼저 말씀드리거나 부모의 묘소에 가서 알리기도 했다. 이와 마찬가지로 천자가 즉위할 때의 제천의식과 고천의식 그리고 봉선의식은 우리가 조상의 묘소나 사당에 가서 고하는 행위와 똑같은 의미가 있는 것에 불과하다. 단지 차이가 있다면 일반사람들이 조상의 묘소를 찾아가 고할 때는 성대한 악무樂舞가 없으나, 천자가 그 아버지 천에게 고할 때에는 성대한 악무가 필요하다는 것 뿐, 그 본질적인 의미는 같은 것이다. 고대의 천자들은 자신이 중요한 업적을 이루게 되면(功成) 음악을 지었다(作樂)[31]고 했는데, 이는 그 공을 천에게 고할 때(告天의식) 사용할 악무를 지었다는 뜻일 것이다.

〈천단에서 청 황제의 제천의식을 재현한 장면〉

31) 蓋聞古者祖有功而宗有德, 制禮樂各有由.(《史記 文帝本紀》)
治定功成, 禮樂乃興.(《史記 樂書》)

온 하늘 아래 임금의 땅이 아닌 데 없고, 땅이 뻗치는 곳 어디에서나 임금의 신하가 아닌 자 없다.[32]

천자는 천하를 경영하고 제후는 봉역을 다스리는 것이 고대의 제도이다. 변경 안 어디엔들 왕의 땅이 아니며, 그 땅의 소출을 먹는 자라면 누구인들 왕의 신하가 아니겠는가?[33]

무릇 스스로 칭하기를 천자는 오직 나 한사람(予一人)이라 말한다.[34]

모두 "왕이 천하를 가진다.(王有天下)"와 "권력은 왕이 주는 것이다.(權力王授)" 라는 개념을 말하고 있다. 천하의 주인은 왕(천자) 한 사람뿐인 것이다.

(4) 천명사상

천명사상 역시 천의 개념이 싹트기 시작한 수에서 발생하여, 통일 국가 진을 거쳐 한에 들어와 확실하게 그 개념이 정착된 듯하다. 한대에 이론적으로 확실하게 정착된 이 천명사상은 청 제국이 공식적으로 망할 때까지 중국의 위정자 사회에서 널리 퍼진 신성불가침의 이데올로기로 군림하였다. 고대인들은 인간의 모든 행위는 신의 명(天命)에 의해서만 그 정당성을 확보할 수 있다고 여겼다. 인간의 역사를 천이 주재하고, 단지 인간들은 그 천명에 따라 행해야 할 뿐이다. 그래서 이런 통치 행위를 강력하게 한 고대 국가들을 보통 신정국가라고도 불렀었는데, 그러나 주권재천主權在天의 천본주의 사회인 고대에서는 그 강도의 차이는 있을지 몰라도, 어느 나라 이든지 간에 신정국가적인 경향이 있어 왔었다. 현대와 같이 국민이 주인

32) 普天之下, 莫非王土; 率土之濱, 莫非王臣.(《시경 小雅 北山》)

33) 天子經略, 諸侯正封, 古之制也. 封略之內, 何非君土, 食土之毛, 誰非君臣?(《좌전 昭公 7년》)

34) 凡自稱, 天子曰予一人.(《예기 玉藻》)

되는 '민주'국가에서는 위정자의 모든 행위의 정당성은 민의에 의해서 획득되어 진다. 어떤 위정자도 민의를 어기면 그 통치 행위의 정당성을 인정받지 못한다. 이와 똑 같은 이치로 하늘이 주인 되는 천본주의 사회에서는 위정자의 모든 통치 행위는 천명에 따라야 그 정당성을 인정받는다. 고로 현대의 모든 위정자들이 자신의 통치 행위를 민의에 따라 행했다고 주장하듯이, 중국에서 지금으로부터 1세기 이전의 모든 위정자들은 그의 통치 행위를 천명에 따라 행했다고 주장한 것이다.

민이 주인 되는 사회인 현대에 와서도, 많은 위정자들이 여론을 조작하여 조작된 여론이 민의 뜻이라고 속여, 실제로 독재를 행하는 경우를 흔히 볼 수 있다. 현대의 모든 독재자들은 자신의 통치 행위를 국민의 뜻(민의)에 따른 행위라고 호도하며, 실제로는 민의를 무시한 독재를 하면서도, 자신의 통치의 정당성을 국민에게서 구한다. 여론과 투표로 그 민의를 직접 볼 수 있음에도 그것을 호도하여 독재를 행하는 경우가 많은데, 하물며 눈으로 직접 볼 수도 없는 천명에 따랐다는 것은, 실제로는 독재 정치를 정당화시켜주는 이데올로기로서의 역할을 수행한 것이라고 밖에 볼 수 없다. 신의 명령인 천명이란 것은 굉장히 자의적 해석이 가능한 것이어서, 고대 위정자들은 자기 멋대로 통치를 하면서도 그것을 천명이라고 호도하고, 자신의 통치 행위를 정당화시킨 경우가 많았던 것이다.

고대인들은 왕조를 무너뜨리거나 설립할 때도 천명을 따라 행했다고 내세운다. 하늘이 자신으로 하여금 천명이 다한 왕조를 무너뜨리고 새로운 왕조를 설립하라고 하늘이 명(天命)했다고 주장한다. 천명이 다한 왕조에서는 여러 가지 재이災異 현상이 나타나서 망할 징조를 보인다. 재이설과 도참설圖讖說과 주술적 예언 같은 것은 천명이 쇠한 왕조가 망할 것이요, 천명을 받은 다른 신왕新王이 등장할 것이라는 것을 나타내기 위한 하나의 사상들이다. 이런 사상을 내세워 새 왕조 건립의 정당성을 하늘로부터 부여받았다고 주장한다. 전 왕조를 무너뜨리고 새 왕조를 세우는 것을 역성혁명易姓革命이라고 하는데, 역성혁명이란 성을 바꾸고(易姓) 천명을 바꾼다(革命)는 뜻이다. 절대적이고 신성불가침한 신의 명인 천명을 쫓아서 왕조를 설립했으니, 어느 누구도 그 왕조의 정통성과 정당성에 시비를 걸지 못한다. 지금도 무력에 의해 정권을 탈취한 사람들은 그것을 정당화시켜 천명을 바꾸었다는 의미로 혁명이라고 부르고 있다.

왕조의 찬탈과 설립을 수명受命에 의한 것이라고 정당화하는 작업은 중국 역대 왕조에서 가장 보편화된 현상의 일종이었다. 중국 역대 왕조의 변천 과정과 반란을 일으킬 때마다, 그들은 수명受命에 의하여 천을 대신해 역천逆天한 왕조를 벌伐하려고 기의起義했다고 내세운다. 그들 행위의 정당성을 하늘에서 찾는 전형적인 천본주의적 사고이다.

수명受命에 의한 왕조의 찬탈과 설립의 정당성을 내세우는 것을, 이론적으로 세련화시킨 대표적인 저서로 《춘추번로》를 들 수 있다. 물론 《춘추번로》 이전에도 왕조의 찬탈과 설립의 정당성을 수명受命에 의한 것이라고 내세우는 기록이 보이기는 하지만, 그것을 이론적으로 세련되게 완성시킨 것이 바로 《춘추번로》라는 것이다. 천명을 받아 왕조를 설립한 왕은 반드시, 그가 무너뜨린 천명이 다한 전 왕조를 계승한 것이 아니라는 것을 보여주기 위해, 국호를 바꾸고 정삭正朔을 고치며 복색을 바꾸어야 했다. 또한 그는 예악도 새로 제정하고 율령도 새롭게 반포하며 궁과 도읍을 옮기고 관명을 바꾸어야 했다. 그리고 그는 오행과 삼통三統에 따라 모든 제도를 새롭게 뜯어 고쳐야 했다.[35]

〈고려의 王씨 왕조를 무너뜨리고 이씨 왕조를 건립한 조선의 이성계 영정. 그는 역성혁명한 것이다.〉

---

35) 春秋曰 王正月. … 何以謂之王正月? 曰 王者必受命以而王. 王者必改正朔, 易服色, 制禮樂, 一統於天下, 所以明易姓非繼人, 通以己受之於天也. 王者受命而王, 制此月

이 천명사상은 그 표현은 다를지 몰라도 천본주의(神本主義) 사회인 고대에는 어느 나라이든지 보이는 보편적인 현상이다. 이는 신의神意에 따라야만 그 정당성을 획득할 수 있다는, 다시 말해 모든 인간의 행위는 신의 의지에 따라야 한다는 신본주의 사상으로, 원시 무의 세계에서 가장 보편화된 사상의 일종이다. 어느 나라에서든지 원시시대 때부터 있어온 이 신본주의 사상이, 중국에서 다른 어느 나라보다 더욱 고급스럽고 세련되게 이론화된 것이 바로 천명사상이라 할 수 있다. 이 천명사상은 천본주의가 공식적으로 끝난 청 말까지, 중국의 위정자 사회에 절대적인 영향을 계속 주어왔었다.

〈중국 천문산天門山 정상에 있는 천명을 기원하는 제단〉

以應變, 故作科以奉天地, 故謂之王正月也.(《春秋繁露 三代改制質文篇》)

王者改制作科柰何? 曰 當十二色, 歷各法而正色, 逆數三而復. 絀三之前曰五帝, 帝迭首一色, 順數五而相復. 禮樂各以其法象其宜, 順數五而相復. 咸作國號, 遷宮邑, 易官名, 制禮作樂.(《春秋繁露 三代改制質文篇》)

故湯受命而王, 應天變夏作殷號, 時正白統, 親夏, 故虞, 絀唐謂之帝堯, 以神農爲赤帝, 作宮邑於下洛之陽, 名相官曰尹.(《春秋繁露 三代改制質文篇》)

絀虞謂之帝舜, 以軒轅爲黃帝, 推神農以爲九皇, 作宮邑於豊, 名相官曰宰, 作武樂, 制文禮以奉天.(《春秋繁露 三代改制質文篇》)

위의 예는《춘추번로》에 나오는 몇 가지 예에 불과하다. 이 외에도《춘추번로》에는 受命에 의해 천명을 어긴 왕조에 대한 '伐'과 천명을 받은 왕조의 설립에 대해 굉장히 상세하게 이론적으로 전개하고 있다. 그는 受命에 의한 왕조 설립의 대표적인 예로 湯武受命을 들어 자주 언급하고 있다. 또한 천명을 받은 신 왕조의 제도 개혁에 대한 설명 역시 五行과 三統에 의하여 굉장히 상세하게 이론을 전개하고 있다.

3) 수명론受命論과 재이설災異說

> 각종 관직을 비워두어서는 안 됩니다. 하늘이 정한 일을 인간이 대신 완성하기 때문입니다. 하늘이 법도를 마련하시어 우리가 오법도(五典)를 저마다 도탑게 실현하도록 경계했습니다. 하늘이 예를 등급으로 구분하시어 우리에게 오례五禮를 일상화하도록 했습니다. … 하늘이 유덕자에게 명하여 오복五服[36]을 드러내었고, 하늘이 죄인을 토벌하여 오형五刑[37]을 시행했습니다.[38]

서주시대에 이미 모든 것은 하늘이 정한 것이니 인간은 그것에 맞추어 철저히 따라야 한다고 하고 있다. 하늘이 법도를 마련했으니 우리 인간도 오법도를 지켜야 하며, 하늘이 예에 등급을 구분하시니 우리 인간은 오례五禮를 일상화해야 한다고 하고 있다. 또한 하늘의 뜻에 따라 유덕자에게는 오복五服을, 죄인에게는 오형五刑을 시행해야 한다고 하고 있다. 인간 모든 행위는 철저히 하늘의 뜻에 순응하여 따라야 하며, 또한 그것에 맞추어 각종 제도를 갖추어야 한다는 것이다.

> 하늘이 뭇 백성을 산생할 때, 만물이 저마다 법칙이 있게 하셨네.[39]

하늘이 모든 만물의 법칙이 있게 했으니, 우리 인간은 철저히 그것에 순응하며 따라야 한다. 인간이 천에 합일하는 천입합일사상의 초보적 형태가 이미 서주시기에 있어온 것이다. 동중서의 개제론改制論 역시 철저하게 천인합일설의 기반 위에서 설명하고 있다. 예를 들어 한 왕조는 토덕土德을 숭상하였기 때문에, 토덕이 가지고 있는 성질을 그대로 '모방'하여 인사에

---

36) 天子, 諸侯, 子男, 大夫, 士이 5등급 예복

37) 얼굴에 죄명을 새기는 墨, 코를 베는 劓, 다리를 베는 剕, 생식기를 베는 宮, 사형시키는 大辟의 5가지 벌

38) 無曠庶官, 天工人其代之. 天敍有典, 勅我五典五惇哉. 天秩有禮, 自我五禮有庸哉. … 天命有德, 五服五章哉. 天討有罪, 五刑五用哉.(《상서 皐陶謨》)

39) 天生烝民, 有物有則.(《시 大雅 烝民》)

'적용'시켜야 한다. 제도 율령 역법 정치 형태는 말할 것도 없고, 복식의 색깔, 수레바퀴 수 등등에 있어서도 토덕이 나타내는 천상天象을 하나도 남김없이 철저하게 '모방' '적용'시키고 있다.

《춘추번로》에서는 개인의 행위에 대해서도 언급하고 있지만, 이보다 천자 혹은 국가와 천과의 '감응'에 대해 더욱 상세하게 언급하고 있다. 대우주를 철저하게 '모방' 축약시켜 놓은 인간은 대우주의 법칙(天象)을 철저하게 '모방'하여 지켜야 한다.

천天의 아들로 자처하는 천자天子는 그 아버지 천의 뜻을 더욱 '따라야 한다.' 천자는 천의天意를 그대로 '모방'하여 행해야 하는 막중한 임무를 지고 있다. 만약 천자가 천의에 따르지 않고 자기 멋대로 정치를 하여 유덕有德함을 잃어버리면, 하늘은 그에게 재이로써 경고를 한다. 자연계에는 홍수 한발 일식 지진 또는 혜성이나 운석 서리 벼락 메뚜기 등의 곤충해 한서寒暑가 순조롭지 못한 이상 기후 등과 같은 갖가지 이변 현상이 가끔 일어난다. 이러한 심상치 않은 이변을 분류하여 작은 것을 '재災', 큰 것을 '이異'라고 하며, 이를 이용하여 천의天意를 무시한 천자의 전횡과 월권을 억제한다. '재'를 내려 꾸짖는 것을 천견天譴이라 하고, '이'를 내려 위협하는 것을 천위天威라고 한다. 예컨대 천자가 천의를 거스르면 하늘은 우선 '재'를 내려 꾸짖고, 그리하여도 천자가 여전히 역천逆天하면 그 다음으로 '이'를 내려 위협하며, 그러고도 여전히 역천하면 하늘은 결국 그 천자에게서 천명을 빼앗아 망하게 한다.[40] 이는 천자가 천의를 어겨 실정을 하게 되면, 천도 그것을 그대로 '모방'하여 재이災異를 보여준다는 것인데, 이 재이설은 철저하게 천인합일의 기반 위에 전개된 사상이다. 그래서 옛 사서에 보면 천상에 나타난 재이 현상을 많이 기록하고 있다. 《한서 예문지》에는 <잡

---

40) 臣謹案春秋之中, 視前世已行之事, 以觀天人相與之際, 甚可畏也. 國家將有失道之敗, 而天乃先出災害以譴告之. 不知自省, 又出怪異以警懼之, 尙不之變, 而傷敗乃至. 以此見天心之仁愛人君, 而欲止其亂也.(《漢書 董仲舒傳》)

재이雜災異> 25편, <재이맹씨경방災異孟氏京房> 66편이 육례략六禮略의 역易 부분에 실려 있는데, 저서의 제목으로 보아 재이에 대한 기록임을 알 수 있다.

천자에게 경고를 주는 재이설과 마찬가지로, 제왕의 자격을 갖춘 이가 있어 천하의 사람이 그에게 돌아간다면, 천도 그 인사를 그대로 '모방'하여 천명이 그에게 있다는 상서로움을 천상天象에 보여준다. 이것을 수명受命의 부符라고 하는데, 예컨대 무왕武王이 주紂를 벌伐했을 때 물고기가 왕의 배에 뛰어들어 천상天象의 상스러움을 보여준 것이 그 예이다. 위에서 보는 것처럼, 인간은 대우주를 모방한 소우주이기 때문에, 그 행위는 대소선악을 가릴 것 없이, 천에 감응하여 나타나는데, 천상天象에 감응을 잘하였는냐 못하였느냐에 따라 각기 천상天賞과 천벌天罰이 수반되는 것이라 보고 있다.

〈이런 일식현상도 중국인들은 하늘에 인간에게 내리는 경고라고 생각했다.〉

> 좋은 징조(休徵)란 통치자가 엄숙하면(肅) 제 때에 비가 내리고, 조화로우면(乂) 제 때에 햇볕이 쏟아지고, 명석하면(晳) 제 때에 따뜻하고, 신중하면(謀) 제 때에 춥고, 슬기로우면(聖) 제 때에 바람이 분다. 나쁜 징조(咎徵)란 통치자가 광기(狂)가 있으면 폭우를 일으키고, 오만 무례하면(僭) 가뭄을 일으키고, 나태하면(豫) 혹서를 일으키고, 성급하면(急) 혹한을 일으키고, 어리석으면(蒙) 태풍을 일으킨다.[41]

41) 曰休徵, 曰肅時雨若, 曰乂時暘若, 曰晳時燠若, 曰謀時寒若, 曰聖時風若: 曰咎徵, 曰狂恒雨若, 曰僭恒暘若, 曰豫恒燠若, 曰急恒寒若, 曰蒙恒風若.(《상서 홍범》)

통치자가 정치를 잘 하면 하늘도 그것에 호응하여(天人相應) 좋은 징조(休徵)를 내리지만, 통치자가 정치를 잘못하면 하늘도 또한 그것에 호응하여(天人相應) 나쁜 징조(咎徵)를 내린다는 것이다. 이런 재이설과 수명론은 이미《시》와《서》에서 산견되어지니, 동중서에서 비롯된 것은 아니지만, 동중서에 이르러 그 논論이 더욱 정밀해져서, 이후 왕조가 바뀌는 역성혁명이 있을 때마다 하늘에 상서로움이 나타났다 라든가, 혹은 왕조가 어지러울 때마다 하늘에 재이 현상을 나타냈다든가 하는 사서의 기재가 끊이지 않았다. 왕충王充의《논형 견고편譴告篇》에도 재이를 설명하기를,

> 재이를 논하는 자들은 옛날 임금의 정치가 법도를 상실하면 하늘은 재이를 통하여 그것을 견책하고 경고한다. 재이는 한번으로 끝나지 않고 다시 이상 기후(寒溫)로 나타난다. 임금의 형벌 시행이 시기에 맞지 않으면 갑자기 추위가 오고, 상을 주는 것이 절기에 맞지 않으면 갑자기 더위가 온다. 천신天神이 임금을 견책하고 경고하는 것은 마치 임금이 신하를 책망하고 진노하는 것과 같다.[42]

하늘이 내리는 이상 기후인 재이는 아래 임금의 정치가 법도를 상실했기 때문에 일어난 현상이라는 것이다. "임금의 형벌 시행이 시기에 맞지 않으면 갑자기 추위가 오고, 상을 주는 것이 절기에 맞지 않으면 갑자기 더위가 온다."고 하여, 임금이 올바르게 다스리지 못하면 이런 이상 기후가 생겨나 임금을 책망하고 경고해 다시 올바른 정치를 할 수 있도록 하게 했다는 것이 이른바 재이설의 본질이라고 할 수 있다.《사기》이후 모든 사서에 천문지天文志와 지리지地理志가 있는데, 이들 기록에는 거의 천문과 지리에 나타난 상서로움과 재이를 기록하고 있다. 이는 모두 인사人事의 정당성을 천天에서 구했고, 또한 그 천의天意에 '따라' 그대로 삶을 살고자한 천

---

42) 論災異, 謂古之人君爲政失道, 天用災異譴告之也. 災異非一, 復以寒溫爲之效, 人君用刑非時, 則寒. 施賞違節, 則溫. 天神譴告人君, 猶人君責怒臣下也.

天과 인人이 서로 상관하는 사상이, 그 후에도 지속적으로 계속되었음을 나타내고 있다. 이는 정도의 차이는 있지만, 천본주의 사회인 고대에서는 세계 어디에서나 보이는 보편적인 현상이다.

천상을 그대로 '모방'하여 인사를 '설명'하고 또한 천상'처럼' 살고자하는 것은 무속사상(원시사상)에서 가장 보편적인 특징 중의 하나이다. 원시인들은 여러 가지 자연 현상의 관찰이나 제의와 점 등을 통하여 얻어진 징조에 의해 신의神意를 획득하여, 그 '신의대로' 살고자 하였다. 그들 원시인들은 일상의 모든 일을 자신의 의지대로 행한 것이 아니라, 신의 의지를 찾아 그 '신의대로' 행한 것이다. 무속사상이 고급화 세련화되어진 모든 종교와 종교성 문화는 신의 '의지대로' 살고자하는 특징을 본연적으로 가지고 있다. 기독교인들은 그들 삶과 행동의 모든 기준을 《성경》에 둔다. '《성경》대로' 삶을 살고자하는 것이다. 무슬림들은 자기의 의지대로 사는 것이 아니라, 《코란》에 나와 있는 '알라의 의지대로' 살고자 한다. 불자들은 자신의 의지대로 이 세상을 사는 것이 아니라, '부처의 가르침에 순종하며' 그대로 살려고 한다. 또한 이들 신자들은 우주 자연과 인문의 모든 현상을 여호와의 뜻, 알라의 뜻, 부처의 뜻에 '따라 해석하고 이해한다.' 동중서의 용어를 빌린다면 인人이 천天에 합일하는 것이다. 또한 그들 종교 신자들은 신의 뜻대로 살지 않고 자신의 의지대로 살아간다면, 신이 징계를 내린다고 말한다. 반대로 그들 신자들이 이들 신의 뜻대로 살아가면, 그 신은 축복을 내린다고 말한다. 이 역시 동중서의 용어를 빌리자면, 전자는 재이로 천벌天罰을 내리는 것이요, 후자는 상스러움으로 천복天福을 내리는 것이다.

주권재천의 천본주의 사회에서는, 세계 어디에서든지 정도의 차이는 있고 또한 그 발전의 방향은 다를지 몰라도, 신의 의지(天意 天命)를 그대로 '모방'하여 세계를 해석하고, 또한 '신의 의지대로' 삶을 살려는, 인人이 천天에 합일하려는 천인합일적인 사상은 있어왔다. 특히 무문화와 그것이 세련화 고급화된 종교 내지는 종교성 문화는 더욱 그러한 성격을 강하게 가지고 있다. 왜냐하면 종교 내지는 종교성 문화란 인간 세계를 주재하는 자가 인간이 아니라, 신이라고 하는 것을 상정한 문화이기 때문이다. 중국의 천天이란 모든 인간 행위의 원형(Archtype)으로서의 역할을 하여 왔다. 농경민족인 옛 중국인들이 말한 이 천天이란 '자연의 법칙' 혹은 '올바른 계절적 순환'을 말하는 경우가 많았다. 서구인들이 여호와의 의지대로 삶을 살려고 했던 것처럼, 중국인 그들은 천의 의지를 그들의 삶에 그대로 '모방' 하여 '적용'시켜 살려고 했던 것이다. 이것이 바로 동중서에 의해 천인합일설이라고 불리는 사상으로, 후대 중국인들의 의식에 막대한 영향을 주어 왔었다.

4) 한의학의 기본 원리와 수지침手指針 족침足針 이침耳針

천상天象을 그대로 '모방'하여 인사人事를 '설명'하고, 또한 그것을 인사에 '적용'시키려는 중국인의 사고방식은 먼 옛날부터 있어왔다. 《회남자》에 보면 이미 사람의 신체를 자연현상에 관련시켜 설명하고 있다.

> 그리고 머리가 둥근 것은 하늘을 닮은 것이요, 발이 네모난 것은 땅을 닮은 것이다. 하늘에 사시四時 오행五行 구해九解 366일이 있어 사람에게도 사지四肢 오장五臟 구규九竅(9개 구멍) 366개의 마디가 있으며, 하늘에 풍우風雨 한서寒暑가 있어 사람에게도 주고받고(取與) 기쁘고 화내는 것(喜怒)이 있다. 또한 담낭은 구름에, 폐는 기에, 간장은 바람에, 신장은 비에, 비장은 우뢰에 해당되어, 천지에 참여하며 마음이 이들을 주관한다. 귀와 눈은 해와 달이요, 혈血과 기氣는 바람과 비이다.[43]

43) 故頭之圓也象天, 足之方也象地. 天有四時五行九解三百六十六日, 人亦有四肢五臟九竅三百六十六節. 天有風雨寒暑, 人亦有取與喜怒. 故膽爲雲, 肺爲氣, 肝爲風, 腥爲雨, 脾爲雷, 以與天地相參也. 而心爲之主. 是故耳目者日月也, 血氣者風雨也.(《회남자 精神訓》)

인체를 자연현상과 관련시켜 설명하는 것이 이렇게 전국시대 이미 있었지만, 이것을 하나의 '설'로서 세련되고 고급스럽게 이론화시킨 저서는 동중서의 《춘추번로》이다. 《춘추번로 인부천수人副天數》에 보면,

> 기氣보다 더 정미한 것이 없고 땅보다 더 풍부한 것이 없고 하늘보다 더 신비로운 것은 없다. 천지의 정기로써 생긴 사물 가운데 사람보다 더 귀한 것은 없다. 사람은 하늘에서 명을 받았기 때문에 월등히 사물보다 더 귀하다. 사물은 막혀 있어서 그 어느 것도 사랑(仁)과 정의(義)를 행할 수 없고, 오직 사람만이 사랑과 정의를 행할 수 있다. 사물은 막혀 있어서 천지와 짝할 수 없지만, 오직 사람만이 천지와 짝할 수 있다. 사람의 뼈 360마디는 천수天數(자연 운행의 數相의 법칙)에 '짝하고', 신체의 뼈와 살은 땅의 두터움에 '짝한다.' 사람의 머리에 귀와 눈이 밝게 빛나는 것은 해와 달의 '모습'이고, 몸에 구멍이 있고 혈맥이 연결된 것은 시내와 계곡의 '모습'이며, 마음의 희로애락은 신비로운 기氣의 여러 유형과 '같다.' 이러한 사람의 신체를 보면 사람은 사물보다 지극히 고귀하며 하늘과 동일한 부류임을 알 수 있다. 사물은 옆으로 꺾여 하늘의 음양을 취하여 생존하지만, 사람은 찬란한 격식과 도리를 갖추고 있다. 그러므로 모든 사물의 형상은 다 엎드려 기면서 옆으로 꺾여 움직이지만, 오직 사람만은 곧추 서서 머리를 바로 처 들고 만물을 똑바로 마주 한다. 즉 천지로부터 조금 받은 것들은 옆으로 꺾이고, 천지로부터 많이 받은 것은 똑바로 마주하는 것이다. 이는 사람이 사물과 뚜렷이 구별되고 천지에 비견된다는 점을 보여 준다. 이런 까닭으로 머리가 크고 둥근 것은 하늘의 얼굴을 '모방'했기 때문이다. 머리털은 별과 성좌星座를 '모방'했다. 귀와 눈이 찬란한 것은 해와 달을 '모방'했다. 코와 입으로 호흡하는 것은 바람의 기운을 '모방'했다. 가슴속의 통달한 지혜는 신명神明을 '모방'했다. 배와 자궁이 불렀다 꺼졌다하는 것은 수백의 만물을 '모방'했다. … 이처럼 천지의 상징과 음양의 대응물이 항상 우리 몸에 갖추어져 있다. 몸은 하늘과 '같은데', 몸의 수는 하늘과 서로 '일치'하여, 따라서 생명은 하늘과 서로 '연결'되는 것이다. 역년을 채우는 날들의 수와 더불어 하늘은 사람의 몸에 형상을 주었다. 고로 366개의 작은 마디들은 일수에 '해당'되며, 큰 12개 마디는 월수에 '해당'된다. 몸 안의 오장은 오행수五行數에 '해당'되며, 몸 바깥의 사시는 사시에 '해당'된다. 눈을 감고 뜨는 것은 낮과 밤에 '해당'되고, 강剛과 유柔는 겨울과 여름에 '해당'된다. 애哀와 락樂은 음양에 '해당'된다. 마음에 계산과 생각이 있는 것은 도수度數에 '해당'된다. 행위에 윤리가 있는 것은 하늘과 땅에 '해당'된다. 이는 모두 살갗이 몰래 몸에

붙어있는 것과 같다. … 모두 하늘과 합치되는데 '해당'된다.[44]

그는 인체의 구조와 인간의 행위를 철저하게 우주 자연의 구조에 '적용'시켜 설명하고 있다. 철저하게 천天과 인人이 합일하고 있다. 물론 이와 같은 설명은 동중서 이전인 《회남자》에도 있었지만, 동중서에 와서 그 이론이 체계화되고 있다.

이런 인체 구조에 대한 설명은 한의학에서의 인체 구조에 대한 설명의 기본 골격을 이루게 했다. 한의학에서는 인체를 대우주를 그대로 '모방' 축소한 소우주로 보고 있다. 예컨대, 사람에게는 360개의 뼈마디가 있는데, 이는 하늘의 둘레 360도에 '해당'되고, 사람에게 형체와 골육이 있는 것은 땅의 두터움이 있는 것과 '같고', 귀와 눈이 있는 것은 해와 달의 '상象'이며, 몸에 구멍과 혈맥이 있는 것은 내와 골짜기의 '상'이라는 것이다. 마음에 희로애락이 있는 것은 사계의 기후가 있는 것과 '같고', 또 오장이 있는 것은 오행에 '대응'되며, 천지에 바람이 있으므로 사람에게는 이에 '대응'하여 입과 코의 호흡이 있고, 밤과 낮은 있으므로 이에 '대응'하여 눈을 떴다 감았다 하는 것이 있다는 것이다.

또한 모든 우주 자연이 인체 속에 '모방' 축소된 것처럼, 인체를 더 '모방' 축소한 것이 손이고 발이며 귀이기도 하다. 그래서 병이 나면 그 몸에 '해

44) 莫精於氣, 莫富於地, 莫神於天, 天地之精所以生物者, 莫貴於人. 人受命乎天也, 故超然有以倚; 物灾疾莫能爲仁義, 唯人獨能爲仁義; 物灾疾莫能偶天地, 唯人獨能偶天地. 人有三百六十節, 偶天之數也; 形體骨肉, 偶地之厚也; 上有耳目聰明, 日月之象也; 體有空竅理脈, 川谷之象也; 心有愛樂喜怒, 神氣之類也; 觀人之體, 一何高物之甚, 而類於天也. 物旁折取天之陰陽以生活耳, 而人乃燦然有其文理, 是故凡物之形, 莫不伏從旁折天地而行, 人獨題直立端尙正正當之, 是故所取天地少者旁折之, 所取天地多者正當之, 此見人之絶於物而參天地. 是故人之身, 首妢而員, 象天容也. 髮, 象星辰也. 耳目戾戾, 象日月也. 鼻口呼吸, 象風氣也. 胸中達知, 象神明也. 腹胞實虛, 象百物也 … 身猶天也, 數與之相參, 故命與之相連也. 天以終歲之數, 成人之身, 故小節三百六十六, 副日數也. 大節十二分, 副月數也. 內有五臟, 副五行數也. 外有四肢, 副四時數也. 乍視乍瞑, 副晝夜也. 乍剛乍柔, 副冬夏也. 乍哀乍樂, 副陰陽也. 心有計慮, 副度數也. 行有倫理, 副天地也. 此皆暗膚着身 … 皆當同而副天一也.

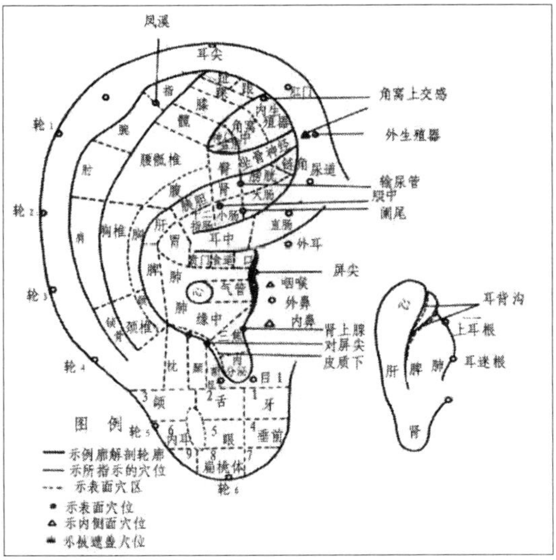

〈이침도耳針圖 귀를 인체가 축소된 것으로 보고 있다.〉

당'되는 손이나 발 혹은 귀에 침을 놓는다. 예를 들어 머리가 아프면 가운데 손가락 끝에, 배가 아프면 손바닥 가운데에 침을 놓는데, 한의학에서 이를 수지침이라고 한다. 이는 인체를 우주 자연이 축약된 존재로, 그리고 손을 그 인체가 더욱 축약 정화된 형태로 보려는 사유 체계 때문이다. 또한 이외에도 발 혹은 귀가 인체를 '모방' 축약시킨 형태로 보기도 하는데, 그래서 몸에 병이 나면 그것에 '해당'되는 발이나 귀 부위에 침을 놓는데, 이를 한의학에서는 족침足針, 이침耳針이라고 부른다.

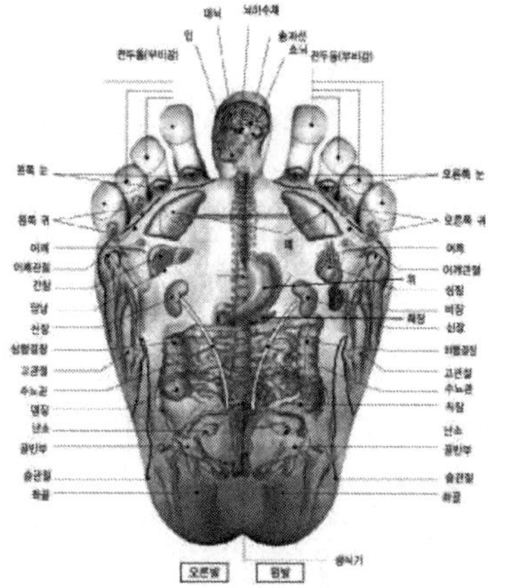

〈족침도足針圖 발을 인체가 축소된 것으로 보고 있다.〉

> 생길 때 사람이 되지 않을 수도 있었는데 사람으로 된 것은 하늘의 운수이다. 즉 사람이 사람으로 된 것은 하늘에 근본을 두고 있으니, 하늘 또한 사람의 증조부이다. 이것이 바로 사람이 위로 하늘과 '똑같은 부류'인 까닭이다. 사람의 형체는 천수天數에 '따라' 만들어졌고, 사람의 혈기는 하늘의 뜻(天志)에 '따라' 어질고(仁), 사람의 덕행은 천리天理에 '따라' 의롭다.(義) 사람의 좋고 싫은 감정은 하늘의 따뜻함과 서늘함에 '따랐고', 사람의 기쁨과 노여움은 하늘의 추위와 더위를 '따랐다'. .. 하늘의 '대응물'이 사람에게 있으니, 사람의 정성情性은 하늘에서 '비롯된' 것이다.[45]

사람이 하늘을 그대로 본받았다는 것이다.

> 이 세 가지(천 지 인)는 서로 손발이 되어 한 몸을 이루기 때문에 어느 하나라도 없을 수 없다. 효제孝悌가 없으면 만물을 생성할 수가 없고, 의식衣食이 없

45) 爲生不能爲人, 爲人者, 天也, 人之人本於天, 天亦人之曾祖父也, 此人之所以乃上類天也. 人之形體, 化天數而成; 人之血氣, 化天志而仁; 人之德行, 化天理而義; 人之好惡, 化天之暖淸; 人之喜怒, 化天之寒暑; 人之受命, 化天之四時; 人生有喜怒哀樂之答, 春秋冬夏之類也. 喜, 春之答也, 怒, 秋之答也, 樂, 夏之答也, 哀, 冬之答也, 天之副在乎人, 人之情性有由天者矣.(《춘추번로 人副天數》)

으면 만물을 양육할 수가 없으며, 예악禮樂이 없으면 만물을 완성할 수가 없다.[46]

천天 지地 인人은 만물의 근본이다. 하늘이 만물을 낳고, 땅이 만물을 기르며, 사람이 만물을 완성한다. 하늘은 효제孝悌로써 만물을 낳고, 땅은 의식衣食으로 만물을 기르며, 사람은 예악禮樂으로 그것을 이룬다. 하늘과 땅 즉 자연이 낳은 것 중 가장 존귀한 것이 바로 사람이다. 고로 사람은 반드시 하늘의 법칙 즉 자연의 법칙과 계절의 변화에 반드시 순응하며 따라야 한다. 그렇지 않으면 여러 가지 변고현상이 일어난다. 천 지 인 이 3가지를 삼재三才라고 한다.

5) 신의神意 획득자(예언가)의 횡행

모든 인간 행위의 정당성을 하늘에서 찾고, 그 신의대로 살려고 했던 옛 천본주의 사회에서는, 그 신의를 찾아내려는 수많은 노력이 수많은 사람들에 의해 행해져 왔다. 이런 신의는 일반인들에 의하여 찾아질 수 있는 것이 아니고, 근본적으로 신적 능력을 소지한 성스러운 부류의 인물들에 의하여 찾아지고 해독되어질 수 있다.

신의를 획득하는 방법에는 천문天文과 지리地理 등등의 자연에 나타나는 재이와 상서로움 등을 포함한 여러 가지 조짐들을 '관찰'하여 신의를 획득하는 경우가 있고, 《주역》이나 《성경》같은 종교성을 지녔다고 믿어져온

46) 三者相爲手足, 合以成體, 不可 無也; 無孝悌, 則亡其所以生, 無衣食, 則亡其所以養, 無禮樂, 則亡其所以成也天地人, 萬物之本也, 天生之, 地養之, 人成之; 天生之以孝悌, 地養之以衣食, 人成之以禮樂, 三者相爲手足, 合以成體, 不可一無也; 無孝悌, 則亡其所以生, 無衣食, 則亡其所以養, 無禮樂, 則亡其所以成也.(《춘추번로 立元神》)

여러 경전을 '해독'하여 신의를 획득하는 방법이 있다. 또한 제의나 점 등을 통해 신에게 직접 '물어' 신의를 획득하는 방법이 있으며, 이런 아무런 행위를 하지 않으면서도 비범한 신적 능력에 따른 '예감'으로 신의를 획득할 수도 있다. 그들은 이런 신의를 획득하여 미래를 '예언'할 수도 있고, 현재 일어난 일에 대해 그 '원인'을 설명할 수도 있으며, 또한 먼 곳에서 일어난 일을 '선지先知'할 수도 있다.

신의神意를 획득할 수 있는 이런 비범한 신적 능력의 소지자들은 이에 따라 그들의 부류도 여러 갈래로 나뉜다. 먼저 천문과 지리 등등에 나타나는 여러 상象을 '관찰'하여 신의를 획득하는 사람들로, 천관天官으로 불리는 고대 점성가와 음양가陰陽家, 오행가五行家와 지관地官으로 불리는 풍수지리가들을 대표적으로 들 수 있으며, 이 외에도 관상가 수상가 해몽가와 사주팔자를 보는 사람 등등도 이 부류에 속한다 할 것이다.

이들은 모두 무엇인가를 '관찰'하여 '예언'하고 '해석'한다. 이들이 '관찰'하여 신의를 획득하는 방법은 너무나 다양하다. 천상을 '관찰'하는데도 일색日色, 월색月色, 오성五星의 운행, 혜성, 별똥별, 운기雲氣, 우기雨氣, 일식, 월식, 해무리, 달무리, 무지개, 바람의 방향 등등 천상에 보이는 모든 상象들이 신의를 보여주는 대상이 된다 할 수 있다. 또한 그들은 지리를 '관찰'하는데도, 산의 형세, 물의 흐름, 기이한 나무의 형상, 돌의 위치, 기이한 벌레들의 출현, 기이한 동물의 출현, 기이한 식물의 출현 등등 땅에서 볼 수 있는 것 중에서 기이하고 특이한 현상의 모든 것이 신의를 보여주는 대상이 된다. 또한 관상, 수상, 족상, 말투, 행동거지, 꿈 등등을 위시한 사람 인체의 특징과 행동이 모두 신의를 찾아낼 수 있는 '관찰' 대상이 되며, 사주와 팔자의 '관찰'도 신의를 찾아낼 수 있는 대상이 된다. 한 마디로 '관찰'되어질 수 있는 모든 것에서 신의를 찾아낼 수 있는 것이다. 특히 뛰어난 신의 획득자일수록 평범하고 조그마한 것에서도 신의를 찾아낼 수 있는 능력을 소지하고 있다. 이 중 천문과 지리의 '관찰'을 통한 신의 획득은 학술적으로 매우 중요한 의미가 있다. 이 점에 대해서는 뒤에 상술코자 한다.

두 번째 《주역》이나 《성경》 등등의 종교성을 지닌 서적들을 '해독'함으로서 신의를 획득하는 부류로는 협의적으로 역술가易術家 작명가 등을 들 수 있다. 그러나 이 부류에 속하는 사람들을 '아주 광의적 입장에서 보면', 종교의 사제직들과 신자들이 모두 이 부류에 속한다 할 수 있다. 그들은 그들의 종교적 경전에 의거하여 이 세상의 모든 현상을 '해석'하고, 또한 미래에 일어날 일을 '예언'한다. 교황을 위시한 여러 천주교 사제직, 목사를 비롯한 여러 기독교 사제직, 승 보살 등등의 여러 불교 사제직, 도사 방사 등등으로 대표되어지는 도교의 여러 사제직, 심지어 전한 시대 《춘추》 해석가를 위시한 여러 유술가儒術家 등등도 모두 이 부류에 속한다고 할 수 있다. 이들 외에 이들이 '해석'해 준 세계관과 이들이 '예언'해 준 미래관을 '믿는' 모든 신자들도 신의의 획득자라고는 할 수 없지만, 그 신의를 적극적으로 받아들이는 자라고 할 수 있다.

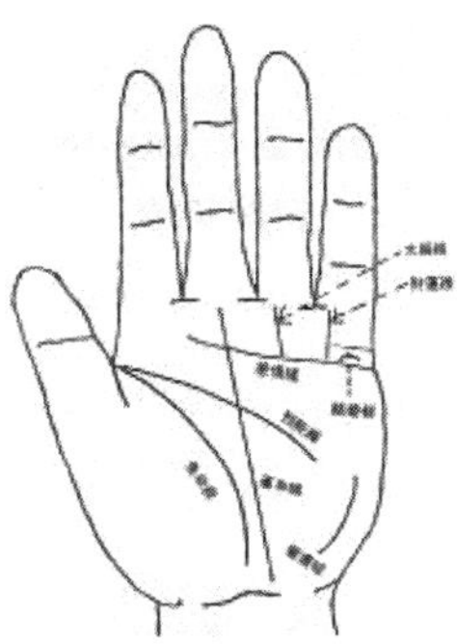

〈손금에도 그 사람의 운명이 나타나 있다고 믿는다.〉

세 번째 제의나 점 등을 통해 직접 신에게 '물어' 신의를 획득하는 자로 점술가, 점복관占卜官, 정인貞人, 시구자蓍龜者 등등과 제정일치 시대의 모든 제왕과 신하들이 여기에 속한다 하겠다. 제정일치 시대의 제왕과 신하들은 모두 제의를 통해 신의를 획득할 수 있는 능력을 가진 무적 성격의

〈중국에서 가장 오래된 점술서인 역경〉

소유자들인 신관神官들이었다. 이들이 신의를 획득하는 방법은 너무나 다양하다. 갑甲과 골骨의 균열 양상, 시초蓍草, 정미精米, 주사위, 엽전, 부채, 오뚝이 등등 모든 것을 이용하여 신의를 획득할 수 있다. 한마디로 손으로 만질 수 있는 모든 물건이 신의를 획득하기 위하여 사용될 수 있는 것이다.

마지막으로 이런 모든 행위를 통하지 않고 비범한 신적 능력에 따른 '예감'으로 신의를 획득할 수 있는 사람들이 있는데, 이들은 위의 3 부류에 속하는 사람들이 그 신의를 획득할 수 있는 능력이 강해지면, '어떤 방법을 통하지 않고도' 신의를 획득할 수 있는 경지에 이르게 된다. 이 단계에 이르면 그는 거의 무소부지한 신과 비슷한 경지에 이른 것을 뜻하는데, 고대 중국에서 거의 이런 신적인 무소부지한 경지에 이른 인물들을 일반적으로 도사라고 많이 칭한 듯하다. 지금도 모르는 것이 없고, 모든 것을 앉아서 그 자리에서 '예언'할 수 있는 사람들을 '도사 같다.'라고 하고 있다.

고대인들은 국가나 개인을 막론하고 중요한 의미를 부여할만한 행사, 내지는 의심나는 일을 결정할 때면 항상 신의를 물어 결정하였다. 또한 그들은 알 수 없는 모종의 일에 대하여서도, 그들이 무소부지하다고 여겨온

〈거북등껍질과 동물뼈에 점을 친 내용을 기록한 은대 갑골 복사卜辭〉

신에게 신탁을 구하여 알려고 했으며, 그 신탁에 의해 구해진 신의에 의해 자신들의 행위를 결정하였다. 《사기 구책열전龜策列傳》에 나오는 사마천의 다음과 같은 언급은 이를 잘 나타내 주고 있다.

> 상고 이래 성왕聖王이 국가를 건립하고 천명을 받아 왕업을 일으키는 사업을 시작할 때, 복서卜筮를 중시하여 선정善政에 이용하지 않은 적이 없었다. 요순 이전의 상황은 자료가 없어 기록할 수 없지만, 삼대의 흥기는 각각 복서卜筮에 나타난 길조에 따른 것이 분명하다. 우禹임금은 길하다는 복점卜占에 따라 도산씨塗山氏의 딸과 결혼하였는데, 과연 그 아들 하계夏啓가 제위를 세습하였다. 하늘을 나는 제비가 떨어뜨린 알을 삼킨 간적簡狄은 길하다는 점복을 얻었는데, 과연 그가 낳은 계契의 후손인 탕湯이 은殷을 일으켰다. 또 어려서부터 농사짓기를 좋아한 후직后稷은 백곡을 심는 것이 길하다는 점복을 얻었는데, 과연 그의 후손 주周 무왕武王은 천하의 왕자王者가 되었다. 왕된 자는 여러 가지 의심나는 일을 결정할 때, 복서卜筮의 결과를 참고하고 최종적으로 시초蓍草와 구갑龜甲의 점으로 단안을 내리는 것은 불변의 원칙이다.[47]

위의 내용을 보면 고대인들이 모든 행동을 결정할 때 점복占卜에 의지하지 않고 결정하는 것이 하나도 없다는 느낌마저 든다. 양의 동서를 막론하고 천본주의 사회에서는 중대한 의미를 부여할만한 모든 행사나 의심나는 일에는, 이처럼 항상 신의를 물어 그 신의에 '따라' 그대로 행하였다. 서양의 경우 적어도 17세기 이전까지만 하더라도, 그 누구든지 자신의 행위를 결정할 때 《성경》을 통해 여호와의 의지를 획득하여 행하였다.

한대에는 이런 신의의 획득자가 사회에서 크게 득세한 것으로 여겨진다. 정통 사서인 《사기》에 이런 신의 획득자에 대한 행적을 전문적으로 다룬 <일자열전日者列傳>과 <구책열전龜策列傳>이 있는 것이 그것을 웅변적으로 나타내준다. 정통 사서에 이들의 행적을 다루고 있다는 것은 그들은

47) 自古聖王將建國受命, 興動事業, 何嘗不寶卜筮以助善. 唐虞以上不加記已. 自三代之興, 各據禎祥. 塗山之兆, 從而夏啓. 世飛燕之卜順, 故殷興. 百穀之筮吉, 故周王王者. 決定諸疑, 參以卜筮, 斷以蓍龜, 不易之道也.

적어도 그 당시 사회에서 득세를 한 부류에 속했다는 것을 뜻한다 하겠다. 또한 반고도《한서 예문지》에 따로 수술략數術略을 넣고 있다. 수술략이란 한마디로 신의를 찾아내고 그래서 그 찾아낸 신의에 따라 인사를 결정하거나 제도와 법령을 만들며, 또한 그 신의에 따라 인간의 삶을 결정하고 미래를 예언하는 것을 모은 모든 저서의 목록이라고 할 수 있다. 이 수술략에는 천문가天文家 21가 445권, 역보가曆譜家 18가 606권, 오행가五行家 31가 652권, 시구가蓍龜家 15가 401권, 잡점가雜占家 18가 313권, 형법가形法家 6가 122권 도합 190가 2,528권이 목록이 수록되어 있다.《한서 예문지》란 궁중도서의 목록만 기록하였을 것인데, 이 궁중도서 목록에 따로 수술략이 있다는 자체가 당시 궁중을 중심으로 한 상층부에 이런 신의의 획득자가 크게 득세를 하였음을 나타낸다 하겠다. 반고는 이 수술략을 설명하여,

> 수술數術이란 것은 모두 명당明堂에 소속된 희씨와 화씨(羲와 和는 요임금 때의 인물)같은 태사와 태복에 의해 관장되었다. 사관의 폐함이 오래되어, 그 책이 이미 모두 갖추어지지 않았는데, 비록 간혹 그 책이 발견되어도 그 책을 해석할 사람이 없었다.《역易》에 말하기를, "합당한 인물이 아니면 도가 홀로 공허하게 행해지는 법은 없다."라고 했다. 춘추 때 노魯에 신진梓愼이 있었고, 정鄭에 비조裨竈가 있었으며, 진晉에 복언卜偃이 있었고, 송宋에 자위子韋가 있었다. 육국六國 때에 초楚에 감공甘公이 있었고, 위魏에 석신부石申夫가 있었다. 한漢에 당도唐都가 있었으나 거의 조잡하였다. 대개 인因함이 있어야 이루어지기가 쉽고, 인함이 없으면 이루어지기가 어렵다. 고로 옛 서적을 수술이라 하여 6종을 나누었다.[48]

반고가 수술의 기원으로 든 명당明堂에 소속된 희씨와 화씨가 관장한 태사와 태복은 모두 점성술과 점술을 하는 관직이다. 여기에 실린 서적을

48) 數術者, 皆明堂羲和史卜之職也. 史官之廢久矣, 其書旣不能具, 數有其書而無其人. 易曰 苟非其人, 道不虛行. 春秋時魯有梓愼, 鄭有裨竈, 晉有卜偃, 宋有子韋. 六國時楚有甘公, 魏有石申夫. 漢有唐都, 庶得麤觕. 蓋有因而成易, 無因而成難. 故因舊書以序數術爲六種.

살펴보면, 천문가는 점성술서를 모아놓은 것이고, 역보가曆譜家는 점성술을 연구한 바탕에 기초해 쓴 역법서를 모아놓은 것이다. 또한 오행가五行家는 오행에 따른 여러 재이나 상스러운 현상에 대한 기록과 오행을 '적용' 시킨 여러 제도와 법령에 관한 기록을 모아놓은 것이고, 시구가蓍龜家는 시초와 갑골의 균열에 의해 얻어진 신의의 점서들이 대부분이며, 잡점가雜占家는 그 외 여러 점서들이다. 또한 형법가形法家는 풍수지리서와 관상서 등으로 이루어져 있다.

당시에는 이런 신의에 빙자하여 자신의 행위의 정당성을 내세우는 풍조가 굉장히 심하였다. 심지어 그 당시에는 신의神意에 빙자하여 정적을 내몰거나 죽이며, 신의로 그러한 자신의 행위에 정당성을 부여하는 풍조가 크게 범람하였다.[49] 또한 국가의 설립이나 정권의 창출 혹은 국가 중대 행사의 정당성을, 그 누구도 거역할 수 없는 신성불가침의 신의에 의해 행했다고 주장하기도 한다. 나라의 찬탈, 왕위의 찬탈, 기의起義의 행위 등등에 대한 자신의 행위의 정당성도 신의에 의탁한다. 하늘이 나라를 혹은 왕위를 찬탈하라고 자신에게 명을 내렸고, 기의하도록 천명을 내렸다는 신의가, 자연의 '관찰' 혹은 제의나 점을 통해 나타났다고 주장하는 것이다.

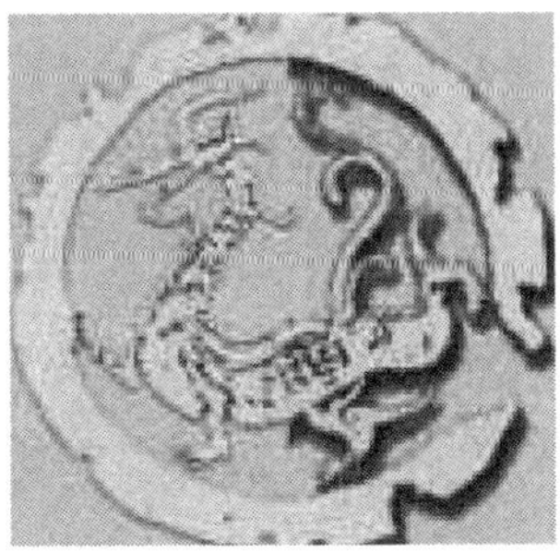

〈해를 모는 희화羲和. 그는 고대 중국의 천문가(점성술사)였다.〉

그러나 신의의 감지라는 것이 눈에 보이는 객관적인 것도 아닌 것으로 굉장히 주관적인 것이어서, 자신에게 유리하도록 쉽게 조작되기도 한다.

---

49) 素有眦睚不快, 因公行誅, 恣意所傷. 以破族滅門者不可勝數. 百僚蕩恐皆曰 龜策能言, 後事覺奸窮, 亦誅三族不達策定數.(《史記 龜策列傳》)

이 외에도 神意에 빙자해 정적을 내몰거나 죽이는 많은 사건이 사서에 기록되어 있는데, 그 중 가장 대표적인 것으로 巫蠱事件을 들 수 있다.

하늘이 시켰다 내지는 천명에 따른 것이다 또는 점괘에 따랐다고 주장하며, 자신의 어떠한 행동도 신의에 빙자해 정당화시킬 요지는 충분히 있었던 것이다. 고대의 많은 위정자들이 신의에 따랐다고 하면서, 실제로는 거의 자기 멋대로 전제적인 통치를 행한 경우를 사서에서 흔히 볼 수 있다. 이와 같은 풍조는 한대 궁궐에서도 흔히 볼 수 있는 현상이었다.[50] 한대에 신의의 획득자가 궁궐에서 이처럼 득세할 수 있었던 것은 한대에는 상층문화로 무문화가 군림하였기 때문일 것이다.

그러나 후한 말 이후 '회복'된 유가의 영향으로, 이런 신의의 획득자들은 전통적으로 중국사회에서 그렇게 많이 득세를 했다고는 말할 수 없을 것이다. 그들은 그들의 상층부 지위를 유가적 교양의 소유자들에게 물려주고, 그들은 궁궐에서는 중인中人 정도의 신분을 유지하며 천자의 정치를 도왔고, 또한 민간에서는 그들의 신분이 더욱 낮아져, 그 먼 옛날 통치자의 신분에 까지 올랐던 그들이 천인으로 까지 낮아져 오늘에 이른 것으로 여겨진다. 그러나 후한 말 이후부터 이런 신의의 획득자들은 상층부로부터 차츰 차츰 궁궐에서 중인으로 민간에서 천인으로 그 신분이 낮아지기는 하지만, 이들이 지금까지도 중국의 정치와 사회에 미친 영향은 막강하였다. 특히 혼란스러운 시기에는 이런 신의의 획득자라고 자처하는 사람들이 나타나, 궁중에서 득세하여 정치에 깊은 영향을 주어왔고, 민간에서도 혹세무민하여 사회를 어지럽혀 왔었다.

국가나 개인을 막론하고 중대한 행사나, 의미를 부여하여 신성성을 부과하는 행사, 그리고 의심스러운 일을 결정할 때 신의에 의해 결정하려는 이런 현상은 인류가 이 지구상에 존재한 수만 년 전부터 지금까지 계속 있어왔다. 이 모든 일련의 현상은 이 세상의 모든 현상이 신의 뜻에 의하여 운행되어진다는 주권재천主權在天의 천본주의에 대한 인간 본연의 깊은 믿

50) 金槿 교수의《漢儒의 經典解釋에 있어서의 언어관 연구》에 이에 대한 서술이 상세히 되어있다.

음 때문이었다. 이와 같은 믿음에 의해 신의를 찾아내어 인사를 결정하려는 현상은 근대 인본주의(신이 주인된 세계가 아니고 인간이 주인된 세계라는 믿음을 가진 사회)가 싹트기 시작하면서부터 차츰차츰 깨어지기 시작한다. 인본주의 사회에서는 이 세상의 모든 현상은 결국 인간의 의지에 의해 결정되고 변경될 수 있다고 믿는다.

그러나 인류사에서 길어봐야 이삼백년 밖에 되지 않은 이 인본주의 사회에서도, 인간의 미래가 신의에 의하여 결정된다고 믿는 사람들이 아직도 많다. 모든 종교 신자들은 궁극적으로 자신이 믿고 있는 신의 의지에 따라 이 세상이 이끌어져 나간다고 믿는 사람들이다. 신이 이 세상을 주재한다고 믿는 이들 종교 신자들은, 그들의 종교 경전을 통하여 미래가 어떻게 되어지는 지 알 수 있으며, 또한 그 경전이 가르쳐 주는 미래상을 믿는 사람들이라 할 수 있다. 이런 종교 신자가 아니라 할지라도, 많은 사람들이 중요한 행사(시험을 앞두고 합 불합격을 점치거나, 결혼을 앞두고 결혼의 길흉을 점치거나 이삿날을 잡는 행위)를 앞두고 점을 쳐서 신의를 획득하여 미래를 알려고 하며, 자신의 미래에 대한 궁금증을 점 관상 수상 사주팔자를 보는 행위를 통하여 풀려고 한다. 이 모든 행위는 '모든 인사에는 신이 주재하고 있다.'는 수만 년 전부터의 깊은 믿음에서 나온 것이다. 신의에 의해 자연과 인문의 모든 현상 그리고 인사가 결정된다는 이 믿음은, 그래서 그 신의를 찾아내어 미래를 예언하고 또한 인사를 결정하려는 모든 현상은, 중국이란 땅에서 인간들이 삶을 누린 이후 적어도 천본주의 사회가 공식적으로 종료된 중화'민국民國' 이전까지, 인간들의 삶에서 가장 보편적으로 보여지는 현상인 것이다.

〈점치는 장면. 인간은 모든 궁금함을 신에게 물어보고자 했다.〉

6) 의사천문학과 의사지리학의 발달

하늘의 문채로부터 신의를 찾아내려는 노력은 의사천문학의 발달을 낳게 한다. 의사천문학을 보통 점성술이라고도 부르는데, 이 점성술은 극히 현대를 제외하고는 양의 동서, 시의 고금을 막론하고 어느 나라에서나 크게 발달하여 왔다.

고대 중국에서도 이런 점성술이 크게 발달하였는데, 모든 사서에 천문서가 있는 것을 보아도 우리는 알 수 있다. 《회남자》에 <천문훈天文訓>이 있고, 《사기》에는 <천문서天文書>가 있으며, 《한서》에는 <천문지天文志>가 있다. 이 이후에도 《청사淸史》까지 모든 사서에 천문지가 있다. 그럼 중국인들이 무엇 때문에 이렇게 천문을 연구한 것일까?

> 하늘의 문채를 관찰함으로써 때의 변화를 살핀다.[51]

> 우러러 하늘의 문채를 관찰하고, 굽어 땅의 이치를 살핀다. 이로써 천지의 이치와 인간의 일을 알 수 있다.[52]

> 천문이란 것은 28개 별자리에 순서를 매기고, 오성五星(목성, 화성, 토성, 금성, 수성)과 일월을 관찰함으로 길흉지상吉凶之象을 찾아내는데, 그럼으로써 성왕聖王은 이것을 가지고 정치에 참조한다. 《역》에 말하기를, '하늘의 문채를 관찰함으로써 때의 변화를 살핀다.'고 했다.[53]

> 비성飛星, 유성, 일월의 밝기, 일식, 월식, 해무리, 흑점의 변화, 등같이 생긴 해무리, 상자같이 생긴 해무리, 흑점의 모양, 무지개, 빠른 번개, 요망스러운 바람, 괴상한 구름, 변화하는 천기天氣, 이것들은 모두 음양의 정精인데, 그것들은 지상의 일에 본바탕을 두어 위로 하늘에 나타난 것이다. 지상에서 정치

---

51) 觀乎天文, 以察時變.(《易 彖傳 賁》)

52) 仰以觀於天文, 俯以察於地理; 是故知幽明之故.(《易 繫辭傳》)

53) 天文者, 序二十八宿, 步五星日月, 以紀吉凶之象, 聖王所以參政也. 易曰 觀乎天文, 以察時變.(《漢書 藝文志 數術略》)

> 를 잃어버리면 하늘에서 변괴가 나타난다. 이는 그림자가 형상을 그대로 본받는 것과 같고, 메아리가 소리에 그대로 응하는 것과 같다. 이럼으로써 명군明君은 천문을 살펴서 깨달아, 자기 자신을 삼가 조심하고 일을 바르게 고친다. 자신의 허물됨을 생각하고 고치면, 화는 제거되고 복이 이른다. 이것이 자연의 부符이다.[54]

고대인들이 천문을 관측하는 근본 이유는 때의 변화(時變)를 살피기 위한 것이요, 천지의 이치와 인간의 일(幽明之故)을 살피기 위한 것이며, 길흉지상吉凶之象을 살펴 정치에 참고하기 위한 것인 것이다. 한마디로 천문을 관측하여 신의를 획득해, 그 신의를 그대로 인사에 적용시키고, 또한 천문으로부터 길흉지상을 살폈던 것이다. 또한 지상의 일이 천인상응하여 그대로 천문으로 나타나니(其本在地, 而上發于天者也), 그 천문을 살펴 길상吉象이 나오면 자신의 정치가 잘되었다는 것을 알 수 있고, 반대로 흉상凶象이 나오면 자신의 정치가 잘못되었다는 것을 알 수 있어, 이에 제왕은 그 길흉지상으로 자기 자신을 삼가 조심하고 일을 바르게 고치는(飭身正事) 것이다. 천문에 길상이 나타나느냐 흉상이 나타느냐는 지상의 군주가 정치를 잘했느냐 못했느냐에 전적으로 달린 것이다. 반고는 이것을 “그림자가 형상을 그대로 본받는 것 같고, 메아리가 소리에 그대로 응하는 것 같다.”(猶景之象形, 鄕之應聲)라고 표현하고 있다. 천상은 고대인들에게 반드시 ‘본받고 모방해야 할’ 원형(Archtype)으로서 역할을 한 것이다.

서양의 경우에도 갈릴레이 코페르니쿠스가 나오기 이전의 고 중세 천문학이란 신의를 찾아내기 위한 점성술(의사천문학)에 불과하였다. 하나의 객관적인 과학으로서의 천문학이란 서양의 경우 빨라도 17세기를 넘지 않는다. 천본주의가 사라지고 인본주의가 싹트기 시작한 17세기부터, 천문이

---

54) 彗孛飛流, 日月薄食, 暈適背穴, 抱珥虹蜺, 迅雷風妖, 怪雲變氣. 此皆陰陽之精, 其本在地, 而上發于天者也. 政失於此, 則變見於彼, 猶景之象形, 鄉之應聲. 是以明君覩之而寤, 飭身正事, 思其咎謝, 則禍除而福至, 自然之符也.(《淮南子 天文訓》)

란 신의가 나타나는 경외의 대상이 아니라, 하나의 객관적인 연구 대상이기 시작했다. 중국의 경우 천문에 대한 연구를, 신의를 찾아내는 것이 목표가 아니라 하나의 객관적인 과학적 연구 대상으로 생각한 것은 서구 과학 문물이 들어오기 시작한 19세기 말 20세기 초에 와서이다. 그 이전의 천문학이란 신의를 찾아내는 점성술에 불과했었다.

그러나 고대 중국의 천문학이 신의를 찾아내기 위한 점성술의 성격에 지나지 않는다 하더라도, 천문의 관측을 통하여 천문에 대한 부수적인 수많은 과학적 지식과 관측 기자재의 발명을 낳았다. 목성에 대한 관찰은 이미 갑골문에 보이고 있으며,[55] 《상서》《시경》 등의 고서에 천상天象을 관찰한 기록이 많이 보이고 있다.[56] 춘추 전국시대에 중국 최초의 천문 관측 저작이라고 여겨지는 《주비산경周髀算經》이 이미 지어지고 있다. -576에서 -451 사이에 성서成書된 이 서적에는 세시歲時의 장도長度, 24절기, 천문남북선天文南北線, 태양반경太陽半徑, 북극사유北極四游, 28숙宿에 대해 기록되어 있다. 또한 한초에 정밀한 천문 측정 기구인 혼천의渾天儀가 사용되고 있는데, 천문에 대한 관측은 한대에 굉장히 발달하였다.[57] 한대에 천문에 대한 관측이 발달할 수 있었던 이유는, 천관天官이라는 직위를 가진 최상층 고급지식인들에 의해, 천문이 관찰되고 연구되어졌기 때문이 아닌가 한다.

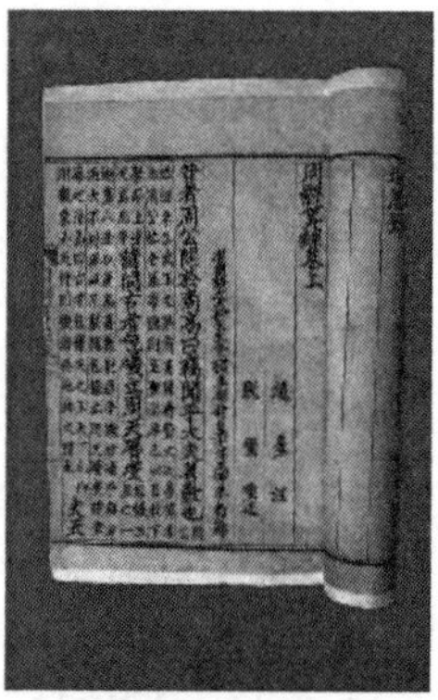
〈중국 최초의 천문 관측 저술인 《주비산경周髀算經》〉

그러나 후한 말 이후 득세하기 시작한 유가문화의 영향으로, 천문의 관측을 통해 신의를 찾아내려는 사람들은, 유가적 교양의 소유자들에게

55) 곽말약의 《갑골문자연구》 참조.

56) 이에 대해서는 조셉 니담의 《중국의 과학과 문명》 제 1편 참조.

57) 조셉 니담의 《중국의 과학과 문명》의 한대편 참조.

그 상층의 지위를 물려주고, 그 자신들은 궁궐에서 중인 정도의 계급을 유지하였고, 민간에서는 더욱 낮아져 고대 천관의 그 높은 지위에 있었던 그들이 천역으로 하락하여 지금까지 지속되어 온 것으로 여겨진다. 한대에 그렇게 발달했던 천문학이 후한 말 이후부터 최상층 고급지식인인 유가인들의 무관심으로 차츰 차츰 발달이 늦어져, 근대과학으로 까지 성숙하지 못해 서구의 근대 과학 기술에 뒤쳐지고 만 것이다.

〈신의神意를 파악하기 위해 별을 관측했던 기구인 중국 혼천의〉

그럼 여기에서 의사천문학(점성술)이 극도로 발달한 왕조로 여겨지는 한대의 천문도서 목록을 살펴보자. 《한서 예문지》 수술략에 <태일잡자성泰一雜子星> 28권, <오잔잡변성五殘雜變星> 21권, <황제잡자기黃帝雜子氣> 33편, <상종일월성기常從日月星氣> 21권, <황공잡자성皇公雜子星> 22권, <회남잡자성淮南雜子星> 19권, <태일잡자운우泰一雜子雲雨> 34권, <국장관예운우國章觀霓雲雨> 34권, <태계육부泰階六符> 1권, <금도옥형한오성객유출입金度玉衡漢五星客流出入> 8편, <한오성혜객행사점험漢五星彗客行事占驗> 8권, <한류성행사점험漢流星行事占驗> 8권, <한일방기행점험漢日旁氣行占驗> 13권, <한일식월운잡변행사점험漢日食月暈雜變行事占驗> 13권, <해중성점험海中星占驗> 12권, <해중오성경

잡사海中五星經雜事> 22권, <해중오성순역海中五星順逆> 28권, <해중이십팔숙국분海中二十八宿國分> 28권, <해중이십팔숙신분海中二十八宿臣分> 28권, <해중일월혜홍잡점海中日月彗虹雜占> 18권 등, 도합 21가 445권이 수록되어 있다. 위 서적을 보지 않아 정확하게 알 수 없지만 그 서명만으로 살펴보면, 일日, 월月, 성星, 진辰, 운雲, 우雨, 예霓, 일방기日旁氣, 유성, 혜성 등등의 천문에 대한 모든 관찰 기록과 그 천문을 통해서 얻은 점험占驗에 대한 기록인 것으로 추측할 수 있다. 우리는 여기에서도 천문 관찰의 목적이 점험을 통한 신의의 획득에 있음을 알 수 있다. 모든 원형(Archtype)이 하늘에 있다는 믿은 철저한 천본주의 사회인 고대에는 어느 나라이든지 간에 이처럼 신의를 찾아낼 목적으로 천문을 관측하여 왔었다.

음양가도 크게 보아 의사천문가라 할 수 있다. 《한서 예문지》에 반고가 음양가를 설명하여,

> 음양가들은 대개 희화羲和의 관리로부터 나왔다. 하늘을 공경하고 순종하며, 일월성진日月星辰의 상象을 헤아려, 삼가 백성들에게 때를 가르쳐준다.[58]

희화의 관리란 천관天官(천문가)을 가리킨다. 천관의 무리에서 나온 이들 음양가들은 천상을 살펴 백성들에게 때를 가르쳐준다고 하였다. 음양가들이 살핀 천상을 바탕으로 역보曆譜를 작성하였을 것이다. 《한서 예문지》에 수술략에 보면, 역보가로 <황제오가력黃帝五家曆> 33권, <전욱력顓頊曆> 21권, <전욱오성력顓頊五星曆> 14권, <일월숙력日月宿曆> 13권, <하은주노력夏殷周魯曆> 14권, <천력대력天曆大曆> 18권, <한원은주첩력漢元殷周諜曆> 17권, <경창월행백도耿昌月行帛圖> 232권, <경창월행도耿昌月行圖> 2권, <전주오성행도傳周五星行圖> 39권, <율력수법律曆數法> 3권, <자고오성숙기自古五星宿紀> 30권, <태세모일귀泰歲謀

58) 陰陽家者類, 蓋出於羲和之官. 敬順昊天, 歷象日月星辰, 敬授民時.

日晷> 29권, <제왕제후세보帝王諸候世譜> 5권, <고래제왕년보古來帝王年譜> 5권, <일귀서日晷書> 34권, <허상산술許商算術> 26권, <두충산술杜忠算術> 16권 등, 모두 18가 606권이 실려 있다. 위의 내용을 보면 일월성진의 운행을 관찰하여 역보를 작성하고 있는데, 일력日曆이 있고 월력月曆이 있으며 오성력五星曆이 있고 숙력宿曆이 있다. 이 중 중국문화에 가장 깊이 영향을 준 것은 달의 운행을 관찰하여 시를 정한 월력이었다. 이렇게 역보를 작성하는 이유는 천상의 운행을 그대로 정확하게 '모방'하여 인사를 '적용'하고자 함이었다. 인이 철저하게 천에 상응하려고 하고 있다.

이 외에도 역보서에는 역대 제왕이나 제후들의 연보(<제왕제후세보帝王諸候世譜> 5권, <고래제왕연보古來帝王年譜> 5권)와 산술서(<허상산술許商算術> 26권, <두충산술杜忠算術> 16권)가 있다. 이는 제왕과 제후들의 성쇠盛衰 역시 천상天象에 나타난 기의 성쇠와 같이 한다고 본 까닭이다. 다시 말해 고대 중국인들은 왕조의 설립과 왕위의 등극 그리고 왕조의 몰락과 왕위에서의 축출 등은, 모두 제왕이나 제후 자신들이 멋대로 할 수 있는 것이 아니라, 이는 천상이 나타내준 신의에 의해 결정된다는 믿음에서 기인한 것이다. 왕조의 설립과 왕위의 등극은 그가 천명을 받았기 때문이며, 왕조의 몰락과 왕위에서의 축출은 그가 천명을 잃어버렸기 때문인데, 고로 이 천명을 아는 방법으로 일월성진의 천기를 관찰하여서 그 신의를 감지할 수 있다고 믿었다. 그래서 그들은 고대 제왕과 제후의 연보를 역보서 속에 넣은 것이다.

또한 신의를 감지하기 위한 일월성진의 운행에 대한 관찰은, 필연적으로 별자리와 별들의 운행(오성행도五星行道같은 것) 그리고 달의 성쇠盛衰와 운행(月行道)에 대한 자연과학적 지식을 부수적으로 가져다주었으며, 이 천상의 연구로 말미암아 수리학과 기하학[59]의 발전을 낳은 부수적 효과를

59) 점성술이 발달한 고대 이슬람 지역에서는, 일찍부터 기하학이 발달한 것은 너무나 잘 알려진 사실이다. 이른바 이슬람의 대표적인 문화유산 중의 하나인 아라베스크 문양도 이 기하학

가져다준 것도 인류 문명사에서 간과할 수 없는 업적이다. 《한서 예문지》에 실린 역보의 목록에도 <허상산술許商算術> 26권과 <두충산술杜忠算術> 16권이 실려 있다. 이 산술서는 별자리와 별의 운행을 연구하면서 나온 부수적인 산물이다.

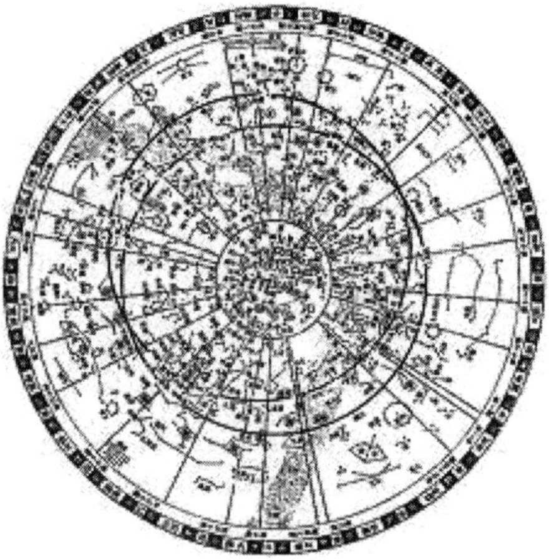

〈소주蘇州의 천문도天文圖에 기초한 중국 고대의 별자리 지도〉

또한 중국인들은 신의가 나타난다고 믿어온 천상을 관찰하여 역보를 작성하고, 그 역보를 바탕으로 하여 인사에 '적용'시켜 율령을 만들었다. 《사기》 이하 《청사》까지의 역대 사서에 모두 <역서曆書>, <율서律書> 내지는 <율력지律曆志>가 있는 이유는, 천상의 관찰로 역보를 작성하고, 그 역보를 바탕으로 인사에 '적용'시켜 율령 같은 제도를 만들어, 천상에 나타난 천의를 그대로 '순응'하여, 아래 정치를 하고자 하는 국가적 목적 때문이었다. 중국의 역대 왕조가 해야 하는 가장 커다란 임무 중의 하나는 역보의 작성

의 발달이 낳은 소산이다.

과 그 역보를 바탕으로 하여 인사에 '적용'시킨 율령의 반포인 것이다. 철저하게 천의를 쫓아 인사에 '적용'시키려는 고대 특유의 천인상관적인 사고방식을, 우리는 여기에서도 볼 수 있다. 《한서 예문지》에서는 다음과 같이 말하고 있다.

> 역보라는 것은 사시의 위치를 정하여 분分(춘분과 추분)과 지至(하지와 동지)의 마디를 나누어서 일월과 오성五星의 자리를 맞추니, 그러므로 추위와 더위 죽이고 살리는 실체를 관찰한다. 고로 성왕聖王은 반드시 역수曆數를 바르게 하여 삼통三統과 복색의 제도를 정하고, 또한 오성과 일월의 운행도 탐지한다. 흉액의 환난과 길륭의 기쁨 같은 것은 그 술이 모두 여기에서 나온다. 이것이 바로 성인聖人이 천명을 아는 술이다.[60]

천상의 관찰로 사시를 정하여 분分(춘분과 추분)과 지至(하지와 동지)를 나누어서 역보를 적는데, 그럼으로써 천상의 운행도 알고 또한 그것을 인위적인 제도나 법령에도 '적용'시킨다고 했다. 또한 이 천상의 관찰로 흉액凶厄과 길륭吉隆을 예견할 수 있으며 천명도 찾아낼 수 있다고 했다. 한마디로 신의가 구현되어지는 천상의 관찰로 신의를 찾아내어 역보를 작성하고, 또한 그 역보를 바탕으로 인위적인 제도와 법령을 만들며, 길흉도 점치고 천명도 찾아낼 수 있다고 한 것이다. 천본주의 사회에서 흔히 볼 수 있는 현상으로, 인사를 철저하게 천상에 합일시키려고 하고 있다.

《한서 예문지》 수술략에는 오행五行에 대한 저술의 목록도 있다. <태일음양泰一陰陽> 23권, <황제음양黃帝陰陽> 25권, <황제제자논음양黃帝諸子論陰陽> 25권, <제왕자논음양諸王子論陰陽> 25권, <태원음양太元陰陽> 26권, <삼선음양담론三典陰陽談論> 27권, <신농대유오행神農大幽五行> 27권, <사시오행경四時五行經> 26권, <맹자려소猛子閭昭> 25

60) 曆譜者, 序四時之位, 定分至之節, 會日月五星之辰, 以考寒署殺生之實. 故聖王必正曆數, 以定三統服色之制, 又以探知五星日月之會. 凶厄之患, 吉隆之喜, 其術皆出焉. 此聖人知命之術也.

권, <음양오행시령陰陽五行時令> 19권, <감여금궤堪輿金?> 14권, <무성자재이응務成子災異應> 14권, <십이전재이응十二典災異應> 12권, <종률재이鐘律災異> 26권, <종률소식鐘律消息> 29권, <황종黃鐘> 7권, <천일天一> 6권, <태일泰一> 29권, <형덕刑德> 7권, <풍고육갑風鼓六甲> 24권, <풍후고허風后孤虛> 20권, <육합수전六合隨典> 25권, <전위십이신轉位十二神> 25권, <선문식법羨門式法> 20권, <선문식羨門式> 20권, <문해육갑文解六甲> 18권, <문해이십팔숙文解二十八宿> 28권, <오음기해 용병五音奇胲 用兵> 23권, <오음기해 형덕五音奇胲 刑德> 21권, <오음정명五音定名> 15권 등, 모두 31가 652권을 수록하고 있다. 오행을 반고가 설명하여,

> 오행이란 것은 오상五常(인, 의, 예, 지, 신)의 드러난 기氣이다. 《서경》에서 말하기를, "첫째가 오행을 말한 것이요, 그 둘째가 삼가 오사五事를 행한다는 것을 말한 것이다."라고 했는데, 이는 오사를 사용하여 오행을 따르는 것을 말하는 것으로, 오사란 모貌, 언言, 시視, 청聽, 사思이다. 마음을 잃게 되면, 오행의 순서가 어지러워져서 오성五星이 변괴 현상을 일으킨다. 이는 모두 율력律曆의 술수術數에서 나와 나뉘어졌지만, 그 이치는 한가지인데, 그 법은 역시 오덕종시설五德終始說에서 일어난 것으로, 그 끝을 미루어보면 이르지 않는 것이 없다. 그러나 몇 명의 수술가들이 이것으로 길흉을 점쳐서 세상에서 행사하니, 이에 점점 혼란스러워졌다.[61]

제왕이 순천順天하여 정치를 잘하면 오행이 그 자신의 질서를 지켜 아무런 문제가 없지만, 제왕이 역천逆天하여 정치를 잘못하면 오행이 그 순서를 잃어버리고 변괴가 생겨 여러 가지 재이 현상이 발생해 제왕에게 경고를 한다. 이것이 오덕종시설五德終始說의 핵심이 되는 사항으로, 순천順

61) 五行者, 五常之形氣也. 書云 初一曰五行, 次二曰敬用五事, 言進用五事以順五行也. 貌, 言, 視, 聽, 思. 心失, 而五行之序亂, 五星變作, 皆出於律曆之數而分爲一者也. 其法亦起五德終始, 推其極則無不至. 而小數家因此以爲吉凶, 而行於世, 漸以相亂.

天한 제왕에게는 오행이 그 질서를 지키지만, 역천逆天한 제왕에게는 오행이 그 질서를 잃어버려 여러 가지 재이 현상이 일어난다는 것이다. 그래서 역대의 제왕들은 오행의 올바른 순서를 중시 여겼으며, 오행의 올바르지 않는 운행으로 말미암아 나타나는 여러 가지 재이 현상을 관찰하고 연구하며 기록하여 왔다. 이것이《사기》부터《청사淸史》에 까지 중국 왕조의 사서에 계속 보이는 <오행지五行志>의 기록이다. 오행의 연구와 관찰, 그리고 여러 가지 변고를 가진 자연 현상을 하늘이 제왕에게 경고와 벌을 주는 천위天威와 천벌天罰로 파악하여, 이런 현상들을 모두 사서에 기록하였던 것이다. 오행이 순서를 어기는 변고가 천상에 나타나면, 제왕은 자신의 역천한 부덕 때문이라 여겨, 다시 순천하여 정치를 잘 하려고 했으며 대사면령을 내려 죄수를 풀어주고 곡식도 풀어 백성들에게 나누어주기도 하였다. 항상 주위에서 일어날 수도 있는 하나의 자연 변괴 현상을, 하나의 단순한 자연적인 사건으로 받아들이지 않고, 전위天威 내지는 천벌天罰로 여기는 이런 현상에서, 우리는 전형적인 천본주의적 사고방식을 느낄 수 있다. 이 오행에의 연구는 부수적으로 자연과 인문의 모든 현상을 다섯 가지 요소로 '체계화시켜 분류'하려는, 그 나름대로의 체계적인 과학의 일면을 얻었다는 것은 간과할 수 없는 중요한 것이라 아니할 수 없다.

의사지리학은 보통 풍수지리설이라 부르는 것으로, 의사천문학이 하늘의 문채를 관찰하여 신의를 획득하려고 하였듯이, 이는 땅의 이치를 살펴 신의를 획득하려고 하는 사상이다. 앞에 인용한 "우러러 하늘의 문채를 관찰하고, 굽어 땅의 이치를 살핀다. 이러므로 천지의 이치와 인간의 일을 알 수 있다."[62]고 한《역 계사전繫辭傳》의 예문이 이를 잘 나타내 준다 하겠다.

그러나 일반적으로 이 의사지리학은 천문에서 신의를 획득하는 의사천문학보다 그 신의에 대한 중요도가 훨씬 뒤떨어진다. 천문을 통해서 얻은

62) 仰以觀於天文, 俯以察於地理; 是故知幽明之故.

신의는, 그것을 연석演釋하여 역보도 만들고 율령도 만들며 제도도 만들지만, 지리의 관찰을 통해서 얻은 신의로 그렇게 거창한 국가적 사업을 하지 않았다. 그런 연고 때문인지 몰라도 중국에서 지리에 대한 체계적 연구는 천문에 대한 체계적 연구보다 늦게 발달한 듯하다. 왜냐하면《사기》에는 <천문지>는 있으나 <지리지>는 아예 없고, 또한《한서》에는 <오행지> 다음에 <지리지>가 있기는 하나, 궁중도서 목록을 모아놓은《예문지》에는 수술략 중에 천문 21가 445편의 도서에 대해서는 그 목록을 상세히 열거하면서도, 지리란 항목을 따로 만들어 그 도서의 목록에 대해서는 열거하고 있지 않기 때문이다. 그러나 수술략 중의 형법形法 6가 122편의 도서 목록 중에 지리에 대한 도서 목록이 들어있기는 하다.

《예문지》에서는 형법 6가로 <산해경山海經> 13편, <국조國朝> 7권, <궁택지형宮宅地形> 20권, <상인相人> 24권, <상보검도相寶劍刀> 20권, <상육축相六畜> 38권을 들고 있다. 이 중에 <산해경> 13편, <국조> 7권, <궁택지형> 20권은 그 서명으로 보아 지리서의 분류에 집어넣을 수 있을 듯하나, 그 나머지는 지리서에 해당한다고 볼 수 없다. <상인> 24권은 사람의 骨法골법(관상)을 보는 법을 적어놓은 듯하고, <상보검도> 20권은 명검을 구별하는 방법을 적어놓은 듯하며, <상육축> 38권은 육축六畜의 골법을 헤아리는 법을 적어놓은 듯하다. 반고가 천문에서 한 것처럼 지리에 대하여 따로 분리하여 그 목록을 체계적으로 기록하지 않고, 골법 등과 섞어 한 무더기로 형법이라고 칭한 것은 반고 당시 사람들이 지리에 대해 아직 체계적으로 보지 않았다는 것을 나타내 준다 할 것이다. 반고의 형법에 대한 설명을 보면,

> 형법形法이라는 것은 구주九州의 형세에 따라 성곽과 집의 형태를 정하는 것, 사람 및 육축六畜의 골법骨法(관상)의 형태, 기물의 모양으로 그 성聲과 기氣의 귀천과 길흉을 헤아리는 것으로 크게 나눌 수 있다. 이는 율律에 장단이 있

어 각기 그 소리를 찾아낼 수 있는 것과 마찬가지이니, 비록 귀신이 아니라도 자연히 헤아려 알 수 있다. 그러나 형形과 기氣는 서로 수미상응首尾相應하는 것이긴 하나, 역시 그 형이 있으면서도 그 기가 없는 것이 있고, 또한 그 기가 있으면서도 그 형이 없는 것도 있으니, 이것이 바로 정미함의 독특함이다.[63]

위의 설명 가운데 "구주의 형세로써 성곽과 집의 형태를 정하는 것"[64]만이 지리의 개념에 들어간다 하겠다. 일반적으로 지리에서 얻어진 신의를 통해 고대인들은 땅을 크게 길지와 흉지로 구분하였으며, 그에 따라 길지에는 크게는 수도를 정하거나 궁궐 등의 중요한 건물을 세우고[65] 작게는 양택陽宅(집)과 음택陰宅(묘지)을 세운다. 일반적으로 동양에서는 양택은 남향을 향하고 뒤에 산이 있고 앞에 물이 있는 배산임수가 명당자리(吉地)라 여겨졌고, 음택은 여성기의 구조를 갖춘 혈(穴: 구멍)이 명당자리(길지)라고 여겨졌다.

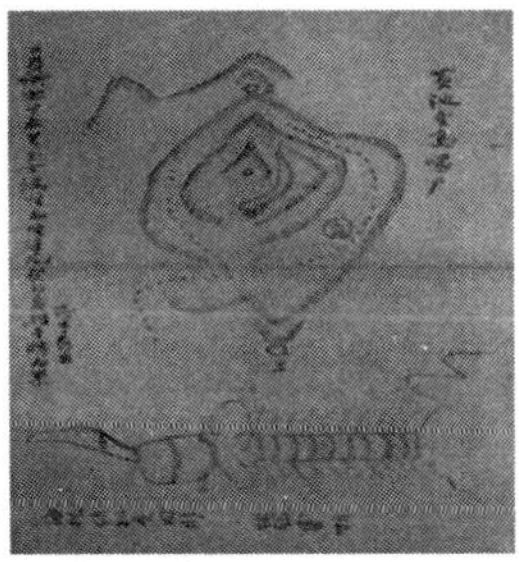

〈풍수지리에서 보는 명당자리인 묘혈墓穴. 여성의 성기를 닮은 옥문玉門이 명당자리로 죽어서도 어머니 자궁으로 돌아가고픈 인간의 욕망이 만들어 낸 것이다.〉

63) 形法者, 大擧九州之勢以立城郭室舍形, 人及六畜骨法之度數, 器物之形容以求其聲氣貴賤吉凶. 猶律有長短, 而各徵其聲, 非有鬼神, 數自然也. 然形與氣相首尾, 亦有有其形而無其氣, 有其氣而無其形, 此精微之獨異也.

64) 九州之勢以立城郭室舍形.

65) 예를 들어 한양은 뒤로 북악산을 등지고 앞으로 한강을 바라보는 천혜의 명당자리(吉地)로 여긴 이성계가 그 곳을 수도로 정했다. 지금의 국립묘지 역시 명당자리로 알려져 있으며, 독립기념관 자리도 역시 명당자리로 알려져 있는데, 이는 모두 풍수지리설에 근거한다. 명당자리에 자리를 잡아야 액운이 없고 복이 있다고 믿었다.

7) 유가의 천인합일사상

유가 경전이라고 하는《주역》에도 천인합일 사상이 많이 내포되어 있다.

> 하늘과 땅이 교류하여 만물이 통하고, 아랫사람과 윗사람(上下)이 교류하여 그 뜻이 같아진다.[66]

> 하늘과 땅이 교류하지 않으면 만물이 통하지 않고, 아랫사람과 윗사람(上下)이 교류하지 않으면 천하에 나라를 세울 수 없다.[67]

이것은 천지가 교감하지 않으면 만물이 생겨날 수 없고, 윗사람과 아랫사람이 교감하지 않으면 나라를 세울 수 없다는 것이다. 자연과 교감하며 그 자연과 <더불어 하나>되어 살아온 농경민족 중국인들만이 가질 수 있는 사고방식이다. 고로 군자는 자연의 변화(天行)를 본받아 항상 스스로 힘쓰고 쉬지 않아야 한다(自彊不息)고 했다.[68]《상서 홍범洪範》에서 말하기를,

> 좋은 징조(休徵)란, 통치자가 '엄숙하면(肅)' 제때에 비가 내리고, '조화로우면(乂)' 제때에 햇빛이 쏟아지고, '명석하면(晳)' 제때에 따뜻해지고, '신중하면(謀)' 제때에 춥고, '슬기로우면(聖)' 제때에 바람이 이는 것을 말한다. 재앙의 징조(咎徵)란, 통치자가 '광기가 있으면(狂)' 폭우를 야기하고, '오만하면(僭)' 가뭄을 야기하며, '나태하면(豫)' 폭서를 야기하고, '성급하면(急)' 혹한을 야기하며, '어리석으면(蒙)' 태풍을 야기하는 것을 말한다.[69]

---

66) 天地交而萬物通也. 上下交而其志同也.(《주역 泰괘 단전》)

67) 天地不交而萬物不通也. 上下不交而天下無邦也.(《주역 否괘 단전》)

68) 天行健 君子以自彊不息.(《주역 乾괘 상전》)

69) 曰休徵: 曰肅時雨若, 曰乂時暘若, 曰晳時燠若, 曰謀時寒若, 曰聖時風若. 曰咎徵: 曰狂恒雨若, 曰僭恒暘若, 曰豫恒燠若, 曰急恒寒若, 曰蒙恒風若.

통치자가 엄숙하고(肅) 조화로우며(乂) 명석하고(晳) 신중하며(謀) 슬기로우면(聖), 제때에 비가 내리고 제때에 햇빛이 쏟아지며 제때에 따뜻해지고 제때에 추우며 제때에 바람이 일어 농사가 잘된다는 것을 말하고 있고, 통치자가 광기가 있고(狂) 오만하며(僭) 나태하고(豫) 성급하며(急) 어리석으면(蒙) 제때에 폭우를 야기하고 제때에 가뭄을 야기하며 제때에 폭서를 야기하고 제때에 혹한을 야기하며 제때에 태풍을 야기하는 것이라고 말하고 있다. 다시 말해 통치자가 덕이 있으면 기후가 순조로워 농사가 잘 되고, 통치자가 덕이 없으면 기후가 불순하여 농사를 망치게 된다는 것을 의미하고 있다. 기후의 순조로움과 불순은 통치자의 덕에 따른다는 것인데, 기후라는 자연현상도 통치자가 잘하고 못하고에 의해 결정된다는 것이다. 그래서 옛 통치자들은 흉년이 들면 자신이 무언가 잘못한 것이 있어서 하늘이 노해 기후의 불순을 가져다 줘 농사를 망치게 된 것이라 생각해 하늘에 빌고 했었다. 자연현상(天)도 인간의 행위(人)에 의해 결정된다고 생각한 것이다. 천인상관적 사고방식이다. 《회남자 천문훈天文訓》에 말하기를,

> 군주의 실정實情은 위로 하늘에 통한다. 그러므로 군주가 잔혹하게 정치를 하면 사나운 바람이 많아지고, 군주가 법령을 잘못 시행하면 해충들이 많이 생기며, 군주가 죄 없는 사람들을 죽이면 국가에 커다란 가뭄이 들고, 군주가 때에 맞게 시령時令을 실시하지 않으면 심한 비가 내린다. 네 계절은 하늘의 관리이고 해와 달은 하늘의 사신이며, 별들은 하늘의 모임이고 무지개와 혜성은 하늘의 징조이다.[70]

《주역 건괘》에 "건은 원형이정이다"(乾, 元亨利貞)라고 하였다. 〈문언전文言傳〉에 이에 대하여 다음과 같이 풀이하였다.

---

70) 人主之情, 上通于天. 故誅暴, 則多飄風, 枉法令, 則多蟲螟, 殺不辜, 則國赤地, 令不收, 則多淫雨. 四時者天之吏也, 日月者天之使也, 星辰者天之期也, 虹虹彗星者天之忌也.

> 원元은 착함이 자라는 것이요, 형亨은 아름다움이 모인 것이요, 이利는 의로움이 조화를 이룬 것이요, 정貞은 사물의 근간이다. 군자는 인을 체득하여 사람을 자라게 할 수 있고, 아름다움을 모아 예에 합치시킬 수 있고, 사물을 이롭게 하여 의로움과 조화를 이루게 할 수 있고, 곧음을 굳건히 하여 사물의 근간이 되게 할 수 있다. 군자는 이 4가지 덕을 행하는 고로 건은 원형이정이라고 하는 것이다.[71]

원형이정元亨利貞은 보통 만물이 처음 생겨나서 자라고 삶을 이루고 완성되는 사물의 근본 원리를 말한다. 여기서 원元은 시원의 뜻으로 만물이 시작되는 봄에, 형亨은 자란다는 뜻으로 만물이 성장하는 여름에, 이利는 이익을 얻는다는 뜻으로 만물이 이루어지는 가을에, 정貞은 굳건하다는 뜻으로 만물이 완성되는 겨울에 해당된다. 봄에 씨를 뿌려 생명이 시작되고(元), 여름에 자라며(亨), 가을에 이익을 얻고(利), 겨울에 굳건해진다.(貞) 원형이정은 각각 인仁 의義 예禮 지智를 뜻하기도 한다. 봄에 해당하는 시원始元의 뜻인 원元은 측은지심惻隱之心(남을 측은해 하는 마음)의 인仁에 해당하고, 자란다(長)의 뜻인 형亨은 수오지심羞惡之心(부끄러워하는 마음)의 예禮에 해당하며, 이익을 얻는다는 뜻인 이利는 사양지심辭讓之心(사양하는 마음)의 의義에 해당하고, 굳건하다는 뜻인 정貞은 시비지심是非之心(시비를 가리는 마음)의 겨울에 해당한다는 것이다. 봄(원) 여름(형) 가을(이) 겨울(정)의 계절의 법칙에 맞게 인 예 의 지가 그것에 해당한다. 봄은 원(仁) 여름은 형(禮) 가을은 이(義) 겨울은 정(智)인 것이다. 고로 봄에는 인의 덕을 베풀고, 여름에는 예의 덕을 베풀며, 가을에는 의의 덕을 베풀고, 겨울에는 지의 덕을 베푸는 것이 계절의 변화에 맞다. 철저하게 봄 여름 가을 겨울의 덕성德性에 맞게 통치하고 살려고 했던 것이다. 유가에서도 인人이 철저하게 천天(자연의 법칙, 계절의 순환 법칙)에 합일하려고 했다는 것

71) 元者, 善之長也. 亨者, 嘉之會也, 利者, 義之和也. 貞者, 事之幹也. 君子體仁足以長人, 嘉會足以合禮, 利物足以和義, 貞固足以幹事. 君子行此四德, 故曰, 乾, 元亨利貞.

을 알 수 있다. 서울의 4대문도 유가의 천인합일에 비추어 봄에 해당하는 동쪽엔 흥인지문興仁之門, 여름에 해당하는 남쪽엔 숭례문崇禮門, 가을에 해당하는 서쪽엔 돈의문敦義門, 겨울에 해당하는 북쪽엔 숙청문肅淸門이라고 이름 붙였다. 북쪽엔 북악산이 이미 있어 큰 관문이 필요 없어 큰 대문을 만들지 않고 숙청문이라는 조그마한 문을 만들었다. 또한 북쪽 문만은 지智자가 들어가지 않았는데, 그러나 숙청肅淸이란 글자 자체에 추운 겨울의 이미지가 들어 있다.

《중용》에서는 '천명지위성天命之謂性'이라 하여 인간 존재의 본질인 성性을 천명과 동일한 것이라고 설명하였다. 인간 존재의 본질로서의 성은 한 개인에만 국한된 것이 아니라 모든 사람에게 공통적으로 있는 동일한 것이며, 또한 만물에 내재되어 있는 생生의 본질과도 동일한 것이다. 다만 개체의 본질을 가리켜 말할 때는 성이라 하고 만물 전체의 본질을 가리켜 말할 때는 하늘의 작용이라는 의미로서 천명이라고 한 것이지, 성과 천명이 본질적으로 다른 것은 아니다. 그러므로 인간은 개체적 존재이면서 본질적으로는 전체적 존재이며 그러한 의미에서 천인합일이다.

인간은 성장하면서 점차 전체적 존재로서의 본질을 잃게 된다. 그러므로 전체적 존재로서의 본질을 잃지 않은 상태의 인간이란 바로 갓 태어난 아기의 모습에서 찾을 수 있을 것이다. 맹자는 "대인은 그 어린아이의 마음을 잃지 않는다."(大人者不失其赤子之心者)라 하여 그가 이상적 인간으로 설정한 대인大人은 갓 태어난 아기 때의 마음을 잃지 않고 보존하는 자라고 설명하였다. 이때의 대인

〈권근의 《입학도설立學圖說》 중에서 천인심성합일지도天人心性合一之圖. 유가에서 인간은 반드시 천天에 합일해야 한다고 주장한다.〉

은 천인합일을 유지하고 있는 사람으로 이해할 수 있다. 그리고 맹자는 이미 전체적 존재로서의 본질인 천명의 성을 잃어버린 사람이 마땅히 해야 할 과제로서 학문을 설정하고, 학문의 길은 잃어버린 마음을 다시 구하는 것이라고 설명하였다. 그는 또 "그 마음을 다하는 자 그 성性을 알 수 있고, 그 성을 다하는 자 하늘을 알 수 있다."(盡其心者知其性也. 知其性則知天矣)라고 하여 전체적 본질로서의 성을 다시 구하는 과정으로서 학문의 길을 진심盡心 지성知性 지천知天의 세 단계로 세분하였다.

《중용》에서는 성을 다시 구하여 천인합일에 달성할 수 있는 방법으로서 성誠의 실천을 제시, 다음과 같이 말하였다. "오직 천하의 지성至誠이라야 능히 자기의 성을 다하니 자기의 성을 다하면 남의 성을 다하고 남의 성을 다하면 물物의 성을 다하며 물의 성을 다하면 천지의 화육化育을 도울 수 있고 천지의 화육을 도울 수 있으면 천지와 더불어 그 작용에 참여하게 된다."는 것이다. 심心을 다하여 성誠을 실천하고 천명의 성性을 다시 구하여 천인합일이 되면 인간은 개체적 존재를 극복하여 전체적 존재를 실천하게 되는데, 그러한 때의 인간 행위의 구체적인 표현으로 맹자는 "천지와 함께 한다."(與天地同流)라 하였다.

《주역》에서도 "천지와 그 덕을 합하고 일월과 그 밝음을 합하며 사시와 그 차례(序)를 합하고 귀신과 그 길흉을 합하여 천지와 혼연일체가 되어 같이 흐른다."했다. 그리고 "마음이 하고자 하는 바를 따라도 법도에 어긋나지 아니하였다."라고 한 공자의 실천 세계도 또한 천인합일의 세계로 이해할 수 있다.

한대의 동중서董仲舒는 "하늘도 인간과 같은 희로애락이 있다."고 설명함으로써 천인합일사상을 더욱 발전시켰다. 당말唐末의 이고李皐는 천인합일의 방법론으로서 복성론復性論을 제창하고 다시 복성의 방법으로서 성誠의 실천과 멸정滅情을 제시하였는데, 주돈이周敦頤에 이르러 이는 성誠의 실천과 무욕無欲으로 계승되었다. 주돈이의 사상은 다시 장재張載

정이程頤 등을 거쳐 주희朱熹에 이르러 성리학으로 완성되는데, 주희는 성의 실천과 무욕을 거경居敬, 우주론을 궁리窮理로 집약하여 복성의 방법을 거경과 궁리로 정리하였다.

왕양명은 그의 저서《대학문大學問》에서 대인은 천지만물과 합일된 사람이라고 말하면서,

> 대인은 천지만물과 일체가 된 사람이다. 그는 천하를 한 집안으로 중국을 한 사람으로 여긴다. 육체를 바탕으로 너와 나를 구분하면 소인이다. 대인이 천지만물과 일체가 된 것은 의도(속셈)에 따른 것이 아니라, 그 마음의 인仁이 원래 그처럼 천지만물과 일체가 되기 때문이다. 어찌 대인만 그렇겠는가? 소인의 마음도 그렇지 않음이 없으나, 스스로 좀스럽게 되었을 뿐이다. 따라서 아이가 우물에 빠지려는 것을 보면 누구나 깜짝 놀라 측은지심이 생기는데, 이는 그의 '인'이 아이와 일체가 되었기 때문이다. 아이는 그래서 자기와 동류인 것이다. … 따라서 대인이 되려는 학생은 오직 사욕의 편견을 제거하고 스스로 자신의 명덕明德을 밝혀 (깨우쳐) 다시 자신과 천지만물이 일체인 본연의 상태를 회복하면 되니, 본체의 바깥에 무엇을 덧붙이는 것은 아니다. … 명명덕明明德은 천지만물과 일체가 되는 그 체體를 확립하는 것이고, 친민親民은 천지만물과 일체가 되는 용用을 실현하는 것이다. … 군신 부부 친구 나아가 산천 귀신 금수 초목을 막론하고 실재로 그것들을 친애하여 일체가 되는 나의 인을 실현하면 내 명덕明德은 비로소 완전히 밝아지고 진정으로 천지만물과 일체가 될 수 있게 된다. … 이것이 바로 진성盡性(본성의 완전한 발휘)이다.[72]

72) 大人者, 以天地萬物爲一體者也. 其視天下猶一家, 中國猶一人焉. 若不間形骸而分爾我者, 小人矣. 大人之能以天地萬物爲一體也, 非意之也, 其心之仁本若是其與天地萬物而爲一也. 豈惟大人, 雖小人之心, 亦莫不然, 彼顧自小之矣. 是故見孺子之入井, 而必有怵惕惻隱之心焉, 是其仁之與孺子而爲一體也. … 故夫爲大人之學者, 亦惟去其私欲之蔽, 以自明其明德, 復其天地萬物一體之本然而已耳. 非能於本體之外, 而有所增益之也. … 明明德者, 立其天地萬物一體之體也. 親民者, 達其天地萬物一體之用也. … 君臣也, 夫婦也, 朋友也, 以至於山川鬼神鳥獸草木也, 莫不實有以親之, 以達吾體之仁, 然後吾之明德始無不明, 而眞能以天地萬物爲一體矣. … 是之謂盡性.

천지만물과 일체가 된 대인은 인간의 본성을 완전히 발휘할 수가 있다. 이것을 진성盡性이라고 한다. 자연(천)과 철저히 <더불어 하나>되어 살려고 했던 농경민족만이 가질수 있는 사고방식이다.

8) 도가의 천인합일사상

노자는 인간을 자연의 일부로 본다. 자연과 인간이 하나라는 관념에 따라 그는 먼저 자연의 법칙을 설명하고, 이어서 사람은 그 자연의 법칙을 그대로 준수하며 살아야 한다고 했다. 인人이 천天(자연의 법칙 혹은 계절의 올바른 순환)에 합일해야 한다는 것이다. 이른바 자연의 법칙을 미루어 인간사를 밝히는 것을《주역》에서는 '추천도명인사推天道明人事'라고 한다.

인간은 자연의 일부분일 뿐이다. 돌 나무 바위가 자연의 일부분인 것처럼 인간도 마찬가지이다. 만물제동萬物齊同인 것이다. 고로 사람은 반드시 자연에 순종하고 따르며 그 자연과 합치되는 삶을 살아야 한다. 전통 사상에서는 유가 도가를 막론하고 인간과 자연의 합일을 인생의 이상적인 경지로 보았다. 유가에서는 인간을 포함한 만물이 모두 본래적 가치를 지니고 있다고 보고, 인간과 자연이 조화를 이루어 하나가 되는 경지(天人合一)를 인생의 궁극적인 목표로 추구하였다. 유가에서는 인간이 자연의 도道를 본받아, 다른 인간과 존재들에게 인을 베푸는 것이 바람직한 삶의 길이라고 보았다.

도가에서는 자연을 목적론적 체계로 보는 것이 아니라 아무런 목적도 간직하지 않은 '무위'의 체계로 보았다. 그러나 도가에서 말하는 '무위'가 자연 세계에 아무런 질서나 법칙도 없다는 의미는 아니다. 이렇게 도가에서는 자연 세계의 목적성을 부인함으로써 인위적인 조작과 통제를 거부하였다. 따라서 자연 세계가 무위의 상태에서 운행하듯이, 인간도 자연의 질서를 본받아 무위의 삶을 사는 것이 바람직하다고 보았다. 도가에서 말하는 천天은 자연의 법칙 혹은 계절의 올바른 순환을 의미할 때가 많다. 고로 도가에서 말하는 천인합일이란 인간은 반드시 자연의 법칙에 순응해야 하고 또한 계절의 올바른 순환에 잘 적응해야 한다는 의미로 사용될 때가 적지 않다. 중국 농경인들은 철저하게 자연의 법칙에 순응하고 특히 계절의 올바른 순환에 적응하여 삶을 살아왔는데, 이것이 도가의 천인합일사상에 잘 나타나 있는 것이다.

9. 자연과 합일된 삶을 산 농경민족의 물아일체론物我一體論과 심신일원론心身一元論

1) 물아일체론

중국철학에서는 단 한 번도 개인과 자연을 뚜렷하게 분리하여 인식한 적이 없었다. 물아일체요 천인합일이라고 생각했다. 이는 자연(흙)과 분리되지 않고 <더불어 하나>되어 수천 년을 살아온 농경민족이었기 때문이라 생각한다. 그들은 주(我)와 객(彼我)을 일체로 보고자 했다. 자연과 투쟁하며 살아온 민족이 아니라 자연과 하나 되어 살아온 농경민족이었기 때문이다.《장자 제물론》에서,

> 천지는 나와 더불어 생겼고, 만물은 나와 더불어 하나이다.[1]

라고 하여 천지와 만물이 나와 하나임을 말해, 물아일체를 이야기하고 있다.

그러나 서양 근세사에 있어서 가장 중요한 사건은 아我(개인)의 자각이었다. 신(여호와 하나님)의 굴레로부터 해방이었고 자유 추구였다. 그래서 근세 인본주의가 싹튼 이후 그들 서구인들은 자유와 개성 독립과 해방을 추구했다. 이는 중세 신 중심의 속박으로 부터의 인간의 자각으로 말미암는다. 신 중심이 아니라 인간 중심이고 내가 나의 주인이라는 것이다. 아我(개인, 인간)의 자각으로부터 피아彼我(사물 혹은 자연)와는 대립된다. 그들은 항상 외부세계(피아 혹은 자연)와 투쟁하며 살아온 유목민족의 후손이었다는 것이 자연과 <더불어 하나>되어 살아온 농경민족인 중국인들보다 더

---

1) 天地與我並生, 而萬物與我不一.

〈흙과 〈더불어 하나〉되어 농사지으며 살아온 농경민족은 외물과 나를 하나로 보는 경향이 있다.〉

일찍 자유와 개성 민주 독립 해방 등의 사상이 발생한 이유라고 생각한다. 그들 유목민족은 외부세계를 적대시한다. 그들은 낯선 사람을 이방인이라 부르며 그들이 나의 양을 나의 말을 훔쳐갈지 모른다고 의심하며 경계한다. 이런 삶을 수천 년을 살아온 유목민족들은 자신이 살기 위해서 항상 외부세계와 투쟁하며 살아왔다. 약탈하고 개척하며 살아온 것이다. 그들은 프론티어 정신을 중시하고 앞으로 투쟁하며 나아가고자 했다. 아(正)와 피아(反)가 투쟁하여 제 3의 실체(合)을 만들어 낸다. 정치적으로는 여야가 서로 대립 투쟁하며, 또한 노동자와 사용자가 서로 대립 투쟁하면서 제 3의 합의물(合)을 만들어낸다고 생각한다. 이렇게 도출된 이 합合에 대립되는 또 다른 반反이 있어, 이 반과 투쟁하여 또 다른 합을 만들어내니, 역사는 이렇게 변증법적으로 발전한다고 주장한다. 이는 자연과 투쟁하며 살아온 유목민족의 사고방식이다.

《사회계약론》을 쓴 루소는 인간의 역사는 '만인의 만인에 의한 투쟁'이라고 했다. '만인의 만인에 의한 투쟁'에 의해 적자생존과 극도의 혼란을 겪은 우리 인간은 이 문제를 해결하기 위해 사람들 사이에 약속을 맺었다고 주장하며, 이것을 사회계약이라고 부르고 있다. 이런 사회계약을 통해 극도의 사회적 혼란을 방지하기 위해 법을 만들고 국가를 만들어 법치로 사회질서를 회복하고 통치해야 한다고 주장한 것이다. 자연과 끝없는 투쟁, 타인과의 끝없는 투쟁 그리고 적자생존이 인류역사라는 것이다. 이는 자연(흙)과 <더불어 하나>되어 그 자연의 일부로 살고자 했든 농경민족 중국인들의 사고방식과는 근본적으로 다르다고 할 수 있다.

자연(흙)과 투쟁하며 살아온 것이 아니라, 자연의 일부로 그 자연과 <더

불어 하나>되어 살아온 농경민족 중국인들은 그들 삶에 아我(正)와 피아彼我(反)의 대립 투쟁의 관념이 희박하고 항상 외물(物)과 나(我)를 하나로 보고자 했다. 그들은 외부의 낯선 사람이 와도 그들이 나의 곡식을 훔쳐갈 것이라고 생각하지 않아 적대시하지 않는다. 그들 농경민족은 그들을 길손이라고 하며 밥도 주고 재워도 주며 나중에 떠날 때 주먹밥도 챙겨 보내준다. 농경민족이 사는 시골은 외부를 적대시 하지 않아 담장도 낮아 밖에서 안을 훤히 들여다 볼 수도 있다. 단지 농촌 시골의 집 담은 나의 집이라는 공간을 구획 짓는 하나의 조그마한 경계선에 불과하다고 할 수 있다. 철문이 있는 서구의 집과는 다른 것이다.

또한 중국철학에서는 한 번도 개인과 우주(세계, 자연)를 구분하여 인식한 적이 없다. 아我와 피아彼我(세계, 자연)를 구분하여 보지 않는 것은 중국인들이 근본적으로 농경민족으로 그들은 자연(흙)과 <더불어 하나>되어 일체된 삶을 살려고 했지, 그 자연과 투쟁하며 살려고 하지 않았기 때문이다. 고로 중국에서는 독립 자유 개성 민주 평등 같은 서양철학의 기본이 되는 철학사상은 아예 나타나지 않고 있다. 흙과 <더불어 하나>되어 살아온 정통 농경민족 중국인 그들은 자연(세계)에 속박되어 자연(흙)과 혼연일체로 <더불어 하나>되어 살려고 했지, 그 자연(흙)으로 부터 분리 독립하여 자신만의 개성을 가지고 자유롭게 살고자 하지 않은 것이다. 그런 연유로 고대 중국에서는 자유나 평등 개성 독립 같은 민주주의 사상이 일찍 나타날 수 없는 원인이 된 것이 아닌가 한다. 농경민족 중국인들은 자신의 의지를 가지고 자유롭게 살고자 한 것이 아니고, 자연의 굴레 속에서 그 자연의 일부로 살고자 한 것이다.

중국철학에서는 한 번도 개인과 우주(세계, 자연)를 뚜렷이 분리한 적이 없지만, 서양 근세사에서 가장 중요한 것은 바로 '아我'의 자각이었다. 중세시대 여호와 하나님 중심주의로부터의 자각과 분리가 대세였다. 그래서 그들은 속박으로부터의 자유를 추구하고 내가 내 자신의 삶을 결정한다는 민주주의가 싹틀 수 있는 조건이 되었다.

'아我'를 자각한 이후에 세계를 아와 피아로 둘로 나누어 이해하였다. 아는 주관적이며 아 이외의 객관적인 세계는 모두 '피아彼我'이다. 아我와 피아彼我로 분리된 만큼, 주관과 객관 사이에 넘을 수 없는 한계가 존재하게 되었고, 이로부터 아我가 어떻게 피아彼我를 인식할 것인가 하는 문제가 뒤따르게 되고 마침내 인식론은 서양철학에서 중요한 부분을 차지하게 되었다. 그러나 중국인들은 아와 피아(세계, 우주, 자연)를 분리하여 생각해 본 적이 없기 때문에 따라서 인식의 문제는 중국철학에서 한 번도 크게 문제된 적이 없었다. 흙(자연)과 <더불어 하나>되어 살아온 정통 농경민족 중국인들은 아는 항상 피아(자연, 세계, 우주)와 일체된 삶을 살고자 한 것이다. 자연과 분리되지 않는 삶을 가장 이상적인 삶으로 여긴 정통 농경민족 중국인들은 외부세계를 자신과 분리하여 보지 않으려고 하여 외부세계에 대한 명확한 인식을 위해 필요한 인식론과 논리학이 발달하지 못한 것이다.

2) 심신일원론

자연(흙)의 일부로 그 자연과 <더불어 하나>되어 살아온 농경민족 중국인들은 심(마음)과 신(몸)도 다른 것이 아니라 하나인 것으로 여기고 있다. 마음을 담고 있는 몸도 마음 못지않게 중요한 것이다. 그러나 기독교문화권인 서구인들은 영과 육이 하나라고 여기지 않는다. 육체는 나중에 썩어 문드러져 언젠가는 흙으로 돌아가는 중요하지 않는 물체에 불과하지만, 영혼은 사람이 죽은 후 육체의 껍데기에서 벗어나 그가 살아생전 하나님을 믿고 순종했다면 그 영혼이 천국으로 올라갈 것이요, 하나님을 순종하지 않고 불신했다면 그 영혼은 육체를 빠져나와 지옥의 나락으로 떨어질 것이라고 생각했다. 하나님을 사모하는 영이 중요하지, 죽으면 흙으로 돌아가는 이 육체는 껍데기에 불과한 것이다. 육체는 이 세상에서 잠시 영혼을 담고 있는 그릇에 불과하다. 영육이분법靈肉二分法의 사고방식을 하는 것이다. 그래서 서구인들은 자기 멋대로 자신의 육체를 훼손하여도 아무 문제가 없다고 생각한다. 자기 멋대로 머리에 노란 물 파란 물을 들이고, 귀를 뚫어 귀고리를 하며, 또한 몸에 온갖 문신을 하기도 한다.

그러나 몸(身)을 마음(心)만큼 중시한 농경민족 중국인들은 몸을 자기 멋대로 다루어서는 안 된다고 가르친다. 유가에서는 '신체발부수지부모身體髮膚受之父母'라 하여, 머리털 하나도 자기 멋대로 잘라서는 안 된다고 가르친다. 부모님께서 주신 몸은 소중한 것이다. 마음을 중시하는 것 못지않게 그것을 담고 있는 몸도 항상 청결하게 다루어야 한다고 주장한다. 사람이 죽은 시신도 살아있는 몸 못지않게 소중이 다루어야 한다. 흠이 나지 않게 시신을 고이 씻겨 삼베로 싸서 고이 관을 모셔 무덤을 쓰서 토장土葬을 한다. 죽은 시신도 살아있는 사람 못지않게 중요한 것이다. 대역죄를 저지른 경우 이미 죽어 무덤 속에 있는 시신을 다시 꺼내어 칼로 난도질하는 부관침시는 시신을 단지 썩어 문드러진 별 볼일 없는 단순한 시체로 보지 않고, 죽은 시신 그 자체도 살아있는 사람처럼 인격체로 본다는 뜻이다. 조상의 시신이나 무덤을 파헤치거나 함부로 다루면 절대로 되지 않는다. 단순히 죽은 시체덩이에 불과한 것이 아니라, 살아있는 몸 못지않게 소중한 것이다. 신身과 심心은 하나인 것이다. 마음은 몸을 통해서 표현되어지는 것이니, 마음(心) 못지않게 그것을 담고 있는 몸(身)도 중요하다. 사람의 마음이 몸을 통해 나타난다.

10. 농경사회 공동체의 대동大同 철학

서구 기독교문화권에서는 사람을 두 종류로 나누고 있다. 여호와 하나님을 믿고 순종하여 그래서 사후에 그 영혼이 천국에 갈 수 있는 사람과 하나님을 믿지 않고 순종하지 않아 그 영혼이 불구덩이 지옥에 떨어지는 이방인이다. 하나님의 자녀로 거듭난 전자는 소수로 그들은 하나님의 선택된 사람(選民)이라고 하고, 그렇지 않은 후자는 하나님에 대적하는 사탄에 순종하는 사람이라고 한다. 기독교문화권인 서구에서는 모든 사람이 <더불어 하나>되는 삶을 추구하지 않았고, 하나님을 믿고 순종하는 소수의 선택된 사람만이 미래에 언젠가 우리의 구세주 예수님이 이 세상에 재림하여 지상의 모든 악을 쓸어버리고 하나님을 순종하는 소수의 이들과 함께 지상천국을 이룩할 것이라고 믿고 있는 것이다. 하나님의 사람과 마귀의 사람 이렇게 이분법적인 사고를 한다.

그러나 항상 자연과 <더불어 하나>되어 살아온 중국인들은 사람을 믿는 사람과 믿지 않는 사람 이런 두 종류로 나누지 않고, 모든 사람을 구별하지 않고 <더불어 하나>되는 대동의 삶을 유토피아로 여겨 추구하여 왔다. 너와 내가 분리되지 않고 자연과 인간이 분리되지 않으며, 그 모든 것이 <더불어 하나>되는 대동의 삶을 이상적인 삶으로 여긴 것이다.

1) 중국인이 그리는 소박한 원시농경 대동사회

《노자 80장》에도 다음과 같이 묘사되어 있다.

> 나라를 작게 하고, 백성들을 적게 하자 … 백성들로 하여금 다시 노끈을 매어 문자로 사용하게 하자. 그 음식을 달게 먹고, 그 옷을 곱게 입고, 그 집에 편히

> 살며, 그 일과를 즐기게 하면, 비록 이웃나라가 바로 보이고, 닭과 개짓는 소리 들려오더라도 백성들은 늙어 죽을 때까지 서로 왕래하지 않을 것이다.[1]

이동하지 않고 정착하여 사는 대동의 소박한 농경사회를 가장 이상적인 사회로 묘사하고 있다. 중국은 옛날부터 씨족사회 집성촌 공동체를 이루며 살아왔던 정통 농경민족으로, 항상 모두가 함께 고루 잘사는 대동사회를 이상적인 사회로 꿈꾸어 왔던 것이다.

도잠陶潛의 《도화원기桃花源記 서序》에 중국인들이 그리는 이상적인 세계인 무릉도원을 설명하고 있다. 진晋나라 때 어부가 고기를 잡다가 길을 잃고 복숭아꽃이 만개한 숲을 만난다. 이상하게 여겨 냇물을 따라 계속 올라가다가 숲이 다 한 곳에 바로 냇물의 근원지로서 이내 산이 하나 나타나는데, 그 산에서 하나의 조그마한 동굴을 만난다. 호기심에 그 동굴 속으로 수십 보를 걸어 들어가니 갑자기 활짝 트이며 별유천지비인간別有天地非人間의 무릉도원을 만난다. 이상향을 만난 것이다. 그 곳을 묘사하여 설명하기를,

> 땅은 넓고 평평하였으며 집들은 당당하고 훌륭하게 정돈되어 있었다. 좋은 논밭과 아름다운 연못, 뽕나무며 대나무도 있었다. 밭 사이로 길은 사방으로 잘 뚫려있었고, 닭이 울고 개가 짓는 소리가 여기저기서 들려오는데, 그 사이를 남녀들이 오가며 밭갈이를 하고 있었다. 사람들의 옷차림은 모두 외계인들 같은 차림을 하고 있었고, 노인과 아이들은 서로 어울려 화기애애하게 즐기고 있었다. 어부가 자초지종을 말하자 자기 집으로 들기를 청하여 닭을 잡고 밥을 지어 술상을 차려내었다. 어부의 소문을 들은 마을 사람들이 모두 모여들어 이것저것 캐물었다. 그리고 그들 스스로 말하기를, "선대에 진秦나라 난을 피하여 처자와 마을 사람들을 거느리고 이 아름다운 경계에 들어 왔으나, 다시 밖으로 나간 적이 없었으므로 마침내 외부 사람과는 간격이 생기게 된 것이라오."라고 하였다. 그러면서 묻기를 "지금은 어느 세상이요?"하였다. 한漢이 있

1) 小國寡民 … 使民復結繩而用之. 美其服, 安其居, 樂其俗. 隣國相望, 鷄犬之聲相聞, 民至老死不相往來.

었던 것을 몰랐으니 위진魏晋을 모르는 것은 말할 필요도 없었다. 어부가 일일이 알고 있는 바를 자세히 이야기해 주자 모두 놀라며 탄식하였다. 나머지 사람들도 각각 자기들 집으로 가기를 청하였으며, 모두 술과 음식을 내놓았다. 이렇게 며칠을 묵은 다음 어부는 작별을 고하였다.[2]

이 무릉도원에서는 사람들이 불로불사하고 있다. 진秦나라 때의 사람들이 늙지도 않고 죽지도 않으며 아직 살고 있는 것이다. 중국인들이 그리는 이상적인 사회를 '토지평광土地平曠'에서부터 '태연자락泰然自樂'까지 묘사하고 있다. 무릉도원의 경계는 '설주살계設酒殺鷄'하고 '연화작식煙火作食'하는 인간의 일상이 수용된 경계, 객이 찾아오면 '출주식出酒食'하여 환대하는 접빈객接賓客의 미습이 자연스럽게 우러나오는 인간의 경계이다. 또한 '황발수초黃髮垂髫'가 다 같이 자연의 질서 속에서 '태연자락泰然自樂'하는 일체감을 드러낸 경계이다. 이 별유천지別有天地는 '여외인간격與外人間隔'하여 외부의 속된 세계와 단절된 사회이며, 선생을 혐오하는 '피진시란避秦時亂'의 사람들만이 모여 사는 전쟁이 없는 평화로운 곳이다. 한마디로 중국인들은 전통적으로 소국과민小國寡民의 자급자족하는 소박하고 안락하며 함께 어울려 사는 대동大同의 농촌상을 이상적인 사회로 보고 있는 것이다.

〈중국인의 이상향 무릉도원는 소박한 원시농경 공동체의 모습이다.〉

2) 土地平曠, 屋舍儼然. 有良田美池桑竹之屬. 阡陌交通, 鷄犬相聞. 其中往來種作. 男女衣著, 悉如外人. 黃髮垂髫, 并怡然自樂. 見漁人乃大驚, 問所從來. 具答之. 便要還家, 設酒殺鷄作食. 村中聞有此人, 咸來問訊. 自云, "先世避秦時亂, 率妻子邑人, 來此絶境不復出焉, 遂與外人間隔." 問, "今是何世." 乃不知有漢, 無論魏晉. 此人一一爲具言所聞. 皆歎惋. 余人各復延至其家, 皆出酒食. 停數日辭去.

2) 공자의 대동철학

유가 서적인《예기 예운편禮運篇》에 천하의 물건을 모두 공유물로 여기며 모두가 고루 잘 사는 소강小康의 대동大同사회를 공자가 아래와 같이 설명하고 있다.

> 그 옛날 공자께서 12월 납제臘祭[3]에 참석 하시고 난 후, 밖으로 나시어 하늘을 바라보시며 길게 노나라를 탄식하노라 하였으니, 옆에서 공자님을 모시던 제자 언언言偃이 "선생님께서는 어찌 그리 탄식하나이까?" 하고 물은 즉, 공자께서 말씀하시기를, "천하에 대도가 행해지는데, 하 은 주 삼대와 함께 그 영화를 나는 체감치 못하였으니 그것이 유감이구나. 대도가 행해지면 천하가 모두 공유물이 된다.(天下爲公) 현명하고 유능한 사람을 뽑아 신의가 강조되고 화목이 조성된다. 따라서 사람들은 홀로 자신의 부모만을 부모로 여기지 않고, 홀로 자신의 아들만을 아들로 여기지 않는다. 노인들로 하여금 여생을 편히 마칠 수 있게 하고, 어른들에게는 알맞은 일자리를 주고, 아이들은 길러지는 바가 있다. 홀아비 과부 고아 무의탁노인 및 폐질자도 모두 부양을 받는다. 남자는 각자의 직분이 있고 여자들도 본분이 있다. 재화는 땅에 버려져서는 안되는 것이지만 그렇다고 반드시 자신의 것으로 가질 수는 없고, 사람마다 일하지 않으면 안 되는 것이지만 그렇다고 반드시 자기만을 위해서 해서는 안 된다. 그리하면 각종 음모가 없어져 일어나지 않으며 도적과 반란의 행위도 일어나지 않으니, 고로 바깥문을 잠그지 않아도 된다. 이것을 대동大同사회라고 말한다. … 우왕禹王 탕왕湯王 문왕文王 무왕武王 성왕成王 주공周公이 이로 말미암아 뽑혀진 것이다. 이 여섯 군자는 모두 예에 힘쓰지 않는 경우가 없었다. 그러므로 의義를 드러내고 그 신의를 다졌으며 인仁을 모범으로 삼고 겸양을 강구하여 백성들에게 불변의 법도(常)를 보였다. 만약 이런 법도(常)에 의하지 않는다면 세력을 가진 자는 제거될 것이고 모든 사람들은 재앙을 당할 것이다. 이를 소강小康 사회라고 말한다."[4]고 하셨다.

---

3) 12월 섣달에 여러 신들에게 함께 지내는 합동 제사

4) 昔者 仲尼與於蜡賓, 事畢, 出遊於觀之上. 喟然而嘆. 仲尼之嘆蓋嘆魯也. 言偃在側, 曰, "君子何嘆?" 孔子曰, "大道之行也, 與三代之英丘未之逮也, 而有志焉. 大道之行也, 天下爲公, 選賢與能, 講信修睦. 故人不獨親其親, 不獨子其子, 使老有所終, 壯有所用,

이 구절은 후대 유가인들이 중국인의 이상사회를 설명할 때마다 드는 아주 고전적인 구절이다. 네 것 내 것 없이 모두 함께 잘사는 원시 공동체 농경사회를 이상적인 사회로 여긴 것이다. "대도의 행해지면 천하가 모두 공유물이 된다.(天下爲公) 현명하고 유능한 사람을 뽑아 신의가 강조되고 화목이 조성된다. 따라서 사람들은 홀로 자신의 부모만을 부모로 여기지 않고, 홀로 자신의 아들만을 아들로 여기지 않는다. 노인들로 하여금 여생을 편히 마칠 수 있게 하고, 어른들에게는 알맞은 일자리를 주고, 아이들은 길러지는 바가 있다. 홀아비 과부 고아 무의탁 노인 및 폐질자도 모두 부양을 받는다. 남자는 각자의 직분이 있고 여자들도 본분이 있다. 재화는 땅에 버려져서는 안 되는 것이지만 그렇다고 반드시 자신의 것으로 가질 수는 없고, 사람마다 일하지 않으면 안 되는 것이지만 그렇다고 반드시 자기만을 위해서 해서는 안 된다. 그리하면 각종 음모가 없어져 일어나지 않으며 도적과 반란의 행위도 일어나지 않으니, 고로 바깥문을 잠그지 않아도 된다. 이것을 대동사회라고 말한다."라고 했다. 이것이 바로 농경민족 중국인들이 추구한 천하위공天下爲公이요 대동大同사회요 소강사회인 것이다. 이는 집성촌을 이루며 공동체 삶을 유지했던 농경민족들만이 가질 수 있는 이상사회라고 할 수 있다. 떠돌아다니는 유목민족에게는 나타날 수 없는 사회 관념인 것이다.

또한 유가에서 그리는 가장 이상적인 사회인 대동사회란 유가의 사회 정치사상의 기본개념인 수신제가치국평천하修身齊家治國平天下에서 가장 최종의 단계인 평천하平天下의 단계이며, 명명덕明明德, 재친민在親民, 지어지선止於至善에서의 마지막 최선의 경지인 지어지선止於至善에

幼有所長. 鰥寡孤獨廢疾者, 皆有所養. 男有分, 女有歸. 貨惡其棄於地也, 不必藏於己, 力惡其不出於身也, 不必爲己. 是故謀閉而不興, 盜竊亂賊而不作, 故外戶而不閉. 是謂大同. … 禹湯文武成王周公, 由此其選也. 此六君子者, 未有不謹於禮者也. 以著其義, 以考其信, 著有過, 刑仁講讓, 示民有常, 如有不由此者, 在勢者去, 衆以爲殃, 是謂小康.

다다른 사회라고도 할 수 있다. 공자께서 그렇게도 오매불망 잊지 못하고 그리워하며 사모해했던 요순의 사회이기도 하다. 또한 우리나라 퇴계 이황 선생께서《성학십도聖學十圖》를 짓고, 율곡 이이선생께서《성학집요聖學輯要》를 지어 임금(선조)께 바쳐 유학의 궁극적 철학을 현실사회에 대입하여 이룩하려고 했던 것이 모두 평등하게 고루 잘사는 원시 농경 공동체의 대동사회였다.

이는 서구인들이 추구하는 이상사회와는 많이 다르다. 그들은 모든 사람들이 고루 평등한 사회를 추구한 것이 아니라, 기독교문화의 영향으로 하나님을 믿고 순종하는 소수의 사람들만이 사후 천국에 갈 수 있다고 주장하고 있다. 그들이 그리는 이상사회란 하나님의 자녀가 된 사람만이 갈 수 있는 미래의 지상낙원 천국인 것이다. 이는 모든 사람들이 <더불어 하나>되어 사는 삶을 중시하는 공동체 농경사회의 대동세계와는 완전히 다르다.

3) 강유위康有爲 담사동譚嗣同의 대동철학

1,858년 광동성 남해현南海縣에서 태어난 강유위는 이학理學을 숭상하던 중류층의 학자 집안에서 자라 일찍부터 시문에 능했으며, 18세 때부터는 송학宋學을 위주로 한 경세치용經世致用의 학문을 닦았다. 한 번 과거에 낙방한 후 상해에서 서양인들의 식민정치를 보고 중국의 장래를 걱정하면서 서양 서적을 번역하기 시작하였다. 유럽의 신사조를 받아들이고 사학 불교학 공양학公羊學을 배워 독자적인 유교 학설을 내세우고 정치적 개혁운동인 변법자강 운동을 일으켰으나 실패하고, 만년에 학술활동에 매진하다가 1,927년에 사망했다.

《대동서大同書》는 27세 때 완성된 초년 작이지만, 그의 사후인 1,935년에 출판된 것으로 강유위의 대표적인 유저遺著로 알려져 있다. 이 책은 갑부甲部로부터 계부癸部까지의 10부로 되어 있는데, 책의 형태로 종합된 것은 1,901년경이라고 전해지고 있으나 전문이 출판된 것은 실은 그의 사후인 1,935년이다. 이 책은 그의 이상사회에 관한 구상과 아울러 그것을 실현하기 위한 방법을 논술하고 있다. 대동이라는 것은《예기 예운편禮運篇》속의 대도가 행하여지고 있는 대동의 세상이라고 하는 데에서 유래한 것이다. 그에 의하면 인간의 역사는 거란세據亂世에서 승평세升平世를 거쳐 대동세大同世로 발전하는 것으로, 태평의 세상이라는 것은 곧 대동의 사회이다. 그의《논어 주》에서 말하기를,

> 공자가《춘추》를 지어 삼세三世를 펼쳤다 거란세據亂世에서는 자기 나라(魯나라)를 중심으로 삼고 중국의 다른 나라를 제외했고, 승평세升平世에서는 중국의 모든 나라를 중심으로 삼고 오랑캐 나라를 제외했으며, 태평세太平世에서는 원근과 대소를 막론하고 하나로 여겼는데, 진화의 이치를 추론하여 시은 것이다. 공자는 거란세에 살았으나, 지금은 지구가 소통되고 구미 나라들이 대변동을 하여 승평세에 진입했고, 미래에 지구의 대소 원근을 막론하고 하나같이 되면, 국경은 없어지고 인종도 분리되지 않고 풍속과 교화가 똑같아져 하나같이 태평해질 것임을 공자는 이미 알고 있었던 것이다.[5]

또한 그는《중용 주》에서 말하기를,

> 진화의 과정은 일정한 궤도가 있어서 뛰어넘을 수 없다. 이미 그 시대에 이르면 스스로 변통變通해야 한다. 즉 삼세(거란세, 승평세, 태평세)의 법도와 삼통三統(흑 백 적)의 도는 각각 달랐다. 공자의 고충은 오로지 시대의 폐단을 구제하는 데에 있었음을 일 수 있다. 공자는 3,000년 후에 반드시 성인이 다시 일어나 대

---

5) 孔了之爲《春秋》, 張爲三世. 據亂世則內其國而外諸夏. 升平世則內諸夏, 外夷狄. 太平世則遠近大小若一. 蓋推進化之理而爲之. 孔子生當據亂之世, 今者大地旣通, 歐美大變, 蓋進至升平之世矣. 異日大地大小遠近如一. 國土旣進, 種類不分, 風化齊同, 則如一而太平矣. 孔了已預知之.

> 동의 새 가르침을 선양하리라는 것을 미리 알았지만, 승평과 태평의 궤도를 도외시하거나 난세를 다스려 소강小康에 이르러는 과정을 그르다고 여기지는 않았다.[6]

그는 거란세 승평세 태평세의 변동 과정인 이른바 삼세설三世說을 내세우며, 강유위 자신이 살았던 그 당시가 바로 대동의 태평세를 이룩할 수 있는 시기에 들어왔다고 주장하고 있다. 《논어》에 "주나라를 계승한 왕조는 100세世 이후에 알 수 있다."고 했는데. 한 세대를 30년으로 치면 100세 이후는 곧 3,000년 이후이니, 문왕과 주공이 통치했던 서주 초기 태평세로부터 3,000년 후는 바로 자신이 살고 있던 청말 민국초로, 자신이 바로 대동의 태평세를 다시 이룰 수 있는 성인聖人이라고 생각했던 것이다.

이《대동서》는《예기 예운편》등에서 묘사된 유가의 이상세계를 유럽식의 근대사상으로 재해석하여 일종의 유토피아 사상을 만들고, 그것을 실현하는 방법을 설파한 책이다. 공자의 세계관에 입각하여 세계의 박애 평등 등 이상사회관을 전개하면서, 그에 도달하는 방법으로는 국별國別의 철폐, 가족의 폐쇄성 타파 등을 주장하였다. 이 대동의 사회에 있어서는 전세계가 다만 하나의 공정부公政府에 의하여 통합되어 계급 인종 남녀의 차별이 없어지고 가족제도에서 해방되어 산업은 공영公營이 된다고 했다. 중국 역사상 혼란이 극도로 심했던 시대에 역대 폭정을 신랄하게 비판하고, 도와 덕을 근간으로 유토피아 사상의 극치를 보여준다. 동서고금의 역사 사상 풍속 법률 등의 방대한 분야와 문제점 등을 서술하고 있다. 이렇게 하여 태평의 상태가 찾아온 뒤에 인간계뿐 아니라 전 생물계에 자비가 미쳐 극락의 세계인 선불仙佛의 경지에 도달한다는 것이다. 이것이 그의 대

---

6) 進化之理, 有一定之軌道, 不能超度. 旣至其時, 自當變通, 故三世之法, 三通之道, 各異. 苦衷可見, 但在救時. 孔子知三千年後, 必有聖人復作, 發揮大同之新教者, 然必不能外升平太平之軌, 則亦不疑夫撥亂小康之誤也.

동설의 주지인데, 그 근간을 이루는 것은 유교의 이상과 불교의 오의奧義라고 하겠다. 1부에서는 '인간이 세상에서 느끼는 괴로움'을 열거하고 이러한 괴로움의 근원은 아홉 가지 차별, 즉 구계九界가 존재하기 때문이라고 결론짓는다. 나머지 9부에서는 바로 구계를 하나하나 짚어가면서 이를 극복하는 방법을 그려보고 있다. 그의《대동서 갑부甲部》에서 말하기를,

> 무엇으로 고통을 없앨 것인가? 병을 알면 약을 쓰거니와, 저 9계界를 제거하여 속박을 풀면, 초연히 날아올라 하늘에 닿고 심연에 이르러 호연浩然한 마음이 자유자재하며 유연히 즐거워 태평한 대동세계에서 영원한 삶과 깨달음을 누릴 것이니, 고통을 없애는 도는 바로 9계界를 제거하는 데 있을 뿐이다.
> 첫째 국계國界(나라 차별)를 제거하여 세계와 합일한다. 둘째 급계級界(계급 차별)를 제거하여 인간과 민족을 평등화한다. 셋째 종계種界(인종 차별)를 제거하여 인류를 통합한다. 넷째 형계形界(성 차별)를 제거하여 독립을 보호한다. 다섯째 가계家界(가족 차별)를 제거하여 천민天民이 된다. 여섯째 산계産界(직업 차별)를 제거하여 생업을 공공화한다. 일곱째 난계亂界(정치적 차별)를 제거하여 태평을 이룬다. 여덟째 류계類界(사람과 동물의 차별)를 제거하여 모든 생물을 사랑한다. 아홉째 고계苦界(고통의 차별)를 제거하여 극락에 이른다.[7]

그는 이 세상의 모든 차별 제거를 주장하며, 평등의 대동설을 내세웠다. 이 대동설은 그가 쓴 <신학위경고新學僞經考> <공자개제고孔子改制考>의 주장과 긴밀하게 결합하여 그의 개혁론 즉 변법론變法論을 성립시킨 것이다.

그는 청 정부의 무능, 서구 열강의 침략, 군벌들의 발호, 민중들의 고난 등 혼란이 극에 달했던 청 말 민국 초에 개혁 혁명가의 정신으로 아무런 차별이 없는 모두가 평등한 이런 대동사회의 실현을 주장한 것이다. 그는 국

7) 何以救苦? 知病卽藥, 破除其界, 解其束縛, 超然飛度, 摩天淚淵, 雖浩然自在, 悠然至樂. 太平大同, 長生永覺, 吾救苦之道, 卽在破除九界而已. 第一曰去國界, 合大地也. 第二曰去級界, 平人民族也. 第三曰去種界, 同人類也. 第四曰去形界, 保獨立也. 第五曰去家界, 爲天民也. 第六曰去産界, 公生業也. 第七曰去亂界, 治太平也. 第八曰去類界, 愛衆生也. 第九曰去苦界, 至極樂也.

계國界(나라 차별), 급계級界(계급 차별), 종계種界(인종 차별), 형계形界(성 차별), 가계家界(가족 차별), 산계産界(직업 차별), 난계亂界(정치적 차별), 류계類界(사람과 동물의 차별), 고계苦界(고통의 차별) 등 9가지 차별을 제거하기를 주장했는데, 이런 주장은 모든 나라 모든 사람 모든 생물이 모두 평등하다는 만민평등의 세계국가론에 가까웠다. 서구 열강의 침탈에 허덕이든 종이호랑이 중국의 지식인들이 내세울 만한 주장인데, 서구인이나 중국인이나 똑같이 평등하다는 사고인 것이다.

담사동(1,865-1,898) 역시 강유위를 본받아 대동의 정치를 펼칠 것을 주장하였다. 그는 강유위의 입교변법운동立敎變法運動에 참여하였다. 자가 복생復生이고, 호남성 유양현瀏陽縣 사람이다. 입교변법운동에 참여했다가 무술정변에 살해당했는데 그의 나이 겨우 33세였다. 담사동은 경학 방면에서 강유위의 혁혁한 성적에는 미치지 못하지만, 사상 방면에서 그의 저서《인학仁學》[8]은 강유위보다 더 치밀하게 대동사상을 발휘했다. 담사동은 "어진 사람은 천지만물과 일체가 된다."는 장자의 사상을 중시하여 정치 방면에서는 강유위의 '대동의 가르침'을 강론하였다. 그는《인학》에서,

〈모두가 평등한 대동사회를 꿈꾸어 온 청말 개혁 혁명가 강유위. 대동사회는 흙과 〈더불어 하나〉되어 살아온 농경민족만이 꿈꿀 수 있는 사회이다.〉

> 지구의 정치에는 천하가 있을 뿐이고 국가는 없다. 장자가 말하기를 "천하를 재유在宥[9]한다는 말은 들었어도 천하를 다스린다는 말은 듣지 못했다."고 했는데, 다스림은 국가에 해당되고 재유는 국가가 없다는 의미이다. "재유는 자

8) 《仁學》은 무술유신운동 실패 후 3개월 만에 일본 동경에서 정식 출판되기도 전에 그 운동에 참가한 모든 사람들에게 이미 영향을 끼쳤다.

9) 재유란 사물을 구속하지 않고 자연에 맡겨 둔다는 뜻. 세상을 무위자연에 맡겨두고 인위를 가하지 않는 것으로《장자 在宥篇》에 나옴.

> 유의 다른 이름이다." 는 말은 그 의미가 깊다. 사람 사람마다 자유로울 수 있으려면 반드시 국가가 없는 백성이어야 된다. 국가가 없으면 국경이 사라지고 전쟁이 종식되며 시기가 없어지고 권모술수가 제거되어 남과 나의 구별이 없어져 평등이 출현하니, 천하가 있어도 없는 것과 같아진다. 그리하여 군신관계는 폐기되고 귀천은 평등해지며 공리公理가 천명되고 빈부가 균등해져, 천리만리 사람들이 한 집안 사람처럼 되어 자기의 집은 잠시 머무는 여관으로 여기고 남들을 동포로 여기게 된다. 그래서 자기 자식에 대한 아버지의 자애는 쓸데가 없어지고 부모에 대한 아들의 효도를 사용할 때가 없어진다. 형과 아우는 우애와 공경 관념을 잊고 부부는 부창부수의 관념을 잊게 된다. 서양 책에서 말하는 천년왕국이 아마 《예기 예운편》의 대동 형상과 흡사한 것 같다.[10]

이들 두 사람의 대동사상은 모두 당시 서구 열강의 침탈로 국운이 기울어져 가는 청나라 말기에 나타났다. 나라가 망해가는 혼란스러운 시대 각성한 선각자 혁명가가 꿈꾸는 모든 사람들의 대동 평등의 이상 세계인 것이다. 세상이 말세라고 느낄 때 기존의 모든 질서를 무너뜨리고 새로운 세상을 열고 싶어하는 선각자 혁명가들이 흔히 꿈꾸는 세상이라고 할 수 있다.

모든 차별 제거를 통한 이런 대동사회 추구는 모두가 어울려 함께 <더불어 하나>되어 살아온 집단 농경민족만이 꿈꿀 수 있는 이상사회이다. 실은 옛부터 농경민족 중국인들은 국가와 사회도 필요 없고 또한 사람간의 그 어떤 차별도 없이 함께 어울려 모두가 평등하게 <더불어 하나>되어 살고 있는 원시 농경사회 같은 대동사회를 꿈꾸어 왔었다. 서구인들이 꿈꾸는 미래에 언젠가 예수님이 이 세상에 재림하여 지상의 모든 악을 쓸어버리고 다시 지상천국을 이룰 것이라는 것과는 판연히 다르다고 할 수 있다.

---

10) 地球之治也, 以有天下而無國也. 莊曰, "聞在有天下, 不聞治天下." 治者, 有國之義也. 在宥者, 無國之義也. 曰在宥, 蓋自由之轉音, 旨哉言乎? 人人能自由, 是必爲無國之民, 無國則畛域化, 戰爭息, 猜忌絶, 權謀棄, 彼我亡, 平等出, 且雖有天下, 若無天下矣. 君主廢, 則貴賤平. 公理明, 則貧富均. 千里萬里, 一家一人, 視其家, 逆旅也. 視其人, 同胞也. 父無所用其慈. 子無所用其孝. 兄弟忘其友恭. 夫婦忘其倡隨. 若西書中百年一覺者, 殆彷佛<禮運>大同之象焉.

4) 시진핑의 대동 소강사회 추구

지금의 14억 중국은 엄청난 경제발전을 하여 이미 미국과 다툴 수 있는 G2로 올라섰지만, 개인 간 지역 간 엄청난 빈부격차와 민족 간 모순과 갈등 등이 내재되어 있는 것도 사실이다. 또한 미국의 트럼프대통령은 미국우선주의 보호무역을 내세우며 미 중 간에 심각한 무역 관세전쟁이 일어나고 있다. 세계 유일의 초강대국으로 남아 세계의 경찰국가 노릇을 하고 싶은 미국에게 유일하게 방해가 될 수 있는 나라는 이제 중국뿐이다. 이에 미국은 여러 문제로 중국에 간섭하고 개입하는 정책을 쓰고 있다. 무역 불균형문제, 지적재산권문제, 남중국해 영해 분쟁문제, 대만문제, 인권문제 등 여러 가지로 중국 내정에 간섭하고 견제하여 왔다. 미국과 다툴 수 없는 약한 중국으로 만들고 싶은 것이다. 중국은 이런 대내외적인 여러 도전의 해결이 지금에 와서는 당면한 아주 중요한 문제라고 보고 있다.

시진핑이 2,013년 《예기 예운편》에 말한 공자의 언급을 들며, 누구나 굶주리지 않고 편안하게 사는 중화민족 부흥의 소강사회 구축을 설명했다. 소강사회는 공자가 추구한 유가적 이상 사회로, 지금에 와서는 중국 인민 80%가 풍족하게 살 수 있는 사회, 의식주뿐 아니라 문화생활을 향유할 정도의 사회를 말한다. 시진핑은 중국 공산당 창당 100주년이 되는 2,021년까지 소강사회를 건설하고, 중화인민공화국 건국 100주년이 되는 2,049년에는 부강중국을 건설하기 위해 힘찬 발걸음을 내디딜 것을 선포하며, 중국의 꿈(中國夢)에 대해 말했다. 그는 2,016년 미 중 제8차 전략경제대화 개막식에서,《예기 예운편》에서 공자가 말한 대동 소강사회를 설명하며, 중국의 꿈(中國夢)을 이뤄 중국을 문화번영을 이루는 사회로 만들겠다고 역설했다. 그는 또한 누구나가 조화롭게 잘 사는 평화로운 화해和諧 사회를 설명했다. 모두가 평등하고 고루 잘사는 소강사회 대동사회는 공자가 꿈꾸던 이상사회로, 이는 바로 집단의 삶을 산 원시 공동체 농경사회인 것이다.

신시대 중국 특색의 사회주의(新時代中國特色社會主義)는 시진핑 국가 주석이 2,017년 10월 18일 개막한 중국 공산당 제19차 전국대표대회에서 주창한 통치철학이다. 중국의 개혁 개방정책이 40년 가까이 지속되자, 중국은 끝없는 모순을 마주치게 되었다. 중국이 개혁 개방을 시작했을 당시에는 물질문화 수요와 낙후된 사회 생산 간의 모순만이 있었다. 그리하여 성장 위주의 경제를 주야장천 이끌어왔다. 하지만 이제 새로운 모순이 생겨났다. 바로 아름다운 생활과 불균형 불충분한 발전 간의 모순이다. 이제 질적 성장으로 나아갈 시대인 것이다. 시진핑이 원하는 신시대는 중국의 꿈(中國夢)이 이루어지는 시대이다. 중국몽은 사회주의 승리, 강국 건설, 공동의 부유 달성을 압축한 것이다. 이를 위한 시간을 대략적으로 제시했다. 2,021년까지는 전면적 소강사회를 실현하는 것이며, 2,021년에서 2,035년까지는 사회주의 현대화 실현, 마지막 2,035에서 2,050년 까지는 부강하고 민주 문명적이고 조화로운 사회주의 현대화 강국을 만드는 것이다. 시진핑 스스로도 시진핑의 중국몽을 중화민족의 위대한 부흥을 실현하는 것이라고 풀이했다. 중국은 아편전쟁이 있기 전까지 세계 GDP의 3분의 1을 차지하면서 세계의 경제를 장악하고 있었다. 아편전쟁 이전 시기의 경제상황으로 돌아가고 싶고, 다시 한 번 문화가 찬란했던 대당大唐시회를 이룩하고 싶고, 중국굴기中國崛起를 하고 싶은 것이다.

〈중국공산당 제19차 전국대회에 개시된 표어, 전면적으로 소강사회 건설을 결의하고, 전면적으로 사회주의 현대화국가의 신 노정을 열어나가자.〉

11. 중용中庸과 '화和'의 철학(비陰와 햇볕陽의 조화를 중시한 과불급過不及하지 않는 농경철학)

농사를 짓는 데는 적당한 비와 적당한 햇볕이 아주 중요하다. 그 절기에 맞게 비와 햇볕이 적당해야 하는데, 그 절기에 맞지 않게 비가 너무 많이 오면 홍수가 나고 그렇다고 비가 너무 적게 오면 곡식이 자라지 않는다. 또한 햇볕이 너무 많이 쬐면 곡식이 타 들어가고 너무 적게 쬐면 곡식이 여물지 않는다. 항상 그 절기에 맞게 적당한 것이 가장 좋다. 이런 농경인의 삶을 수천 년 동안 살아온 중국인들은 은연중에 모자란 것도 나쁘지만 넘치는 것도 결코 좋은 것이 아니라는 중용적인 사고방식을 가지게 된다. 이런 중용적인 사상은 중국철학의 근간을 이루는 핵심이라고 여겨지는데, 중국인들은 모자라는 것(不及)도 좋지 않지만 넘치는 것(過)도 결코 좋은 것은 아니라고 생각한다. 햇볕은 그 절기에 맞게 쬐어야 할 때 쬐고 쬐지 말아야 할 때 쬐지 말아야 하며, 비도 내려야할 때 내리고 내리지 말아야할 때 내리지 말아야 하는 것이다. 농사를 잘 지으려면 이것들이 "적당해야" 한다. 수천 년 동안 대대로 농사를 지으며 살아온 농경민족들은 그러므로 인해 모든 것은 적당해야 한다고 생각한다. 중국 철학적 용어로 말하자면, 중용을 지켜야 한다고 생각하는 것이다. 과過하지도 불급不及하지도 않은 중용을 지키려는 사고방식이 농경민족에게는 있는 것이다. 공자는 《논어 선진편先進篇》에서 "지나친 것은 모자라는 것과 같다."(過猶不及)라고 했다. 그래서 중국철학에는 어느 한 곳에 치우치지 않는 '중中', '정正', '화和'라는 용어가 매우 많이 사용되어 지고 있다. 그 할아버지의 할아버지 또 할아버지의 할아버지 때부터 수천 년 동안 이렇게 비와 햇볕의 조절에 의해 농사를 지어온 농경민족인 중국인들은 그들의 농사 체험으로 말미암아, 모든 것에 모자란(不及) 것도 좋지 않지만 그렇다고 넘쳐나는(過) 것도 결코 좋지 않다는, 이른바 중용의 도리를 몸소 체득하여 그들의 사고방식이 조화와 절제 그리고 중용을 중시하는 방향으로 나간 것이 아닌가 한다. 중국인들은 햇볕은 양의 요소로 비를 음의 요소로 생각했는데, 이들의 조화 즉 음양의 조화야말로 풍요를 가져다주는 절대적인 역할을 한다고 믿었다. 음(비)과 양(햇볕)이라는 기에 의하여 이 우주 자연이 조화롭게 구성되었다는 것 역시 이처럼 농경문화와 관련이 깊은 것으로 보인다. 농경문화에서는 자연의 미묘한 균형이 농작물의 풍요를 가져다주는 절대적인 조건이다. 양이 기운이 필요할 때는 필요한 만큼의 양의 기운이 있어야 하고, 음의 기운이 필요로 할 때는 그 만큼의 음의 기운이 있어야 한다. 만약 음이나 양이 많거나 적어면 자연의 조화 균형이 파괴되어 풍요를 기할 수 없다.

그러나 풀이 많은 곳을 항상 찾아다니는 유목인들은 풀이 많으면 많을수록 좋다고 생각한다. 이른바 다다익선이라고 생각한다. 이런 삶을 수천 년 동안 살아온 유목민족들은 모든 것을 다다익선이라고 생각하지, 모자란(不及) 것도 좋지 않지만 많은(過) 것도 결코 좋은 것이 아니라는 이른바 중용적인 사유 체계를 가지지 않게 되는 것이다. 양떼와 말떼를 몰고 초지를 찾아 떠돌아다니는(去) 유목민족들의 철학에는 진보주의(去)적인 경향이 강하고 또한 조화와 절제 중용을 중시하는 사유 체계는 나타나지 않고 있다.

〈농사를 짓는 데는 비(음)와 햇볕(양)의 조화가 매우 중요하다. 모심기 전 비온 뒤 논에 물댄 모습〉

1) '중中', '정正', '화和'를 중시하는 중용철학

내용(質)이 형식(文)을 이기면 거칠고, 형식(文)이 내용(質)을 이기면 태깔만 난다. 형식과 내용이 잘 어울려야(文質彬彬) 비로소 군자이다.[1]

중용을 행하는 선비(中行)를 얻어 그와 더불어 하지 못하게 된다면, 반드시 광자狂者(천성대로 행하고 常規를 타파하는데 용감한 인물)나 견자狷者(삼가고 신중하여 법도에만 고지식한 인물)와 더불어 하게 된다. 광자는 진취적이고, 견자는 하지 못하는 바가 있다.[2]

예의 운용(禮之用)에서 화和를 추구하는 것이 가장 중요하다. 옛 성왕의 도가 그래서 훌륭했던 것이다.[3]

성인聖人은 지나침을 물리치고, 사치를 물리치며, 극단을 물리친다.[4]

중용을 덕으로 삼는 것은 지극한 일이로다! 백성들 가운데 이를 지닌 사람이 오랫동안 드물었다.[5]

군자는 화和하되 동同하지 않고, 소인은 동하되 화하지 않는다.[6]

인을 좋아하면서도 배우기를 좋아하지 않으면 어리석어지는(愚) 폐단이 있다. 지혜를 좋아하면서도 배우기를 좋아하지 않으면 방탕해지는(蕩) 폐단이 있다. 믿음을 좋아하면서도 배우기를 좋아하지 않으면 해를 입는(賊) 폐단이 있다. 올곧음을 좋아하면서도 배우기를 좋아하지 않으면 목을 조이는 가혹한(絞) 폐단이 있다. 용맹을 좋아하면서도 배우기를 좋아하지 않으면 난리를 일으키는(亂) 폐단이 있다. 굳셈을 좋아하면서도 배우기를 좋아하지 않으면 사나와지는(狂) 폐단이 있다.[7]

---

1) 質勝文則野, 文勝質則史. 文質彬彬, 然後君子.(《논어 6장 18절》)

2) 不得中行而與之, 必也狂狷乎! 狂者進取, 狷者有所不爲也.(《논어 13장 21절》)

3) 禮之用, 和爲貴. 先王之道, 斯爲美.(《논어 1장 12절》)

4) 聖人去甚, 去奢, 去泰.(《노자 29장》)

5) 中庸之爲德也, 其至矣乎! 民鮮久矣.(《논어 雍也》)

6) 君子和而不同, 小人同而不和.(《논어 子路》)

7) 好仁不好學, 其蔽也愚. 好知學, 其蔽也蕩. 好信學, 其蔽也賊. 好直學, 其蔽也絞. 好勇

많이 들어 의심스러운 것을 빼고 나머지를 신중하게 이야기한다면 허물이 적을 것이다. 많이 보아 위태로운 것을 빼고 나머지를 신중하게 행동으로 옮긴다면 뉘우치는 일이 적을 것이다.[8]

군주는 두루 사귀되 파당을 짓지 않는다.[9]

군자는 태연하되 교만하지 않는다.[10]

지나침은 못 미침과 같다.[11]

군자는 그 때에 맞게 행동하고 처신해야 한다. 여름에는 여름에 맞는 옷을 입어야 하고 겨울에는 겨울에 맞는 옷을 입어야 한다. 이것을 유가에서는 시중時中이라고 한다. "벼슬할 시기가 되면 벼슬하고, 물러날 때가 되면 물러나고, 오래할 때가 되면 오래하고, 빨리해야 할 때가 되면 빨리하는 것이 공자孔子라는 사람이다."[12]라고 하여, 맹자는 공자가 그 때에 맞게 처신한다고 칭찬하고 있다. 그러므로 "공자는 성인 가운데서도 때에 맞게 처신하고 행동하는 시인時人인 것이다."[13] 공자는 중용의 도를 안다. 지나치면 물러날 줄 안다는 것이다. 그가 말한 중용은 "그 가운데를 잡는다."(允執厥中)와 같은 의미이다. 이 "그 가운데를 잡는다."는 말은 요임금이 말한 것으로, 이로 보아 중용적인 사상은 굉장히 오래된 것이라는 것을 알 수 있다. 《서경》과 《시경》의 몇몇 편에 이미 '중中'을 명확히 정치적인 개념으로 사용하고 있는데, 이 중용은 바로 '용중用中(중간을 사용함)'이라고 할 수 있다.

學, 其蔽也亂. 好剛學, 其蔽也狂.(《논어 陽貨》)

8) 多聞闕疑, 愼言其餘, 則寡尤. 多見闕殆, 愼行其餘, 則寡悔 (《논어 爲政》)

9) 君子周而不比.(《논어 爲政》)

10) 君子泰而不驕.(《논어 爲政》)

11) 過猶不及.(《논어 先進》)

12) 可以仕則仕, 可以止則止. 可以久則久, 可以速則速, 孔子也.(《맹자 公孫丑 상》)

13) 孔子, 聖之時者也.(《맹자 萬章》)

공자는 또 예에 맞는 것을 '중'이라고 표현하기도 했다. "예가 있기 때문에 중이 만들어진다."[14]가 그것이다. 《중용》 첫 머리에,

> 희로애락 그것이 발하지 않은 것을 중中이라고 하고. 발하여도 절도에 맞는 것을 화和라고 한다. 중이란 것은 천하의 큰 근본이요, 화라는 것은 천하의 통달한 도이다. 중과 화에 이르면, 하늘과 땅이 위치를 잡고 만물이 길러진다.[15]

모든 것이 절도에 맞아야 하며 중中과 화和되어야 한다. 햇볕이 적게 쬐는 것도 좋지 않지만 그렇다고 많이 쬔다고 농사에 좋은 것은 아니다. 또한 비가 적게 오는 것도 좋지 않지만 그렇다고 많이 내리는 것도 결코 좋은 것은 아니다. 중용을 지키며 과불급過不及하지 않게 쬐고 내리는 것이 중요하다. 또한 이 비(陰)와 햇볕(陽)의 조화(和)야 말로 농사에 풍요를 가져다준다는 것을 체득하며 삶을 살아온 정통 농경민족 중국인들은 이 세상의 모든 것은 모자라지도 넘치지도 않는 적당한 것(중용)이 가장 좋은 것이라는 사고방식을 가지게 된 것으로 여겨진다.

하나의 이상세계는 화이부동和而不同의 세계이다. 이는 비와 햇볕이 서로 같지 않으면서도 잘 섞여야만(和) 풍요를 가져다 줄 수 있는 것을 체득한 농경민족의 철학이라고 할 수 있다. 그래서 그들은 한쪽에 치우치지 않는 중中과 정正, 그리고 음(비)과 양(햇볕)이 잘 섞이는 화和를 철학에서 굉장히 중시하였다.

> 만물은 함께 길러지지만 서로 해치지 않고, 도는 함께 행해지지만 서로 어긋나지 않는다. 작은 덕德은 냇물이 흐르는 것이요, 큰 덕은 왕성하게 변화시키는 것이다. 이것이 천지가 크게 되는 까닭이다.[16]

---

14) 夫禮所以制中也.(《예기 仲尼燕居》)

15) 喜怒哀樂之未發, 謂之中. 發而皆中節, 謂之和. 中也者, 天下之大本也, 和也者, 天下之達道也. 致中和, 天地位焉, 萬物育焉.

16) 萬物竝育而不相害, 道竝行而不相悖. 小德川流, 大德敦化, 此天地之所以爲大也.(《중

만물이 조화로우면 서로 해치지도 어긋나지도 않는다는 것이다. 비와 햇볕이 서로를 침범하지 않고 조화로우면 풍요를 가져다 준다는 것을 체득한 농경민족의 사고방식이라고 할 수 있다.

비(음)와 햇볕(양)의 잘 섞임(和)이 농작물의 풍요를 가져다주어 중국인들은 극단을 치우치지 않는 조화(和)를 중시하였다. 비에 비를 더한다고 농작물의 풍요를 가져다주지 않고 햇볕에 햇볕을 더한다고 풍요를 가져다주지 않는다. 같은 것에 같은 것을 더하는 것이 아니라 다른 것의 잘 섞임(和)이 농작물의 풍요를 가져다주는 것이다. 《국어 정어鄭語》에 보면,

> 무릇 화합(和)은 실제로 사물을 산생하지만, 같은 것(同)끼리라면 아무 것도 산생할 수 없다. 다른 것에 다른 것을 조합하는 것이 화합이다. 그렇게 때문에 풍성한 성장이 가능하며 만물이 산생한다. 만일 같은 것에 같은 것을 보태는 경우에는 둘 다 못쓰게 되고 만다. 따라서 선왕께서는 토土에 금金 목木 수水 화火를 섞어서 온갖 기물들을 완성했다.[17]

> 그는 향당鄉黨에서는 마치 말을 못하는 사람인 양 공손했고, 종묘나 조정에서는 분명한 말을 하되 어디까지나 삼갔다. 조정에서 상대부들과 이야기할 때는 중용을 지켜 치우치지 않았고, 하대부들과 이야기할 때에는 화락和樂했다.[18]

위의 글은 공자가 행동할 때나 사람과 접할 때도 중용의 도리를 지켰음을 말하고 있다. 극단으로 치우치지 않고 모든 만사에 모든 행동에 중용의 도를 지키려고 했던 것이다. 공자는 악樂[19]에 대해서 설명하기를,

---

용 30장》)

17) 夫和實生物, 同則不繼. 以他平他謂之和, 故能豐長而物生之. 若以同裨同, 盡乃棄矣. 故先王以土與金木水火雜以成百物

18) 其於鄉黨, 恂恂似不能言者. 其於宗廟朝廷, 辯辯言, 唯謹爾. 朝與上大夫言, 誾誾如也. 與下大夫言, 侃侃如也. (《사기 공자세가》)

19) 공자가 말하는 樂이란 굉장히 광의적 의미로 쓰였다. 단순히 음악만을 뜻하는 것이 아니고 시가와 무용 등을 포괄한 것으로 요즘으로 말하면 文藝 정도와 같은 의미라고 할 수 있다.

> 공자는 노나라 태사太師(악관)에게 말하기를, "음악이라면 저도 좀 알고 있습니다. 연주를 시작할 때는 여러 음을 함께 내다가 이어 조화롭게 어우러지고, 각 음을 서로 분명히 하고 음조가 끊이지 않고 이어지게 하여 연주를 완성하는 것이지요."[20]

각 음이 잘 어울려 조화(和)로워야 한다는 것을 말하고 있다. 유가에서 예악의 가장 중요한 용도는 실은 마음을 다스리는 것이다.

> 공자가 말하기를, '군자는 중용하고, 소인은 중용에 역행한다.' 군자의 중용이란 군자다우면서 그 때에 맞게 행한다(時中)는 것이다. 소인이 중용에 역행한다는 것은 소인이면서 거리낌이 없이 (멋대로) 한다는 것이다.[21]

중용을 시중時中(그 때에 맞게 행한다)이라고도 불렀다. 농사꾼은 그 절기에 맞게(時中) 농경일지적 삶을 살았다.

> 이상적인 군주가 아니면 섬기지 않고, 이상적인 백성이 아니면 다스리지 않으며, (나라가) 잘 다스려진 즉 (벼슬에) 나가고, (나라가) 잘 다스려지지 않으면 물러나는 것이 백이伯夷다. 어떤 군주라도 섬겼고 어떤 백성이라도 다스렸으며 (나라가) 잘 다스려져도 (벼슬에) 나가고 (나라가) 잘 다스려지지 않아도 벼슬에 나간 것이 이윤伊尹이다. 벼슬할 만하면 벼슬하고 그만둘 만하면 그만두고 오래할만하면 오래하고 빨리 그만두어야 하면 그만 두는 것이 공자孔子이다.[22]

공자는 백이와 이윤과 달리 벼슬을 할 때 안할 때를 알고 오래할 때 빨리 그만둘 때를 알아 진정으로 중용을 지킨 사람이라는 것이다. 벼슬도 나

---

20) 孔子語魯太師, 樂其可知也. 始作, 翕如也. 從之, 純如也. 皦如也. 繹如也, 以成.(《논어 3장 23절》)

21) 仲尼曰, 君子中庸, 小人反中庸. 君子之中庸也, 君子而時中. 小人之反中庸也, 小人而無忌憚也.(《예기 권16 중용》)

22) 非其君不事, 非其民不使, 治則進, 亂則退, 伯夷也. 何事非君, 何事非民, 治亦進, 亂亦進, 伊尹也. 可以仕則仕, 可以止則止, 可以久則久, 可以速則速, 孔子也.(《맹자 3장 2절》)

아가고 물러남을 알아야 한다. 때를 알아 벼슬을 하고 또 때를 알아 물러나 고향에 은거할 줄도 알아야 진정한 성인인 것이고 잘하는 처세인 것이다. 관리의 진퇴에도 중용을 지킬 줄 알아야 한다. 중용을 터득하기 위해서는 성誠(참됨)해야 된다고 주장한다.

> 성誠(참됨)이란 것은 하늘의 도이다. 그것을 참되게(誠) 하는 것은 사람의 도이다. … 참됨으로부터 깨우치는(明) 것 그것을 성性이라고 하고, 깨우치는 것으로부터 참되어지는 것 그것을 가르침(敎)이라고 한다. 참된 즉 깨우쳐지고, 깨우쳐진 즉 참되어진다.[23]

자연의 법칙 계절의 올바른 순환 변화를 잘 깨우치고(明) 또한 그것에 참되게(誠) 잘 순응해야 한다고도 해석할 수 있다. 계절의 올바른 변화에 잘 순응하는 것이 바로 시중時中(그 때에 맞게 행동하는 것)이요 중용이라고 할 수 있다. 봄에는 봄의 때(時)에 맞게(中) 행동해야 하고, 가을에는 가을의 때(時)에 맞게(中) 행동해야 하는 것이다. 비가 와야 할 때는 비가 오는 것에 맞게 행동해야 하고, 햇볕이 쬐어야 할 때는 햇볕이 쬐는 것에 맞게 행동해야 한다. 또한 비가 안와야 할 때는 비가 안 오는 것에 맞게 행동해야 하고 햇볕에 안 쬐어야 할 때는 안 쬐는 것에 맞게 행동해야 한다. 농경민족은 그렇게 항상 때(時)에 맞게(中) 농사를 지으며 수천 년을 생활하여 왔다. 주역에도 때(時)에 맞는(中) 것을 중시한다. 《주역 계사전 하5장》에 "때를 기다려 움직이니, 어찌 이롭지 않겠는가?"(待時而動, 何不利之有.)라고 했고, 《주역 艮괘 단전》에서도 "움직이고 고요함에 때를 잃지 않으면 그 도가 빛날 것이다."(動靜不失其時, 其道光名.)고 했다. 유가와 도가에서 그리고 《중용》과 《주역》에서 이처럼 모두 時中(때에 맞게 하는 것)을 중시한 것은 중국인들이 때에 맞게 농사를 수천 년 지어온 농경민족이었기 때문일 것이다.

---

23) 誠者, 天之道也. 誠之者 人之道也. … 自誠明, 謂之性, 自明誠, 謂之敎. 誠則明矣, 明則誠矣.(《예기 중용》)

〈대만에 있는 중정기념당. 중정中正은 장개석의 호이다. 이처럼 농경민족 중국인들은 중中, 정正, 화和란 용어를 즐겨 사용한다.〉

2) 섞임(和)과 조화의 문화(和而不同)

중국은 아주 옛날부터 음과 양의 부조화에서 오는 천재지변에 대한 기록이 있다. 《국어 유왕幽王 3년(-780) 조》에 보면 서주 삼천三川 유역에 지진이 발생하자 주나라 대부인 백양보伯陽父가 말하기를,

> 주나라는 장차 망할 것이다. 무릇 천지의 기운은 원래 질서정연한 법이다. 그것이 질서에서 벗어난 경우에는 백성이 그것을 문란시켰기 때문이다. 양기가 밑에서 나오지 못하고 음기가 그것을 압박하여 상승하지 못하게 하면 지진이 발생한다. 지금 삼천三川 유역에 지진이 발생한 것은 양기가 제자리를 상실하고 음기에 의해서 압박당하기 때문이다. 양기가 제 자리를 상실하고 음기의 자리에 있는 즉, 강물의 근원은 틀림없이 막힐 것이다.[24]

위 내용은 삼천지역에 지진이 발생한 것은 음기가 양기를 눌러 양기가 상승하지 못하게 했기 때문에 이런 변고가 발생한 것이라는 것이다. 양기는 위로 올라가야 하는데 음기가 이를 눌러서 양기가 발산하지 못해 지진이란 변고가 일어났다는 것인데, 이미 이때에도 음과 양이 제 자리를 지켜

24) 周將亡矣. 夫天地之氣, 不失其序. 若過其序, 民亂之也. 陽伏而不能出, 陰迫而不能烝(升), 於是有地震. 今三天實震. 是陽失其所而鎭陰也. 陽失而在陰, 川源必塞.

야 한다고 하며, 또한 음과 양의 조화를 중시했다는 것을 알 수 있다. 일반적으로 음양사상은 전국시대 제나라에서 발생한 것으로 여겨지기고 하지만, 그러나 서주 유왕 때에도 음과 양의 개념이 있었으며 음양의 조화를 중시하고 음양의 부조화에서 오는 천재지변 등의 변괴 현상을 이렇게 기록한 것이다. 중국인들은 예부터 화이부동和而不同을 중시했다. 《좌전 召公 20년》에 보면,

> 제齊나라 임금이 사냥터에서 돌아온 뒤, 안자晏子(晏嬰)가 천대遄臺[25]에서 시종하고 있었다. 이때 양구거梁丘據(즉 子猶)가 수레를 타고 도착했다. 임금이 안자에게 말하기를, "오직 양구거만이 나와 화和하고 있다." 하니, 안자가 대답하여, "그도 역시 동同하고 있습니다. 어찌 화和라 할 수 있습니까?"했다. 이에 임금이 "화和와 동同은 다른가?" 하니, "다릅니다. 화和는 마치 국을 끓이는 것과 같습니다. 물, 불, 식초, 젓갈, 소금, 매실 등을 준비하여, 생선과 고기를 요리하는데, 한 사람이 장작으로 불을 때면, 요리사는 양념을 합니다. 간을 맞추면서 부족한 것을 더 넣고 지나친 것은 묽게 합니다. 군자는 그런 국을 먹고 마음을 평정합니다. 군신관계도 역시 그러합니다. 임금이 옳다고 여기는 일에 그른 점이 내재할 경우 신하는 그 그른 점을 지적함으로써 옳은 일을 성취할 수 있도록 하며, 임금이 그르다고 여기는 일에 옳은 점이 내재할 경우 신하는 그 옳은 점을 지적함으로써 그른 점을 제거할 수 있도록 합니다. 그럼으로써 정치가 평정되어 과오를 범하지 않게 되면, 백성들은 불평하는 마음이 없어지게 될 것입니다. 따라서 시경시에 '제사의 탕도 양념이 잘되었고(和) 경건하고 화평스러우니 신령이 감응하여 허물하지 않으면 아무런 다툼이 없도다.'고 했습니다. 선왕께서는 오미五味를 조합하고 오성五聲(궁, 상, 각, 치, 우)을 조화함으로써, 마음을 평정하고 국정을 완성했던 것입니다. 소리 역시 맛과 마찬가지로 일기一氣[26], 이체二體[27], 삼류三類[28], 사물四物[29], 오성五聲[30], 육률六律, 칠

25) 제나라 수도 임치 근방의 누대

26) 소리가 생기는 근원

27) 文舞와 武舞 또는 陽聲과 陰聲

28) 風 雅 頌

29) 악기의 재료로 쓰이는 쇠, 돌, 실, 대, 바가지, 흙 가죽 나무 따위의 사방의 물건

30) 궁, 상, 각, 치, 우

음七音[31], 팔풍八風[32], 구가九歌[33]로서, 상호 조정되며, 청탁淸濁, 소대小大, 단장短長, 질서疾徐, 애락哀樂, 강유剛柔, 지속遲速, 고하高下, 출입出入, 소밀疏密한 것으로 상호 보조합니다. 군자는 그 음악을 감상함으로써 마음을 평정합니다. 마음이 평정하면 심덕心德이 화평합니다. 그래서 시경시에 '좋은 말에는 흠이 없다.'라고 한 것입니다. 그런데 저 양구거梁丘據는 그렇지 못합니다. 임금이 옳다고 하는 것을 그 역시 옳다고 하고, 임금이 그르다고 하는 것을 그 역시 그르다고 합니다. 이처럼 물에 물탄 것(以水濟水)이라면 누가 먹을 수 있겠으며, 거문고 연주에 한 가지 음만 퉁긴다면 누가 들을 수 있겠습니까? 동同이 옳지 않은 이유도 이와 같습니다."[34]

이렇게 조화와 화합(和)을 중시하는 것은 비(음)와 햇볕(양)의 잘 섞임(和)이 풍요를 가져다주기 때문에, 근본적으로 농경민족 중국인들이 이런 사고를 한 것으로 여겨진다. 공자가 말하기를,

군자는 화和하나 동同하지 않고, 소인은 동同하나 화和하지 않는다.[35]

서로 다른 것이 잘 화합하는(和) 것이 중요하다. 비와 햇볕이 잘 화합하

---

31) 중국의 음계, 宮, 商, 角, 徵, 羽, 變宮, 變徵

32) 팔방의 바람

33) 우임금의 九功의 노래 구공은 六府(水, 火, 金, 木, 土, 穀)와 三事(正德, 利用 厚生)

34) 齊侯至自田, 晏子侍於遄臺. 子猶馳而造焉. 公曰, "唯據與我和夫." 晏子對曰, "據亦同也. 焉得爲和?" 公曰, "和與同異乎?" 對曰, "異. 和如羹焉, 水火醯醢鹽梅, 以烹魚肉, 燀之以薪. 宰夫和之, 齊之以味, 濟其不及, 以洩其過. 君子食之, 以平其心. 君臣亦然, 君所謂可而有否焉. 臣獻其否以成其可. 君所謂否而有可焉., 臣獻其可以去其否. 是以致平而不干, 民無爭心. 故詩曰, "亦有和羹, 旣戒旣平, 無言, 時靡有爭." 先王之濟五味, 和五聲也, 以平其心, 成其政也. 聲亦如味. 一氣, 二體, 三類, 四物, 五聲, 六律, 七音, 八風, 九歌, 以相成也. 淸濁, 小大, 短長, 疾徐, 哀樂, 剛柔, 遲速, 高下, 出入, 周疏, 以相濟也. 君子聽之, 以平其心, 心平德和, 故詩曰, "德音不暇." 今據不然, 君所謂可, 據亦曰可. 君所謂否, 據亦曰否. 若以水濟水, 誰能食之. 若琴瑟之專壹, 誰能聽之, 同之不可也如是."

35) 君子和而不同, 小人同而不和.(《논어 子路篇》)

고, 음과 양이 잘 화합하며, 남자와 여자가 잘 화합하고, 임금과 신하가 잘 화합하며, 아버지와 아들이 잘 화합해야 한다. 서로 상반된 것, 즉 청탁淸濁 대소大小 장단長短 질서疾徐(빠른 것과 느린 것) 애락哀樂 강유剛柔 고하高下 출입出入 등의 현상들이 모두 잘 섞여 화합해야 한다. 그들 농경민족은 비와 햇볕이 조화롭게 잘 섞여야(和) 풍요를 가져다준다는 것을 이미 체득하고 있었던 것이다. 비에 비를 더하면 홍수가 나 농사를 망친다. 햇볕에 햇볕을 더하면 가뭄이 들어 또한 농사를 망친다. 같은 것에 같은 것을 더하면 안 되는 것이다. 서로 상반된 것이 조화롭게 잘 섞여야(和) 한다. 음과 양이 잘 섞어야 만물을 생성할 수 있다. 여자와 남자가 만나 잘 섞여야(和) 가정을 이루고 후손을 번창시킬 수 있다.

3) 섞임(和)과 조화의 중국 음식철학

> 임금이 "화和와 동同은 다른가?" 하니, "다릅니다. 화和는 마치 국을 끓이는 것과 같습니다. 물, 불, 식초, 젓갈, 소금, 매실 등을 준비하여, 생선과 고기를 요리하는데, 한 사람이 장작으로 불을 때면, 요리사는 양념을 합니다. 간을 맞추면서 부족한 것을 더 넣고 지나친 것은 묽게 합니다. 군자는 그런 국을 먹고 마음을 평정합니다. … 만약 물을 물로만 조미한다면 누가 그것을 먹겠습니까? 금슬琴瑟도 한 가지 소리만 연주한다면 누가 그것을 듣겠습니까? 동同의 불가함은 바로 이와 같습니다."[36]

위 글은 《좌전》에 나오는 구절로, 옛부터 중국음식에 있어서 중국인들은 조화롭고 균형적인 것을 중시하는 경향이 있음을 나타내고 있다. 그래서 대부분의 중국인들은 음식 재료들이 서로 조화와 균형을 이루어야 한다고

36) 公曰, "和與同異乎?" 對曰, "異. 和如羹焉, 水火醯醢鹽梅, 以烹魚肉, 燀之以薪. 宰夫和之, 齊之以味, 濟其不及, 以洩其過. 君子食之, 以平其心. … 若以水濟水, 誰能食之? 若琴瑟之專壹, 誰能聽之? 同之不可也如是 (《좌전 召公 20년》)

생각한다.

중국음식은 식재료와 양념 그리고 물과 불의 세기에 의해 잘 섞는다는 특징을 가지고 있다. 강한불로 할 것인지 중불로 할 것인지 약한 불로 할 것인지에 따라 음식 맛이 달라진다. 또한 식재료와 양념의 배합에 따라서도 맛이 달라지며, 물의 양에 따라서도 맛이 달라진다. 중국음식은 조리사의 기술에 의해 같은 음식이라도 그 맛이 천차만별이라고 할 수 있다. 중국음식은 서양의 햄버그같이 찍어내듯 똑같은 맛으로 만들어내는 음식은 없다. 조리사의 조리법, 식재료와 양념의 종류, 불의 세기, 심지어 그날의 날씨와 지역에 따라 또한 손님의 취향에 따라 같은 음식도 각기 다르게 요리한다. 얼마나 잘 섞는가에 따라 좋은 맛을 만들어내는 것이다. 중국음식은 섞음과 조화를 중시한다.

또한 중국음식은 한 접시에 잘 섞어 담아낸다. 서양의 비프스테이크처럼 구운 소고기 몇 조각, 삶은 감자 몇 개, 약간의 채소와 밥을 각기 분리해서 한 접시에 올려놓는 것과 같은 중국음식은 없다. 탕수육 팔보채처럼 모두 섞어 한 접시에 내어 놓는다.

또한 그들은 둥근 식탁에 둥근 판을 돌려가며 함께 어울려 먹는다. 집에서도 상에 온 가족이 둥그렇게 둘러앉아 함께 식사를 한다. 모두가 함께 어울리는 화和를 중시하고 <더불어 하나>됨을 중시하는 식사문화이다. 온 가족 온 일가친척이 함께 어울려 집성촌을 이루며 협동으로 모내기하고 벼베기하며 살아온 농경민족의 특징이 그대로 드러난 것이라고 생각한다. 서양에서는 네모난 긴 식탁에서 앞자리에 아버지같은 그 집안의 어른이 앉고 그 나머지는 긴 식탁 옆줄에 줄줄이 앉아 식사하는 모습과는 다른 것이다. 서양의 식탁은 서열이 느껴지지만, 중국의 식탁은 조화와 단합이 느껴진다.

〈둥그렇게 둘러앉은 중국 식탁. 단합과 섞임(和)을 중시하는 농경문화를 느낄 수 있다.〉

〈서양 식탁. 집안의 가장(리더)이 맨 앞쪽에 앉고 나머지 식구들은 옆에 앉는다. 리더가 중시되는 유목문화의 흔적이 아닐까 한다.〉

〈모든 것을 잘 섞어(和) 한 접시에 담아낸 중국요리. 서양 음식과는 다르다.〉

〈한 프라이팬에 모든 식재료를 잘 섞는 중국요리 음식은 식재료 양념 물의 양 불의 세기에 의해 결정된다.〉

12. 내부지향적 정심淨心에의 추구 발달

농사꾼들은 외부로 향해서 생계를 찾지 않고 자신의 땅에서 자급자족하며 살기 때문에 그 모든 것을 외부에서 구하거나 찾는 경우가 드물다. 농사가 잘되고 못되는 것은 결국 자신에게 달려있다고 여겨, 모든 것을 자기 자신에게서 찾는 경향이 강했다. 이에 중국인들은 항상 자기 자신을 살피고 성찰하는 그리고 모든 것의 원인을 자신에게서 구하는 경향이 강하다. 그래서 중국철학은 서구철학보다 인격도야 정신수양 도덕함양 인간완성 등 자신의 심신수련을 중시하고 항상 자기 자신을 살피고 성찰하는 것을 중시한다.

자기성찰과 내관內觀의 발달은 농경민족 중국인들이 농사의 풍흉豊凶의 결정이 하늘의 결정에 달린 것이고, 또한 그 하늘의 결정은 바로 인간이 잘하고 못하고에 달린 것이라고 여겼다. 농사가 잘못된 것은 자신이 무엇인가를 잘못하여 하늘이 노해 비가 내려야할 때 비를 내려주지 않고 햇볕이 쬐어야할 때 햇볕을 쬐어주지 않게 하거나, 비가 그만 내려야할 때 그만 내려주지 않게 하고 햇볕이 그만 쬐어야할 때 그만 쬐지 않게 한 것이라고 믿는다. 모든 것이 자기 자신의 덕과 수양에 달린 것이라고 생각하는 것이다. 그래서 중국철학은 자기 자신을 돌아보는 도덕과 정심에의 추구가 극도로 발달하게 된 것이라고 여겨진다.

참선을 위주로 하는 선불교(선종)가 그러하고, 동굴이나 폭포에서 수련하는 수련도교가 그러하며, 오로지 침잠하여 몸 안에 단丹을 축적하는 내단의 단전호흡이 그러하고, 무위자연으로 돌아가고자 하는 도가사상이 그러하며, 정신수양 인격도야 도덕함양 등을 중시하는 성리학 또한 그러하다. 중국철학에는 자신의 마음을 깨끗하게 만들려는 <정심淨心에의 추구>가 굉장히 발달한 것이 특징인데, 그들 중국인들은 극도의 정신적 정결성을 통하여 궁극적으로는 우주 자연과 합일하는 도에 도달하고자 한다. 도가사상, 선불교(선종), 수련도교, 단학丹學 등등은 모두 극도의 <정심에의 추구>를 기본 특징으로 한다.

목욕재계, 벽곡僻穀 같은 육체적 정결성의 추구인 정신淨身에의 추구는, 그 추구하는 궁극적 목적이 육체의 정결을 통해 정신의 정결을 유도한 것이니, 실은 정심에의 추구와 별반 차이가 없다.

서구 기독교 문화권에서 정심을 추구하는 대표적인 행위로는 두 손을 모으고 하는 기도를 들 수 있다. 특히 단식을 하면서 정결한 마음으로 신을 향하는 단식기도는 이 정심을 추구하는 극단적인 행위라고 할 수 있다. 그들은 또한 수도원에서 속인들과의 접촉을 끊고 절제하는 금욕적인 생활(특히 이런 금욕주의는 중세시대에 크게 유행하였다.)을 하며, 오로지 전심專心한 상태로 여호와만을 생각하는 행위를 하기도 하였다. 불교에서 정심을 추구하는 대표적인 행위로는 목탁 두드리기, 염불외우기, 염주 굴리기, 독경외우기 등등을 들 수 있다. 이들 행위들은 모두 정신적 정결성의 추구와 밀접한 관련이 있다.

그러나 이 정심淨心에의 추구는 중국에서 극도로 발달하였다. 중국문화에서 이 정심에의 추구가 극도로 발달된, 가장 고급화 세련화된 대표적인 문화로는, 참선을 위주로 하는 선불교와, 수련도교修鍊道敎, 불교와 도가의 영향아래 인격도야 정신수양 도덕함양 등등을 중시하는 성리학, 도가사상, 그리고 몸 안에 단을 축적하는 내단의 단학 등등을 들 수 있다. 선불교는 참선을 통해 정심淨心을 추구하는 것을 거쳐 정심正心 정심精心의 상태에까지 이르려고 노력하고, 수련도교는 심산유곡에서 수련하여 정심淨心을 거쳐 우주의 원기를 빨아들여 정심精心에 이르려고 노력한다. 또한 성리학은 인격도야 정신수양 도덕함양 등등을 중시하여 심신을 절제하고 수련하는 공부工夫를 행하여 정심正心에 까지 이르려고 한다. 도가사상의 추종자들은 무위자연을 벗삼아 허심虛心한 상태로 무욕청정하고 청허淸

虛함에 이르러 정심淨心을 거쳐 정심精心에 이르려고 한다. 단학을 하는 자들은 정심淨心한 상태에서 특수한 호흡법으로 우주의 정기를 빨아들여 정심淨心을 거쳐 정심精心에 이르는 내단을 추구한다. 심산유곡 도량 불당 혹은 수도원에서 행해지는 정신수양 심신수련 등등은, 궁극적으로 심과 신의 정결함을 추구하는 것이다.

마음을 깨끗하게 하는 정심淨心에의 추구는 더 나아가 마음을 맑게 하는 청심淸心하는 상태로 나아가고, 마음을 맑게 하는 이 청심淸心에의 추구는 더 나아가 마음을 고요하게 하는 정심靜心하는 상태로 까지 나아간다. 또한 이 마음을 고요하게 하는 정심靜心에의 추구는 더 나아가 마음을 집중시키고 오로지 하는 전심專心하는 상태로 까지 나아가고, 이 마음을 집중시키고 오로지 하는 전심專心에의 추구는 더 나아가 마음을 고정시키는 정심定心하는 상태로 까지 나아간다. 또한 이 마음을 흔들림 없이 고정시키는 정심定心에의 추구는 더 나아가 마음을 바르게 하는 정심正心하는 상태로까지 나아가며, 이 마음을 바르게 하는 정심正心에의 추구는 더 나아가 궁극적으로 우주의 모든 정기를 빨아들여 정심精心하는 상태에까지 이르게 한다.

서양에서의 정심淨心에의 추구는 그냥 정심淨心하는 정도에 머물렀다고 할 수 있으나, 중국에서의 정심淨心에의 추구는 정심淨心의 단계를 훨씬 넘어 우주와 합일하려는 정심精心의 단계까지 이른 것이다. 물질문명에 찌들은 많은 서구인들이 중국에 눈을 돌려 그 곳에서 잃어버린 정신을 찾고자 하는 것은, 바로 정심精心의 단계에까지 극도로 발달한 정심淨心에의 추구에 깊은 매력을 느낀 때문이 아닌가 한다.

이렇게 중국에서 마음을 깨끗하게 하는 <정심에의 추구>가 극단적으로 발달한 이유는 모든 것의 원인을 자기지신에게서 찾는 내성內省을 중시하는 농경민족이었기 때문이라고 생각한다. 농경인들은 계절이 순조롭지 못해 농사를 망치게 된 것도 모두 자기 자신이 뭔가 잘못한 것이 있어 혹은 덕이 모자라서 하늘이 노해 비가 와야 할 때 비를 내려주지 않고 햇볕이 쬐어야 할 때 햇볕을 쬐어주지 않아서 그리된 것이라고 여긴다. 이렇게 모든 것의 원인을 자기 자신에게서 찾기 때문에 자신을 살피고 자신의 마음을 깨끗하게 만들려는 <정심에의 추구>가 극도로 발달하게 된 것이 아닌가 한다. 농경인들은 농사의 풍흉의 원인을 외부에서 찾지 않고 항상 자기 자신에게서 찾은 것이다.

1) 참선을 위주로 하는 선불교

불교에서 모든 번뇌를 잊고 정심淨心한 상태를 유지하기 위해 행해지는, 목탁 두드리기, 염불외우기, 염주 굴리기, 독경외우기 등등은, 궁극적으로 정심에의 추구에 그 목적이 있다. 그러나 불교의 이런 정심淨心에의 추구는 송대부터 크게 성행하기 시작한 선불교의 단계에 와서는 극도로 발달하였다. 그들은 극도의 정심을 추구하는 참선을 통해 도를 깨치려고 했다. 그들은 정심淨心을 거쳐 궁극적으로 정심精心하는 단계에까지 이르러야만 득도할 수 있다고 믿었다. 이는 모두 정심淨心하여 잡됨을 끊으려는 무한한 노력의 일환인데, 그래야만 신을 만날 수(得道) 있다고 믿은 것이다.

만물은 항상 변전하여 잠시도 상주하는 것이 없고(諸行無常), 모든 존재는 인연의 회합으로 나타난 것이므로 실아實我의 주체 즉 자성自性이 없으며(諸法無我), 불교의 최고의 경지인 영원히 적막하고 고요한 곳으로 귀의한다.(涅槃寂靜) 제행무상 제법무아 열반적정 이 3가지를 삼법인三法印이라고 하는데, 열반을 원적圓寂이라고도 한다. 밖의 세계(外界)는 우리 마음이 현현한 것으로서, 허망하고 실체가 없는 '공空'인 것이다. 그러므로 사바세계 그 어디에도 집착할 필요가 없다. 이 모든 것이 공이란 것을 깨달으면 호흡하는 그 누구든지 성불成佛할 수 있다. 일천제一闡提도 불성佛性이 있으니 개도 깨우치면 성불할 수 있고 지렁이도 깨우치면 성불할 수 있다. 불교의 윤회설에 따르면 개도 지렁이도 전생의 업보에 의해 태어난 것이고, 사람들 현생의 업보에 의해서 내세에 개나 지렁이로 태어날 수도 있다. 전생의 업에 의해 현생의 존재가 결정되고, 현생에 지은 업에 의해 내세의 존재가 결정되는 것이다. 고로 모든 살아있는 존재는 그 어떤 존재이든지 간에 불성佛性을 가지고 있어 깨우치면 부처가 될 수 있다. 모든 생명체는 업보에 의해 끊임없이 윤회하여 태어난 것이므로, 그 어떤 생명체도 죽여서는 안 되고 또한 그것을 먹어서도 안 된다. 불교의 육식 금지는 이런 사고에서 생겨난 것이다.

누구든지 문득 깨달으면 부처가 되는 것이고(頓悟成佛), 한순간 부합하면 바른 깨달음을 성취하는(一念相應, 便成正覺) 것이다. 불교경전을 열심히 공부하는 것(漸修)은 깨달음에 가깝게 갈 수 있는 이정표 역할을 할 수 있을 뿐이지, 불교경전을 열심히 공부한다고 성불하는 것은 아니다. 그러나 그런 불교경전을 열심히 공부하는 것(漸修)을 바탕으로 하여, 갑자기 깨우쳐(頓悟) 성불할 수 있다. 이렇게 갑자기 깨우치기 위해서는 사바세계에 대한 모든 집착과 자신에 대한 모든 아집을 버려야 한다. 이를 위해 선정禪定에 들 수 있어야만 하는데, 그래야만 돈오할 수 있는 것이다. 그래서 중국불교는 선정에 들기 위해 <정심에의 추구>가 굉장히 발달하였다. 참선을 통해 득도를 하려고 하는 선불교 단계 이전에도 이미 중국불교에는 <정심에의 추구>가 발달하였다. 남북조 시대 스님인 도안道安은 당시 크게 유행한 노장사상을 이용하여 마음을 깨끗하게 하는 불교의 <정심에의 추구>를 설명했는데, 그의 <안반경주서安般經注序>에서,

> 안반安般은 나고 드는 호흡을 말한다. (불교의) 도道와 덕德은 그 어디에든 의지하고 그 어디에든 의탁한다. 그러므로 안반은 호흡에 의지하여 정신집중(守)을 이루고, 사선四禪(禪定의 4단계)은 신체에 의탁해서 선정禪定을 성취한다. 호흡에 의지하기 때문에 6단계의 차이가 있고, 신체에 의탁하기 때문에 4등급의 구별이 있다. 단계의 차이를 떨쳐내고 또 떨쳐내어(損之又損) 무위無爲(집

> 착없음)에 이르고, 등급의 구별은 잊고 또 잊어서(忘之又忘) 무욕無欲의 경지에 이른다. 무위하므로 모든 대상이 따르고 무욕하므로 모든 일과 어울린다. 모든 대상에 따르므로 물정에 통달하고(開物) 모든 일과 어울림으로 소임을 성취한다.(成務) 소임의 성취는 나와 만물이 일체가 되어 구별이 없어지게 만들고, 물정에의 통달은 천하로 하여금 모든 아집을 잊게 한다. 너와 나의 구별을 없애는 것은 오직 정신집중의 성취 달려 있다.[1]

안반安般의 번역어는 식息 즉 호흡이다. 불법의 수행방법 가운데 부정관不淨觀은 좌선坐禪을 하며 신체의 더러움(不淨)을 명상하는 것인데, "사선四禪은 신체에 의탁하여 禪定선정을 성취한다."는 말이 그것이다. 또 지식념持息念은 좌선할 때 호흡에 주의하는 것인데, "안반은 숨에 의지하여 집중을 이룬다."는 말이 그것이다. 당시는 불교가 중국에 들어온 초기여서 모든 불교철학을 노장사상으로 해석하는 격의불교格義佛敎의 영향으로 말미암아 윗글에서 불교를 노장사상으로 설명하고 있기는 하지만, 정신집중(守), 호흡 중시, 선정禪定 중시 등의 후대 중국불교(특히 선불교)의 초기 특징을 읽어낼 수 있다. 도생道生(355 - 434)의 돈오성불頓悟成佛 사상을 살펴보면, 《고승전高僧傳》에서 도생에 대해 설명하기를,

> 무릇 상象은 의미(意)를 표현하는 수단이다. 의미를 얻으면 상을 잊어야 한다. 언어는 이치를 설명하는 수단이니 이치를 얻은 즉 언어를 잊어야 한다. 경전 (불경)이 동쪽(중국)으로 전해진 후 불경을 번역하는 사람들은 여러 가지 언어적 장애로 대부분 문자(산스크리트어)에 얽매어 온전한 의미를 제대로 파악하지 못했다. 통발을 잊고 물고기를 잡아야(忘筌取魚) 비로소 가히 도를 논할 수 있다. 그(道生)는 진리와 속견俗見을 비교 검토하고 인과의 이치를 탐구하여 마침내 "선善은 응보를 받지 않는다."(善不受報), "문득 깨달으면 부처가 된다."(頓

1) 安般者, 出入也. 道之所寄, 無往不因, 德之所寓, 無往不託. 是故安般寄息以成守, 四禪寓影以成定也. 寄息故有部階之差, 寓影故有四級之別. 階差者, 損之又損之, 以至於無爲. 級別者, 忘之又忘之, 以至於無欲也. 無爲故有形以不因, 無欲故無事以不適. 無形以不因, 故能開物. 無事以不適, 故能成務. 成務者, 卽萬有以自彼. 開物者, 使天下兼忘我也. 彼我雙廢者, 寄於唯守也. (대장경 55장에 실린 승우의《출삼장기집》)

悟成佛)는 설을 내세웠다.[2]

산스크리트어로 된 불경 번역이 어려울 뿐만 아니라, 그것의 진정한 의미를 그대로 전달하여 번역하기도 쉬운 것은 아니었다. 또한 인도의 불교철학이 너무 난해하고 거시적이고 형이상학적이어서 인도의 불교경전을 통해 부처님의 말씀을 진정으로 이해하고 깨우치기도 쉽지가 않았다. 그래서 중국으로 들어온 불교는 중국 본래의 노장사상의 영향으로 불교경전에 의지하지 않는 즉 불립문자不立文字하여 갑자기 깨우치는 돈오성불頓悟成佛의 선종이 발달하는 방향으로 흘렀다. 통발(불교경전이라는 수단)을 잊고 물고기(成佛)를 잡아야(忘筌取魚) 비로소 가히 도를 논할 수 있다 라고 하고 있다. 도생은 통발을 잊고 물고기를 잡아야(忘筌取魚) 비로소 가히 도를 논할 수 있고, 이에 도에 대해 깨달음을 얻으면 누구든지 즉시 성불할 수 있다고 했다. 그 후의 중국불교가 불교경전 내용을 중시하지 않고(不立文字) 마음의 즉시 깨달음(頓悟)을 중시하는 방향으로 발전한 것은 이미 도생道生으로부터 시작되었다고 할 수 있겠다. 사령운은 "단박 깨달음(一悟)에 이르면 온갖 장애(번뇌)가 함께 없어진다."(至一悟, 萬滯同盡矣)라고 했다. 사령운이《변종론辯宗論》에서 말하기를,

> 번뇌가 없어지지 않으면 무는 터득할 수 없다. 번뇌의 폐단을 다 없애야 비로소 무를 터득할 수가 있다. 번뇌가 없어지면 곧 무이니 진실로 부절을 합친 경우처럼 된다. 이 번뇌를 없애려면 가르침에 의지해야 하지만, 유에 머무는 동안의 공부는 깨달음이 아니다. 다만 "단계적 접근(階級)"은 어리석은 이를 가르치는 논설이고, "단박의 깨달음(一悟)"은 진리를 터득하는 이론이다.[3]

---

2) 夫象以盡意, 得意則象忘. 言以詮理, 入理則言息. 自經典東流, 譯人重阻, 多守滯文, 鮮見圓義. 若忘筌取魚, 始可與言道矣." 於是校閱眞俗, 硏思因果, 迺立'善不受報' '頓悟成佛'

3) 夫累既未盡, 無不可得. 盡累之弊, 始可得無耳. 累盡則無, 誠如符契. 將除其累, 要須傍敎. 在有之時, 學而非悟. 悟在有表, 託學以至. 但階級敎愚之談, 一悟得意之論矣.

"단계적 접근(階級)"은 어리석은 이를 가르치는 논설이고, "단박의 깨달음(一悟)"은 진리를 터득하는 이론이다 라고 하고 있다. 배움(漸修)은 다만 번뇌를 잠복시킬 수 있을 뿐이다. 만약 이에 단박에 깨달으면(一悟) 온갖 번뇌는 전부 없어지니 번뇌는 그저 잠복하는 것이 아니고 실제로 소멸된다.

도생의 돈오성불설은 선종의 돈문頓門에 이르러서 극에 달했다. 중국 선종은 불교철학의 우주론에 대해서는 공헌한 바가 별로 없지만 수행방법에 있어서는 지대한 공헌을 하였다, 도생은 '통발을 잊고 물고기를 잡아라(忘筌取魚)', '문득 깨달으면 부처가 된다(頓悟成佛)'고 주장하였고, 사령운도 불교 경전(통발)을 배워서(學) 얻는 것은 단박에 깨닫는 것(一悟)과는 다른 것인데, 불교경전을 공부해 점수漸修를 하더라도 마지막 단계에서는 단박에 깨달아야 한나고 했다. 후대 이런 사상이 더욱 발전하여 교외변전 教外別傳(불교경진의 가르침 외에 달리 전하는 것이 있다) 이심전심以心傳心(마음에서 마음으로 전한다) 불립눈자不立文字(문사로 표현하지 않는다)한 불법佛法이 있다는 주장이 생겼다. 불교경전은 통발과 같아서 학승學僧들이 연구할 내용이기는 하지만, 자신의 본심이 곧 부처의 법신法身임을 깨달으면 불교경전에 대한 배움에 의하지 않고도 즉각 성불할 수 있다는 설을 선양한 것이 바로 선종의 돈문頓門이다. 교외별전의 '교教'는 문자나 말에 의한 전수를 말한다. 이른바 교문教門들이 이 부류의 전수이다. 중국불교에서 교문들은 저마다 자신의 불교경전을 가지고 온갖 번쇄한 주해와 무의미한 논쟁을 벌였다. 그러나 선종은 스스로 불교경전 외에 직접 석가모니에게서 비밀스런 전수를 받았다고 여겨 스스로를 종문宗門이라고 부르며 교문教門과 구별하였다. 선종은 교문의 번쇄한 주해와 무의미한 논쟁을 무익하다고 보고 그 어떤 불교경전에도 근거할 필요가 없고 근거할 것은 오직 사람 자신의 본심本心이라고 여겼다. 선종 창시에 내한 진실에 따르면 석가모니의 그 비밀 전수를 밀의密意 또는 심법心法이라고 하는데, 그것은 인도에서 27대 동안 전수되다가 달마대사가 중국에 전한 이후 혜능慧能에게까지 이어졌다고 한다. 달마대사가 중국에 전한 선종은 혜능의 단계에 와서 그 이론적 근거를 세워 선종의 사회적 영향력은 비로소 확대되었고, 혜능 이후 선종은 기타의 종파를 대체하여 선禪은 마침내 중국불교의 주류를 이루었다. 석가모니 부처의 심전心傳을 받아 이심전심했고 문자를 세우지 않았는데(不立文字), 달마대사에 의해 중국에 전해졌다. 달마는 남조 양梁나라 무제武帝 때 중국에 와서 낙양 소림사에서 선종을 개창한, 중국 선종의 초조初祖라고 할 수 있다. 그의 전법傳法은 후대 소수의 제자들에게 전해졌는데, 혜가慧可(487-593)가 2조, 승찬僧璨(?-606)이 3조, 도신道信(580-651)이 4조, 홍인弘忍(602-675) 5조, 5조 이후 선종은 남종南宗와 북종北宗으로 나뉜다. 북종은 신수神秀(606?-706)를 개조開祖로 삼고, 남종은 혜능慧能(636-713)을 개조開祖로 삼았다. 이 밖에 갈라진 파벌은 많았지만, 특히 남종이 돈문頓門을 중시하였다. 지금 전하는 선종 이론의 골격은 이 남종의 개조인 혜능慧能에 의해 이루어졌다고 할 수 있다. 석가모니 부처의 선禪에 대한 전법傳法이 보리달마에 의해 중국에 전해졌다가, 6조인 혜능慧能에 의해 이론적으로 완성된 것이다. 그는 수행방법으로 무념無念을 위주로 했다. 《육조단경六祖壇經[4]》 에 보면 혜능이 말하기를,

> 나의 이 법문法門은 예전부터 먼저 무념無念을 세우는 것을 종지로 삼고, 무산無相을 본체로 삼으며, 무주無主를 근본으로 삼았다. 무상無相은 형상에 대하여 형상을 벗어나는 것을 뜻하고, 무념無念은 생각에 대하여 생각이 없는 것을 뜻하며, 무주無主는 사람의 본성이 세간의 선악 미추 원수와 친구를 불문하고 언어로 다투고 속일 때 모든 것을 공空하다고 여겨 보복을 생각하지 않고 순간 순간마다 앞의 대상(前境)을 생각하지 않음을 뜻한다. … 앞생각(前念)이 대상(境)에 집착하면 번뇌이나, 뒷생각(後念)이 대상(境)을 벗어나면 곧 깨달음(菩提)이다.[5]

---

4) 구설에 의하면 혜능의 말을 그의 제자 法海가 모아 기술한 것이라고 한다.

5) 我此法門, 從上已來, 先立無念爲宗, 無相爲體, 無主爲本. 無相者, 於相而無相, 無念者

"앞생각(前念)이 대상(境)에 집착하면 번뇌이나, 뒷생각(後念)이 대상(境)에서 벗어나면 곧 깨달음(菩提)이다." 하는 것이 돈오성불의 이론(道)라고 할 수 있는데, 그래서 선승들은 뒷생각(後念)이 대상(境)에서 벗어날 수 있도록 수행을 하였다. 살아있는 사람이 생각이 없는 상태 즉 무념의 경지에 도달하는 것은 말처럼 그렇게 쉬운 것이 아닌데, 그러나 수많은 선승들도 이를 위해 선방에서 수행을 했다. 무념에 대해《육조단경》에서 말하기를,

> 반야삼매般若三昧가 무념이다. 무엇이 무념인가? 모든 것(一切法)을 보면서 마음이 오염되거나 집착하지 않음이 무념이다. 그 작용은 모든 곳에 두루 미치지만 그 어디에도 집착하지 않는다. 오직 본심을 깨끗이 하여 '육식六識[6]'이 '육문六門[7]'을 지날 때 '육진六塵[8]' 속에 오염되거나 혼합되지 않게 하며, 오가는 것이 자유롭고 널리 작용하여 막힘(거리낌)이 없는 것이 반야삼매이고 자유자재한 해탈이니 곧 무념의 수행이다.[9]

무념의 상태란 이 육식六識이 오가는 것을 자유롭게 맡겨두고 오직 대상에 대한 집착과 구애가 없음이 이른바 전경前境(앞의 대상)을 생각하지 않음이다. 대상에 대한 집착과 구애가 없는 것이 널리 작용하여 막힘(거리낌)이 없는 것이다. 무념無念을 종지로 삼고 무상無相을 본체로 삼으며 無主를 근본으로 삼는다는《육조단경》에서의 말은 사실상 오직 무념을 주장한 것이다. "앞생각이 대상에 집착하면 번뇌이나, 뒷생각이 대상을 벗어나면 곧 깨달음이다."(前念著境卽煩惱, 後念離境卽菩提.)는 것이 바로 돈오성불

, 於念而無念, 無主者, 人之本性, 於世間善惡好醜, 乃至寃之與親, 言語觸刺欺爭之時, 幷將爲空, 不思酬害. 念念之中, 不思前境. … 前念著境卽煩惱, 後念離境卽菩提.

6) 눈 귀 혀 코 몸 뜻의 6가지

7) 육식에 의존하는 감각기관

8) 육식이 취하는 前境(앞의 대상)

9) 般若三昧, 卽是無念, 何名無念? 若見一切法, 心不染著, 是爲無念. 用卽徧一切處, 亦不著一切處. 但淨本心, 使六識出六門, 於六塵中無染無雜, 來去自由, 通用無滯, 卽是般若三昧, 自在解脫, 名無念行.

의 이론이라고 할 수 있다. 또 《육조단경》에서 좌선坐禪과 선정禪定에 대해 설명하기를,

> 선지식善知識이여, 좌선이 무엇인가? 이 법문에서 모든 막힘과 걸림이 없어져 밖으로 모든 선악의 대상에서 마음에 생각을 일으키지 않는 것이 좌坐이고, 안으로 자성自性이 동요하지 않음을 통찰하는 것이 선禪이다. 선지식이여, 선정이란 무엇인가? 밖으로 형상(의 굴레)을 벗어나는 것이 선禪이요, 안으로 혼란되지 않는 것이 정定이다. 밖으로 형상에 집착하면 안으로 마음은 혼란되며, 밖으로 형상(의 굴레)을 벗어나면 마음은 혼란되지 않는다. 본성은 그 자체로 깨끗하고 그 자체로 정립되어 있으나 다만 대상을 보고 대상을 생각하므로 혼란이 된다. 그러니 모든 대상을 보더라도 마음이 혼란되지 않는 것이 진정한 정定이다. 선지식이여, 밖으로 형상을 벗어나는 것이 선이요, 안으로 혼란되지 않는 것이 정이니. 밖으로 선하고 안으로 정한 것이 선정禪定이다.[10]

또 말하기를,

> 진정 올바른 반야般若를 일으켜 관조할 경우 찰나 간에 망념妄念은 모조리 없어지니, 자성自性을 인식하여 한 번 깨달으면 곧장 부처의 경지에 이른다.[11]

종밀宗密(780-841)은 선종을 7가로 나누었는데, 이 중 무념을 종지로 삼는 종파가 6가지 종파의 옳은 점만을 모두 총괄했다고 하고 있다. 그의 《원각경대소圓覺經大疏》에서 말하기를,

> 티끌을 떨어내고 깨끗한 마음(淨心)을 보고 방편으로 경을 이해한다는 종파[12],

---

10) 善知識, 何名坐禪? 此法門中, 無障無碍, 外於一切善惡境界, 心念不起, 名爲坐. 內見自性不動, 名爲禪. 善知識, 何名禪定? 外離相爲禪, 內不亂爲定. 外若著相, 內心卽亂. 外若離相, 心卽不亂. 本性自淨自定, 只爲見境思境卽亂, 若見諸境心不亂者, 是眞定也. 善知識, 外離相卽禪, 內不亂卽定, 外禪內定, 是爲禪定.

11) 若起眞正般若觀照, 一刹那間, 妄念俱滅. 若識自性, 一悟卽至佛也.

12) 이 종파는 후대 息妄修心宗(망상을 끊고 본심을 닦는 종파)라 부른다.

> 계戒 정定 혜慧 세 마디에 마음을 쓴다는 종파, 교의와 행실에 얽매이지 않고 식을 멸한다는 종파, 감촉하는 것은 모두 도이나 마음 가는 대로 맡긴다는 종파[13], 본래부터 일은 없으니 감정을 잊는다는 종파[14], 향을 전함에 의지하여 부처를 보존한다는 종파가 있다. 고요(열반)의 지혜는 본체를 지칭하니 무념을 종지로 삼는다는 종파는 이전의 그릇됨을 벗어나 모두 옳은 점만을 총괄하여 수렴했다.[15]

> 무릇 삼계三界(無色界 色界 欲界)가 존재하는 까닭은 집착의 마음(執心)에 근본 하여 진일眞一을 미혹시킨 결과로 탁한 욕망이 생겨 망기妄氣(망령된 기운)를 낳았기 때문이다. 망기가 맑고 깨끗하면 무색계無色界(물질을 초월한 세계)로 나타났으니 이것이 심心이다. 망기가 맑고 흐리면 색계色界(물질의 세계)로 나타나니 이것이 신身이다. 망기가 흩어져 찌꺼기가 되면 욕계欲界(有情의 세계)가 나타나니 이것이 진경塵境(六識의 대상인 六塵)이다. 따라서 경經에 "삼계三界는 허망하고 진실 되지 못하고 오직 하나의 망심妄心의 변화물일 따름이다."고 했다. 무릇 내심에 하나가 생기면 바깥에는 무위無爲가 존재하고, 내심에 둘이 생기면 바깥에는 유위有爲가 존재하며, 내심에 셋이 생기면 바깥에는 삼계三界가 존재한다. 이미 안팎이 상응하는 이상 마침내 모든 존재(種種諸法)가 생기고 갠지즈강의 모래알처럼 많은 번뇌가 생긴다.[16]

마음에 집착이 생겨 무색계(물질을 초월한 세계) 색계(물질의 세계) 욕계(塵境: 六識의 대상인 六塵)가 생겨난다는 것이다. 망심妄心을 버리면 온갖 번뇌가 없어지고 이에 무위도 유위도 삼계도 없는 상태가 된다. 심心과 신身 진경塵境을 모두 떠나는 상태를 이루기 위해서는 자신의 육체를 떠날 뿐만

---

13) 이 종파는 후대 直顯心性宗(직접 마음의 자성을 바로 드러내는 종파)라고 부른다.

14) 이 종파는 후대 泯絶無寄宗(일체를 단절하고 의지처를 없앤다는 종파)라고 부른다.

15) 有拂塵看淨, 方便通經. 有三句用心, 謂戒定慧. 有教行不拘而滅識. 有觸類是道而任心. 有本無事而忘情. 有藉傳香而存佛. 有寂知指體, 無念爲宗. 偏離前非, 統收俱是.

16) 夫所以三界者, 爲以執心爲本, 迷眞一故, 卽有濁辱, 其生妄氣. 妄氣澄淸爲無色界, 所謂心也. 澄濁現爲色界, 所謂身也. 散滓穢爲欲界, 所謂塵境也. 故經云, '三界虛妄不實, 唯一妄心變化.' 夫內有一生, 卽外有無爲. 內有二生, 卽外有有爲. 內有三生, 卽外有三界, 旣內外相應, 遂生種種諸法及恒沙煩惱也. (대장경 45장에 실린 승조의 <本際虛玄品>)

아니라 자신의 마음(心)도 잊어버려야 한다. 이러하므로 불교의 수행자는 오로지 침잠하여 정심淨心하는 방향으로 수행을 추진하게 된다. 천태종天台宗의 창시자 지의智顗(538-597)는 그의 《대승지관법문大乘止觀法門》에서 여래장如來藏에 대해 설명하기를,

> 여래장의 본체는 일체 중생의 본성을 완전히 갖추고 있으나 각각의 중생은 차별되고 다른데 이것은 무차별의 차별이다. 그러나 이 하나하나의 중생의 본성 안에는 본래부터 한량없고 끝없는 품성이 갖추어져 있다. 이른바 육도六道 안의 사생四生(중생의 4부류, 胎生 卵生 濕生 化生)의 괴로움과 즐거움, 아름다움과 추함, 수명의 장단과 신체의 크기, 어리석음과 지혜로움 등의 모든 세간의 염법染法과, 삼승三乘(小乘(聲聞乘), 中乘(緣覺乘), 大乘(菩薩乘))의 인과因果 등 일체의 출세간 정법淨法 등 이와 같은 한량없는 차별 법성法性이 하나하나의 중생의 본성 가운데 전부 빠짐없이 갖추어져 있다. 이런 의미에서 여래의 장은 본래부터 염染 정淨 두 본성을 동시에 갖추고 있는 것이다. (여래장에) 염성染性이 있기 때문에 일체 중생의 염사染事(현실 속의 행동과 사물)가 나타날 수 있다. 따라서 이때의 여래장을 장애 속에 있는 본주법신本柱法身이라 하고 또 불성佛性이라 부른다. 또 (여래장에) 정성淨性이 있기 때문에 일체 제불의 정덕淨德(청정한 공덕)이 나타날 수 있다. 따라서 이때의 여래장이 출장법신出障法身(장애를 벗어난 법신), 성정법신性淨法身(自性이 청정한 법신), 성정열반性淨涅槃이다.[17]

"또 (여래장에) 정성淨性이 있기 때문에 일체 제불의 정덕淨德(청정한 공덕)이 나타날 수 있다. 따라서 이때의 여래장이 출장법신出障法身(장애를 벗어난 법신), 성정법신性淨法身(自性이 청정한 법신), 성정열반性淨涅槃이다."

---

17) 如來藏體, 具足一切衆生之性. 各各差別不同, 卽是無差別之差別也. 然此一一衆生性中, 從本已來, 復具無量無邊之性. 所謂六道四生, 苦樂好醜, 壽命形量, 愚癡智慧等, 一切世間染法. 及三乘因果等, 一切出世淨法. 如是等無量差別法性, 一一衆生性中, 悉具不少也. 以是義故, 如來之藏, 從本已來, 俱時具有染淨二性. 以具染性故, 能現一切衆生等染事. 故以此藏爲在障本柱法身, 亦名佛性. 復具淨性故, 能現一切諸佛等淨德. 故以此藏爲出障法身, 亦名性淨法身, 亦名性淨涅槃也.

라고 했는데, 여래장에 정성淨性이 있음으로 해서 누구나 정심淨心을 추구하면 해탈의 경지에 도달할 수 있다는 것이다. 이 사바세계는 모두 미망이다. 이 때문에 생사가 유전되고 여러 번뇌가 생긴다. 이 미망을 깨뜨리고 유전을 벗어나려고 하면, 수행공부를 통해서 우리 본심 속의 정성淨性을 현현될 수 있게 해야 한다. 필요한 수행공부에는 지止와 관觀 두 문門이 있다. 이를 지의가 설명하기를,

> 지止란 무엇인가? 일체제법은 본래부터 본성 자체로 있지 않으니 생기지도 멸하지 않지만, 허망한 인연 때문에 있지 않으나 있고 저 유有의 존재는 유이면서도 유가 아니며 오직 한 마음이며 이 마음의 본체에는 분별이 없음을 알아 이와 같이 관찰하여 망념이 방탕하지 않게 하는 것이 지止이다.
> 관觀이란 무엇인가? (일체제법은) 본래 생기지 않기에 지금 소멸하는 것도 아니고 마음의 본성은 조건에 따라 일어나므로 마치 환상과 꿈처럼 유有가 아니지만 유인 것처럼 허망하게 세상에 작용함을 아는 것이 관觀이다.[18]

> 지관止觀의 작용은 무엇인가? 지 수행이 완성되면 본체는 정심淨心을 깨닫고, 이치가 융합되어 두 성性이 없어지므로 중생과 더불어 원융하여 동일한 몸이 된다. 삼보三寶(佛 法 僧)는 이리하여 혼합하여 셋이 아니고 이제二諦(俗諦 眞諦)는 자연히 혼합되어 둘이 아니게 된다. 투명한 연못처럼 맑고 깊고 안정되어서, 순수하고 투명한 것이 내면의 고요함이니, 작용하면서도 작용의 모습이 없고 운동하면서도 운동의 모습이 없다. 일체의 존재가 본래 평등하기 때문이고 마음의 본성이 본래 그러하기 때문인데, 이것이 매우 심오한 법성의 본체이다.
> 관觀 수행이 완성되거나 정심의 본체가 드러나고, 법계무애法界無礙의 작용은 자연히 오염되거나 깨끗한 일체의 기능을 낳는다. … 또 지止 수행이 완성되면 그 마음은 평등하여 생사에 머물지 않으며, 관 수행이 완성되면 공덕의 자용이 조건에 따라 일어나 열반에 들어가지 않는다 또 지 수행이 완성되면

18) 所言止者, 謂知一切諸法, 從本已來, 性自非有, 不生不滅. 但以虛妄因緣故, 非有而有. 然彼有法, 有卽非有. 唯是一心, 體無分別. 作是觀者, 能令妄念不流, 故名爲止. 所言觀者, 雖知本不生, 今不滅, 而以心性緣起, 不無虛妄世用, 猶如幻夢, 非有而有, 故名爲觀.(《大乘止觀法門》)

> 큰 열반에 머무르며 관 수행이 완성되면 생사의 세계에 처한다. 또 지 수행이 완성되면 세상에 물들지 않으며, 관 수행이 완성되면 고요에 정체되지 않는다. 또 지 수행이 완성되면 작용하면서도 항상 고요하고, 관 수행이 완성되면 고요하면서도 항상 작용한다.[19]

"지 수행이 완성되면 큰 열반에 머무르고 관 수행이 완성되면 생사의 세계에 처한다."고 했다. 이 지止(멈춤)와 관觀(봄)은 중국불교를 극단적인 정심에의 추구로 유도했다고 볼 수 있다.

2) 도가사상

농경민족은 인위적인 작위作爲를 버리고 자연의 법칙 올바른 계절적 순환에 그대로 따라(自然) 살려고 했다. 이른바 무위자연하고자 한 것이다. 농경민족의 이런 인위적인 것(有)의 거부가 바로 무無를 중시하게 만든 것이라고 할 수 있다. 무無란 아무 것도 없다 라는 개념이라기보다는 인위적인 것이 없다(無)라는 개념에 가깝다고 여겨진다. 인위적인 것이 가해지지 않은 자연 그대로의 상태가 바로 무인 것이다. 중국불교에서 공을 중시하는 것도 자연에 그대로 적응하며 살고자 한, 인위적인 작위를 거부한 농경민족이었기 때문에 쉽게 받아들인 것이 아닌가 한다.

도가사상의 추종자들은 현실에 참여하여 현실을 유지 개량하려는 예禮

---

19) 止觀作用者, 謂止行成故, 體證淨心. 理融無二之性, 與諸衆生圓同一相之身. 三寶於是混爾無三, 二諦自斯莽然不二. 怕兮凝淵渟, 括然澄明內寂, 用無用相, 動無動相. 蓋以一切法, 本來平等故, 心性法爾故, 此則甚深法性之體也. 謂觀行成故, 淨心體顯, 法界無礙之用, 自然出生一切染淨之能. … 又止行成故, 其心平等, 不住生死. 觀行成故, 德用緣起, 不入涅槃. 又止行成故, 住大涅槃. 觀行成故, 處於生死, 又止行成故, 不爲世染. 觀行成故, 不爲寂滯. 又止行成故, 卽用而常寂. 觀行成故, 卽寂而常用.(《大乘止觀法門》)

와 인의仁義같은 모든 인위적인 제도를 버리고, 탈속하여 청허하게 살려고 하며 정심淨心만을 추구했다.[20] 속된 마음을 버리는 허심虛心[21]한 상태를 유지하려고 노력하였으며, 무기無己[22]한 상태에서 속된 자기 자신을 버리는 무아無我[23]의 경지에 까지 도달하려고 수련하였다. 그리고 그들은 속을 벗어난 무욕청정한 삶을 살려고 노력하였다. 그래야만 양생을 도모할 수 있어 신들처럼 영원히 살 수 있거나 적어도 장수할 수 있다고 믿었기 때문이다. 일반적으로 모든 종교에서 나(俗)를 버리라고 주장한다. 이는 자기 자신의 속된 아집과 생각을 버리라는 뜻으로, 그렇게 자기 자신을 버린 정결한 상태라야만 신을 만날 수 있는 것이다.

〈선방에서 참선하는 스님들의 모습. 그들은 이를 통해 우주와 합일할 정도의 극도의 정심淨心에의 추구를 했다.〉

노자는 당시 초나라의 숨어사는 은자였다. 당시 초나라에는 노자 같은 은자가 다른 어느 제후국보다 굉장히 많았다. 이는 전국시대 초가 제정말기 혹은 제정일치에서 막 벗어난 시기로 여겨지는데, 정치에 성스러움이 사라지고 속화되었다고 보고 이 현실 정치를 벗어나 정결한 곳에 은거하며

---

20) 《漢書 · 藝文志》: "則欲絶去禮學, 兼棄仁義, 曰獨任淸虛可以爲治."

21) 《莊子 · 山木篇》에 "사람이 자신을 비워야만 능히 세상을 떠돌 수 있다."(人能虛己以遊世.)라고 했는데, 이는 '마음을 비워' 虛心한 상태가 되어야만 登天하여 천지를 유람할 수 있는 경지에 이를 수 있다는 뜻이다. 자기 자신을 버려야만(虛心해야만) 하나님이 내 안에 들어와 천국으로 등천할 수 있다는 《성경》의 언급과 일맥상통한다.

22) 《莊子 · 逍遙遊》에 "至人은 자기 자신이 없다."(至人無己.)라고 했는데, 여기에서 말한 無己란 자기 자신의 모든 속된 욕망과 아집 같은 것을 버린다는 뜻인 것으로 여겨진다.

23) 《關尹子》에 "자석은 내가 없어야 큰 힘을 나타낼 수 있고, 종과 북은 내가 없어야 큰 소리를 나타낼 수 있고, 배와 수레는 내가 없어야 멀리 갈 수 있다."(磁石無我, 能見大力, 鐘鼓無我, 能見大音, 舟車無我, 能見遠行.)라고 했는데, 이는 속된 나를 비워야만(無我하여야만) 모든 것이 이루어질 수 있다는 뜻이라고 여겨진다.

정결히 살고자 하는 무리들이 많았기 때문인 것으로 보인다. 초사를 지었다고 하는 굴원도 마찬가지이고, <어부사>에 나오는 어부도 은자이다.

지극한 허심(虛)에 도달하고 돈독한 평정(靜)을 지킨다.[24]

무릇 허정虛靜 염담恬淡 적막寂漠 무위無爲란 천지의 수준이자 도덕의 정점이다. 고로 제왕과 성인들이 (그 안에서) 쉰다. 쉰 즉 허심해지고(虛), 허심해진 즉 충실해지며(實), 충실해진 즉 완비된다.(備) 허심하면 고요하고(靜), 고요하면 움직이고(動), 움직이면 얻는다. 고요한 즉 무위無爲하고, 무위하면 일을 맡은 사람들이 책임을 진다. 무위하면 유유자적하고, 유유자적한 사람은 우환이 깃들 수 없어 장수한다.[25]

도가는 인간의 정신을 전일專一시키고 행동을 무형의 도에 합일시켜 만물을 만족할 수 있게 한다. 장자에 나오는 심재心齋와 좌망坐忘 역시 <정심에의 추구>와 관계가 깊다고 하겠다. 이에 대해 그가 말하기를,

온 마음을 다 기울여 귀로 듣지 말고 마음으로 들어라. 마음으로 듣지 말고 기氣로 들어라. 귀는 듣는 일에 그치고 마음은 개념포착에 그치지만, 기라는 것은 비어 있어서 모든 사물을 받아들일 준비가 되어 있다. 도는 허심虛心(사려와 욕망의 배제)에 머무는데, 이 허심이 곧 심재心齋이다.[26]

안회가 공자에게 말했다. "저는 진보했습니다." "무슨 말인가?" "저는 인의를 잊었습니다." "좋다 하지만 아직 미흡하다." 그 후 안회는 다시 공자를 뵙고 말했다. "저는 진보했습니다." "무슨 말인가?" "저는 예악을 잊었습니다." "좋다 하지만 아직 미흡하다." 그 후 안회는 다시 공자를 뵙고 말했다. "저는 진보했

24) 致虛極, 守靜篤.(《노자 16장》)

25) 夫虛靜恬淡, 寂漠無爲者, 天地之平, 而道德之至, 故帝王聖人休焉. 休則虛虛則實, 實則備矣. 虛則靜, 靜則動, 動則得矣. 靜則無爲, 無爲也, 則任事者責矣. 無爲則兪兪, 兪兪者, 憂患不能處, 年壽長矣.(《장자 天道편》)

26) 若一志, 无聽之以耳, 而聽之以心. 無聽之以心, 而聽之以氣. 耳止於聽, 心止於符, 氣也者, 虛而待物者也. 唯道集虛, 虛者, 心齋也.(《장자 人間世》)

습니다." "무슨 말인가?" "저는 좌망坐忘했습니다." 그러자 공자는 낯빛을 바꾸며 안회에게 물었다. "좌망이란 무엇인가?" "사지의 존재를 잊고 정신의 총명함을 배척하여 육체를 벗어나고 지식을 폐기하여, 대통大通(무한자)에 합일하는 것 그것이 좌망입니다."라고 했다.[27]

소위 심재心齋와 좌망坐忘은 모두 사려와 지식을 제거하여 마음을 비워 대통大通(무한자)에 합일함을 주장했는데, 이런 상태 속에서의 경험이 곧 순수경험이라고 할 수 있다. 이는 "외물을 잊는다.(外物)"와 "세상을 잊는다.(外天下)"와 같은 의미로, 모두 정신적 정결성 추구와 관련이 깊다고 하겠다.

3) 수련도교修練道教의 내단內丹

수련도교에서는 정결성을 유지하기 위해 먹는 것도 정결한 것만 먹고자 하였다. 화식을 금하고 생식하기를 원했으며, 그 생식도 가능하면 인간이 범접하기 힘든 곳에서 나는 정결한 선초 약초 영초같은 식물만을 섭취하고자 했다.[28] 그들은 이런 음식물의 섭취 또한 정결성 유지에 지장을 준다고 생각하여, 백석白石, 정한수, 새벽 풀잎에 맺힌 이슬만 따먹고 살기도 했다. 또한 어떤 이는 이마저도 먹기를 거부하고 단식 금식을 행하였으며, 또한 특수한 호흡법으로 오로지 우주의 정기精氣(生氣, 元氣)만을 흡수하며 살

27) 顔回曰, "回益矣." 仲尼曰, "何謂也?" 曰, "回忘仁義矣." 曰, "可矣, 猶未也." 他日, 復見, 曰, "回益矣." 曰, "何謂也?" 曰, "回忘禮樂矣." 曰, "可矣, 猶未也." 他日, 復見, 曰, "回益矣." 曰, "何謂也?" 曰, "回坐忘矣." 仲尼蹴然曰, "何謂坐忘?" 顔回曰, 墮肢體, 黜聰明, 離形去智, 同於大通, 此謂坐忘."

28) 赤將子輿者, 黃帝時人. 不食五穀, 而咁百草.(《列仙傳》)
朱孺子永嘉人. … 得一枸杞根, 食之, 忽飄然飛昇而去.(《列仙傳》)

기도 했다.[29]

인도의 요가[30]같이 지금도 특수한 호흡법으로 우주의 정기를 빨아들이려고 하는 도교 계통의 많은 수련파가 존재하고 있다. 이처럼 정결한 것만을 섭취하고 속된 음식의 섭취를 끊는 것을 도교에서는 벽곡辟穀이라고 하고, 우주의 정기(생기)를 빨아들이는 호흡법을 조식調息이라고 한다.

그들의 행동 역시 정결해야 했다. 그들은 정결한 곳[31](靈山 聖山의 심산유곡이나 도관道觀이나 불당 같은 곳)에 거주를 하며, 또한 그 곳에서 항상 정결하게 행동했다. 그들은 속을 벗어난 무욕청정한 삶을 산 것이다. 한마디로 정결한 것만 먹고 마시고 호흡했으며, 정결한 곳에서 정결하게만 생활한 것이다.

〈수련하는 도사의 모습을 그린 그림〉

내단은 도교 수련의 한 방법으로 양생술養生術의 연단煉丹에 있어서의 외단外丹과 반대되는 말이다. 납이나 수은 등을 써서 단丹을 짓는 외단에 대하여, 몸 안의 정기精氣를 순환시켜 단을 짓는 것을 내단이라 말한다. 이는 안으로 육체와 정신을 수련하고 수명을 연장하며 병을 고치기 위해서요, 밖으로 사악함을 물리치고 재난을 입지 않기 위해서이기도 하다. 연단이론은 동진 갈홍葛洪의《포박자抱朴子》에서 논하고 있다. 그러나 진나라의 시황제가 동남동녀를 파견하여 불노초를 구했고, 1,973년에 발굴된 한나라 시대의 묘인 마왕퇴馬王堆에서는 백서帛書에 도인도導引圖 등이 나타나고 있으므로 그 연원은 훨씬 이전으로 거슬러 올라간다. 송대에 이르러 전진교全眞敎 등 혁신도

29) 良從入關, 卽道引不食穀.(《史記 留侯世家》)

30) 요가의 본체는 들숨보다 날숨을 중시하며, 잦은 호흡 보다가 횟수가 적은 심호흡을 중시하는데 있다.

31) 도교에서 신선들이 거주하는 莊嚴淸淨하고 번뇌가 없는 정결한 곳을 "淨土"라고 하고 있다.

교가 형성되면서 삼교합일의 사조와 함께 내단수련 경향이 강화되었고, 벽곡辟穀 복기服氣 도인導引 방중房中 복이服餌 등의 구체적인 방법이 전개되었다.

《포박자》와 《참동계參同契》는 도교 신선사상의 대표적인 이론서이다. 갈홍의 《포박자》는 신선사상을 본위로 하면서 유가사상을 일부 수용, 벽곡辟穀[32] 조식調息[33] 방중房中[34] 등의 양생술을 제시하면서, 무욕청정한 삶과 금단학金丹術을 근본 사상으로 내놓고 있다. 일종의 외단학이다. 반면 후한 사람 위백양魏伯陽은 이런 양생술을 비판하여 《참동계》[35]를 지어, 안으로 내단內丹을 주체로 세우고 밖으로는 《역》 사상과의 회통을 도모하는 내단학을 내세웠다. 개인 위주의 수련도교라고 불리는 이런 내단학은, 불가에서는 심신안정을 위한 수련의 방편으로, 유가에서는 보명양생保命養生의 건강법으로 활용되어 왔다. 이 내단은 극도의 정신적 정결성을 추구하는 특징을 가지고 있다. 그들은 오로지 친잠해서 고요히 극도의 정신적 정결성을 유지하여야만, 우주의 기를 빨아들여 몸에 단을 축적할 수 있다고 믿은 것이다. 이렇게 하여야만 양생도 할 수 있어 영생이나 장수를 할 수 있다고 믿었다.

〈《주역周易 참동계參同契》를 지은 내단학의 비조 위백양〉

32) 辟穀이란 속된 음식을 끊는 행위를 가리킴. 그들은 아예 단식을 하거나 먹더라도 정결하다고 여겨지는 것(이슬, 돌, 仙草 등등)만 먹음. 또한 인위적인 화식을 하지 않고 생식을 함.

33) 특수한 호흡법으로 우주의 생기를 빨아드리려는 행위임.

34) 성행위의 기술을 통해 음기와 양기의 조화를 추구하여 補陽을 이루어 장수를 추구하는 행위임.

35) 《參同契》가 우리나라에서 주목되기 시작한 것은 金時習에서 비롯되며, 조선 중엽 權克中에 의해서 본격 연구된다. 그는 한국 도교사상의 금자탑이라 할 수 있는 《參同契註解》를 저술하였는데, 그의 內丹思想은 '內丹主體論', '丹易參同契', '仙佛同源論', '仙丹互修論' 등으로 설명되어 진다.

4) 인격도야 심신수련 정신수양을 중시하는 성리학

송대《논어》《맹자》《중용》과 더불어 4서 중의 하나로 편찬된《대학》은 성리학의 성격을 알 수 있게 하는 중요 저작 중의 하나이다.《대학》은《중용》과 마찬가지로《예기》의 한 편명인데, 송대 성리학자들에 의해 5경에 대체해 반드시 읽어야할 4서의 하나로 편입되었다.《대학》은 공자의 제자 증자曾子가 편찬한 책이라고 성리학자들은 믿었으며, 대학이란 소학에 반대되는 말로 큰 학문이라는 뜻이다. 여기에서의 큰 학문이란 인격완성을 의미한다고 볼 수 있다. 그 첫머리에,

> 대학의 도는 밝은 덕을 밝히는데 있고, 백성을 새롭게 하는데 있으며, 지극한 선善에 멈추는데 있다. 앎이 멈추어진 이후에 고정되는 것이 있고, 고정된 이후에 능히 고요해질 수 있으며, 고요해진 이후에 능히 안정될 수 있고, 안정된 이후에 능히 생각할 수 있고, 생각한 이후에 능히 얻을 수 있다. 사물에는 본과 말이 있고, 일에는 끝과 시작이 있다. 앞서고 뒤서는 것을 알면 즉 도에 가깝게 된다. 옛날의 천하에 밝은 덕을 밝히려는 자는 먼저 그 나라를 다스리고, 그 나라를 다스리려는 자는 먼저 그 집안을 가지런히 하고, 그 집안을 가지런히 하려는 자는 먼저 그 자신을 닦는다. 그 자신을 닦으려는 자는 먼저 그 마음을 고정하고, 그 마음을 고정하려는 자는 먼저 그 뜻을 성실하게 하며, 그 뜻을 성실하게 하려는 자는 먼저 그 앎에 이르는데, 앎에 이르는 것은 사물을 궁구하는데 있다. 사물을 궁구한 이후에 앎이 이르고, 앎이 이른 후에 뜻이 성실해지며, 뜻이 성실해진 이후에 마음이 고정되고, 마음이 고정된 이후에 자신이 닦여지며, 자신이 닦여진 이후에 집안이 가지런하게 되고, 집안이 가지런하게 된 이후에 나라가 다스려지고, 나라가 다스려진 이후에 천하가 평온하게 된다.[36]

---

36) 大學之道, 在明明德, 在新民, 在止於至善. 知止以後有定, 定以後能靜, 靜以後能安, 安以後能慮, 慮以後能得. 物有本末, 事有終始, 知所先後, 則近道矣. 古之欲明明德於天下者, 先治其國, 先治其國者, 先齊其家, 欲齊其家者, 先修其身, 欲修其身者, 先定其心, 欲定其心者, 先誠其意, 欲誠其意者, 先致其知, 致知在格物. 格物以後知至, 知至以後意誠, 意誠以後心定, 心定以後身修, 身修以後家齊, 家齊以後國治, 國治以後天下平.

위의 내용은 《대학》 첫머리에 나오는 구절로, '명명덕明明德', '신민新民', '지어지선止於至善'을 3강령이라고 하고, '격물格物', '치지致知', '성의誠意', '정심正心', '수신修身', '제가齊家', '치국治國', '평천하平天下'를 8조목이라고 한다. 이 중 3강령 중에 가장 중요한 것은 밝은 덕을 밝히는(明明德) 것인데, 백성을 새롭게 하는(新民)은 이 밝은 덕을 밝히는 방법이요, 지극한 선에 머무는(止於至善) 것은 이 밝은 덕을 밝히는 가장 완성된 일이라고 할 수 있다. 또한 8조목 중에서도 가장 중요한 것은 자기 자신을 수양하는 수신修身이라고 할 수 있는데, 격물格物과 치지致知와 성의誠意와 정심定心은 수신에 이르는 방법이요, 제가齊家와 치국治國과 평천하平天下는 수신하면 얻을 수 있는 결과라고 할 수 있다. 밝은 덕을 밝히기(明明德) 위해서는 우선 먼저 자신을 수양해야(修身) 한다는 것이 대학의 궁극적인 목표인 것이다. 또한 8조목 중에서도 성의, 정심, 수신은 모두 심신수련 인격도야 정신수양과 관계가 깊은 것으로, 송대 성리학이 그 얼마나 정심淨心에의 추구(심신수련 인격도야 정신수양)와 깊게 관계가 있는지를 알 수 있게 한다. 평천하하기 전에 제후국을 다스릴 줄 알아야 하고, 제후국을 다스리기 전에 집안을 다스릴 줄 알아야 하며, 집안을 다스리기 전에 자기 자신부터 수양할 줄 알아야 한다는 것이다. 나라를 다스리는 정치인이나 집안을 다스리는 웃어른이 되기 전에 자신의 인격수양 도덕함양이 더욱 중요하다는 것이다.

《중용》《대학》에서 수신의 길은 내면을 향한(內向) 공부를 기본으로 삼아 안에서 밖으로 퍼져 가는 것이다. 내향內向이란 본성을 따르고(順性) 마음을 참되게 함(誠心)이다. 《중용》에서는 "천명을 본성(性)이라고 하고, 그 본성을 이끄는 것을 도라고 하며, 그 도를 따르는 것을 가르침(教)라고 한다.[37]"고 했다. 성리학에서 말하는 공부工夫란 단지 앎만을 추구한다는 의

37) 天命之謂性, 率性之謂道, 修道之謂教.(《중용 1장》)

미가 아니고, 그 앎을 통해서 궁극적으로 자신을 수양한다는 의미라고 할 수 있다. 고로 자신의 수양(심신수련 인격도야 정신수양)과 관계없는 학문이란 지엽적이고 말단적인 것이어서 군자는 하지 말아야할 것이고 생각했다. 고로 단순한 지식 습득은 되레 정신수양을 방해하는 것이라고 여겨 하지 않았다. 그런 학문은 중인中人들이나 하는 중요하지 않는 것으로 여긴 것인데, 그것이 중국에서 실용학문인 자연과학의 발달이 서구보다 뒤쳐진 이유 중의 하나일 것이다.

성리학에서는 도덕적 완성자인 성인聖人이 되기를 끊임없이 추구했다. 평생해도 될 수도 없는 성인을 추구하다가 일생을 마쳤다고 할 수 있는데, 그들의 이런 도덕적 삶 추구는 실용학문의 발전의 저해를 가져다주었다고 할 수 있다. 우리의 성性 속에는 인 의 예 지 뿐만 아니라 또 태극의 전체가 있다. 그러나 이것은 사람의 기품에 의하여 치우치기 때문에 온전히 드러날 수 없다. 이른바 성인은 이 기품의 치우침을 제거하여 태극의 전체를 완전히 드러낸 사람이라고 하며 주자가 말하기를,

> 이 이理가 있은 후에 그 기가 있고, 기가 있으면 반드시 그 이가 있다. 그런데 맑은 기를 타고난 사람이 성현인데, 이는 마치 보석이 맑고 깨끗한 물속에 있는 경우와 같다. 탁한 기를 타고난 사람이 우매한 사람인데, 이는 마치 보석이 탁한 물속에 있는 경우와 같다. 이른바 밝은 덕을 밝힘(明明德)이란 마치 탁한 물속에 나아가 저 보석을 닦는 것과 같다. 또 사물에 있는 이는 마치 보석이 지극히 더럽고 탁한 곳에 떨어진 경우와 같다.[38]

공자는 "사심을 극복하고 예로 돌아가라.(克己復禮)"고 했고, 《중용》에서는 "중화를 이룩하고 덕성을 높이며 학문을 추구하라.(致中和, 尊德性, 道問學)"고 했으며, 《대학》은 "밝은 덕을 밝히라.(明明德)"고 했고, 《서경》에서는 "인심은 위태롭고 도심은 미미하니 오직 정진하고 전일하여 진실로 중도를 견지하라.(人心惟危, 道心惟微, 惟精惟一, 允執厥中)"고 했다. 성인聖人의 천만마디는 다만

---

38) 有是理而後有是氣, 有是氣則必有是理. 但稟氣之清者, 爲聖爲賢, 如寶珠在清冷水中, 稟氣之濁者, 爲愚爲不肖, 如珠在濁水中. 所謂明明德者, 是就濁水中揩拭此珠也. 物亦有是理, 又如寶珠落在至汚濁處.(《주자어류 73쪽》)

사람들에게 '천리를 보존하고 인욕을 소멸할 것(存天理滅人欲)'을 가르치려는 것이다. … 인성人性은 본래 청명하다. 마치 보석이 물속에 있어서 흐려져 그 빛이 보이지 않는 것과 같으니, 흐린 물을 제거하면 보석은 예전처럼 저절로 밝아진다. 자기 스스로 인욕에 의해서 가려졌음을 깨달을 수 있으면 곧 개명되므로, 오직 이 점을 중심으로 모든 노력을 경주해야 한다. … 따라서 정자程子께서 경敬을 강조한 까닭은 내 자신에게 하나의 밝은 것이 이미 존재하니 경이라는 글자를 견지하고 적을 물리쳐 항상 늘 경을 내면에 보존하면 인욕은 자연히 생기지 않을 것이기 때문이다.[39]

경건함(敬)의 공부는 성인의 문하에서 첫 번째로 중요한 뜻이다. 머리에서 꼬리까지 꿰뚫은 것이니, 한 순간도 끊어져서는 안 된다.[40]

경건함(敬) 한 글자는 참으로 성인 문하의 강령이니 마음을 보존하고 기르는 중요한 방법이다. 한결 같이 이를 주로하면, 안과 밖 정밀함과 조잡함의 차이가 없게 된다.[41]

〈성리학을 집대성한 남송의 주희. 그는 이기론理氣論의 공부를 통해 인격도야 심신수련 인간완성을 추구했다.〉

"밝은 덕을 밝힘(明明德)이란 마치 탁한 물속에 나아가 저 보석을 닦는 것" 이라 했고, "천리를 보존하고 인욕을 소멸할 것(存天理滅人欲)"과 용경用敬을 주장했는데, 이런 인욕을 소멸하기 위해서 성리학에서는 인격도야 심신수련 정신수양 등등을 중시하게 된다. 천리를 보존하고 인욕을 소멸하기 위해(存天理滅人欲) 근엄한

---

39) 孔子所謂"克己復禮", 中庸所謂"致中和, 尊德性, 道問學" 大學所謂"明明德" 書曰"人心惟危, 道心惟微, 惟精惟一, 允執厥中" 聖賢千言萬語, 只是教人存天理滅人欲. … 人性本明, 如寶珠沈溷水中, 明不可見, 去了溷水, 則寶珠依舊自明, 自家若得知是人欲蔽了, 便是明處. 只是道上便緊緊力走定. … 所以程先生說敬字, 只是謂我自有一個明底物事在這裏, 把個敬字抵敵, 常常存個敬在這裏, 則人欲自然來不得.(《주자어류 207쪽》)

40) 敬字工夫, 乃聖門第一義. 徹頭徹尾, 不可頃刻間斷.(《주자어류 권12 學6》)

41) 敬之一字, 眞聖門之綱領, 存養之要法, 一主乎此, 更無內外精粗之間.(《주자어류 권12 學6》)

도덕군자가 되어 일생을 자신의 인격을 닦는 일에 매진하며 재미없게 산 자들이 성리학자들인 것이다.

5) 태극권, 다도, 서예

<태극권>

태극권은 중국 명나라 말기와 청나라 초기(17세기)에 하남성에 거주하는 진씨성陳氏姓 일족 사이에서 창시된 진식陳式 태극권에서 유래하였다는 설과 중국 송나라 말기 사람인 장삼풍張三豊 진인이 《주역》의 태극오행설太極五行說에 기공氣功 및 양생도인법, 호신술을 절묘하게 조화해 집대성한 것이라는 설이 있다. 이는 정精 기氣 신神의 내면적인 수련을 중시하는 내가권법內家拳法으로, 의식과 동작의 협조를 추구하고 노자의 전기치유專氣致柔(기에 전념해 부드러움에 이름), 이유극강以柔克剛(부드러움으로 굳센 것을 이김), 그리고 고요함으로 움직임을 제압한다는 이론을 바탕으로 하며, 연정화기煉精化氣, 연기화신煉氣化神, 연신환허煉神還虛되는 기技를 도로 승화시킨 기화지도氣化之道이다. 창안한 근본 목적은 치병 및 건강장수에 있지만 그 수련과정에서 자위自衛의 능력이 자연히 생겨나는 체용體用(근본 바탕과 그의 작용)이 겸비된 기예이며, 유연하고 완만한 동작 속에 기를 단전에 모아 온몸에 원활하게 유통시키고 오장육부를 강화하는 것이 두드러진 특징이다. 또한 사기종인舍己從人(자기 주장을 버리고 남의 주장에 따름)의 원리를 적용해 상대의 공격에 대항하지 않고 그 힘을 이용해 공격하는데, 타격에는 발경發勁(힘을 집중해 큰 위력을 쏘아냄) 기법을 사용한다. 그리고 대대로 전해 내려오면서 진식陳式, 양식楊式, 오식吳式, 손식孫式 등으로 파생하였고, 최근에는 치병과 건신健身에 뛰어난 효과가 있다는 사실이 널리 알려져 전 세계적으로 유행하게 되었으며, 움직이는 선

禪 즉 동선動禪과 환골금단換骨金丹, 기공권 등의 별칭을 가지고 있다. 이 태극권은 기를 모아 정심淨心에 이르는 것을 목표로 하고 있다.

중국의 여러 권술 가운데 태극권만큼 직접적으로 사상을 중시하는 권술은 없다. 태극권이란 이름 자체가 태극의 원리를 딴 권법이라는 뜻으로 태극사상에 나온 것임을 알 수 있다. 태극은 고대 중국인들의 세계관의 근간을 이루는 것으로, 그 출처는 주나라의 점복서인 《주역 계사전繫辭傳》이다. 《주역》에는 십익十翼이라고 해서 《주역》의 난해한 뜻을 이해하는 것을 도와주는 열 개의 주석이 달려 있는데 풍부한 철학성으로 말미암아 《주역》을 점복서에서 사상적 깊이를 지닌 철학서로 격상시키는 데 많은 공헌을 했다. <계사전>은 바로 이 십익 가운데 하나로, 태극과 음양의 원리를 비롯하여 철학적으로 비교적 의의가 있는 다양한 학설들을 전개하고 있어 가장 중시되는 주석이다. "역에는 태극이 있고, 이것이 양의를 낳고, 양의가 사상을 낳고, 사상이 팔괘를 낳는다."(易有太極, 是生兩儀, 兩儀生四象, 四象生八卦)고 했다. 여기서 역이란 변화를 말하는 것이다. 역학은 우주 삼라만상의 변화를 연구하는 학문이라고 할 수 있다. 태극이란 모든 우주변화의 기본 요소라고 할 수 있는 음과 양이 아직 나누어지기 전의 상태를 말한다. 태극도를 보면 분명 음과 양이 존재하고 있으나 음의 꼬리가 양의 머리와 맞물려 있고 양의 꼬리가 음의 머리와 맞물려 있어 둘을 떼놓을 수 없는 것임을 알 수 있다. 중국인들은 이 우주가 음과 양으로 이루어져 있지만, 그것은 서로 완전히 모순 대립하는 것이 아니라 상호 보완적인 요소라고 생각했고, 음과 양이 합쳐서 더 큰 차원의 태극을 이룬다고 여겼다. 다음으로 양의란 음과 양을 말한다. 음양의 변화가 처음으로 시작되는 단계이다. 태극권을 설명하는 책을 보면 태극이라는 말 외에 무극無極이라는 말이 등장한다. 송나라 때의 주돈이가 우주 생성의 원리를 설명한 《태극도설太極圖說)》에서 '무극이태극無極而太極'이라는 말을 하여 널리 알려지게 되었다. 그런데 주돈이의 《태극도설》은 도사 진희이陳希夷에게서 기본 개념을 차용하여 새롭게 지은 것이다. 무극이란 태초에 아직 우주가 창조되기 전으로 아무 것도 없는 대 혼돈의 모습이라고 할 수 있고, 태극이란 창조의 조짐과 기틀은 있으나 아직 구체적으로 창조가 진행되지 않은 상태를 말한다. 음과 양이 나누어져야 비로소 창조가 진행되는 것이라고 할 수 있다. 태극권은 태극철학의 영향을 받아서 만들어진 권술이다. 그래서 무극과 태극의 철학적 원리를 권술에 응용하고 있다. 《진씨태극권도설》의 앞머리에서 강조하는 태극권의 비결 가운데 다음과 같은 말이 있다.

> 무극이란 아무 것도 없는 것이다. 태초 이전으로 혼돈스럽고 혼돈스러워 이른바 대 혼돈이라는 것이 바로 이때를 가리킨다. 수련자가 권술을 수련할 때 단정하게 서서 눈을 감고 숨을 고른다. 양손을 내려뜨리고 몸을 단정하게 하고 양발을 나란히 한다. 마음속에 하나의 집착도 없고 한 가닥의 잡념도 없어 환하면서도 혼돈스러운 것이 마치 대 혼돈의 무극의 모습이다. 그래서 그 형태를 이름 붙일 수 없으나 이름 붙여 무극의 형상이라고 한다.

대 혼돈 후에 음양이 비록 아직은 나누어지지 않았으나 나누어질 기미는 이미 보였다. 일단 나누어지면 맑은 기운은 상승하여 하늘이 되고 탁한 기운은 하강하여 땅이 된다. 다만 이때는 청기는 아직 상승하지 않았고 탁기는 아직 하강하지 않았을 따름이다. 그러므로 이것을 일러 태극이라고 했다. 태극권을 수련할 때 손과 발이 비록 운동을 일으키지는 않았지만 단정하고 공경스러운 모습 가운데서 음양개합陰陽開合의 기틀과 소식영허消息盈虛의 이치가 이미 마음속에 깃들어 있다. 이때는 뜻을 하나로 하고 정신을 집중하여 오로지 공경스럽게 하고 있어서 음양개합과 소식영허가 아직 나타나지 않았을 뿐이다. 이때도 가히 이름을 붙일 수가 없으니 태극이라고 이름한 것이다. 이것이 수련자에게 말해주는 것은 처음 권술을 하러 나설 때 먼저 마음을 깨끗이 씻어 잡념을 없애고, 마음을 고요하게 하여 기를 고르게 해 그 움직임을 대기하라는 것이니, 이와 같이 한 뒤에야 권을 배울 수 있음이다.

태극권에서 말하는 무극이란 수련을 시작하기 전에 마음을 텅 비운 상태를 말하는 것으로, 팔을 축 늘어뜨린 상태다. 태극도를 보면 팔을 약간 든 모습이 있는데 음양개합과 소식영허가 마음속에는 갖추어져 있으나 아직 구체적인 형태로 나타나기 직전의 상태다. 여기서 음양개합이란 음양의 열고 닫는 이치에 따라 몸을 펼쳐서 열고 오므려서 닫는 것을 말하고, 소식영허는 줄어들고 늘어나고 차고 비는 이치에 따라 몸에 힘을 주거나 빼는 것을 말한다.

태극권은 허리와 척추를 중심으로 팔과 다리가 모두 원호를 그리면서 움직여야 한다. 이렇게 두 팔의 동작들이 나선형의 호를 그리면 팔의 모양이 태극도와 가깝게 된다. 이때 동작이 밖을 향해 펼치는 것을 개라고 하고 안으로 모으는 것을 합이라고 한다. 그리고 다리의 무게 중심이 실리는 쪽을 실이라고 하고 반대편을 허라고 한다. 음과 양을 분명히 해서 한 번은 열고 한 번은 닫고, 한 번 다리에 힘을 주고 한 번은 다리에 힘을 빼기를 반복한다. 태극의 원리는 상보의 원리다. 그렇기 때문에 태극권의 비결에서는 개開 가운데서 합合이 숨겨져 있고 합 가운데 개가 숨겨져 있음을 알아야 하고, 실實 가운데 허虛가 숨겨져 있고 허 가운데 실이 숨겨져 있음을 알아야 함을 강조한다. 그리고 태극권은 단순히 손발을 움직이는 동작만이 아니라 기를 운행하는 것을 중시한다. 단전은 전체의 기가 돌아가서 머무는 곳이다. 단전을 중심으로 하늘의 기운인 청기는 심장으로 올라가서 양팔로 전해지고, 땅의 기운인 탁기는 항문과 성기 사이인 회음으로 내려가서 골반을 따라 두 다리로 전해진다.

태극권은 겉으로 볼 때는 분명 태극사상과 밀접한 관련이 있지만 그 속을 들여다보면 노자의 유약柔弱 사상이 근간을 이루고 있다. 왜냐하면 태극권의 기본 개념은 부드러움으로 강함을 이기려고 하는 노자의 이유제강以柔制剛의 사상에서 나온 것이기 때문이다. 노자의 《도덕경》을 관통하는

〈태극권의 한 자세. 이 태극권은 우주와 합일하며 마음을 정결하게 하는 정심淨心에의 추구와 관련이 깊다.〉

중요한 사상 가운데 하나는 음유陰柔의 철학이다. 음유는 양강陽剛의 반대말로 양보다는 음을, 굳셈보다는 부드러움을 중시하는 철학이다.

태극권은 외유내강外柔內剛의 권법이다. 보기에는 부드러운 듯하지만 실은 강한 권법인 것이다. 이렇게 외유내강이 이루어질 때 비로소 이유제강以柔制剛 즉 부드러움으로 굳셈을 제압하는 것이 가능하게 된다. 부드러움으로 강함을 제압하는 것이야말로 태극권이 다른 서양 무술과 가장 큰 차이를 보여주는 부분이다. 그러면 태극권에서는 어떻게 하여 부드러움으로 강함을 이길 수 있는가? 이를 설명하기 위해서는 먼저 경勁과 송鬆의 개념을 이해해야 한다. 경勁이란 일반적으로 근육을 사용하여 내는 뚝심과는 다른 것으로, 태극권을 통해서 나오는 새로운 차원의 힘이다. 무릇 모든 동작은 근육과 뼈의 힘을 사용한다. 그러나 태극권에서 사용하는 경은 탄성의 힘이다. 경이란 근육 자체의 탄성만 가지고 되는 것이 아니라 근육이 가진 탄성의 기초 위에서 골격과 인대, 근육을 종합하여 편안하게 풀어놓은 가운데 생기는 힘이다. 경을 제대로 수련하기 위해서는 반드시 기존의 뚝심을 다 빼는 과정을 거쳐야 한다. 태극권을 수련할 때 몸에 힘을 빼는 것을 강조하는 것은 바로 이 때문이다. 물론 단순하게 힘을 빼는 것으로는 되지 않는다. 송鬆이 되어야 한다. 일반적으로 송은 이완을 말한다. 몸이 풀려 있되 진흙더미와 같이 축 늘어져 퍼진 것이 아니고 힘이 들어가 있되 뚝심이 털끝만치도 들어가 있지 않은 상태를 말한다. 이것은 몸이 충분히 열려 있으면서 이완된 상태다. 완전한 송이 될 때 저절로 경이 나온다. 송은 경이 나오기 위한 필수조건이라고 할 수 있다. 태극권에서는 송과 경을 이루기 위해서는 허령정경虛領頂勁, 기침단전氣沈丹田, 함흉발배含胸拔背, 침견추주沈肩墜

肘, 송요원당鬆腰圓膛, 개과굴슬開跨屈膝이 필수적임을 강조한다. 이를 차례대로 풀이하면 정수리는 위를 향하여 받치듯이 가볍게 올리고, 기운은 단전에 침잠하도록 하고, 가슴을 앞으로 내밀지도 안으로 굽히지도 말고 자연스럽게 하고, 등은 반듯하게 하고, 어깨가 위로 들리지 않도록 가라앉히고, 어깨와 팔꿈치는 자연스럽게 떨어뜨리고, 허리의 긴장을 풀고 사타구니가 원을 그리게 하고, 고관절을 열고 무릎을 굽히는 것이다. 이런 조건들을 다 갖추어야 몸이 충분히 열리게 되고 송과 경이 이루어질 수 있다. 이렇게 경이 완전하게 이루어질 때 온몸에 엄청난 탄력이 붙기 때문에 다른 어떤 강한 힘이 와도 그것을 밖으로 튕겨낼 수 있다. 부드러움이 강함을 이기는 것이다.

<다도>

다도의 수행은 마음의 정결성 추구를 목적으로 한다. 차는 잠을 쫓아주는데, 잠은 혼미와 번뇌로 통한다. 한 잔 차로 두 눈이 밝아진다고 하였고 차는 울적한 마음을 다스리고 막힌 가슴을 열리게 한다. 초의선사가 "차의 맑고 깨끗한 정기를 들이마실 때 대도大道를 이룰 날이 어찌 멀다고만 하랴."고 했는데, 대도란 마음의 정결성 즉 정심淨心에의 추구와 관련이 있다 하겠다. 차의 성품은 사악하지 않다. 즉 무사無邪이다. 초의선사가 "예로부터 현성賢聖들이 함께 차를 사랑하였음은 차가 군자와도 같아 그 성품이 무사無邪하기 때문"이라고 하였음도 이를 강조한 것이다.

중국 다도정신에는 중용이 강조되었다. 이는 한국의 다도에서의 중정中正, 일본 다도에서 화和를 강조한 것과 상통한다. 또한 다도는 여유와 기다림의 미학이 있다. 이규보는 차를 '규중의 귀한 처녀'에 비유하였고, 추사 김정희는 "좋은 차는 아름다운 사람과 같다"고 했다. 이것은 물론 소동파의 <다시茶詩>에서 인용한 것이지만, 그만큼 차는 아름다운 사람과 같다고 옛 선인들은 인식하고 있었던 것이다. 또한 차를 통해서 세속적이고 일상적인 것으로부터 초월하고자 하였다. 맑은 바람을 타고 티끌세상을 벗어나고자한다. 세속적인 것으로부터의 초탈을 희구하던 도가적인 다도정신이라고도 할 수 있다. 다선일미茶禪一味는 한국은 물론 중국 일본 등에 두루 통하는 다도정신의 한 표현이다. 이규보의 <다시茶詩> 중에 "한 잔 차로 곧 참선이 시작된다."는 구절은 차와 선이 한 맛으로 통하는 경지의 표현이다. 다도는 불을 피우고 물을 끓이며 좋은 차를 마시는 평범하고 일상적인 취미생활이지만, 찻잔을 씻고 물을 길어 나르며 목마를 때 마시는 평범한 일을 통하여 마음을 깨끗하게 하는 <정심淨心에의 추구>를 한다. 선禪도 또한 평상심을 떠나 있지 않다. 이 때문에 차와 선은 한 맛이 된다. 선과 마찬가지로 음다飮茶 역시 <정심淨心에의 추구>와 관련이 깊은 것이다. <옛부터 성현이 다 차를 사랑했는데, 차가 군자와 같아서 성품이 사악하지 않네.(古來聖賢俱愛茶, 茶如君子惺無牙)>란 긴 제목의 5언 절구를 보면,

우물이 차니 물을 길을 만하고
창문이 환하니 차를 끓이기에 좋네.
목구멍에 닿아서 오장의 열기를 다스리고
뼈 속을 뚫고 들어가 삿된 기운을 몰아내네.
冷井才垂逕　　냉정재수경
晴窓便點茶　　청창편점다
觸侯功五熱　　촉후공오열
徹骨掃群邪　　철골소군사

옛 중국인들은 이처럼 삿된 기운 몰아내려고 차를 마신 것이다.

우리나라 조선시대에도 참선을 위주로 하는 선승들 사이에서 뿐만 아니라, 지식인들인 선비계층에서도 다도가 굉장히 유행했는데, 이는 정신수양 인격도야 심신수련 등을 중시하는 성리학적 기풍이 크게 유행했기 때문이라고 생각한다. 조선 다도의 특징 중의 하나는 유학을 공부한 선비계층이 음다飮茶 풍속의 전통을 이어오면서 주도적 역할을 했다는 점이다. 선비

란 글공부를 하는 사람으로서, 훌륭한 인품을 지니고 사회를 이끌어 갈 수 있는 참된 지식인이다. 이러한 선비와 다도가 긴밀한 관계를 맺어온 이유를 찾자면, 첫째, 학인學人인 선비들은 항상 맑은 정신으로 공부해야 하므로 나태함과 혼미함을 없애는 각성제로써 차의 역할이 컸다. 둘째, 좋은 향과 맛의 차를 맛보기 위해, 물과 불과 차 싹을 세밀히 다루며 다사茶事(차를 다루는 일)에 정성을 들이고, 차를 마심으로써 잡념을 버리고 정신적 안정을 얻게 되어 공부의 집중력과 사고의 폭을 증대시켰다. 셋째, 공부를 많이 하는 두뇌의 휴식도 필요하여, 차를 준비하는 과정 중 찻물을 끓이고 마시는 일로 인해 자연적인 것과 가까이 하고 오관五官을 만족시키며 더불어 휴식할 수 있었다. 즉 차는 싫증나지 않는 독특한 맛으로 눈으로 찻물과 다구 등의 멋을 감상하며, 손으로는 다구의 따뜻한 감촉을 느끼며, 또한 이러한 차와 더불어 어울린 분위기로 인해 마음이 정결해 진다는 점이다. 넷째, 선비들의 다회茶會 풍속은 상당한 지적능력을 갖춘 사람들의 여가문화이므로 서로의 만남에 즐거움이 클 뿐만 아니라, 실내나 자연환경이 멋지게 갖춰져 있고 음악, 서화, 다담茶談들이 함께 존재한다.

다도는 단순히 차를 끓여 우려서 마시는 행위적 측면에서만 볼 수 없는 심오하고 오묘한 의미가 담겨 있다. 다도학의 대표적인 다서인 한국의 《동다송東茶頌》, 중국의 《다경茶經》, 일본의 《남방록南方錄》이 있다. 다도의 궁극적인 목적은 〈깨달음(淨心에의 추구)〉에 있다. 깨달음은 결코 삶을 초월한 저편의 세상이나 초월적인 이상적인 세계가 아니다. 깨달음은 우리가 몸담고 있는 이 현실 즉 삶에 뿌리내리고 있다. 다만 우리는 우리 존재 속에 내재된 참된 나를 망각하고 있을 뿐이다. 현실 속에 있으면서 나와 대상을 관조함으로써 깨달음은 일어난다. 깨달음은 우리로 하여금 완전한 심적 자유상태를 불러일으킨다. 중국에서 이렇게 차를 즐겨 마시는 것은 옛 선인들이 추구한 <정심淨心에의 추구>와 관련이 깊다 하겠다.

<서예>

서예의 심오한 뜻은 기법의 연습만으로 되는 것이 아니고, 기법과 병행해서 정신수련을 중요시한다. 중국에서 서는 육예六藝, 즉 예禮 악樂 사射 어御 서書 수數 중의 일부분이었다. 서예는 실용적인 요구와 서예적 만족에만 그치는 것이 아니라, 참다운 인간의 영원성을 추구하는 도로서 <정심에의 추구>와 관련이 깊다 하겠다.

이 서예에는 이렇게 미를 추구하는 것도 있지만, 정신수양과 관련이 깊다. 중국에서 극도로 발달한 <정심淨心에의 추구>가 붓글씨 쓰는 것을 통해서도 <정심에의 추구(정신수양)>를 진행한 것이다. 사군자 그리는 것도 정신수양과 관련이 깊다. 그러나 서양인들에게 글씨 쓰는 것은 단지 의사 표현의 전달에 불과하지, 글씨 쓰는 것을 통해 정신수양을 추구하지는 않았다.

중국철학과 문화(태극권, 다도, 서예)는 이처럼 정심에의 추구와 정신수양(cultivation)을 중시하는데, 이는 농경문화와 매우 관련이 있는 것으로 보인다. 농경인들은 모든 것의 원인을 자기 자신에게서 찾는다. 농사가 못된 것도 자신이 뭔가 잘못하거나 덕이 부족해서 하늘이 노여워하여 비를 내려주지 않고 햇볕을 쬐어주지 않아서 그렇게 되었다고 느낀다. 그래서 그들은 항상 자기 자신을 살피는 내성內省의 사고를 하게 된다. 이것이 중국인들로 하여금 정심에의 추구와 정신수양(cultivation)을 중시하는 철학을 만들어 내었다고 생각된다. 중국인들이 즐긴 단전호흡 태극권 다도 서예 등도 모두 마음을 깨끗이 하는 <정심에의 추구>와 관련이 깊다 하겠다.

〈서예 역시 정신수련 정심淨心에의 추구와 관련이 깊다.〉

또한 중국인들은 갑작스러운 깨우침(覺: enlightment)을 중시했는데, 이 역시 중국 농경인들의 비과학적 비논리적 사고가 갑자기 진리를 깨우치는 것을 중시하는 방향으로 철학을 발전시킨 것이 아닌가 한다. 농사 짓는 사람들은 유목민족과 상업민족과 다르게 농작물의 수확량을 정밀하게 과학적으로 계산할 수가 없다. 대충 눈짐작으로 감으로 헤아리게 되는데, 이런 농경삶이 중국인들로 하여금 자신의 직관과 직감을 중시하고, 또한 갑자기 깨우치는 것을 중시하는 방향으로 중국철학을 발전시키는데 일정부분 역할을 했다고 생각한다.

13. 마음(心) 중시의 중국철학(心學 발달)

> 그 마음을 다하는(盡心) 자는 그 본성(性)을 알고, 그 본성을 안 즉 하늘(天)을 알 수 있다. 자신의 마음을 보존하고(存心) 본성을 배양하는 것이 곧 하늘을 섬기는 것이다. 단명과 장수에 상관없이 오직 수신修身(도덕적 수양에의 정진)함으로 천명을 기다리는 것이 곧 안심입명安心立命의 방법이다.[1]

전국시대에 맹자가 이미 진심盡心과 존심存心을 이야기하여 마음(心)을 중히 여김을 알 수 있다.

주자(1,130-1,200)는 성性을 중시했고, 육상산陸象山(1,139-1,193)은 심을 중시했으며, 왕양명에 이르러 이 심학이 크게 성했다. 이후 성과 심에 대한 논쟁도 일어나게 된다. 왕양명은 <주자만년정론>에서 주자와 육상산이 처음에는 성과 심을 각각 강조하여 달랐지만 만년에는 같아졌다고 주장했다. 주자가 만년에 이전 학설의 잘못을 후회하고 스스로 육상산에 동의했다는 것이다. 이 주장이 나오자 주자의 후학들인 성리학자들은 자신의 스승 주자가 만년에 육상산의 심학에 기울여진 것이 아니라고 논변하였다. 성리학자 나흠순羅欽順(1,465-1,547)은 그의 《곤지기困知記 권2》에서 말하기를,

> 정자는 '성즉리性卽理'라고 했고, 상산은 '심즉리心卽理'라고 했다. 궁극의 진리는 하나로 귀결되고 심오한 이치(精義)는 둘이 아니다. 고로 성즉리가 옳으면 심즉리가 그르고, 심즉리가 옳으면 성즉리는 그르니 어찌 명확히 변별하지 않을 수 있겠는가?[2]

---

1) 盡其心者, 知其性也. 知其性則知天矣. 存其心, 養其性, 所以事天也. 夭壽不貳, 修身以俟之, 所以立命也.(《맹자 13장 1절》)

2) 程子言性卽理也, 象山言心卽理也. 至當歸一, 精義無二. 此是則彼非, 彼是則此非, 安可不明辨之.

라고 하며, 심心과 성性을 구별하여 그가 말하기를,

> 심은 사람의 신명神明이고 성은 사람의 존재원리(生理)이다. 이理가 있는 곳이 심이요 심이 소유한 것이 성이니, 이 둘은 하나로 혼동할 수 없다.[3]

이렇게 심과 성을 구별하기도 했지만, 당시 많은 성리학자와 양명학자들은 그렇게 크게 구별하지 못했던 것으로 보인다.

마음을 중시하는 심학은 명대 왕양명王陽明(1,472 - 1,528)에 의해 본격화된다고 할 수 있다. 그의《양명집요 연본》에서,

> 밤중에 격물치지格物致知의 의미를 홀연히 크게 깨닫고 부지불식간에 소리지르고 펄쩍 뛰어 시종들을 놀라게 했다. 마침내 성인의 도는 내 성性 안에 자족自足하니 사물에서 이理를 추구한 이전의 방식은 잘못임을 깨달았다. … 드디어 오직 치양지致良知만을 학생들에게 가르쳤다고 했다.[4]

라고 고백하고 있다. 그는 사물에서 이를 추구한 주자의 학설에 반대해, 성인의 도는 모두 자신의 성性 안에 있다고 하며, 모든 것을 자신의 마음(心)에서 찾아 심학心學을 개척했다. 그는 그의《전습록傳習錄 답고동교서答顧東橋書》에서 말하기를,

> 주자가 말한 격물은 즉물궁리卽物窮理에 있는데, 즉물궁리란 사사물물事事物物(만사만물)에 나아가 그가 말한 정리定理라는 것을 탐구하는 것을 뜻한다. 그런데 이것은 내 마음을 가지고 사사물물 속에서 이를 구하는 것이므로 심心과 이理를 둘로 쪼개는 것이다. … 반면에 내가 말하는 '치지격물致知格物'은 내 마음의 양지良知를 사사물물에 발현하는 것을 뜻한다. 내 마음의 양

3) 夫心者, 人之神明. 性者, 人之生理. 理之所在謂之心, 心之所有謂之性, 不可混而爲一也.(《困知記 권1》)

4) 忽中夜大悟格物致知之旨, 不覺呼躍而起, 從者皆驚, 故知聖人之道, 吾性自足, 向之求理於事物者誤也. … 始專以致良知訓學者.

지가 이른바 천리天理이다. 내 마음의 양지인 천리를 사사물물에 발현하면 사사물물은 그 이를 회복하게 된다. 내 마음의 양지를 발현하는 것이 치지致知요, 사사물물이 저마다 그 이를 획득하는 것이 격물格物이므로, 여기서 심과 이는 하나로 합치된다.[5]

또한 그는,

마음이 곧 이理이다. 세상에 마음 밖의 일이 존재하고 마음 밖의 이가 존재하겠는가?[6]

"심즉리心卽理의 설에 관하여 정자程子는 '사물에 존재하는 것이 이이다.' 고 하셨는데, 선생님은 왜 마음이 이이다라고 하십니까?" "재물위리在物爲理의 재在 자 앞에 심心 자를 첨가해야 한다. 즉 이 마음이 사물에 있으면 이理가 되는 것이다."[7]

임금에게 충성하는 마음이 있으므로 충성하는 이가 있는 것이고, 임금에게 충성하는 마음이 없으면 충성하는 이도 없다. 이가 어찌 우리 마음(心)을 벗어날 수 있겠는가?[8]

마음이 없으면 이가 없다는 것이다. 한번은 그의 제자가 묻기를,

선생께서 남진南鎭 지방을 유람할 때 한 친구가 바위틈의 꽃을 가리키며 이렇게 물었다. "천하에 마음 밖에 사물이 없다고 하셨으나, 이처럼 꽃은 깊은 산에

---

5) 朱子所謂格物云者, 在卽物而窮其理也. 卽物窮理, 是就事事物物上求其所謂定理者也. 是以吾心而求理於事事物物之中, 析心與理而爲二矣. … 若鄙人所謂致良知格物者, 致吾心至良知於事事物物也. 吾心之良知, 卽所謂天理也. 致吾心良知之天理於事事物物, 則事事物物皆得其理矣. 致吾心之良知者, 致知也. 事事物物皆得其理者, 格物也. 是合心與理而爲一者也.

6) 心卽理也. 天下又有心外之事, 心外之理乎?(《전습록 상, 전집 2쪽》)

7) "心卽理之說, 程子云 '格物爲理' 如何謂心卽理?" 先生曰 "在物爲理, 在字上當添一心字, 此心在物則爲理."(《전습록 하, 전집 121쪽》)

8) 有忠君之心, 卽有忠之理. 無忠君之心, 卽無忠之理矣. 理豈外於吾心邪?(《전습록 答顧東橋書》)

> 서 스스로 피고 지니, 내 마음하고 무슨 상관이 있습니까?" 하니, 선생이 말하기를, "그대가 이 꽃을 보지 않았을 때 이 꽃과 그대 마음은 함께 적막 속에 들어가 있었네. 그대가 이 꽃을 보게 되자 이 꽃의 모습은 일순간에 명백해졌으니, 이 꽃은 그대의 마음을 벗어나 존재하지 않음을 알 수 있네."라고 하셨다.[9]

이 어록은 유명한 구절로, 내 마음 밖에 천하에 따로 사물이 없다는 것이다. 내 마음과 관련 없는 사물은 나와 아무 관계가 없으니, 모든 것은 나의 마음이 중요하다는 것인데, 중국 심학은 왕양명에 의해 완성되었다고 할 수 있다. 이렇게 마음 중시가 중국철학에서 발달한 것은 모든 것의 원인을 자기 자신에게서 찾는 농경민족의 특성과 관련이 있는 것이 아닌가 한다. 서양이 물질을 중시했다면, 중국은 마음을 중시한 것이다.

〈명대 심학心學의 완성자 왕양명. 그는 모든 것을 마음에서 구했다.〉

9) 先生遊南鎭, 一友指巖中花樹問曰, "天下無心外之物, 如此花樹, 在深山中, 自開自落, 於我心亦何相關?" 先生曰, "爾未看此花時, 此花與爾心同歸於寂, 爾來看此花時, 則此花顏色, 一時明白起來, 便知此花不在爾的心外." (《전습록 하, 전집 107 108쪽》)

14. 비움의 철학

1) 무無의 철학

> 도는 텅 비어있지만 그것의 작용은 그침이 없다. 깊도다! 마치 만물의 근원 같도다.[1]

> 서른 개의 바퀴살이 바퀴통에 꽂혀있는데, 바퀴통의 빈 부분이 있어야 비로소 수레로서의 쓰임이 생긴다. 진흙을 빚어 그릇을 만드는데, 비어있는 부분이 있어야 그릇으로서 쓰임이 있다. 창과 문을 내어 방을 만드는데, 그 안의 빈 부분이 있어야 방으로서의 쓰임이 생긴다. 고로 유有는 이로움을 주고, 무無는 쓸 수 있도록 한다.[2]

수레바퀴도 가운데 비어있어야만 쓸 수가 있고, 그릇도 가운데 비어있어야 쓸 수 있으며, 문과 창도 그 가운데 비어있어야 방으로 쓸 수가 있다. 모든 것은 비어있어야 쓸모가 있다는 것이다.

> 만물이 다투어 성장하는 속에 나는 그 돌아감(復)을 보았다. 무릇 무성한 만물들이 각자 그 근본으로 돌아간다.(歸) 근본으로 돌아가는 것을 고요함(靜)이라고 하는데, 이를 천명으로 돌아간다(復命)라고 말한다.[3]

노자는 허虛와 정靜을 이야기 하고 있다. 허와 정이 만물의 근원(根)이라는 것이고 모든 만물은 이 허정虛靜한 상태로 돌아간다(歸)는 것이다.

도가의 무無에 대한 입장은 주로 노자와 위진시기 현학玄學에서 나타

---

1) 道沖而用之, 或不盈, 淵兮似萬物之宗.(《노자 4장》)

2) 三十輻共一轂, 當其無 有車之用. 埏植以爲器, 當其無 有器之用. 鑿戶牖以爲室, 當其無 有室之用. 故有之以爲利, 無之以爲用.(《노자 11장》)

3) 萬物竝作, 吾以觀其復. 夫物芸芸, 各復歸其根, 歸根曰靜, 是謂復命.(《노자 16장》)

나는 무에 대한 견해를 통해 파악할 수 있다. 그리고 그들의 무에 대한 견해는 다시 유와의 관계 속에서 더욱 분명히 드러난다. 그러므로 노자의 유무관有無觀과 위진 현학의 유무관을 살펴보는 것이 도가의 무에 대한 내용이 될 것이다. 현학의 유무관은 다시 무를 강조하는 입장과 유를 강조하는 입장으로 나뉜다. 따라서 도가의 무에 대한 입장은 먼저 노자의 유무관, 다음으로 현학 가운데 무를 강조하는 귀무론貴無論, 마지막으로 현학 가운데 유를 강조하는 숭유론崇有論과 독화론獨化論 순으로 살펴볼 것이다.

먼저 노자의 유무관은 크게 세 가지로 나눌 수 있다. 첫째, '유무상대有無相對'로서의 유무관이다. 유무상대란 유형과 무형, 유명有名과 무명無名, 유위와 무위와 같은 개념들이 상하, 고저, 장단 등과 함께 서로 어우러져 대대관계對待關係를 형성하고 있으며, 세계는 그러한 대대관계들이 촘촘한 그물망으로 엮인 모습을 통해 이해될 수 있다는 것이다. 여기서의 유와 무는 어느 하나가 다른 하나보다 우월적 지위를 확보하는 고정적이고 절대적인 관계가 아니며, 모든 개념들은 그것과 상대되는 개념들과의 관계 속에서 파악될 수 있는 것이다.

둘째, '유생어무有生於無'의 유무관이다. '유생어무'란 《노자 40장》의 "천하 만물은 유에서 태어나고, 유는 무에서 태어난다."(天下萬物生於有, 有生於無)는 구절에서 유래하는 것인데, 유는 무에서 생겨나고, 무는 유를 생기게 한다는 뜻이다. 이것은 《노자》의 우주발생론적 성격을 설명해 주는 부분으로서, 만물의 근원으로서의 도와 그것으로부터 나오는 무형적인 요소인 무, 그리고 무로부터 나오는 유형적인 요소인 유라는 순서를 밟는다.

셋째, 공간 분할로서의 유무관이다. 그 내용을 살펴보면, "서른 개의 바퀴살이 바퀴통에 꽂혀있는데, 바퀴통이 빈 부분이 있어야 비로소 수레로서의 쓰임이 생긴다. 진흙을 빚어 그릇을 만드는데, 그 오목한 부분이 있어야 그릇으로서 쓰임이 있다. 창과 문을 내어 방을 만드는데, 그 안의 빈 부분이 있어야 방으로서의 쓰임이 생긴다."(《노자 11장》)는 것이다. 노자는 유와 무의 관계를 공간 분할로 풀이한다. 방의 비어 있는 공간은 임시적 상태로 무에 처해 있다. 이 공간은 채워져서 유로 변할 때 가치를 획득한다. 비어 있음의 무는 채워짐의 유에 의해 쓰임이 되는 것이다. 즉 무가 없이는 현실의 사물이 제대로 쓰이지 못하는 것이다. 이것은 무의 쓰임(以無爲用)이라는 왕필王弼의 무용無用 사상으로 연결된다.

다음으로 현학의 유무 개념을 다루기에 앞서 본말의 의미부터 짚어 볼 필요가 있다. 본本이란 사물의 근본이자 본래의 처음이라는 뜻으로서 천지의 시작, 사물의 어미, 개별 사물의 근원을 의미한다. 말末이란 세부적 마디, 변화와 운동을 뜻하며, 자연의 법칙을 벗어난 인위적 간섭, 세속적 지혜 등을 일컫는다. 따라서 본은 형체를 넘어서는 것, 우주의 근원이며, 말은 형체를 지니는 것, 즉 현상적 세계를 말한다. 현학에서 다루는 본말, 유무 등의 문제는 철학적 의미뿐만 아니라 사회적 정치적 인륜적 의미까지도 포함하는 개념이다.

본체론에 있어서 말末은 유와 관련되며 인륜 질서를 중시하는 유가에서 강조하는 입장이다. 무라 함은 이름이 없고 형체가 없는 본원적인 것을 가리키니 도 혹은 자연이라고 할 수 있다. 자연이란 자연관과 인생관을 포괄하여 말하는 것으로 초월 방외方外와 유사하며 초월적인 태도나 관심을 말한다. 본체론에 있어서는 본은 무와 관련되며 도가에서 강조하는 입장이다. 무를 강조하는 입장에 서 있는 왕필은 객관 세계의 일체 속성을 포괄하는 최고의 추상 개념으로서 무를 설정하였다. 그는 노자의 '유생어무有生於無'에 대하여, "천하 만물은 모두 유를 생으로 삼는다. 생의 처음은 무를 근본으로 삼는다. 유를 온전히 하고자 한다면 반드시 무로 되돌아가야 한다.[4]"라고 하여 무가 유의 근본임을 말하였다.(以無爲本) 왕필은 무를 유 즉

4) 天下之物皆以有爲生, 有之所始, 以無爲本. 將欲全有, 必反于無也.(《노자 40장》에 대한 왕필의 주)

현상계 내의 모든 것의 원인과 존재 근거로 규정하고, 무가 현상계 배후에 있는 규정하거나 형상화할 수 없는 본체임을 밝혔다. 이러한 본체로서의 무無는 물질성을 지닌 것이 아니며 현상적인 사물과는 존재론적으로 같지 않다. 형체가 있는 사물은 형체가 없는 본체에 비하면 부차적인 것에 불과하고 만물의 근거는 무형無形 무명無名한 무인 것이다.

> 무릇 사물의 생겨남과 일(功)의 이루어짐은, 반드시 무형無形에서 생겨나고 무명無名에서 말미암는다. 무형과 무명은 만물의 근본(宗)이다. 이는 따뜻하지도 않고 시원하지도 않으며, 궁宮의 소리도 아니고 상商의 소리도 아니다. 들으려 해도 들을 수 없고, 보려고 해도 볼 수 없으며, 만지려고 해도 느낄 수 없고, 맛을 보려고 해도 맛볼 수 없다.[5]

노자는 생성론 발생론의 각도로부터 유무를 파악하였으니, 즉 능생能生과 소생所生의 관계로 유무를 파악한 것이다. 그러나 왕필은 본말 관계로 유무를 해석하고, 본을 위주로 말을 포섭하고자 하였다. 왕필에게 있어서 무란 유와 무의 상대적 관계를 초월하는 일종의 지고무상한 지무至無로서, 온갖 사물이 생기는 근원이다. 왕필은 노자의 '유는 무에서 생겨난다.'(有生於無)라는 발생론적 우주론을 계승하면서 만물의 본원으로서의 무에 법칙성을 부여하여 사물에 내재된 법칙으로 해석하였다.

사물의 참된 모습을 인식하려면 구체적 형체를 지닌 현상의 지엽 말단에서 시작하지 말고, 현상계의 모습을 초월하는 본체에서 착안해야 하는 것이다. 그러므로 본체를 파악하면 현상을 파악할 수 있게 되고, 지극한 본래의 이치를 파악하면 상이한 사물의 이치를 파악하게 된다. 결국 왕필의 귀무론貴無論은 상이한 사물의 배후에 있는 근본적 이치를 파악함으로써

---

5) 夫物之所以生, 功之所以成, 必生乎無形, 由乎無名. 無形無名者, 萬物之宗也. 不溫不凉, 不宮不商, 聽之不可得而聞, 視之不可得而彰, 體之不可得而知, 味之不可得而嘗.(왕필의《老子指略》)

각각의 개별적인 현상을 파악한다는 것으로 요약될 수 있다.

왕필은 무와 유의 관계에 대하여 다음과 같이 말하고 있다. "무릇 무는 무로써는 밝힐 수 없으니 반드시 유에 의지해야 한다. 그러므로 항상 사물의 극한에서는 반드시 그 말미암은 바의 종지를 밝혀야 한다." 무는 유의 근본이긴 하나 독립적으로 스스로 밝혀질 수 없고 반드시 유를 통해서만 이해될 수 있다는 것이다. "나무 찰흙 벽이 수레 그릇 방을 이루는 까닭은 모두 무를 쓰임으로 삼기 때문이다. 무란 유가 이롭게 되는 까닭이니 모두 무에 의지하여 쓰임이 되기 때문이다." 왕필은 무는 유의 근본이라고 하였고 또 무는 유에 의지하여 그 쓰임이 드러난다고 하였다. 그러므로 그릇은 자신의 근본(무언가를 담는 것)을 그 형태 속에서 실현함으로써 근본을 드러낸다. '무언가를 담아냄'은 그릇이 없이는 자신의 존재 의미를 드러낼 수 없는 것이다.

이처럼 왕필이 본원으로서의 무라는 바탕 위에 유무 간의 밀접한 관계를 강조했다면, 배위裵偉와 곽상郭象은 오히려 무를 부정하고 유를 강조한다. 배위는 이무위본以無爲本의 본체론이 극단적으로 발전하여 유가의 예법, 즉 명교를 철저히 부정하는 등 방탕하고 허무주의로 흐르는 데 대한 반발로 숭유론崇有論을 주장하였다. 숭유론의 입장에서는 유만이 있고 무는 없다. 따라서 생겨나 있는 것은 귀무론이 주장하는 무와 같이 어떤 근거, 본체를 통해서 생겨나는 것이 아니라 스스로 생겨나는 것이다. 즉 무는 유를 생기게 할 수 없고 유는 언제나 유일뿐이다. 무는 만물에 이익될 바가 없고 단지 유만이 만물을 다스릴 수 있다.

곽상은 현상계 배후의 존재 근거로서의 본원적 무를 부정하였다. 무는 무일뿐이고, 유를 생겨나게 할 수 없다는 것이다. 세상에 존재하는 것은 오직 유뿐이며, 유의 존재 근거는 자기 자신(自性)인 것이다. 사물의 생성과 변화는 어떠한 외재적 역량도 필요로 하지 않으며, 어떠한 조건에 의지함 없이 자기 스스로 존재하고 변화한다. 유는 스스로의 본성을 충족시키는 자족적 존재이며, 사물 각각은 그 본성에 임하는 것이 요구될 뿐이다. 이러한 유의 존재 형식을 살펴보면 그것을 생겨나게 하는 원인이 없으며(無因), 스스로 생기고(自生), 스스로 나고(自出), 스스로 있으며(自有), 외부적인 존재에 의지하지 않는다.(無待) 이러한 유의 존재 형식이 최고로 발현된 경지가 독화獨化이다.

독화란 외부의 원인이 없이 스스로 존재하면서 자신의 본성을 스스로 충족시키는 경지라고 할 수 있다. 이러한 독화가 개인적으로 체현되는 과정을 보면, "지인至人은 사물에 무심하게 대응한다."(至人無心而應物) "성인은 사물에 무심하게 따른다."(無心而順物)고 하여 무심無心을 강조한다. 즉 무심이란 유에 대하여 주관적인 편견이나 집착을 갖지 않고 그 본성에 따르는 것이다.

도가의 무는 유의 상대 개념으로서의 무, 발생론적 근원으로서의 무, 빈 공간이 쓰임으로서의 무, 유가의 인위도덕에 상대되는 자연주의적 가치관으로서의 무, 사물의 존재 법칙으로서의 무 등 다양한 함의를 지닌다. 이상으로 볼 때 도가의 무란 사물의 기원 또는 법칙성이라는 의미로 요약될 수 있다. 무의 이와 같은 법칙성에 대한 강조는 이理 개념으로 환원되어 송명이학宋明理學의 형성에 지대한 영향을 미치게 된다.

도가에서의 무無란 '없다.'라는 뜻이 전혀 아니고, 천지 만물 유有를 만들어내는 눈에 보이지 않은 그 무엇이란 의미이다. 무사상이 중국에서 이렇게 유행한 것은 농경문화하고도 깊은 관련이 있는 것이 아닌가 한다. 봄에 꽃피고 여름에 자라며 가을에 열매 맺고 겨울에 죽는 이런 모든 자연현상은 저절로 된 것이다. 그렇게 저절로 된 것(자연)은 우리 눈으로 볼 수 없고 느낄 수도 없지만, 그 무엇에 의해 그렇게 된 것이라고 농경인들은 생각한다. 이렇게 생장수렴生長收斂하게 만드는 원동력, 눈에 보이지도 않고 느낄 수 없는 원동력을 철학화하여 무無라고 한 것이다. 우리 인간이 알 수

없는 우주 만물의 근원을 볼 수도 알 수도 없다고 하여 농경민족 중국인들은 그것을 무無라고 한 것이다.

〈이런 자연에서 모든 만물을 길러내지만 그러면서도 인간이 볼 수도 느낄 수도 없어 그것을 무無라고 이름한 것이다.〉

2) 허虛의 철학

이 허虛철학은 한대 인물인 양웅揚雄의《태현太玄》에서도 이미 그 시초가 약간 보이는데 그는 거기에서 현玄에 대해 설명하기를,

> 현玄이란 모든 사물을 그윽하게 전개시켰으면서도 그 형체를 드러내지 않는다. 허무에 의지하여 생기기 때문일까? 현은 신명神明을 규제하여 전범을 규정하고, 과거와 현재를 하나로 관통함으로써 사물의 류類를 전개하고 음양을 베풀고 기를 발산시킨다. … 우러러 쳐다보면 위에 있고, 머리 숙여 굽어보면 밑에 있으며, 거스르려고 해도 거스를 수 없고, 침묵하더라도 올바로 되는 것이 현이다. .. 양은 양만 주관하고 음을 주관하지 않으며, 음은 음만 주관하고 양을 주관하지 않지만, 음도 주관하고 양도 주관하며 평소 때도 주관하고 행동할 때도 주관하며, 어둠도 주관하고 밝음을 주관하는 것은 오직 현玄이다.[6]

양웅이 말한 이 태현太玄은 노자 사상을 더 확대하여 전개시킨 이론이다.《노자》에서는 여성성을 강조하고 있고 자궁(모태)을 중시한다. 이 현玄

---

6) 玄者, 幽攡萬類而不見其形者也, 資陶虛無而生乎? 規闟神明而定, 通同古今以開類, 攡措陰陽以發氣, … 仰而視之在乎上, 俯而窺之在乎下, 企而望之在乎前, 棄而忘之在乎後, 欲違則不能, 嘿則得其所者, 玄也. … 陽知陽而不知陰, 陰知陰而不知陽. 知陰知陽, 知止知行, 知晦知明者, 其惟玄乎?(《太玄 太玄攡》)

(현묘함) 그리고 현허玄虛(현묘하고 비어있음)는 자궁(모태)을 의미하는 것으로 보인다. 이 자궁은 텅 비어 있으면서도 현묘하며 그리고 모든 사물을 낳는 원천이다. 모든 생명체가 그 자궁에서 태어난다.

이 허虛철학은 앙웅을 이어 남북조 시대 현학玄學의 발달과 더불어 크게 나타난다. 이는 당시 크게 유행했던 불교의 공空철학에서 영향을 받은 것으로 보인다. 현과 허가 합쳐 현허玄虛라는 용어가 하안何晏(?-249) 왕필王弼(226-249) 완적阮籍(210-263) 혜강嵇康(224-263) 향수向秀(227?-272) 곽상郭象(252-312) 등의 의해 많이 사용되어 왔다. 특히 향수와 곽상 등에 의해 많이 사용되어졌는데, 이 현허는 기본적으로 어두침침하고 텅 비어있으면서도 모든 만물이 그곳에서 나오고 또한 모든 만물을 낳는 본채라고 여긴 자궁(모태)에서 연상되어 나온 철학 용어가 아닌가 한다.

> 이로서 천지가 아무리 넓어노 무無를 중심으로 삼고, 성왕聖王은 아무리 위대해도 허虛를 위주로 삼는다. … 따라서 자기의 사심을 버리고 자신의 명예를 무시하면 온 세상이 우러르며, 멀고 가까움을 막론하고 귀의할 것이겠으나, 자신의 명예를 강조하고 사심을 내세우면 제 한 몸도 보전할 수 없고 골육 간에도 서로 용납하지 않을 것이다.[7]

> 루屢는 매번의 뜻, 공空은 허중虛中(마음을 비움, 虛心)의 뜻이라고 볼 수 있다. 성인께서 훌륭한 도로써 여러 제자들에게 진보하기를 가르쳤지만 그들이 결국 도를 깨닫지 못한 것은 저마다 마음 속에 병폐가 있었기 때문이다. 그 가운데 거의 매번 마음을 비울(虛心) 수 있었던 제자는 오직 안회顔回였는데, 그는 도를 매우 심원하게 터득했다. 마음이 비지 못하면(虛心) 도를 깨닫지 못한다. 자공子貢은 여러 제자들이 가진 병폐는 없었지만 도를 깨닫지 못한 이유는, 궁리하지 않아도 요행히 적중했고 천명이 아니어도 우연히 부유했으나, 마음을 비우지(虛心) 못했기 때문이다.[8]

---

7) 是以天地雖廣, 以無爲心. 聖王雖大, 以虛爲主. … 故滅其私而無其身, 則四海莫不瞻, 遠近莫不至. 殊其己而有其心, 則一體不能自全, 肌骨不能相容.(《王弼集》93쪽)

8) 一曰, 屢猶每也, 空猶虛中也. 以聖人之善道, 敎數子之庶幾, 猶不至於知道者, 各內有

이는 장자가 말한 "도는 허심虛心에 머문다. 이 허심이 곧 심재心齋이다."[9]라는 의미이다. 마음을 비우라고 가르치고 있다.

3) 공空의 철학

불교의 근본교리 중 하나로 인간을 포함한 일체 만물에 고정 불변하는 실체가 없다는 사상이다. 범어로는 Śunya, 팔리어로는 Suññā. 불교 이전부터 널리 사용되어 온 말로서 인도의 수학에서는 영零으로 사용되었고, 힌두교에서는 브라만(梵)과 니르바나(涅槃)의 상징으로 사용되기도 하였다. 그러나 불교에서는 현상계의 모든 사물의 이법理法을 설명하는 원리로서 불교의 근본사상이 되었다.

일반적으로 반야부般若部 계통의 대승불교 사상으로 알려진 공사상은 부처가 보리수 아래에서 깨달은 진리인 연기緣起에 그 연원을 두고 있다. 현상계를 유전하는 모든 존재는 인연의 회합으로 생멸하는 존재이므로 고정 불변하는 자성自性이 없다. 이와 같이 일체의 만물은 단지 원인과 결과로서 얽힌 상호의존적 관계에 있기 때문에 무아無我이며, 무아이기 때문에 공空인 것이다. 이때의 공은 고락苦樂과 유무有無의 양극단을 떠난 중도中道이며, 이것이 부처가 깨달은 내용이다.

그러나 부파불교에서 법체法體는 항유恒有한다는 실재론을 주창하였기 때문에, 초기 대승불교에서는 법의 항유를 부정하면서 아공我空과 법공法空의 이공설二空說을 내세운다. 아공은 자아를 실재라고 인정하는 미혹한 집착을 부정하도록 가르치는 것이고, 법공은 나와 세계를 구성하

此害. 其於庶幾每能虛中者, 唯回懷道深遠, 不虛心, 不能知道. 子貢無數子之病, 然亦不知道者, 雖不窮理而幸中, 雖非天命而偶富, 亦所以不虛心也.(何晏《論語集釋》781쪽)

9) 唯道集虛. 虛者, 心齋也.(《장자》147쪽)

는 요소에 대하여 항상 있는 것이라고 인정하는 잘못된 집착을 부정하도록 가르치는 것이다.

이와 같이《반야경般若經》의 공사상이 초기불교에 그 근원을 두고 있지만, 본격적으로 철학적 체계화를 시도한 사람은 용수龍樹(Nāgārjuna)이다. 용수는《중론中論 관사제품觀四諦品》제18 게偈에서 공사상의 이론적 근거가 연기라고 명확히 제시하였다. 나아가 세속제世俗諦와 제일의제第一義諦의 관계를 드러낸 이제설二諦說을 정립하였다. 즉 세간의 언어 습관인 세속제가 연기와 공을 바탕으로 성립하므로 연기와 공에 대한 이해야말로 진리(眞諦)를 알고 열반을 얻게 하는 구체적인 지혜임을 나타낸 것이다. 용수는《중론》을 통해《반야경》의 공사상을 연기설과 같은 위치에 놓음으로써 이를 이론적으로 해명했고, 대승불교의 역사적 위상을 확립시킴으로써 대승불교의 사상 전개에 큰 영향을 미쳤다. 인도에서는 이 책에 의해 중관학파中觀學派가 일어났으며, 유가행파瑜伽行派와 더불어 인도 대승불교의 2대 사조를 형성하였다.

유가행파도《중론》의 공사상을 계승하여 현실세계의 구조를 체계적으로 설명하려는 삼계유식설三界唯識說과 삼무성설三無性說을 주장하였다. 또한 중관학파와 유가행파의 사상이 혼합된 형태로 티베트에 전파되어 총카파(Tsong-ka-pa, 宗喀巴: 1,357-1,419) 교학의 기초가 되었다.

중국에는 청목靑目이 주석한《중론》이 번역된 이후 용수의《십이문론十二門論》및 그의 제자 제바提婆의《백론百論》과 합하여 삼론三論이라 불려 삼론종이 성립되었다. 그 후 삼론종의 대성자 길장吉藏의《중관론소中觀論疏》는《중론》연구의 궤범이 되고 있다.

〈반야경에 불교의 空 공사상이 잘 나타나 있다.〉

또한 천태종天台宗의 지의智顗는 앞에서 말한《중론 관사제품》제18게에 기초하여 '공空 가假 중中'의 삼제설三諦說을 세워 천태종의 근본교리로 삼았다. 이 세상의 모든 현상을 이 공관에 입각해서 보면 거짓(假)된 모습을 하고 있는 상대적인 것이며, 그 밑바닥의 진리의 세계에서 볼 때는 한결같은 공의 세계로서 유지되어 있는 것이다. 그러므로 상대적인 거짓(假)의 세계에서는 현상이 공함을 파악하고 공의 세계로 몰입한 뒤 다시 나올 때, 거기에는 중도의 세계, 깨달음의 세계가 전개된다는 것을 밝힌 것이다. 즉 모든 상대적인 현상을 공하게 비울 때 그곳에 해탈의 세계가 전개된다는 수행론은 공사상을 토대로 하여 전개한 것이다. 남북조 시대의 태사太史 숙명叔明(474-546)이 공空에 대해,

> 안자顔子는 상등의 현인으로서 (성인의 덕성을) 전체적으로 체득하여 미미하기는 했지만 깊은 경지에 도달하여 진보하거나 퇴보하는 일은 없었기 때문에 의미상으로 '자주(屢)'라는 말을 썼다. 그가 인의仁義를 높이고 예악을 잊으며 지체를 깨뜨리고 총명을 무시하여 좌망坐忘하여 대통大通한 사실은 "유를 잊었다.(忘有)"는 의미이다. "유를 잊음"이 순식간이고 완전한 경우 '공空'이 아니고 무엇이겠는가? 그러나 성인聖人과 비교해보면 성인은 잊음을 잊지만(忘忘), 대현大賢이라도 잊음을 잊지 못한다. 잊음을 잊지 못하기 때문에 마음에는 다시 미진한 면이 있게 된다. 한번 미진했다가 다시 '공空'에 도달하기 때문에 '자주'라는 이름을 붙인 것이다.[10]

라고 설명하고 있다. 유有를 잊음이 순식간이고 완전한 경우 그것이 '공空'이고, 성인은 잊음 자체도 잊는다고 하고 있다.

중국 불학은 대체로 제행무상諸行無常[11] 제법무아諸法無我[12]를 설명하고 있다. 이른바 밖의 세계(外界)는 우리 마음이 현현한 것으로서, 허망하고 실체가 없는 공空이다. 밖의 세계는 진실이 아니므로 공이다(不眞空)라고

---

10) 顔子上賢, 體異而徹則精也. 故無進退之事, 就義上以立屢名, 按其貴仁義, 忘禮樂. 虁支體, 犂聰明, 坐忘大通, 此忘有之義也. 忘有頓盡, 非空如何? 若以聖人驗之, 聖人忘忘, 大賢不能忘忘, 心復爲未盡, 一未一空, 故屢名生也焉.(《論語集釋》)

11) 만물은 항상 변전하여 잠시도 상주함이 없음.

12) 모든 존재는 인연의 화합으로 나타난 것이므로 實我의 주체 즉 自性이 없음.

주장했다. 남북조시기 노장의 유무有無 논쟁의 영향을 받아서인지 불학자들 사이에 공유空有 논쟁이 크게 일어났다. 이 문제에 대한 당시 불학자들의 소론은 6가 7종으로 분류된다. 일본의 안징安澄은 《중론소기中論疏記》에서 말하기를,

> 양나라 석보창釋寶唱은 <속법론續法論>에서 "송나라 석담제釋曇濟는 <육가칠종론六家七宗論>에서 6가를 7종으로 나누어 논했는데, 첫째 본무종本無宗, 둘째 본무이종本無異宗, 셋째 즉색종卽色宗, 넷째 심무종心無宗, 다섯째 식함종識含宗, 여섯째 환화종幻化宗, 일곱째 연회종緣會宗이다. 여기서 6가라 함은 7종에서 본무이종을 제외한 경우를 말한다."고 말했다. 이에 대해 어떤 사람은 "그 말은 명백하지 않다. '7종 가운데 본무종을 제외한 것이 6가이다.'고 해야 한다."고 설명했다.[13]

길장吉藏(549-623)은 본무종本無宗을 설명하여,

> 첫째로 석도안釋道安은 본무의 이론을 밝혀 이렇게 말했다. "무無는 만물의 조화 이전에 존재했고, 공空은 형체의 시원이다. 사람들이 정체되는 까닭은 말단적인 사물(末有)에 정체되기 때문이다. 따라서 본래적인 무(本無)에 마음을 맡기면 이단적인 생각은 곧 멸식된다." … 그 의미를 살펴보면 본무자란, 이때 석도안이 밝힌 본무란 일체의 모든 존재는 그 본성이 공적空寂하기 때문에 본무라고 한 것이다.[14]

"일체의 모든 존재는 그 본성이 공적空寂하기 때문에 본무라고 한 것이다."라고 설명하고 있다. 본무이종에 대해 안징이 설명하기를,

---

13) 梁釋寶唱作<續法論>云, 宋釋曇濟作<六家七宗論>, 論有六家, 分成七宗, 一本無宗, 二本無異宗, 三卽色宗, 四心無宗, 五識含宗, 六幻化宗, 七緣會宗, 今此言六家者, 於七宗中除本無異宗. 有人傳云, 此言不明. 今應云, 於七宗中除本無宗, 名六家也. (《대장경 65, 93쪽》)

14) 一者釋道安明本無義. 謂無在萬化之前, 空爲衆形之始. 夫人之所滯, 滯在末有. 若託心本無, 則異想便息. … 詳此意安公明本無者, 一切諸法, 本性空寂, 故云本無.(《대장경 中觀論疏》)

"무엇이 무인가? 무는 휑하니 형체가 없으며 만물이 생기는 원천이다. 유有는 생기는 것이지만 무無는 만물을 낳는 것이다. 따라서 부처는 바라문(梵志)에게 '4대가 공으로부터 생긴다.'고 말했다." 《산문현의山門玄義 이제장二諦章 하》에서 말하기를, "또 축법심竺法深은 '모든 존재가 본래적 무(本無)이고 휑하니 형체가 없음을 제일의제第一義諦이고 그로부터 생긴 사물이 세제世諦이다'고 말했다."[15]

이 본무이종의 논지는 실은 "천지만물은 유에서 생기고, 유는 무에서 생긴다."는 노자의 학설을 가지고 불학을 논한 것이다. 그는 또 즉색종에 대해 말하기를,

둘째는 즉색卽色(사물 자체) 이론이다. 그런데 즉색 이론에는 두 종파가 있다. 하나는 관내 지방의 즉색 이론으로서 즉색이 곧 공임을 밝힌 것이다. 색에는 자성自性이 없음을 밝힌 것으로 즉색이 곧 공임을 지적했으나 즉색의 본성이 공임은 지적하지 못하였다. 이 이론은 승조僧肇에 의해서 비판되었다. 승조에 따르면 "이 이론은 색이 스스로 색이 아님은 깨달았으나, 색은 색이 아님을 인식하지 못했다."라고 했다.[16]

이 세상의 모든 사물 자체(色)가 공이라고 인식하는 것이다. 즉 《반야심경》 구절에 나오는 것처럼 색즉시공色卽是空이요 공즉시색空卽是色인 것이다. 그는 또 심무종心無宗에 대해 말하기를,

셋째로 온법사溫法師는 심무心無 이론을 채용했다. 심무란 만물에 대해서 무심하면 만물이 무인 적이 없다는 뜻이다. 이 의미를 해석하면, 경에서 '모든 존

---

15) 夫無者, 何也? 壑然無形, 而萬物由之而生者也. 有雖可生, 而無能生萬物. 故佛答梵志, 四大從空生也. <山門玄義>第五卷, <二諦章>下云, 復有竺法深卽云, 諸法本無, 壑然無形, 爲第一義諦. 所生萬物, 名爲世諦.(《대장경 中論疏記》)

16) 第二卽色義. 但卽色有二家. 一者, 關內卽色義. 明卽色是空者. 此明色無自性, 苦言卽色是空, 不言卽色是本性空也. 此義爲肇公所呵. 肇公云, 此乃悟色而不自色, 未領色非色也.(《대장경 中觀論疏》)

> 재는 공이다.'고 한 것은 마음의 본체가 허망에 집착하지 않게 하려는 입장에서 무를 언명했을 뿐, 바깥 사물이 공이다는 말이 아니다. 즉 만물의 세계는 공하지 않다.[17]

이 종의 논지는 장자학으로써 불학을 논한 것이라고 할 수 있다. 그는 식함종識含宗을 설명하여,

> 이 네 법사들(道安, 法深, 支遁, 法溫)의 이론은 진대晉代에 성립된 것이다. 송대에 이르러서는 대장엄사大莊嚴寺의 담제曇濟 법사는 <칠종론七宗論>을 저술하여 앞의 네 법사들의 이론을 사종四宗으로 기술했다. 다섯째로 우법개于法開가 식함識含 이론을 세웠다. 즉 삼계三界는 긴 밤의 집이요, 심식心識은 큰 꿈의 주인이다. 지금 보이는 뭇 존재는 모두 그 꿈속에서 보이는 것들이다. 큰 꿈에서 깨어나면 긴 밤은 밝아 와서 드디어 미혹에 의해서 전도된 식識이 소멸하면 삼계는 모두 공이 된다. 이때 (마음에는) 생기는 것도 없어지고 생기지 않는 것도 없게 된다.[18]

이에 대해 안징이 말하기를,

> 《산문현의山門玄義》 제5에서 말하기를, 우법개于法開는 <혹식이체론惑識二諦論>을 지어, … "미혹 속에 보인 것이 속제俗諦(俗)이고, 깨달음 속에서 공을 보는 것이 진제眞諦(眞)이다."라고 여겼다.[19]

길장은 계속해서 환화종幻化宗에 대해 말하기를,

---

17) 第三溫法師用心無義. 心無者, 無心於萬物, 萬物未嘗無. 此釋意云, 經中說諸法空者, 欲令心體虛妄不執, 故言無耳. 不空外物, 卽萬物之境不空.(《대장경 중관론소》)

18) 此四師(道安, 法深, 支遁, 法溫)卽晉世所立矣. 爰至宋大莊嚴寺曇濟法師著<七宗論>還述前四, 以爲四宗. 第五于法開立識含義. 三界爲長夜之宅, 心識爲大夢之主. 今之所見群有, 皆於夢中所見. 其於大夢旣覺, 長夜獲曉, 卽倒惑識滅, 三界都空. 是時無所從生, 而靡所不生.(《대장경 중관론소》)

19) 山門玄義第五云, 第四于法開著<惑識二諦論>, … 以惑所覩爲俗, 覺時都空爲眞. (《대장경 中論疏記》)

여섯째로 일법사壹法師는 이렇게 말했다. "세제世諦의 존재는 모두 환화幻化(허깨비 조화)와 같다. 그러므로 경에서 '본래부터 (세제의 존재는) 존재한 적이 없다.'고 말했다.[20]

또 연회종緣會宗에 대해서는,

일곱째로 우도수于道邃는 "인연이 회합하여 생긴 유有가 세제世諦이며, 인연이 흩어진 무無가 제일의제第一義諦이다."고 밝혔다.[21]

이에 대해 안징이 말하기를,

<현의玄義>에 따르면, 우도수는 <연회이제론緣會二諦論>에서 말했다. "인연이 회합하여 생긴 유가 속제俗諦(俗)이고, 인연이 흩어진 무가 진제眞諦(眞)이다. 비유하면 토목이 합치면 집이 되고, 집에 이전의 물체들이 없어지면 이름만 남고 실체는 없어진다. 이런 의미에서 부처는 나타羅陀에게 '물질의 형상이 괴멸되면 눈으로 볼 것이 없어진다.'고 말했다.[22]

일체의 존재(諸法)은 뭇 인연이 회합하면 생기고(有) 흩어지면 없어진다.(無) 마치 토목이 합치면 생기고 흩어지면 없어지는 하나의 집과 같다. 이것이 연회종이다. 승조는 부진공설不眞空說(참되지 않으므로 공이라는 설)을 설명하여,

그런즉 만법萬法(일체의 존재)은 과연 유가 아닌 까닭이 있으므로 유라고 할 수 없고, 무가 아닌 까닭도 있으므로 무라고도 할 수 없다. 왜 그런가? 만법을 유라고 말하자니 그 유는 참된 존재(眞生)가 아니고, 무라고 말하자니 사물의 모습이 이미 나타나 있기 때문이다. 모습이 나타난 것은 곧바로 무가 아니나, 참되지 않으므로 참된 유(實有)도 아니다. 그렇다면 참되지 않으므로 공이다(不

---

20) 第六壹法師云, 世諦之法, 皆如幻化, 是故經云, 從本已來, 未始有也.(《대장경 중관론소》)

21) 第七于道邃明緣會故有, 名爲世諦. 緣散故卽無, 稱第一義諦.(《대장경 중관론소》)

22) <玄義>云, 第七于道邃著<緣會二諦論>云, 緣會故有是俗, 推折無是眞. 譬如土木合爲舍. 舍無前體, 有名無實, 故佛告羅陀. 壞滅色相無所見.(《대장경 山門玄義》)

> 眞空)의 이치는 마침내 명백해졌다. 따라서 《방광반야경放光般若經》에 이르기를, "제법諸法은 거짓 명칭일 뿐이고 진실은 아니니, 마치 환화인幻化人(마술로 생긴 사람, 허깨비)과 같다. 즉 환화인은 없는 것은 아니나, 환화인은 참된 사람은 아니다."고 했다.[23]

현상세계의 모든 사물은 인연이 모여야 생기고 인연이 모이지 않으면 멸하여지기 때문에 환화인幻化人(허깨비)이다. 이런 면에서 보면 무라고 할 수 있다. 그러나 무라고 한 것은 "환화인이 참된 사람이 아님"을 지칭했을 뿐, "환화인이 없는 것은 아니다." 환화인이 있다는 면에서 보면 유라고 할 수 있다. 따라서 "만물은 유가 아닌 까닭도 있고 무가 아닌 까닭도 있다." 이것이 "참되지 않으면 공"이라고 한 승조의 부진공不眞空 이론이다.

우리나라 불교의 모든 종파는 공사상을 크게 존숭하고 연구하였다. 신라의 원효元曉는 《기신론소起信論疏》에서 공이라는 진실을 모든 사람에게 본래부터 갖추어져 있는 것으로 파악하였다. 본래 내 몸에 갖추어져 있는 그 진실을 자각하는 자가 부처이기 때문에, 이 공사상에 입각하여 승려 속인 남자 여자 등의 모두가 깨달음을 얻어 부처가 될 수 있음을 역설하였다. 그리고 누구든지 부처가 될 수 있다는 사상과 그 근본으로서 공이라고 표현될 수 있는 진실이 본래 어떠한 인간에게도, 심지어는 만물에까지 갖추어져 있다는 사고방식은 대승불교의 발전과 함께 후대에 이르러 실유불성悉有佛性(모든 존재는 부처가 될 수 있는 성품을 지님)이 되었다고 파악하였다.

이 세상의 모든 것이 허망하고 실체가 없다는 이 공空사상이 중국불교의 근간이 된 이유는 이 역시 농경문화와 관련이 있는 것이 아닌가 한다. 농경민족은 모든 것의 원인을 자기 자신에게서 찾는다. 흉년이 든 것도 자신

23) 然則萬法果有其所以不有, 不可得而有. 有其所以不無, 不可得而無. 何則? 欲言其有, 有非眞生. 欲言其無, 事象旣形. 象形不卽無, 非眞非實有. 然則不眞空, 顯於玆矣. 故放光云, 諸法假號不眞, 譬如幻化人. 非無幻化人, 幻化人非眞人也.(《대장경 肇論》)

이 하늘에 뭔가 잘못한 것이 있어 그런 것이 아닌가 한다고 생각한다. 그래서 항상 자신을 살피고 성찰한다. 자신의 생각 아집을 버리려고 한다. 항상 자신을 비우려고 하는 것이다. 이것이 중국이나 한국불교에서 선불교의 공空사상이 크게 유행한 이유 중의 하나가 아닌가 한다.

원래 서양인들은 비움(無 虛 空)에 대한 이해가 부족했다. 서양인들이 사용하던 숫자인 로마 숫자에도 Ⅰ(1), Ⅱ(2), Ⅲ(3), Ⅳ(4), Ⅴ(5), Ⅵ(6), Ⅶ(7), Ⅷ(8), Ⅸ(9), Ⅹ(10)은 있지만, 원래 '0'을 표시하는 숫자가 없었다. 인도 아라비아 숫자인 0, 1, 2, 3, 4, 5, 6, 7, 8, 9에서 그들은 처음으로 '0'이란 숫자를 접하게 된다. 우리가 보통 아라비아 숫자라고 하는 이 숫자는 실은 인도에서 발생한 것으로 아라비아반도를 거쳐 유럽으로 전파되었기 때문에 아라비아 숫자라고 부른다. 실은 그 발생에서 본다면 인도 숫자라고 해야 옳다. 유럽인들이 처음 이 숫자 '0'을 접하고는 그 개념을 받아들이는데 근 800년이 걸렸다고 한다. 유럽인들이 이 '0'의 개념을 이해하지 못한 것은 그들의 기독교문화와 깊은 관련성이 있다. 여호와 하나님이 이 우주만물(有)을 모두 창조했다고 믿는 유럽 기독교인들은 0(없음)이나 비움(無 虛 空)을 도대체 이해하지 못했던 것이다. 그들은 하나님이 창조한 이 세상에 없는 것(無)은 없다라고 생각했다. 모든 것이 존재한다(有)라고 생각했으며, 무에서 유가 생겨난다는 중국철학 개념을 도저히 이해할 수 없었다. 또한 하나님이 창조한 이 세상의 모든 것이 헛된 것(空)이란 개념도 도저히 이해할 수 없었다. 하나님이 이 세상의 모든 것(有)을 창조했다고 믿는 기독교 세계관에서는 아라비아 숫자 '0'이나 동양철학의 근간인 무 허 공을 좀체 이해하기 힘들어 했었다. 기독교 세계관이 점차 무너지기 시작한 근대 이후 그들은 유의 개념 이외에 또 다른 세계관인 '0'을 이해하고 또한 무 허 공의 개념이 있을 수도 있다는 것을 알게 된 것이다.

4) 여백의 미학

중국 산수화에서 그려지지 않은 부분 즉 여백은 없는 것이 아니라, 오히려 수없이 많은 유有를 산출하는 가능성을 지닌 무無라고 할 수 있다. 여백은 스스로 드러냄 없이, 그러면서도 항상 많은 것을 표현하고 있다. 서양의 경우 '있는 것'과 '없는 것'을 상대적 대립관계로 본다. '있는 것'은 '있는 것'이고, '없는 것'은 '없는 것'일 뿐 다른 어떤 해석의 여지가 없다. 그러나 동양에 있어서의 무無는 출현함이 없이 항상 출현하며, 끝없이 생생유동生生流動하는 것이다. 눈에 보이지 않으면서 귀에 들리지 않으면서 있는 것(自有) 그것을 무라고도 말할 수 있는 것이다. 중국 산수화에서 자연 형태로 묘사된 산이나 바위나 정자를 유有라고 할 때 나머지 비어 있는 공간은 무無이며 여백이라 할 수 있다. 산수화의 여백은 화가가 어떤 조형원리에 입각하여 계획적으로 만들어 낸 것이라기보다, 원래부터 화가의 마음속에 존재하고 있는 관조와 긍정의 세계가 자연스럽게 투영된 공간이라 할 수 있다. 이처럼 관조와 긍정의 세계를 투영하고 있는 여백은 형체 이상의 세계를 나타내고 있으며, 그 존재의 형식은 화면의 깊이로 느껴진다. 산수화의 여백은 억지로 배려한 공백이 아니라 원초적인 공간 바로 그것이다. 여백의 미는 관조와 긍정의 눈으로 바라보지 않으면 감정이나 정서를 공유할 수 없다. 그 까닭은 여백이 형체나 물성物性을 가진 것이 아니라 형이상학적인 기氣의 표상이기 때문이다. 동양인이 여백의 미를 창조해 내고 그것을 생활 속에 향유해 왔다는 것은 동양인이 모든 사상事象을 관조와 긍정의 눈으로 바라보는 태도를 가지고 있다는 것을 반증하는 셈이다. 동양인의 예술적 감수성은 겉으로 드러난 것보다 오히려 드러나지 않은 것에 더 깊은 농도와 깊이로 함축되어 있는 경우가 많다. 동양의 전통 예술은 완벽한 결론을 드러내거나 제시하지 않고 감상자의 유연한 상상력을 요구하는 측면이 있다. 중국 산수화에는 여백의 미학이 있으며, 그 여백은 단순히 없는 것이 아니라, 많은 것을 함축한 그 무엇을 담고 있는 것이다.

〈화면을 꽉 채워 그린 밀레의 이삭줍기. 서양의 유有사상이 만들어 낸 그림이다.〉

〈조선 말기 소치小痴 허련許鍊의 산수화. 서양화와 달리 여백의 미학이 있다.〉

15. 도덕 윤리 실천철학

농사꾼들은 외부로 향해서 생계를 찾지 않고 자신의 땅에서 자급자족하며 살기 때문에 그 모든 것을 외부에서 구하거나 찾는 경우가 드물다. 농사가 잘되고 못되는 것은 결국 자신에게 달려있다고 여겨, 모든 것을 자기 자신에게서 찾는 경향이 강했다. 이에 중국인들은 항상 자기 자신을 살피고 성찰하는 그리고 모든 것의 원인을 자신에게서 구하는 경향이 강하다. 그래서 중국철학은 서구철학보다 인격도야 정신수양 도덕함양 인간완성 등 자신의 심신수련을 중시하고, 항상 자기 자신을 살피고 성찰하는 것을 중시한다. 유가에서는 인仁 의義 예禮 지智 신信 직直 충忠 효孝 서恕를 중시하고, 도가에서는 도道와 덕德을 중시하였다. 중국철학이 서구철학보다 인륜도덕을 중시하고 정신수양이 경향이 강한 것은 항상 모든 것의 잘 잘못을 자기 자신에게서 찾는 농경문화의 특징 때문이 아닌가 한다.

또한 농사짓는 데는 많은 노동력이 필요하다. 특히 논농사 위주인 농경사회는 더욱 그러한데, 그래서 농경사회에서는 다산을 중시하여 대가족사회를 이루게 되는 것이 특징이다. 또한 노동력이 강한 남자를 선호하는 남아선호사상이 강한 것이 일반적인 특징이기도 하다. 이렇게 많은 가족 많은 친척들이 씨족사회를 이루며 한 마을에 모여 살았기 때문에 가족 친척 간의 위계질서를 아주 중시하여, 가족 간 사람 간의 위계질서를 유지시키는 윤리와 인륜도덕이 굉장히 발달하였다. 군신간의 관계, 부자간의 관계, 부부간의 관계, 붕우간의 관계, 장유간의 관계 등 이른바 삼강오륜이 발달하게 된다. 함께 힘을 합친 협동적인 일을 많이 하기 때문에, 그리고 구성원 간의 위계질서를 유지하기 위해 웃어른의 말은 무조건 따르고 순종해야 한다. 웃어른이 틀리더라도 그것에 반항하거나 거부하면 안 된다. 그러면 가족 간의 위계질서가 무너져 공동체를 운영해 나갈 수 없다. 가족 간의 친척 간의 위계질서를 유지하기 위한 이런 엄격한 인간관계 중시로 말미암아 웃어른을 중시하고 조상을 중시하는 문화를 낳게 되는데, 이로 인해 혈통과 가계 가문 족보를 중시하는 문화풍조를 낳게 된다. 농경이 중국사회의 경제적 기반을 이룩하였다면, 유가사상은 농경인들의 윤리를 천명했다고 할 수 있다. 사람들 사이의 위계질서와 협동이 중시되는 농경사회에서 인륜도덕과 예를 중시하는 유가사상은 사회적 위계질서와 그 책임을 강조하고 있다.

또한 농사를 짓는 데는(모심기, 밭매기, 벼베기 등) 온 마을 사람들이 함께 협동적으로 하기 때문에, 집단적인 품앗이 향약 두레 계 등의 협동적인 제도가 발달한 것이 특징이다. 집안의 길흉사 등 대소사도 온 마을 사람들이 나서서 함께 도와주는 상부상조의 미덕이 농경문화 지역에는 있다. 그래서 농경문화 지역에는 동문회 동창회 향우회 문중회 등 이른바 '우리'라고 하는 단합하는 모임이 많이 발달했다. 그러나 말과 양을 몰며 떠돌아다니는 유목민족들에게는 집단적인 일이 별로 없고 또한 집단으로 촌락을 이루며 모여 살지도 않아, 품앗이 두레 향약 계 같은 집단적인 제도나 상부상조하는 미덕 그리고 동문회 동창회 향우회 문중회 등등의 '우리'라는 모임이 별로 없고 그 개념도 희박하다. 또한 그들은 씨족사회로 모여 살지 않았기 때문에 문중이나 족보 가계 혈통 등에 대해 그리 중시하지 않았다.

농경인들은 개인의 뛰어난 통솔력과 창의력 리더십보다, 모내기 벼베기 등의 협동적인 일을 많이 했기 때문에 협동심과 단결 단합을 중시하는 경향이 강하다. 그러나 유목인들은 목자에 의해 양떼를 몰고 다녔기 때문에 한 명의 통솔력 창의력 리더십을 갖춘 지도자를 중시 여기는 문화를 가지게 되었다. 서구에서 말하는 성격(character)이란 남과 다른 나만이 가지고 있는 독특함을 뜻하지만, 중국에서는 남과 아무 문제없이 잘 어울리며 모나지 않는 것을 '성격 좋다.'라고 표현한다. 독특한 창의력 개성 통솔력 등이 필요 없는 모두 함께 협동적인 일을 하며 삶을 살아온 농경민족이기 때문에, 개인의 뛰어남보다는 남과 두루 뭉실하게 어울려 사는 삶을 중시 여겼던 것이다. 모난 돌이 정 맞는다는 말도 있다.

서양철학은 사물을 객관적으로 관찰하고 이해하는 논리학과 인식론 등이 지극히 발달했지만, 중국철학은 그렇지 못했다. 중국철학은 우주론 역시 굉장히 형이상학적이기는 하지만 그리 발달하지 못해 간략하지만, 인간사(人事)를 다루고 자신을 살피는 데는 극히 발달하였다. 이른바 인성론과 도덕 윤리론 등이 크게 발달한 것이다. 이렇게 내성內省의 도를 중시했기 때문에 수양의 방법 이른바 '위학지방爲學之方'에 대한 철학은 지극히 상세하고 빠짐이 없었다. 이는 모든 원인을 자기 자신에게서 찾는 농경민족의 성향 때문인 것으로 여겨지며, 또한 대가족을 이뤄 집단으로 살아 사람과 사람 사이의 관계에서 오는 도덕 윤리를 강조한 데서 온 것으로 보인다. 그들 농경민족은 비가 오지 않아 흉년이 들어도 자신이 무언가를 잘못한 것이 있어 그렇게 된 것이라고 여겨 자신을 돌아보는(內省) 경향이 강했다. 이런 사고방식이 중국철학에 자신을 살피는 내성內省의 발달과 도덕 윤리 실천철학이 발달하게 만든 원인이라고 생각한다.

1) 유가적 도덕윤리 실천철학과 인성론

유가에서는 윗사람의 솔선수범을 중시한다. 윗사람이 어질고 덕이 있으면 아랫사람이 저절로 감화되어 순종한다는 것이다. 그래서 유가에서는 인치와 덕치를 중시한다. 이는 많은 사람들이 모여 살며 씨족사회를 이루는 농경문화 지역에서 나타날 수 있는 윤리요 도덕이라고 할 수 있다. 집안의 어른이나 마을의 어른이 어질고 덕을 갖추면 그 집안사람들이나 동네사람들이 모두 순종하여 잘 조화롭게 살 수 있다. 나라도 마찬가지이다. 군주가 덕을 갖추고 있으면 백성들은 저절로 감화되어 순종하게 된다. 힘으로 하는 통치(패도정치)는 한순간 백성들을 순종하게 할 수는 있으나. 그것이 영원하지 못하며 또한 오래 가지 않는다. 어짐과 덕을 갖추면 아랫사람이 저절로 효를 행하고 충을 행하며 순종한다. 공자는 노나라 실권자 계강자季康子의 물음에 윗사람인 당신부터 먼저 솔선수범하라고 말한다.

> 계강자가 도둑이 (많은 현실)을 걱정하여 공자에게 묻자, 공자가 대답하기를, "그대 스스로 탐욕을 부리지 않는다면 설령 상을 준다 해도 아무도 도둑질하지 않을 것입니다."[1]

> 계강자가 정치에 대해 공자에게 물어, "만일 무도한 사람을 죽임으로써 백성들로 하여금 올바른 도로 나가게 하면 어떻습니까?" 하니, 공자가 말하기를, "그대가 정치를 하면서 어찌 사람을 죽이는 방법을 쓰려고 하십니까? 그대가 선을 추구하면 백성들이 선해질 것입니다. 군자의 덕은 바람이요 소인의 덕은 풀이니 풀 위로 바람이 불면 풀이 저절로 수그리는 법입니다."[2]

윗사람이 먼저 솔선수범하여 어질고 덕을 갖추면 백성들에 도둑도 없고 무도한 사람도 없다는 것이다. 많은 사람들이 모여 살았던 농경문화 지역에서는 윗사람 혹은 통치자의 인품과 덕이 중요하며 그들이 그것을 갖추고 있으면 아래 백성은 저절로 따라오게 마련이다.

(1) 인仁

논어에 자주 등장하는 인이란 우리 마음의 진실 되고 예에 맞는 발로로서, 동정심을 바탕으로 자기 마음을 미루어 남을 헤아리는(推己及人) 것을 의미한다. 이 인을 '어질다'의 의미로 이해하지만, 실은 이보다 더 다양한 의미를 내포하고 있다고 보아야 할 것이다. 《논어》에 나오는 인을 들어보면,

> 사람이 인仁하지 못하면 예가 무슨 소용이 있겠는가! 사람이 인하지 못하면

---

1) 季康子患盜, 問於孔子. 孔子對曰, "苟子之不欲, 雖賞之不竊."(《논어 12장 18절》)

2) 季康子問政於孔子曰, "如殺無道, 以就有道, 何如?" 孔子對曰, "子爲政, 焉用殺? 子欲善而民善矣, 君子之德風, 小人之德草. 草上之風, 必偃."(《논어 12장 19절》)

음악이 무슨 소용이 있겠는가![3]

번지르르한 말과 알랑거리는 낯빛에는 인仁이 드물다.[4]

강직하고 굳세고 소박하고 어눌한 것이 인仁이 가깝다.[5]

번지樊遲가 인仁에 대해 묻자 공자가 말하기를, 남을 사랑하는 것이다.[6]

인仁에 처하는 것은 아름다운 일이다. 만일 인에 머물지 않는다면 어떻게 지혜롭다고 하겠는가?[7]

오직 인仁한 사람만이 능히 사람을 좋아하고, 능히 사람을 미워할 수 있다.[8]

지혜로운 사람은 물을 좋아하고, 어진 사람은 산을 좋아한다. 지혜로운 사람은 움직이고, 어진 사람은 고요하다. 지혜로운 사람은 즐기고, 어진 사람은 장수한다.[9]

(공자께서는) 이로운 일(利)에 대해 드물게 말씀하셨다. 천명과 더불어 하고, 인仁과 함께 하셨다.[10]

안연顔淵이 인仁에 대해서 물으니, 공자께서 말씀하시기를, "자기 자신을 극복하고 예로 돌아가는 것이 인이다. 하루라도 자기 자신을 극복하고 예로 돌아간다면 천하 사람들이 인으로 돌아갈 것이다. 인을 하는 것은 자기에게 달려있지 남에게 달려있겠는가?" 안연이 말하기를, "청컨대 그 조목을 묻습니다." 하니 공자께서 말씀하시기를, "예가 아니면 보지도 말고, 예가 아니면 듣

---

3) 人而不仁如禮何! 人而不仁如樂何!(《논어 3장 3절》)

4) 巧言令色, 鮮矣仁.(《논어 1장 3절》)

5) 剛毅木訥, 近仁.(《논어 13장 27절》)

6) 樊遲問仁 子曰, 愛人.(《논어 12장 22절》)

7) 里仁爲美, 擇不處仁, 焉得知.(《논어 里仁篇》)

8) 惟仁者, 能好人, 能惡人.(《논어 里仁篇》)

9) 知者樂水, 仁者樂山. 知者動, 仁者靜. 知者樂, 仁者壽.《논어 雍也篇》

10) 罕言利, 與命與仁.(《논어 子罕篇》)

지도 말며, 예가 아니면 말하지도 말고, 예가 아니면 행하지도 말다."고 하셨다.[11]

중궁仲弓이 인仁에 대해 물으니, 공자께서 말씀하시기를, "문을 나가서는 큰 손님을 만난 것 같이 하고, 백성을 부릴 때는 큰 제사를 받드는 것 같이 하라. 자신이 싫어하는 바를 남에게 베풀지 말라. 그러면 나라에 원망이 없고, 집안에 원망이 없느니라." 하셨다.[12]

무릇 인仁이란 자기기 서고자 하면 남을 세워주고, 자기가 도달하고자 하면 남을 도달케 해주는데, 가까이서 비유를 취하는 것은 인의 방법이라 할 수 있다.[13]

사람의 잘못은 그 부류에 따라 제각각이다. 따라서 무슨 일로 잘못을 범했는지 살펴보면 곧 그가 어진 사람인지 아닌지 알 수 있다.[14]

삶을 구하려고 인을 해치지 않고, 몸을 죽여 인을 이룬다.[15]

여기에서 보듯이 공자가 최고의 덕목으로 여긴 인은 제자들의 다양한 경우에 대해 제자들에게 각자 다르게 말하고 있어, '어질다'는 단 한 가지 의미로만 해석할 수는 없다.

이 어짐(仁)이란 어떤 면에서 보면 먹고사는데 아무런 문제가 없는 지배계급에 적용되는 덕목이라고 할 수 있다. 먹고 살기 힘든 일반 서민들에게는 해당될 수 없는 덕목인 것이다. 또한 이 어짐(仁)이란 지배계급의 사람다움과 인품으로 아래 백성에게 감화를 주고 다스린다는 의미도 있는데, 당

11) 顔淵問仁, 子曰, "克己復禮爲仁. 一日克己復禮, 天下歸仁焉. 爲仁由己, 而由人乎哉?" 顔淵曰, "請問其目?" 子曰, "非禮勿視, 非禮勿聽, 非禮勿言, 非禮勿動."(《논어 12장 1절》)

12) 仲弓問仁, 子曰, "出門如見大賓, 使民如承大祭. 己所勿欲, 勿施於人. 在邦無怨, 在家無怨."(《논어 12장 2절》)

13) 夫仁者己欲立而立人, 己欲達而達人. 能近取譬, 可爲仁之方也已.(《논어 6장 30절》)

14) 人之過也, 各於其黨, 觀過斯知仁矣.(《논어 4장 7절》)

15) 無求生而害仁, 有殺身而成仁.(《논어 15장 9절》)

시 기득권 지배계급의 입장을 대변하고 있다고도 볼 수 있다. 인치仁治와 덕치德治는 많은 사람들이 집단으로 살아왔던 농경민족들 세계에서, 집안 어른이나 마을 어른들의 어짐과 인품으로 아랫사람들의 복종을 유도하고 질서를 잡아 주는 이데올로기의 역할을 한 것이다. 맹자는 이 인仁을 '남에게 모질지 못하는 마음(不忍人之心)' 즉 측은지심惻隱之心이라고 했다. 중국이 귀족들이 지배계급을 이루며 통치해 왔기 때문에, 어짐이라는 지배계급의 덕목에 맞는 유가사상이 지배사상으로 군림한 것이다. 겸애를 내세우고 상동尙同을 주장하여 서민의 입장을 대변하고 있는 묵가사상이 귀족들이 지배하여 온 중국 전통사회에서 사라진 이유 중 하나도 그 묵가사상이 지배계급의 덕목에 맞지 않았기 때문이라 여겨진다.

(2) 의義

공자는 "군자는 천하에 생활함에 있어 이렇게 해야만 한다든지 이렇게 하지 말아야 한다든지 하는 고정된 행동 원리를 갖지 않고 오직 의를 따라 행동해야 한다."(君子之於天下也, 無適也, 無莫也, 義之與比.)고 함으로써 의를 인간의 실천 원리로 설명하고 있기는 했다. 그러나 그의 중심 사상은 어디까지나 인仁이었다. 인간의 본래 모습은 사람(人)과 사람(人)이 고립된 상태에서 서로 대립하는 관계로서가 아니라, 존재의 본질에서 서로 하나가 되는 관계로 나타난다. 인간의 본래 모습에서 나타나는 대표적인 행위는 남을 나처럼 생각하고 사랑하는 것이다. 이러한 의미에서 공자는 인을 '애인愛人'이라고 하여 남을 사랑하는 것이라고 설명하기도 하였다. 공자는 이와 같이 인의 실현, 즉 인간의 본래 모습을 회복함으로써 사회적 질서를 확립하고자 하였다.

그런데 맹자가 생을 누린 전국시대로 접어들면서 사람들은 이익 추구에 몰두해 쟁탈을 일삼게 되었고, 사상적 혼란을 초래하는 등 사회가 더욱 혼란해짐으로써, 공자의 인에 대한 더욱 구체적이고 명석한 실천 방안이 요구되었다. 맹자의 의義 사상은 바로 이러한 시대적 요구에 부응한 인의 실천 방안이었다. 그리하여 맹자는 공자의 인에 의를 덧붙여 인의仁義라고 했다. 이 의義는 맹자에 의해 현실 사회 속에서 영위되어야 할 당위성을 가진 '마땅한 삶의 길'로 부각된 사상인 것이다.

《맹자》 260장 가운데 제1장 첫머리에 "하필 이익(利)을 말씀하십니까? 인과 의가 있을 뿐입니다."라고 한 맹자의 말에서 사회정의 구현을 위한 그의 간절한 소망과 그 기본 정신을 알 수 있다. 이때의 인과 의 가운데 인은 인간의 본래 모습이며 의는 그 실천 방안이라고 이해할 수 있다. 맹자에 있어서의 인, 즉 인간의 본래 모습이란 고향에서와 같이 안주할 수 있는 편안한 집(仁, 人之安宅也)으로 설명된다. 그리고 이러한 편안한 집에 안주하는 인간의 본래 모습은 하늘에서 부여 받은 고귀한 것(夫仁, 天之尊爵也)을 잘 실현함으로써 하늘의 뜻과 나의 뜻이 하나가 되도록 유지하는 것이다. 그리고 그것은 현실의 인간관계에서는 가장 원초적이고 본래적인 관계인 부자 관계가 둘이 아니라 하나의 관계로 유지되는 상태(親親, 仁也)로 나타난다. 그러므로 맹자의 의 사상은 하늘에서 부여 받은 고귀한 인간의 본질을 실현하는 문제와 부자 관계를 계속 하나인 상태로 유지하는 문제로 집약된다.

인간이 하늘과의 관계를 잘 유지하기 위해서는 그 뜻을 이어 받아 사람과 사람이 사회 안에서 조화를 이루면서 잘 살아야 하며, 그러기 위해서는 질서가 필요하게 된다. 이 질서를 위해 인간의 상하 관계가 형성되는데, 이때의 인간의 상하 관계에서 나타나는 윤리가 바로 의다. 맹자는 상하 관계의 대표적인 예로서 군신 관계를 들고 군신 관계에서의 윤리를 군신유의君臣有義라고 의로 설명한다.

그리고 부자 관계를 잘 유지하기 위해 나타나는 의의 내용은 부모를 매개로 해 성립되는 형제 관계에 나타난다. 그리하여 맹자는 형에게 순종하는 것을 의의 내용으로 설명하였는데(義之實, 從兄是也), 이 때 종형從兄, 즉 형을 따른다는 것은 부모와의 원초적인 관계를 유지하기 위한 이론적 구조를 갖고 있다. 따라서 만약 형이 부모를 해하려 한다면 형을 처단해야 하는 것이 의의 내용이 된다. 이와 같이 인간의 본래 모습인 인을 실현하기 위한 구체적인 방안이 의로 정의된다. 본래의 형제와 같은 관계를 유지하려는 관계를 의형제, 원래의 다리 원래의 팔과 같은 형태로 만들어 사용하는 다리와 팔을 의족義足 의수義手라고 하는 것도 그 때문이다.

맹자는 또한 부끄러워하는 마음(羞惡之心)에서 의가 나오는 것이라 설명하였다. 이때의 부끄러워하는 마음은 인을 전제로 해 나타나는 마음으로 이해할 수 있다. 공자는

> 군자는 의義에 밝고, 소인은 이利에 밝다.[16]

고 했다.

(3) 예禮

고대 중국인들이 말한 이 예는 그 의미가 매우 넓어 지금의 예의라는 의미 외에 일체의 풍속습관과 정치 사회 제도를 모두 지칭했다.

> 무릇 예란 하늘의 떳떳한 이치이자, 땅의 올바른 법도요, 사람 행위의 준칙이다.[17]

> 예란 국가를 경영하고, 사직을 확정하며, 백성들을 질서 지우고, 후사를 이롭게 하는 것이다.[18]

16) 君子喩於義, 小人喩於利.(《논어 4장 16절》)

17) 夫禮, 天之經也, 地之義也, 民之行也. (《좌전 昭公 25년》)

18) 禮, 經國家, 定社稷, 序民人, 利後嗣者也.(《좌전 隱公 11년》)

예란 국가의 기율이다.[19]

예란 왕의 벼리이다.[20]

예란 상하의 기율이며, 천지의 경위經緯이니 백성들은 이로써 생존한다.[21]

그러나 공자는 이 예를 약간 다른 의미로 사용하고 있다. 무릇 인간이 행해야 할 올바른 행위규범을 예라고 지칭하고 있는 것이다.

공자께서 말씀하시기를, 공손하면서도 예가 없으면 피곤하게 되고, 신중하면서도 예가 없으면 두려움이 되고, 용기가 있으면서 예가 없으면 난폭하게 되고, 정직하면서도 예가 없으면 각박하게 된다.[22]

안연顔淵은 (공자께서) 각종 문헌으로써 나의 지식을 넓혀주셨고 예로써 나의 행동을 단속해주셨다.[23]

안연顔淵이 인仁에 대하여 물으니, 공자가 말하기를 "나를 이기고 예로 돌아감이 인이 된다. 하루라도 나를 이기고 예로 돌아가면 천하가 인으로 돌아갈 것이다. 인을 행함은 자기로 말미암은 것이니 다른 사람에게 말미암겠는가?"[24]

이 구절은 "나를 이기고 예로 돌아감"(克己復禮)을 말한 유명한 구절인데, 많은 사람들이 함께 모여 살아야 했던 집단 농경사회가 사람과 사람과의 질서 즉 예를 중시하게 했던 원인이 되었을 것이라 생각된다. 많은 사람 속에 어울려 살려면 자신을 절제(克己)할 줄 알아야 한다. 또한 공자가 "예

19) 禮, 國之紀也.(《國語 晉語4)》)

20) 禮, 王之大經也.(《좌전 昭公 15년》)

21) 禮, 上下之紀, 天地之經緯也. 民之所以生也.(《좌전 昭公 25년》)

22) 子曰, 恭而無禮則勞, 愼而無禮則, 勇而無禮則亂, 直而無禮則絞.(《논어 8장 2절》)

23) 博我以文, 約我以禮.(《논어 9장 11절》)

24) 顔淵問仁, 子曰克己復禮爲仁. 一日克己復禮, 天下歸仁矣. 爲仁由己, 而由人乎哉.(《논어 顔淵》)

는 서인庶人에게 내려가지 않고, 형벌은 대부에게 올라가지 않는다."라고 했듯이, 이 예는 지배계급 사회에서만 적용되는 것이지, 일반백성(庶人)에게는 해당되지 않았다.

〈공자탄생일 제례모습. 예는 후대에 형식적으로 흐른 면이 있다.〉

(4) 지智

사람들은 모두 남에게 모질게 하지 못하는 마음이 있는데, 지금 사람들이 어린애가 우물에 빠지려고 할 때 모두 깜작 놀라 측은지심惻隱之心이 생길 것이다. 안으로 아이의 부모와 교섭한 때문도 아니요, 마을 친구의 칭찬을 사려하기 때문도 아니며, 아이의 울음소리가 싫은 때문도 아니다. 이로부터 그것을 관찰하면, 측은지심惻隱之心이 없으면 사람이 아니요, 수오지심羞惡之心이 없으면 사람이 아니며, 사양지심辭讓之心이 없으면 사람이 아니고, 시비지심是非之心이 없으면 사람이 아니다. 측은지심惻隱之心은 인仁의 단서요, 수오지심羞惡之心은 의義의 단서이며, 사양지심辭讓之心은 예禮의 단서이고, 시비지심是非之心은 지智의 단서이다. 사람에 이 4가지 단서가 있는 것은 몸에 사지가 있는 것과 같다. 이런 사단四端을 가지고 있음에도 스스로 어쩔 수 없다고 하는 사람은 스스로 망치는 자요, 우리 임금은 어쩔 수 없다고 하는 자는 그 임금을 망치는 자이다. 무릇 나에게 있는 이 사단四端을 모두 확충할 줄 알아야 한다. 만약 불이 처음 타듯이 샘이 처음 솟아나듯이 확충할 수 있다면 족히 온 세상을 보살필 수 있지만, 확충할 수 없다면 부모도 섬길 수 없게 된다.[25]

---

25) 人皆有不忍人之心, 今人乍見孺子將入於井, 皆有怵惕惻隱之心. 非所以內交於孺子之父母也, 非所以要譽於鄉黨朋友也, 非惡其聲而然也. 由是觀之, 無惻隱之心, 非人

맹자는 시비지심是非之心을 지智의 단서라고 했다. 지는 옳고 그름(시비)을 가릴 줄 아는 능력인 것이다. 집단으로 모여살아 사람간에 부대끼는 삶을 살아온 농경민족 중국인들은 반드시 시비를 가릴 줄 아는 지를 갖추어야만 질서를 유지하고 평온하게 살 수 있다고 생각했다.

(5) 신信

> (교육의 목적은) 모두 인륜을 밝히는 것이다. 위에서 인륜을 밝히면 백성들은 아래에서 친애하게 될 것이다.[26]

교육의 목적은 인륜을 밝히는 것이라고 맹자는 말했다. 허신許愼의《설문해자》에 "신信은 성실(誠)인데, 사람(人)과 말(言)의 회의자會意字이다."라 하여, 이는 주로 인간의 언어적 약속이 거짓 없이 실현되는 것을 지칭하는 개념임을 보여 준다. 공자 이전에 있어서 신이라는 개념은 주로 사회적인 모든 인간관계에서 강조되던 개념이었다. 증자曾子의 삼성三省 가운데 신信은 벗과의 인간관계에서 지켜져야 할 덕목이며, 정치적 측면에서는 치자治者가 피치자被治者인 민에게 지켜야 할 덕목이며, 나아가 국가 간의 관계에서도 서로가 지켜야 할 덕목이다. 즉 개인과 개인, 개인과 집단, 집단과 집단 등 모든 사회적 관계에서 신의는, 그들 사이의 갈등과 분쟁을 해소하고 이상적인 관계를 설정하기 위한 토대가 되는 것이다. 이는 바꾸어 말하면 상호 신뢰의 토대가 결여된 상태에서는 모든 인간관계와 사회적 관계가 불안정할 수밖에 없음을 뜻하는 것이다.

也. 無羞惡之心, 非人也. 無辭讓之心, 非人也. 無是非之心, 非人也. 惻隱之心, 仁之端也. 羞惡之心, 義之端也. 辭讓之心, 禮之端也. 是非之心, 智之端也. 人之有是四端, 猶其有四體也. 有是四端, 而自謂不能者, 自賊者也. 謂記君不能者也, 賊其君者也. 凡有四端於我者, 知皆擴而充之矣. 若火之始然, 泉之始達. 苟能充之, 足以保四海. 苟不充之, 不足以事父母.(《맹자 公孫丑 上6》)

26) 皆所以明人倫也. 人倫明於上, 小民親於下.(《맹자 5장 3절》)

공자가 "사람이 신의가 없으면 무엇을 할 수 있는지 모르겠다. 이는 마치 큰 수레에 예輗가 없고 작은 수레에 월軏이 없는 것과 같으니, 어떻게 움직일 수가 있겠는가?" 하였으니, 신의는 인간의 모든 사회적 관계와 삶을 가능하게 만드는 것이다.

그러나 공자는 "신의는 의리에 맞는 것이라야 그 말을 실천할 수 있다."고 하였듯이, 정당성이 수반되지 않는 신의는 참다운 것이 아니다. 이처럼 사회적인 덕목으로서의 신의는 도덕적 정당성을 전제로 하는 것이며, 이 도덕적 정당성의 터전은 인간 내면의 본성이 가지는 성실함이다. 맹자는 이런 관점에서 신의를 인간성의 하나로 규정한 것이며, 이는 인간이면 누구나 가지고 있는 고유한 인간다움의 모습이다.

초기 신神에 대한 믿음과 사회적 도덕 개념으로 전개된 신信은 맹자에 이르러 인간의 본성으로 확대되고, 다시 《중용》의 성誠과 연결되면서 새로운 내용을 갖게 된다. 《중용》은 성을 천도天道로 규정하는 한편, 그 첫머리에 "하늘이 명한 것을 성性이라 한다."고 하여, 인간성을 천도의 구현으로 보았다. 바로 여기에서 인간 본질로서의 본성은 천도 자체인 성이며, 인의예지신仁義禮智信의 내용은 성의 구체적인 내용이 되었다. 이와 같은 사상적 전개는 성리학에 이르러 신信과 성誠을 같은 위치에 놓고 이해하게 하였다. 즉 성리학은 성즉리性卽理의 전제 아래 우주적 본질인 천도의 성실성이 곧바로 인간의 본질인 인성人性의 신信임을 주장하였다. 이는 윤리적 선진 유학이 철학적 심화를 거치면서 나타난 것인데, 그 의미는 사회적 관계를 유지하는 힘으로서 신의는 더 나아가 인간의 삶의 토대인 이 세계의 본질 자체임을 천명한 것이다.

또한 많은 사람들이 부대끼며 살아온 농경사회에서 사람과 사람 사이의 믿음(신)은 매우 중요하다. 그리고 중원지방을 중심으로 전쟁과 변혁이 그치지 않은 곳에서 삶을 영위하여 온 옛 중국인들은 더 더욱 사람과 사람 사이의 믿음이 중요하며 더구나 친구와의 믿음은 중요하다. 진정한 친구가 되기 위해서는 무엇보다 믿음이 있어야 한다. 지금도 중국인들은 친구 사이에 믿음이 중요하다고 여기며, 사업이나 장사를 하기 전에 먼저 인간적 신뢰를 갖는 진정한 친구가 되어야 한다고 한다.

(6) 충忠

남과 사귈 때는 충실(忠)해야 한다.[27]

충실(忠)하면서 깨우쳐주지 않을 수 있겠는가?[28]

공자께서 말씀하시기를, 충忠(충실)과 신信(믿음)을 주로 하라. 자기와 같지 않은 사람을 친구삼지 마라.[29]

자공이 친구(友)에 대해 물으니, 공자께서 말씀하시길, "그를 성실히(忠) 고하고 선도하라. 그래도 안 되면 멈추어라. 그러면 스스로 욕되지는 않는다."[30]

증자曾子가 말하기를, "나는 하루에 나 자신을 세 번 반성하였는데, 남을 위해 일하는데 충실하지(忠) 않았는가? 친구와 사귀는데 믿음이 없었는가? 전해오는 것을 익히지 않았는가?"라고 했다.[31]

자장子張이 행동(行)에 대해 물으니, 공자께서 말씀하시기를, "말이 충실하고(忠) 믿음(信)이 있으면, 행동이 돈독하고 공경스러우니, 오랑캐 나라에서도 행해질 수 있다. 그러나 말이 충실하지 않고 믿음도 없으면, 행동이 돈독하고 공경스럽지 못하니, 비록 우리나라 안에서도 행해질 수 있겠는가?"[32]

선함(善)으로 사람을 가르치는 것을 충(忠)이라고 말한다.[33]

---

27) 與人忠.(《논어 13장 19절》)

28) 忠焉能勿誨乎?(《논어 14장 8절》)

29) 子曰, 主忠信, 毋友不如己者.(《論語 學而》)

30) 子貢問友, 子曰 忠告而善道之, 不可則止, 無自辱焉.(《論語 顔淵》)

31) 曾子曰 吾日三省吾身. 爲人謀而不忠乎, 與朋友交而不信乎, 傳不習乎.(《論語 學而》)

32) 子張問行. 子曰 言忠信, 行篤敬, 雖蠻貊之邦行矣. 言不忠信, 行不篤敬, 雖州里行乎哉?(《論語 衛靈公》)

33) 敎人以善謂之忠.(《孟子 籐文公上》)

공자가 말한 충忠은 충실 성실 등의 개념에 가깝다.

> 공자께서 말씀하시기를, "참參아, 내 도는 하나의 원칙으로 관통되어 있다." "예 알고 있습니다." 공자가 나가자 다른 제자들이 증자에게 물었다. "무슨 말씀입니까?" "선생님의 도는 忠(충실)과 恕(자기 마음 같은 것)일 따름이다."[34]

> 고로 군자는 사람(자신)으로써 사람(남)을 다스리며 (잘못을) 고지면 그친나. 충서忠恕는 도에 어긋난 것이 멀지 않으니, 자기에게서 그것을 베풀어 원치 않는 것을 역시 남에게 베풀지 마라.[35]

자기가 원하지 않는 것을 남에게 시키지 말라는 것이다. 농경문화 대가족제도 아래에서 웃어른이 자신이 하고 싶지 않는 것을 아랫사람에게 시켜서는 안 된다는 경험에서 나온 생각이다. 여기에서의 충忠은 군주에 대한 절대적인 충성의 의미가 아니고, 자신의 마음(心) 속(中)에 있는 것 요즘 말로 하면 충실 성실의 개념에 가깝다. 서恕 역시 자신의 마음(心)과 같이(如) 하라는 의미이다. 자신의 마음(心) 속(中)에 있는 것 요즘 말로 하면 충실 성실의 개념에 가까운 충忠과 자신의 마음(心)과 같이(如) 하라는 서恕는 남을 이해해야 하는 집단생활의 도덕을 설명한 것이라고 할 수 있는데, 이는 집단 농경생활을 하는 사람들의 덕목이라고 할 수 있다. 또한 공자는 충과 효를 붙여 충효를 이야기 한 적이 별로 없고, 대부분 충과 서를 붙여 충서忠恕라고 했다. 그러나 절대왕권이 이룩되어진 한대 이후에는 이 충忠의 개념이 경직화되어 임금에 대한 신하의 무조건적인 충성

〈유비 유선 부자에게 충성을 바친 제갈량. 그는 지금도 중국인들에 의해 존경의 대상이 되고 있다.〉

34) 子曰, "參乎! 吾道一以貫之" 曾子曰, "唯" 子出, 門人問曰, "何謂也?" 曾子曰, "夫子之道, 忠恕而已矣"(《논어 4장 15절》)

35) 故君子以人治人, 改而止. 忠恕違道不遠, 施諸己而不願, 亦勿施於人.(《예기 중용》)

의 개념으로 바뀌게 된다.

> 임금이 임금답지 않아도 신하는 신하답지 않으면 안 된다.[36]

> 집안 일로 왕의 일을 그만두면 안 되지만, 왕의 일로 집안 일을 그만두어도 된다.[37]

이런 관념이 생긴 한대 이후부터 임금에 대한 무조건적인 충성이란 개념으로 바뀐 것이다.

(7) 효孝

> 맹무백孟武伯이 효에 대해 물으니, 공자께서 말씀하시기를, "부모님의 질병에 대해 걱정하는 것이다."라고 했다.[38]

> 자유子游가 효에 대해 물으니, 공자께서 말씀하시기를, "지금의 효라는 것은 능히 봉양하는 것을 말하는 것이다. 개와 말도 능히 봉양할 수 있는데, 공경스러움이 없다면 무슨 구별이 있겠는가?"[39]

공자가 말한 이 효孝의 개념은 마음에서 우러나오는 부모에 대한 효성스러움을 의미하고 있다. 부모님에 대한 무조건적인 효성을 강요하는 후대 유가인들의 생각과는 자못 다르다고 할 수 있다.

> 무릇 효는 하늘의 줄기요 땅의 뜻이며 백성의 행동이다.[40]

---

36) 君雖不君, 臣不可以不臣.(《古文孝經 序》의 孔傳과 《左傳 文公十七年》에 대한 杜預注)

37) 不以家事辭王事, 以王事辭家事.《春秋公羊傳 哀公三年》)

38) 孟武伯問孝. 子曰 父母唯其疾之憂.(《論語 爲政》)

39) 子游問孝. 子曰 今之孝者, 是謂能養, 至於犬馬皆有能養, 不敬何以別乎?(《論語 爲政》)

40) 夫孝, 天之經也, 地之義也, 民之行也.(《孝經》)

〈효자 열녀비, 그들을 기리기 위해 곳곳에 이런 비석이나 사당이 존재한다.〉

한대 유학자들은 효를 마음에서 우러나오는 효성스러움이 아니라, 절대적으로 행해야 할 도리라고 거창하게 설명하고 있는 것이다. 충효의 덕목 해석에도 절대왕권이 이룩되어진 한대가 되면 이전과 크게 달라진다. 공자는 충忠을 중실 성실의 의미로 보았고, 효를 사람의 본성에 입각한 자연스럽고 올바른 것으로 강조한데 비하여, 한대에서는 신하가 임금에게 자식이 부모에게 반드시 지켜야 할 의무적이고 절대적인 것으로 변했던 것이다. 또한 이 효와 충 중에서도 한대 이전에는 효를 더 중시한 것 같으나, 한대가 되면 충을 더 중시하는 방향으로 흐른다.[41] 그 이후 충신과 효자 효녀는 중국 사회에서 항상 추구하는 대상이 되었고, 또한 그들을 기리는 많은 사당과 동상 화상 같은 기념물이 곳곳에 존재한다. 신하의 임금에 대한(忠臣), 자녀의 부모에 대한(孝子 孝女), 아내의 남편에 대한(烈女) 무조건적인 복종 강요가 만들어 낸 봉건시대 좋지 않은 산물인 것이다. 임금 중심 부모 중심 남성 중심 어른 중심의 봉건 사회가 만들어 낸 것이다. 이렇게 무조건적인 복종문화를 만들어낸 것은 농경 집단문화하고도 또한 어느 정도 관련이 있다고 본다. 대가족이 모여 씨족사회를 이루며 집단으로 수천 년 삶을 살

41) 전국사람인 순자에게서도 이미 이런 경향이 보인다.
父能生之, 不能養之. 母能食之, 不能敎誨之. 君者已能食之矣, 又善敎誨之者也.(《荀子 禮論》)
不以家事辭王事, 以王事辭家事.(《春秋公羊傳 哀公三年》)

아온 농경민족은 집단의 질서 유지를 위해 자식의 부모에 대한, 아랫사람의 윗사람에 대한, 지어미의 지아비에 대한, 더 나아가 신하의 임금에 대한 무조건적인 순종과 충성 효도 등이 필요했을 것이라고 여겨지기도 한다.

(8) 직直

> 자하가 공자에게 물었다. "시에 이르기를 '우아한 미소 예쁜 보조개로다. 아름다운 눈동자 흑백이 뚜렷하여라. 새하얀 바탕이라야 색깔을 칠할 수 있네.'라고 했는데, 무엇을 말하는 것입니까?" "채색은 흰 바탕이 있은 연후에 가능하다는 말이다." "예란 (진실된 마음의 바탕이 있은) 연후에 행한다는 말씀입니까?" "네가 나를 깨우쳐 주는구나. 이제는 더불어 시를 논할 수 있겠다."고 했다.[42]

"채색은 흰 바탕이 있은 연후에 가능하다는 말이다." 라는 공자의 말에 자하가 "예란 (진실된 마음의 바탕이 있은) 연후에 행한다는 말씀입니까?"라고 했는데, 이는 사람에게 진실된 마음 즉 직直(정직)이 있은 연후에 예를 행할 수 있다는 뜻이다. 마치 미녀에게 우아한 미소와 아름다운 눈동자가 있은 연후에 분과 입술연지를 바를 만한 것과 같은 것이다. 진실된 마음이 없으면 예는 허위이고 형식적이어서 천해질 수밖에 없다.

> 공자가 말하기를, "누가 미생고微生高에게 정직(直)하다고 했는가? 어떤 사람이 장을 얻으러 오자 (그는) 이웃에게 빌려서 주기까지 했다."[43]

정직한 사람은 안으로 자신을 돌아보는(內忖諸己) 사람이고, 부정직한 사람은 밖으로 남을 의식하는(外揣於人) 사람이다. 미생고 자신은 자신의 집에 장이 없다고 하면 될 것인데, 빌리러 오는 상대방의 입장을 생각하여 이웃에게 까지 가서 빌려서 장을 주니 이런 사람이 정직한(直) 사람이라는

---

42) 子夏問曰 "詩云 '巧笑倩兮, 美目盼兮. 素以爲絢兮, 何謂也" 子曰 "繪事後素" 曰, "禮後乎?" 子曰 "起予者商也. 始可與言詩已矣."(《논어 3장 8절》)

43) 子曰, "孰謂微生高直? 成乞醬焉. 乞諸其隣而予之."(《논어 5장 24절》)

것이다. 남을 배려하는 남의 입장에서 모든 것을 생각하는 사람이 바로 정직한(直) 사람이라고 공자는 생각했다.

> 정직을 숭상하고 공부를 게을리 하면 각박함의 병집이 생긴다.[44]

(9) 서恕

서는 지기지심如己之心(자기와 같은 마음)으로 충忠(충실 성실)과 함께 공자가 많이 언급하고 있다.

> 공자께서 말씀하시기를, "참參아, 내 도는 하나의 원칙으로 관통되어 있다." "예 알고 있습니다." 공자가 나가자 다른 제자들이 증자에게 물었다. "무슨 말씀입니까?" "선생님의 도는 충忠(충실)과 서恕(자기와 같은 마음)일 따름이다."[45]

> 고로 군자는 사람(자신)으로써 사람(남)을 다스리며 (잘못을) 고치면 그친다. 충서忠恕는 도에 어긋난 것이 멀지 않으니, 자기에게서 그것을 베풀어 원치 않는 것을 역시 남에게 베풀지 마라.[46]

여기서 충忠이라고 하는 것은 자신의 참된 마음을 다하는 것을 말하며, 서恕라고 하는 것은 자신의 참된 마음을 바탕으로 다른 사람의 마음을 헤아리는 것을 말한다. 그러니까 서라고 하는 것은 다른 사람을 이해하고 용서하는 것을 말한다고 할 수 있다. 여기에 대해 주자의 《논어집주대전》 주에는 "자신을 다하는 것 그것을 충이라고 말하고, 자신을 미루어 생각하는 것 그것을 서라고 말한다."(盡己之謂忠, 推己之謂恕)고 설명하고 있다. 또한 맹자가 말하기를,

---

44) 好直不好學, 其蔽也絞.(《논어 17장 8절》)

45) 子曰, "參乎! 吾道一以貫之" 曾了口, "唯" 了山, 門人問口, "何謂也?" 曾子曰, "夫子之道, 忠恕而已矣"(《논어 里仁篇》)

46) 故君子以人治人, 改而止. 忠恕違道不遠, 施諸己而不願, 亦勿施於人.(《예기 중용》)

> 맹자께서 말씀하시기를, 만물이 모두 나에게 갖추어져 있다. 자신을 돌이켜 성실하면(誠) 즐거움이 매우 크다. 억지로 서恕를 행하면 인仁을 구하는 것에 가깝지 않다.[47]

순자가 말하기를,

> 공자께서 말씀하시기를, 군자에는 3가지 서恕가 있다. 임금이 있으나 능히 섬김 받지 못하면서도 신하에게 그 부림만 구한다면 서恕가 아니다. 어버이가 있으나 능히 보호해주지도 못하면서 자식에게 효도를 구하는 것은 서가 아니다. 형이 있으나 공경 받지 못하면서 아우에게 명령듣기를 구하는 것은 서가 아니다. 선비는 이 3가지 서에 밝아야 한 즉 가히 몸을 처신할 수 있다고 하셨다.[48]

맹자와 순자 역시 서에 대해 논하고 있음을 알 수 있다. "자기에게서 그것을 베풀어 원치 않는 것을 역시 남에게 베풀지 마라."(施諸己而不願, 亦勿施於人)고 했는데, 이것이 바로 서恕의 마음인 것이다. 항상 남을 헤아리는 마음을 중시했는데, 이는 집단으로 살며 사람과 부대끼며 살아온 농경민족의 특성이 드러난 것이 아닌가 한다.

(10) 도道

유가에서 말하는 도는 도가의 무위자연의 도를 의미하는 것이 아니고, 인간이 행해야 할 올바른 도리라는 의미로 사용되고 있다.

> 공자께서 말씀하시기를, "아침에 도를 들으면 저녁에 죽어도 좋다."고 했다.[49]

---

47) 孟子曰 萬物皆備於我矣 反身而誠 樂莫大焉 强恕而行 求仁莫近焉.(《맹자 盡心上》)

48) 孔子曰 君子有三恕 有君不能事 有臣而求其使 非恕也 有親不能報 有子而求其孝 非恕也 有兄不能敬 有弟而求其聽令 非恕也 士明於此三恕 則可以端身矣.(《순자 法行편》)

49) 子曰, 朝聞道, 夕死可矣.(《논어 이인편》)

공자께서 말씀하시기를, "선비가 도에 뜻을 두고도 나쁜 옷 나쁜 음식을 부끄러워하면, (그와) 함께 의논하기가 부족하다."고 하셨다.[50]

여기서의 도란 인간이 반드시 행해야 할 올바른 도리라는 의미이다. 유가에서 말하는 성인지도聖人之道나 도통道統에서의 도도 그러한 의미라고 할 수 있다.

(11) 덕德

도가에서 말하는 덕은 도가 구현된 것(得)이라고 할 수 있지만, 유가에서 말하는 덕은 고귀한 인품의 의미가 강하다. 옛 중국인들은 덕을 세우는 것을 가장 중시하였다.

최상의 일은 덕을 세우는 것(立德)이고, 그 다음은 공은 세우는 것(立功)이며, 그 다음이 주장을 세우는 것(立言)이라고 했다.[51]

이처럼 중국인들은 무엇보다는 자신이 인격적으로 완성되는 것, 즉 덕을 세우는 것을 우선으로 하였다. 중국인들이 흔히 말하는 내성외왕內聖外王에서 내성內聖이란 입덕立德이라 할 수 있고, 외왕外王이란 입공立功이라고 할 수 있다. 공을 세우려면 먼저 자신을 닦아 덕을 세워야 한다는 것이다.

무력을 바탕으로 인을 가장하는 것은 패도이다. … 덕을 바탕으로 인을 실천하는 것은 왕도이다. … 무력에 의한 복종은 마음으로부터의 복종이 아니고 힘이 부족한 때문이다. 덕에 의한 복종은 마음에서 우러나온 진정한 복종이니, 마치 70여명의 제자가 공자에게 복종했던 것과 같다.[52]

---

50) 子曰, 士志於道, 恥惡衣惡食者, 未足與議也.(《논어 이인편》)

51) 太上有立德, 其次有立功, 其次有立言.(《좌전 襄公 24년》)

52) 以力假仁者霸. … 以德行仁者王. … 以力服人者, 非心服也, 力不贍也. 以德服人者, 中

맹자는 인간의 본성은 본래 선하다고 생각했다. 이런 선한 본성을 극도로 추구한 사람을 성인聖人이라고 할 수 있는데, 이런 성인의 덕을 소유한 자가 천자가 되어야 하는 것이라고 맹자는 생각했다. 그런 천자만이 덕으로써 왕도정치를 할 수 있다. 그런데 성인의 덕을 소유한 자는 하늘만이 알 수 있는데, 우리 일반인간들은 그 하늘의 뜻을 알 수 없다. 그러나 그 하늘의 뜻은 바로 하민(下民) 즉 백성에게 나타나니 그 백성의 뜻을 살펴보면 하늘의 뜻(天心)을 알 수 있다. 바로 민심이 천심인 것이다. 고로 백성을 위하는 것(爲民)이 바로 하늘의 뜻(天心)을 얻을 수 있는 지름길이라고 생각했다.

> 윗사람이 싫어하는 것을 아랫사람에게 부리지 말며, 아랫사람이 싫어하는 것으로 윗사람을 섬기지 말라. 앞사람이 싫어하는 것을 뒷사람에게 앞으로 인도하지 말며, 뒷사람이 싫어하는 것으로 앞사람을 쫓는 경우에 쓰지 말라. 오른쪽 사람이 싫어하는 것을 왼쪽사람에게 주지 말며, 왼쪽사람이 싫어하는 것을 오른쪽사람에게 주지 말라. 이것을 혈구絜矩의 도라고 한다.[53]

> 충서忠恕와 달도達道는 멀리 있는 것이 아니니, 자기에게 원하지 않는 일을 남에게 베풀지 말고, 자식에게서 구하는 것으로 어버이를 섬기며, 자신의 신하에게 바라는 것으로 임금을 섬기고, 자기의 동생에게 바라는 마음으로 형을 받들고, 친구에게 바라는 것을 먼저 베푸는 것이다.[54]

집성촌에서 온 집안사람들이 대가족으로 모여 살았던 농경민족 중국인들은 인간과 인간과의 관계를 중시하였다. 이것이 오륜을 만들어낸 근원이라고 생각한다. 맹자는 오륜에 대해,

---

心悅而誠服也. 如七十子之服孔子也.(《맹자 3장 3절》)

53) 所惡於上毋以使下, 所惡於下毋以事上. 所惡於前毋以先後, 所惡於後毋以從前. 所惡於右毋以交於左, 所惡於左毋以交於右. 此之謂絜矩之道.(《대학 10장》)

54) 忠恕達道不遠, 施諸己而不願, 亦勿施於人 … 所求乎子以事父 … 所求乎臣以事吾 … 所求乎弟以事兄 … 所求乎朋友先施之.(《예기 중용》)

> 아버지와 자식 사이에는 친함이 있어야 하고, 임금과 신하 사이에는 의로움이 있어야 하며, 부부 사이에는 분별이 있어야 하고, 어르신과 어린이 사이에는 차례가 있어야 하며, 친구 사이에는 믿음이 있어야 한다.[55]

이는 대가족제도로 이루어진 농경사회에서 갖추어야 할 덕목이다. 농촌에서 웃어른이 수신하여 덕을 갖추면 아랫사람들이 모두 그것에 감화되어 잘 순종한다. 이처럼 나라를 다스리고 천하를 평정하는데도 군주는 먼저 수신하여 신하와 백성들에게 모범을 보이면 아래 신하와 백성들이 순종하여 저절로 나라가 잘 다스려진다는 것이다.

> 천하의 달도達道(통달한 도)는 다섯인데, 그것을 행하는 것은 셋이다. 군신관계, 부자관계, 부부관계, 형제관계와 친구와의 사귐이다. 이 다섯 가지는 천하의 달도達道이다. 지智 인仁 용勇 이 세 가지는 천하의 달덕達德(통달한 덕)이다. 그러나 그것을 행하는 것은 한가지이다. … 공자가 말하기를, "배우기를 좋아하는 것은 지智에 가깝고, 힘써 행하는 것은 인仁에 가까우며, 부끄러움을 아는 것은 용勇에 가깝다."고 했다. 이 세 가지를 알면 수신하는 까닭을 알게 되고, 수신하는 까닭을 알면 치인治人하는 까닭을 알게 되고, 치인하는 까닭을 알면 천하 국가를 다스리는 까닭을 알게 된다.[56]

인간과 인간과의 관계를 중시하고 또한 자신의 수양을 중시하고 있다. 많은 사람들이 모여 사는 농경문화 지역에서 생겨나는 인륜 도덕이라 할 수 있겠다. 유가 중에서도 송대에 완성되었고 우리 조선유학에 절대적인 영향을 미친 성리학이 더욱 도덕완성 인격도야 정신수양 등등을 중시하였다.

---

55) 父子有親, 君臣有義, 夫婦有別, 長幼有序, 朋友有信.(《맹자 등문공 상4》)

56) 天下之達道五, 所以行之三. 君臣也, 父子也, 夫婦也, 昆弟也, 朋友之交也. 五者, 天下之達道也. 智仁勇三者, 天下之達德也, 所以行之者一也. … 子曰, 好學近乎知, 力行近乎仁, 知恥近乎勇. 知斯三者, 則知所以修身, 知所以修身, 則知所以治人, 知所以治 人, 則知所以治天下國家矣.(《예기 중용》)

(12) 성설性說

인성人性에 대한 논쟁 중에 가장 대표적이고 고전적인 예가 바로 맹자의 성선설과 순자의 성악설에 대한 논쟁이다. 맹자와 순자가 동시대인이 아니어서 두 사람 사이에서 논쟁이 일어난 적은 없지만, 후대 유가인들에 의해 이 두 유가 대선사의 인성에 대한 견해에 대해 많은 추종자와 반박자가 존재하여 후대 많은 논쟁거리를 야기하여 중국철학에서 인성논쟁을 더욱 풍부하게 만들었다. 전국시대 당시에는 약육강식과 신하가 임금을 시해하고 아랫사람이 윗사람을 죽이는 예가 비일비재하여 천하가 혼란이 극에 달하는 시기였기 때문에, 인간의 본성이 악하다는 순자의 학설이 더 유행한 것으로 보인다. 순자의 이 성악설을 계승하여 그 이론을 넓힌 사람들이 바로 전국 말기와 진에 걸쳐 크게 득세한 상앙 한비자로 대표되는 법가의 무리들이다. 그러나 나라가 어느 정도 안정된 한 무제 이후에는 인간의 본성이 기본적으로 선하다는 맹자의 성선설이 더 득세를 하여 지금은 공자의 정통 후계자로 성선설을 내세운 맹자를 꼽아 흔히 공자와 맹자를 병칭하여 공맹사상이라고 부르며, 후대 성균관 등에 설치된 사당에서도 공자와 맹자의 위패는 모셔져 대접을 받지만, 성악설을 내세운 순자는 이단으로 여겨져 사당에 위패도 모셔지지 않는 처지에 놓이게 된다. 후대 유가사상에 많은 영향을 끼친 맹자의 성선설을 설명해 보면,

> 사람의 정情에는 누구나 남에게 모질지 못하게 하는 마음(不忍人之心)이 있다. 선왕은 남에게 모질지 못하게 하는 마음이 있기 때문에, 남에게 모질지 못하게 하는 정치를 펼쳤다.[57]

남에게 모질지 못하게 하는 정치가 바로 인정仁政이라는 것이다.

---

57) 人情有不忍人之心. 先王有不忍人之心, 斯有不忍人之政矣.(《맹자 3장 6절》)

> 사람은 누구에게 남에게 모질지 못하는 마음이 있다. … 지금 사람들이 막 우물에 빠지려고 하는 아이를 본다면, 누구라도 깜짝 놀라 측은지심惻隱之心이 생길 것이다. 그것은 속으로 아이의 부모와 어떤 교섭을 한 때문도 아니요, 마을 친구들의 칭찬을 사려고 한 것도 아니요, 아이의 울음소리가 싫은 때문도 아니다. 이로써 고찰하건데, 측은지심이 없으면 사람도 아니요, 수오지심羞惡之心이 없어도 사람도 아니며, 사양지심辭讓之心이 없어도 사람이 아니요, 시비지심是非之心이 없어도 사람이 아니다. 측은지심은 인의 단서요, 수오지심은 의의 단서이며, 사양지심은 예의 단서이고, 시비지심은 지의 단서이다. 사람에게 이 4가지 단서가 있는 것은 마치 몸에 사지가 있는 것과 같다. 이러한 사단四端(仁, 義, 禮, 智)이 있음에도 불구하고, 스스로 어쩔 수 없다고 말하는 사람은 자신을 망치는 사람이요, 우리 임금은 어쩔 수 없다고 말하는 사람은 임금을 망치는 사람이다. 무릇 내 속에 내재해 있는 이러한 사단을 모두 확충할 줄 알아야 한다. 만일 불길이 타오르고 샘물이 솟아나듯이 확충할 수 있다면 족히 온 세상을 보살필 수 있지만, 정녕 확충할 수 없다면 부모조차 돌볼 수 없는 것이다.[58]

이 구절은 후대 학자들에 의해 맹자의 4단을 설명할 때 자주 쓰는 고전적인 구절이다. 맹자의 이 성선설은 사람은 모두 인의예지의 4단서(단)가 있으니, 이 4단서를 확충하면 성인이 될 수 있다는 말이다. 사람이 선하지 못한 까닭은 모두 이 4단서를 확충하지 못한 탓이지, 그 본성이 본래 선한 사람과 다르기 때문은 아니다. 맹자가 말하기를,

> 그 실제(情: 진상 자질)의 측면에서 보면 선을 행할 수 있다는 것이 바로 내가 말한 성이 선하다는 의미이다. 따라서 악을 행하는 경우는 결코 재질(才)의 죄가 아니다. 측은지심은 누구에게나 있고, 수오지심은 누구에게나 있으며, 공경지

58) 人皆有不忍人之心. … 今人乍見孺子將入於井, 皆有怵惕惻隱之心, 非所以內交於孺子之父母也, 非所以要譽於鄉黨朋友也. 非惡其聲而然也. 由是觀之, 無惻隱之心, 非人也. 無羞惡之心, 非人也. 無辭讓之心, 非人也. 無是非之心, 非人也. 惻隱之心, 仁之端也. 羞惡之心, 義之端也. 辭讓之心, 禮之端也. 是非之心, 智之端也. 人之有是四端, 猶其有四體也. 有是四端, 而自謂不能者, 自賊者也, 謂其君不能者, 賊其君者也. 凡有四端於我者, 知皆擴而充之矣. 若火之始然, 泉之始達, 苟能充之, 足以保四海. 苟不充之, 不足以事父母.(《맹자 장 6절》)

심은 누구에게나 있고, 시비지심도 누구에게나 있다. 측은지심은 인仁이요, 수오지심은 의義요, 공경지심은 예禮이고, 시비지심은 지智이다. 이들 인의예지는 외부로부터 내게 주입된 것이 아니라, 내게 본디 있었던 것들이다. 다만 탐색해내지 않았을 따름이다. 따라서 나는 '인의예지를 구하면 얻고, 버려두면 잃는다.'고 말했다. 사람간의 격차가 두 배 다섯 배 혹은 무한히 벌어지는 까닭은 각자의 재질을 충분히 발휘하지 못했기 때문이다.[59]

누구인들 어찌 인의의 마음(仁義之心)이 없겠는가? 사람이 그런 양심을 상실해 버린 경우는, 마치 산림의 나무를 날마다 도끼로 베어낸 것과 같으니 어찌 아름다울 수 있겠는가? 사람은 누구나 평단지기平旦之氣(새벽의 청명한 기운)를 날마다 호흡하고 있지만, 누가 만약 호오好惡의 성향이 남과 비슷한 데가 거의 없을 정도로 변해버렸다면, 그것은 바로 그의 낮 동안의 (이기적인) 행위가 평단지기를 어지럽혀 망쳐버렸기 때문이다. 이렇듯 어지럽히는 일이 반복되면 야기夜氣(밤 동안에 생기는 선한 기운, 즉 평단지기)가 보존될 수 없고, 야기가 보존될 수 없으면 금수와 다름없게 된다. 이제 그런 금수 같은 모습을 대하고 애초부터 그에게서 (선한) 재질(才)이 없었다고 여긴다면, 그것이 어찌 인간의 참모습이겠는가?[60]

사람은 누구나 선단善端이 있어 그것을 확충하면 누구든지 성인聖人이 될 수 있다는 것이다. 야기夜氣(밤 동안에 생기는 선한 기운)는 인의의 마음(仁義之心)이 아직 손상당하지 않은 것을 말한다. 사람에게 야기가 보존되지 않으면 사람인 까닭을 상실하는 것이므로 당연히 금수가 된다. 맹자가 "달

59) 乃若其情, 則可以爲善矣. 乃所謂善也. 若夫爲不善, 非才之罪也. 惻隱之心, 人皆有之. 羞惡之心, 人皆有之. 恭敬之心, 人皆有之. 是非之心, 人皆有之. 惻隱之心, 仁也. 羞惡之心, 義也. 恭敬之心, 禮也. 是非之心, 智也. 仁義禮智, 非由外鑠我也, 我固有之也, 弗思耳矣. 故曰, 求則得之, 舍則失之. 或相倍蓰而無算者, 不能盡其才者也.(《맹자 11장 6절》)

60) 雖存乎人者, 豈無仁義之心哉? 其所以放其良心者, 亦猶斧斤之於木也, 旦旦而伐之, 可以爲美乎? 其日夜之所息, 平旦之氣, 其好惡與人相近也者幾希. 則其旦晝之所爲, 有梏亡之矣. 梏之反覆, 則其夜氣不足以存. 夜氣不足以存, 則其違禽獸不遠矣. 人見其禽獸也, 而以爲未嘗有才焉者, 是豈人之情也哉?(《맹자 11장 8절》)

아난 본심을 구하고"(求放心)[61] "본심을 잃지 말라."(不失本心)[62]고 주장한 것은 반드시 그래야만 사람일 수 있기 때문이다.

이에 비해 순자는 인간의 본성이 악하다는 성악설을 내세웠다.

> 인간의 본성은 악하다. 인간이 선하게 됨은 인위(僞)의 덕분이다.[63]

> 지금 인간의 본성은 날 때부터 이익을 좋아하는 바, 이 본성을 좇기 때문에 쟁탈전이 발생하고 사양지심이 없어진다. 날 때부터 질투와 증오심이 있는 바, 이 본성을 좇기 때문에 남을 해치고 비방하는 행위가 생기고 충직과 신실의 도덕은 없어진다. 날 때부터 눈과 귀의 감각적 욕망이 있어서 고운 목소리와 미색을 좋아하는 바, 이 본성을 좇기 때문에 음란이 발생하고 예의문리禮義文理(예절 의리 법식 사리) 등은 없어진다. 그런즉 인간이 본래의 본성을 따르고 본래의 정욕을 좇으면 반드시 쟁탈전이 발생하고, 자연히 신분질서가 무너지며 사회기강이 문란하게 되어, 결국 흉포한 난동에 귀착된다. 따라서 반드시 스승과 법도에 의한 교화와 예절과 의리에 바탕한 교도를 실시해야 비로소 사양지심이 생기고 법식과 사리(文理)에 부합하고 태평성세에 귀착하게 된다. 이로써 보건데 인간의 본성은 악함이 분명하고 선하게 되는 것은 인위의 덕분이다.[64]

〈성선설을 내세운 맹자. 그는 후대 공자사상의 적통을 이어받은 자로 추종되고 있다.〉

인간의 본성은 악하지만 인위적 교화를 통해 선해질 수 있다. 인간이 금수와 다른 까닭은 인간은 총명한 재능을 가지고 있어 그것

61) 《맹자 11장 11절》

62) 《맹자 11장 10절》

63) 人之性惡, 其善者僞也.(《순자 性惡篇》)

64) 今人之性, 生而有好利焉, 順是故爭奪生, 而辭讓亡焉, 生而有疾惡焉, 順是故殘賊生, 而忠信亡焉. 生而有耳目之欲, 有好聲色焉, 順是故淫亂生而禮義文理亡焉. 然則從人之性, 順人之情, 必出於爭奪, 合於犯分亂理, 而歸於暴, 故必將有師法之化, 禮義之道, 然後出於辭讓, 合於文理, 而歸於治, 用此觀之, 然則人之性惡明矣, 其善者僞也.(《순자 성악편》)

을 가지고 악단惡端을 선으로 바꿀 수 있다. 맹자의 성선설은 인성은 본디 선단善端이 있어서 인간이 이 선단을 "확충하면(擴而充之)[65]" 곧 요순도 되고 성인聖人도 될 수 있다는 것이다. 그러나 순자는 이에 반해 인성 속에 본디 선단이 없을 뿐만 아니라 오히려 악단惡端이 있다고 하며 단지 인성에 선단이 없을 지라도 인간은 상당한 총명한 재능을 가지고 있어, 가령 "부자父子의 도리"나 "군신의 법도" 등을 알려주면 이 재능으로 배워서 알아 행할 수 있다는 것인데, 그 배움이 오래 누적되면 습관이 되므로, 이에 인간은 요순도 되고 성인이 될 수 있다는 것이다. 인간은 원래 악하지만 총명한 재능으로 배워 알아 익히면 선한 사람이 될 수 있다는 것인데, 그가 말하기를,

> 거리의 뭇 사람 가운데 전일하고 투철하게 선을 누적한 사람이 바로 성인聖人이다. 선이란 추구해야 얻어지고 도모해야 성취되며 누적해야 고매해지고 투철해야 성인이 된다. 따라서 성인이란 노력을 누적한 결과이다. 사람이 김매고 밭가는 일을 누적하여 농부가 되고, 깎고 다듬은 일을 누적하여 기술자가 되며, 재화를 매매하는 일을 누적하여 상인이 되듯이, 예절과 의리(禮義)를 누적하여 군자가 된다.[66]

또한 인간의 본성은 선한 것도 악한 것도 아니라고 주장한 고자告子같은 사람도 있었다. 인성人性에 관하여 맹자와 논쟁을 벌여, "사람의 본성은 본래 선도 아니고 악도 아니며, 다만 교육하기 나름으로 그 어느 것으로도 될 수 있다."고 주장하였다. 맹자와의 논의는《맹자 고자告子 상편》에 수록되어 있으며, 이를 통해서만 고자의 존재를 알 수 있을 뿐이다.

---

65)《맹자 3장 6절》

66) 塗之人百姓, 積善而全盡, 謂之聖人. 彼求之而後得, 爲之而後成, 積之而後高, 盡之而後聖, 故聖人也者, 人之所積也. 人積耨耕而爲農夫, 積斲削而爲工匠, 積販貨而爲商賈, 積禮義而爲君子.(《순자 儒效篇》)

> 고자가 말하기를, "성性이란 마치 급류와 같으니, 동으로 물길을 트면 동으로 흐르고, 서로 물길을 트면 서로 흐르는 것이다. 인성人性에 선하고 불선의 구분이 없는 것은 마치 물길에 동서의 구분이 없는 것과 같다."[67]

"고자가 말하기를, 성性에는 선도 없고 불선도 없다."[68] 라고 하며, 후천적으로 생긴 선악은 교육과 습관의 결과라고 하였다.

그리고 후한시대 이성주의자인 양웅과 왕충도 인간은 선한 면도 있고 악한 면도 있다고 주장했다. 양웅揚雄은 그의《법언法言 수신편修身篇》에서 인간의 본성에 대해 말하기를,

> 사람의 성이란 선악이 뒤섞여 있다. 선한 부분을 연마하면 선한 사람이 되고, 악한 부분을 연마하면 악한 사람이 된다.[69]

또한 왕충王充의《논형論衡 본성편本性篇》에서 말하기를,

> 사람의 재능에 높고 낮음이 있듯이, 사람의 성에도 선도 있고 악도 있다는 것이 바로 그 진상이다. … 그러므로 나는 인성이 선하다는 맹자의 말은 보통 이상의 사람에 해당되고, 인성이 악하다는 순자의 말은 보통 이하의 사람에 해당되며, 인성에 선과 악이 뒤섞여 있다는 양웅揚雄의 말은 보통 사람을 두고 한 말이라고 생각한다. 이 논의들 중에서 경전과 도리에 부합하는 것은 교화의 자료로 삼을 수 있지만 그 어느 것도 완벽하게 규명한 이치로 삼기에 미진하다.[70]

---

67) 告子曰; 性猶湍水也. 決諸東方則東流, 決諸西方則西流. 人性之無分於善不善也. 猶水之無分於東西也.(《맹자 11상 2절》)

68) 告子曰, 性無善無不善也.(《맹자 11장 6절》)

69) 人之性也善惡混. 修其善則爲善人, 修其惡則爲惡人.

70) 實者, 人性有善有惡, 猶人才有高有下也. … 余固以孟軻言人性善者, 中人以上者也. 孫卿言人性惡者, 中人以下者也. 揚雄言人性善惡混者, 中人也. 若反經合道, 則可以爲敎. 盡性之理, 則未也.

보통 이상의 사랑은 선하고 보통 이하의 사람은 악하며 보통 사람들은 선과 악이 뒤섞여 있다고 왕충은 말한다. 또한 그는《논형 솔성편率性篇》에서 말하기를,

> 사람의 본성에는 반드시 선도 있고 악도 있다. 그 가운데 선은 물론 자체로 선이지만, 악도 가르치고 타이르며 인도하고 면려하면 선이 될 수 있다. 무릇 임금과 아버지되는 사람은 신하와 자식의 품성을 잘 살펴, 선하면 길러주고 면려하며 인도하여 악에 접근하지 못하게 하고, 악하면 보살피고 보호하며 단속하여 차츰 선에 나아가도록 해야 한다. 선은 악에 물들고 또 악은 선에 교화되어 마침내 마치 본성과 같은 행위양식으로 완성된다.[71]

이처럼 후한시대 인간의 본성이 선한 면도 있고 악한 면도 있다고 주장한 학자들이 나오기는 했다. 그러나 그 이후 대체로 인간의 본성이 선하다는 맹자의 성선설이 중국에 널리 퍼졌다. 송대 유행한 성리학과 그 이후의 양명학은 모두 인간의 본성이 선하다는 기반 위에 전개된 이론이라고 할 수 있다.

또한 전국시대에는 인간의 본성이 악하다고 주장하는 순자의 성악설이 더 유행했으나, 통일제국 한나라 때부터 맹자의 성선설이 더 유행하게 된다. 맹자는 공자에 버금갈 정도로 높이 쳐 아성亞聖이라는 칭호를 얻고 종묘 사당에도 모셔져 제사를 받지만, 순자는 유가의 이단자로 내쳐져 그리 중시되어 오지 못했다. 후대 성리학과 양명학에서 말한 성性도 모두 인간의 본성이 선하다는 맹자의 성선설을 기본으로 하여 전개된 이론이다.

한대 이후 순자의 성악설보다 맹자의 성선설이 더 크게 발휘를 할 수 있었던 것은 당시 통치 지배계급의 이데올로기에 맞았기 때문이라고 여겨진다. 농사를 짓는 등 아무런 육체적 경제활동을 전혀 하지 않으면서도 풍족

---

71) 論人之性, 定有善有惡. 其善者, 固自善矣, 其惡者故可教告率勉使之爲善. 凡人君父, 審觀臣子之性, 善則養育勸率, 無令近惡. 惡則輔保禁防, 令漸於善. 善漸於惡, 惡化於善, 成爲性行.

〈조선 유학자 이율곡. 유가에서 인의도덕을 이렇게 많이 내세운 것은 사람들끼리 서로 부대끼며 집단으로 살아온 농경민족이었다는 것과도 관련이 있는 듯하다.〉

하게 먹고 살 수 있는 그들 지주계급과 권력자들인 유가적 교양의 소유자들은 아래 평민이나 천민들과 달리 그들은 본래 본성이 선한 사람들이라는 주장을 내세우게 된다. 그들은 아래 것들과 달리 본성이 원래 선하다는 것인데, 이는 그들 지배계급의 정당성을 내세우는 이데올로기로서의 역할을 했다고 여겨진다. 필자는 당시가 지금보다 경제적으로 발달하지 못해 궁핍한 생활을 하는 사람이 많았고 또한 지배 피지배로 나뉘는 불평등한 계급사회였기 때문에 실은 선한 사람보다가 약육강식 사회에서 살아남기 위해 남을 해치고 위해하는 악한 사람들이 더 많았다고 생각한다. 인간의 본성이 선하다고 주장하는 것은 먹고 사는데 아무 걱정이 없는 지배계급 유가인들이 그들만의 권한을 더 강화하기 위해 2,000년 가까이 인간의 본성은 선하다고 계속 주장해 왔던 것이라고 생각한다.

옛 중국인들이 이렇게 인간의 본성이 어떠한지에 대해 집착하여 관심을 가지게 된 것은 집단으로 모여 사람들과 부대껴 살아온 농경민족이었다는 것과 깊은 관련이 있다고 여겨진다. 사람과 사람과의 관계를 중시하고 어떻게 하면 사람들과 무난히 잘 어울려 살아야 할 것인가에 대한 고민이 도대체 인간의 본성이 무엇인가 선한 것인가 악한 것인가 아니면 선하지도 악하지도 않은 것인가에 대한 관심을 나타낸 것이 아닌가 한다. 중국철학 특히 유가철학은 분명 서구철학보다 인간의 본성에 집착하여 연구해 왔다. 필자 개인적으로는 맹자의 성선설 순자의 성악설보다 양웅과 왕충의 수상처럼 인간의 본성은 선한 면도 있고 악한 면도 있다라고 생각한다.

2) 집단 농경생활 공동체의 도덕 윤리 실천철학

옛 중국인들은 공을 세우고 주장을 수립하는 것보다 덕을 세우는 것을 가장 중시했다. 인격완성 도덕 등을 더욱 중시한 것이다. "최상의 일은 덕을 수립하는 것(立德)이요, 그 다음은 공을 세우는 것(立功)이요, 그 다음이 주장을 수립하는 것(立言)이다."[72] 이는 집단 공동체로 살아온 농경민족 중국인들의 사람과 사람 사이의 관계 중시와 도덕 윤리 중시, 그리고 더 나아가 개인의 인격완성 중시로 말미암는 듯하다. 정치적 공을 세우고 주장을 수립하여 일가언一家言을 이루기 앞서 먼저 인간이 되어야 한다고 한 것이다. 수신修身을 가장 중시한 것인데, 집단 공동체로 많은 사람들이 부대끼며 살아온 농경민족 중국인들은 도덕수립 인격완성 등을 더욱 중시하여 온 것이다. 중국인들이 항상 말하여 온 내성외왕지도內聖外王之道에서 내성이란 입덕立德에 해당한다고 할 수 있고 외왕이란 입공立功에 해당한다고 할 수 있다. 이는 먼저 실제로 덕(內聖)을 소유하고 난 다음에야 비로소 공功을 일으켜야 한다는 것으로, 플라톤이 말한 도덕정치인 철인왕哲人王과 유사하다고 할 수 있다. 관리나 정치인이 되어 공을 이루려고 하면(立功), 먼저 그 전에 자신의 덕부터 갖추어야 한다(立德)는 것이다. 중국인들이 그 얼마나 도덕 윤리 등을 중시하여 왔는가를 알 수 있는데, 중국인들이 집단으로 살아 인간과 인간과의 관계를 중시하는 농경민족이었다는데 근본 이유가 있는 것이 아닌가 한다. 그들 중국인들은 평생 될 수도 없는 성인聖人(인격완성자)이 되고자 부단한 노력을 하여 왔다.

임금은 임금다워야 하고 신하는 신하다워야 하며 아버지는 아버지다워야 하고 아들은 아들다워야 하는 것이다.(君君 臣臣 父父 子子) 많은 사람들이 모여 공동체로 살았던 중국 농경민족은 자기 위치에 맞게 처신해야 질

72) 太上有立德, 其次有立功, 其次有立言.(《좌전 襄公 24년》)

서가 서고 체계가 잡힌다. 남편은 남편으로의 역할을 하고, 아내는 아내로의 역할을 하며, 웃어른은 웃어른의 역할을 하고, 아랫사람은 아랫사람의 역을 해야 한다. 남자는 남자의 역할을 하고, 여자는 여자의 역할을 해야 한다. 어른은 어른의 역할을 하고, 어린이는 어린이의 역할을 해야 한다. 귀족은 귀족으로의 역할을 해야 하고, 백성은 백성으로의 역할을 해야 하며, 종은 종으로의 역할을 해야 한다. 이렇게 자기 신분과 위치에 맞세 역할을 수행해야 많은 사람이 모여 사는 농경지역에서 질서가 유지된다. 사람과 사람과의 사이 그리고 친구 사이에는 항상 믿음이 중시되며, 인간관계를 중시하는 것은 많은 사람들이 모여 사는 농경문화 민족이기 때문이라 여겨진다. 지금도 중국인들은 관계를 중시하고 친구(朋友)를 중시한다.

> 하夏나라에서는 교校, 은殷나라에서는 서序, 주周나라에서는 상庠이라고 했는데, 대학의 경우는 삼대 모두 학學이라고 했다. (이런 교육의 목적은) 모두 인륜을 밝히는 것이다. 위에서 인륜을 밝힌다면 서민들은 서로 친애하고 단결할 것이다.[73]

라고 하여, 교육의 목적이 바로 인륜을 밝히는 것이라고 맹자는 말했다.

농사를 지으며 고향에서 사는 것을 중시했던 농경민족 중국인들은 사람을 소개할 때 항상 그 사람의 고향이 어디인지를 밝히며, 또한 그 사람의 인품에 대해서도 먼저 이야기했다. 사람의 본향을 중시하고, 고향에서 집단으로 사람과 부대끼며 살아온 중국 농경민족은 사람의 인성과 인품을 얼마나 중시했는가를 알 수 있다. 예를 들어 《논형論衡 자기편自紀篇》에서 왕충王充을 소개하기를,

> 왕충은 회계會稽 지방 상우현上虞縣 사람이고, 자는 중임仲任이다. … 건무建武 3년(+27년)에 태어났다. … 재능이 뛰어났고 구차한 저작을 무시했으며,

73) 夏曰校, 殷曰序, 周曰庠, 學則三代共之. 皆所以明人倫也, 人倫明於上, 小民親於下.(《맹자 5장 3절》)

> 말재주는 있었지만 논쟁은 좋아하지 않았다. 마음에 드는 사람이 아니면 온종일 한마디도 말하지 않았다. 그의 주장에 대해서는 사람들은 처음에는 미심쩍어했지만 끝까지 듣고는 인정했다. 글로 쓴 경우도 그러했다. … 그는 옛 글을 닥치는 대로 읽었고 기이한 주장에 호기심이 많았으며, 세간의 책과 속설을 대체로 온당하지 못하다고 여겨 홀로 칩거하며 그 허실虛實을 논구했다.[74]

또《진서晉書》에서 완적阮籍(210-263)을 소개하여 설명하기를,

> 완적은 자가 사종嗣宗이고, 진류군陳留郡 위씨尉氏 사람이다. … 용모가 준수했고, 의기는 호방했다. 오만할 정도로 자득自得함이 넘쳤고, 본성에 따라 거리낌이 없었으며, 희로의 감정을 얼굴에 나타내지 않았다.[75]

또《송사宋史 도학전道學傳》에 정호程顥(1,032-1,085)를 소개하여 설명하기를,

> 정호는 자가 백순伯淳이다. 대대로 중산中山에 살았지만 나중에 개봉開封을 거쳐 다시 하남河南으로 이사했다. … 정호는 성품이 뛰어나 충만한 수양으로 도를 지녔고 온화하고 순수한 기풍이 몸에 배어있었다.[76]

중국에서 인물을 소개할 때 전부 이와 비슷하게 그들의 출신지역이나 그들이 산 지역을 먼저 소개하고, 또한 그들의 성격이나 인품에 대해서도 설명하고 있다. 농경민족 중국인들이 그 얼마나 자신의 고향을 중시하며, 그 사람의 성격이나 인품을 중시 여겼는가를 알 수 있게 한다. 집단으로 고향에서 농사를 지으며 사람과 사람이 부대끼며 살아온 농경민족 중국인들

---

74) 王充者, 會稽上虞人也, 字仲任. … 建武三年(+27년)充生. … 才高而不尙苟作, 口辯而不好談對, 非其人終日不言. 其論說, 始若詭於衆, 極聽其終, 衆乃是之. 以筆著文, 亦如此言. … 淫讀古文, 甘聞異言, 世書俗說, 多所不安, 幽居獨處, 考論實虛.

75) 阮籍字嗣宗, 陳留尉氏人也. … 容貌瓌傑, 志氣宏放, 傲然獨得, 任性不羈, 而喜怒不形於色.

76) 程顥字伯淳, 世居中山, 後從開封徙河南. … 顥資性過人, 充養有道, 和粹之氣, 盎於面背.

은 출신 고향을 중시하고 또한 사람의 성격이나 인품을 중시하여 왔던 것이다. 그러나 서양에서 인물을 소개할 때 어디 출신인지는 설명한 부분이 있지만, 그의 성격이나 인품을 설명한 경우는 거의 없고, 그의 행적과 업적 등을 연대별로 소개하는 경우가 많다. 그가 남긴 행적과 업적이 중요하지 그의 성격이나 인품 등은 그리 중시하지 않은 것인데, 고대 중국에서의 인물 소개와는 다르다고 하겠다.

3) 집단 농경생활 공동체의 협동철학

농경민족은 협동적인 일을 많이 한다. 모내기를 할 때도 온 마을 사람들이 함께 같이 모내기를 하고, 벼베기를 할 때도 온 마을 사람들이 함께 같이 벼베기를 한다. 일가친척들이 집성촌을 이루어 살며 서로 상부상조하는 삶을 살고 있다. 경조사에도 온 마을 사람들이 함께 나서 협동적으로 일한다. 그래서 그들은 함께 하는 협동적인 문화가 많이 발달되어 있다. 향약 두레계 같은 것이 발달되어 있으며, 또한 나보다는 우리라는 개념이 발달되어 있다. 동창회 동문회 문중회 향우회 같은 것이 발달되어 있고, '우리가 남이가'라는 의식이 발달되어 있다. 여행을 할 때도 개인여행보다는 끼리끼리의 단체여행을 많이 한다. 나의 집(my home)이라고 하지 않고 우리 집(our home)이라고 하고, 나의 집사람(my wife)이라고 하지 않고 우리 집사람(our wife)이라고 부른다. 개인주의 사고방식에 젖은 서구인들의 입장에서 보면 도저히 이해가 되지 않는 표현이다. 식사도 온 식구가 둥근 상에 둘러앉아 함께 한다. 개인이 존중되는 사회가 아니라 집단

〈협동으로 벼베기 시연하는 모습〉

이 존중되는 사회이다. 개인의 개성과 창의력이 중시되는 것이 아니라, 그 어느 누구와도 어울리며 모나지 않는 성격을 중시하고 그것을 '성격 좋다.' 라고 표현하고 있다. 서구인들이 말하는 성격(character)과는 다르다. 모난 돌이 정 맞는다는 말도 있다. 두루뭉술하게 잘 어울려 사는 삶을 농경민족은 중시하여 온 것이다. 모내기 벼베기를 할 때 함께 줄을 맞추어 해야지, 자신이 능력 있다고 앞장서서 빨리 하면 안된다. 창의력 통솔력은 농경사회에서 별 필요가 없는 것이다. 어울림의 문화가 발달되어 있고, 그들은 가족 친척 이웃과 함께 하는 화락和樂을 중시한다. 온 마을 사람들이 함께 하는 대동의 어울림문화도 많이 발달되어 있다. 이런 집단문화는 개인으로 볼 때 불편한 점도 없지 않아 있을 수 있지만, 온 마을 일가친척들이 함께 협동으로 농사짓는 농경사회가 낳은 하나의 문화 현상인 것이다. 결혼이나 상을 당했을 때도 온 마을 사람들이 모두 나서 함께 일을 치른다.

4) 개인보다 집단으로 자리매김 하는 농경 삶

성姓이 먼저이고 이름을 뒤에 적는다. 개인보다 가문이 더 중시되는 것이다. 그러나 개인이 중시되는 서구에서는 이름을 먼저 적고 뒤에 성을 적는다. 또한 농경민족은 '우리'라는 표현을 즐겨 사용한다. '우리 집', '우리 학교' '우리 마을' 같은 것이 그것이다. 그러나 개인이 중시되는 서구에서는 'my house', 'my school', 'my village'라고 표현한다. 심지어 자신의 아내를 남에게 소개할 때도 '우리 집사람'이라고 표현한다. 영어로 번역하면 'our wife'로 서양인이 들으면 괴이하게 생각한다. 농경문화는 집단으로 자리매김하는 문화인 것이다.

족보를 중시하고 혈통을 중시하며 가문을 중시한다. 또한 일가친척 간의 관계를 아주 중시한다. 일가친척 간에 사용하는 호칭도 굉장히 많고 다양하게 발달되어 있다. 서구에서는 'uncle'은 우리의 삼촌 외삼촌 고모부 이모부를 모두 지칭한다. 아버지 어머니의 남자형제나 그들 여자형제의 남편을 모두 지칭하는 것이다. 또한 'aunt'는 우리의 숙모 외숙모 고모 이모를 모두 지칭한다. 아버지 어머니의 여자형제나 그들 남자형제의 아내를 모두 지칭하는 것이다.

개인보다는 누구의 아들 딸로, 어느 가문의 후손으로 자리매김한다. 최대의 수치는 자신의 잘못으로 가문에 먹칠하는 것이라 여긴다. 옛날 중국에서는 연좌제가 보편화되었었다. 죄를 지으면 그 개인만 처벌하는 것이 아니라, 그 집안사람들을 모두 처벌한다. 대역죄를 지으면 삼족을 멸하고 심하면 구족까지 멸해 가문의 씨를 말렸다. 서구에서는 3족을 멸하고 9족을 멸하는 경우는 없다. 자식이 잘못하면 그 아버지가 연대 책임을 지는 문화 현상도 마찬가지이다. 자식의 허물이 아비의 허물이라고 생각하는 것이다. 개인이 개인 자체로 평가되는 것이 아니라, 가문의 일원으로 집안의 일원으로 평가받는다. 자신은 잘못되어도 가문을 지키려고 노력했다.

이는 일가친척들이 집성촌을 이루며 한 마을에서 공동체 삶을 누려온 농경민족이었기 때문이라고 생각한다. 시골 마을에 사는 모든 사람들이 실은 일가친척인 것이다. 그러나 개인의 믿음에 의해 구원받아 천당을 간다고 믿는 서구 기독교문화권에서는 개인이 중요하다. 자신의 믿음으로 구원받았다고 그로 인해 집안사람들 모두가 구원받는 것은 아니다. 구원받아 천당 가는 것은 개인 개인의 믿음에 달린 것이지, 결코 집단으로 구원받는 것은 아니기 때문이다. 서구에서는 죄를 지으면 본인만 처벌받으면 된다. 중국처럼 그 가족이나 가문이 함께 처벌을 받지는 않는다. 자신의 죄 때문에 집안이 멸문지화滅門之禍를 당했다는 이야기는 서구에는 없는 것이다.

중국이나 한국에서는 이름을 이야기할 때도 성을 먼저 내세운다. 문재인에서 문은 성이요 재인은 이름이다. 그러나 서구는 이와 완전히 반대로 도널드 트럼프할 때 도널드가 이름이고 트럼프가 성이다. 중국이나 한국은 성을 먼저 내세우지만, 서구는 이름을 먼저 내세우는 것이다. 이는 중국과 한국같은 농경지역은 집단(우리 We)을 중시하여 성을 먼저 내세우는 것이고, 서구는 개인(나 I)을 중시하여 이름을 먼저 내세우는 것으로 여겨진다. 또한 주소를 쓸 때도 마찬가지이다. 중국이나 한국은 큰 지역에서 작은 지역으로 써내려간다. 예를 들어 서울대학교 주소를 대한민국 서울시 관악구 신림동 서울대학교라고 쓴다. 그러나 서구는 이와 완전히 반대로 작은 지역에서 큰 지역으로 써내려간다. 예를 들어 미국 백악관의 주소는 1600 Pennsylvania Ave., Washington D.C, U.S.A라고 쓰는 것이다. 이는 집단 중심의 농경문화의 특징과 개인중심의 유목문화의 특징이 반영된 것이라고 생각한다.

16. 직관에 의존한 비과학적 거시 형이상학 철학

중국철학은 인식론과 논리학이 별로 발달하지 못했다. 이는 비과학적인 농경민족의 사고방식 때문인 것으로 여겨지는데, 그들은 수천 년 동안 농작물의 수확량을 눈으로 대략 직관으로 헤아려 왔다. 일기가 순조로워 농사를 잘 지었다면 한 10가마가 벼 소출이 나겠다고 하고, 일기가 불순하여 농사를 망쳤다면 6가마 반이 나겠다고 어림짐작으로 계산하여 온 것이다. 그래서 전국시대 인식론과 논리학의 선구라고 할 수 있는 명가학파나 묵가의 인식론 등이 발생한 적도 있었지만, 그것이 더 이상 논리학이나 인식론으로 발전하지 못하고 쇠퇴한 것은 정확하게 계산을 하지 못하고 어림짐작으로 눈대중으로 수확량을 계산할 수밖에 없는 중국 농경민족의 사고방식 때문에, 이런 논리학과 인식론이 더 이상 발달할 수 없었던 원인이 아닌가 한다. 그러나 유목민족은 그들이 소유한 가축을 정확히 헤아린다. 숫양 12마리 암양 17마리 새끼양 20마리 말 5마리 등 정확히 헤아리는 것이다.

또한 인식론 논리학은 주체와 객체를 명확히 구별하여 객관적으로 관찰하는 사고방식이 중요한데, 자연(翕)과 <더불어 하나> 되어 살아온 정통 농경민족 중국인들은 주 객체를 분리하지 않고 하나로 보려는 경향도 이런 과학적인 논리학이나 인식론의 발달을 막은 것이 아닌가 한다. 농경민족 중국인은 그들이 인지하는 모든 것을 구분하여 보기를 싫어하고 모든 것을 하나로 보려는 경향이 강하다. 우주 자연(天)과 나(人)를 하나로 인식하고, 너(彼我)와 나(我)를 구분하지 않고 하나로 보고자 했으며, 심心과 신身을 구분하여 보고자 아니했다. 구분하지 않고 모든 것을 하나로 보려는 주객일체 천인합일 물아일체와 심신일원 등의 발달이 인식론과 논리학의 발달을 막은 것이다.

서양철학은 철학용어들을 모두 상세하게 과학적으로 표현해 낸다. 그러나 중국철학 용어들은 대략 느낌으로 알지만 정확 명료하게 서술해 내지 않는다. 그 용어를 사용하는 사람마다 약간씩 다르게 느끼고 다르게 적용하고 있는 것이다. 예를 들어 천天이란 용어를 중국철학자들은 그냥 단순히 물질적인 하늘(sky)의 뜻으로 사용하기도 하고, 하늘의 절대자 즉 천신의 의미로 사용하기도 했으며, 우주 자연 불변의 법칙의 의미로 사용하기도 했다. 또한 어떤 경우에는 24절기 올바른 계절적 순환의 의미로 사용하기도 했다. "하늘에 순응하는 자 흥하고, 하늘을 거스르는 자 망한다."(順天者興, 逆天者亡)에서의 천天의 의미는 절대자 천의 의미이기도 하고, 또한 우주 자연의 불변의 법칙이나 24절기 올바른 계절적 순환의 의미로 보이기도 한다. "글은 말을 다 나타낼 수 없고, 말은 뜻을 다 나타낼 수 없다."(書不盡言, 言不盡意(《易 繫辭上》)라고 했듯이, 모든 것을 철저하게 객관적이고 과학적으로 명확하게 서술하지 못했다. 이는 자신의 직감과 직관에 의존해 농작물의 수확량을 측정했던 농경민족 중국인들의 비철저한 사고방식 때문이 아닌가 한다.

1) 거시 형이상학 철학

(1) 천天

중국철학에서 사용한 천의 의미는 대략 5가지로 나눌 수 있다.

물질지천物質之天의 천으로 땅(地)과 대비되는 단순한 물리적 개념의 천(sky)이다. 주나라 이전에 중국인들이 말한 천이란 단순히 땅에 반대되는 물질적인 천을 가리키는 경우가 많았다.

주재지천主宰之天은 전지전능한 신의 개념인 하느님의 의미의 천으로, 아래 인간의 잘하고 못하느냐에 따라 인간들에게 복도 주고 화도 주는 그런 감정이 있는 절대자 개념의 천이다. 동중서가 말한 천인상관 천인지제

天人之際에서의 천이란 바로 이런 절대적 존재 개념의 천이라고 할 수 있다. 올바른 정치를 하지 못한 제왕에게 보이는 재이설과 덕이 있는 자에게 천명을 주는 수명론受命論에서 말한 천이란 바로 이런 주재지천이라고 할 수 있다. "하늘을 거스르는 자 망하고, 하늘에 순응하는 자 흥한다."(逆天者亡, 順天者興)라고 할 때의 천이란 바로 이런 주재지천이라고 할 수 있다. 서구에서 말한 여호와 하나님과 같은 것이라고 할 수 있고, 우리 옛 조상들이 말한 천제天帝 혹은 상제上帝와 같은 개념이라고 할 수 있다. 그 천은 잘못을 저지른 사람에게는 화를 주고 잘한 사람에게는 복을 준다.

자연지천自然之天의 천은 자연의 법칙에 그대로 순응하는 것 즉 24절기 4계절의 올바른 순환에 그대로 적응하며 사는 것을 의미한다. "하늘을 거스르는 자 망하고, 하늘에 순응하는 자 흥한다."(逆天者亡, 順天者興)라고 할 때의 천이란 어떤 의미에서 보면 자연의 법칙에 거슬리지 않고 24절기 계절의 순환에 그대로 적응하여 살면 흥하고 그런 자연의 법칙을 거스르고 살면 망한다는 의미이기도 하다. 자연의 법칙 24절기 올바른 순환에 그대로 적응하며 살고자 한 정통 농경민족 중국인들이 생각하는 천의 개념이라고 할 수 있다.

운명지천運命之天의 천으로 인간의 모든 길흉화복은 인간의 의지로 할 수 있는 것이 아니라 모두 하늘의 뜻에 달려있다는 것이다. 인간의 운명은 하늘이 결정한다는 것인데, 이것은 농경민족의 특성을 그대로 반영한 것이 아닌가 한다. 농사는 인간의 의지로 할 수 있는 것이 없는 경우가 굉장히 많다. 비가 와야 할 때 비가 오고 햇볕에 쬐어야 할 때 햇볕이 쬐어야 하는데 이는 인간의 힘으로 조절할 수 있는 것이 아니다. 비가 내리고 안 내리고 햇볕이 쬐고 안 쬐고 하는 것은 하늘이 결정하는 것이다. 인간의 힘으로 어찌 할 수가 없다. 이런 삶을 수천 년 동안 살아온 농경민족 중국인들은 은연중에 인간의 운명이 하늘 즉 천이 결정한다는 사고방식을 가지게 된 것으로 보인다. "무릇 성공은 하늘에 달려있다."(若夫成功則天也. 《맹자 1장 14절》)에서의 하늘은 운명지천運命之天이라고 할 수 있다.

의리지천義理之天의 천은 성리학이 완성된 송대 이후 중국 철학자들이 생각한 천의 개념이다. 이 천은 절대적 진리를 가지고 있고, 모든 만물을 생성하는 그리고 모든 존재의 근원으로서의 천이다. 천성天性할 때의 천이요, 천리天理할 때의 천이며, 천부天賦할 때의 천이라고 할 수 있다. "하늘이 부여한 것이 성性이다."(天命之謂性(《예기 권16》) 할 때의 천은 의리지천義理之天이라고 할 수 있다.

공자가 말한 천은 주재지천主宰之天이고, 맹자가 말한 천은 주재지천일 때도 있고 운명지천運命之天일 때도 있으며 의리지천義理之天일 때도 있다. 그러나 순자가 말한 천은 자연지천自然之天으로 이는 노장의 영향에서 비롯되었다고 할 수 있다. 또한 동중서가 말한 천은 주재지천에 가깝다고 할 수 있다. 이처럼 천 하나를 이해하는데도 같은 유학자들도 각각 다르게 해석하고 있는 것은 중국철학의 모호함과 비과학적인 면을 나타낸다고 할 수 있다. 보는 사람에 따라 그들의 주장에 따라 자기 편의대로 천을 해석하고 이해한 것이다.

또한 이 천은 자연의 법칙 혹은 올바른 계절적 순환을 의미할 때도 많다. 순천順天한다는 의미는 자연의 법칙을 거스르지 않고 순응한다는 의미거나 24절기 올바른 계절적 변화에 그대로 순응한다는 의미가 될 때도 많다. 천인상관天人相關이라고 할 때의 천은 바로 자연의 법칙 혹은 올바른 계절적 순환을 의미하는데, 이는 농경민족 중국인들이 그 얼마나 자연의 올바른 순환에 맞추어 삶을 살고자 한 것인가를 알려준다. 자연(天)과 <더불어 하나>되어 살고자 한 것이다. 동중서는 천은 만물을 살리고 기르고 죽이고 감추는 기능이 있다고 했다.

> 하늘의 도는 봄의 따뜻함으로써 만물을 살리고, 여름의 무더움으로써 만물을 기르며, 가을의 서늘함으로써 만물을 죽이고, 겨울의 차가움으로써 만물을 숨

긴다. 따뜻함 무더움 서늘함 차가움은 기氣는 다르지만, 공功은 같다. 모두 하늘이 세월을 완성시키는 것이다.[1]

인간은 인간의 의지대로 삶을 살면 안 되고 반드시 자연(천)의 의지대로 그대로 맞추어 살아야 한다. 《순자 천론天論》에 "잘 다스림으로써 그것(天)에 응하면 길하고, 어지러움으로써 그것(天)에 응하면 흉한다."(應之以治則吉, 應之以亂則凶)라고 했다. 동중서가 같은 구절에서 말한 천이 각기 다른 의미로 쓰일 때도 있다. "천天 지地 음陰 양陽 목木 화火 토土 금金 수水의 아홉 가지에 인人을 더 보탠 열 가지이면 천天(자연)의 수數를 완비한 것이다."[2]에서 처음의 천은 지에 반대되는 물질지천物質之天이라고 할 수 있겠지만, 마지막에 나오는 "천天(자연)의 수數를 완비한 것이다."에서의 천天은 자연지천自然之天이라고 할 수 있다. 이처럼 같은 문장 속에 나오는 천의 개념도 각기 다른 경우가 있는 것이다. 천지인天地人과 음양과 오행을 합쳐 10가지이면 모든 자연의 수는 완비된다는 것이다. 이렇게 10가지 요소이면 모든 것이 완비된다는 것은 아마 사람의 손이 10개의 손가락으로 이루어져 10 손가락이면 모든 것을 헬 수 있는 데서 나온 것이 아닌가 한다.

《논어 3장 13절》에서 말한 공자가 남자南子[3] 를 만나자, 자로子路가 그것을 싫어했다. 이에 공자가 맹세하여 말하기를, "만일 내가 잘못 했다면 하늘이 나를 벌할 것이다, 하늘이 나를 벌할 것이다!"[4] 에서의 하늘(天)은 전지전능한 신의 개념인 하느님과 같은 주재지천이라고 할 수 있다. 또한《논어 9장 12절》에서 말한, 공자가 앓아눕자 자로가 문인 중에서 가신家臣을

1) 天之道, 春暖以生, 夏暑以養, 秋淸以殺, 冬寒以藏. 暖暑淸寒, 異氣而同功 皆天之所以成歲也.(《춘추번로 四時之副》)

2) 天, 地, 陰, 陽, 木, 火, 土, 金, 水, 九. 與人而十者, 天之數畢也."(《춘추번로 天地陰陽》)

3) 음란하기로 이름난 위령공의 부인

4) 子見南子, 子路不悅. 夫子矢之曰, "子所否者, 天厭之, 天厭之!"

심아두었다. 병이 좀 나을 때 공자가 말하기를, "자로가 오랫동안 거짓을 꾸며왔구나! 가신이 없어야하는데도 가신을 만들어두었으니! 내가 누구를 속인다 말이냐! 하늘(天)을 속인다 말이냐?"[5] 할 때의 하늘(天) 역시 주재지천이라고 할 수 있다. 또한 제자 안연顔淵이 죽자 공자가 통곡하여, "아아 하늘(天)이 나를 멸하시는구나! 하늘(天)이 나를 멸하시는구나!"[6]에서의 하늘(天)도 역시 전지전능한 신을 뜻하는 주재지천이라고 할 수 있다.

도가에서 말하는 천은 대부분 자연지천自然之天의 의미가 많았다.

> 기술(技)은 사무(事)에 통섭되고, 사무는 의(義)에 통섭되며, 의는 덕(德)에 통섭되고, 덕은 도(道)에 통섭되며, 도는 천(天)에 통섭된다.[7]

> 무위의 원칙으로써 행하는 것을 천(天)이라고 한다.[8]

> 천(天)이란 본유적인 것이고, 인위(人)란 후천적인 것이다. … 예컨대 소나 말에게 네 발이 있는 것은 천(天)이며, 말 머리에 굴레를 씌우고 소 코를 뚫는 것은 인위(人)이다.[9]

> (도는) 내 스승이로다! 내 스승이로다! 만물을 파괴해도 사나움이 아니고, 만세토록 혜택을 주어도 어짊이 아니며, 태고보다 나이가 많아도 장수가 아니고, 하늘과 땅을 감싸 안고 온갖 형상을 조각했어도 공교로움이 아니니, 이것이 바로 천락天樂(자연의 즐거움)이다.[10]

---

5) 子疾病, 子路使門人爲臣. 病間曰, "久矣哉! 由之行詐也! 無臣而爲有臣, 吾誰欺! 欺天乎?"

6) 顔淵死, 子曰, "噫! 天喪予! 天喪予!"

7) 技兼於事, 事兼於義, 義兼於德, 德兼於道, 道兼於天.(《장자 천지편天地篇》)

8) 無爲爲之之爲天.(《장자 천지편天地篇》)

9) 天在內, 人在外 … 牛馬四足是謂天. 絡馬首, 穿牛鼻, 是謂人.(《장자 천도편天道篇》)

10) 吾師乎! 吾師乎! 整萬物而不爲義, 澤及萬世而不爲仁, 長於上古而不爲壽, 覆載天地, 刻彫衆形而不爲巧. 此之爲天樂.

〈경외의 대상인 하늘(天)은 중국철학에서 여러 가지 의미로 사용되어져 왔다.〉

위에서 장자 말한 천이란 자연을 의미하고, 천락天樂이란 자연의 즐거움을 의미한다. 인위적(人)이지 않는 자연을 천이라고 표현하고 있는 것이다.

서양인들이 말하는 하늘은 두 가지 의미 외에는 사용된 것이 보이지 않는다. 하나는 sky로 중국의 물질지천物質之天에 해당하고, 또 다른 하나는 heaven으로 이는 중국의 주재지천主宰之天에 해당한다고 하겠다. 그 외 서양에서 하늘이 자연지천 운명지천 의리지천의 개념으로 사용된 예는 없는 것으로 보인다.

(2) 명命

> 공자가 말하기를, 나는 15세에 학문에 뜻을 두고, 30세에 예를 따라 설 수 있었고, 40세에 미혹되지 않으며, 50세에 천명天命을 알았다.[11]

> 공자가 말하기를, "군자에게는 3가지 두려움이 있는데, 천명을 두려워하는 것이요, 대인[12]을 두려워하는 것이며, 성인의 말을 두려워하는 것이다."[13]

공자가 위에서 말한 명은 보통 천과 함께 붙여 천명天命이라고 하는데, 하늘의 명령인 천명이란 우주의 최고 주재자로서의 명령이라고 할 수 있다. 고로 천명은 그 누구든지 반드시 순종하고 따라야 한다. 이 명에는 반드시 따르고 순종해야 할 명령이란 의미라고 할 수 있다.

> 제자 백우伯牛[14]가 몹쓸 병에 걸려 앓아눕자 공자가 문병을 갔다. 공자는 문

---

11) 子曰, 吾十有五而志於學, 三十而立, 四十而不惑, 五十而知天命.(《논어 2장 4절》)

12) 사회의 최고 통치자

13) 孔子曰, 君子有三畏, 畏天命, 畏大人, 畏聖人之言.(《논어 16장 8절》)

14) 성품이 어질고 선한 공자의 제자

> 밖에서 그의 손을 잡고 이렇게 탄식하기를 "이럴 수가! 이것이 명命이란 말인가! 이런 사람이 이런 병에 걸리다니! 이런 사람이 이런 병에 걸리다니!"[15]

> 공자가 말하기를, "나의 도를 실현하는 것도 명에 달려있고, 실현되지 못하는 것도 명에 달려있다. 어찌 공백료公伯寮 따위가 명命에 간여하겠는가?"[16]

여기에서의 명命은 운명에 가깝다고 할 수 있다. 또한 인명人命은 재천在天이라고 할 때의 명命은 목숨과 같은 의미로 쓰이기도 한다.

이처럼 명이란 용어에도 인간이 반드시 시켜야 할 그 어떤 것이란 의미와 인간의 정해진 운명이란 의미 그리고 목숨이란 의미로까지 혼용되고 있음을 알 수 있다. 이렇게 명확하게 한가지로 해석되어지지 않고 경우에 따라 여러 다른 의미로 사용하는 것은 중국철학 용어 그 자체의 모호성 때문이라고 할 수 있다. 서구철학 용어가 명확하게 한가지로 명제되는 것과는 대비된다 하겠다.

(3) 성性

> 태어나면서 원래 그러한 것을 성(본성)이라고 말한다. 태어나면서 조화에 의해 생겨나 정미하게 외물과 감응해 애쓰지 않아도 저절로 그러한 것을 성이라고 말한다. 성性의 호오好惡와 희로애락 그것을 정情(감정)이라고 말한다. 정이 생긴 후 마음이 그것을 위해 선택하는 것을 려慮(생각)라고 말한다. 마음이 사려하여 능히 그것을 위하여 움직이는 것 그것을 위僞(인위)라고 말한다. 사려가 쌓이고 능력이 습관화된 이후 이루어진 것 그것을 위僞라고 말한다. 이利에 부합한 행위를 사事(일)라고 말한다. 의義에 부합한 행위를 행行(덕행)이라고 말한다. 그래서 사람 사이에서 그것을 아는 것 그것을 지知(지혜)라고 말한다. 이 지知가 외물과 합쳐지는 것 그것을 지智(인식)라고 말한다. 그래서 사람 사이에서 능히 그것을 할 수 있는 것 그것을 능能(능력)이라고 말한다. 이 능이

---

15) 伯牛有疾, 子問之, 自牖執其手曰, "亡之! 命矣夫! 斯人也而有斯疾也! 斯人也而有斯疾也!"(《논어 6장 10절》)

16) 子曰, "道之將行也與命也. 道之將廢也與命也. 公伯寮其如命何!"(《논어 14장 36절》)

> 외물과 합치되는 것 그것을 능能이라고 말한다. 성이 손상을 입는 것 그것을 병病(병폐)이라고 말하고, 우연히 만나는 것 그것을 명命(운명)이라고 말한다.[17]

여기에서 보면 성性. 정情. 려慮. 위僞. 사事. 행行. 지知. 지智. 능能. 병病, 명命이라는 용어가 나오는데, 대충 그 의미를 감을 잡을 수는 있겠으나. 명확한 의미와 개념을 알기는 어렵다. 성性을 본성, 정情을 감정, 려慮를 생각, 위僞를 인위, 사事를 일, 행行을 덕행, 지知를 지혜, 지智를 인식, 능能을 능력, 병病을 병폐, 명命을 운명으로 나름대로 해석했으나, 이것이 올바른 해석인지도 장담하지 못한다. 이처럼 중국철학 용어에는 모호한 개념이 많다. 이는 철저하게 과학적이고 객관적인 삶을 살지 않았던 농경민족이었기 때문이 아닌가 한다. 대충의 눈짐작으로 수확량을 헤아려온 농경민족 중국인들은 정확하고 과학적인 사고를 하지 못했던 것이다. 동중서가 말하기를,

> 생명의 자연적인 자질 같은 것을 성性이라고 부르는데, 성이란 바로 바탕(質)이라고 할 수 있다.[18]

> 선善은 쌀과 같고, 성性은 벼와 같다. 비가 비록 쌀을 산출하지만 비를 쌀이라고 할 수 없듯이 성性이 비록 선善을 산출하지만 성性을 선善이라고 할 수 없다. 쌀과 선은 인간이 하늘(자연)을 계승하여 바깥에서(후천적으로) 양성한 것이지, 자연의 영향력 내에 존재하는 것들이 아니다. 하늘의 영향력은 그 한계 안에 머문다. 그 한계 안이 자연이고, 그 한계 바깥이 왕교王敎(성왕의 교화)이다. 왕교는 성性 바깥에 존재하지만 성性은 양성하지 않으면 안 되기 때문에 '성에는 선한 바탕이 있지만 선이라고 할 수 없다고 했다.'고 한 것이다. 이는 결코 꾸미는 말이 아니고 사실이 그러하다. 자연의 영향은 누에고치와 삼실과 벼에

17) 生之所以然者謂之性. 生之和所生, 精合感應, 不事而自然謂之性. 性之好惡喜怒哀樂謂之情. 情然而心爲之擇謂之慮. 心慮而能爲之動謂之僞. 慮積焉而後成謂之僞. 正利而爲謂之事. 正義而爲謂之行. 所以知之在人者謂之知. 知有所合謂之智. 行所以能之在人者謂之能. 能有所合謂之能. 性傷謂之病, 節遇謂之命.(《순자 正名편》)

18) 如其生之自然之資, 謂之性. 性者, 質也.(《춘추번로 深察名號》)

그치고, 삼실에서 베를 만들고 누에고치에서 비단을 만들며 벼에서 쌀을 생산하는 것은 성에서 선을 만드는 일로서 이 모두는 성인이 하늘을 계승하여 진행시킨 것이지 질박한 성性 정情 자체가 도달할 수 있는 영역은 아니다.[19]

사람에게 진실로 탐욕(貪)이 있고 어짐(仁)이 있는데, 어짊과 탐욕의 기운은 모두 우리 몸(身) 안에 있다. 몸이라는 이름은 하늘(天)에서 취한 것이다. 하늘에 두 음과 양의 작용이 있듯이 몸에도 탐욕과 어짊의 두 성性이 있는 것이다.[20]

동중서는 인간에게 탐욕의 성性과 어짊의 성性 모두를 가지고 있다고 본 것인데, 인간의 성이 선과 악 2가지 모두를 갖추고 있다고 여기는 듯하다. 맹자의 성선설과 순자의 성악설을 혼용하고 있다고 보여 진다. 여기서 보면 성이란 인간이 원래 가지고 있는 성향이나 자질의 의미가 강한 듯하다. 천성天性 본성本性 자연지성自然之性할 때의 성이란 인간이 원래 가지고 있는 성향이나 자질의 의미로 보인다.

성리학의 집대성자 주자는 이 성에 대하여 이가 기와 합하여 구체적인 사물이 되는데, 그 기 속의 이가 이른바 성이라고 말하고 있다. 사람뿐만 아니라 무정無情한 사물에도 성이 있다고 했다.

천하에 성이 없는 사물은 없다. 한 사물이 있으면 그 성이 있고, 그 사물이 없으면 그 성도 없다.[21]

신령함은 마음인가 아니면 성인가? 가로되, 신령함은 오로지 마음이고 성이

19) 善如米, 性加禾, 禾雖出米, 而禾未可謂米也; 性雖出善, 而性未可謂善也. 米與善, 人之繼天而成於外也, 非在天所爲之內也; 天所爲, 有所至而止, 止之內謂之天, 止之外謂之王敎, 王敎在性外, 而性不得不遂, 故曰: 性有善質, 而未能爲善也, 豈敢美辭, 其實然也. 天之所爲, 止於繭麻與禾, 以麻爲布, 以繭爲絲, 以米爲飯, 以性爲善, 此皆聖人所繼天而進也, 非情性質樸之能至也.(《춘추번로 實性》)

20) 人之誠有貪有仁, 仁貪之氣兩在於身. 身之名取諸天, 天兩, 有陰陽之施, 身亦兩, 有貪仁之性.(《춘추번로 深察名號》)

21) 天下無無性之物. 蓋有此物, 則有此性. 無此物, 則無此性.(《주자어류 56쪽》)

> 아니다. 성은 다만 이이다.[22]

> 마음에는 선악이 있다. 성은 불선不善이 없다. 만일 기질의 성을 논한다면 불선이 있다.[23]

> 하늘에 있으면 명命이요, 사람에 품수된 것으로 말하면 성性이며, 이미 발현되면 정情이다.[24]

> 성은 곧 마음이 가지고 있는 이요, 마음은 곧 이가 모이는 곳이다.[25]

> 마음은 성과 정을 통섭한다.[26]

성리학에서는 이 선한 성이 흐린 물속에 감추어져 있는데, 하늘이 준 이 본성을 찾아내어 갈고 닦아 길러야 성인聖人(도덕적 완성자 내지는 우주 자연과 합일한 사람)이 될 수 있다는 것이다. 외부 환경에 의해 흐려진 본성을 찾아내어 갈고 닦는 것을 도학자(성리학자)들은 평생을 두고 추구하여 왔다. 그러나 요즘 많이 사용하는 인간성人間性 성격性格 성질性質할 때의 성에는 그 사람만이 가지고 있는 남과 다른 독특한 성향의 의미가 되기도 한다. 서구인들이 말한 성격 즉 character란 남과 다른 자신만이 가지고 있는 독특한 성향을 의미한다. 이처럼 성을 어떻게 이해하느냐에 따라 옛 중국 철학자들 사이에는 말할 것도 없고, 지금에 와서도 그 의미를 여러 가지로 해석하기도 했다. 성선설 성악설할 때의 성, 그리고 인간성 성격 성질할 때의 성, 남성 여성할 때의 성을 구분하여 다른 용어로 분리하여 사용하지 않고 모두 성性이란 같은 용어로 사용함으로 중국철학 용어가 굉장히 포괄

22) 靈處是心, 抑是性? 曰, 靈處只是心, 不是性. 性只是理.(《주자어류 性理2》)

23) 心有善惡, 性無不善. 若論氣質之性, 亦有不善.(《주자어류 性理2》)

24) 在天爲命, 稟於人爲性, 旣發爲情.(《주자어류 性理2》)

25) 性便是心所有之理, 心便是理所會之地.(《주자어류 性理2》)

26) 心統性情.(《주자어류 張子之書》)

적이고 그 의미가 모호하게 되었다고 생각한다. 이는 수천 년 동안 논리적 과학적 분석적 사고를 하지 못하고 포괄적인 직관과 직감에 의존해 삶을 살아온 농경민족의 특징이 반영된 것이 아닌가 한다.

(4) 이理

주자가 이理와 기氣 그리고 기器와 태극에 대해 말하기를,

> 천지간에 이理도 있고 기氣도 있다. 이는 형이상의 도道이며, 사물을 생성하는 근본이다. 기는 형이하의 그릇(器)이며, 사물을 생성하는 도구이다. 그러므로 사람과 동식물이 생성될 때에 반드시 이를 부여받은 뒤에 성性이 생기고, 기를 부여받은 뒤에 형체가 생긴다.[27]

> 천하에 이理없는 기氣가 없고, 또한 기없는 이가 없다.[28]

> 기가 없다면 이가 실려 있을 곳이 없다.[29]

> 만물의 근원을 논하자면 이는 같고 기는 다르다.[30]

> 무릇 형체가 있고 모습이 있는 것은 모두 기器이고, 그것이 기器인 까닭으로서의 이理가 도道이다.[31]

> 형이상의 존재는 형체도 없고 그림자도 없는 것 이가 이理이고, 형이하의 존재는 실상도 있고 모습도 있는 것 이가 기器이다.[32]

> 어떤 일이 생겼으면 곧 그 안에는 그 이理가 존재한다. 무릇 천지에 어떤 사물

---

27) 天地之間, 有理有氣. 理也者, 形而上之道也., 生物之本也. 氣也者, 形而下之器也, 生物之具也. 是以人物之生, 必稟此理然後有性, 必稟此氣然後有形.(《주희집 答黃道夫》)

28) 天下未有無理之氣, 亦未有無氣之理.(《주자어류 理氣 上》)

29) 無是氣, 則是理亦無卦塔處.(《주자어류 理氣 上》)

30) 論萬物之一原, 則理同而氣異.(《주희집 答黃商伯》)

31) 凡有形有象者, 皆器也. 其所以爲是器之理者, 則道也.(《朱熹集 與陸子靜書》)

32) 形而上者, 無形無影是此理. 形而下者, 有情有狀是此器.(《朱子語類 2,421쪽》)

이 생겼으면 곧 그 안에는 그 이理가 존재한다.[33]

기는 능히 응결 조작하지만, 이는 정감이나 사려가 없고 조작하지 않는다.[34]

무극無極이면서 태극太極이다고 함은 형체가 없고 이理만 있다는 말일 따름이다.[35]

태극은 다만 하나의 이일 뿐이다.[36]

무극이면서 태극이니 무슨 물건처럼 그곳에서 찬란하게 빛나고 있는 것이 아니다. 당초 그곳에는 한 사물도 없었고 단지 이理만 있었을 뿐이다는 말이다. … 온갖 이가 있기 때문에 온갖 사물이 있는 것이다.[37]

성性은 즉 이理이다.[38]

여기에서 보면 눈에 보이는 온갖 사물은 기器이고, 그런 기를 만들어내는 원리를 이理라고 한 것이다. 천지만물이 저절로 생겨나고 자라는 모든 현상을 농경민족 중국인들에게는 기이하게 여겨졌던 것으로 보인다. 봄이 되면 저절로 모든 초목이 싹트고 여름이 되면 초목이 무성하게 자라며 가을이 되면 열매 맺고 겨울이 되면 죽는 이런 자연현상을 보고 그들 농경민족은 그것을 그렇게 만드는 원리가 있을 것이라고 여겼을 것인데, 그것을 이理라고 한 것이다. 여기에서 더 나아가 그는 자연의 사물에만 이가 있는 것이 아니고, 인위人爲의 사물에도 각각 이가 있다 라고 주장한다. 그의 어록에 보면,

33) 做出那事, 便是這裏有那理. 凡天地生出那物, 便是那裏有那理.(《朱子語類 2,582쪽》)

34) 蓋氣則能凝結造作, 理却無情意, 無計度, 無造作.(《주자어류 理氣 上》)

35) 無極而太極, 只是說無形而有理.(《朱子語類 2,365쪽》)

36) 太極只是一箇理字.(《주자어류 理氣 上》)

37) 無極而太極, 不是說有個物事, 光輝輝地在那裏. 只是說這裏當初皆無一物, 只有此理而已. … 惟其理有許多, 故物亦有許多.(《朱子語類 2,387쪽》)

38) 性卽是理也.(《주자어류 理氣 上》)

"마른 사물에도 그 성性이 있다고 함은 무슨 뜻입니까?" "그것 자체에 본래 그 이理가 있다는 뜻이다. 따라서 천하에 성性 밖의 사물은 없다고 한 것이다." 주자는 계단을 걸으면서 "계단의 벽돌에도 벽돌의 이가 있다."고 말했고, 앉으면서 "대나무 의자에도 대나무 의자의 이가 있다."고 말했다.[39]

"이는 사람과 사물이 하늘로부터 다 같이 타고난 것인데, 감정이 없는 사물의 경우에도 이가 있는 지요?" "물론 이가 있다. 예컨대 배는 물에서만 운행할 수 있고 수레는 뭍에서만 운행할 수 있는 것 따위가 그것이다."[40]

이를 놓고 보면 비록 사물이 아직 생기지 않았을 때도 이미 사물의 이가 존재했다. 그러나 그 이만 존재했고 실제 그 사물은 없었다.[41]

"천지가 개벽되기 전에 아래의 온갖 것들은 이미 모두 존재했습니까?" "단지 그 이만 있었다. 천지가 천만년 사물을 낳고 있으나 예나 지금이나 온갖 사물은 없어지지 않는다."[42]

천지가 생기기 이전에는 필경 이만 존재했었다. 이가 있어서 곧 천지가 생긴 것이니, 이가 없다면 천지도 없고 사람도 없고 사물도 없어 아무 것도 존재하지 않는다. 이가 존재하면 곧 기가 유행하여 만물을 발육시킨다.[43]

천하의 사물은 자연의 것이든 인위의 것이든 모두 그것이 그러한 까닭으로서의 이(所以然之理)가 있으며, 또한 그 이는 사물에 앞서 존재한다고 보고 있다. 예컨대 아직 배나 수레가 없었을 때에도 배와 수레의 이理가 선

39) 問, 枯槁之物亦有性, 是如何? 曰, 是他合下有此理, 故云天下無性外之物. 因行階云, 階磚便有磚之理, 因坐云, 竹倚便有竹椅之理.(《朱子語類 61쪽》)

40) 問, 理是人物同得於天者, 如物之無情者, 亦有理否 曰, 固是有理. 如舟只可行之於水, 車只可行之於陸.(《朱子語類 61쪽》)

41) 若在理上看, 則雖未有物而已有物之理, 然則但有其理而已, 未嘗實有是物也.(《朱子集 答劉叔文》)

42) 徐問, 天地未判時, 下面許多都已有否? 曰, 只是都有此理, 天地生物千萬年, 古今只不離許多物.(《朱子語類 4쪽》)

43) 未有天地之先, 畢竟也只是理. 有此理, 便有此天地. 若無此理, 便亦無天地, 無人無物, 都無該載了! 有理, 便有氣流行, 發育萬物.(《朱子語類 1쪽》)

재先在했다는 것이다. 그러나 그 때는 이만 있고 실제 사물(器)는 없었다. 배와 수레의 발명은 배나 수레의 이를 발견하고 그 이에 따라 실제의 배나 수레를 만든 것에 불과하다. 이에 있는 것들은 존재할 수 있고 이에 없는 것들은 존재할 수 없다. 따라서 존재 가능한 모든 사물은 자연의 것이든 인위의 것이든 형이상의 이세계理世界 내에 본래부터 이미 그 이가 구비되어 있어, 형이상의 이세계는 실제로 완전한 세계인 것이다.

> 그 이가 있어야 비로소 그 기氣가 있으며, 그 기가 있어야 그 이는 의지처가 있게 된다. 크게는 하늘과 땅, 작게는 땅강아지와 개미에 이르기까지 모든 생성은 다 그러하다. … 요컨대 이라는 한 글자는 유무有無의 범주로 논할 수 없다. 아직 천지가 생기기 전에도 그와 같았다.[44]

한 사물의 이는 그 사물의 가장 완전한 형식이자 그 사물의 최고 기준이니 이를 '극極[45]'이라고 표현했다.

> "모든 사물은 저마다 그 극極이 있는데 도리의 정점을 지칭한다." 장원진蔣元進이 말하기를 "예컨대 임금의 인仁, 신하의 경敬이 극이지요?" 선생님이 말하기를, "그것이 각 사물의 극이다. 또 천지만물의 이의 총화가 태극이다. 태극은 본래 그 이름이 없으니 태극은 단지 별명(表德)일 뿐이다."[46]

태극은 천지만물 이理의 총화總和이자 천지만물의 최고 기준이라고 하고 있다.

44) 有此理後, 方有此氣. 旣有此氣, 然後此理有安頓處. 大而天地, 細而螻蟻, 其生皆是如此. … 要之理之一字, 不可以有無論, 未有天地之時, 便已如此了也.(《朱熹集 答楊志仁》

45) 정점, 최고지위, 中正의 준칙, 근본

46) 事事物物, 皆有個極. 是道理極至. 蔣元進曰, 如君之仁, 臣之敬, 便是極. 先生曰, 此是一事一物之極. 總天地萬物之理, 便是太極. 太極本無此名, 只是個表德.(《주자어류 2,375쪽》)

> "저 운동의 이가 있으므로 운동하여 양을 낳을 수 있고, 저 고요의 이가 있으므로 고요하여 음을 낳을 수 있는 것이다. 이미 운동하면 이가 운동 속에 존재하고, 이미 고요하면 이가 고요 속에 존재한다." "운동과 고요는 기인데, 그 이가 기를 주재하고 있으므로 기가 곧 그렇게 할 수 있는 것 아닙니까?" "그렇다."[47]

동정動靜은 기인데, 태극 가운데 동정의 이가 있기 때문에 기는 그 이를 얻어 동정의 실제가 존재한다. 그러나 형이상의 동정의 이는 운동도 없고 고요도 없으므로 이에서 동정을 논할 수 없다는 것이다.

성리학자들은 또한 소는 밭 갈고 수레는 물건을 싣고 가는 것은 그런 존재(器)가 있기 이전부터 이미 소에게는 밭 갈게 하는 이理가 있고, 수레에게는 물건을 싣고 가게 하는 이理가 원래부터 존재했다고 생각한다. 소와 수레는 그 천리天理에 맞게 단지 밭 갈고 물건을 싣고 갈 뿐이다. 천지만물이 생기기 이전에 그런 천지만물을 만들어내고 그 천지만물이 행해야 하는 이는 원래부터 존재했었다고 생각하는 것이다.

또한 여기에서 더 나아가 자식이 부모에게 효孝하는 것은 원래부터 그런 이가 있었고, 신하가 임금에게 충忠하는 것에도 원래부터 그런 이가 있었다고 주장한다. 천지만물 이전부터 부모와 자식관계가 있기 이전부터 임금과 신하 관계가 있기 이전부터, 효孝의 이와 충忠의 이가 원래 있어 자식이 부모에게 신하가 임금에게 단지 그 효의 이와 충의 이를 행할 따름이라는 것이다. 고로 자식이 부모에게 효孝하지 않는 것 신하가 임금에게 충忠하지 않는 것은 하늘의 원리인 천리天理를 어기는 것이 된다. 효와 충은 당연지사當然之事인 것이다. 성리학자들의 이런 주장은 무조건적인 효와 충을 강요하는 역할을 했다고도 볼 수 있으며, 절대봉건제를 더욱 공고히 하는 이데올로기의 역할을 수행했다고 볼 수 있다.

---

47) 有這動之理, 便能動而生陽. 有這靜之理, 便能靜而生陰. 氣動則理又在動之中, 氣靜則理又在靜之中. 曰, 動靜是氣也. 有此理爲氣之主. 氣便能如此否? 曰, 是也.(《주자어류 2,373쪽》)

> 어떤 일이 있기 전에 먼저 그 이는 존재했다. 예컨대 군신君臣이 없었을 때도 이미 군신의 이는 먼저 존재했고, 부자父子가 없었을 때도 이미 부자의 이는 존재했었다. 그러므로 원래 그 이가 없었는데 군신과 부자가 존재함에 따라 이가 안에 심어지게 된 것이라고는 말할 수 없다.[48]

성리학에서 이理는 우주의 본체를 의미한다. 좁은 의미로는 사물의 원리 내지는 법칙이며, 넓은 의미로는 우주의 본체이다. 사물은 각기 하나씩의 이를 갖추고 있다. 하늘에도 이가 있기 때문에 이를 천리天理라고 하며, 사물에도 이가 있기 때문에 그것을 물리物理 또는 사리事理라고 한다. 마음속에도 이가 있기 때문에, 인仁은 사랑(愛)의 이, 의義는 당연(宜)의 이, 예禮는 공경의 이, 지智는 분별의 이로 파악된다. 이들 이는 원리의 이요 법칙의 이다.

본체의 이는 하나며, 원리의 이는 사물에 모두 있기 때문에 무궁무진하다. 원리의 이는 본체의 이에서 나온 것이므로 만리萬理는 일원一原에서 나온다. 나의 이와 다른 사람의 이가 다르지 않고, 사람의 이가 사물의 이와 다르지 않다는 것은 본체의 이를 말하는 것이다. 그래서 실제로 나의 성性이 다른 사람의 성과 다르고, 사람의 성이 사물의 성과 다르다는 것은 본연의 성이 다르다는 것이 아니다. 기질에 청탁편정淸濁偏正의 차이가 있고 물욕物欲에 천심후박淺深厚薄의 다름이 있기 때문에 사람과 사물 사이에 같지 않음이 있고, 현자賢者와 우자愚者의 차등이 생기는 것이다.

이렇게 이의 측면에서 보면 만물은 모두 동일한데, 기질의 측면에서 보면 각기 다르다. 이것을 이일분수理一分殊라 한다. 이일理一은 본체의 이로 곧 태극이요, 분수分殊는 개체의 이로 바로 원리요 법칙이다. 그런데 이에는 소당연지칙所當然之則과 소이연지고所以然之故가 있다. 전자는 마땅히 해야만 되는 이로 이를테면 어버이는 자녀에게 자애로워야 하고, 자

48) 未有此事, 先有此理. 如未有君臣, 已先有君臣之理. 未有父子, 已先有父子之理. 不成原無此理, 直待有君臣父子, 却旋將道理入在裏面.(《주자어류 2,436쪽》)

식은 어버이에게 효도해야 하며, 나라는 국민을 보호해야 하는 것 등의 이다. 후자는 필연적으로 그러한 이, 다시 말하면 바꿀 수 없는 불변의 이로서, 이를테면 얼음은 차고 불은 뜨거우며 물은 아래로 흐르고 수증기는 위로 올라가는 원리 등의 이다.

소당연지칙은 의리義理며, 소이연지고는 물리物理이다. 그러나 소당연지칙의 내력은 찾으면 소이연지칙에서 유래한 것임을 알 수 있다. 이에는 능연能然이 있고 필연必然이 있고 당연當然이 있고 자연自然이 있다고 볼 수 있지만, 역시 그 내력을 찾으면 소이연지고로 귀일한다.

이理는 독립 자존할 수가 없어서 반드시 기와 공존하고 있다. 그래서 주희는 천하에 기 없는 이가 없고 이 없는 기도 없다고 하였다. 이이李珥 역시 이는 기와 떨어져 있을 수 없으며, 기는 이와 떨어져 있을 수 없다고 하였다. 또한 이는 무형무위無形無爲하고 기는 유형유위有形有爲한데, 무형무위하면서 유형유위의 주재主宰가 되는 것은 이이고, 유형유위면서 무형무위의 기재器材가 되는 것은 기라고도 하였다.

(5) 기氣

맹자의 호연지기浩然之氣는 새벽 넓은 호수에 물안개가 피어오르는 장면을 보고 연상한 듯하다.

> 호연지기 그것은 지극히 크고 지극히 굳세다. 아무런 방해 없이 올바로 함양될 수 있으면, 온 천지에 충만할 것이다.[49]

> 그 기는 바로 의義와 도道에 배합해야 한다. 그것이 없으면 그것은 이내 풀이 죽는다. 호연지기는 의를 축적하여(集義) 생기는 것이지, 의로써 습격하여 (갑자기) 취해지는 것은 아니다. 어떤 행동을 할 때 심중에 흡족하지 못한 점이 남아 있으면 그 기는 풀이 죽는다. 따라서 나는 말한다. "고자告子는 의를 안 적

49) 其爲氣也, 至大至剛. 以直養而無害, 則塞於天地之間.(《맹자 浩然之氣章》)

이 없다. 그는 의를 외부적인 것으로 여겼기 때문이다." 반드시 의로운 일에 힘써야 함은 물론 이지만, 다만 중단하지 말고 망각하지도 말고 조장하지도 말아야 한다.[50]

천하의 넓은 저택(仁)에 거하고, 천하의 바른 입장(禮)에 서며, 천하의 대도(義)로 가는 것이다. 정치적 입지를 이루면 뭇 백성과 더불어 도를 행하지만, 정치적 입지를 이루지 못하면 홀로 자기의 도를 행한다. 부귀에도 현혹되지 않고, 빈천에도 동요되지 않으며, 위세나 무력에도 굴복하지 않는데, 이를 바로 대장부라고 말한다.[51]

라고 하여 호연지기를 갖춘 대장부를 설명하고 있다. 동중서는 기를 설명하여,

하늘과 땅 사이에 음양의 기가 있다. 사람이 기에 젖어있는 것은 마치 물고기가 물에 젖어있는 것과 같다. 음양의 기가 물과 다른 것은 물은 보이지만, 음양의 기는 보이지 않는다는 것뿐이다.[52]

수 당시대를 거치면서 불교와 도교가 치밀한 세계관과 인간관을 기반으로 사상계를 풍미하게 되자, 유학은 예의범절을 익히고 가르치는 수준을 넘어 포괄적 형이상학과 존재론을 정비하여야 했다. 송대에 이르러 주돈이周敦頤 정호程顥 정이程頤 그리고 장재張載의 사상을 집대성하여 우주와 인간을 관통하는 이기철학理氣哲學의 체계를 세운 사람이 바로 주희朱熹였다. 주희에 의하여 기는 '존재를 구성시키는 물질적 요소'의 자격을 부여

50) 其爲氣也, 配義與道, 無是餒也. 其集義所生者, 非義襲而取之也. 行有不慊於心, 則餒矣. 我故曰, "告子未嘗知義, 以其外之也." 必有事焉, 而勿正, 心勿忘, 勿助長也.(《맹자 3장 2질》)

51) 居天下之廣居, 立天下之正位, 行天下之大道, 得志與民由之, 不得志獨行其道, 富貴不能淫, 貧賤不能移, 威武不能屈, 此之謂大丈夫.(《맹자 6상 2설》)

52) 天地之間, 有陰陽之氣. 常漸人者, 若水常漸於也. 所以異於水者, 可見與, 不可見耳.(《춘추번로 天地陰陽》)

받았다. 자연세계는 물론 인간의 감정 의지 사유까지 포괄적 기의 한 계기로 이해되었다. 기는 본래 유동적 활동적이어서 원초의 혼일적渾一的 기는 음양으로 자체 분화되고, 그것은 다시 오행으로 갈라진다. 모든 사물의 생성과 변화는 음양오행이 서로 갈등 조화하는 과정으로 풀이된다. 기의 이 같은 운동과 변화에는 일정한 질서가 있다. 주희는 이 정합적 질서에 이理라는 이름을 붙였으며, 우주를 주재하는 원리인 이는 흠 없이 선하고 완전하기에 세계는 본래 조화롭고 질서가 잡혀 있다고 생각했다. '성즉리性卽理'이다. 기가 아니라 이가 인간과 만물의 본성을 구성한다. 이의 구체적 내용은 인의예지仁義禮智이니 그 실현에 힘쓰라고 권했다. 명백한 논리적 모순을 해결하려고 '기의 자연적 변화에서 나타나는 질서인 이'와 '도덕적 요청으로서의 이'는 같은 동전의 양면임을 주장하였다. 이는 소이연所以然이면서 소당연所當然이라는 것이다. 이 설득에 성공했기에 주자학은 오랫동안 관학官學으로서 강력한 사회통제의 이념으로 기능할 수 있었다.

명청사상사는 주희가 무리하게 연결시킨 고리를 풀면서 인간성의 긍정과 개성의 발현을 주창하는 방향으로 나아갔다. 그것은 물론 이보다 기를 앞세우는 '기의 사상'으로 흘러갔다. 요컨대 주희에 있어서 기(또는 기질)는 두 가지 상반된 의미를 띠고 있다. 하나는 주어진 신체를 통해 우주적 역사役事에 동참하는 나름의 개성으로서의 기, 그리고 또 하나는 도덕적 이념인 이의 실현을 가리고 방해하는 생리적 욕구로서의 기이다. 주희는 실제로 기질지성氣質之性을 두 가지로 모호하게 쓰고 있다. 주희 이후의 명청기학明淸氣學, 그리고 우리나라의 이기철학은 주희가 남긴 애매함을 해결하고자 노력하였다. 예술이나 한의학 또는 일상어법에서 기는 널리 쓰이고 있었지만, 세계관과 인간관의 기본 개념틀로서 논의되고 발전된 것은 송대 이기론이 전래된 이후의 일이다.

(6) 일一

중국인은 '일一'이 모든 것의 시작이라고 생각한다. 노자가 "도가 하나를 낳는다."(道生一)라고 했다. 이 말은 우주가 처음 시작될 때 '도'가 '일'을 만들었다는 뜻인데, 여기의 '일'은 하늘과 땅의 만물이 형성되기 전의 혼돈 상태를 가리킨다. 이것이 무에서 유로 가는 과정이다. 고대 사람들은 '일'을 숭상했다. 천상에서 가장 존귀한 큰 신을 '태일太一'이라고 불렀고, 지상에서 국가가 통일될 때에는 "하늘에 두 개의 태양이 없고, 나라에 두 임금이 없다."(天無二日, 國無二君)라고 했다. 이 말은 하늘에는 오직 한 개의 태양만이 있고 국가에도 오직 한 명의 군주가 있을 뿐이라는 뜻이다.

(7) 원元

> 모든 만물의 시원을 원元이라고 표현했다. 일원一元이라는 것은 태시大始를 말한다. … 오직 성인만이 능히 만물을 하나(一)에 귀속시켜 원元에 연계할 수 있다. … 원元은 원原과 같으며, 그 뜻은 천지의 시작과 종말을 관통한다는 것이다. … 고로 원이란 것은 만물의 근본이고 사람의 원도 거기에 존재한다. 언제부터 존재하는 것인가? 천지가 생기기 이전부터 존재한다.[53]

'원'자의 본래 뜻은 사람의 머리이다. 머리는 인체의 근본이므로 '원'에는 또 '근본', '시작'이라는 뜻이 있다. 중국은 -841년부터 연대를 기록하기 시작했다. 그래서 그 해를 '공화원년共和元年'이라고 한다. '원년'이란 '첫 해'를 뜻한다. 중국인들은 하늘과 땅이 모든 것의 근본이면서 시작이며, 모든 것의 '원'이라고 생각하였다. 하늘은 크고 땅도 크기 때문에 '원'에는 '크다'는 뜻도 있다.

---

53) 謂一元者, 大始也.. 惟聖人能屬萬物於一而繫之元也.. 元猶原也, 其義以隨天地終始也... 故元者, 爲萬物之本, 而人之元在焉, 安在乎? 乃在乎天地之前.(《춘추번로 玉英》)

(8) 대大

이 대大가 '크다'라는 뜻이 가장 기본적인 의미라는 데에는 이론의 여지가 없다. 원래 이 '대大'자는 정면을 향해 서 있는 사람을 본뜬 것이다. 이 사람은 위풍당당하게 양 어깨를 펼치고 두 다리를 벌리고 있다. 이것은 하늘을 떠받치고 땅에 우뚝 서있는 남자의 모습이다. 지금도 중국의 어떤 지방에서는 이 '대大'자가 '아버지'의 뜻으로 쓰이기도 한다.

어떤 경우 이 '대'자는 철학적 의미로도 사용되어지기도 한다. 옛 중국인들이 생각하기에, 이 세상에 '대(큼, 위대함)'라고 할 수 있는 것은 세 가지가 있는데 그것이 바로 하늘(天)과 땅(地) 그리고 사람(人)이다. 그래서 천지인 삼재三才를 '대大'라고 하기도 한다. 이것은 이 3가지가 우주 만물을 생성케 하는 '큼 혹은 위대함(大)'이라고 본 것이다. 단순히 크다라는 뜻인 이 '대大'자가 철학적 용어로도 사용되어지며, 그 의미가 모호해지고 있다.

또한 중국불교에서도 이 '대'를 철학적 의미로 사용하는데, 대승大乘의 의義란 '대승이란 명칭이 나타내는 뜻'을 말한다. 일체법은 본체本體와 성상性相과 작용의 측면을 갖추고 있는데 이것이 소위 체體 상相 용用이다. 여기서는 대승이란 명칭 중의 대大를 체 상 용으로 풀이하고 있다. 체의 큼(大)은 중생의 진여본성의 평등한 본성을 가리키므로 진여문眞如門에 해당하고, 상相의 큼(大)은 진여본성眞如本性에 갖추어져 있는 무한한 공덕을, 그리고 용의 큼(大)은 진여본성을 갖추고 있는 중생이 그 선행의 과보를 얻는 작용을 가리킨다. 이 마음의 진여상眞如相이 대승의 체體를 보이기 때문이고, 이 마음의 생멸인연상이 대승 자체의 상相 용用을 잘 보이기 때문이다. 다시 말해 대승의 의義라고 하는 것은 세 가지 종류가 있는데, 첫째는 체대體大이니 일체의 법은 진여로서 평등하여 증감하지 않음을 뜻하기 때문이고, 둘째는 상대相大니 여래장如來藏에 한량없는 성공덕性功德이 갖추어 있음을 뜻하기 때문이며, 셋째는 용대用大이니 일체의 세간과 출세간의 착한 인과를 잘 내기 때문이라는 것이다. 중국의 대승불교에서도 이 '대大'자를 중요한 철학적 용어로 사용하고 있다.

(9) 태극太極

음양 이기가 태극의 일원一元에서 생성했다고 하는 사상은 《주역 계사상》에서 찾아볼 수 있다. 이 태극을 일원으로 보는 사상은 진한 때의 여러 서적에서 볼 수 있으며, 《여씨춘추 대락편大樂篇》에는 음악의 근원을 태일太一에 있다 하고, 이 태일에서 양의兩儀와 음양이 생성한다고 풀이하였다. 또한 《예기 예운편禮運篇》에는 예의 근원을 대일大一에 있다 하고, 이 대일에서 천지 음양 사시가 생성한다고 하였다. 《순자 예론편禮論篇》에 나오는 것은 《예기》와 마찬가지여서, 중국 고대의 전통사상에서는 만물이 생성 전개하는 근원을 일원一元으로 보고, 이것을 태일 대일 태극 등으로 일컬었으며, 이 일원에서 이기 오행과 만물이 화생化生한다고 설명하였다. 위에서 말한 것 가운데 태일太一 사상이 가장 오래되었고, 태극사상은 후에 정리되어 역에 도입된 것을 알 수 있다. 이 태극은 영원히 끊이지 않고 돌고 돌아 순환 회귀를 반복하는 모양으로 그려져 있다. 끊임없이 순환 회귀하는 우주자연의 생성원리를 상징하고 있다.

태극에 관한 가장 중요한 저서의 중의 하나는 중국 북송의 성리학자 주돈이周敦頤가 지은 《태극도설太極圖說》인데, 이 책은 전문이 249자의 짧은 글로 되어 있으며, 무극無極인 태극太極에서부터 음양오행과 만물이 생성하는 발전과정을 그림으로 풀이하여 태극도를 만들고, 이에 설명을 붙인 철학서이다. 무극이란 끝(極)이 없는 것(無)을 의미하는 것으로, 이 우주 만물이 끝없이 생성 소멸 변화해 간다는 것을 의미한다고 할 수 있다. 이를 태극 즉 우주 만물의 기본 원리라고 한 것이다. 이는 1년을 주기로 끊임없이 순환 회귀하는 24절기의 계절적 변화를 중시하는 농경민족만이 가질 수 있는 철학인 것이다.

〈끝이 없이 이어진 태극. 영원 무한을 상징한다.〉

> 주자가 이 태극에 대해 말하기를, "모든 사물은 저마다 그 극極이 있는데 도리의 정점을 지칭한다." 장원진蔣元進이 말하기를 "예컨대 임금의 인仁, 신하의 경敬이 극이지요?" 선생님이 말하기를, "그것이 각 사물의 극이다. 또 천지만물의 이의 총화가 태극이다. 태극은 본래 그 이름이 없으니 태극은 단지 별명(表德)일 뿐이다."[54]

태극은 천지만물의 총화總和이자 천지만물의 최고 기준이라고 하고 있다. 또 주자가 말하기를,

> 태극은 최고 훌륭하고 지극한 선한 도리이다. … 염계가 말한 태극은 천지天地 인人 물物의 온갖 선 가운데 지극히 훌륭한 것의 별명(表德)이다.[55]

태극이 천지만물의 최고 기준이라는 점에서 보면 태극은 플라톤이 말한 선善의 이데아이고 아리스토텔레스가 말한 신神과 가깝다고 할 수 있다. 태극은 천지만물의 이의 총화이기 때문에 태극 안에 모든 이(萬理)가 다 구비되어 있다. 주자가 말하기를,

> 태극에는 음양오행의 이가 다 들어 있으니 텅 빈 것이 아니다. 만약 텅 비어있

---

54) 事事物物, 皆有個極. 是道理極至. 蔣元進曰, 如君之仁, 臣之敬, 便是極. 先生曰, 此是一事一物之極. 總天地萬物之理, 便是太極. 太極本無此名, 只是個表德.(《주자어류 2,375쪽》)

55) 太極只是個極好至善的道理. … 周子所謂太極, 是天地人物萬善至好的表德.(《주자어류 2,371》)

다고 한다면 불교의 성性의 논의와 비슷해진다. 불교는 다만 껍데기만 통찰하고 이면의 온갖 도리는 고려하지 않는다. 그들은 군신부자의 도리를 헛된 망상으로 간주한다.[56]

태극은 형이상의 도이며, 음양은 형이하의 기器이다. 드러난 현상에서 보면 동정動靜은 병존하지 않고 음양은 같은 장소에 병존하지 않지만, 태극은 그 어느 경우든 존재한다. 보이지 않는 면에서 보면 태극은 공허하고 고요하며 아무 조짐이 없지만, 동정 음양의 이가 모두 그 안에 구비되어 있다.[57]

태극은 방향과 장소도 없고 형체도 없으며 놓인 지점도 없다.[58]

또 주돈이의 '무극이태극無極而太極'에 대해 주자가 말하기를,

주자周子(주돈이)가 무극無極이라고 말한 까닭은 그것이 방향과 장소도 없고 몸체와 모습도 없으나, 사물이 생기기 전에도 존재하고 사물이 생긴 후에도 존재했으며, 음양陰陽 바깥에 있으나 음양 안에서 늘 작용하고 전체를 관통하며 모든 곳에 존재하여, 애초부터 소리 냄새 그림자 반향을 언급할 수 없는 것이기 때문이다.[59]

"드러난 현상에서 보는 것"은 구체적 사물 가운데 보는 것이고, "보이지 않는 면에서 보는 것"은 태극의 본체에 대해서 보는 것이다. 태극은 형체가 없으나 그 안에 온갖 이(萬理)가 다 구비되어 있다. "공허하고 고요하여 아무 조짐이 없지만 동정 음양의 이가 모두 그 안에 구비되어 있다."는 말이다.

---

56) 太極是五行陰陽之理皆有, 不是空的物事. 若是空時, 如釋氏說性相似. 又曰, 釋氏只見得個皮殼, 裏面許多道理, 他却不見, 他皆以君臣父子爲幻忘.(《주자어류 2,367쪽》)

57) 太極, 形而上之道也. 陰陽, 形而下之器也. 是以自其善者而觀之, 則動靜不同時, 陰陽不同位. 而太極無不在焉. 自其微者而觀之, 則沖穆無朕. 而動靜陰陽之理, 而悉具於其中矣.(《濂溪集 권1 太極圖說註》)

58) 太極無方所, 無形體, 無地位可頓放.(《주자어류 2,369쪽》)

59) 周子所以謂之無極, 正以其無方所, 無形狀, 以爲在無物之前, 而未嘗不立於有物之後. 以爲在陰陽之外, 而未嘗不行乎陰陽之中. 以爲道貫全體, 無乎不在. 則又初無聲臭影響之可言也.(《朱熹集 答陸子靜書》)

사람마다 하나의 태극이 들어 있고, 사물마다 하나의 태극이 들어 있다.[60]

"만물과 하나는 각기 정당하고 대소가 원래 정해져 있다." 함은 만상이 하나이고 하나가 만상이라는 말이다. 온 전체는 하나의 태극이고 또한 하나 하나의 사물마다 하나의 태극이 구비되어 있다는 말이다.[61]

본래 다만 하나의 태극이 존재하나 만물마다 타고난 바가 있으므로 각 사물마다 하나의 태극을 온전히 구비하는 것일 뿐이다. 이는 마치 달은 하늘에 오직 하나 있으나, 강호에 흩어지면 가는 곳마다 보이지만 달이 분열되었다고 할 수 없는 경우와 같다.[62]

태극은 영원히 존재하고 어디든지 있다는 말이다.

(10) 도道

마땅히 지켜야 할 이치, 만물을 만드는 원리 또는 법칙, 또는 우주의 근본적인 원리를 말하며, 유가 불교 도가 등 중국종교와 철학에서 광범위하고 다양한 뜻으로 사용되고 있다. 도를 구체적으로 나누어, 우주의 근본원리인 천도天道, 인간의 올바른 길인 인도人道, 모든 만물의 이치가 정연하게 이루어지는 지도地道로 나누어 설명할 수 있다.

원래는 길(道)의 의미였지만, 거기에 추상적 철학적 의미가 첨가되어 인간의 행위에 꼭 따라야 할 기준과 원칙 등의 의미로 변했다. 특히 동양의 여러 종교에서는 이 도를 매우 중요한 가치기준으로 여겼기 때문에 철학 문학 사상 예술 문화 등 동양의 여러 정신적 물질적인 면에 지대한 영향을 끼쳐 왔다. 이 도는 시대와 장소 그리고 인물에 따라 각각 상이하게 설명되어 왔다.

60) 人人有一太極, 物物有一太極.(《주자어류 2,371쪽》)

61) 萬一各正小大有定. 言萬個是一個, 一個是萬個. 蓋統體是一太極, 然又一物各具一太極.(《주자어류 2,409쪽》)

62) 本只是一太極, 而萬物各有稟受, 又自各全具一太極爾. 如月在天, 只一而已. 及散在江湖, 則隨處而見, 不可謂月已分也.(《주자어류 2,409쪽》)

유가에서는 특히 도의 도덕적 면을 강조하여 일종의 생활규범과 인간의 가치기준 등의 핵심 규범으로 이해하였다. 공자와 맹자를 중심으로 하는 원시유교에서부터 주자학의 시대에 이르기까지 항상 이 도의 기준은 윤리적 측면에서 논구되어 왔다.

공자는 천도天道에 대해서 강력한 주장을 편 바 있다. 즉 인도人道는 천도에 따르는 것이며, 천도는 인도를 이끄는 진리라고 보았다. 그러나 《논어》에서는 그 인도를 다시 세분하여 왕의 길(王之道), 군자의 길(君子之道), 아버지의 길(父之道) 등으로 나누어서 설명하였다. 그와 같은 여러 도에서 가장 본질적인 것은 인仁이다. 인이란 개인적으로 보면 자아의 완성이지만, 외면적으로 말하면 사회 구제이다. 공자가 말한 수신제가치국평천하의 뜻도 바로 그것으로서, 모든 인간은 도를 회복함으로써 인생의 목적을 달성할 수 있다고 보았다. 인간과 인간 사이에서 지켜야 할 이상적인 도의 방법은 덕德의 실천이다. 덕이란 도의 구현일 뿐 아니라 가장 두드러진 작용의 하나이다. 이 덕은 소극적으로 해석하면 인륜의 실천 또는 불륜不倫을 극복하는 행위이다. 그러나 적극적으로 말한다면 다른 사람들에게 기쁨과 도움을 가져다주는 실천행이 될 수 있으며, 인격도야와 사회 구제가 가능해질 수 있다. 이렇게 볼 때 덕은 도의 수단임을 알 수 있다. 즉 도의 형이상학적 의미를 실재적으로 확립시키고 있으며, 도의 개념과 여러 덕목의 본질적 의미가 일치되고 있다. 그러므로 유교의 도는 윤리적 표현이 된다. 모든 인간본성을 뒷받침하는 근원이다. 다시 말해 인간이 인간답다고 하는 의미는 곧 도를 얼마나 실천하느냐 하는 점으로 파악될 수 있는 것이다. 그러나 도가 비록 현실적 구현체라고는 하나, 그 구체적 방법수단이 되는 덕목은 사람과 시대에 따라 각각 특수성을 가지고 제창되지 않을 수 없다. 따라서 후대의 유가에서는 모든 인간에게 타당성이 있는 근본원리인 도와 특수성에 대한 자각과 실천적 노력으로 그 교리체계를 확립시켰다.

《논어》에서 말한 예 충 효 인 신信 성誠 등의 덕목은 바로 도의 행동화일 뿐 아니라 도의 실천방법이기도 하다. 요컨대 유가에서는 천명이요 인간의 본성인 선과 인의 등의 덕목을 실천하는 길이 바로 도의 실현이라고 파악하였다. 고로 인륜도덕으로서의 인도를 밟고 행하는 것이 그대로 천도의 실현이라고 보았다. 이와 같은 관점에서 유가의 도는 바로 인간본질의 실현이면서 윤리규범이요 요체가 될 수 있다는 기준이 마련된다.

바로 이 점에서 유가와 도가의 도에 대한 차이점이 발견된다. 노장에서는 오히려 인륜의 입장을 버리고, 자연의 도와 합일하는 것을 이상으로 내세운다. 세계의 진리는 이곳에 있고, 현상은 이 도의 발현으로써만 의의를 찾게 된다고 본 것이다. 그런 뜻에서 유가의 도는 도가의 그것보다 좀 더 인격적이며 실재적이라고 말할 수 있다.

불교에서는 여덟 가지의 도를 말한다. 인간고人間苦를 소멸하는 길을 팔정도八正道라고 설명하였다. 그 여덟 가지의 도는 올바른 생각(正見), 올바른 사유(正思), 올바른 말(正語), 올바른 업(正業), 올바른 생활수단(正命), 올바른 신념(正念), 올바른 노력(正精進), 올바른 마음가짐(正定)이다. 이 여덟 가지의 도에 의해서만 인간은 열반이라는 이상적 경지를 체득할 수 있다고 보았다. 그러나 여덟 가지의 도는 종교적 행위이기만 한 것이 아니라 도덕적 실천의 의미도 가진다. 이 여덟 가지를 요약해서 계戒 정定 혜慧라고 한다. 이것을 근본불교에서는 삼학三學이라고 하는데, 그것은 초기불교에서 가장 근원적인 실천수행의 방편이었다. 즉 인간고를 내면적인 원인으로 파악하여 탐貪 진瞋 치癡의 삼독三毒이라고 부르고, 그 고苦의 소멸은 삼학三學의 수행으로서만 가능하다고 석가모니는 역설하였다.

삼학 중 계戒는 윤리적 생활태도를 가리킨다. 살생 도둑질 간음 거짓말 음주 등의 다섯 가지 나쁜 일을 범하지 않으려는 의지를 말한다. 정定이란 산란한 마음을 가라앉히고 자신의 내면을 응시하는 수련방법을 가리킨다. 외부지향적인 번뇌의 고삐를 잡아 궁극적 자아의 실현을 도모하는 공부방법이다. 혜慧는 구체적으로 반야지般若智를 가리키는 말이다. 사물의 현상 속에 감추어진 진실, 세계와 인생의 실상을 바로 보는 안목이다. 이 삼학의 수련이야말로 삼독을 파기하고 열반을 얻게 하는 첩경이라고 하였다. 따라서 불교에서의 도는 진리 자체라는 뜻과 함께 도덕적 행위규범이 되기도 한다.

불교의 경우 진리(Dharma) 자체를 도라고 보았다. 특히 사체四諦 팔정도八正道 등에서 설명하는 도는 '올바름' '當爲' 등의 의미를 포함하고 있다.

도가에서의 도는 종교의 의미가 강하게 부각되어, 우주만유의 본체이면서 형태 지을 수 없는 형이상학적인 실재로서의 도를 주창하였다. 도는 우주 자연의 근원이요, 우주 자연의 운행법칙이라고 할 수 있다. 인생의 모든 행위와 자연계의 섭리는 모두 도 아님이 없다고 보았다. 따라서 인간은 얼마나 그 도에 가까우냐로 됨됨이를 따져야 한다는 입장을 취하였다. 임법융任法融은 그의 저서 《도덕경석의道德經釋義》에서 노자에 나오는 도의 의미를 분석하여, 허무, 자연, 청정, 무위, 순수, 소박, 평이, 염담恬淡, 유약, 부쟁不爭의 10가지 의미로 분류하였다.[63] 《노자 1장》에서 노자는,

> 무無는 천지의 시작이라 이름할 수 있고, 유有는 만물의 어머니라고 이름할 수 있다.[64]

여기에서의 무無(눈에 보이지 않는 우주 자연의 실재)는 도道라고 할 수 있다.

> 사물이 있어 뒤섞여 이루어졌는데, (도는) 하늘과 땅보다 먼저 생겨났으니, 천하의 어미가 된다고 할 수 있다.[65]

> 도는 일一을 낳고, 일一은 이二를 낳으며, 이二는 삼三을 낳고, 삼三은 만물을 낳는다. 만물은 음을 업고 양을 안으며 기氣를 채움으로 조화롭게 된다.[66]

---

63) 任法融, 《道德經釋義》(삼진출판사, 1,997) 279-288쪽 참조

64) 無名天地之始, 有名萬物之母.

65) 有物混成, 先天地生 … 可以爲天下母.(《노자 25장》)

66) 道生一, 一生二, 二生三, 三生萬物, 萬物負陰而抱陽, 沖氣以爲和.《노자 42장》)

고 하여, 만물의 발생이 도로부터 생성되며 음과 양으로 서로 이루어져 있어, 기운이 충만할 때 조화가 이루어지는 것이라고 보았다.

> 형이상 그것을 도라고 말하고, 형이하 그것을 기器(구체적인 사물)라고 말한다.[67]

> 고요하고 쓸쓸하지만 홀로 우뚝 서서 변함이 없다. … 나는 그 이름을 모르지만 (억지로) 그것을 도라고 불렀다.[68]

라고 하여, 도를 눈에 보이지 않고 감지할 수 없는 형이상形而上이라고 했으며, 또한 홀로 우뚝 서서 변함이 없는 것이라고 했다. 또한 노자가 도를 말하기를,

> 혼연일체의 어떤 것이 있어 천지에 앞서 존재했다. 소리도 없고 형체도 없으며, 독립적으로 존재하고 영원불멸하며, 두루 작용하여 위태롭지 않으므로 천하 만물의 모체로 삼을 수 있다. 나는 그 이름을 모르는데, 그것의 자字를 도道라고 하고 억지로 그것을 이름 붙인다면 대大라고 할 수 있다.[69]

> 큰 덕의 모습은 오직 도를 따른다. 도의 물건 됨은 아련하고 어렴풋하다.(恍惚) 아련하고 어렴풋하지만 그 가운데 형상(象)이 있고, 아련하고 어렴풋하지만 그 가운데 실체(物)가 있고, 그윽하고 아득하지만(窈冥) 그 가운데 정기(精)이 있다. 그 정기가 너무 진실하면 그 가운데 증표(信)가 있게 된다. 태고시절부터 지금까지 그 이름이 사라지지 않으니, 도를 통해 만물이 시작됨을 알겠다. 내가 무엇으로서 만물이 처음 시작되는 상황을 알 수 있나? 이로서 (도를 통해서) 아는 것이다.[70]

---

67) 形而上者謂之道, 形而下者謂之器.(《역 계사전 상12장》)

68) 寂兮寥兮, 獨立而無改. … 吾不知其名, 字之曰道.(《노자 25장》)

69) 有物混成, 先天地生. 寂兮寥兮, 獨立以不改, 周行以不殆, 可以爲天下母, 吾不知其名, 字之曰道, 强爲之名曰大.(《노자 25장》)

70) 孔德之容, 唯道是從. 道之爲物, 惟恍有惚. 惚兮恍兮, 其中有象, 恍兮惚兮, 其中有物, 窈兮冥兮, 其中有精, 其精甚眞, 其中有信. 自古及今, 其名不去. 以閱衆甫. 吾何以知衆甫之然哉? 以此.(《노자 21장》)

도는 영원불멸하고(常) (뭐라고) 이름도 지을 수 없다.[71]

도는 숨겨져 있고(隱) (뭐라고) 이름도 지을 수 없다.[72]

눈으로 보이지도 들리지도 느껴지지도 않지만 우주자연 만물을 이루게 만드는 실체를 도라고 이름한 것이다. 도는 영원불멸(常)하고 숨겨져 있으며(隱) 이름을 지을 수도 없으면서도(無名) 천지에 앞서 존재하며, 아련하고 어렴풋하며(恍惚), 그윽하고 아득하지만(窈冥), 태고시절부터 지금까지 그 이름이 사라지지 않으니, 도를 통해 만물이 시작됨을 알겠다고 하고 있다. 천지 만물을 존재케 하는 원동력을 의미한다. 옛 농경인들은 저절로 싹이 돋고 자라며 열매 맺고 죽는 이런 자연현상을 보고 그것을 그렇게 만드는 보이지도 들리지도 느껴지지도 않는 원동력을 도라고 이름한 것으로 보인다. 《노자 34장》에서 도에 대해 설명하기를,

큰 도는 넓어서 그 가히 어디에나 있다. 만물이 그것에 의지해 살지만 싫어하지 않고, 공을 이루고도 가지려고 하지 않으며, 만물을 기르면서도 주인이 되려고 하지 않는다. 고로 항상 욕심이 없기 때문에 가히 작다고 이름을 할 수 있다. 만물이 (도로) 돌아가지만 (도는) 주인노릇하지 않는다. 이로서 성인聖人은 끝내 스스로 크다고 하지 않으니, 고로 능히 그 큰 것을 이룰 수 있다.[73]

천지만물을 만들어내는 도에 대한 설명이다. 천지만물이 도에 의지하고 공을 이루며 길러내어도 도는 주인노릇하지 않는다. 이 도는 천지만물을 만들어내는 눈에 보이지 않는 원동력인 것이다. 《노자 35장》에서도 아래와 같이 도를 설명하고 있다.

---

71) 道常無名.(《노자 32장》)

72) 道隱無名.(《노자 41장》)

73) 大道汎兮, 其可左右. 萬物恃之以生而不辭. 功成而不有. 衣養萬物而不爲主. 故常無欲, 可名於小. 萬物歸焉而不爲主. 是以聖人, 以其終不自爲大. 故能成其大.

큰 도를 잡고 있으면 천하가 움직인다. 움직여도 해를 끼치지 않으니 안전하고 평온하고 태평하다. 음악과 맛있는 음식은 지나가는 나그네도 발길을 멈추게 하지만, 도 그것을 말로 표현하면 맛이 없을 정도로 담담하다. 그것을 보려고 해도 볼 수가 없고, 그것을 들으려고 해도 들을 수가 없지만, 그것을 쓰면 족히 다함이 없다.[74]

"도道 그것은 맛이 없을 정도로 담담하고, 보려고 해도 볼 수가 없고, 들으려고 해도 들을 수가 없지만, 그것을 쓰면 족히 다함이 없다."라고 표현하고 있다.《장자 대종사大宗師》에서 장자가 도를 설명하기를,

도는 실제가 있고 증표가 있지만 무위無爲하고 무형無形한 즉, 전해질 수는 있지만 받을 수는 없고, 체득할 수는 있지만 보여질 수는 없다. 그것은 스스로 독립적으로 존재하고(自本自根), 천지에 앞서서 참으로 영원하다. 귀신과 상제를 신령스럽게 하고, 하늘과 땅을 낳는다. 태극에 앞서 있지만 높지 않고, 육극六極(하늘 바닥) 아래에 있지만 낮지 않다. 천지에 앞서 있지 않지만 낡지 않고, 아득한 옛날보다 나이가 많지만 늙지 않는다.[75]

도는 천지만물 생성의 총원리(所以生之總原理)로, "스스로 독립적으로 존재하고" 시작도 끝도 없이 영존하며, 천지만물은 모두 그것에 의지하여 낳고 낳기를 그치지 않는다. 또한《장자 천지편天地篇》에서 장자가 말하기를,

태초에 '무無'가 있었다. 무는 존재(有)도 없고 이름(名)도 없다. 그것에서 하나(一)가 생겼지만 형체(形)가 없다. 만물이 그것을 얻어서 생겨난 것 그것을 덕德이라고 부른다. 덕 역시 형체가 없지만 도에서 나누어진 것이다. 그러나 도와 덕은 나눔이 없으니 그것을 명命이라고 부른다. 그것이 움직이면 만물이 생성

74) 執大象, 天下往. 往而不害, 安平太. 樂與餌, 過客止, 道之出口, 淡乎其無味. 視之不足見, 聽之不足聞, 用之不足旣.

75) 夫道有情有信, 無爲無形. 可傳而不可受, 可得而不可見. 自本自根, 未有天地, 自古以固存. 神鬼神帝, 生天生地. 在太極之先而不爲高, 在六極之下而不爲深, 先天地生而不爲久, 長於上古而不爲老.

> 되는데, 만물이 생성되는 이치 그것을 형形이라고 부른다. 형체가 정신을 보유할 때 각기 나름의 법칙이 있으니 그것을 성性이라고 부른다.[76]

윗글에서 무無, 유有, 명名, 일一, 형形, 덕德, 도道, 명命, 성性 등의 용어가 보이는데, 그 의미가 모호하다고 할 수 있다. 대충 감을 잡을 수는 있지만 정확한 개념으로 규명하기는 쉽지 않다. 이처럼 중국 철학 용어가 모호한 것이 많은데, 이는 직관에 의지하는 비과학적 거시적 형이상학이 발달했기 때문이라 여겨진다. 위나라 정시正始는 현학자 하안何晏(? - 249)은 그의 <도론道論>에서 무無와 도道에 대해 설명하기를,

> 유가 유로 되는 것은 무에 의지한 산생이고, 일이 일로 되는 것은 무의 의거한 완성이다. 무릇 설명하려고 해도 설명할 말이 없고, 명명하려고 해도 명명할 이름이 없다. 보려고 해도 형체가 없고, 들으려 해도 소리가 없으니 도는 그처럼 순진하다. 따라서 도는 소리와 그 반향을 밝히고, 기氣와 물物을 드러내고, 형체와 정신을 구성하고, 빛과 그늘을 구별하게 된다. 검은 것은 도에 의해서 검어지고 흰 것은 도에 의해서 희어지고 직각자는 도에 의해서 직각이 되고 원은 도에 의해서 둥글어진다. 원과 직각은 형체가 있지만 도는 형체가 없고, 흑백은 이름이 있지만 도는 이름이 없다.[77]

"도는 소리와 그 반향을 밝히고, 기氣와 물物을 드러내고, 형체와 정신을 구성하고, 빛과 그늘을 구별하게 된다. 검은 것은 도에 의해서 검어지고 흰 것은 도에 의해서 희어지고 직각자는 도에 의해서 직각이 되고 원은 도에 의해서 둥글어진다. 원과 직각은 형체가 있지만 도는 형체가 없고, 흑백은 이름이 있지만 도는 이름이 없다."라고 하고 있다. 그는 무릇 모든 것을

---

76) 太初有無, 無有無名. 一之所起, 有一而未形. 物得以生謂之德. 未形者有分, 且然無間謂之命. 留動而生物, 物成生理謂之形. 形體保神, 各有儀則, 謂之性.(《장자 天地편》)

77) 有之爲有, 恃無以生. 事而爲事, 由無以成. 夫道之而無語, 名之而無名, 視之而無形, 聽之而無聲, 則道之全焉. 故能昭音響而出氣物, 包形神而彰光影, 玄以之黑, 素以之白, 矩以之方, 規以之圓. 圓方得形而此無形, 白黑得名而此無名也.

산생시키는 원천을 도라고 하면서, 그 도는 보이지도 들리지도 않으니 이를 무라고 한 것이라는 것이다. 왕필王弼은《논어석의論語釋疑》에서 도를 설명하기를,

> 도란 무이다. 관통하지 않는 사물이 없고 근거하지 않는 사물이 없다. 또한 도란 적막하고 본체가 없어서 상象이 될 수 없음은 두말할 나위가 없다.[78]

눈에 보이지 않는 도가 모든 사물을 만들어내는 원리라는 것이다.

도가 철학은 노자와 장자에서 비롯되지만, 그러나 노장철학 위에 신선사상과 통속적 민간신앙까지 첨가시켜 종교로서 도교의 등장은 후한 말 때의 일이다. 수나라와 당나라 때는 특히 큰 세력을 얻어 이 도교는 유교 불교 등과 함께 동양의 정신적 지주로 등장하였다. 도교에서의 도는 다분히 유신론적인 종교사상에 기반을 둔다. 도는 우주와 만유일체의 근원이며, 피상적인 언설言說이나 사유의 대상이 아니다. 그런 뜻에서 도는 무無이다. 그러나 끊임없이 有를 창조하기 때문에 허무로서의 무 혹은 없다는 뜻의 무는 아니다. 도교에서 삼三은 삼원三元 → 삼기三氣 → 삼재三才로 변하여 만물을 만든다고 했다. 이 三은 나중에 천상삼계天上三界라고 하여 도교의 신앙대상이 되었다.

삼계의 첫째는 태상로군천사태청경太上老君天師太淸境, 둘째는 구선상청경九仙上淸境, 셋째는 구진옥청경九眞玉淸境이며, 이 세 하늘에 각각 신선이 산다고 설명한다. 이 세 하늘의 주신主神은 삼청三淸이다. 첫 번째의 태상로군천사태청경은 빈곤과 죽음이 없는 영원의 이상세계이고, 두 번째의 구선상청경은 현실 지상계로서 색욕色欲과 빈곤, 죽음 등이 뒤따르는 고통의 현실세계이고, 세 번째의 구진옥청경은 즐거움이 없는 암흑과 괴로움의 지하세계를 상징한다. 따라서 도교의 목적은 천상의 세계에 태어

---

78) 道者, 無之稱也. 無不通也, 無不由也. 況之曰道, 寂然無體, 不可爲象.

나서 안락安樂을 얻는 것이다. 천상세계에 태어나는 첩경이 바로 도를 깨달아서 도로 되돌아가는 길이다. 인간은 원래 도에서 비롯된 존재이지만 후천적인 나약과 인위적인 행위 때문에 도에서 점차 멀어지게 된 존재이다. 고로 무위청정無爲淸淨한 삶을 영위함으로써 도에 귀일歸一할 수 있고, 그렇게 될 때 천지와 더불어 장생할 수 있게 된다고 하였다.

요컨대 도교의 도는 만유의 근원이다. 그러나 형체 지을 수 없고 인격화할 수 없는 그 '무엇'이다. 도를 회복하여 가진 삶은 가장 이상적인 삶이며, 어떠한 인위적 가치덕목도 도를 방해하는 유위有爲의 작용일 따름이다. 그 도교의 수도자들을 도사라고 부르며, 도를 얻기 위한 비술을 신선술이라고 부른다.

도는 인간이 살아가는 데 있어서 걸어야 할 길이다. 그것은 모든 인간에게 보편타당한 가치이기 때문에 삶의 방식은 또한 도 아님이 없다. 따라서 도에는 '간다(行)', '행한다(行)'라는 본질적 의미가 내포된다. 이러한 면에서 도는 삼교융합의 특성을 지닌다. 유가의 도는 규범 인륜 등의 뜻이 있고, 도가의 경우 우주만물의 근원 즉 절대성을 지닌 개념이며, 불교의 경우 올바른 삶의 길로서 제시되었다. 심교三敎(유 불 도)에서 공통되는 원리는 인간이 무엇을 행하기 위한 기술방법이 되는 도리라는 뜻이다.

이들은 각각 도를 자신의 입장에서 발전시켜 나가지만, 사상으로는 도가 동양정신의 중핵中核으로 남게 된다. 그래서 동양에서는 인간사의 모든 현상을 이 도에 걸 맞는지 아닌지의 여부로 판별한다. 바둑을 두는 일은 기도碁道가 되고 차를 마시는 일은 다도茶道가 된다. 심지어는 상대를 베는 검술을 검도劍道라고 한다. 즉 인간의 도리를 따르는 모든 행위의 원천을 도라고 파악하는 것이다. 《한비자》에서 도를 설명하기를,

> 도란 만물의 본래적 모습이고, 모든 이치의 총체이다. 이理란 만물을 이루는

〈원래 길을 의미했던 이 道는 후대 중국의 모든 종교 사상에서 최고의 우주자연 원리 내지는 인간이 반드시 행해야 할 법칙 등의 의미로 사용되었다.〉

무늬요, 도란 만물을 생성하는 원리이다. 고로 도는 만물에 원리를 부여하는 것이다. 사물마다 각각 원리가 존재하므로 서로 침범할 수 없다. 만물은 각기 다른 원리가 있고 또는 만물의 총체이니, 따라서 변화할 수밖에 없다. 변화할 수밖에 없으니, 영원한 조리(常操)는 있을 수 없다.[79]

(11) 덕德

덕이란 용어가 처음 사용된 것은 참으로 오래되었다. 이미 주나라에서 이 덕이 하나의 정치개념으로 자리 잡았었다. 주공이 공헌한 가장 중요한 것 중의 하나가 바로 이 덕을 정치사상의 중추로 삼았다는 것이다. 그는 유덕한 사람에게는 하늘(天)이 도움을 주어 그가 왕이 되게 할 수 있지만, 덕을 잃어버린 사람에게는 왕위를 빼앗아 망하게 한다고 했다. 그래서 덕을 밝히는 명덕明德이 중요한데, 이 명덕은 주공이 반포한 일련의 고명誥命에서의 사상적 지주였다. 주공은 하늘이 오로지 덕 있는 사람을 선택한다는 것이다. 그가 말한 덕의 개념은 굉장히 광범위하고 모호한데, 당시에 보면 좋고 아름다운 모든 것을 지칭하여 모두 덕의 개념 속에 포함해서 설명했다고 할 수 있다. 그가 말한 덕의 개념을 살펴보면 10가지 개념으로 귀결되는데, 1) 경천敬天, 2) 경조敬祖와 조상의 업적을 계승하는 것, 3) 왕명의 존중, 4) 마음을 비우고 선대 현인들의 유훈을 받드는 것, 5) 어린 백성을 동정하는 것, 6) 신중한 행정으로 심혈을 기울여 백성을 다스리는 것, 7) 나태하지 않는 것, 8) 교화를 행하여 불혜不惠한 사람을 사랑하고 불무不懋한

79) 道者, 萬物之所然也. 萬理之所稽也. 理者, 成物之文也. 道者, 萬物之所以成也. 故曰, 道, 理之者也. 物有理不可以相薄. … 萬物各異理, 而道盡稽萬物之理. 故不得不化, 不得不化, 故無常操.(《한비자》 365쪽)

사람을 근면케 하는 것[80], 9) 새로운 백성을 만드는 것[81] 즉 은나라 유민을 새로 개조하여 주나라 질서에 복속케 하는 것, 10) 형벌을 신중하게 적용하는 것 등으로 나눌 수 있다. 이로 보면 그가 말한 덕은 굉장히 종합적인 개념인 것을 알 수 있다. 신앙 도덕 행정 정책이 녹아 일체가 된 개념인 것이다. 이런 덕을 갖추어 하늘과 조상을 섬기고 자신에 대해 엄격하며 타인과 선한 관계를 맺어야만 비로소 하늘이 그를 도와 왕이 될 수 있게 한다는 것이다.

노자가 말한 덕은 도가 우주만물에 작용하여 드러나는 결과라고 할 수 있다. 눈에 보이지 않는 도에서 나온 유형의 천지만물이 근원인 도의 본성을 고스란히 이어받은 것이 덕이라는 것이다. 《노자 51장》에 "도가 그것을 낳고, 덕이 그것을 기른다. 그것을 길게 자라게 하고, 안정되고 두텁게 하며, 길러서 덮어준다. … 이것을 현묘한 덕德이라고 부른다."[82]고 했다. 이렇게 도가 만물에 작용하는 것을 덕이라고 본 것이다. 즉 도가 체體라면 덕은 용用인 것이다. 그러므로 덕은 도를 따른다. 《노자 21장》에 "위대한 덕의 모습은 오로지 도를 따른다."(孔德之容, 唯道是從)고 했다. 이 덕은 득得(얻는다)의 뜻으로 유가에서 말하는 인륜도덕에서의 덕德의 개념과는 다르다고 할 수 있겠다. 하편 첫 장인 《노자 38장》에서 덕에 대해 설명하기를,

> 최고의 덕(上德)은 덕을 추구하지 않음으로 이로서 덕을 가질 수 있다. 낮은 덕(下德)은 덕을 잃지 않으려고 하기 때문에 이로서 덕이 없게 된다. 최고의 덕은 억지로 하지 않아 인위적인 것이 없다. 낮은 덕은 그것을 억지로 하려고 해서 인위적인 것이 있다.[83]

---

80) 惠不惠, 懋不懋.(《서경 康誥》
여기에서 혜惠는 사랑 무懋는 근면을 뜻하므로 이 말은 사랑의 방법으로 길들여지지 않은 사람들을 이끌고 교육시키며 부지런하지 못한 사람을 근면하게 되도록 한다는 의미

81) 作新民.(《서경 康誥》)

82) 道生之, 德畜之. 長之育之, 亨之牽之, 養之覆之. … 是謂玄德道.

83) 上德不德, 是以有德. 下德不失德, 是以無德. 上德無爲, 而無以爲. 下德爲之, 而有以爲.

여기에서 보면 노자가 말하는 덕德은 인륜도덕의 덕德이 아니라, 도가 만물에 작용하여 나타난 현상을 덕이라고 하며, 이 덕은 득得(얻는다)과 그 의미가 통한다 하겠다. 다시 말해 무형의 도에서 나온 유형의 천지만물이 근원인 도의 본성을 고스란히 이어받은 것을 덕이라고 한 것이다. 도가 만물에 작용한 것이 바로 덕이다. 도가 체體라면 덕은 용用인 것이다. 도가사상가들이 말하는 도덕은 유가에서 말하는 인륜도덕의 도덕과는 판연히 다른 것으로, 도란 모든 만물을 만들어내는 원리를 말하고 덕은 그 도가 구현되어 나타난 현상이라고 할 수 있겠다. 도와 덕의 차이점을 강무江袤(1,082-1,146)가 잘 설명하고 있는데,

> 도와 덕은 실상은 같고 이름만 다를 뿐이다. … 무소부재無所不在한 것을 도라고 하고, 그 도를 자기가 얻은 것을 덕이라고 한다. 즉 도란 사람들이 공통으로 말미암는 것(所共由)이요, 덕이란 각자가 얻는 것(所自得)이다. 물로써 비유해보자. 호수와 바다의 깊은 물과 마당 웅덩이의 고인 물은 진실로 다르나, 물이라는 사실까지 다르겠는가? 장강과 황하의 물은 유유히 흐르지만, 도랑과 개울의 물은 부딪쳐 튀는데, 이는 저마다 얻은 바가 그렇기 때문이다. 이것이 곧 실상(實: 즉 물)은 같고, 이름(名: 장강 개울 따위)만 다르다는 말인바, 어찌 진실이 아니겠는가?[84]

"도란 사람들이 공통으로 말미암는 것(所共由)이요, 덕이란 각자가 얻는 것(所自得)"이라는 강무의 말은 도와 덕의 같은 점과 다른 점을 매우 잘 설명해주고 있다.

중국에서 모든 철학자 사상가들이 자신들이 말하는 진리를 모두 도라고 지칭하였다. 고로 같은 도인데도 그것을 사용하는 사람들마다 그 의미

84) 道德實同而名異. … 無所不在之謂道, 自其所得之爲德. 道者, 人之所共由, 德者, 人之所自得也. 試以水爲喩. 夫湖海之涵浸, 與坳堂之所畜, 固不同也. 其爲水有異乎? 江河之流注, 與溝澮之湍激, 自其所得如是也. 謂之實同名異, 不信然?(焦紘의 《老子翼》 권6 3-4쪽 재인용)

가 달랐다. 유가에서 말하는 도와 도가에서 말하는 도 그리고 불교에서 말하는 도는 그 내용이 다른 것이다. 그러나 이 도를 철저히 내세우고 그것을 추구한 집단은 도가사상가들이라고 할 수 있다. 도가에서 말하는 이 도는 무위자연을 의미하기도 하지만, 또한 인간이 반드시 가야할 올바른 길(道)을 의미하기도 했다. 다시 말해 이 도라는 의미에 실천철학이 그 중요한 부분을 차지하고 있다는 뜻이다. 중국의 철학은 서구 철학과 달리 굉장히 인간의 실천을 중시하는 즉, 정신수양, 인격도야, 심신수련, 인간완성 등을 중시하는 방향으로 흘렀다. 이 도가에서의 도 역시 그러한데, 인간이 어떻게 행동할 것이며, 어떻게 행동하는 것이 진리에 이르는 길(道)인가를 중시 여겼던 것이다. 이렇게 자신을 수양하는 그리고 실천하는 방향으로 중국철학이 발전한 것은 모든 원인을 자기 자신에게서 찾는 농경민족이라는데 그 근본 원인이 있는 게 아닌가 한다. 인간이 어찌 할 수 없는 하늘(자연현상) 외에는 그 어디에도 흉년이 든 원인을 찾을 수가 없다. 농부는 흉년이 들면 그 원인을 자기 자신에게서 찾는다. 자신이 덕이 없어서 혹은 자신이 하늘에 뭔가를 잘못해서 하늘이 노해 제 때에 비를 내려주지 않고 제 때에 햇볕을 쬐어주지 않아서 흉년이 들게 된 것이라고 생각한다. 아주 심한 경우 하늘의 마음을 달래려고 기우제를 지내기도 하고, 가끔은 하늘을 원망하기도 하지만, 궁극적으로 모든 것의 원인을 자기 자신에게서 찾는다. 그래서 항상 자기 자신을 되돌아보는(반성하는) 삶을 지속적으로 살아왔다. 모든 원인을 자기 자신 내부에서 찾는 농사꾼의 이런 사고방식이 이렇게 중국철학을 정심淨心에의 추구와 도덕을 중시하는 방향으로 발전하게 만든 것이 아닌가 한다. 덕도 마찬가지이다. 덕이란 득得과도 통하는 것으로, 득得이 의미와도 통하는 이 덕德이란 인격완성과도 관련이 있다 하겠다.

중국인들이 그리는 군자들의 이상적 삶인 내성외왕內聖外王에서 내성은 도덕완성의 도가적 삶에 가깝고, 외왕이란 제가齊家 치국治國 평천하平天下하는 유가적 삶에 가깝다고 할 수 있다. 외왕보다 내성을 먼저 앞세운 것은 먼저 자기 자신의 도덕이 완성되면 저절로 제가 치국 평천하할 수 있다고 보았기 때문이라 여겨진다.

2) 직감에 의존한 비과학적 인상비평

문학 음악 미술을 위시한 예술 전반에 대한 중국인들의 설명 내지는 비평에는 주로 인상비평만이 존재한다. 작품을 대하고 느끼는 감정을 그대로 표현하는 것이다. 작품비평에서 웅혼雄渾하다든지 기백氣魄이 있다든지 고졸古拙하다든지 하는 식으로 비평한다. 서양 비평계처럼 과학적 분석 비평이 없는 것이다. 이것은 중국철학이 비과학적 거시 형이상학이 주를 이루는데 그 근본 원인이 있다고 생각한다. 중국 비평가들은 작품을 과학적으로 세밀하게 분석하고 관찰하여 비평하는 대신에 자신의 감이나 느낌으로 설명하고 비평하는 것이다. 이는 근본적으로 중국인들이 세밀하게 과학적으로 헤아려 곡물의 수확량을 정밀하게 계산할 수 없는 농경민족이었기 때문이라 생각한다. 수천 년 동안 농작물의 수확량을 대략 눈짐작으로 느낌으로 헤아려 계산해 온 것이다. 이것이 그들의 철학과 작품의 비평 평가에도 그대로 영향을 주어 비과학적 형이상학을 낳았을 뿐만 아니라, 비평에도 비평가의 느낌으로 설명하는 인상비평을 낳았다고 생각한다.

직각直覺과 돈오頓悟 그리고 신비경험 중시와 득도得道 중시는 비과학적인 개인체험이나 느낌을 중시하는 농경민족 중국인들의 사고방식에 기인하는 것으로 보인다. 선불교에서 중시하는 돈오도 객관적 과학적으로 설명하기 보다는 개인적 체험을 중시하는 깨달음이다. 돈오의 돈頓은 '문득' '홀연'이라는 뜻으로, 간격이 없는 지극히 짧은 시간을 나타낸다. 따라서 돈오란 깨달음의 방식을 가리키는 말로서, 어떠한 점진적인 단계를 거치지 않고 단번에 깨닫는 것을 의미한다. 여기에서 깨달음이란 바로 '자신

〈옛 중국인들은 이런 산수화를 보고도 과학적 분석비평을 하지 않고, 웅혼雄渾하다느니 고졸古拙하다느니 청신淸新하다느니 하며 자신의 느낌과 감으로 인상비평을 하고 있다.〉

의 마음이 곧 부처임'을 깨닫는 것이며, 이는 인간의 마음속에 내재한 불성佛性을 자각한다는 의미이다. 이런 의미에서 혜능은 돈오를 강조하는 과정에서 돈오견성頓悟見性이라는 용어를 사용한 바 있다. 이런 즉각적인 깨날음 중시나 직각 중시 개인적인 신비체험 중시나 느낌 중시도 중국문화에서 중요한 부분을 차지하는데, 이는 수천 년 동안 수확량을 대략 눈짐작으로 헤아려온 농경민족이었다는 데에도 그 원인이 있다고 할 것이다.

장사꾼들은 숫자와 계산이 이미 습관화되어 있고 유목인들은 자신 소유의 양과 말을 숫자로 헤아려 파악하지만, 농사꾼들은 자신의 수확량에 대해 그렇게 치밀하게 숫자로 계산할 수 없고 대략 눈으로 보아 육감적으로 계산한다. 그러므로 이런 삶을 수천 년 동안 살아온 중국인들은 객관적 과학적 분석이나 인식론이 그리 발달하지 못했고, 주관적인 직관 분야가 매우 발달하게 되었다.

인식론 문제는 인식 주체와 인식 대상이 확연히 구분되어야 제기되는 것인데, 인식론이 발달하지 못한 중국인들은 이 두 가지를 구분하지 않고 하나로 보는 경향이 있다. 주관적인 직관에 근거하다 보니 과학적이지 못하고 경험에 의존해서 판단하는 경우가 많았다. 중국비평계에 인상비평이 주류를 이루고 과학적인 분석비평이 거의 없는 것도 이 때문이라 할 수 있으며, 중국 철학 용어의 개념이 명확하지 못하고 모호한 것도 이 때문이라 할 수 있다. 주관적 직관적 사고는 객관적 과학적 사고를 막아 과거 중국에서 과학이 거리 발달하지 못한 이유 중에 하나라고 생각된다.

철학은 우주론 인간론 인식론 3분야로 나눌 수 있는데, 우주론은 존재의 본체와 실제의 본질을 탐구하는 본체론(Ontology)과 세계의 발생과 역정 및 그 귀착을 탐구하는 협의의 우주론(Cosmology)으로 나눌 수 있다. 인간론도 인간이란 무엇인가를 탐구하는 심리학의 연구대상과 인간이란 마땅히 어떠해야 하는가를 탐구하는 협의의 윤리학으로 나눌 수 있다. 인식론 역시 인식의 성격을 탐구하는 협의의 인식론과 인식의 규범을 탐구하는 협의의 논리학으로 나눌 수 있다.[85] 이 중 중국철학에서 존재의 본체와 실제의 본질을 탐구하는 본체론(Ontology)과 인간이란 마땅히 어떠해야 하는가를 탐구하는 협의의 윤리학은 굉장히 발달하였다고 할 수 있다. 그러나 인간이란 무엇인가를 탐구하는 심리학의 연구대상과 인식의 성격을 탐구하는 협의의 인식론과 인식의 규범을 탐구하는 협의의 논리학은 그리 발달하지 못했다. 한마디로 본체론과 윤리학은 굉장히 발달했지만, 심리학 인식론 논리학은 그리 발달하지 못한 것이다. 인식론 논리학이 전국시대 묵자나 명가학파 그리고 혜시 공손룡 등의 변자辯者들에 의해 시도된 적도 있으나, 그 후 지속되지 못해 중국철학의 주류를 형성하지 못했다. 오직 서양

〈중국불교에서는 무념무상을 통한 갑작스러운 깨우침인 돈오頓悟를 중시한다.〉

85) 몬터규(1873-1953: 미국의 新실제론자)의《앎의 방법들(The way of knowing)》1쪽 참조.

철학 중의 방법론(논리학) 부문만은 중국철학사에서 전국시대 제자백가 사상에서 그래도 약간 논급된 부분이 있으나 송명 이후에는 아예 연구자가 없었다고 할 수 있다. 어떤 면에서 보면 송대 이후의 의리지학義理之學이 방법론이라고도 볼 수 있지만, 그러나 그들이 말한 학문을 하는 방법(爲學之方)으로써의 방법론은 지식을 탐구하는 방법이 아니라 수양하는 방법 즉 진리가 아니라 선善을 추구하는 방법이어서 서양철학에서 말하는 방법론(논리학)과는 다르다고 할 수 있다. 이런 과학적 방법론(논리학)이 발달하지 못한 이유는 수확량에 대해 치밀한 계산을 할 수 없는 농경민족이었기 때문이 아닌가 한다. 그러나 중국철학이 비과학적 거시적 형이상학(본체론)은 굉장히 발달하였고, 또한 대가족으로 이루어진 집성촌에서 삶을 살아온 농경민족 특성상 사람과 사람과의 관계를 중시하는 윤리학 분야와 수양학修養學이 서구철학에 비해 월등히 발달하게 된 것이다.

풍우란의 중국철학사 제1장 서론 1 철학의 내용에서 서양철학의 개념으로 보면 철학은 크게 3 부분으로 나눌 수 있다고 했는데, 그것은 '세계에 관한 이론'의 탐구가 목적인 우주론과 '삶에 관한 이론'의 탐구가 목적인 인간론(人生論), 그리고 마지막으로 '지식(인식)에 관한 이론'의 탐구가 목적인 인식론(知識論)으로 나눌 수 있다고 했다. 이 중 우주론과 인간론은 중국철학에서 발달했지만, logic(논리학)이라고 표현할 수 있는 인식론(지식론)은 거의 발달하지 못했다고 주장하고 있다. 물론 춘추전국 시대 logic(논리학)을 중시한 명가학파가 한때 유행한 적도 있었지만 그러나 그 후 그들이 중국철학의 주류를 이루지 못했고 또한 지속적인 영향을 주어 오지도 못했다. 이는 자신의 느낌과 경험을 중시하는 농경민족 중국인들의 비과학적 사고방식에 근원하는 것이 아닌가 한다. 논리학의 미발달로 예술분야의 비평에 있어서도 논증이나 과학적 설명 그리고 분석비평을 하지 못하고 자신 개인의 경험과 느낌에 의존한 직관이나 직감에 의해 설명하고 비평을 해온 것이다.

또한 옛 중국인들은 자신의 주장을 논리적으로 설명하는 책을 서술하는 일을 그리 중요시 여기지 않은 것으로 보인다. "최상의 일은 덕을 수립하는 것(立德)이요, 그 다음은 공을 세우는 것(立功)이요, 마지막이 자신의 주장을 수립하는 것(立言)이라고 했다."[86] 입덕과 입공을 하고 남은 여력이 있으면 그 때 자신의 주장을 글로 쓰는 것이다. 고로 중국 지식인들은 현실에 참여하여 벼슬을 할 때 글을 쓰는 일은 드물고 정치 일선에서 물러나 유배당하거나 고향에 은거할 때 자신의 주장을 글로 쓴 경우가 많았다. 입덕 입공에 비해 입언을 중시하지 않는 풍토는 자신의 주장과 철학을 논리적으로 표현하지 못하게 만드는 한 가지 요인 아닐까 한다. 제왕의 공을 일으켜 성인의 도를 추구할 수 없을 부득이 할 때 물러나 책을 써 자신의 주장을 쓴 것이다. 따라서 책을 저술하여 자신의 주장을 수립하는 것은 중국철학자가 보기에 자신이 뜻을 펼치지 못하는 불행한 시기에 부득이 하여 한 것이다. 입언을 중시하지 않는 중국의 학문 풍토는 자신의 논리를 체계적이고 과학적으로 기술하게 하는 것을 막는 한 가지 원인이라고 생각한다. 가끔 철학자 본인 혹은 제자와 후학들이 일생의 서신과 어록을 섞어 모아 그대로 책을 만들기도 했는데, 책을 만드는 것이 이처럼 무계획적이었던 만큼 자신의 주장(道理, 이론)을 체계적으로 논리적으로 펴는 일은 중국 학술사 내지는 철학사에서 그리 흔한 일은 아닌 것이다. 또한 그들은 자신의 독창적인 견해를 논리적이고 체계적으로 서술하는 경우는 드물고, 대부분 선현이 남긴 경전에 주석을 달고 해석하며 자신의 견해를 일부 표현하는 정도였다. 이런 여러 면이 중국철학이나 학술에서 자신의 주장을 크게 내세우기 위하여 체계적 논리적 서술을 한 것은 적어 보인다. 또한 중국에서 전문 직업인으로서 철학가 작가는 존재하지 않고, 대부분 정치를 하고 관직에 있으면서 남는 시간에 자신의 저술을 남기고 작품을 써왔다.

86) 太上有立德, 其次有立功, 其次有立言. (《좌전 襄公 24년》)

17. 원형회귀(歸) 하고자 하는 농경민족
- 한시 해석을 중심으로 -

1) 자연(흙)으로 회귀하여(歸) 그 자연과 <더불어 하나>되고자 한 농경민족

한시에는 자연을 찬양하고 그 자연으로 돌아가고자(歸) 한 <자연시> <전원시> <산수시> <한적시> <산중우거시> <은둔시> 부류의 시들이 가장 많이 지어졌다. 이 부류의 시들은 모두 자연을 그 주제로 읊은 작품으로, 이런 부류의 시들이 한시에서 가장 많은 분량을 차지한다. 농경민족 중국인들은 항상 자연을 찬양하며 그 자연과 <더불어 하나>되어 살고자 한 것이다. 이는 서구시들이 청춘남녀 간의 순진무구하고 청순발랄한 사랑의 감정을 읊은 연애시 부류의 시들이 가장 많이 지어진 것과 대비된다 하겠다. 도연명의 <음주시飮酒詩> 20 수 중 제 5번째 시를 감상해보자.

> 띠 풀 집을 사람 사는 경계에 맺으니,
> 수레와 말의 시끄러움도 없도다.
> 묻건대, 그대는 어찌 능히 그러할 수 있느뇨?
> 마음은 멀고 땅은 스스로 편벽되어 있도다.
> 동쪽 울타리 아래에서 국화를 뜯어,
> 아득히 남쪽 산을 바라보는 도다.
> 산의 기운은 저녁에 아름다운데,
> 나르는 새 서로 더불어 돌아오는 도다.
> 이 가운데 진실한 맛이 있으니,
> 말하고자 하나 이미 말을 잊어버렸도다.
> 結廬[1]在人境　　결려재인경

---

1) 띠풀 집을 짓다.

而無車馬喧	이무거마훤
問君何能爾	문군하능이
心遠地自偏	심원지자편
采菊東籬[2]下	채국동리하
悠然見南山	유연견남산
山氣日夕佳	산기일석가
飛鳥相與還	비조상여환
此中有眞味	차중유진미
欲辯已忘言	욕변이망언

도연명은 전원 속에 진실한 맛이 있다고 했다. 그의 <귀원전거歸園田去> 제 1수 마지막 구절에 "오랫동안 새장 속에 갇혀 있다가, 다시 자연으로 돌아올 수 있었네."(久在攀籠裏, 復得返自然)라고 하여, 현실적인 관리 생활을 속되다고 보고 그 현실을 벗어나 다시 자연(원형)으로 되돌아왔다(歸)고 읊고 있다. 한시에서 가장 많이 읊어진 시들은 이들 자연시 전원시 산수시 부류로, 중국인들이 이처럼 자연을 읊조리고 찬양하며 그 자연과 <더불어 하나>되어 살고자 하는 것은, 농경민족인 중국인들의 원형회귀(歸)적 심성 때문일 것이다. 또 전원시 부류로 맹호연의 <과고인장過故人莊>을 읽어보자.

〈겸재 정선의 〈채국동리도採菊東籬圖〉. 도연명은 중국의 대표적인 전원시인이다.〉

2) '동쪽 울타리'라는 뜻인데, 이 구절이 하도 유명하여 후에 국화를 가리키는 말로 변했음.

오랜 벗이 닭과 기장 준비하고
시골집에 오라 나를 청하였네.
푸른 나무들이 마을 가로 둘러져 있고
청산은 먼 교외에 비스듬히 보이네.
창 열어 채마밭과 마당을 마주하고
술 들어 뽕과 삼에 대해 이야기하네.
중양절 되기를 기다려
다시 와 국화를 가까이 하리라.

故人具鷄黍　　고인구계서
邀我至田家　　요아지전가
綠樹村邊合　　녹수촌변합
青山郭外斜　　청산곽외사
開軒面場圃[3]　　개헌면장포
把酒話桑麻[4]　　파주화상마
待到重陽日　　대도중양일
還來[5]就菊花　　환래취국화

이 시는 전원시로 백묘白描 수법을 사용하여 질박하고 진실한 전가田家의 정서를 잘 표현하고 있는데, 시상이 시간의 흐름에 따라 전개되고 있다. 아늑한 전원으로 돌아가(歸) 전원과 <더불어 하나>되어 농사짓고 술 마시며 살고 싶은 것이다. 자연시 계열로 백거이白居易의 <대림사도화大林寺[6]桃花>란 시를 읽어보자.

사람 사는 마을 4월이라 꽃이 다 졌는데
산사에는 복사꽃이 이제야 활짝 피었네.
봄이 돌아간 곳 찾을 길 없어 안타까웠는데
그 봄이 산 중으로 옮겨온 줄을 나는 몰랐어라.

3) 타작하는 마당과 채마밭
4) 뽕나무와 삼
5) '가까이하다'라는 뜻으로 이 시에서는 감상하다는 의미
6) 강서성 廬山 기슭에 있는 사찰

人間[7]四月芳菲[8]盡　　인간사월방비진
山寺桃花始盛開　　산사도화시성개
長恨春歸無覓處　　장한춘귀무멱처
不知轉入此中來　　부지전입차중래

이 시에서는 사람 사는 마을에서 잃어버린 봄을 산 중의 절에 와서 다시 찾아 기뻐하고 있다. 음력 4월 마을에는 꽃이 이미 졌지만 산 속에는 그대로 남아있어, 산사에서 그 봄의 경치와 <더불어 하나>되어 즐기고자 하고 있다. 또 다른 자연시 부류로 소상蘇庠(1,100 전후)의 <청강곡淸江曲[9]>을 읽어보자.

촉옥새 쌍으로 날고 물은 연못에 가득 차니,
창포 우거진 곳에서 원앙새가 목욕하네.
흰 마름풀 배의 노에 잔뜩 걸려 돌아옴이 늦은데,
가을은 갈꽃을 피워 양편 언덕은 서리가 내린 듯하네.
조각배를 언덕에 매고 숲 그늘에 의지하니,
살랑살랑 양 귀밑머리에 흰머리가 날리네.
만사를 상관치 않고 취했다 깨었다 하며,
언제까지나 안개와 물결을 점유하고 맑은 달을 즐기네.
屬玉[10]雙飛水滿塘　　촉옥쌍비수만당
菰蒲[11]深處浴鴛鴦　　고포심처욕원앙
白蘋[12]滿棹歸來晚　　백빈만도귀래만
秋著蘆花兩岸霜[13]　　추저노화양안상

---

7) 사람사는 세상. 속세
8) 향기로운 꽃
9) 맑은 강의 노래
10) 물새의 일종
11) 수초의 일종인 창포 종류
12) 물에 뜨는 개구리밥의 일종인 마름풀.
13) 양편 언덕이 서리내린 듯하다는 뜻

扁舟繫岸依林樾　　편주계안의임월
蕭蕭[14]兩鬢吹華髮　　소소양빈취화발
萬事不理醉復醒　　만사불리취부성
長占煙波[15]弄明月[16]　　장점연파농명월

새들이 노니는 맑은 강의 모습이 눈에 선하다. 만사를 내팽개치고 이런 자연 속에서 밝은 달을 희롱하며 그런 자연과 <더불어 하나>되어 살고 싶은 것이다. 한시에서처럼 이렇게 자연 산수 전원 등등을 많이 읊조린 문학 장르도 전 세계 문학사에서 드문 것으로 여겨지는데, 이는 자연 전원 산수가 바로 중국인들에게 항상 돌아가야 할(歸) 원형으로 이해되어졌기 때문이다. 자연과 흙과 <더불어 하나>되어 살아왔던 정통 농경민족 중국인들은 항상 이 때문에 그 자연으로 회귀(歸)하기를 희망했고, 또한 자연 전원 산수를 그리며 찬미하며 살아온 것이다. 이는 서구시에서 청춘남녀간의 사랑의 감정을 주로 읊은 연애시 부류가 가장 많은 분량을 차지하고 있는 것과는 대조를 이룬다 하겠다. 한적시 계열로 왕유王維의 <죽리관竹里館[17]>이란 시를 읽어보자.

그윽한 대숲 속에 홀로 앉아
금을 타다가 휘파람도 불어 본다.
깊은 숲이라 사람들은 알지 못하고
밝은 달빛이 찾아와 나를 비춘다.
獨坐幽篁[18]裡　　독좌유황리
彈琴復長嘯　　탄금복장소
深林人不知　　심임인부지
明月來相照　　명월래상조

14) 바람이 살랑살랑 부는 모양
15) 안개끼고 물결치는 이 淸江을 오래 점령하셨다.
16) 밝은 달을 희롱하다.
17) 輞川 20景 중의 하나
18) 깊고 그윽한 대숲

〈명대에 그려진 〈망천장도권輞川莊圖卷〉의 죽리관 부분(오른쪽)〉

청아한 정취가 고요한 분위기 속에서 잘 묘사되어 있는 이 시에서 시인은 속세를 떠나 대숲 속에서의 한적함 그 자체를 즐기고 있다. 대숲 속의 자연으로 돌아가(歸) 한적한 자연 그것과 <더불어 하나>가 되고 있는 것이다. 이런 한적시 혹은 선시禪詩 계열이 많이 지어진 것은 중국인들이 극도로 추구한 <정심淨心에의 추구>와도 관련이 깊다 하겠다. 전원시 내지는 한적시라고도 할 수 있는 왕안석의 <반산춘만즉사半山[19]春晩卽事>란 시를 읽어보자.

봄바람은 꽃을 데려가 버리고,
나에게 시원한 그늘로 보답한다.
녹음이 우거진 언덕길은 고요하고,
가지가 얽혀 뜰과 집은 깊숙하다.
침상 펴고 늘 잠깐씩 쉬다가도,
지팡이에 삼신 신고 그윽한 곳 찾아 나선다.
오직 북산의 새만이,
지나가며 나에게 좋은 소리 보내온다.

春風取花去　　춘풍취화거
酬我以淸陰　　수아이청음
翳翳[20]陂路爭　　예예피로쟁

19) 왕안석이 은거한 곳의 명칭. 당시 그는 金陵城 동문으로부터 7리, 北山(지금의 紫金山)으로부터 7리 되는 곳에 있었기 때문에 '半山'이라고 했다.

20) 어둑어둑해 분명치 않는 모양. 수목이 우거져 그늘이 진 모양.

交交[21]園屋深　　교교원옥심
床數每小息　　싱부매소식
杖屨亦幽深　　장누역유심
惟有北山鳥　　유유북산조
經過遺好音　　경과유호음

늦봄의 은거지 주변을 읊은 시이다. 녹음에 싸인 언덕길과 거처를 덮고 있는 나뭇가지, 맑은 소리를 선사하는 북산北山의 새 등, 중앙 정계에서 물러난 시인의 이런 환경 속에서 살아가는 모습이 여유롭고 호젓하기도 하다. 중국 시인들은 항상 이처럼 한적한 전원으로 돌아가(歸) 여유롭게 즐기며 그 자연과 <더불어 하나>되어 살고 싶어 했다. 다른 한적시 계열로 왕유의 <과향적사過香積寺>를 읽어보자.

향적사는 어딘지도 모른 채
몇 리를 걸어 구름 속 봉우리로 들어갔네.
고목 우거져 사람 다닐 길도 없지만
깊은 산 어디선가 들려오는 종소리.
샘물 소리 깎아지른 바위에 오열하고
햇빛은 푸른 소나무에 차갑다.
해질녘 고요한 못 굽이에 앉아
선정에 들어 잡념을 잊는다.

不知香積寺[22]　　부지향적사
數里入雲峰　　수리입운봉
古木無人徑　　고목무인경
深山何處鐘　　심산하처종
泉聲咽危石[23]　　천성인위석
日色冷青松　　일색랭청송
薄暮空潭曲　　박모공담곡

21) 나뭇가지가 얼기설기 얽힌 모양
22) 장안 남쪽 神禾原에 있는 절로, 송나라 때는 開利寺라 불렀음.
23) 높고 가파른 바위

安禪制毒龍[24]　　안선제독룡

왕유의 선시禪詩라고도 볼 수 있는 이 작품은 그 의경이 고요 침잠沈潛하다. 속세를 버리고 산사에 은거하여 고요히 도의 상태로 돌아온(歸) 것이다. 남송 양만리楊萬里(1,127-1,206)의 초여름 낮잠에서 깨어나서 느끼는 한적한 감정을 읊은 <한거초하오수기閑居初夏午睡起>를 읽어보자.

매실은 신맛이 있어 치아를 시큼하게 하고,
파초는 녹색 빛을 사창紗窓을 통해서도 보게 하네.
해는 긴데 자다 일어나니 아무런 감정이나 생각도 없어,
한가히 아이들이 버들 솜 잡으려는 것 구경하네.
梅子留酸軟齒牙[25]　　매자류산연치아
芭蕉分綠[26]與窗紗　　파초분록여창사
日長睡起無情思　　일장수기무정사
閑看兒童捉柳花　　한간아동착유화

낮잠 자다 깨어나서 느끼는 한가한 느낌을 평담하게 잘 묘사하고 있다. 중국 시인은 그가 사회시인이든 우국시인이든 관계없이 이렇게 한 두수 정도는 자연을 대하는 자신의 한적한 느낌을 시로 그려내고 있다. 자연과 <더불어 하나>되어 살고자 한 정통 농경민족 중국인들의 정서가 베여서 중국의 모든 시인들이 이렇게 자연을 대하는 자신의 한적한 느낌을 그려낸 자연시 한적시를 써낸 것이다. 맹호연의 <야귀녹문산가夜歸鹿門山歌>도 산중우거시 혹은 은둔시라고 볼 수 있겠다.

---

24) 《涅槃經》에 "다만 내 거처에 毒龍 한 마리가 있는데, 그 성질이 난폭하고 급해서 해를 끼칠까 두렵다."(但我住處, 有一毒龍, 其性暴急, 恐危害)라고 했는데, 여기에서 毒龍은 사람 마음속에 일어나는 탐욕과 욕망을 비유함.

25) 치아를 시큼하게 하다, 치아를 시리게 하다.

26) 녹색을 나누어 주다, 곧 파초 잎이 크게 자라 사창을 통해 파랗게 보이는 것을 형용한 말.

산사의 종소리에 날은 이미 저물고
어량漁梁 나루터에 배 타려는 사람들의 떠들썩한 소리.
사람들은 모랫길을 따라 강마을로 향하고
나도 배를 타고 녹문산鹿門山으로 돌아간다.
녹문산의 밝은 달은 안개 피어있는 나무를 비추는데
어느새 방공龐公이 은거했던 곳에 이른다.
바위 문과 솔 길은 늘 고요한데
오직 한 은자만이 절로 오간다.

山寺鐘聲晝已昏	산사종성주이혼
漁梁[27]渡頭爭渡喧	어양도두쟁도훤
人隨沙路向江村	인수사로향강촌
余亦乘舟歸鹿門	여역승주귀녹문
鹿門[28]月照開烟樹	녹문월조개연수
忽度龐公[29]棲隱處	홀도방공서은처
巖扉松徑長寂廖	암비송경장적료
惟有幽人[30]自來去	유유유인자래거

이 시는 저녁에 녹문산으로 돌아가는(歸) 길에서 본 풍경을 시간의 변화에 따라 순차적으로 묘사하고 있다. 은자는 녹문산에 은거하러 돌아 들어가고(歸) 있다. 자신의 정이나 감회를 직접적으로 읊고 있지는 않지만 고요한 경치 속에 시인의 욕심 없는 마음이 자연스럽게 담겨있다. 이백의 <산중문답山中問答>이란 시는 산중우거시山中寓居詩 부류라고 볼 수 있다.

무슨 생각으로 푸른 산에서 사느냐구요.
웃으며 답하지 않으니 마음 스스로 한가하네.

---

27) 鹿門 근처에 있는 나루터 이름

28) 맹호연이 은거했던 산으로, 지금의 호북성 襄陽縣에 있음.

29) 《後漢書 逸民傳》에 의하면, 방공은 龐德公으로 襄陽 사람인데, 荊州刺史 劉表가 여러 번 벼슬할 것을 청했으나 모두 사절하고 鹿門山에 처자를 이끌고 들어가 약초나 캐며 살았다고 한다.

30) 은자. 맹호연 자신을 가리킴.

물 따라 복사꽃잎 아득히 흘러가는데
달리 하늘과 땅이 있으니 인간세상이 아니로다.
問余何意棲碧山　　문여하의서벽산
笑而不答心自閑　　소이부답심자한
桃花流水窅然[31]去　　도화류수요연거
別有天地非人間[32]　　별유천지비인간

전과 결구는 도잠의 <도화원기桃花源記>의 의경을 묘사하고 있다. 시인은 티끌 같은 속세를 떠나 산중으로 돌아와(歸) 그 자연과 <더불어 하나>되고자 하고 있다.

〈이백의 〈산중문답〉을 그린 후대 그림〉

가도賈島의 은둔시 내지는 은자시라고 할 수 있는 <심은자불우尋隱者不遇>란 시를 읽어보자.

소나무 아래에서 동자에게 물었더니
"스승님은 약초 캐러 가셨어요.
이 산중에 계시긴 하지만
구름이 자욱하여 계신 곳을 모르겠습니다."라고 말하네.
松下問童子　　송하문동자

31) 멀리 아득히
32) 사람들이 사는 세상

言師採藥[33]去　　　언사채약거
只在此山中　　　지재차산중
雲深不知處　　　운심부지처

온갖 부귀영화를 티끌같이 보고 그 속세를 훨훨 떠나 때 묻지 않은 이런 산중에 은거하면서 그 즐거움을 읊은 산중우거시 은둔시라 불릴 수 있는 시들이 중국 시인들에 의해 많이 지어졌다. 그들은 자연으로 전원으로 산수로 산중으로 돌아와(歸) 그것과 <더불어 하나>되는 그런 삶을 즐기며 유유자적 살고자 한 것이다.

〈가도의 〈심은자불우〉. 중국인은 이처럼 산중우거시나 은둔시를 많이 지었다. 이는 속세를 떠나 산속으로 돌아가(歸) 은둔하고 싶은 욕망을 나타낸 것이다.〉

봄날의 한적함을 읊은 두보의 <절구絶句> 2수 중 그 첫 수를 읽어보자.

나른한 날 강산이 아름답고
봄바람에 화초 향기롭구나.
진흙이 녹으니 제비 날고
모래가 따뜻해 원앙새 잠든다.
遲日[34]江山麗　　　지일강산려

33) 약초를 캐다.

34) 시간이 너니 가는 봄날

春風花草香　　춘풍화초향
泥融飛燕子　　니융비연자
沙暖睡鴛鴦　　사난수원앙

봄날의 경물을 잘 묘사하고 있는 이 시에서 시인은 따뜻한 봄날 그 봄 경물과 <더불어 하나>되고 있다. 백거이白居易의 <모강음暮江吟>을 읽어보자.

한 줄기 석양빛이 물속에 번지니
강의 절반은 파르스름하고 절반은 붉구나.
9월 초 사흘 밤은 정말 아름다우니
이슬은 진주 같고 달은 활 같다.
一道殘陽鋪水中　　일도잔양포수중
半江瑟瑟[35]半江紅　　반강슬슬반강홍
可憐[36]九月初三夜　　가련구월초삼야
露似珍珠月似弓　　노사진주월사궁

한 편의 추강모경도秋江暮景圖를 보는듯한 시이다. 시인의 정치한 필치로 인해 석양 무렵 강물의 기려綺麗한 경색이 눈에 보이고, 가을 달밤의 이슬이 주는 청량감이 느껴지는 듯하다. 이런 자연으로 돌아가(歸) 그 자연과 <더불어 하나>되고 있는 것이다. 한유韓愈의 <조춘정수부장십팔원외早春呈[37]水部張十八員外[38]>란 시를 읽어보자.

장안 거리에 내리는 보슬비 우유 빛처럼 뽀얗고

35) 원래 푸른 보석의 이름이나, 여기서는 햇빛에 비친 강물이 푸른색을 띄고 있음을 형용한 것임.

36) 좋아할 만하다.

37) 바치다 증정하다.

38) 水部 員外郎 벼슬을 하는 張籍은 十八은 형제의 서열

멀리 파랗게 풀빛 번지는데 다가서면 사라지네.
일 년 봄 가운데서도 가장 좋은 때는
버드나무 가지 황도皇都에 하늘거리는 바로 이 때라네.

天街[39]小雨潤如酥[40] 천가소우윤여소
草色遙看近却無 초색요간근각무
最是一年春好處 최시일년춘호처
絶勝[41]烟柳滿皇都[42] 절승연류만황도

이 작품은 장경長慶 3년(823년) 초봄, 한유가 장안에서 이부시랑吏部侍郎의 벼슬에 있을 때 지은 것으로, 벼슬이 높고 신망이 두터워 평정한 심정으로 지은 것이어서 자못 청신하고 자연스러운 맛이 우러난다. 한유는 들판에 풀이 갓 돋아나기 시작할 무렵, 장안에 뽀얗게 보슬비가 내리고 들판에 버드나무 가지가 온 장안 거리에 하늘거리는 이때를 1년 중 가장 좋은 계절이라고 하며, 그 계절을 즐기며 또한 그 자연과 <더불어 하나>되고자 하고 있다.

2) 고향으로 돌아가고자(歸) 한 농경민족

무릇 만물이 아무리 번성해도 각기 그 근원(根)으로 복귀(歸)한다. 근원으로 복귀(歸)하는 것을 정靜(만물의 본질적 상태)이라고 말하고, 그것을 일컬어 복명復命(운명으로 돌아감)이라고 말한다. 복명을 상常(영원한 법칙)이라고 말하고, 그 상을 아는 것을 명明(밝히 앎)이라고 말한다.[43]

---

39) 皇城. 장안의 거리

40) 양이나 소젖처럼 뿌연 액체

41) 월등히 좋다.

42) 황제가 있는 도읍

43) 夫物芸芸, 各復歸其根, 歸根曰靜, 是謂復命. 復命曰常, 知常曰明. (《노자 16장》)

노자는 만물의 근원으로 복귀(歸)하고자 했다. 이런 원형회귀적 사고방식은 농경문화 지역에서만 나타날 수 있는 사상이다. 그들 농경민족은 고향을 떠나 살더라도 항상 그 근원(고향, 흙, 자연)으로 복귀(歸)하고자 했다. 흙을 떠나면 고향을 떠나면 죽음으로 간다고 믿는 농경민족인 중국인들은 항상 원래 상태 즉 원형으로 돌아가고 싶어 한다. 고향을 떠나 살더라도 명절에는 고향을 찾는 귀소본능이 강하며, 노년에는 고향에 묻혀 살고 싶어 한다. 중국인이나 한국인들처럼 설 추석 등의 명절에 고향을 찾아가는 귀성인파가 이렇게 많은 민족도 별로 없다. 중국인들은 고향에서 태어나 서당 공부를 하며 자라다가 나중에 대처에 나가 벼슬자리하거나 성공하여도 말년에는 다시 고향으로 돌아와 살며 고향 뒷동산에 묻히는 것을 가장 이상적인 삶으로 여겼다. 밖에 나가 죽는 것을 객사라 하여 불행한 죽음이라 여겨서, 죽을 때에는 항상 집이나 고향으로 돌아와(원형으로 회귀하여) 고향집 안방에서 죽고자 한다.

나그네 생활의 즐거움이나 호기심을 읊은 작품은 하나도 없고 고향을 떠난 나그네 생활이란 항상 고독하고 슬픈 것이라고 읊고 있다. 타향을 떠도는 나그네 생활의 고독과 슬픔을 읊은 유자시遊子詩는 부지기수이다. 한시에 개척시와 유람시 항해시 그리고 여행시가 없는 것은 나그네 생활(원형에서 떠난 생활)이란 항상 chaos(혼돈) 상태라는 관념을 가지고 있는 농경민족이기 때문이다. 한시에는 고향을 그리워하며 그 고향으로 돌아가고자(歸) 한 사향시思鄕詩 회향시回鄕詩가 부지기수로 지어졌다. 고향을 떠난다는 것은 포근한 모태를 벗어나는 것이라고 믿는다. 사향시 회향시 역시 나그네 생활에서 고향(원형)을 그리는(思) 시로, 이 시에는 어떤 사정으로 고향을 떠난 시인 자신이 다시 그 고향으로 돌아가고픈(歸) 심정을 읊고 있다. 이백의 <정야사靜夜思>를 읽어보자.

〈타향에서 밤에 달을 보면 더욱 고향이 그리워진다.〉

침상 앞에서 달빛을 보고,
이것이 지상의 서리인가 의심했네.
머리 들어 산의 달을 바라보고,
머리 숙여 고향을 그리워하는 도다.
牀前看月光　　　상전간월광
疑是[44]地上霜　　　의시지상상
擧頭望山月　　　거두망산월
抵頭思故鄕　　　저두사고향

이백은 타향에서 달을 쳐다보며 망향의 정에 사무치고 있다. 고향(원형)으로 돌아가고픈(歸) 것이다. 또 두보의 <절구絶句>란 사향시를 읽어 보자.

강물 푸르니 새 더욱 희고,
산 푸르니 꽃은 불타려고 하는구나.
금년 봄도 보는 사이 또 지나가는데,
어느 날이 돌아갈 해인가.
江[45]碧鳥逾白　　　강벽조유백
山靑花欲然　　　산청화욕연

---

44) 이것이 　인가 의심하다. 이백이 <望廬山瀑布>란 시에 "疑是銀河落九天"이란 구절도 있다.

45) 成都의 錦江을 뜻함.

今春看又過　　금춘간우과
何日是歸年　　하일시귀년

방랑길(去)에 있는 두보의 망향의 그리움이 짙게 배어있는 작품이다. 전반부에서는 대구를 이루며 봄 경치를 멋지게 그려내고 있다. 객지인 타향에서의 경치가 아름다우면 아름다울수록 고향 생각은 더욱 더해지기 마련이다. 그는 결구에서 언제 고향으로 돌아갈지(歸) 모르겠다고 읊으며 항상 고향으로 돌아가고픈(歸) 망향의 정에 사무쳐 있다. 이와 반대로 한시에서는 고향을 떠나 돌아다니는(去) 즐거움을 읊은 작품이나 개척시 행진시 여행시 부류는 아예 없다. 최호崔顥의 <황학루黃鶴樓[46]>를 읽어보자.

옛 선인 이미 황학 타고 가버리고
이 땅에는 그저 황학루黃鶴樓만 남아 있다.
황학은 한번 떠난 후로 다시 오지 아니하고
흰 구름만 천년토록 여전히 떠 있다.
맑은 날 강에는 한양漢陽의 나무들이 뚜렷하고
향기로운 풀들은 앵무주鸚鵡洲에 무성하다.
해는 저무는데 고향은 어디메뇨?
강 위의 안개가 사람을 시름겹게 한다.
昔人已乘黃鶴去　　석인이승황학거
此地空餘黃鶴樓　　차지공여황학루
黃鶴一去不復返　　황학일거부복반
白雲千載空悠悠[47]　　백운천재공유유
晴川歷歷漢陽[48]樹　　청천력력한양수
芳草萋萋鸚鵡洲[49]　　방초처처앵무주

---

46) 호북성 武昌에 있는 누각. 仙人 子安이 黃鶴을 타고 이곳을 지나갔기 때문에 黃鶴樓라고 한다는 설도 있고, 仙人 費文褘가 黃鶴을 타고 이곳에서 쉬어갔다고 해서 黃鶴樓라고 부른다는 설도 있다.

47) 久遠한 모양. 白雲이 오래도록 황학이 돌아오기를 기다리며 여전히 그 곳에 떠있다는 뜻임.

48) 武昌의 서북쪽에 있는 지명

49) 호북성 漢陽縣 서남쪽에 있는 장강 가운데 있는 섬

日暮鄕關[50]何處是　　일모향관하처시
烟波江上使人愁　　연파강상사인수

이 시는 천고千古의 절창絶唱으로 인구에 회자되고 있는 명시이다. 황학루에 올라 멀리 바라보며 마음속에 일어나는 고향에 대한 그리움(思)을 노래하고 있으며, 조구造句가 자연스럽고 기상이 웅대하다. 강 위의 안개 때문에 시름겨운 시인이 이에 고향으로 돌아가고픈(歸) 것이다.

〈강남을 유랑하며 황학루를 지나다가 고향을 그리고 있다.〉

왕지환王之渙(688 - 742)의 <등관작루登鸛雀樓[51]>를 읽어보자.

하얀 해는 산 너머 지고
누런 강물 바다로 흘러가는데
고향 길 천리나 굽어나 보려고
다시 한층 누각을 올라간다네.
白日依山盡　　백일의산진
黃河入海流　　황하입해류
欲窮千里目　　욕궁천리목
更上一層樓　　경상일층루

50) 고향
51) 唐代의 蒲州(지금의 산서성 永濟縣)에 있는 삼층 누각

멀리서나마 고향을 바라보려고 '다시 한층 누각을 올라간다네.'라고 한 것에서 시인 자신의 고향으로 돌아가고픈(歸) 심정이 애절하고 간결하게 표현되어 있다. 한시에 고향이나 님이 계신 곳을 멀리서나마 보기위해, 이처럼 누각이나 누대 혹은 산꼭대기에 올라가 자신의 감회를 읊은 작품이 많다. 유장경劉長卿의 <신년작新年作>이란 시를 읽어보자.

고향 그리는 마음 새해 되면 더욱 절실해져
하늘가에 홀로 눈물 흘린다.
늙도록 남의 밑에서 일하며
봄이 와도 고향에 가지 못했다.
고개의 원숭이와 아침 저녁을 함께 하고
강가의 버들과 풍연風烟을 함께 하였다.
이미 장사왕長沙王의 태부太傅와 같아져 버렸으니
지금부터 또 몇 년이나 걸릴까?

鄕心新歲切	향심신세절
天畔獨潸然[52]	천반독산연
老至居人下	노지거인하
春歸在客先[53]	춘귀재객선
嶺猿同旦暮	령원동단모
江柳共風煙	강류공풍연
已似長沙傅[54]	이사장사부
從今又幾年	종금우기년

이 시는 감회시로 시인이 귀양 가서 먼 타향에서 새해에 고향을 그리는 마음을 읊고 있다. 봄이 와도 고향에 가지 못하고 지금부터 몇 년 뒤에 귀양생활에서 풀려나 고향으로 돌아갈까(歸) 걱정하고 있다. 왕유王維(701 -

52) 눈물 흘리는 모양

53) 봄이 자신보다 먼저 고향 땅에 돌아갔다는 뜻

54) 자신의 신세를 漢代 賈誼에 비유한 것인데, 가의는 대신의 미움을 사서 참소를 당하고 長沙王의 太傅로 폄적되었다.

761)의 <잡시雜詩>를 읽어보자.

그대 고향에서 오셨으니
응당 고향 일을 아시겠구려.
떠나오시던 날 우리 집 창문 앞
매화나무 가지에 꽃망울이 맺혔던가요?

君自故鄕來	군자고향래
應知故鄕事	응지고향사
來日綺窓[55]前	래일기창전
寒梅著花[56]未	한매저화미

객지에서 만난 고향사람에게 고향의 자신 집 창문 앞에 있는 매화나무에 꽃망울 맺혔는가 하고 묻고 있다. 고향으로 돌아가고(歸) 싶은 것이다. 장적張籍(768 - 830)의 <추사秋思>를 읽어보자.

낙양성에 선뜩 가을바람 부는데
집으로 보낼 편지 쓰자니 생각이 꼬리를 무네.
새삼 서둘러 할 말 다 못했나 싶어
행인은 떠나려는데 다시 봉투를 뜯네.

洛陽城裏見秋風	낙양성리견추풍
欲作家書意萬重	욕작가서의만중
復恐匆匆說不盡	복공총총설부진
行人[57]臨發又開封	행인임발우개봉

객지에서 소슬한 가을바람 불 때를 당하여 고향으로 가는 인편이 있어 고향의 가족에게 소식을 전하려고 편지를 쓰는 사람의 심리를 곡신하게

55) 비단 창문

56) 꽃망울이 맺히다.

57) 편지를 가지고 고향으로 갈 사람

묘사하고 있다. "새삼 서둘러 할 말 다 못했나 싶어, 행인은 떠나려는데 다시 봉투를 뜯네."라고 하고 있다. 이 시인은 다시 고향으로 돌아가고(歸) 싶은 것이다. 잠참岑參(717 - 770)의 <구일사장안고원九日[58]思長安故園>이란 시를 읽어보자.

억지로 높은 곳에 오르려고 하지만
술을 보내오는 사람이 없구나.
가련하다 저 멀리 고향의 국화는
응당 싸움터 옆에 피어 있겠지.
強欲登高[59]去　　강욕등고거
無人送酒來　　무인송주래
遙憐故園菊　　요련고원국
應傍戰場開　　응방전장개

중양절 날 장안의 고원故園을 그리며 쓴 시로, 국화주 무르익는 고향으로 돌아가고픈(歸) 심정이 내용 속에 깊게 배어있다. 회향시 계열로 하지장賀知章(659 - 744)의 <회향우서回鄕偶書>란 작품 중 그 첫 수를 읽어보자.

어려서 집을 떠나 늙어서 돌아오니
고향 사투리는 변함없으나 귀밑머리 다 빠졌네.
아이들 나를 보고 알아보지 못하고
"손님은 어디서 오셨나요?"라고 웃으며 묻네.
少小離家老大回　　소소이가노대회
鄕音[60]無改鬢毛衰　　향음무개빈모쇠
兒童相見不相識　　아동상견불상식
笑問客從何處來　　소문객종하처래

58) 음력 9월 9일 重陽節
59) 중양절에 높은 곳에 올라 바람을 쐬는 풍습이 있었다.
60) 고향 사투리

오랫동안 외지에 살다가 고향에 돌아온 시인의 감회를 읊은 시이다. 고향에 돌아왔으나(歸) 너무 세월이 흘러 고향 아이들이 자신을 알아보지 못하는 감회를 담담하게 읊고 있다. 늙어서 고향에 돌아와(歸) 고향 아이들이 몰라봐도 고향 사투리는 변함없어 마냥 즐거운 정서가 짙게 깔려있다 하겠다.

〈어린이 중국어 중국고시에 하지장의 〈회향우서〉를 내용으로 하여 그린 그림〉

명나라 원개袁凱의 <경사득가서京師[61]得家書>를 읽어보자.

강물 삼천리 떨어진 곳
집에서 온 편지는 겨우 15 줄
행마다 별다른 말 없고
단지 고향으로 빨리 돌아오라는 말 뿐

江水三千里	강수삼천리
家書[62]十五行	가서십오행
行行無別語[63]	행행무별어
只道早還鄉	지도조환향

61) 서울. 여기서는 지금의 南京인 金陵을 가리킴

62) 집에서 온 편지

63) 다른 말

집에서 온 편지 속에 "단지 고향으로 빨리 돌아오라(歸)" 란 말만 적혀있다고 하며 시인은 고향으로 돌아가고(歸) 싶어 한다. 서구시에 고향을 그리워하고 돌아가고(歸) 싶다고 읊은 사향시思鄕詩 회향시回鄕詩 부류가 없는 것은 아니지만, 그 양은 한시의 그것에 비교가 되지 않을 정도로 적다. 한시에서 고향(땅)으로 돌아가고(歸) 싶다고 읊은 사향시 회향시가 이렇게 많은 것은 수천 년 동안 고향(땅)에서 농사를 지으며 평생을 살아온 농경민족이어서, 고향(땅)을 떠나 객지에서 나그네 생활한다는 것은 항상 chaos(불완전한) 상태라 여겼기 때문이라 생각된다.

3) 낯선 세계에 대한 두려움과 거부

농경민족은 자급자족만 할 수 있다면 더 많은 땅(공간)의 확보는 필요가 없다. 고로 농경민족 옛 중국인들은 공간 확장에는 근본적으로 관심이 없었다. 중국과 이민족과의 전쟁은 중국이 이민족 땅을 차지하기 위한 영토 전쟁이라기 보다는, 기본적으로 유목민족들인 주변 이민족들의 중국 침략에 대한 방어 성격이 강했고, 또한 이민족들이 천자의 나라로 중국을 불인정하는 것 및 조공을 하지 않는데 대한 보복성의 전쟁이 대부분이었다. 중국 주변의 이민족들이 중국을 천자의 나라로 인정하여 군신관계를 유지하고 조공을 한다면, 굳이 영토 확보를 위해 전쟁을 일으키지 않은 것이 화이華夷전쟁의 대부분이었다.

농경민족 중국인들은 주변 변방의 이민족지역(유목문화 지역: 초원 사막지역)은 사람들이 살 수 없는 지역이라고 여겼다. 북방과 서방의 호전적인 이민족들의 침략을 막기 위해 많은 장정들이 전쟁에 동원되었고 수자리를 지키기 위해 동원되기도 했다. 얼마나 많은 이런 침략이 농경민족 중국인들을 괴롭혔으면 7개 불가사이 중의 하나인 인류가 만든 최대의 인공구조물이라고 하는 만리장성을 쌓았겠는가. 변방지방에서의 고통과 외로움 쓸쓸함 그리고 고향으로 돌아가고 싶은 변새시가 그 얼마나 많이 지어졌는가를 보면 알 수 있다. 변방 초원에서의 말달리는 장쾌함이나 양떼들이 풀뜯는 목가적 풍경을 읊은 한시는 하나도 없다. 농경민족 중국인들은 정착한 농경지역인 중국(세계의 중심 되는 나라, 세계의 중앙에 있는 나라라는 뜻)을 벗어나고 싶시 않은 것이다.

세계의 중심이며 세계의 중앙에 있는 나라라는 중국이란 땅에서 벗어나지 않고 그 곳에서 지속적으로 살고 싶어 했던 농경민족 옛 중국인들은 그들이 사는 농경지역을 중화(세계의 중심에서 활짝 꽃피운 지역)라고 불렀고, 또한 천天이라는 절대신의 은택이 미치는 지역으로 천하라고 불러 그들 농경지역에 대한 무한한 자부심을 높여왔다. 중화사상과 천하사상은 땅에 대한 애착이 아주 많은 농경민족만이 가질 수 있는 사상인 것이다.

농경지역 중국을 벗어난 변방지역에서의 외로움 고달픔 쓸쓸함 등을 읊은 변새시를 한번 보자. 변새시邊塞詩는 행역으로 인해 변방으로 끌려가 다시 고향(원형)으로 돌아갈(歸) 수 없다는 비애감을, 변방의 황량한 자연 경물에 대비시켜 읊고 있다. 왕지환王之渙의 <양주사涼州詞[64]>를 읽어보자.

황하 아득히 흰 구름 사이로 흘러가는데
높고 험준한 산 위에 외로운 성 하나.
오랑캐 피리는 어쩌자고 <절양류> 곡만 불어대는가?
봄바람은 옥문관을 넘어오지도 못하는 것을.
黃河遠上白雲間　황하원상백운간
一片孤城[65]萬仞山　일편고성만인산
羌笛何須怨楊柳[66]　강저하수원양류

64) 樂府이 곡명. 涼州는 지금이 간수성 武威縣에 있는 지명인데, 《文苑英華》에는 이 자품이 <出塞>으로 되어 있음.

65) 옥문관을 뜻함.

66) 北朝의 악부. 鼓角橫吹曲 가운데 <折楊柳枝>가 있는데, 가사와 가락이 애절하여 이별

春風不渡玉門關[67]　　　춘풍부도옥문관

결구에서 봄바람은 옥문관玉門關을 넘어오지도 못한다고 하여, 황량한 변방 지방에서의 시인의 고독과 애수를 읊조리고 있다. 고향을 떠나(去) 변방 지방으로 행역을 가서 생활한다는 것은 항상 chaos(불완전한) 상태라는 것이 이 시에 짙게 깔려있다. 변새에서의 풍정風情을 읊은 유개柳開(946 - 999)의 <새상塞上>을 읽어보자.

화살촉이 소리 내어 울면서 곧장 천 자 높이로 올라가니
하늘 고요하고 바람도 없어 소리 더욱 날카롭네.
파란 눈의 오랑캐들 3백의 기병이
모두 말고삐 잡아당기며 구름을 바라보네.
鳴骹[68]直上一千尺　　　명교직상일천척
天靜無風聲更乾　　　천정무풍성갱건
碧眼胡兒三百騎　　　벽안호아삼백기
盡提[69]金勒[70]向雲看　　　진제금륵향운간

이 시는 변방지방의 쓸쓸한 풍정을 그려낸 명시로 알려져 있다. 한시에 변방 유목지역을 아름답게 그려낸 작품은 거의 없다. "푸른 초장 위에 말은 물마시고 흰 구름 떠가는 아름다운 이곳에서 나는 님과 함께 더불어 살고 지고."같은 시구는 한시에서 발견하기 어려운 것이다. 한시에는 초원에서 말달리는 장쾌함을 읊은 시나, 풀을 뜯는 양떼를 묘사한 목가적인 풍경을 읊은 시는 존재하지 않는다. 중국인 그들은 항상 세계의 중심에 있는 나라

곡으로 흔히 불렀음.

67) 감숙성 敦煌縣 서쪽에 있는 관문으로 서역으로 가는 요충지임.

68) 화살촉이 소리 내어 우는 것. 骹는 嚆 즉 화살촉

69) 모두가 잡아당기다.

70) 말의 금 재갈

로 여긴 농경문화 지역인 중국에서 살고 싶어 했고 또한 그 곳으로 돌아가고(歸) 싶어 했다. 변방 유목문화 지역이란 살 곳이 못 되는 쓸쓸하고 황량한 지역이라고 여긴 것이다. 그 곳을 벗어나 농경지역 중국으로 돌아가고픈(歸) 것이다. 또 다른 변새시로 왕창령의 <종군행從軍行>이란 시를 읽어보자. 한시에는 종군행이란 제명의 시가 굉장히 많다.

봉화성 서쪽 백 척의 누각,
황혼에 홀로 앉으니 청해호 바람 가을이로다.
게다가 오랑캐의 피리 소리 <관산월>을 불거니
만리 밖 고향집에 대한 상념을 어찌 할 수 없구나.

烽火城西百尺樓　　봉화성서백척루
黃昏獨坐海風秋　　황혼독좌해풍추
更吹羌笛關山月　　경취강적관산월
無那金閨萬里愁　　무나김규만리수

쓸쓸하고 황량한 변방지방에서 오랑캐가 부는 <관산월> 피리소리를 들으니 고향 생각이 절로 난다. 언제 이 전쟁 마치고 다시 고향으로 돌아갈(歸) 수 있을지 정말 아득한 것이다.

또 다른 변새시 계열로 이익李益(748 - 827)의 <야상수항성문적夜上受降城[71]聞笛>이란 시를 읽어보자.

〈황량한 변새지방의 풍경을 그린 그림〉

71) 당나라 때 이민족의 침입을 막기 위해 지금의 내몽고 지역에 中 東 西의 3성을 쌓았는데, 이 수항성은 어느 성을 가리키는지 불확실함.

회악봉回樂峯 앞 모래는 눈 같고,
수향성受降城 밖 달빛은 서리 같구나.
어디서 갈잎 피리 부는지 알지 못하는데,
하룻밤 원정 온 병사들 모두 고향 하늘 바라보네.

回樂峯[72]前沙似雪	회악봉전사사설
受降城外月如霜	수항성외월여상
不知何處吹蘆管[73]	부지하처취로관
一夜征人盡望鄕	일야정인진망향

서역의 초원지역에서 오랑캐와 전쟁하러온 병사들이 그 황량한 변방의 경치를 대하면서 모두 고향 하늘을 바라본다고 하여 항상 고향으로 돌아가고(歸) 싶어 하고 또한 그 고향을 그리워하고(思) 있는 심정을 잘 묘사하고 있다. 황량하고 쓸쓸한 변방지방의 경물에 비추어 자신의 서글픈 상황과 심정을 잘 읊조리고 있다.

여기에서 보듯이 중국인 그들은 고향(원형)을 떠나는(去) 것을 언제나 chaos(불완전) 상태에 빠지는 것이라고 생각하고 있으며, 그래서 그들은 나그네 생활에서 느끼는 애수나 비애감 그리고 변방에서의 고독과 쓸쓸함을

〈서역으로 나가는 관문인 황량한 옥문관의 모습. 지금은 거의 허물어져 형태만 남아있다.〉

72) 지금의 감숙성 靈武의 산봉우리를 말함.

73) 갈대 피리라는 뜻으로 고대 서역 악기인 蘆笛을 말함.

읊고 있다. 또한 그 chaos 상태에서 벗어나 고향(원형)으로 돌아가고자(歸) 하고 있다. 중심(원형)에서 벗어난다(나그네 생활이나 변방에서의 생활 같은 것)는 것은 언제나 chaos 상태라고 여기고 있는 것이다. 그래서 그들은 언제든지 그가 태어나고 살아온 고향(원형)으로 돌아가고(歸) 싶어 한다. 이는 한시가 그 얼마나 구심적인 성격을 강하게 가지는 가를 여실히 알 수 있게 해준다. 한시에 개척시나 여행시 행진시 항해시가 없는 근본적인 이유는, 농경민족 중국인들의 원형회귀적인(고향으로 돌아가고 싶은) 심성으로 말미암아 이런 거적去的인 시(개척시 여행시 행진시 항해시)를 읊지 못하게 한 것이 아닌가 한다.

5일에 한번 겨우 읍내 장터에 나가는 것이 고작이고 산 너머 남촌에는 누가 사는지도 모르고 살아왔던 농경민족, 그들은 고향(땅)을 떠나 천하를 떠도는 나그네 생활이란 항상 chaos(불완전한 상태)라고 여겨 나그네 생활에서 오는 슬픔 외로움 적막힘 등을 읊은 한시는 부지기수이다. 유자시遊子詩 객수시客愁詩가 바로 그것이다. 그러나 한시에는 서구시에서 흔히 보이는 여행시나 항해시 개척시, 그리고 미지의 세계에 대한 호기심을 읊은 시는 존재하지 않는다. 농경민족 중국인들은 고향(땅)을 떠난 낯선 세계에 대해 항상 두렵고 무서운 것이다. 그들은 항상 고향과 땅과 <더불어 하나> 되어 살고 싶지, 그 곳을 떠나 떠돌아다니고 싶지는 않은 것이다.

낯선 세계에서 떠돌아다니는 나그네 삶의 외로움 쓸쓸함 적막함을 읊은 유자시 객수시를 몇 수 들어본다. 유자시 객수시란 나그네 생활의 비애감을 읊조린 시로, 그 시 속에는 고향(原型)을 떠나서(去) 나그네 생활을 한다는 것은 항상 불완전한 상태라는 정서가 짙게 깔려있다. 그래서 그들은 나그네 생활(去)에서 느끼는 비애와 애수 외로움 등을 읊조리고 항상 고향에 돌아가고(歸) 싶다고 읊조린다. 이와 반대로 한시에서 나그네 생활을 긍성하여 그 생활에서 느낄 수도 있는 모험심이나 이국에 대한 향수 호기심 등등을 읊은 시는 없다. 또한 여행시나 항해시도 없다. 왕발王勃의 <촉중구일蜀中九日>을 읽어보자.

> 구월 구일에 망향대望鄕臺에 올라,
> 낯선 자리 낯선 지방에서 객을 보내는 술잔이로다.
> 사람의 정은 이미 남쪽에서의 고통을 싫어하는데,
> 큰 기러기는 어찌 북쪽 땅에서 왔는가?
> 九月九日望鄕臺[74] 구월구일망향대
> 他席他鄕送客杯 타석타향송객배
> 人情已厭南中[75]苦 인정이염남중고
> 鴻雁哪從北地來 홍안나종북지래

왕발이 패왕부수찬沛王府修撰 자리에서 물러난 뒤, 촉 지방을 떠돌아다니면서 읊은 시로, 전 결에 "나그네 생활은 고통스러운 것, 큰 기러기는 어찌 고향인 북쪽 땅을 떠나(去) 남쪽 촉 지방으로 왔는가?"라고 반문함으로써, 나그네 생활(去)이란 언제나 고통스러운 것이라고 암시하고 있다. 그는 촉 지방을 떠돌아다니는 나그네 생활을 청산하고 다시 북쪽의 고향으로 돌아가고픈(歸) 것이다. 또 다른 객수시로 맹호연孟浩然의 <숙건덕강宿建德江[76]>이란 시를 읽어보자.

> 안개 피어오르는 물가에 배를 대는데
> 해질 녘 나그네 시름 새롭구나.
> 들판 드넓어 하늘이 나무보다 낮고
> 강물 맑아 사람 가까이에 달이 와 있다.
> 移舟泊烟渚[77] 이주박연저
> 日暮客愁新 일모객수신

74) 梓州 玄武縣에 있는 누대 이름.

75) 이 시에서는 蜀 지방을 가리킴.

76) 新安江이 建德(지금의 절강성 顯名) 부근을 흐르는 곳을 말함.

77) 안개 자욱이 덮인 물가

野曠天低樹　　　야광천저수
江淸月近人　　　강청월근인

전편을 통해 시인의 고독감이 짙게 드러난다. 배에 몸을 싣고 일정한 목적 없이 떠돌아다니는(去) 나그네가 해 저물녘 노을이 덮여있는 강가에 배를 대자니 하루의 피로와 함께 객지에서의 여수旅愁가 밀려들고 있다. 항상 불완전한 상태로 인식되어진 이런 나그네 생활(去)을 청산하고 싶은 것이다.

〈나루터에 배를 대고 낯선 곳에서 하룻밤 묵는 나그네의 시름을 읊은 맹호연의 〈숙건덕강〉을 그린 그림〉

장계張繼(? - ?)의 <풍교야박楓橋夜泊>이란 시를 읽어보자.

달 지고 까마귀 우는데 하늘 가득 서리가 내리고
강가 단풍잎 고깃배 등불도 시름겨운 나그네 마주하네.
고산성姑蘇城 밖 한산사寒山寺
한밤중 종소리가 객선까지 들려오네.
月落烏啼霜滿天　　　월낙오제상만천
江楓漁火對愁眠　　　강풍어화대수면
姑蘇城外寒山寺[78]　　　고소성외한산사
夜半鐘聲到客船　　　야반종성도객선

---

78) 南朝 梁나라 때 楓橋鎭에 세워진 절로 원명은 '妙利普明塔院'인데 初唐 때 詩僧 寒山이 이 절에 거주했다 하여 한산사라 함.

날이 저물어 풍교楓橋에 배를 댄 나그네가 밤새 잠 못 이루며 보고 들은 바를 엮은 시로, 객선客船에서의 나그네의 시름을 읊고 있다. 그는 항상 이 시름겨운 나그네 생활(去) 청산하고 고향(원형)으로 돌아가고픈(歸) 것이다. 객수를 읊은 작품으로 왕만王灣의 <차북고산하次[79]北固山[80]下>를 읽어보자.

나그네 길 푸른 산 저 넘어
푸른 물 앞으로 배를 저어 나가네.
조수가 평평하고 양쪽으로 탁 트인 강 언덕
바람 맞아 올린 돛 부풀었네.
신 새벽 어둠 깨고 바다 위로 해 떠오르고
동지 섣달 강바람 속에 봄이 실려 오네.
고향에 보내는 편지 누구에게 부탁하랴
돌아가는 기러기는 낙양으로 날아가는데.

客路青山[81]外	객로청산외
行舟綠水前	행주녹수전
潮平兩岸闊	조평양안활
風正一帆懸	풍정일범현
海日生殘夜	해일생잔야
江春入舊年	강춘입구년
鄕書何處達	향서하처달
歸雁[82]洛陽邊	귀안낙양변

강남의 북고산北固山에 머물면서 그 객수를 읊은 작품으로, 왕만王灣은 이 시 속에서 고향으로 돌아가고(歸) 싶어하는 마음과 돌아갈 수 없다는 데에서 느끼는 객수를 담담히 읊고 있다. 결구에서 "고향에 보내는 편지 누

79) 하룻밤 머물다.

80) 지금의 강소성 鎭江市 북쪽, 長江 남쪽에 있는 산으로 3면이 강에 접해있고, 동쪽과 서쪽으로 金山과 焦山을 바라보고 있다.

81) 북고산을 가리킴.

82) 북쪽으로 돌아가는 기러기로, 또한 서신을 가리키니 雙關이 되었다.

구에게 부탁하랴, 기러기는 낙양으로 돌아가는데."라고 읊어, 기러기도 이 추운 동지 섣달에 고향 찾아 낙양으로 돌아가는데(歸) 자신은 고향으로 보낼 편지를 부탁할 사람조차도 없다고 하여, 이역에서 고향으로 돌아가고픈(歸) 나그네의 망향의 정을 잘 읊조리고 있다. 또 다른 유자시 계열로 유장경劉長卿(? - 754)의 <봉설숙부용산주인逢雪宿芙蓉山[83]主人>이란 시를 읽어보자.

해 지고 산길이 멀어
추운 날씨에 가난한 초가집에 투숙하였네.
사립문 밖 개 짖는 소리
바람 불고 눈 내리는 이 밤 누군가가 돌아오나 보다.

日暮蒼山遠	일모창산원
天寒白屋[84]貧	천한백옥빈
柴門聞犬吠	시문견견폐
風雪夜歸人	풍설야귀인

눈 오는 날 먼 길 산 속을 가다 해가 저물어 가난한 초가집에 투숙한 나그네의 감상을 읊은 시로, 한편의 눈 내리는 산간마을을 수채화로 보는 듯 정겹다. 나그네 생활(去)의 쓸쓸함을 읊고 있다.

〈화삼천華三川의 당인시의도唐人詩意圖에 그려진 유장경의 〈봉설숙부용산주인〉〉

83) 산동성 臨沂縣과 호남성 桂陽 그리고 寧鄕縣 능지에 각각 무용산이 있는데 이 시에서는 어느 것을 가리키는지 확실하지 않다.

84) 띠풀집으로 농촌의 소박한 집을 가리킴.

온정균溫庭筠의 <상산조행商山[85]早行>이란 나그네 길 떠나면서 고향을 그리며 읊은 시를 읽어보자.

새벽에 말방울 울리며 길 떠나는데
나그네 신세 마냥 그리운 고향.
닭 울음소리 객주 집 지붕 위에 달이 걸렸고
서리 내린 널빤지 다리 위에 발자국이 남는다.
산길에 솔 고갱이 잎 떨어지고
역참 담장에 탱자 꽃이 환하게 피었구나.
간밤 꿈에 본 내 고향 두릉杜陵.
연못 가득 물오리 기러기 떼 떠있던 것을.

晨起動征鐸　　신기동정탁
客行悲故鄉　　객행비고향
鷄聲茅店[86]月　　계성모점월
人迹板橋霜　　인적판교상
槲葉[87]落山路　　해엽낙산로
枳花[88]明驛墻　　지화명역장
因思杜陵[89]夢　　인사두릉몽
鳧雁[90]滿回塘　　부안만회당

시인이 장안을 떠나 남쪽으로 갈 때 상산商山을 지나면서 고향을 그리워하며(思) 읊은 시이다. 이른 봄 고향을 떠나(去) 남쪽으로 가는 길목인 상산의 객주 집에서 하룻밤을 묵고 다음날 새벽 여장을 갖추고 다시 길 떠날

85) 섬서성 商縣 동남쪽에 있는 산으로 楚山이라고도 함. 漢初에 東園公, 綺里季, 夏黃公, 用里先生 등의 4 사람이 이곳에 은거하여 수염과 눈썹이 희게 쉬어서 이들을 '商山四皓'라 불렀다 함.

86) 띠 지붕을 얹은 시골 객주집.

87) 잎이 크고 겨울에도 나뭇가지에 매달렸다가 이듬해 봄에 새싹이 돋을 때 비로소 지는 나무

88) 탱자나무 꽃. 봄에 흰 꽃이 진다.

89) 장안 동남쪽에 있는 漢 宣帝의 릉으로 시인의 고향이 이 근처임.

90) 물오리와 기러기

때의 정경을 묘사한 것으로, 거기에서 고향(杜陵)을 그리며 그 고향으로 돌아가고픈(歸) 감정이 잘 묘사되어 있다. 왕안석이 서울 개봉開封으로 올라갈 때 그 길목인 소흥의 갈계역葛溪驛에 하룻밤 묵으며 느끼는 객수를 읊은 작품인 <갈계역葛溪驛[91]>이란 시를 읽어보자.

조각달 어둑어둑 밤은 아직 깊은데,
등불 하나 깜박이며 가을 침상 비춘다.
병든 몸이라 찬바람과 이슬 벌써 느껴지고,
고향 가는 꿈속에서 산 높고 물 깊은 줄 몰랐다.
앉아서 가는 세월에 북받치는 마음 노래하고,
일어나 밖을 살피니 야색은 처량하다.
우는 매미 더욱 나그네 귀를 어지럽히며,
잎새 누릇누릇 성긴 오동나무를 껴안고 있다.

缺月昏昏漏未央[92]	결월혼혼누미앙
一燈明滅照秋床	일등명멸조추상
病身最覺風露早	병신최각풍노조
歸夢不知山水長	귀몽부지산수장
坐感歲時歌慷慨	좌감세시가강개
起看天地色凄涼	기간천지색처량
銘蟬更亂行人耳	명선갱란행인이
正[93]抱疎桐葉半黃	정포소동엽반황

왕안석은 30세인 황우皇祐 2년(1,050)에 벼슬을 찾아 고향 임천臨川을 떠나 소흥紹興과 항주杭州를 거쳐 당시 시울인 개봉開封으로 북상한다. 이 시는 소흥을 향할 때 그 길목인 갈계역에서 하룻밤을 묵으며 꿈에서 깨

91) 갈계는 지금의 강서성 肄陽縣 서쪽을 흐르는 개울 이름이고, 갈계역은 그 남쪽에 있는 역참 이름이다. 옛날의 역은 출장가거나 공문서를 전달하는 관인들에게 숙식을 제공하고 말을 교체해주던 곳이다.

92) 물시계 소리가 끝나지 않다. 아직 밤이 깊다는 뜻.

93) 동작이 진행됨을 표시하는 부사

어나 잠 못 이루는 쓸쓸한 감회를 읊은 것이다. 서울을 올라가도 벼슬을 구할 수 있을지 알 수 없는 답답한 상황에, 적적한 객사에서의 흐릿한 등불, 쌀쌀한 날씨, 처량한 야색夜色, 한밤에 우는 가을 매미, 반쯤 물들고 잎이 듬성듬성 붙어있는 오동나무 등의 쓸쓸하고 외로운 풍경을 마주하면서 나그네가 된 시인의 마음은 이에 저절로 처량해진다.

한시에서 가장 많이 보이는 시어 중의 하나가 바로 '객客'이다. 이 '객'은 항상 chaos(불완전한) 상태에 있는 것으로 묘사되어 있어, 이 '객'을 이향 타지에서 쓸쓸한 자연 경물과 대비시키고 어떤 때에는 화창한 봄날 풍경과 대비시켜 홀로(獨) 그리고 외로운(孤) 나그네의 슬픔(客愁)을 읊조리며, 또한 항상 고향으로 혹은 님에게로 혹은 친구에게로 돌아가고(歸) 싶은 심정을 읊조리고 있다. 이런 시들에는 객客, 객자客子, 고객孤客, 독獨, 고孤, 천말天末, 객수客愁, 비悲, 원怨, 원遠, 장長, 귀歸, 망望 같은 시어가 많이 등장하고 있다.

중국 시인 그들은 정치적 성공기에는 시를 별로 짓지 않고, 유배를 당했을 때나 조정에서 물러나 야인 생활을 하여 각처를 떠돌아다닐 때, 혹은 낙향하여 고향이나 자연에 은거할 때 많이 지었는데, 이처럼 시인 자신이 인정하든 하지 않든 그 자신의 위치가 chaos 상태에 빠져 있을 때 많이 짓는 것은, 항상 현실의 삶을 불완전한 상태로 인식하고 그 불완전한 상태에서 벗어나 원형으로 회귀(歸)하고자 하는 농경민족인 중국인들의 기본적인 심성 때문이 아닌가 한다.

18. 결론

필자는 원래 중국 고전문학을 연구하는 학자로서, 한시漢詩의 성격을 규명하는 작업을 시행한 적이 있었다. 그 연구를 통해 한시의 내용과 그 성격이 농경문화의 특징과 깊은 관련성을 가지고 있다는 것을 발견하게 되었다. 《중국철학과 농경문화》라는 이 저서는 그 연구를 바탕으로 중국철학의 내용과 그 성격을 농경문화적 관점에서 연구한 것이다. 인류가 만들어 낸 그 어떤 철학 사상과 문학 예술 그리고 문화도 그들이 산 지역의 지리 경제적 환경을 절대 벗어날 수 없다는 엄연한 사실에 직시하여, 중국철학을 농경문화와 관련하여 연구한 것이다.

중국은 기본적으로 입춘부터 대한까지 24절기를 주기로 수천 년 동안 농경일지적 삶을 살아온 정통 농경문화 지역이다. 중국의 주요 지역은 농경문화 지역이고 옛 중국인들 대부분이 농민이었던 것이다. 그들은 농자천하지대본야農者天下之大本也라고 하여 농업을 가장 중시 여기고 또한 농업을 하나의 성직으로 여겨왔었다. 이에 농사꾼의 사고가 어떻게 중국철학의 내용과 성격에 영향을 주어왔는가는 중국철학을 이해하는데 아주 중요하다고 생각한다.

필자가 본 연구를 진행하고자 하면서 그와 관련된 자료를 찾는 중에 놀라운 사실을 발견하게 되었다. 중국철학을 농경문화와 관련시켜 연구한 저서나 논문을 발견할 수 없었다는 것이다. 한국은 말할 것도 없고 중국철학 연구의 본산이라고 할 수 있는 중국이나 대만에서도 이와 관련된 연구가 전무하다는 놀라운 사실을 발견하게 되었다. 필자의 능력 부족으로 그와 관련된 연구 자료를 찾아내지 못했는지는 모르겠지만, 그러나 거의 그 방면에 대한 연구가 없었다는 것은 확실해 보인다. 중국이 기본적으로 농경문화 지역인데 어떻게 그들의 철학을 그 농경문화의 특징과 관련시켜 연구한 것이 없었는지는 이해가 되지 않는 면도 있었다. 고로 본 저서는 기존 연구의 어떤 도움도 거의 받지 못하고 필자의 생각과 상상력에 의존하여 적혀졌음을 다시 한 번 밝혀 둔다. 그러므로 당연히 내용이 세련되지 못하고 또한 논리의 비철저성도 있을 것이라고 생각된다. 그러나 처음으로 중국철학을 농경문화와 관련시켜 연구한 것으로 대가들의 넓은 양해가 있으시길 바라며, 대가들의 질정叱正에 대해서는 이후 두고두고 수정 보완해야 할 작업이라고 생각한다.

본 저서에서는 춘추전국시대 제자백가 중 묵가학파와 법가학파, 명가학파 등에 대한 논술은 거의 다루지 않았다. 이들 사상이 한때 춘추전국 시대 일시를 풍미한 적도 있었지만, 그 이후 중국철학의 주류를 이루지 못하고 한漢 이후 더 발전하지 못했다. 그 이유는 본질적으로 이들 철학이 농경문화의 특성을 가지고 있지 않아 후대에 더 발전하지 못한 것이 아닌가 필자는 생각한다. 이와 반대로 유가사상, 불교사상, 도가사상의 이른바 삼대三大 사상과 음양오행사상 주역사상 등은 모두 농경문화적인 특징을 가지고 있어 후대 지속적으로 농경민족 중국인들의 사고에게 영향을 주어왔다고 생각한다. 본 저서에서는 이들 사상을 중심으로 설명하고 있으며, 특히 도가사상과 음양오행사상은 더욱 농경문화의 특징을 잘 반영하고 있는 사상이다.

제2장 <농사꾼의 사고>에서는 농경민족의 일반적인 사고 형태를 설명하였다. 중국철학을 농경문화와 관련시켜 연구하기 위해서 반드시 거쳐야 하는 작업이다. 자연에의 순응 조화 찬미, 물아일체 혼연일체 천인합일, 보수적 사고, 인내심과 기다림, 중용적 사고, 조화(和)와 섞임의 사고, 순환 회귀적 사고, 원형회귀, 낯선 세계에 대한 두려움과 거부, 직관 중시, 내부지향적, 올바른 시간적 연장 중시, 안분자족 안빈낙도, 대가족제도의 발달 가족 위계질서와 인간관계 중시 협동정신 중시, 농경문화 사상으로서의 도가와 유가 등으로 농경문화의 특징을 필자의 생각과 상상력을 통해 필자 나

름대로 분류하여 정리한 것이다.

제3장 <<귀歸>의 철학>에서는 중국철학이 기본적으로 <귀>의 특징을 가지고 있다는 것을 설명하였다. 복고(歸)주의를 골간으로 하는 유가사상, 윤회(歸)사상을 골간으로 하는 불교, 무위자연 회귀(歸) 사상을 골간으로 하는 도가사상, 음과 양의 순환 회귀(歸)로 오행의 순환 회귀(歸)로 인생과 역사와 우주와 자연을 설명하고 있는 음양오행사상, 순환 회귀(歸)로 인생사의 길흉화복을 예언한 주역 64괘 사상은 모두 <귀>의 철학이라고 할 수 있는데, 이는 입춘부터 대한까지 24절기를 주기로 그 할아버지의 할아버지 또 그 할아버지의 할아버지 때부터 수천 년 동안 순환 회귀(歸)적인 농경일지적 삶을 살아온 정통 농경민족이었기 때문이라고 생각한다. 이를 더 잘 이해하기 위하여 메시아사상을 골간으로 하는 헤브라이즘과 젊음과 용기를 상징하는 태양의 신 아폴론사상을 골간으로 하는 헬레니즘사상과도 비교하여 설명하는 작업도 진행하였다. 서구 철학 사상의 뿌리라고 하는 이들 두 사상(헤브라이즘과 헬레니즘)은 모두 그들 사상이 발생한 지역의 지리적 환경과 깊은 관련이 있음을 설명하고, 이와 똑같은 이치로 중국철학이 이렇게 순환 회귀적인 특징을 가지는 것은 그것이 입춘부터 대한까지 그 농경일지에 맞추어 수천 년 동안 순환 회귀(歸)적인 삶을 살아온 농경문화 지역이었다는 데에 근본적인 이유가 있다라고 생각한다.

제4장 <우주 자연 인생과 역사의 유기적 순환관>에서는 도가의 변화와 순환관, 음양오행의 변화와 순환관, 주역 64괘의 변화와 순환관, 유기론적 순환의 우주 자연철학, 유기론적 순환의 역사철학 등으로 나누어 설명하였는데, 24절기를 주기로 철저하게 순환 회귀(歸)적인 삶을 살아온 그들 농경민족 중국인들은 외부 세계를 이해하는데도 보는 것이 유기적으로 변화 순환한다고 보고 있음을 설명하였다. 자연이 24절기를 주기로 끊임없이 변화 순환하듯이, 우리네 인생과 역사와 우주와 자연이 모두 유기론적으로 변화 순환한다고 보고 있는 것이다.

제5장 <기氣철학>에서는 중국철학에서 기철학의 중요성을 설명하고, 중국철학이 왜 이렇게 기를 중시하는가를 이야기하였다. 옛 중국인들은 봄 새벽에 들판에 나가 혹은 호숫가에 나가 피워 오르는 아지랑이나 물안개를 보고 기의 존재를 이해했을 지도 모른다는 생각도 든다. 모든 만물이 기로 이루어졌다는 이 기철학은 중국인들의 일상생활과 과학적 사유에 깊은 영향을 주어 왔었다. 본 장에서는 이理철학과 더불어 기철학이 많이 발달한 송명宋明 기철학에 대해 설명하고, 또한 중국인들의 일상생활에 많은 영향을 준 한의학의 기의학, 태극권 기공체조의 기, 내단內丹의 기 등에 대해서도 설명했다.

제6장 <상대주의 철학관>에서는 중국인들이 모든 것을 상대적으로 이해한다는 것을 설명하고, 이는 농경문화와 깊은 관련성이 있다 라고 생각한다. 따뜻한 봄은 서늘한 가을이 있기 때문이 따뜻한 것이고, 더운 여름은 추운 겨울이 있기 때문에 더운 것이다. 따뜻하다 덥다 서늘하다 춥다는 것은 모두 상대적인 것이다. 우리네 인생도 좋을 때가 있으면 나쁠 때가 있고, 나쁠 때가 있으면 좋은 때가 있다. 복福 속에 화禍가 숨어 있는 것이요, 화 속에 복이 숨어 있는 것이다. 따뜻한 봄이 있다고 마냥 따뜻한 것이 아니고 언젠가는 서늘한 가을이 오며, 추운 겨울이 있다고 마냥 추운 것이 아니고 언젠가는 더운 여름이 오는 것처럼. 모든 것은 상대적인 것이다. 본 장은 도가의 상대주의 철학관, 음양오행의 상대주의 철학관, 중국인의 상대주의 인생관, 중국인의 상대주의 역사관, 안분자족과 겸양의 인생관 등으로 이루어져 있는데, 중국철학이 그 얼마나 상대주의를 중시하는 철학인가를 설명하고, 이는 근본적으로 계절의 변화 순환에 철저하게 적응하며 살아와 모든 것을 상대적으로 이해한 농경민족의 특징이 반영된 것이라고 본다.

제7장 <도가의 무위자연 자연주의사상>에서는 무위자연 자연주의사상의 도가사상이 자연을 너무 중시하고 그 자연의 일부가 되어 그 자연과 철저하게 <더불어 하나>되어 살고자 한 농경문화의 특징을 너무나 잘 반영

한 사상이라는 것이다. 도가사상은 농경문화적인 사상이며, 중국 농경문화의 특징을 너무나 잘 반영하고 있는 사상이다. 필자는 관계로 나가 벼슬하고자 하는 귀족 사대부들에게는 유가사상이 영향을 주어왔는지는 몰라도 대부분 농민들에게는 실은 이 도가사상이 더 깊은 영향을 주어왔다고 생각한다. 본 장은 자연의 순환 질서에 철저히 일치되는 삶 중시, 자연의 일부분으로 자연과 합일되는 삶 중시, 자연 질박質朴 고졸古拙과 평남의 삶 중시, 자연에의 순응 조화 찬미, 탈속 은둔문화, 물 여성 영아철학으로서의 도가로 나누어 설명하며, 도가사상이 그 얼마나 농경문화의 특징을 잘 반영하고 있는가를 설명하였다.

제8장 <천인합일天人合一사상(자연(天)과 <더불어 하나>되는 삶)>에서는 자연(흙)과 <더불어 하나>되어 철저하게 그 자연의 일부로 살아왔던 정통 농경민족 중국인들이 그 얼마나 천인합일적인 사고를 하고 있는가를 설명하였다. 여기에서의 천天이란 자연의 법칙 혹은 올바른 계절적 순환이라는 의미로 해석할 수 있다. 농경민족 중국인 그들은 철저하게 자연의 법칙에 따라 입춘부터 대한까지의 올바른 계절적 순환에 맞추어 삶을 살아온 것이다. 본 장은 자연(흙)과 <더불어 하나>된 농경일지적 삶과 월령月令, 유가의 천인합일 사상, 도가의 천인합일 사상을 설명하고, 또한 천본주의天本主義의 의미, 천하 천자 천명사상, 수명론受命論과 재이설災異說, 한의학의 기본 원리와 수지침手指針 족침足針 이침耳針, 신의神意 획득자(예언가)의 횡행, 의사천문학과 의사지리학의 발달 등도 함께 설명했다

제9장 <자연과 합일된 삶을 산 농경민족의 물아일체론物我一體論과 심신일원론心身一元論>에서는 자연(흙)과 <더불어 하나>되어 일치된 삶을 중시한 농경민족 중국인들은 외물과 나를 구분하지 않고 또한 심心과 신身이 하나라는 사고방식을 하여 왔는데, 그런 사고방식이 중국철학에 어떻게 투영되어 녹아있는가를 설명하였다. 이는 자연과 외부세계와 투쟁하며 살아온 서구인들이 인류역사를 아我와 피아彼我의 대립과 투쟁사로

본 것과는 판연히 다른 것이다. 침략하고 빼어온 유목민족과 달리 자급자족하며 자연과 <더불어 하나>되어 살아온 농경민족은 외부세계를 적대시하지 않는다.

제10장 <농경사회 공동체의 대동大同 철학>에서는 온 일가친척이 한 곳에 모여 집성촌을 이루며 상부상조하며 협동적으로 삶을 살아온 농경민족 중국인들은 공동체 대동의 삶을 중시하였다. 이런 공동체 대동의 삶 추구는 중국철학에 그대로 표현되어 있는데, 본 장에서는 중국인이 그리는 소박한 원시농경 대동사회, 공자의 대동철학, 강유위 담사동의 대동철학, 시진핑의 대동 소강사회 추구로 나누어 설명하였다. 중국인들은 고향에서 온 일가친척들이 함께 모여 자연(흙)과 <더불어 하나>되어 농사를 지으며 자급자족하는 소박한 원시농경의 대동 삶을 가장 이상적인 삶으로 여겨온 것이다.

제11장 <중용과 '화和'의 철학(비陰와 햇볕陽의 조화를 중시하는 과불급過不及하지 않는 철학)>에서는 중국철학이 왜 중용을 중시하는 가를 설명하였다. 비는 그 절기에 맞게 적당하게(중용) 내려야 한다. 너무 많이 내리면 홍수가 나고 너무 적게 내리면 곡식이 자라지 않는다. 햇볕도 그 절기에 맞게 적당하게(중용) 쬐어야 한다. 너무 많이 쬐면 곡식이 타들어가고 너무 적게 쬐면 곡식이 여물지 않는다. 이런 농경 삶을 수천 년 동안 살아왔기 때문에 농경민족 중국인들은 적은 것(不及)도 나쁘지만 많은 것(過)도 결코 좋지 않다는 사고를 하게 된 것이 아닌가 한다. 본 장은 '중中', '정正', '화和'를 중시하는 중용철학, 절제와 겸허의 미덕, 섞임(和)과 조화의 문화(和而不同), 섞임(和)과 조화의 중국 음식철학 등으로 나누어 중국철학과 문화가 그 얼마나 조화와 절제 중용을 중시하는가를 설명하였다.

제12장 <내부지향적 정심淨心에의 추구 발달>에서는 농경민족은 그 모든 원인을 자기 자신에게서 찾는다. 비가 오지 않아 혹은 햇볕이 쬐지 않아 흉년이 들어도 그것이 모두 자신이 덕이 없어서 혹은 자신이 뭔가를 잘못

한 것이 있어서 하늘이 노해 비를 내려주지 않고 햇볕을 쬐어주지 않아서 그렇게 된 것이라고 생각한다. 그래서 농경민족 중국인들은 항상 자기 자신을 살피고 성찰하는 내성內省을 중시하게 된 것이라 생각한다. 이것이 극도로 마음의 정결성을 추구하는 정심淨心에의 추구 발달을 가져온 것이 아닌가 한다. 중국은 서구보다 우주와 합일하여 득도得道하는 경지에 이를 정도의 마음의 정결성을 추구하여 왔다. 물질문명에 찌들은 서구인들이 중국철학 사상에 관심을 가지는 것은 극도로 발달한 정심에의 추구에 매료되었기 때문이라 생각한다. 본 장은 참선을 위주로 하는 선불교, 도가사상, 수련도교, 내단內丹을 중시하는 단학, 인격도야 심신수련 정신수양을 중시하는 성리학, 탈속 은둔의 정결성 추구, 태극권 다도 서예 등으로 나누어 중국철학과 문화가 그 얼마나 마음의 정결성을 추구하는 가를 설명했다.

第13장 <마음(心) 중시의 중국철학(心學)>에서는 모든 것의 원인을 외부에서 찾지 않고 자기 자신에게서 찾는 농경민족 중국인들은 자신의 마음(心)을 아주 중시하여 그것이 어떻게 철학에 반영되어 있는가를 설명하였다. 특히 명대 대학자 왕양명과 그 이후의 중국 심학心學을 설명하였는데, 지금도 중국에서 마음공부를 중시하는 사람이 적지 않다.

제14장 <비움의 철학>에서는 모든 것의 원인을 자기 자신에게서 구하는 농경민족 중국인들은 자신의 생각과 편견 아집 등등을 모두 버리고 항상 자기 자신을 비우려는 사고를 해왔다. 중국인들은 무無의 철학을 중시하고 虛철학을 중시하며 공空의 철학을 중시했으며, 또한 예술에 있어서도 여백의 미학을 중시하여 왔다.

제15장 <도덕 윤리 실천철학>에서는 집단으로 대가족을 이루며 삶을 살아온 농경민족 중국인들은 항상 사람과 사람과의 인간관계를 중시하여 왔다. 임금과 신하와 관계는 어떠해야 하고, 아버지와 아들과의 관계는 어떠해야 하며, 남편과 아내와의 관계는 어떠해야 하고, 어르신과 젊은이와

의 관계는 어떠해야 하며, 친구 사이는 어떠해야 하는 가를 중시하여 온 것이다. 많은 사람들이 집성촌을 이루며 부대끼며 살아온 농경민족 중국인들은 사람과 사람과의 인간관계 즉 인륜도덕을 중시하는 문화를 만들어 낸 것이다. 또한 사람의 인성이 어떠한가를 다루는 인성론 역시 발달하게 된다. 한 사람의 목자가 양과 말을 몰며 떠돌아다니거나 또는 소수의 가족만이 모여 떠돌아다니며 살아온 유목민족에서는 사람과 사람과의 인간관계를 중시하는 인륜도덕이 그리 발달할 필요가 없었던 것과는 대비가 된다고 하겠다. 본 장은 유가적 도덕 윤리 실천철학과 인성론, 도가에서의 도와 덕, 집단 농경생활 공동체의 도덕 윤리 실천철학, 집단 농경생활 공동체의 협동철학, 개인보다 집단으로 자리매김하는 농경 삶으로 나누어 설명하였다.

제16장 <직관에 의존한 비과학적 거시 형이상학 철학>에서는 농경민족은 유목민족 상업민족과 달리 그들이 작물의 수확량을 정확하게 계산할 수 없고 대략 눈짐작으로 측정할 수밖에 없었다. 올해는 풍년이 들었으니 쌀 10가마가 나겠고 또 올해는 농사를 망쳤으니 6가마 반이 나겠다고 눈짐작으로 어림잡아 계산하여 온 것이다. 이런 삶을 그 할아버지의 할아버지 때부터 수천 년 동안 살아온 농경민족 중국인들은 정확하게 과학적으로 사고를 하지 못하고 자신의 직관이나 직감에 의존하여 계산할 수밖에 없게 만들었다. 그러나 유목민족들은 자신이 소유한 가축의 수를 정확히 헤아린다. 숫양 57마리 암양 45마리 새끼양 6마리 말 12마리처럼 자신이 소유한 가축을 정확히 헤아리지만, 농경민족은 자신의 수확량을 대략 눈짐작으로 헤아려 이에 중국인들은 본래적으로 직관과 직감에 의존하여 사유하는 것이 발달한 것이다. 이것이 중국철학에 인식론과 논리학이 발달하게 하지 못하고, 비과학적 거시 형이상학으로 발전하게 만들었으며, 비평에 있어서도 과학적 분석비평을 하지 못하고 자신의 느낌과 직감에 의존하여 비평하는 인상비평을 하게 만든 근본 요인이 아닌가 한다. 천天 이理 기氣

성性 명命 태극太極 원元 일一 무無 공空 허虛처럼 중국철학 용어가 대단히 모호하고 형이상학적인 것은 인식론과 논리학이 발달하지 못하고 과학적인 계산을 명확하게 하지 못한 농경문화 때문이 아닌가 한다.

중국철학과 서양철학을 비교해보면, 우주론 본체론 분야에 있어서는 비슷하게 발달했다. 그러나 인식론 분야에 있어서는 서양철학이 더 많이 발달했다고 할 수 있다. 그 중에서도 논리학, 언어철학, 과학철학 분야에 있어서 더욱 서양철학의 이론이 발전하였다고 할 수 있다. 중국철학이 이 분야에 있어서 별로 발전하지 못했는데, 이는 비과학적 비논리적 삶을 산 농경민족이었다는데 그 근본원인이 있는 것이 아닌가 생각한다. 중국철학자들이 흔히 말하는 것처럼 서양철학에 있어서 철학자들이 '도를 깨쳤다.'라고 말하는 경우는 아예 없다. 중국철학이 서양철학 비해 신비주의적인 색채가 강한데, 이는 자신의 직감과 직관을 중시하고 비과학적 비논리적인 농경문화가 만들어낸 현상이라고 생각한다. 그러나 중국철학은 자기자신을 살피고 자기자신의 마음을 들여다보며 도덕성을 중시하는 심성론 내지는 가치론 분야에서는 커다란 장점이 있다고 하겠다. 풍우란은 옛 중국인들이 한 중국철학의 목적은 단 한마디로 '정신을 드높이는 것'(elevation of the mind)으로 이해했는데, 이도 중국철학에서 인격도야 정신수양 같은 심성론 가치론을 얼마나 중시했는가를 잘 나타내주고 있다고 하겠다. "우주적인 뜻을 세우고, 민생을 위한 사명을 수립하며, 과거 성왕의 학문을 계승하고, 만세의 태평성세를 건설하는 것"(爲天地立心, 爲生民立命, 爲往聖繼絶學, 爲萬世開太平)이 과거 혼란스러운 시기 중국 선각자 지식인 관리들의 학문을 하는 자세였다.

제17장 〈원형으로 회귀하고자 한 농경민족 -한시를 중심으로-〉에서는 농경민족 중국인들이 항상 자연으로 돌아가고(歸) 싶어 하고, 고향으로 돌아가고(歸) 싶어 하며, 낯선 곳 낯선 세계에 대한 두려움과 거부를 가지고 있다고 설명했다. 선너머 남촌에는 누가 사는 지도 모르고 살아왔던 농경

민족, 5일에 한번 읍네 장터 가는 것이 고작인 농경민족, 그들은 항상 고향에서 자연과 <더불어 하나>되어 사는 삶을 가장 이상적인 삶으로 여겨왔다. 본 장에서는 한시를 예로 들어 <자연으로 돌아가(歸) 그 자연과 <더불어 하나>되고자 한 농경민족>에서는 자연시 산수시 전원시 한적시 산중우거시 은둔시가 그 얼마나 많이 지어왔던가를 설명하였다. 서구시는 청춘남녀 간의 사랑을 다룬 순진무구하고 청순발랄한 연애시가 주류를 이루었지만, 자연을 너무나 사랑하고 그 자연과 <더불어 하나>되어 살고 싶어 한 농경민족 중국인들은 이와 반대로 자연을 찬양하고 읊조린 자연시 산수시 전원시 부류가 주류를 이루는 것이다. 또한 <고향으로 돌아가고자(歸) 한 농경민족>에서는 고향을 그리고 그 고향으로 돌아가고자 한 사향시思鄕詩 회향시回鄕詩가 그 얼마나 많이 지어졌는가를 설명하였다. 한시처럼 고향을 그리워하고 그 고향으로 돌아가고 싶다고 읊은 시가 이렇게 많이 지어진 경우도 그 유래를 찾아보기 힘들다. 농경민족 중국인들은 항상 고향에서 태어나 대처에 나가 성공하더라도 말년에는 자신의 고향으로 돌아와 고향 뒷산에 묻히는 것을 가장 이상적인 삶으로 여겨왔었다. <낯선 세계에 대한 두려움과 거부>에서는 한시에 변방생활의 고통과 외로움을 읊은 변새시가 얼마나 많이 지어졌으며, 또한 고향을 떠난 낯선 지역에서의 나그네 삶의 고독과 쓸쓸함을 읊은 유자시 객수시가 그 얼마나 많이 지어졌는가를 설명하였다. 한시에는 낯선 세계에 대한 호기심을 읊은 시는 존재하지 않으며, 여행시 개척시 항해시 같은 것도 존재하지 않는다. 또한 초원에서 말달리는 장쾌함이나 초원 양떼의 목가적인 풍경을 읊은 시는 아예 존재하지 않는다. 농경문화 지역에서 살고싶지 그 곳을 벗어난 초원지역은 낯선 곳이라고 여긴 것이다.

<부록> 제1장 <24절기를 주기로 한 정통 농경민족의 순환 회귀적(歸) 농경일지 삶>에서는 입춘부터 대한까지 24절기의 농경일지 삶을 차례로 기술하였다.

제2장 <<귀歸>의 문학으로서의 한시漢詩>에서는 한시가 기본적으로 <귀>의 문학이라고 주장하며, 그것은 입춘부터 대한까지 24절기를 주기로 그 농경일지에 맞추어 순환 회귀적 삶을 살아온 농경민족이었기 때문이라고 설명하였다. 물은 시냇물 강물 바닷물 증발하여 구름이 되었다가 다시 비로 내려 시냇물 강물 바닷물로 자연의 대 순환계를 따라 끊임없이 순환 회귀(歸)하고, 달은 한 달을 주기로 찻다 기울어졌다 찻다 기울어졌다 하며 순환 회귀(歸)하며, 자연은 입춘부터 대한까지 24절기를 주기로 순환 회귀(歸)하고, 여자는 한 달에 한 번씩 생리를 하여 생체리듬 즉 바이오리듬이 한 달을 주기로 순환 회귀(歸)한다. 물 달 자연 여자는 회귀적 관념의 표상인데 한시에 이들 소재가 얼마나 많이 등장하는 가를 증명하고자 했다. 또한 한시에는 <더불어 하나>(主客一體)의 특징이 강한데, 이는 흙과 <더불어 하나>되어 살아온 정통 농경민족이기 때문이라고 했으며, 한시에 술이 시의 소재로 이렇게 많이 등장하는 것은 항상 현실 삶을 속세라 매도해 왔던 중국인들이 그 현실 삶을 벗어나 원형으로 회귀(歸)하고자 함에 현실 삶의 고통을 잊게해 주는 망우물忘憂物인 술이 이렇게 많이 등장하는 것이 아닌가 한다.

필자는 본 저서에서 철저하게 중국철학을 농경문화와 관련시켜 해석(comprehesion)하고자 했다. 처음 시도하는 것이라 논리의 비철저성과 많은 문제점이 있을 것이라는 것을 너무나 잘 알고 있다. 후일 두고두고 수정 보완해야 할 작업이라고 여기고 있다. 대가들의 많은 지적을 바란다. 내용의 거침과 세련되지 못함이 있음을 잘 앎에도 불구하고, 대가들이 농경문화의 관점에서 중국철학을 다시 해석볼 필요가 있다는 점만을 동의해 주신다면, 본 저서를 쓴 목표를 이미 이루었다고 필자는 생각한다. 또한 본 저서는 중국철학만을 다루는 것이 아니라, 옛 중국인들의 삶과 사고에 영향을 주어온 문학(한시)이나 문화(음식문화, 태극권, 다도, 서예, 단학 등등)도 함께 다루어 약간 난잡한 점이 없지 않다라고 생각되어지며, 정통 중국철학을 연구하는 분들에게는 학술적 가치가 떨어져 보이기도 할 것이라 여겨지기도 한다. 철학연구는 철학자만이 할 수 있는 고상한 영역 분야는 아니라고 생각한다. 고대 중국인들의 사고와 철학을 이해하고 싶어 하는 모든 분들이 연구할 수 있으며, 이 때문에 중국 고전문학을 공부한 필자 역시 대담하게 이 분야 연구에 발을 디밀게 되었다.

부록

1. 24절기를 주기로 한 정통 농경민족의 순환 회귀(歸)적 농경일지 삶

1) 입춘立春

양력 2월 4일경이며 태양의 황경이 315도에 와 있을 때인데 봄으로 접어드는 절기이다. 음력으로는 정월의 절기로 동양에서는 이 날부터 봄이라고 본다. 입춘 전날을 절분節分이라고 하는데, 이것은 1년의 마지막이라는 뜻으로 이날 밤을 해넘이라고도 부르며 볶은 콩이나 팥을 방이나 문에 뿌려서 악귀를 쫓고 새해를 맞는다. 입춘은 새해를 상징하는 절기로서 이날 여러 가지 민속적인 행사가 벌어진다. 그 중 하나가 입춘첩立春帖을 써 붙이는 일이다. 이것을 춘축春祝 입춘축立春祝 혹은 춘련春聯이라고 하며, 각 가정에서 대문기둥이나 대들보 천장 등에 좋은 뜻의 글귀를 써서 붙이는 것을 말한다. 글씨를 쓸 줄 아는 사람은 손수 입춘축을 쓰거니와, 쓸 줄 모르는 사람은 남에게 부탁해서 써 붙이기도 한다. 다만 상중에 있는 집에서는 입춘축을 붙이지 않는다. 한편 궁중에서는 설날에 내전 기둥과 난간에다 문신들이 지은 연상시 중에서 좋은 것을 뽑아 써 붙였는데, 이것을 춘첩자春帖子라고 불렀다. 사대부집에서는 흔히 입춘첩을 새로 지어 붙이거나 옛날 사람들의 아름다운 글귀를 따다가 쓴다. 입춘일은 농사의 기준이 되는 24절기의 첫 번째 절기이기 때문에 보리뿌리를 뽑아보고 농사의 풍흉을 가려보는 농사 점을 친다. 또 오곡의 씨앗을 솥에 넣고 볶아서 맨 먼저 솥 밖으로 튀어나오는 곡식이 그 해 풍작이

〈입춘 때 대문에 붙인 입춘첩立春帖〉

된다고 하는 풍습이 있다. 가장 널리 쓰이는 춘련春聯은 '입춘대길立春大吉', '건양다경建陽多慶', '국태민안國泰民安' 등과 같은 것들이다.

2) 우수雨水

입춘과 경칩 사이에 있으며, 입춘 15일 후인 양력 2월 19일 또는 20일 정도가 된다. 흔히 양력 3월에 꽃샘추위라 하여 매서운 추위가 잠시 기승을 부리지만, 이맘때가 되면 날씨가 많이 풀리고 봄기운이 돋고 초목이 싹튼다. 태양의 황경이 330도에 올 때 우수입기일雨水入氣日이 되는데, 음력으로는 정월 중기쯤 된다. 옛 중국인들은 우수입기일 이후 15일 동안의 기간을 삼후三候라고 하여 5일간씩 세분하여 그 특징을 나타내고 있다. 즉 첫 5일간은 수달이 물고기를 잡아다 늘어놓고, 다음 5일간은 기러기가 북쪽으로 날아가며, 마지막 5일간은 초목에 싹이 튼다고 하였다. 우수 무렵이 되면 수달은 그동안 얼었던 강이 풀림과 동시에 물 위로 올라오는 물고기를 잡아 먹이를 마련한다. 원래 추운 지방의 새인 기러기는 봄기운을 피하여 다시 추운 북쪽으로 날아간다. 그렇게 되면 봄은 어느새 완연하여 마지막 5일간 즉 말후末候에는 풀과 나무가 싹이 튼다.

3) 경칩驚蟄

우수와 춘분 사이에 들어 있으며, 태양의 황경黃經이 345도에 해당될 때이다. 음력으로는 2월경 양력으로는 3월 5일경이 된다. 경칩은 글자 그대로 땅 속에 들어가서 동면을 하던 동물들이 깨어나서 꿈틀거리기 시작하는 무렵이다. 개구리들은 번식기인 봄을 맞아 물이 괸 곳에 알을 까놓는데, 그 알을 먹으면 허리 아픈데 좋을 뿐 아니라 몸을 보補한다고 해서 경칩에 개구리 알을 먹는 풍속이 전해오고 있다. 지방에 따라서는 도롱뇽 알을 건져 먹기도 한다. 또 경칩에는 흙일을 하면 1년 내내 탈이 없다고 해서 흙으로 벽을 바르거나 담을 쌓기도 한다.

4) 춘분春分

태양의 중심이 춘분점春分點 위에 왔을 때이며, 음력 2월 양력 3월 21일경이다. 태양은 적도 위를 똑바로 비추고 지구상에서는 낮과 밤의 길이가 같다. 춘분점은 태양이 남쪽에서 북쪽을 향하여 적도를 통과하는 점이다. 춘분을 전후하여 철 이른 화초는 파종을 한다. 그리고 아울러 화단의 흙을 일구고 씨를 뿌릴 준비를 한다. 춘분에 즈음하여 농가에서는 농사 준비에 바쁘다. 특히 농사의 시작인 초경初耕을 엄숙하게 행하여야만 한 해 동안 걱정 없이 풍족하게 지낼 수 있다고 믿었다. 또 음력 2월중에는 바람이 많이 분다. "2월 바람에 김치독이 깨진다.", "꽃샘에 설늙은이 얼어 죽는다."라는 속담이 있듯이, 2월 바람은 동짓달 바람처럼 매섭고 차다. 이는 풍신風神이 샘이 나서 꽃을 피우지 못하게 바람을 불게 하기 때문이라 하는데, 그래서 이를 '꽃샘추위'라고 부른다.

5) 청명淸明

음력 3월 양력 4월 5일경으로, 태양의 황경이 15도에 있을 때이다. 이 날은 한식의 하루 전날이거나 때로는 한식과 같은 날이 된다. 대부분의 농가에서는 청명을 기하여서 봄 일을 시작하므로 이 날에 특별한 의미를 부여하였다. 농사력으로는 청명 무렵에 논 밭둑의 손질을 하는 가래질을 시작하는데, 이것은 특히 논농사의 준비 작업이 된다. 다음 절기인 곡우 무렵에는 못자리판도 만들어야하기 때문에 농사를 많이 짓는 경우에는 일꾼을 구하기가 어려워서, 청명과 곡우 무렵이면 서둘러 일꾼을 구하기도 하였다.《동국세시기東國歲時記》 청명조에 "대궐에서 느릅나무와 버드나무에 불을 일으켜 각 관청에 나누어 주었는데, 이것은 중국의 주나라 이래 당나라 송나라에서도 행하여지던 예로부터 있던 제도이다."라고 하였다.《열양세시기》에서는 이와 같이 불을 나누어 주는 일을 한식조에만 기록하고 있고, 청명조에서 이에 대한 언급이 없다. 불은 한식과 밀접한 관계를 가지고 있으니 한식조에 기록하고 있는 것이다.

6) 곡우穀雨

태양의 황경이 30도에 해당할 때이다. 음력 3월 양력 4월 20일경이 되며, 이때부터 본격적인 농경이 시작된다. 곡우 때쯤이면 봄비가 잘 내리고 백곡이 윤택해진다. 그래서 "곡우에 가물면 땅이 석자가 마른다."고 하여 그 해 농사를 망친다는 말이 있다. 옛날에는 곡우 무렵이면 농가에서는 못자리를 만들기 위해 볍씨를 담갔는데, 이 때 볍씨를 담가두었던 가마니는 솔가지로 덮어두며, 밖에서 부정한 일을 당했거나 부정한 것을 본 사람은 집 앞에 와서 불을 놓아 악귀를 몰아낸 다음에 집안에 들어오고 또한 들어와서도 볍씨를 보지 않는다고 했다. 만일 부정한 사람이 볍씨를 보게 되면 싹이 잘 트지 않고 농사를 망치게 된다는 속신俗信이 있다. 곡우 무렵은 나무에 물이 가장 많이 오르는 시기이다.

〈기름진 비가 내린다는 곡우. 이 때 곡우물이라 하여 고로쇠물이 많아 채취가 가장 활발하다.〉

7) 입하立夏

음력으로는 4월 양력으로는 대개 5월 6일 전후에 해당된다. 태양의 황경이 45도에 이르렀을 때이다. 이맘때면 곡우에 마련한 못자리도 자리를 잡아 농사일이 좀 더 분주해진다. 여름이 다가온 것을 알리는 입하는 신록을 재촉하는 절기이다. 입하가 되면 농작물도 자라지만, 아울러 해충도 많아지고 잡초까지 자라서 이것들을 없애는 작업도 많이 한다.

8) 소만小滿

음력 4월 양력 5월 21일께로, 태양이 황경 60도의 위치에 올 때이다. 이때부터 여름 기분이 나기 시작하며 식물이 성장한다. 소만 무렵에는 모내기 준비에 바빠진다. 이른 모내기와 가을보리 베기 작업과 밭농사의 김매기 등이 줄을 잇게 된다. 모판을 만들면 모내기까지 모의 성장기간이 옛날에는 45 - 50일이 걸렸으나, 지금의 비닐모판에서는 40일 이내에 충분히 자라기 때문에 소만에 모내기가 시작되어 1년 중 제일 바쁜 절기로 접어들게 된다. 옛날 중국에서는 소만입기일小滿入氣日로부터 망종까지의 시기를 다시 5일씩 삼후三候로 등분하여, 초후初候에는 씀바귀가 뻗어 오르고, 중후中候에는 냉이가 누렇게 죽어가며, 말후末候에는 보리가 익는다고 했다. 씀바귀는 꽃상추과에 속하는 다년초로서 뿌리나 줄기 잎은 이 무렵부터 식용으로 널리 쓰인다. 또 초후를 전후하여 즐겨 시식하는 냉잇국도 늦봄 내지는 초여름의 시절식으로 예로부터 유명하다. 보리는 말후를 중심으로 익어 밀과 더불어 여름철 수식을 대표한다. 소만 무렵 심하게 가무는 경우가 있으므로 이에 대비하여 저수지에 물 준비를 부지런히 해두기도 한다.

〈소만 무렵에 주로 모내기를 한다.〉

9) 망종芒種

음력 4 - 5월, 양력 6월 6 - 7일께로, 태양의 황경이 75도에 달한 때이다. 망종이란 벼 보리 등 수염이 있는 까끄라기 곡식의 종자를 뿌려야할 적당한 시기라는 뜻이다. 이 시기는 옛날에는 모내기와 보리 베기에 알맞은 때였다. 그래서 "보리는 익어서 먹게 되고, 볏모는 자라서 심게 되니 망종이요.", "햇보리를 먹게 될 수 있다는 망종"이라는 말도 있다. "보리는 망종 전에 베라."는 속담이 있듯이 망종까지는 모두 베어야 논에 벼도 심고 밭갈이도 하게 된다. 망종을 넘기면 바람에 쓰러지는 수가 많기 때문이다. 특히 모내기와 보리 베기가 겹치는 이 무렵이 보리농사가 많았던 곳일수록 매우 바쁜 농번기에 해당한다.

10) 하지夏至

음력으로 5월 양력으로 6월 21일께로, 북반구에 있어서 낮이 가장 길며 정오의 태양 높이도 가장 높고 일사 시간과 일사량도 가장 많은 날이다. 동지에 가장 길었던 밤 시간이 조금씩 짧아지기 시작하여 1년 중 낮 시간이 가장 길게 된다.

11) 소서小暑

음력 6월 양력 7월 7일 - 8일께로, 태양이 황경 105도의 위치에 있을 때이다. 예전에는 한 절기 앞선 하지 무렵에 모내기를 끝내고, 모를 낸 20일 뒤인 소서 때는 논매기를 했다. 팥 콩 조들도 가을보리를 한 하지 무렵에 심고, 소서 무렵에 김을 매준다. 또 이때 퇴비 장만과 논두렁의 잡초를 깎기도 한다. 소서를 중심으로 본격적인 더위가 시작되므로 온갖 과일과 채소가 풍성해지고 밀과 보리도 먹게 된다. 특히 음력 5월 단오를 전후하여 시절식으로 즐기는 밀가루 음식은 이맘때가 가장 맛이 나며, 채소류로는 호박 생선류는 민어가 제철이다.

12) 대서大暑

음력 6월 양력 7월 23일께로, 태양의 황경이 120도가 되는 때이다. 이 시기는 대개 중복 때이며 더위가 가장 심한 시기이다. 옛날에는 논과 밭의 김을 매어주고 논두렁 밭두렁의 잡초 베기와 퇴비 장만 등이 이 무렵에 계속된다. 옛날 중국에서는 대서입기일大暑入氣日로부터 입추까지의 기간을 5일씩 끊어서 삼후三候로 하였는데, 초후初候에는 썩은 풀이 변하여 반딧불이 되고, 중후中候에는 흙이 습하고 무더워지며, 말후末候에는 큰 비가 때때로 내린다고 하였다.

13) 입추立秋

음력 7월 양력 8월 8일경으로, 태양의 황경이 135도에 있을 때이다. 여름이 지나고 가을에 접어들었다는 뜻으로, 화성火星은 서쪽으로 흘러 가고 미성尾星은 중천에 떠 있다. 어쩌다 늦더위가 있기도 하지만, 칠월칠석을 전후하므로 밤에는 서늘한 바람이 불기 시작한다. 따라서 이때부터 가을 채비를 시작하여야 한다. 특히 이때에 김장용 무 배추를 심고 9 - 10월 서리가 내려 얼기 전에 거두어서 겨울 김장에 대비한다. 김매기도 끝나가고 농촌도 한가해지기 시작하니 '어정 7월 건들 8월'이라는 말이 전해져 온다.

14) 처서處暑

음력 7월 양력 8월 23일경이 된다. 태양의 황경이 150도에 있을 때이다.

〈처서 무렵에 우리 조상들은 산소를 돌보고 벌초를 한다.〉

여름이 지나 더위도 가시고 선선한 가을을 맞이하게 된다고 하여 처서處暑라고 불렀다. 처서가 지나면 따가운 햇볕이 누그러져서 풀이 더 자라지 않기 때문에 논두렁이나 산소의 풀을 깎아 벌초를 한다. 여름 동안 장마에 젖은 옷이나 책을 햇볕에 말리는 포쇄暴灑도 이 무렵에 하며, 아침 저녁으로 선선한 기운을 느끼게 되는 절기이다.

15) 백로白露

음력 8월 양력 9월 9일경이다. 태양의 황경이 165도에 올 때이다. 이때쯤이면 밤에 기온이 내려가고, 대기 중의 수증기가 엉켜서 풀잎에 이슬이 맺혀 가을 기운이 완전히 나타난다. 옛 중국 사람들은 백로입기일白露入氣日로부터 추분까지의 시기를 5일씩 삼후三候로 나누어 그 특징을 말하였는데, 초후初候에는 기러기가 날아오고, 중후中候에는 제비가 강남으로 돌아가며, 말후末候에는 뭇 새들이 먹이를 저장한다고 하였다. 또 백로 무렵이면 고된 여름 농사를 다 짓고 추수까지 잠시 일손을 쉬는 때이므로 가까운 친척을 방문하기도 한다.

16) 추분秋分

음력 8월 양력 9월 23일경이다. 이날 추분점에 이르러 낮과 밤의 길이가 같아진다. 추분점이란 천구상 황도黃道와 적도赤道의 교점 가운데에서 태양이 북쪽으로부터 남쪽으로 향하여 적도를 통과하는 점으로 적경赤經과 황경黃經 모두 180도, 적위赤緯와 황위黃緯 모두 0도이며, 현재는 사자자리와 처녀자리의 중간에 위치한다. 추분도 다른 24절기들과 마찬가지로 특별한 절일節日로 여겨지지는 않는다. 다만 춘분과 더불어 낮과 밤의 길이가 같으므로 이날을 중심으로 계절의 분기점 같은 것을 의식하게 된다. 즉 추분이 지나면 점차 밤이 길어지므로 비로소 여름이 가고 가을이 왔다는 사실을 실감한다. 추분 즈음이면 논밭의 곡식을 거두어들이고, 목화를 따고 고추도 따서 말리는 등 잡다한 가을걷이 일이 있다. 호박고지 박고지 깻잎 호박순 고구마순도 이맘때 거두어들여야 하지만, 산채를 말려 묵은 나물로 준비해 두기도 한다.

17) 한로寒露

음력으로 9월 양력으로 10월 8일경이다. 공기가 점점 차가워지고, 말뜻 그대로 찬이슬이 맺히는 절기이다. 세시 명절 중의 하나인 중양절重陽節(重九)과 거의 겹치는 때이다. 중양절에는 특별한 민속행사가 있으나 한로에는 이렇다 할 행사는 없다. 하지만 한로를 전후하여 국화전을 지지고 국화술을 담그며, 한가하여 온갖 모임이나 놀이가 농촌에서 성행한다. 한편 이 무렵 머리에 수유를 꽂거나, 타향에 있는 사람들은 높은 곳에 올라가 고향 쪽을 바라보기도 한다. 한시에 국화주를 마시며 높은데 올라가 고향을 그리는 시가 많다. 두보의 "내년 이 모임에 누가 건재할지 아는가? 얼큰히 취한 눈으로 수유를 쥐고 자세히 들여다보네."라는 시가 유명하다. 이 무렵 높은 산에 올라가 수유 열매를 머리에 꽂으면 잡귀를 물리칠 수 있다고 믿었는데, 이는 수유 열매가 붉은 자줏빛으로 붉은색이 벽사력辟邪力을 가지고 있다고 믿었기 때문이다. 한로 즈음에는 찬

〈한로는 중양절과 거의 겹치는 시기로 이 때 국화주 국화차 국화전을 먹는 풍습이 있다.〉

이슬이 맺힐 시기여서 기온이 더 내려가기 전에 추수를 끝내야 하므로 농촌에는 타작이 한창인 시기이다.

18) 상강霜降

음력 9월 양력 10월 23 - 24일에 해당한다. 태양의 황경이 210도가 되는 때이다. 이때에는 쾌청한 날씨가 계속되며 밤에는 기온이 매우 낮아지므로 수증기가 지표에서 엉겨 서리가 내리는 늦가을의 절기이다. 옛날의 중국 사람들은 상강으로부터 입동 사이의 기간을 5일씩 삼후三候로 세분하여, 초후에는 승냥이가 산 짐승을 잡고, 중후에는 초목이 누렇게 떨어지며, 말후에는 겨울잠을 자는 벌레가 모두 땅에 숨는다고 하였다. 말후에 가서 벌레가 이미 겨울잠에 들어간다고 한 것으로 보아 절기적으로 추울 때이다. 이는 농경 시필기始畢期와도 관련되는데, 봄에 씨 뿌리고 여름에 가꾸어서 가을에 거두어 겨울을 나는 것이 농경인들의 생활인 것처럼, 9월 들어 시작된 추수는 상강 무렵이면 마무리가 된다.

19) 입동立冬

음력 10월 양력 11월 8일경으로, 태양의 황경이 225도에 이를 때이다. 입동을 특별히 절일節日로 여기지는 않지만 우리의 겨울 생활과 상당히 밀접한 관계에 있다. 겨울 동안의 김치를 장만하는 김장은 입동을 기준으로 해서 하기 때문이다. 김장은 입동 전 혹은 입동 직후에 하여야 제 맛이 난다. 입동이 지난 지가 오래면 얼어붙고 싱싱한 재료가 없으며 일하기가 어려워지기 때문이다. 이때가 되면 시장에는 무 배추가 가득 쌓이고, 또한 옛날에는 냇가에서 부녀자들의 무 배추 씻는 풍경이 장관을 이루기도 하였다.

20) 소설小雪

음력 10월 양력 11월 22일 - 23일경이다. 태양의 황경이 240도에 오는 때이다. 이때부터 살얼음이 잡히고 땅이 얼기 시작하여 점차 겨울 기분이 든다고도 하지만, 한편으로는 아직 따뜻한 햇볕이 간간이 내리쬐어 소춘小春이라고도 불렀다. 옛날부터 중국 사람들은 소설로부터 대설까지의 기간을 5일씩 삼후로 구분하여, 초후에는 무지개가 걷혀서 나타나지 않고, 중후에는 천기天氣가 올라가고 지기地氣가 내려오며, 말후에는 폐색이 되어 겨울이 된다고 하였다. 소설 무렵 대개 음력 10월 20일께는 관례적으로 바람이 심하게 불고 날씨가 차갑다.

21) 대설大雪

음력 11월 양력 12월 7 - 8일경이다. 태양의 황경이 225도에 도달한 때이다. 이 시기에 눈이 많이 내린다는 뜻에서 대설이라는 이름을 붙였는데, 이것은 원래 재래 역법의 발생지이며 기준 지점인 중국 화북지방의 상황을 반영하여 붙여진 것이다. 중국에서는 대설로부터 동지까지의 기간을 다시 5일씩 삼후로 나누어서, 초후에는 산박쥐가 울지 않고, 중후에는 호랑이가 교미하여 새끼를 치며, 말후에는 여지가 돋아난다고 하였다. 한편 이날 눈이 많이 오면 다음해 풍년이 들고 푸근한 겨울을 난다는 믿음이 있다.

22) 동지冬至

일 년 중에서 밤이 가장 길고 낮이 가장 짧은 날이다. 하지로부터 차츰 낮이 짧아지고 밤이 길어지기 시작하여 동짓날에 이르러 극에 도달하고, 다음날부터는 차츰 밤이 짧아지고 낮이 길어지기 시작한다. 고대인들은 이 날을 태양이 죽음으로부터 부활하는 날로 생각하고 축제를 벌여 태양신에 대한 제사를 올렸다. 중국 주周나라에서 동지를 설로 삼은 것도 이날을 생명력과 광명의 부활이라고 생각하였기 때문이며, 주역에서 복괘復卦를 11월, 즉 자월(子月)이라 해서 동짓달부터 시작한 것도 동지와 부활이 같은 의미를 지닌 것으로 판단하였기 때문이다. 동짓날에 천지신과 조상신에게 제사를 지내고, 신하들의 조하朝賀를 받는다. 《동국세시기》에 의하면, 동짓날을 '아세亞歲'라 했고 민간에서는 흔히 '작은 설'이라 하였다고 한다. 태양의 부활을 뜻하는 큰 의미를 지니고 있어서 설 다음 가는 작은설로 대접을 받은 것이다. 그 유풍은 오늘날에도 여전해서 "동지를 지나야 한살 더 먹는다." 또는 "동지팥죽을 먹어야 진짜 나이를 한살 더 먹는다."는 말이 있다. 동짓날의 팥죽은 시절식時節食의 하나이면서 신앙적인 뜻을 지니고 있다. 즉 팥죽에는 축귀逐鬼하는 기능이 있다고 보았으니, 집안의 여러 곳에 뿌려놓는 것은 집안에 있는 악귀들을 모조리 쫓아내기 위한 것이고, 사당 안에 놓는 것은 새로운 것을 바치는 천신薦新의 의미가 있다. 팥은 색이 붉어 양색陽色이므로 음귀陰鬼를 쫓는 데에 효과가 있다고 믿었으며 민속적으로 널리 활용되었다. 동짓날에도 애동지에는 팥죽을 쑤지 않는 것으로 되어 있다. 동짓달에 동지가 초순에 들면 애동지, 중순에 들면 중동지, 그믐께 들면 노동지라고 하였다. 동지 팥죽은 이웃에 돌려가며 서로 나누어 먹기도 한다. 동짓날 팥죽을 쑤게 된 유래는, 중국의 《형초세시기荊楚歲時記》에 의하면, 공공씨共工氏의 망나니 아들이 동짓날에 죽어서 역신疫神이 되었다고 한다. 그 아들이 평상시에 팥을 두려워하였기 때문에 사람들이 역신을 쫓기 위하여 동짓날 팥죽을 쑤어 악귀를 쫓았다는 이야기를 기록하고 있다. 동짓날에 궁 안에 있는 내의원內醫院에서는 소의 다리를 고아, 여기에 백강白殭 정향丁香 계심桂心 청밀淸蜜 등을 넣어서 약을 만들어 올렸다 한다. 이 약은 악귀를 물리치고 추위에 몸을 보補하는데 효과가 있다고 믿었다.

23) 소한小寒

음력으로는 12월 양력으로는 1월 5일 - 6일 경이다. 태양의 황경이 285도일 때이며 동지와 대한 사이에 있으면서 한겨울의 추위가 매섭게 찾아든다. 옛사람들은 소한 15일간을 5일씩 3후로 세분하여, 초후에는 기러기가 북쪽으로 돌아가고, 중후에는 까치가 집을 짓기 시작하며, 말후에는 꿩이 운다라고 하였다.

24) 대한大寒

음력 12월 양력으로는 1월 20일경이며, 태양의 황경이 300도되는 날이다. 대한은 음력 섣날로 24설기의 매듭을 짓는 절기이다. 원래 겨울철 추위는 입동에서 시작하여 소한으로 갈수록 추워지며 대한에 이르러서 최고에 이른다.

2. <귀歸>의 문학으로서의 한시

물 달 자연 女는 회귀적 관념의 표상이다. 물은 시냇물 - 강물 - 바닷물로 또 그것이 증발하여 수증기 - 구름이 되었다가 다시 비로 내려 시냇물 - 강물 - 바닷물로 자연의 대 순환계를 따라 끊임없이 순환 회귀한다. 달은 찼다 기울어지고 다시 찼다가 기울어지기를 반복하며 한 달을 주기로 순환 회귀하고, 자연은 24절기를 주기로 끊임없이 순환 회귀하며, 여자는 그녀의 생리가 한 달을 주기로 순환하여 그녀의 생체리듬 즉 바이오리듬이 한 달을 주기로 순환 회귀한다. 이처럼 물 달 자연 여자는 회귀적 관념의 표상인데, 본고에서는 필자가 <귀歸>의 문학이라고 규정한 이 한시들에 이들 소재가 그 얼마나 많이 보이고 있는가를 살펴보고자 한다.

농경민족들은 물과 달과 자연을 아주 중시하며 또한 그들의 성향은 여성적인 경향이 강하다. 농경민족 중국인들의 사유 체계를 가장 잘 대변하고 있는 사상은 유가사상이 아니라 실은 도가사상이라고 할 수 있다. 유가사상은 관직에 진출하고자 하는 사대부 계급의 남성들에게 영향을 주로 주었다고 한다면, 도가적인 사유 체계는 농경민족 중국인들에게 전반적으로 크게 영향을 주었다고 생각된다. 무위자연으로 돌아가라(歸)고 하며 자연을 중시하고 흙을 중시하며 또한 모성성을 중시하는 이 도가문화는 전형적인 농경민족의 특성을 잘 반영하고 있는 농경문화 사상이라고 할 수 있다. 물과 달과 자연과 여성성의 중시는 농경문화의 가장 기본적인 특징이며, 이것을 가장 잘 반영하고 있는 중국의 철학이 바로 도가사상인 것이다. 이것들은 모두 순환 회귀적(歸)인 점을 공통으로 가지고 있으며, 이는 24절기를 주기로 수천 년 동안 순환 회귀적(歸) 삶을 살아온 농경민족의 사유 체계가 잘 반영된 것이라 할 수 있다.

농경민족들은 물을 아주 중시하는데, 이 도가사상에는 물의 특성을 중시하고 물의 덕을 찬미한 구절이 많이 보인다. 물은 항상 높은 곳에서 낮은 곳으로 흘러 자기 자신을 낮추지만, 그러나 또한 모든 만물을 적셔주고 윤택하게 하여 준다고 하며 물의 덕을 찬미하며 물의 철학을 배우고자 한다. 최고의 선은 물과 같다(上善若水)고 노자는 말했다.

또한 도가사상은 달의 철학이라고 할 수 있다. 달은 차고 기울어지며 항상 변화하는데, 도가사상은 달의 차고 기움을 인생과 역사의 흥망성쇠에 많이 비유하기도 하고, 또한 달의 차고 기움에 바탕을 두고 유기적인 기 순환관을 만들어 내기도 한다.

또한 무위자연을 내세우는 도가사상은 당연히 자연 특히 올바른 계절적 순환을 하는 자연을 아주 중시한다. 그들 도가사상의 추종자들은 항상 자연과 <더불어 하나>가 되고 싶어 하고 우주와 자연과 구별되지 않는 그것의 일부가 되고자 노력하였다. 그들은 자연에 은거하여 정결한 삶을 유지하는 것을 중시했는데, 이 도가사상은 자연과 흙과 <더불어 하나>되어 수천 년 동안 삶을 유지하여 온 농경민족에게만 나타날 수 있는 사상이지, 항상 자연을 투쟁의 대상으로 여겨온 유목민족에게는 절대로 나타날 수 없는 사상이라고 할 수 있다.

도가사상은 여성성과 모성성을 아주 중시한다. 《도덕경》에 여자의 성기를 묘사한 듯한 구절도 여러 군데 보이고, 또한 그것을 찬양하기도 한다. "텅 빈 것이 찬 것을 이긴다.", "약한 것이 강한 것을 이긴다."거나 '텅 빔(虛)'이나 '없음(無)', 그리고 '약함(弱)'을 중시하는 것은 남성성보다 여성성을 중시하는 것을 나타낸 것이다. 흙(여성성, 地母神)을 중시하고 흙과 <더불어 하나>되어 살아온 농경민족 중국인들은 남성성보다 여성성을 중시하며 그들의 사유 체계에 여성적인 경향이 강하다.

예를 들어 우리의 강강수월래 같은 원형무곡은 농경문화 지역에서만 나타날 수 있는 춤이다. 찼다 기울어졌다 찼다 기울어졌다 하는 둥근 달 아래, 밀물 썰물 밀물 썰물로 순환 회귀하는 바닷가에서, 1달을 주기로 생체리듬이 순환 회귀하는 여성들이 둥근 치마를 입고 둥글게 원을 그리며 춤

〈강강수월래같은 원형무곡은 농경문화 지역에서만 나타날 수 있는 춤이다.〉

을 추는 이런 원형무곡은 24절기를 주기로 순환 회귀적인 삶을 살아온 농경문화 지역에서만 나타날 수 있는 춤인 것이다. 농경민족들이 추는 춤이나 노래가 유목민족들이 추는 춤이나 노래보다 부드럽고 원형적이며 손을 많이 이용하고 순환 회귀적인 특징을 가지고 있는데, 이는 유목민족들의 춤이나 노래가 강하고 직선적이며 발을 많이 이용하는 경향이 강한 것과는 비교된다 하겠다.

1) 물

한시에는 물이 소재로 등장하는 시들이 굉장히 많다. 우雨 수운水雲 춘우春雨 강江 호湖 계溪 하河 로露 풍랑風浪 지당池塘 세우細雨 폭澤 상霜 설雪 우雩 뢰雷 하霞 무霧 매霾 빙氷 골汨 범泛 류流 지池 폭포瀑布 등은 모두 물과 관련된 시어들인데, 한시에는 이런 시어들이 굉장히 많이 등장하고 있다. 한시 작품 중에 이런 물의 시어가 등장하지 않는 작품은 반도 되지 않는 듯 보일 정도로 물의 시어가 많이 등장하고 있는데, 그 예로 왕유王維의 <청계靑溪>란 시를 읽어보자.

황화천黃花川에 들면
매번 푸른 시냇물을 따라 간다.
산을 따라 만 번이나 돌건만
간 길은 백리도 못된다.
어지러운 돌 가운데 물소리 시끄럽고
깊은 소나무 숲속 경색景色이 고요하다.
물 위엔 마름 풀 떠있고

맑은 물결엔 갈대가 보인다.
내 마음 본디 한가롭고
맑은 시내도 이와 같이 투명하니
널찍한 돌 위에 머물면서
낚싯대 드리우면 그만이지 않겠는가?

言入黃花川[1] 언입황화천
每逐靑谿水 매축청계수
隨山將萬轉 수산장만전
趣途無百里 취도무백리
聲喧亂石中 성훤난석중
色靜深松裏 색정심송리
漾漾泛菱荇[2] 양양범능행
澄澄映葭葦[3] 징징영가위
我心素已閑 아심소이한
淸川澹如此 청천담여차
請留盤石[4]上 청류반석상
垂釣將已矣 수조장이의

황하천黃花川, 청계수靑谿水, 청천淸川 등처럼 한시에는 물과 관련된 시어가 많이 등장하는데, 이는 물 그것이 회귀적 관념의 표상이어서 24절기를 주기로 순환 회귀적인 삶을 살아온 농경민족 중국인들의 모호한 순환 회귀적(歸)인 심성과 잘 맞았기 때문일 것이다. 가지賈至의 〈악양루중연별왕팔원외폄장사岳陽樓重宴別王八員外貶長沙〉를 읽어보자.

강 길이 동으로 천리나 호수에 연하여 있고,
푸른 구름은 북으로 아득히 궁궐을 바라본다.
파릉巴陵 땅의 호수가 넓다고 말하지 마라.

---

1) '言'은 뜻이 없는 發語辭이고, '黃花川'은 섬서성 鳳縣 동북 10리 쯤 되는 곳에 있는 시내 이름
2) 마름 풀
3) 갈대
4) 큰 돌

장사長沙 남쪽 둔덕 더욱 쓸쓸해진다.
江路東連千里湖　　강로동연천리호
青雲北望紫微遙　　청운북망자미요
莫道巴陵湖水闊　　막도파릉호수활
長沙南畔更蕭條　　장사남반갱소조

이 시는 호수로 이어진 강 길을 따라 파릉巴陵을 거쳐 쓸쓸한 장사長沙로 귀양 가는 원외員外 벼슬을 한 왕팔王八을 위해 악양루岳陽樓에서 거듭 잔치를 베풀면서 읊은 시라고 한다. '강江', '호湖', '운雲', '호수湖水' 같은 물과 관련된 시어가 많이 보인다. 위응물의 <저주서간滁州[5]西澗[6]>을 읽어보자.

나 홀로 그윽한 풀 계곡 옆에 자라는 것 가련히 여기는데,
위에는 꾀꼬리 있어 깊은 나무에서 우네.
봄 조수에 따라온 비 늦게 내리고
들 나루터엔 사람 없어 배만 스스로 비켜있네.
獨憐幽草澗邊生　　독련유초간변생
上有黃鸝深樹鳴　　상유황녕심수명
春潮帶雨晚來急　　춘조대우만래급
野渡無人舟自橫　　야도무인주자횡

위 시에서 '간澗', '춘조春潮', '우雨', '야도野渡'처럼 물과 관련된 시어가 많이 등장한다.

또한 이 외에도 강물의 흐름을 인생과 역사의 흐름 혹은 시간의 흐름이 주는 비애를 비유해서 읊조린 시도 적지 않다. 또는 강가나 물가 혹은 나루터에서 님과의 이별을 읊조린 시도 부지기수이다. 남송의 애국시인 진여의陳與義(1,090-1,138)가 비 내리는 것을 보고 나라 잃은 시국을 걱정한 <관우觀雨>란 시를 읽어보자.

---

5) 지금의 안휘성 滁縣

6) 속칭 上馬下로 滁縣城의 서쪽에 있음.

〈한시에는 〈저주서간〉처럼 물과 관계되는 시어가 굉장히 많이 나온다.〉

산에 사는 나그네는 형편없어 밭갈 줄도 모르고
창문열고 꼿꼿이 앉아 흐렸다 개었다하는 날씨만 보고 있네.
앞 강에서 뒤 산등성이까지 구름 기운이 통해 있고,
온 골짜기와 모든 숲에서 비 쏟아지는 소리 들려오네.
바다 같은 빗물이 댓가지 눌렀다 들어 올렸다 하고,
바람이 산모퉁이로 불어 가는데 따라 흐렸다 밝아졌다 하네.
지붕이 새어 마른 곳이란 없는 것 싫어하지도 않고,
세발 여러 용이 갑옷과 무기 씻어주어 금金나라 쳐부수기만 바라네.

山客[7]龍鐘[8]不解耕	산객용종불해경
開軒[9]危坐[10]看陰晴	개헌위좌간음청
前江後嶺通雲氣	전강후령통운기
萬壑千林送雨聲	만학천림송우성
海[11]壓竹枝低復擧	해압죽지저부거
風吹山角[12]晦還明	풍취산각회환명
不嫌屋漏無乾處	불혐옥루무건처
正要群龍洗甲兵	정요군룡세갑병

7) 산에 사는 나그네, 시인 자신을 가리킨다.

8) 형편없는 모양, 서툰 모양

9) 문을 연다, 창을 열다.

10) 꼿꼿이 앉아

11) 많이 쏟아지는 비를 형용한 말, 바다 같은 비

12) 산모퉁이

시인은 큰 비가 내리는 모습을 자세히 형용하면서 마지막에 금나라를 쳐부수어야 하는 시국을 걱정하고 있다. '전강前江', '운기雲氣', '우성雨聲', '해海' 등이 물의 시어이다.

그러나 이와 반대로 한시에 불이 시어로 등장하는 경우는 별로 없다. 차가운 불, 외로운 불을 의미하는 객선客船에서의 어화漁火, 등화燈火 외에는 불이 시어로 등장하는 경우는 거의 없다. 활활거리며 타오르는 불, 정열적인 불을 묘사하는 시는 없는 것이다. 진관秦觀(1,049 - 1,100)의 객수시 <금산만조金山晩眺[13]>를 읽어보자.

> 서진西津 나루가 어귀엔 초생달이 걸려있고,
> 물 기운은 자욱이 위로 하늘로 닿아있네.
> 맑은 물가의 백사장도 어둑어둑하여 분별이 안 되지만,
> 다만 '등불(燈火)'만이 고기잡이 배일 것이네.
> 西津[14]江口月初弦[15]　　서진강구월초현
> 水氣昏昏[16]上接天　　수기혼혼상접천
> 淸渚[17]白沙茫[18]不辨　　청저백사망불변
> 只應燈火是漁船　　지응등화지어선

시인이 배를 타고 장강을 지나다가 진강鎭江 근처에 이르러 저녁에 배를 대면서 금산을 바라보며 읊은 시로 보인다. 그 당시 금산은 장강 한가운데 있는 섬이었고, 바람이 불면 풍랑이 심하여 부옥산浮玉山이라고 불렀다 한다. 끝 구에 "다만 '등불(燈火)'만이 고기잡이 배일 것이네."라고 하여 등불을 읊고 있다. 그러나 이 등불은 쓸쓸한 그리고 차가운 등불이다. 서구

13) 금산에서 저녁에 멀리 바라보다. 금산은 지금의 강소성 鎭江 서북쪽에 있는 명승지이다.

14) 鎭江 서북쪽 9리에 있는 나룻터 이름.

15) 초생달

16) 어둑어둑한 것, 자욱한 것.

17) 맑은 물 가

18) 아득한 것, 어둑어둑한 것.

시에서 흔히 보이는 이글이글 불타는 불과는 다른 것이다.

어화漁火 등화燈火 등 차갑고 쓸쓸한 불을 묘사한 것을 제외하고 한시에 달리 불이 시어로 등장하는 경우는 거의 없다. 한시에는 불의 문학 즉 '불꽃의 문학' '정염의 문학'이 등장하지 않는 것은, 불 그것이 순환 회귀적 관념의 소재가 아니어서 24절기를 주기로 끊임없이 순환 회귀적인 삶을 살아온 농경민족 중국인들의 기본적인 심성과 맞지 않았기 때문이 아닌가 한다. 그러나 이와 반대로 서구시에는 '불꽃의 문학' 즉 '정염의 문학'이 많이 등장한다. 중국인들은 불꽃같은 인생을 살려고 한 것이 아니라, 항상 물처럼 자연스럽게 살려고 했다.

2) 달

또한 한시에는 달이 소재로 많이 등장한나. 밤에 달을 보며 향수에 젖어 자신의 감정을 읊조린 작품들은 서구시보다 훨씬 많다. 달밤에 고향을 그리워하고 님과 친구를 그리워하며, 또한 달밤에 술을 마시며 그 자연을 즐기는 시도 적지 않다. 또한 달의 차고 이지러지는 것을 인생과 역사의 흥망성쇠에 비유해서 읊기도 한다. 달 그것은 농경민족 중국인들에게 아주 중요한 문학적 소재로서 역할을 해온 것이다. 이는 1달을 주기로 차고 기울며 순환 회귀하는 달이 24절기를 주기로 끊임없이 순환 회귀적(歸)인 삶을 살아온 농경민족 중국인들의 기본적인 심성에 잘 맞았기 때문일 것이다. 달을 소재로 한 대표작인 이백의 <월야독작月夜獨酌>을 읽어보자.

꽃 속에 한 동이 술 놓고
홀로 산실하니 서로 친한 이 없네.
잔 들어 밝은 달을 맞이하고
그림자를 대하니 세 사람이 되었네.

달은 원래 술을 마실 줄 모르나
그림자는 헛되이 내 몸을 따르네.
잠시 달과 그림자를 벗을 삼아
즐거움은 모름지기 봄에 이르러야 하니.
내가 노래하면 달은 배회하고
내가 춤추면 그림자는 흩어지는 도다.
술 깰 때 함께 즐거움을 나누었으나
취한 후에는 각기 흩어지네.
영원히 속세를 떠난 교제를 맺고자 하고
서로 먼 은하수에서 만나길 기약하노라.

花間一壺酒　　화간일호주
獨酌無相親　　독작무상친
擧杯邀明月[19]　　거배요명월
對影成三人　　대영성삼인
月旣不解飮　　월기부해음
影徒隨我身　　영도수아신
暫伴月將影　　잠반월장영
行樂須及春　　행락수급춘
我歌月徘徊　　아가월배회
我舞影凌亂　　아무영능란
醒時同交歡　　성시동교환
醉後各分散　　취후각분산
永結無情遊[20]　　영결무정유
相期邈雲漢[21]　　상기막운한

봄날 달밤에 홀로 술을 마시며 달과 그림자 그리고 내가 그리고 그 모든 것이 <더불어 하나>되는 주객일체지감主客一體之感을 아주 잘 묘사하고 있다. 또 달을 소재로 한 두보의 <월야月夜>란 시를 읽어보자

19) 밝은 달을 맞이하다. 邀는 '멀리에서 일부러 모셔온다'는 뜻이 있다.

20) 달과 그림자는 사람과 같은 감정의 주체가 아니므로 이렇게 표현했다.

21) 은하수

오늘밤 부주鄜州의 달
규중에서 단지 홀로 보겠지.
멀리서 어린 자식들을 가련히 여기나니
장안(에 포로가 된 나)을 그리는 마음 이해 못하리.
밤안개에 아내 머리카락 젖어있을 터이고,
밝은 달빛에 옥 같은 팔 차리라.
언제 얇은 휘장에 기대어,
함께 달빛 받으며 눈물 흔적 말릴 수 있으리오.

今夜鄜州[22]月	금야부주월
閨中只獨看	규중지독간
遙憐小兒女	요련소아녀
未解憶長安[23]	미해억장안
香霧雲鬟[24]濕	향무운환습
清輝[25]玉臂寒	청휘옥비한
何時倚虛幌[26]	하시의허황
雙照淚痕乾	쌍조누흔건

안록산의 반군에 의해 장안에 포로로 잡혀있는 두보가 밤에 달을 쳐다보며 고향에서 자기를 기다리고 있는 아내와 아이들을 그리워하고(思) 있다.

중국 시인들은 이처럼 항상 달밤에 객지에서 달을 보며 님을 그리고 친구와 고향을 그리워하며 읊은 경우가 많았다. 고향으로 돌아가고(歸) 싶고 님과 친구가 있는 곳으로 돌아가(歸) 그들과 <더불어 하나>되어 만나고 싶은 것이다. 달을 보고 상념에 잠긴 시로 왕건王建(767? - 830?)의 <십오야망월기두랑중十五夜望月寄杜郎中>이란 시를 읽어보자.

22) 지금의 섬서성 鄜縣에 있는 마을 이름

23) 아이들이 어려 장안에 있는 시인을 그리워하는 어머니의 마음을 이해 못하리라는 뜻임.

24) '구름같은 머리쪽'으로 부인의 머리를 미화한 것임.

25) 밝은 달빛

26) 얇은 휘장

뜰에 달빛 뿌옇게 쏟아지고 둥지에 까마귀 깃들 무렵
차가운 이슬 소리 없이 계수나무 꽃을 적시네.
이 밤 밝은 달을 세상사람 모두가 바라볼 테지만
그 중에서도 깊은 시름에 잠기는 이는 또 누구일까?

中庭地白[27]樹棲鴉	중정지백수서아
冷露無聲濕桂花	랭노무성습계화
今夜月明人盡望	금야월명인진망
不知秋思落誰家	부지추사낙수가

〈화삼천華三川의 〈당인시의도唐人詩意圖〉 중 두보의 〈월야〉 그림. 두보의 시 〈월야〉가 옆에 적혀 있다.〉

또한 한시에는 이처럼 밤에 시를 읊조린 경우가 적지 않다. 그러나 서구시의 경우 밤에 지어진 작품은 한시보다 훨씬 적다. 한시에는 달밤에 봄 경치를 혹은 쓸쓸한 가을 경치를 읊은 경우도 적지 않고, 달밤에 객지에서 혹은 객선客船에서 술을 마시며 고향을 님을 친구를 아내를 그리며 읊은 시도 적지 않으며, 달밤에 친구와 더불어 술을 마시며 자연 경치를 즐기며 읊은 시 역시 적지 않다. 한시의 제목에 '야夜' '춘야春夜' '정야靜夜' 혹은 '월月' '월야月夜' '월하月下' '명월明月' 등의 단어가 많이 나타나는 것으로도 그것을 잘 알 수 있다. 이렇게 한시에 밤에 혹은 달밤에 지어진 시가 많은 것은, 밤과 달 그리고 달밤 그것이 남성적인 성향이라기보다 여성적 성향에 가까워 중국 시인들이 밤과 달 그리고 달밤에 시를 많이 지은 것으로 보여 진다.

밤에 읊조린 시로 북송사람 소옹邵雍의 <청야음淸夜吟[28]>이란 시를 읽어보자.

---

27) 땅 위에 하얗게 비치는 달빛

28) 樂府題 가운데 하나

달이 하늘 한가운데로 떠올랐을 무렵
바람이 수면 위로 지나갈 때
보는 이의 마음에 맑은 밤의 운치가 일게 마련이지만
세상 사람들은 이 멋진 경치 거의 모를 듯하다.
月到天心[29]處　　월도천심처
風來水面時　　풍래수면시
一般淸意味[30]　　일반청의미
料得[31]少人知　　요득소인지

맑은 밤(淸夜)에 달이 하늘 한가운데로 떠오르고 바람이 수면 위로 지나가는 운치를 그려 내고 있다. 맹호연의 <의공선방義公禪房[32]>은 밤이 아니라 저녁을 배경으로 하여 읊은 작품이다.

석양에 연이어 비가 오고
산의 그림자가 정원에 내려 어두워지네.
떠 있는 연꽃을 꺾어 바라보니,
바야흐로 (세속에) 물들지 않는 마음 알겠도다.
夕陽連雨是　　석양연우시
空翠[33]落庭陰　　공취락정음
看取蓮花淨　　간취연화부
方知不染心　　방지불염심

이 작품은 맹호연이 비가 내리는 석양에 의공義公의 선방에서 연꽃을 꺾어 바라보며 선경에 든 것 같은 심정을 읊은 시라고 한다. 이처럼 한시에는 저녁 무렵에 읊은 시도 적지 않다. 한시에는 달을 그리고 밤에 혹은 달밤

29) 하늘 한가운데
30) 서늘한 밤 경치를 돋구는 흥취
31) … 한 듯하다.
32) 참선하고 있는 암자나 절
33) 초목이 울창한 산 속의 기운

에 그리고 저녁 무렵에 읊은 시가 적지 않은 것이다.

그러나 이와 반대로 한시에 해(태양)를 읊조린 작품은 거의 없다. 이는 해가 순환 회귀적인 관념의 표상이 아니기 때문에, 그것이 24절기를 주기로 순환 회귀적(歸)인 삶을 살아온 농경민족 중국인들의 기본적인 심성과 맞지 않았기 때문일 것이다. 해를 읊은 경우로 쓸쓸함을 드러내는 석양이나 저녁의 '낙일落日'이 시구로 등장하는 경우는 어쩌다 간혹 있기는 하지만, 아침의 떠오르는 햇살이나 낮에 쨍쨍 쬐는 해를 묘사한 시는 없다. "해야 해야 솟아라 붉은 해야 솟아라." 같은 시구는 한시에 나타나지 않고 있는 것이다.

3) 자연

한시에서처럼 자연이 이렇게 많이 소재로 등장한 문학도 그 유래를 찾아보기 힘들다. 중국의 시인치고 자연을 읊조리지 않는 시인은 단 한명도 없다고 해도 과언이 아니다. 순수하게 자연을 읊조린 자연시 전원시 산수시 한적시 산중은거시 사경시寫景詩 경물시景物詩 등의 부류뿐만 아니라, 규방시 행역시 사회시 염정시 부류도 시인 자신의 심정을 자연 경물에 대비하여 읊은 경우가 굉장히 많다. 기 승에서는 자연의 경물을 읊고 전 결에 와서 그 자연 경물에 감촉되어 느끼는 시인 자신의 심정을 읊조리고 있는 것이다.

농경민족 중국인들은 특히 24절기의 계절적 올바른 순환을 아주 중시해서, 한시에는 절기적인 특징이 있는 자연 경물을 읊은 경우가 많다. 대부분의 한시에서 그 시 속에 어느 정도 절기를 알 수 있게 해주는 시어가 있어, 시인이 어느 절기 무렵에 이 시를 지었는가를 대충 알 수 있게 해주는데, 이렇게 시작에 절기성을 중시하는 것은 올바른 절기의 순환 그 자체를 중시하는 농경민족 중국인들의 심성과 깊은 관련성을 가지는 듯하다. "꽃피고 새우는 봄은 청춘의 계절, 봄을 즐기세."나 "낙엽 지는 가을 쓸쓸한 가을, 가을은 사색의 계절."같이 시 내용 중 봄과 가을에 지었다는 것만 알 수 있지 봄과 가을 중에서도 어느 무렵에 지었는지 전혀 알 수 없는 서구시에서 흔히 보이는 이런 풍격은 한시에서는 발견하기 어렵다. 한시에 절기를 전혀 가늠할 수 없는 단지 자연만을 찬양하여 읊조린 시는 별로 없는 듯하다. '매화' '버들개지' '국화' '꾀꼬리' '매미' '서리' '큰 눈' 등의 시어가 나와 대체로 어느 절기 무렵에 지었는지를 알 수 있게 해주는 것이다. 백거이의 <모립暮立[34]>이라는 시를 읽어보자.

황혼에 홀로 불당 앞에 서면,
땅 가득 괴槐나무 꽃이요 온 나무에 매미 울음이로다.
대저 사 계절 항상 마음은 고통스럽지만,
곧 그 중에서도 창자 끊어지는 슬픔은 가을이루다.

黃昏獨立佛堂前	황혼독립불당전
滿地槐花滿樹蟬	만지괴화만수선
大抵四時心總苦[35]	대저사시심총고
就中[36]腸斷[37]是秋天	취중장단시추천

이 시의 기 승에 나오는 '괴화槐花'와 '선蟬'이란 시어로 시인이 가을에 읊었음을 분명 알 수 있다. 이처럼 한시에는 계절을 알 수 있는 시어가 반드시 나오는 것이 하나의 특징인 듯하다. 기 승에서 자연의 경물을 읊고 그 경물을 보고 느낀 시인 자신의 슬프고 고통스러운 심정을 전 결에서 읊고 있다. 4계절의 특징을 차례대로 읊은 시로 고개지顧愷之의 <신정시神情詩>

34) 저녁 무렵에 서다.

35) 사계절 언제나 고뇌하고 괴로워하다.

36) 그 가운데에서도 특히

37) 창자가 끊어질듯 슬프다.

를 읽어보자.

봄 물은 사방 연못에 가득 차고,
여름 구름 기이한 산봉우리에 많도다.
가을 달은 빛을 드러내고
겨울 고개에 외로운 소나무 빼어나도다.
春水滿四澤 춘수만사택
夏雲多奇峰 하운다기봉
秋月揚光輝 추월양광휘
冬嶺秀孤松 동령수고송

사계절의 간략한 특징을 차례대로 읊고 있다. 이 외에도 중국의 한시에는 이렇게 계절적 특징을 읊거나 혹은 계절적 절기성을 알게 해주는 시어가 있는 것이 보통인데, 이는 올바른 계절적 주기성을 중시하는 농경민족의 특징이 은연중에 반영된 것이 아닌가 한다. 왕건王建의 <십오야망월기두랑중十五夜[38]望月寄杜郎中>이란 시는 가을날 달밤에 시름에 잠긴 시인 자신의 모습을 그린 작품이다.

뜰 가운데 달빛 하얗고 나무에 까마귀 깃들 무렵
찬 이슬 소리 없이 계수나무 꽃을 적시네.
오늘 밤 달 밝아 사람들 모두 (달을) 바라보겠지만
가을의 그리움 누구에게 떨어질까 모르네.
中庭地白[39]樹棲鴉 중정지백수서아
冷露無聲濕桂花 냉노무성습계화
今夜月明人盡望 금야월명인진망
不知秋思落誰家 부지추사낙수가

38) 보름날 밤으로 여기서는 추석날 밤을 가리킨다.

39) 땅 위에 하얗게 비치는 달빛

이 작품은 추석날 보름달 밤에 그 달을 바라보며 시인의 감회를 읊은 작품이다. 기 승에서 달빛 하얗고 까마귀 깃들며 찬 이슬 소리 없이 계수나무 꽃을 적시는 가을밤 자연 경물을 묘사하고 있다. 그리고 전 결에서 그 경물에 느끼는 바 있어 시인은 달을 보며 고향 혹은 친구를 그리는 상념의 정에 사무치고 있다. 한시 중 규원시 행역시 사향시 사우시 유자시 등의 자연을 주제로 하지 않는 시들도, 이처럼 기 승에서 자연의 경물을 읊고 그것에 감촉되어 시인 자신이 말하고자 하는 내용을 전 결에서 읊은 경우가 많으니, 한시에서 자연 경물이 소재로 등장하지 않는 시도 별로 없다고 할 수 있다.

4) 여女

(1) 비애김 소극성

한시에 깔려있는 가장 보편적인 정서를 비애감과 소극성이라고 이야기하는 분들이 많다. 한시를 조금이라도 지어보거나 읊어본 사람이라면 한시에 깔려있는 기본적인 정서가 비애감과 소극성이라는 것을 누구든지 느낄 수 있을 것이다. 이는 본질적으로 현재 자신이 처한 상황이 chaos 상태라는 것과 또한 그 상태에서 벗어나 다시 원형으로 돌아갈(歸) 수 없다는 것을 느끼는데서 오는 정서에서 근본적으로 유래된 것이라 할 수 있다. 비애감과 소극성이란 그것을 인류학적인 입장에서 볼 때, 남성적인 정서에 가깝다기보다는 분명 여성적인 정서에 훨씬 가깝다. 더 더군다나 여성들이 많이 억눌려 살아왔던 남존여비의 유가문화권 아래에서의 중국에서 비애감 소극성이란 더 더욱 여성적 정서라고 할 수 있다 비애감 소극성의 정서가 한시에 본격적으로 나타나기 시작한 것은 한내에 지어진 것으로 알려진 고시古詩 19수부터인 것으로 여겨지는데, 고시 19수 중 그 한 수를 읽어보자.

사는 삶은 백을 채우지 못하는데,
항상 천년의 근심을 품고 있구나.
낮은 짧고 괴로운 밤은 길어
어찌 촛불 들고 놀지 않으리오.
즐기는 것은 마땅히 때에 미쳐야 하거늘
어찌 능히 오는 것을 기다리리오.
어리석은 자 쓰는 것을 아끼는데.
.모두 세상의 웃음거리가 될지니.
선인仙人 왕자교王子喬는
가히 만나기를 기약하기 어려운 것을

生年不滿百　　생년불만백
常懷千歲憂　　상회천세우
晝短苦夜長　　주단고야장
何不秉燭遊　　하불병촉유
爲樂當及時　　위락당급시
何能待來玆　　하능대래자
愚者愛惜費　　우자애석비
俱爲塵世嗤　　구위진세치
仙人王子喬[40]　　선인왕자교
難可以等期　　난가이등기

〈한시의 비애감 소극성은 후한 말 무명씨의 고시19수 부터 본격적으로 시작되는 것으로 보인다.〉

우리네 인생이란 왕자교王子喬와 같이 영생불사할 수 없는 것이니, 그냥 삶을 즐기며 살라고 한 데카당스한 작품이다. 작품 속에 깊은 비애감을 느낄 수 있는데, 후대 한시에 나타나는 전형적인 비애감은 이렇게 한대 고시 19수에 의해 비로소 시작되고 있다고 할 수 있다. 가을의 처량함을 읊은 이하李賀(790 - 816)의 <추래秋來>라는 작품도 비애감이 고조된 작품이다.

40) 周나라 靈王의 태자 晉을 말하는데, 《列仙傳》에 의하면 道人 浮丘公과 함께 嵩山에 올라 術法을 얻어 영생불사를 하였다고 한다.

오동나무 바람에 마음이 놀라 남아는 괴로운데
희미한 등잔에 베짱이는 울면서 싸늘한 베를 짜는구나.
누가 푸른 대쪽으로 엮은 이 책을 보아
좀벌레에게 먹혀 가루가 되지 않게 할 이가
그리운 생각에 얽히어 이 밤 창자 뻣뻣이 경직될 때
차가운 빗 속 아름다운 혼 찾아와 이 독서객讀書客을 위로한다.
가을 무덤 속에서 귀신들이 포조시를 노래하며
원한에 피가 천년을 두고 흙 속에서 백옥碧玉이 되겠지.

桐風驚心壯士苦	동풍경심장사고
衰燈絡緯[41]啼寒素	쇠등락위제한소
誰看青簡[42]一編書	수간청간일편서
不遺花蟲[43]粉空蠹[44]	불유화충분공두
思牽今夜腸應直	사견금야장응직
雨冷香魂[45]弔書客	우랭향혼조서객
秋墳鬼唱鮑家詩[46]	추분귀창포가시
恨血千年土中碧[47]	한혈천년토중벽

이 시는 시인이 가을 밤 느낀 독서인의 허무감과 고독 그리고 비애감을 읊조린 작품이다. 시인의 처량하고 침울한 심사를 잘 그리고 있는데, '고苦' '쇠衰' '한寒' '청青' '공空' '사思' '냉冷' '한恨' '벽碧'이란 시어에서 전체적으로 차고 서글프며 한스러운 비애감을 짙게 느낄 수 있다. 과거를 회상하며

41) 베짱이의 일종
42) 종이가 발명되기 전 푸른 대나무 조각을 불에 쬐어 기름을 제거하고 거기에 글을 썼던 데서 유래한 말로 여기서는 書冊을 가리킴.
43) 좀벌레로 모양이 조그만 물고기와 같고 은백색을 띠고 있음.
44) 좀벌레가 좀을 먹어 가루가 되어 없어졌다는 뜻.
45) 아름다운 혼 여기서는 옛 시인의 혼을 가리킨다.
46) 남조 宋의 鮑照를 가리키는 것으로, 그의 <代蒿里行>과 <代挽歌>같은 死者의 감개를 읊은 시를 가리킴.
47) 《장자 외물편》과 《여씨춘추 孝行覽篇》에 보면 周의 萇弘이 무고하게 사형 당했는데, 그 恨 때문에 그의 피가 3년 후에 碧玉으로 변했다는 고사가 있는데 그것을 암용한 것임.

읊은 완적의 <영회시>도 비애적 정서가 물씬 풍긴다, 그 첫 수를 읽어보자.

밤중에 잠 이룰 수 없어
일어나 앉아 거문고를 켠다.
얇은 휘장으로 밝은 달빛 비추오고
맑은 바람 내 옷깃에 부는구나.
외로운 기러기 바깥들에서 울고
북쪽 숲에서 북국의 새들이 우는구나.
배회하며 장차 무엇을 보고자 하나,
근심스러운 생각에 홀로 마음 상하는 도다.

夜中不能寐　　야중부능매
起坐彈鳴琴　　기좌탄명금
薄帷[48]鑑明月　　박유감명월
淸風吹我襟　　청풍취아금
孤鴻號外野　　고홍호외야
朔鳥[49]鳴北林　　삭조명북림
徘徊將何見　　배회장하견
憂思獨傷心　　우사독상심

시세時勢를 느낀 시인의 고독과 시름을 노래하고 있다. 위진 교체기에 시인은 그 당시 시대 상황에 대한 울분의 심정을 시로 읊조려낸 것이 바로 이 영회시라고 한다. 비애적 정서가 물씬 풍긴다. 증별시 혹은 송별시라고도 부를 수 있는 두목杜牧(803 - 852)의 <증별贈別>이란 시도 비애적 정서가 짙게 있다.

다정함이 오히려 무정한 것만 같아
술잔 앞에 앉으니 웃는 얼굴 지을 수가 없네.
그런데 촛불은 이별을 아쉬워하는 마음 있음인가?
사람 대신 날이 새도록 제가 눈물 흘리네.

---

48) 얇은 휘장

49) 북국의 새들

多情却似總無情　　다정각사총무정
惟覺尊前[50]笑不成　　유각존전소부성
蠟燭有心還惜別　　납촉유심환석별
替人垂淚到天明　　체인수루도천명

님과 헤어지기 전날 밤 그 헤어짐의 아쉬움을 읊은 작품이다. 촛불에 촛농이 흐르는 것을 초가 시인 자신을 대신해 흘리는 석별의 눈물이라고 풀이한 것은 헤어짐에서 오는 비애가 말이나 행동으로 나타낼 수 없을 만큼 크고 절실하다는 것을 나타내고 있다. 이처럼 한시에는 석별의 아쉬움을 애절히 읊은 작품이 아주 많고, 헤어짐과 만남을 주제로 한 시도 많다. 비애적 정서가 물씬 풍긴다. 왕안석이 32세에 한식날 휴가를 얻어 금릉金陵(지금의 남경)에 있는 부친과 형의 산소를 찾아 성묘하며 읊은 <임진한식壬辰寒食>도 한시 특유의 비애감이 짙게 서려 있다.

나그네 슬픔은 버들과 같아,
봄바람에 천만 가지로 일렁거린다.
더욱이 한식날 쏟은 눈물로,
야성冶城의 조수가 불어나겠다.
백발은 두건에서 삐져나오고,
거울 속 얼굴엔 붉은 빛 시들었다.
벼슬의 즐거움 알지 못한 채,
고기 잡고 나무하며 늙고 싶구나.
客思似楊柳　　객사사양류
春風千萬條　　춘풍천만조
更傾寒食淚　　갱경한식루
欲漲冶城潮[51]　　욕창야성조
巾髮雪爭出　　건반설쟁출

〈완적의 〈영회시〉에도 여성적 비애감이 많이 서려있다.〉

50) 술잔 앞에

51) 야성의 조수, 즉 양자강의 조수를 가리킨다. 야성은 옛 지명으로 남경시 중심에서 멀지 않은 곳이다. 북송 당시 양자강의 조수가 야성까지 밀려왔다.

鏡顔朱早凋　　경안주조조
未知軒冕[52]樂　　미지헌면락
但欲老漁樵　　단욕로어초

부친과 맏형을 성묘하면서 느낀 슬픔을 그린 것인데, 그 슬픔은 봄바람에 일렁이는 수많은 버드나무 가지처럼, 흘리는 눈물로 양자강의 조수가 불어날 만큼, 32세의 젊은 나이에 머리카락이 하얘지고 붉은 얼굴이 시들었다고 느낄 만큼 큰 것이다. 실은 이들 작품 외에도 한시의 많은 작품들이 이처럼 비애적 정서와 소극적인 느낌을 준다. 한시의 가장 기본적인 정서라고 하는 이 비애감 소극성은 남성적인 정서라기보다는 여성적인 정서에 가깝다고 할 수 있다. 한시 중에서도 이런 비애적 정서가 많이 나타나는 부류로는 규방시 규원시와 행역시 변새시, 님 그리는 시와 사우시思友詩, 별리시 송별시 증별시 유별시와 유자시 객수시와 사향시 회향시 등에 두루 나타나며, 또한 영사시 영회시 영고시 회고시와 감회시 감우시와 탄로시 인생무상시 그리고 기녀시 궁원시 등에도 두루 보인다.

(2) 여성적 애조 애상 - 비悲 애哀 수愁 원怨 회懷 한恨 상傷 고苦 의意 념念 정情 음吟 가련可憐

한시에는 서구시와는 달리 여성적인 애조가 많이 서려있다. 한시에는 여성적 정서를 드러내는 비悲 애哀 수愁 원怨 회懷 한恨 상傷 고苦 의意 념念 정情 음吟 가련可憐 등의 시어가 많이 보인다. 온정균溫庭筠의 <요슬원瑤瑟怨>이란 시를 읽어보자.

싸늘한 대방석 은침대에서 잠들지 못하고
푸른 하늘은 물과 같고 밤 구름 가볍게 흘러간다.

---

52) '헌'은 大夫 이상의 관원이 타던 휘장을 친 수레이고, '면'은 그들이 예복을 입을 때 쓰던 모자다. '헌면'은 하나의 단어로 벼슬과 지위를 뜻한다.

기러기 소리 멀리 소수瀟水와 상수湘水를 지나가는데
십이루十二樓에 달이 스스로 비추고 있을 뿐이로다.

冰簟[53]銀牀夢不成　　빙단은상몽불성
碧天如水夜雲輕　　벽천여수야운경
雁聲遠過瀟湘去　　안성원과소상거
十二樓中月自明　　십이루중월자명

가을날 시름에 잠긴 여인네의 마음을 노래한 시이다. 여성적인 애조가 시 내용 속에 깊게 스며있다. 한시에는 슬픔과 근심(悲, 哀, 愁)을 읊조린 시가 적지 않다. 님이나 친구와 함께 있지 못한다는 데서, 그리고 그 님이나 친구와 헤어진다는 데서, 떠돌아다니는 나그네 생활이나 변방생활에서, 님이 자신을 내치고 자신을 생각하지 않는다는 데서, 혹은 쓸쓸한 자연 경물을 접하고 자신의 처지에서, 혹은 따뜻한 봄 경치에 대해 반내로 사신의 처지가 쓸쓸함에서 오는 슬픔과 근심 등 한시에서는 슬픔과 근심(悲, 哀, 愁)을 읊조린 시가 굉장히 많은 것이다. 이는 모두 원형(님이나 친구 혹은 고향)과 <더불어 하나> 되지 못하고 또한 그 원형시절로 되돌아갈(歸) 수 없다는 데서 느끼는 정서들이다. 한시의 제목 자체에도 <00수愁> 혹은 <00비悲> <00비수悲愁> 등 '비悲'나 '애哀' '수愁' 자가 들어간 시가 많은데, <'비수'가'悲愁'歌>, <대'비'백두옹代'悲'白頭翁>, <복'수'復'愁'>, <칠'애'가七'哀'歌>, <'애'강두'哀'江頭> 등이 그것이다. 한대 오손공주烏孫公主가 지은 것으로 알려진 <비수가悲愁歌>를 읽어보자.

한나라에서 나를 하늘 한 귀퉁이로 시집보내어
멀리 이국異國의 오손왕烏孫王에게 기탁하게 되었구나.
천막으로 집을 짓고 모포로 담을 삼아
고기로 식량 삼고 젖으로 음료 삼는다.
밤낮 고향 생각에 마음속은 상해

53) 서늘한 대자리

원컨대 고니 새가 되어 고향으로 돌아가기를.
吾家嫁我兮天一方　　오가가아혜천일방
遠託異國兮烏孫王　　원탁이국혜오손왕
穹廬爲室兮旃爲牆　　궁려위실혜전위장
以肉爲食兮酪爲漿　　이육위식혜락위장
居常土思兮心內傷　　거상토사혜심내상
願爲黃鵠兮歸故鄕　　원위황곡혜귀고향

한 무제가 서역 이민족과의 화친을 위해 오손공주를 머나 먼 서역으로 시집보냈는데, 그 공주가 고향으로 돌아가기를(歸) 원하며, 그것을 슬픔과 근심(悲, 哀, 愁)의 심정으로 읊조린 고시古詩이다. 맹교孟郊(751-814)의 <문침聞砧[54]>은 타지에서 다듬이질 소리 듣는 나그네의 애절함을 읊은 시이다.

두견새소리도 이보다 슬프지 않고
외로운 잔나비 울음도 이보다 애절하지 않네.
달 아래 어느 집에서 다듬이질인가?
한 소리마다 창자 한 마디씩 끊기네.
방망이 소리 나그네 위하는 것 못되니
나그네 듣고는 머리 저절로 희어지네.
방망이 소리 옷 다듬기 위한 것 아니라
나그네 마음 슬프게 해주려는 것일세.
杜鵑聲不哀　　두견성불애
斷猿啼不切[55]　　단원제부절
月下誰家砧　　월하수가침
一聲腸一絶　　일성장일절
杵聲不爲客　　저성불위객
客聞髮自白　　객문발자백
杵[56]聲不爲衣　　저성불위의

54) 방망이 다듬이질 소리를 듣다.
55) 애절하다.
56) 다듬이 방망이

欲令游子[57]悲　　　욕령유자비

'애哀' '단斷' '절切' '절絶' '비悲'란 시어에서 애절하고 슬픔을 느낄 수 있다. 이런 애절하고 슬픈 정서는 여성적 정서에 가깝다고 할 수 있다.

한시에는 원망(怨)을 읊은 작품도 많으며, 또한 제목 자체에 아래에 인용할 어현기魚玄機의 <추원秋怨>처럼 <00원怨>이라고 한 작품이 많다. <옥계'원'玉階'怨'> <궁'원'宮'怨'> <규'원'閨'怨'> <춘'원'春'怨'> <요슬'원'瑤瑟'怨'> 등이 그것이다. 이는 모두 님이 자신에게 돌아와(歸) 자신과 <더불어 하나>되지 못한 심정을 원망조로 읊은 작품들이다.

스스로 탄식함은 정이 많아 족히 시름함이니
하물며 바람과 달이 정원에 가득 찬 가을임에랴.
규방에 지겹게도 시간을 알리는 소리만 가까운데
밤마다 등불 앞에서 흰머리만 늘어가는 것을

自歎多情是足[58]愁　　　자탄다정시족수
況當風月滿庭秋　　　황당풍월만정추
洞房[59]偏[60]與更聲[61]近　　　동방편여경성근
夜夜燃前欲白頭　　　야야연전욕백두

어현기魚玄機의 <추원秋怨>이란 이 작품은 가을 밤 님이 떠난 텅 빈 규방에서 여인네가 홀로 쓸쓸히 잠 못 드는 밤을 지새우며 헛되이 흰머리만 늘어나는 것을 원망조로 읊고 있는 규원시라고 할 수 있다. '원怨'과 '수愁'의 정서가 잘 드러난 왕창령王昌齡(692? - 757)의 <규원閨怨>이란 시를 읽어보자.

---

57) 집나간 사람, 나그네

58) '足'은 '多'와 의미가 같음.

59) 閨房

60) 지겹게도

61) '更'은 밤을 다섯 등분한 단위. 매 更마다 북을 쳐서 시간을 알렸다.

규방의 젊은 아낙 근심이 무엇인지 도무지 모르고서
봄날 한껏 단장하고 비취색 누각에 올랐다가
문득 밭둔덕의 버드나무 색 새로워진 걸 보고서
제 낭군 벼슬길 떠나보낸 것 후회하네.

閨中少婦不知愁　　규중소부부지수
春日凝裝[62]上翠樓　　춘일응장상취루
忽見陌頭柳色新　　홀견맥두유색신
悔教夫婿[63]覓封侯[64]　　회교부서멱봉후

천지간에 생기가 도는 봄날에 아낙이 함께 할 남편을 벼슬길 떠나보낸(去) 것을 후회하고 있다. 남편을 모르고 떠나보낸 규방 아낙네의 근심(愁)과 그런 자신에 대한 원망(怨)이 은연중에 표현되어 있다. 이백의 <옥계원 玉階怨>도 쓸쓸한 궁궐에 홀로 있는 궁녀의 원망을 읊은 작품이다.

옥 계단에는 흰 이슬이 내리고,
밤 깊어 비단 버선엔 찬 기운이 스민다.
도리어 수정 발 내리고
영롱한 밝은 달을 바라본다.

玉階生白露　　옥계생백로
夜久侵羅襪　　야구침라말
却下水晶簾　　각하수정렴
玲瓏望明月　　영롱망명월

〈이백의 〈옥계원〉은 외로운 궁녀의 원망을 읊은 작품이다.〉

62) 세심하게 차려 입은 옷
63) 남편
64) 벼슬자리를 찾다.

한시에는 또한 가슴에 품음(懷)과 한스러워함(恨)을 주제로 한 시도 적지 않다. 객지나 변방에서 님이나 친구와 떨어져 있으며 고향에 돌아가지 못하고 늙은 몸으로 정처 없이 떠돌아다니는 자신의 처량한 신세를 한스러워(恨)하거나, 님과 친구를 마음에 품으며(懷) 그 감회를 읊은 시도 부지기수로 많다. 또 어떤 사건이나 경물에 접해 자신의 처량한 감회(懷)를 읊조린 시 역시 많다. 한시 제목에도 '회懷'나 '한恨' 등이 쓰여져 있는 것도 많은데, <영'회'시詠'懷'詩> <술'회'述'懷'> <여야서'회'旅夜書'懷'> <동왕징군동정유'회'同王徵君洞庭有'懷'> <공로감'회'鞏路感'懷'>, 백거이의 유명한 <장'한'가長'恨'歌> <유'회'遺'懷'>, <한거감'회'閑居感'懷'> 등이 그것이다. 어떤 사실이나 사람(님이나 친구)을 가슴 속 깊숙이 품는다(懷)거나 혹은 자신의 슬픈 신세를 한스러워한다(恨)는 정서 역시 인류학적인 입장에서 볼 때 이는 남성적인 정서라기보다 여성적인 정서에 훨씬 가깝다. 나그네 생활에서 오는 고독과 쓸쓸함을 가슴시리도록 품고(懷) 처량하게 읊은 시로 두보의 <여야서회旅夜書懷>를 읽어보자.

잔풀들이 미풍에 흔들리는 언덕
높다란 돛대 배에 홀로 밤을 지새우는 도다.
별이 드리운 들판은 넓고
달빛 내리는 큰 강은 흘러만 가고 있구나.
명성이 어찌 문장으로 드러나리마는
관직도 오랜 병으로 그만 두었도다.
바람 따라 유랑하는 나는 무엇과 비슷한가?
하늘과 땅 사이의 한 마리 모래 갈매기로다.

細草微風岸　　세초미풍안
危檣[65]獨夜舟　　위상독야주
星垂平野闊　　성수평야활
月湧大江流　　월용대강류

---

65) 높다란 돛대

名豈文場著　　명개문장저
官因老病休　　관인로병휴
飄飄何所似　　표표하소사
天地一沙鷗　　천지일사구

이 시는 두보가 성도成都를 떠나 양자강을 따라 형주荊州로 방면되어 내려가는 도중에 느낀 시인 자신의 감회를 읊은 것이다. 만년(54세)에 다시금 방랑길에 나서야만 하는 작자의 고독과 인생에 대한 체념이 뒤범벅되어 있다. 이처럼 자신의 회포(懷)를 적은 한시는 적지 않다. 멀리 있는 자신의 스승을 그린(懷) 시로 진사도陳師道(1,053-1,101)의 <회원懷遠[66]>이란 시를 읽어보자.

바다 저쪽으로 3년을 귀양 가 계시니,
하늘 남쪽으로 만 리나 가신 것일세.
생전의 일들은 모두 누만 되고 있으니,
돌아가신 뒤에 다시 명성을 기다려야만 할 것인가?
아직도 편안히 계신단 소식 없으니
공연히 옛 정만 그리게 되네.
훌륭한 분이 이런 처지에 계시거늘
어찌 눈물 줄줄 흘리지 않겠는가?
海外三年謫　　해외삼년적
天南萬里行　　천남만리행
生前只爲累　　생전지위루
身後更須名　　신후갱수명
未有平安報　　미유평안보
空懷故舊情　　공회고구정
斯人[67]有如此　　사인유여차
無復涕縱橫　　무부체종횡

66) 멀리 해남도 儋州에 귀양가 있는 스승 蘇軾을 생각하며 지은 시
67) 훌륭한 분, 소식을 가리킴.

진사도가 멀리 해남도 담주儋州에 귀양 가 있는 스승 소식蘇軾을 생각하며 지은 시이다. 훌륭한 스승이 이런 곤경에 처하여 멀리 귀양 간 것에 대해 생각하며 진사도는 눈물 줄줄 흘리며 스승의 안위를 걱정하고 있는 것이다. 이처럼 님이나 스승 친구에 대해 자신의 가슴에 품은 회포(懷)를 읊은 한시 역시 적지 않다. 누군가를 가슴에 품고 생각한다라는 정서는 남성적인 정서라기보다는 여성적인 정서에 훨씬 가깝다고 할 수 있다. 구양수의 <추회秋懷>라는 작품도 가을이 되어 자신의 회포를 읊은 작품이다.

계절의 풍물 어찌 좋지 않단 말인가?
가을의 회포가 어이하여 암담한가?
가을바람에 저자의 술집 깃발 나부끼고,
보슬비 속에 철만난 국화만 피어 있네.
세상일에 대한 감회로 희어진 양편 귀밑머리 슬프고,
많은 녹 먹고 지내는 것이 부끄럽네.
어느 날이나 작은 수레 몰고
동쪽 밭 있는 곳으로 돌아가게 될까?

節物[68]豈不好　　절물기불호
秋懷何黯然[69]　　추회하암연
西風酒旗市[70]　　서풍주기시
細雨菊花天　　세우국화천
感事悲雙鬢[71]　　감사비쌍빈
包羞[72]食萬錢[73]　　포수식만전
鹿車[74]何日駕　　녹거하일가

68) 계절의 풍물, 계절에 따른 물건들.
69) 암담한 모양, 의기소침한 모양.
70) 저자에 나부끼는 술집 표시로 내걸은 깃발.
71) 양편 귀밑머리
72) 부끄러움을 알다.
73) 만전을 먹고 지내다, 많은 봉급을 받다.
74) 사슴 한 마리를 실을 수 있는 작은 수레.

歸去潁東田[75]　　귀거영동전

구양수는 인종仁宗 때에 참지정사參知政事란 부재상으로 나랏일을 보다가 신종神宗 때 왕안석이 신법을 시행하자, 벼슬을 그만두고 영주潁州로 물러나 서호西湖 근처에서 육일거사六一居士라고 자호하며 살았다고 한다. 이 시도 그 무렵 지어진 것으로 가을이 되어 모든 벼슬 던져두고 영수潁水로 돌아가 살고 싶은 시인의 회포를 그리고 있다. 이처럼 한시에는 시인의 회포(懷)를 읊은 시가 적지 않다. 무언가를 직접 말하지 않고 생각을 가슴에 이렇게 품고 있다(懷) 라는 것은 인류학적으로 볼 때 남성적인 정서에 가깝다기보다는 여성적인 정서에 가깝다고 할 수 있다.

이 외에도 한시에는 상傷 고苦 의意 념念 정情 음吟 등의 시어가 많이 등장한다. 모두 마음 아프거나 고통스러우며 또한 생각하고 그리워하며 읊조린다는 의미를 품고 있다. 님과 친구와 고향과 <더불어 하나>되지 못해 가슴 아프고(傷) 고통스러우며(苦) 또한 그런 자신의 슬픈 처지를 읊조리며(吟), 또한 그 님과 친구와 고향을 생각하고 그리워하는(意, 念, 情) 의미로 이들 시어가 많이 사용되고 있다. 심전기沈佺期(656 - 713)의 <잡시雜詩>를 읽어보자.

듣건데 황룡黃龍의 수자리
해마다 군사를 놓아주지 않네.
가련한 규방의 달
오랫동안 한나라 병영에 떠 있네.
어린 아낙네 올 봄의 '뜻(意)'
낭군의 어젯밤 '정情'이로다.
누가 능히 군사를 통솔하여
단번에 용성龍城을 취할 수 있으리.

---

75) 潁水 동쪽 밭. 영수는 하남성 중간에 흘러 안휘성에서 淮水로 흘러드는 강물 이름

聞道黃龍戍[76] 문도황용수
頻年不解兵 빈년부해병
可憐閨裏月 가련규리월
長在漢家營 장재한가영
少婦今春'意' 소부금춘'의'
良人昨夜'情' 양인작야'정'
誰能將旗鼓 수능장기고
一爲取龍城 일위취용성

전형적인 규원시이다. 제 5구의 소부少婦의 '뜻(意)'은 낭군이 빨리 수자리에서 돌아오기(歸)를 바라는 것이고, 이 '뜻(意)'은 바로 제 6구의 낭군 역시 바라는 '정情'이기도 하다. 이처럼 한시에는 '의意'과 '정情'이라는 시어가 많이 등장한다. 이는 함께 합쳐 <더불어 하나>되고 싶어 하고 또한 떨어져 있기(去) 싫어하는 감정을 읊은 규원시, 행역시, 님 그리는 시, 사우시, 사향시, 유자시, 객수시, 별리시, 송별시 등이 한시에서 많이 지어졌기 때문에, 한시에는 이런 감정 즉 헤어지기(去) 싫고 돌아가(歸) 함께 있고 싶은 뜻(意)과 정情을 읊은 시가 많은 것이라 할 수 있다. 한시에 비悲 애哀 수愁 원怨 회懷 한恨 상傷 고苦 의意 념念 정情 음吟 가련可憐의 정서를 읊은 시가 많은데, 이는 분명 남성적인 정서라기보다 여성적인 정서에 훨씬 가깝다고 할 수 있다.

또한 한시에는 시인 자신이 분명 남성인데도 불구하고, 여성적인 입장에서 지은 시들이 많다. 규원시 염정시 궁원시宮怨詩 기녀시 등과 같은 여성적 입장에서 지은 시가 실은 대부분 남성에 의해 지어지고 있다. 그들은 여성의 입장에서 지은 이들 시들을, 신하가 군주를 그리워하는(思) 시로 해석하기도 하는데, 실은 이와 같이 해석할 수 있음으로 인해 남성 시인들이 여성의 입장에서 규방시 염정시 궁원시 기녀시 등을 마음대로 짓도록 하는데

76) 黃龍 지방의 군사 요새로 지금의 요녕성 開源縣 서쪽에 있음.

일조를 해주었을 것으로 여겨진다. 그 예로 이백(710-762)의 <자야오가子夜[77]吳歌> 제 3수를 읽어보자.

장안에 한조각 달이 떴는데,
모든 집에 옷 두드리는 소리로다.
가을바람은 불어 다하지 않으니,
모두 변방인 옥문관玉門關의 정이로다.
어느 날 오랑캐들을 평정하여,
님은 먼 곳에서의 정벌을 마칠까?

長安一片月	장안일편월
萬戶擣衣[78]聲	만호도의성
秋風吹不盡	추풍추부진
總是玉關[79]情	총시옥관정
何日平胡虜	하일평호로
良人[80]罷遠征	양인파원정

오랑캐들을 정벌하러 먼 변방으로 떠난 님이 돌아오기(歸)를 바라는 여인네의 심정이 잘 묘사되어 있다. 이백 그는 본명 남성임에도 불구하고 규방에 있는 여인의 입장에서 이 시를 읊고 있다. 또 다른 예로 육조시대 사조謝朓의 <옥계원玉階怨[81]>이란 시를 읽어보자.

저녁 궁전에 진주 발 내리고
반딧불이 날다가 또 사려져 버린다.
긴긴밤 명주옷 짓노라니
님을 그리워함이 이 얼마나 심한가.

---

77) 곡 이름

78) 다듬이질

79) 玉門關

80) 남편을 말함

81) 樂府曲으로, 궁녀의 원망을 그린 시로 당나라 때 絶句의 序曲이라 평가되고 있다.

夕殿下珠簾[82] 석전하주렴
流螢飛復息[83] 류형비복식
長野縫羅衣 장야봉나의
思君此何極 사군차하극

사조는 분명 남성 시인임에도 불구하고 <옥계원玉階怨>같은, 궁중 여인네의 입장에서 노래한 이런 궁원시宮怨詩를 짓고 있다. 그러나 이와 반대로 여성 시인이 남성의 입장에서 행역시 변새시 같은 것을 지은 것은 없다. 한시 그것이 그 얼마나 여성적 정서가 많이 서려있는 가를 알 수 있게 한다. 한시에서 이런 여성적 애조 애상의 정서는 규방시 규원시와 님 그리는 시 그리고 염정시 기녀시 궁원시 부류에 자주 보인다.

(3) 그리움(思)과 기다림 - 사思 억憶 상想 회상回想과 등等 대待

한시의 기본적인 정서라고 하는 그리워한다(思), 회상한다(憶, 回想), 생각한다(想) 등의 정서는 인류학적인 입장에서 볼 때 이 역시 남성적인 정서에 가깝다기보다는 여성적인 정서에 훨씬 가깝다. 이렇게 한시에 사思 억憶 상想 회상回想 등의 여성적인 정서가 많이 베여있는 것은, 여女 그것이 바로 회귀적 관념의 표상이라는데 있다. 생리 때문에 1달을 주기로 생체리듬 즉 바이오리듬이 순환 회귀하는 회귀적 관념의 표상인 이 여성의 정서가 한시에 많이 나타나는 것은 그것이 바로 24절기를 주기로 끊임없이 순환 회귀적(歸)인 삶을 살아온 농경민족 중국인들의 기본적인 순환 회귀적(歸)인 심성과 맞았기 때문일 것이다. 한시에는 제목 자체에 사思 억憶 상想 회상回想 등이 있는 시도 적지 않다. <구월구일'억'산중형제九月九日'憶'山中兄弟> <정야'사'靜夜'思'> <춘일'억'이백春日'憶'李白> <월야'억'사제月

82) 궁녀가 총애를 잃었음을 의미함.

83) 쓸쓸하고 처량함을 나타냄.

夜'憶'舍弟> <춘'사'春'思> <추'사'秋'思'> <팔월십오일야금중독직대월'억'원구八月十五日夜禁中獨直對月'憶'元九> 등이 그것이다. 이 외에도 한시에는 그리움(思) 회상(憶, 回想) 생각(想) 등을 주제로 한 시는 부지기수이다.

이 중 한시에 보편적으로 깔려있는 가장 기본적인 정서는 그리움(思)이라고 할 수 있다. 규원시 행역시는 님에 대한 그리움(思)을 주제로 하여 읊은 시이고, 사우시思友詩는 친구에 대한 그리움(思)을 주제로 하여 읊은 시이며, 유자시 객수시 등은 고향에 대한 그리움(思)과 그 고향으로 돌아가지(歸) 못한다는 데서 오는 비애감과 고독을 읊은 시이다. 사향시는 고향에 대한 그리움(思)을 읊은 시이며, 궁원시 기녀시 등은 임금이나 님에 대한 그리움(思)을 읊은 시라고 할 수 있다. 한시에서처럼 그리움(思)을 주제로 하여 읊은 시가 이렇게 많은 것도 세계문학사에서 보기 드문 것으로 여겨지는데, 이는 그리움(思) 그것이 여성적인 정서로 24절기를 주기로 끊임없이 순환 회귀적인 삶을 살아온 농경민족 중국인들의 정서에 잘 맞았기 때문일 것이다. 우리 민족이 읊은 민요나 사대부들이 지은 가사나 한시에도 그리움(思)을 주제로 한 것이 많으며, 실은 농경민족인 우리민족이나 중국인들이 주로 읊은 민요 중 가장 많은 분량을 차지하는 내용이 바로 님에 대한 그리움(思)을 주 주제로 하여 읊은 것들이다. 정철이 지은 <사미인곡思美人曲> <속미인곡續美人曲>은 말할 것도 없고, 고려 속요인 <동동> <가시리> <정과정곡> 같은 것은 모두 떠난 님에 대한 그리움(思)을 주 주제로 하여 읊은 작품이며, 우리 민족의 정서를 가장 잘 대변하고 있는 대표적인 민요인 <아리랑> 역시 그 주제가 떠난 님에 대한 원망과 그리움(思)이다. 그리움(思)을 주제로 한 시 중 이백의 유명한 <정야사靜夜思>를 읽어보자.

> 침상 앞에서 달빛을 보고,
> 이것이 지상의 서리인가 의심했네.
> 머리 들어 산의 달을 바라보고,
> 머리 숙여 고향을 그리워하는 도다.

牀前看月光　　상전간월광
疑是[84]地上霜　　의시지상상
擧頭望山月　　거두망산월
抵頭思故鄕　　저두사고향

〈타향에서 달을 보고 고향을 그리워 하는 이백의 〈정야사〉를 그린 그림. 한시에는 이처럼 그리움(思)을 읊은 시가 굉장히 많다.〉

이백은 타향에서 달을 쳐다보며 망향의 정에 사무치고 있다. 이와 같이 고향을 그리는(思) 시는 한시에 굉장히 많다. 또한 한시에는 님에 대한 그리움(思)을 읊은 규원시 염정시 기녀시 궁원시와 행역시 그리고 임금을 그리는(思) 시 역시 부지기수로 많다. 그 중 가장 대표적인 님 그리는(思) 시인 규원시로 설도薛濤(760 - 832)의 <춘망사春望詞>를 읽어보자.

꽃이 펴도 함께 감상할 수 없고
꽃이 져도 함께 슬퍼할 수 없네.
그리운 당신 계신 곳 물어보려 하노니
꽃피고 꽃질 때 (무슨 생각으로 보시는지요.)
花開不同賞[85]　　화개부동상
花落不同悲　　화락부동비
欲問相思處[86]　　욕문상사처
花開花落時　　화개화락시

당대 유명한 여류시인 설도의 규원시이다. 멀리 떠난 님에 대한 그리움(思)이 아주 잘 묘사되어 있다. 그리움(思)을 주제로 한 이백의 <장상사長相思>란 작품의 제 2수를 읽어보자.

---

84) …인가 의심하다.

85) 당신과 함께 감상할 수 없다.

86) 그리운 당신이 계신 곳

해 이미 저물어 꽃은 안개 속에 있고
달은 하얗게 밝아오나 근심에 잠 못 이루네.
조슬趙瑟을 연주하다 봉황주鳳凰柱를 눌러 멈추고
촉금蜀琴을 꺼내 원앙현鴛鴦絃을 연주하려는데
이 곡에 깃들인 뜻을 전할 이 없으니
봄바람 따라 연연산燕然山에 부치길 바라네.
그대 생각하나 저 멀리 푸른 하늘에 격해있으니
지난날 추파 던지는 눈에는
이제는 눈물샘이 넘쳐납니다.
첩의 애간장 녹는 것 못 믿으시겠다면
돌아와 밝은 거울 앞에 보세요.

日色已盡花含煙　　일색이진화함연
月明欲素愁不眠　　월명욕소수불면
趙瑟[87]初停鳳凰柱　　조슬초정봉황주
蜀琴[88]欲奏鴛鴦絃　　촉금욕주원앙현
此曲有意無人傳　　차곡유의무인전
願隨春風寄燕然[89]　　고수춘풍기연연
憶君迢迢[90]隔靑天　　억군초초격청천
昔日橫波目[91]　　석일횡파목
今成流淚泉　　금성유루천
不信妾腸斷　　불신첩장단
歸來看取明鏡前　　귀래간취명경전

<장상사長相思>는 악부 잡곡가雜曲歌에 속하는데, 대부분 이처럼 남편을 그리는(思) 애절한 정을 표현하고 있다. 변방으로 떠난 님을 그리는

87) '瑟'은 현악기 이름인데, 전국시대 조나라 여자가 잘 연주했다고 하여 '趙瑟'이라고 함.

88) 司馬相如가 臨邛에 갔을 때 卓王孫의 딸 文君이 이 琴을 잘 연주해 이에 반해 사마상여가 그녀와 함께 도망갔다는 고사에서 '蜀琴'이라고 함.

89) 지금 몽골의 杭愛山으로 여기에서는 변방을 나타냄.

90) 멀리 아득한 모양

91) 여자가 교태를 부려 눈길을 돌려 째려보는 것.

〈사천성 성도 망강루望江樓공원에 있는 설도. 그녀의 작품에 그리움(思)을 읊은 작품이 많다. 우리 가곡 동심초의 가사도 실은 그녀의 시에서 따온 것이다.〉

(思) 여인네의 애절한 심정이 너무나 간절하다. 시인 이백이 남성임에도 불구하고 여인의 입장에서 이런 시를 지은 것은 한시에 그 얼마나 여성적 정서가 깊게 배여 있는가를 알 수 있게 해준다. 한시에서처럼 그리움의 정서를 이렇게 많이 읊은 시도 전세계문학사에서 찾아보기 힘든데, 그리움 그것이 여성적인 정서라는데 그 원인이 있다고 여겨진다. 이백의 <사변思邊>는 변방에 가있는 남편을 그리워(思)하고 생각하며(憶) 읊은 시이다. 한시에서 많은 분량을 차지하는 규방시 행역시가 님에 대한 그리움(思)을 읊은 시이다.

지난해 어느 때에 당신이 나를 떠나갔던가?
남쪽 동산 푸른 풀 위에 나비가 날고 있을 때였지.
올해는 어떤 때이길래 내가 그대를 그리고 있는가?
서쪽 산에 흰 눈이 쌓였고 진땅에 구름이 덮여있기 때문이네.
옥문관은 여기서 3천리나 떨어져 있으니
편지를 부치고 싶어도 어떻게 들리게 될 수 있겠는가?

去歲[92]何時君別妾　　거세하시군별첩
南園綠草飛胡蝶　　남원녹초비호접
今歲何時妾憶君　　금세하시첩억군
西山白雪暗秦雲[93]　　서산백설암진운
玉關此去三千里　　옥관차거삼천리
欲寄音書那得聞　　욕기음서나득문

---

92) 지난해. 남편이 떠나갔을 때를 생각하는 것이다.

93) 진나라 땅 곧 지금의 섬서성 일대의 하늘을 덮은 구름.

서쪽 옥문관에 수자리 간 남편을 그리워(思)하며 읊은 전형적인 규방시이다. 이처럼 한시에는 누군가를 그리워하고(思) 생각하는(憶, 想)하는 작품이 많은데, '그리워한다' '생각한다'라는 정서 역시 이는 여성적인 정서에 가깝다. 왕유王維가 고향의 형제들을 생각한(憶) 시로 <구월구일억산동형제 九月九日[94]憶山東[95]兄弟>란 시를 읽어보자.

홀로 타향에서 나그네 되니
매번 명절 때마다 가족에 대한 그리움 더욱 간절하네.
아련히 알건데 (올 중양절에도) 형제들 높은 산에 올라
두루 수유를 머리에 꽂을 때 (나) 한사람 적으리라.
獨在異鄕爲異客　　독재이향위이객
每逢佳節倍思親　　매봉가절배사친
遙知兄弟登高處　　요지형제등고처
遍揷茱萸[96]少一人　　편삽수유소일인

이 시는 왕유가 17세에 지은 시로 알려져 있다. 당시 그는 장안에서 화산華山 동쪽인 그의 고향 포주蒲州(지금의 산서성 永濟)에 있는 형제들을 생각하며 이 시를 지었다고 한다. 타향에서 중양절 날 홀로(獨) 보내며 고향에 있는 가족을 그리워하고(思), 형제들을 생각하고(憶) 있는 것이다. 이처럼 한시에는 그리워하고 생각하는 정서의 작품이 굉장히 많다. 그리워한다(思) 생각한다(憶)라는 정서는 인류학적인 입장에서 볼 때 이는 분명

〈아리랑 유네스코 등재 1주년 기념공연 모습. 우리의 대표적 민요 아리랑도 님에 대한 원망과 그리움(思)을 주로 노래하고 있다.〉

94) 重陽節

95) 華山의 동쪽

96) 수유. 향기가 나는 짙은 식물. 옛날에 중양절에 높은 산에 올라 국화주를 마시고 수유의 열매를 머리에 꽂으며 사악한 기운을 물리치는 풍습이 있었다.

남성적인 정서에 가깝다기보다는 여성적인 정서에 가깝다고 할 수 있다.

또한 기다림(等, 待)을 주제로 한 시로 맹호연의 숙업사산방대정대부지 宿業師[97]山房待丁大[98]不至>란 시를 읽어보자.

석양이 서쪽 봉우리 넘어가니
뭇 계곡 어느 듯 어둑해지네.
소나무에 걸린 달에서 저녁 서늘함 생겨나고
바람 스치는 샘에는 맑은 소리 가득하다.
나무꾼들은 거의 다 돌아가고
저녁 안개 속의 새들은 둥지를 막 틀었다.
그 사람 묵으러 돌아온다고 기약했으니
홀로 거문고 앉고 여라 우거진 길에서 기다려본다.

夕陽度西嶺　　석양도서령
群壑倏[99]已暝　　군학수이명
松月生夜凉　　송월생야량
風泉滿淸聽　　풍천만청청
樵人歸盡欲　　초인귀진욕
煙[100]鳥棲初定　　연조서초정
之子[101]期宿來　　지자기숙래
孤琴候蘿徑[102]　　고금후라경

시인 맹호연이 스승의 산방山房인 여라女蘿 우거진 길에서 오기로 한 친구 정대丁大를 기다리며(待) 읊은 시이다. 이백의 <조춘기왕한양早春寄王漢陽[103]>은 친구가 돌아오기를 기다리는(待) 참된 우정을 그린 시이다.

---

97) 스승

98) 丁氏 집 첫째 아들

99) 홀연히

100) 산이나 숲에서 피워 오르는 烟霧를 발함.

101) 시인이 기다리는 丁大를 지칭함.

102) 女蘿가 자라는 오솔길

103) 이른 아침 漢陽 縣令인 왕 아무개에게 부친다는 뜻. 왕한양이 누구인지는 알 수 없다.

봄이 돌아온다는 말을 들었으나 아직 몰라서,
일어나 찬 매화 곁으로 가서 소식을 알아보네.
어젯밤 동풍이 무양武陽으로 불어들더니,
길가의 버드나무가 황금빛을 띠었네.
푸른 강물은 아득하고 구름은 자욱하니,
그리운 그대 오지 않아 공연히 애 끊이네.
미리 푸른 산의 한 바위를 깨끗이 만들어,
그대와 연일 술잔 들며 취하고 싶네.

聞道[104]春還未相識　　문도춘환미상지
起傍寒梅訪消息　　기방한매방소식
昨夜東風入武陽[105]　　작야동풍입무양
陌頭[106]楊柳黃金色　　맥두양류황금색
碧水渺渺[107]雲茫茫　　벽수묘묘운망망
美人[108]不來空斷腸　　미인불래공단장
預[109]拂青山一片石　　예불청산일편석
與君連日醉壺觴[110]　　여군연일취호상

왕한양王漢陽이란 친구를 무작정 기다리며(待) 그가 돌아오면 함께 술을 마시려고 미리 푸른 산 위의 바위를 깨끗이 청소하려고 하고 있다. 친구를 기다리는(待) 애틋한 정이 잘 묘사되어 있다.

이처럼 한시에는 기다림을 주제로 한 시가 많다. 친구나 님을 직접 찾아 나서는 것을 읊은 시는 거의 없고, 이렇게 소극적으로 기다리며 읊고 있는데, 기다린다(等, 待)는 정서는 인류학적인 입장에서 볼 때 역시 남성적 정서라기보다는 여성적인 정서에 훨씬 가깝다. 비가 와야 할 때 비가 오기를 햇

---

104) 말하는 것을 들었다. 道는 말하다는 뜻.
105) 장강과 漢水가 합치는 지점에 있는 武漢三津 즉 武昌 漢口 漢陽 중 武昌을 가리킴.
106) 거리, 길가
107) 물이 질펀한 모양
108) 왕한양을 가리킨다. 그리운 그대라는 뜻.
109) 미리
110) 술병과 술잔

〈중국이나 한국에서는 기다리다 기다리다 기다림에 지쳐 죽어 돌이 되었다는 망부석의 전설이 많이 전해온다.〉

볕이 쬐어야 할 때 햇볕이 쬐어주기를 항상 기다리며(等, 待) 평생을 살아온 농경민족 중국인들은, 그들이 그렇게 즐겨했던 한시에도 이처럼 기다림(等, 待)을 주제로 시가 많은 것이다. 누대나 산마루에 올라 멀리 내다보며 님이나 친구가 돌아오기를(歸) 기다리며(等, 待) 읊은 시가 부지기수이다. 또한 님을 기다리다 기다리다 기다림에 지쳐 고갯마루에서 돌이 되고 망부석이 되었다는 전설과 시 작품도 많다. 그러나 서구에 기다리다 기다리다 돌이 되고 망부석이 되었다는 전설은 전해내려 오지 않는다. 한시에서 그리움(思)의 정서가 주로 나타나는 시로는 규방시 규원시, 행역시, 님 그리는 시, 사우시 그리고 사향시 회향시와 염정시 기녀시 궁원시 부류이다. 또한 기다림(待)의 정서를 나타내는 시는 규방시 규원시와 님 그리는 시, 사우시 그리고 염정시 기녀시 궁원시 부류에 자주 보인다.

(4) 아쉬움(惜)과 두려움(恐)

한시에는 '아쉬움'의 정서를 나타낸 작품이 많다. '아쉬워한다.'라는 정서 역시 인류학적 입장에서 볼 때 그것은 남성적인 정서라기보다 여성적인 정서에 훨씬 가깝다고 할 수 있다. 구양수歐陽修의 <풍락정유춘豊樂亭[111]遊春[112]>이란 시는 봄이 지나가는(去) '아쉬움'을 잘 그려내고 있다.

붉게 나는 나무 푸른 산에 해는 지려고 하는데,
넓은 들판 새싹 덮여 초록이 끝이 없구나.

111) 구양수가 滁州(지금의 안휘성) 刺史를 지낼 때 교외 산에다 지은 정자 이름.

112) 음력 3월에 '踏靑'이란 절기가 있어 교외를 산책하는 풍습이 있었다.

노는 사람들 봄이 장차 지나가려하는 것에 관여하지 않고
정자 앞을 왔다 갔다 하며 떨어진 꽃잎만 밟고 있네.
紅樹春山日欲斜　　홍수춘산일욕사
長郊[113]草色綠無涯　　장교초색녹무애
遊人不管[114]春將老　　유인부관춘장로
來往亭前踏落花　　래왕정전답낙화

이 좋은 봄날도 장차 지나가려 하는데, 사람들은 봄이 지나가는 줄도 모르고 떨어진 꽃잎만 밟으며 왔다 갔다 한다고 하며, 그 좋은 봄이 빨리 지나가는(去) 것을 못내 아쉬워하고 있다. 또 다른 봄을 보내는 아쉬움을 읊은 시로 장뢰張耒(1,052-1,112)의 <상춘傷春[115]>이란 시를 읽어보자.

뜬구름 둥실둥실 봄빛을 함께 보내고 있어,
가벼운 추위 속에 해 저무는 것 보기 겁나네.
밤새 빗소리 났으니 무엇을 어떻게 만들었을까?
새벽이 되자 온 성안의 꽃이 모두 떨어졌네.
浮雲冉冉[116]送春華　　부운염염송춘화
怯[117]見輕寒日欲斜　　겁견경한일욕사
一夜雨聲能幾許　　일야우성능기허
曉來落盡一城花　　효래락진일성화

봄밤에 빗소리 나 다음날 일어나보니 성안의 모든 꽃들이 떨어진 것을 아쉬하고 있다. 봄이 빨리 지나가는 것이 아쉬운 것이다. '아쉬워한다(惜)'라는 정서 역시 인류학적 입장에서 볼 때 그것은 남성적인 정서라기보다 여성적인 정서에 훨씬 가깝다고 할 수 있다.

---

113) 넓게 이어진 밭과 들

114) 관여하지 않음.

115) 봄이 가는 것을 가슴 아파 하는 것.

116) 떠가는 모양.

117) 겁내다, 무서워하다.

또한 한시에 '공恐'이란 시어가 많이 등장하고 있다. 님이 떠나갈까, 자신이 늙을까, 님이 자신을 버릴까, 친구와 헤어질까, 고향을 떠나 나그네가 될까 하여 두려워하는(恐) 작품이 굉장히 많은 것이다. 지금의 현실이 변하여 chaos(불완전 상태) 상태가 될까 두려워한다는 것인데, 이 정서 역시 인류학적인 입장에서 볼 때 남성적인 정서라기보다 여성적인 정서에 훨씬 가깝다고 할 수 있다. 중국인 그들은 고향에서 그리고 님과 혹은 친구와 〈더불어 하나〉되어 자연과 전원을 즐기며 또한 늙고 시들지 않는 이 현상을 유지하며 살기를 바랬지, 그것이 변하여 고향을 떠나 님과 혹은 친구와 헤어져 님과 친구가 나를 알아주지 않는 상태에서 늙고 시들게 되어버리는 것이 두려운(恐) 것이다. 그래서 가을의 조락, 강물의 흐름을 세월의 흐름으로, 혹은 달의 차고 기우는 것을 인생과 역사의 흥망성쇠에 비유하여 인생의 무상감에서 오는 비애감을 두려워하며(恐) 읊은 작품 역시 많다. 장구령張九齡의 <조경견백발照鏡見白髮>는 늙음 즉 시간의 흐름(去)이 가져다주는 두려움(恐)을 읊고 있다.

> 옛날에는 청운의 뜻을 품고 있었지만,
> 우물쭈물하는 사이에 백발의 나이 되었구나.
> 누가 생각이나 했으랴, 거울 속에서
> 나와 내 그림자 서로 불쌍히 여기게 되리라고.
> 宿昔青雲志　　숙석청운지
> 蹉跎白髮年　　차타백발년
> 誰知明鏡裏　　수지명경리
> 形影自相憐　　형영자상련

〈한시에는 봄이 지나가 아쉬움을 읊은 작품이 많다.〉

늙고(去) 싶지 않은 것이다. 늙음이 가져다주는 두려움(恐)을 읊고 있다. 항상 원형으로 회귀하고(歸) 싶은 농경민족 중국인들은 젊을 때 젊음을 찬양한 시를 별로 짓지 않고 항상 이렇게 나이가 든 후에 그 늙음이 주는 두려움(恐)을 읊고 있는데, 이 속에는 다시 젊은 시절(원형)로 되돌아갔으면(歸) 하는 욕망이 들어있다. 다음은 노조린盧照隣의 <곡지하曲池荷>란 작품도 연꽃으로 자신을 비유해 가을이 되어 시들어 버리면 님이 나를 알아주지 못할까 두려워(恐) 하며 읊은 시이다.

(바람에) 뜬 향기 곡강지曲江池 언덕에 맴돌고
둥근 (연잎) 그림자 연못을 뒤덮고 있네.
항상 가을바람 일찍 올까 두려워했는데,
(연꽃이) 표표히 떨어져도 님은 알지 못하리.
浮香繞曲岸[118]　　부향료곡안
圓影覆萃池　　원영복췌지
常'恐'秋風早　　상'공'추풍조
飄零君不知　　표령군부지

그는 연꽃을 그냥 읊지 않고 연꽃이 가을이 되어 떨어지면 님이 자신을 몰라줄까 두렵다(恐)고 읊고 있는데, 이는 자신을 여인에 비유해 자신의 아름다움이 사라지면 님이 자신을 내칠 것을 두려워(恐)하는 것을 비유하여 읊은 것이다. 사랑받지 못할까 내쳐질까 두려워(恐)한다는 것은 인류학적인 입장에서 볼 때 남성적인 정서라기보다 여성적인 정서에 훨씬 가깝다고 할 수 있다. 맹호연孟浩然의 <춘효春曉>는 밤새 비바람에 꽃이 얼마나 떨어졌을까 두려워한 작품이다.

봄잠에 새벽이 된 것도 몰랐는데,
여기저기서 새 울음소리 들려오네.
밤새 비바람 소리 났으니
꽃은 얼마나 떨어졌을까?
春眠不覺曉　　춘면불각효

118) 장안의 동남쪽에 있는 曲江池 언덕. 연못 가운데 연을 가득 심어놓아 풍광이 아름다운 유원지로 유명하고 많은 시인 묵객들이 이를 소재로 시를 읊었음.

處處聞啼鳥　　처처문제조
夜來[119]風雨聲　　야래풍우성
花落知多少　　화락지다소

밤새 비바람 소리에 꽃이 얼마나 떨어졌을까 두려워하고 있다. 이처럼 한시에는 아쉽고(惜) 두려움(恐)의 정서를 그린 작품이 적지 않다. 이런 아쉬움(惜)과 두려움(恐)의 정서는 한시 중에서도 별리시 송별시 증별시 유별시와 영사시 영회시 영고시 회고시 그리고 감회시 감우시와 탄로시 인생무상시 부류에 많이 나타난다.

(5) 외로움과 적막 처량함 - 고孤 독獨 일一 공空 무無와 적寂 소蕭

한시에는 외로움을 나타내는 시어인 고孤 독獨 일一 공空 고주孤舟 공산空山 등의 시어가 많이 보인다. 특히 규원시 행역시 사우시 변새시 유자시 객수시 별리시 송별시 탄로시 등과 같이 현재 자신이 처한 상태를 chaos(불완전한) 상태로 보고 그 자신의 고독과 외로움을 읊은 시 속에 이런 시어가 많이 등장한다. 외로워한다는 것 역시 인류학적인 입장에서 볼 때 남성적 정서라기보다 여성적 정서에 훨씬 가깝다고 할 수 있다. 맹호연의 <송두십사지강남送杜十四之江南>이란 시를 읽어보자.

형荊 땅과 오吳 땅은 서로 이어져 물의 마을이라 하는데
그대 가는 봄 강은 불어 바로 끝없이 넓을 터
날 저물면 그대 '외로운 배(孤舟)' 어디에 정박할까?
하늘 끝 한번 바라보니 사람 창자 끊는구나.
荊吳[120]相接水爲鄕　　형오상접수위향

119) 밤새
120) 楚나라. 현재 강남 지방을 이름.

君去春江[121]正淼茫[122]　　군거춘강정묘망
日暮'孤舟'何處泊　　일모'고주'하처박
天涯一望斷人腸[123]　　천애일망단인장

두십사杜十四를 강남땅으로 송별하며(去) 지은 시로, 두십사가 강남땅으로 가면 그가 탄 '외로운 배(孤舟)'는 또 어디에 정박할까 하고 그 외로움을 슬피 노래하고 있다. 한시에는 이처럼 외로움 고독 쓸쓸함 서글픔 등의 감정을 읊은 시는 굉장히 많다. 나그네 생활의 외로움과 고독을 읊은 최도崔塗의 <제야유회除夜有懷[124]>란 시를 읽어보자.

아득히 먼 삼파三巴의 길
나그네 되어 만 리 먼 길 위태로이 떠돈다.
어지러운 산에 잔설이 덮인 밤
고독한 타향사람이 되었다.
점점 혈육들과 멀어지고
오히려 하인들과 친해졌다.
어찌 견디랴 이 떠돌이 생활
내일이면 새해가 되는데
迢遞[125]三巴[126]路　　초체삼파로
羈危[127]萬里身　　기위만리신
亂山殘雪夜　　난산잔설야
孤獨異鄕人[128]　　고독이향인

121) 봄이 되어 물이 불어난 강
122) 끝없이 넓은 상태
123) 창자가 끊어질 듯한 비통한 생각
124) 어떤 판본에는 '巴山道中除夜書懷'라고 된 것도 있다.
125) 아득히 먼 것을 형용함.
126) 옛날의 巴東 巴西 巴郡 3지방을 일컫는 말로, 지금의 사천성 동부지방임.
127) 험난한 蜀道를 떠도는 것을 가리키는데, 나그네 길에 있어 험난한 일이 많음을 뜻한다.
128) 어떤 판본에는 '異鄕春'이라고 된 것도 있다.

漸與骨肉遠　　점여골육원
轉[129]於僮僕親　　전어동복친
那堪正飄泊　　나감정표박
明日歲華[130]新　　명일세화신

나그네가 되어 삼파三巴 먼 길을 떠도는 외로움과 고독을 절절이 읊고 있다. 이렇게 외로움과 고독을 읊은 한시는 부지기수이다. 규방에서의 여인네의 외로움을 읊은 이백의 <오야제烏夜啼[131]>란 시를 읽어보자.

누런 구름이 낀 성가엔 까마귀가 깃들려고,
날아 돌아와 까악 까악 나뭇가지 위에서 우네.
베틀에서 비단을 짜며 남편 그리는 여인에게는,
푸른 창사窓紗는 연기 같은데, 창 저쪽에선 말소리 들려오는 듯하네.
북 쥔 손 멈추고 창연히 멀리 있는 이 그리다가,
홀로 자는 외로운 방에는 눈물만 비 오듯 흘리네.
黃雲城邊烏欲棲　　황운성변오욕서
歸飛啞啞[132]枝上啼　　귀비아아지상제
機中織錦秦川女　　기중직금진천녀
碧紗如煙隔窓語　　벽사여연격창어
停梭[133]悵然憶遠人　　정사창연억원인
獨宿孤房淚如雨　　독숙고방누여우

남편을 멀리 변방으로 떠나보낸 여인네의 외로움(孤)이 절절히 표현되어 있다. 마지막에 "홀로 자는 외로운 방에는 눈물만 비 오듯 흘리네."라고 하고 있는 것이다. 이처럼 나그네 생활의 외로움, 변새에서의 외로움, 멀리 떠

129) 오히려, 더욱 더

130) 세월

131) 淸商曲에 속하는 악부시의 제목으로, 까마귀 밤에 운다는 것은 원래 길한 일의 前兆를 뜻하였으나, 나중에는 잠 못 이루고 님을 그리는 상사곡의 의미로 변하였다.

132) 까마귀 우는 소리

133) 베틀의 북

난 님을 그리는 규방에서의 여인네의 외로움, 임금의 사랑을 잃은 궁녀의 외로움, 사랑을 잃은 기녀의 외로움 등등 혼자 있는 것을 못견뎌하는 정서의 시가 적지 않다. 고향에서 일가친척들 그리고 이웃들과 함께 어울리며 농사지으며 사는 것을 가장 이상적인 삶으로 여겼던 정통 농경민족 중국인, 그들은 항상 님과 친구와 고향과 <더불어 하나>되어 함께 있고 싶지 외로이 혼자 있고 싶지는 않은 것이다.

한시에는 적막함과 처량함과 마음아픔을 나타내는 시어가 역시 많이 등장한다. 적寂 소簫 소소蕭蕭 무인無人 처연凄然 망연茫然 적막寂寞 적료寂廖 상심傷心 창연愴然 등의 시어가 그것인데, 이들 시어 역시 시인 자신의 현실을 chaos 상태로 여기면서 읊은 규원시 행역시 사우시 변새시 유자시 객수시 별리시 송별시 탄로시 사향시 등등에 많이 보인다. 초당사람 노선盧僎의 사향시 <남루망南樓望>을 읽어보자.

> 나라 떠나 삼파三巴까지 멀리 왔는데
> 누대에 올라보니 사방이 봄이로다.
> '마음 아픈' 강가의 나그네
> 고향사람이 아니기 때문이라.
> 去國三巴[134]遠　　거국삼파원
> 登樓萬里春　　등루만리춘
> '傷心'江上客　　'상심'강상객
> 不是故鄕人　　불시고향인

망향(歸)의 노래이다. 봄이 와도 타향에서의 나그네는 항상 마음 아파할 따름이다. 두보의 <여야서회旅夜[135]書懷[136]>를 읽어보자

---

134) 지금의 사천성 保寧府 巴江 근처에 있음.

135) 나그네의 밤, 여기서는 배 안에서 새우는 밤을 말함.

136) 회포를 씀.

미풍에 파릇한 풀 돋은 강기슭
돛을 매어놓고 홀로 배에서 밤을 새우네.
별은 평평하고 넓은 들에 드리워지고
달은 흐르는 큰 강에서 솟구쳐 올라오네.
이름을 어찌 문장으로 나타내려고 했던가?
벼슬도 늙어 병들어 그만 두었네.
표표히 떠도는 것이 무엇과 같으리?
천지간에 나는 한 마리 갈매기 같구나.

細草微風岸　　세초미풍안
危檣[137]獨夜舟　　위장독야주
星垂平野闊　　성수평야활
月湧大江流　　월용대강류
名豈文章著　　명기문장저
官[138]因老病休　　관인노병휴
飄飄何所似　　표표하소사
天地一沙鷗　　천지일사구

〈오진吳鎭(1,280–1,354)의 〈동정오은도洞庭傲隱圖〉. 이 산수화에 두보의 〈여야서회〉의 시를 쓰여 있다. 시 작품 속에서 홀로 있는 외로움과 적막 처량함이 깊게 느껴진다.〉

이 작품은 두보가 늙어 벼슬도 그만 두고 천하를 혼자 떠돌아다니다가 어느 이른 봄 낯선 객선客船에서 잠을 청하며 지은 시이다. 결구에서 "표표히 떠도는 것이 무엇과 같으리? 천지간에 나는 한 마리 갈매기 같구나."라고 하여 자신의 신세가 외롭고 적막 처량한 것을 한 마리 갈매기에 비유하여 읊고 있다. 진자앙의 <등유주대가登幽州[139]臺歌>는 유주의 높은 누대에 올라 이 우주 자연 속에 자신만 홀로 있는 듯한 고절감孤絶感을 읊조린 작품이다.

앞에는 옛사람 보이지 않고
뒤에는 올 사람 볼 수가 없네.

137) 돛을 매어 놓음.

138) 이때 두보가 嚴武의 막하에서 參謀工員部外郞이란 벼슬을 하고 있었던 것을 말함.

139) 幽州臺는 지금의 북경 근처 하북성 大興縣에 있다.

하늘과 땅의 아득함을 생각하니
홀로 슬퍼 눈물 흘린다.

前不見古人	전부견고인
後不見來者	후불견래자
念天地之悠悠	념천지지유유
獨愴然而涕下	독창연이체하

이 작품처럼 높은 누대 혹은 높은 산에 올라 먼 곳을 바라보며 자신의 고절감과 적막함을 읊조린 작품은 한시에 적지 않다. 높은 누대에 홀로 오르니 전인도 후인도 보이지 않고 오직 이 적막한 천지간에 자기 혼자뿐이라는 외로움에 휩싸여 있다. 그는 이 우주 자연 속에 혼자가 되기 싫고, 항상 누군가와 혹은 자연과 어울려 <더불어 하나>되고 싶은 것이다. 혼자인 것을 chaos상태(불완전 상태)라고 여기고 있는 것이다. 처연한 정서를 드러낸 또 다른 작품으로 고적高適(700? 706? - 765)의 <제야작除夜作>을 읽어보자.

여관의 차가운 등불 아래 홀로 잠 못 이루고
나그네 마음 무슨 일로 갈수록 쓸쓸해질까.
고향에서도 오늘 밤 천리 타향의 나를 생각하겠지.
허연 귀밑머리 내일 아침이면 또 신년이라네.

旅館寒燈獨不眠	여관한등복불민
客心何事轉[140]凄然	객심하사전처연
故鄉今夜思千里	고향금야사천리
霜鬢明朝又一年	상빈명조우일년

고적은 제야 날 타향에서 고향을 그리고(思) 있다. '한등寒燈' '객심客心' '처연凄然' '상빈霜鬢' 등이 처연한 정서를 드러내고 있다. 이런 외로움(孤, 獨, 一, 空, 無)과 적막 처량함(寂, 蕭)의 정서는 한시 중에서도 규방시 규원시

140) 갈수록

와 행역시 변새시 그리고 유자시 객수시와 탄로시 인생무상시 그리고 기녀시 궁원시 부류에 많이 나타난다.

5) <더불어 하나>(主客一體)

인류학적인 측면에서 보면 여성의 중요한 특징 중의 하나에 <동일감同一感>이란 것이 있다. 인류학자들은 남성의 긍정적 구조로 과학적 명증성과 정의감 등을 들고, 퇴행적 구조로는 폭력성(원시성 야만성)을 들고 있다. 또한 여성의 긍정적 구조로는 사랑과 동일감을 들고 있고, 퇴행적 구조로는 Egoism(利己主義)을 들고 있다. 원시 모계사회에서는 여성의 긍정적 구조와 남성의 퇴행적 구조가 함께 강력하게 나타나며, 부권사회화하면 할수록 남성의 긍정적 구조와 여성의 퇴행적 구조가 강력하게 나타난다. 여성의 긍정적 구조와 남성의 퇴행적 구조가 강력하게 표출되어진 원시시대에는, 남성의 퇴행적 구조인 폭력성(원시성 야만성)으로 말미암아 그 사회는 폭력에 의해 지배되었다. 폭력의 명수(위대한 전사, 영웅, 장수 등)들이 그 사회의 우두머리가 되었을 뿐만 아니라 그 사회는 폭력성에 의존하는 수렵생활을 주생활로 영위했다. 또한 그 당시에는 여성의 긍정적 구조인 사랑과 동일감으로 말미암아 모두가 <더불어 하나>되는 원시 집단사회이고 개인의 존재와 소유가 분화되지 못한 사유재산 미분화의 사회인 원시 공산사회였으며 개개인의 인격보다는 전체 집단으로 자리매김 되는 사회였다.

그러나 부계사회인 현대에 와서는 남성의 긍정적 구조인 과학적 명증성으로 말미암아 과학문명이 최고로 발달하였고, 또한 남성의 긍정적 구조인 정의감으로 말미암아 부정부패 독재 등이 소멸되어지는 민주사회가 되었다. 또한 여성의 퇴행적 구조인 Egoism으로 말미암아 개인주의의 득세로 인간이 극도로 소외되어진 사회가 되기도 했다. 여성은 본질적으로 남성보다 이기주의적인 성향이 강해 나의 것이라고 여겨지는 자기 아이, 자기 남편, 자기 식구 등에 대한 집착과 애정이 강하다. 그리고 자기적이지 않다고 생각되는 것에 대해서는 무관심한 경향이 남성보다 훨씬 강하다. 그래서 사회적 정의감 같은 것이 남성보다 부족하다고 한다.

본고에서 이야기하려는 <동일감>에 대해 더 부연하여 설명하면, 여성은 남성에 비해 타자 내지는 타물과 <더불어 하나>되려는 욕망이 훨씬 강하며, 또한 본질적으로 남성보다 쉽게 <더불어 하나>되는 능력을 가졌다. 어떤 여자가 한 남자를 사랑하게 되면, 쉽게 자기 자신을 버리고 그 남자와 <더불어 하나>되어 그 남자의 일부가 된다. 여성들이 분위기에 약하다는 것 역시 주위 분위기에 빠져들어 주위 분위기와 쉽게 <더불어 하나>되는 경향을 가졌기 때문이다. 멜로드라마를 보고 쉽게 감동하여 자신을 그 드라마의 여자주인공과 동일시하여 드라마 속의 남자주인공과 사랑에 빠지는 듯한 착각에 빠지는 것 역시 여성의 긍정적 구조인 <동일감> 때문이다.

여성적 정서가 많이 서려있는 한시 역시 시인이 읊조리는 대상물과 같은 감정을 느끼려고 하는 <동일감> 즉 <더불어 하나>되려는 욕망이 강하게 나타나 있다. 흙과 <더불어 하나>되어 수천 년을 살아온 농경민족 중국인들이 그렇게 즐기며 읊어 온 한시에는 '물아일체' '주객일체' '혼연일체' '정경융합情景融合' '천인합일天人合一' 등으로도 불리는 <더불어 하나>의 특징을 강하게 가지고 있는 것이다. 유종원의 <강설江雪>이란 시를 감상해보자.

모든 산에 새 남이 끊기고,
모든 길에 사람 종적 사라졌도다.
외로운 배 도롱이 쓴 늙은이
홀로 눈 내린 찬 강에서 낚시질하고 있다.

千山鳥飛絶　　천산조비절
萬徑人蹤滅　　만경인종멸

孤舟簑立翁[141]　　고주소립옹
獨釣[142]寒江雪　　독조한강설

〈눈 내린 찬 강에서 홀로 낚시질하며 그 자연과 〈더불어 하나〉됨을 읊은 유종원의 〈강설〉〉

이 시에서 도롱이 쓴 늙은이란 바로 시인 자신일 것이다. 시인은 모든 것이 사라져버린 고즈넉한 눈 내린 찬 강의 겨울 풍경 속에서 그 자연과 <더불어 하나>되고 있다. 눈 내린 찬 강에서 홀로 낚시질하고 있는 시인 자신은 바로 그 자연과 <더불어 하나>되어 이미 자연의 일부가 된 것이다. 만당 시인 조하趙嘏의 <강루서감江樓書感>은 벗과 <더불어 하나>되고 싶은 욕망을 그리고 있다.

홀로 강가 누대에 오르니 생각은 아득하고
달빛은 물과 같고 물은 하늘에 연이어져 있네.
지난해 같이 달을 즐기던 사람 어디에 있는가?
풍경만 여전히 지난해와 같구나.
獨上江樓思渺然[143]　　독상강루사묘연
月光如水水連天　　월광여수수연천
同來翫月人何處　　동래완월인하처
風景依稀[144]似去年　　풍경의희사거년

풍경은 여전히 지난해와 변함이 없는데 그 때 함께 달을 즐기던 사람 지금은 어디에 있느냐고 하고 있다. 시인은 지난해 함께 달을 즐기던 그 사람과 지금도 <더불어 하나>되고 싶은 것이며, 또한 지금 그와 <더불어 하나>되지

141) 도롱이 삿갓 쓴 늙은이
142) '千山'과 '萬徑' 그리고 '孤舟'와 '獨釣'가 서로 대비되고 있다.
143) 아득한 모양
144) 어렴풋한 모양

못한다는 쓸쓸함을 읊고 있다. 이백의 <우인회숙友人會宿>을 읽어보자.

천고千古의 시름 씻어버리고
머물러 연달아 100병의 술을 마신다.
좋은 밤 마땅히 또한 이야기에
밝은 달도 아직 잠들지 못했다.
취하여 돌아와 빈산에 누우니
하늘과 땅이 바로 이불이요 베개로다.
滌蕩千古愁　　척탕천고수
留連百壺飮　　유련백호음
良宵宜且談　　양소의차담
晧月未能寢　　호월미능침
醉來臥空山　　취래와공산
天地卽衾枕　　천지즉금침

이백은 천고千古의 시름을 잊어버리려고 좋은 밤에 밝은 달 아래에서 친구와 함께 망우물忘憂物인 100병의 술을 마신다. 이에 "취하여 돌아와 빈산에 누우니, 하늘과 땅이 바로 이불이요 베개로다."라고 읊어 하늘과 땅과 <더불어 하나>되고 있다고 했다. 그는 술에 취해 천지 우주와 <더불어 하나>되고 있는 것이다. 소식蘇軾의 <서새풍우西塞風雨>란 시를 읽어보자.

바람 불고 가는 비 내릴 때에
나는 본시 집에 없으니 어디로 돌아가야 하리.
올려다보면 구름 낀 하늘이 바로 삿갓이요
도리어 강과 바다가 도롱이 옷 속으로 들어와 있네.
斜風細雨到來時　　사풍세우도래시
我本無家何處歸　　아본무가하처귀
仰看雲天眞箬笠　　앙간운천진약립
旋收江海入蓑衣　　선수강해입사의

바람 불고 비 내리는 날, 삿갓 쓰고 도롱이 입고 정처 없이 떠돌아다니는 소식蘇軾은 하늘이 바로 삿갓이고 또한 강과 바다가 자신의 도롱이 옷 속으로 들어와 있다고 표현하고 있다. 하늘과 강과 바다 그리고 그 모든 것과 <더불어 하나>되고 있다. 이백의 그 유명한 <월야독작月夜獨酌>을 읽어보아 한시에 얼마나 <더불어 하나>되려는 특징을 가지고 있는가를 살펴보자.

꽃 사이에 한 동이 술을 두고
홀로 잔 드니 서로 친한 이 없네.
잔 들어 밝은 달을 맞이하고
그림자를 대하니 세 사람이 되었네.
달은 이미 술을 마시지 못하고
그림자는 헛되이 내 몸을 따르네.
잠시 달과 그림자를 동반하니
행락은 모름지기 봄에 미쳐야 하는 것을.
내가 노래하면 달은 배회하고
내가 춤추면 그림자 흩어지네.
술을 깨서는 함께 즐거움을 나누다가
취한 후에는 각기 흩어지네.
영원히 무정한 노님을 맺고 싶어
먼 은하수에 기약하네.

花間一壺酒　　화간일호주
獨酌無相親　　독작무상친
擧杯邀明月　　거배요명월
對影成三人　　대영성삼인
月旣不解飮　　월기불해음
影徒隨我身　　영도수아신
暫伴月將影　　잠반월장영
行樂須及春　　행락수급춘
我歌月徘徊　　아가월배회
我舞影零亂　　아무영영란
醒時同交歡　　성시동교환

醉後各分散　　취후각분산
永結無情游　　영결무정유
相期邈雲漢　　상기요운한

시인은 달밤에 혼자 술을 마시고 자연 속에서 시인 자신과 자신의 그림자 그리고 달이 모두 <더불어 하나>되고 있다. 이 셋이 함께 <더불어 하나>되어 노래하고 춤추며 봄밤을 즐기고 있는 것이다. 소식의 <화자유민지회구和子由澠池懷舊>를 읽어보면, 시인은 삶을 초탈해 멀리서 인생을 관조할 수 있는 경지에 까지 이른다. 그는 도道와 <더불어 하나>되고 있는 것이다. 그 시를 읽고 있노라면 모호하게 우리가 우주의 일부분이 된 느낌이 들고, 또한 광대무변한 우주와 <더불어 하나>되는 느낌마저 든다. 우주가 필자의 몸속에 들어와 <더불어 하나>되고 있다. 물아일체지감物我一體之感인 것이다.

규방시 행역시와 님 그리는 시는 헤어진 님(아내나 남편)과 <더불어 하나>되려는 욕망을 그리고 있고, 사우시는 친구와 <더불어 하나>되려는 욕망을 그리고 있으며, 별리시 송별시 증별시 등은 님이나 친구와 <더불어 하나>되지 못하는 비애감을 읊조린 시이다. 또한 유자시 객수시 사향시 변새시 부류는 고향으로 돌아가(歸) 그 고향(원형)과 <더불어 하나>되려는 욕망과 또한 그렇게 고향과 <더불어 하나>되지 못하는 비애감을 읊조린 시이다. 영사시 영회시 영고시 회고시 등의 부류는 과거의 사건과 역사를 회상하며 그 과거로 돌아가(歸) <더불어 하나>되고자 하는 정서가 짙게 깔려있는 시들이다. 탄로시 인생무상시 등의 부류는 젊은 시절로 돌아갈(歸) 수 없다는 데서 느끼는 비애감을 읊조린 시로, 그 속에는 젊은 시절 즉 원형과 <더불어 하나>되고 싶다는 욕망이 짙게 깔려있다. 자연시 전원시 산수시 한적시 산중우거시 사경시 경물시 등의 부류는 속된 현실을 벗어나 자연 전원 산수와 <더불어 하나>되어 그것을 즐기려는 욕망을 그리고 있는 시들이다.

탈속시 현실에 초연한 시 등의 부류는 속된 현실을 초연히 벗어나 도道의 상태로 돌아와(歸) 그 도와 <더불어 하나>되어 그 도를 즐기는 삶을 그리고 있다. 염정시 기녀시 궁원시 등의 부류는 기녀나 궁녀의 품에 안기어 그들과 함께 즐기며 그들과 <더불어 하나>되어 속된 현실 삶을 잊어버리려는 목적에서 지어진 것이라 할 수 있다.

필자가 본고에서 순환 회귀성(歸) - 여女 - <더불어 하나>라는 어려운 도식을 사용하면서 까지 한시의 가장 기본적인 특성이 <더불어 하나>에 있다고 했지만, 그러나 이렇게 어려운 도식을 사용하지 않더라도 한시를 조금이라도 읊조리거나 감상해본 사람이라면 누구든지 그 시에서 읊은 대상과 <더불어 하나>된다는 느낌을 받을 것이며, 또한 그 시에서 읊은 대상이 자신의 온 몸을 감싼 듯 그는 그것들의 일부가 되어버렸다는 느낌을 받을 것이다. 한시를 읽어보면 그것이 서구시와는 달리 분명 물아일체지감을 느낄 것이요, 주객이 일체가 되는 느낌을 가질 것이다. 한시가 즐길 수 있는 시, 생활화할 수 있는 시가 되어 중국인들로부터 근 2,000여 년 동안 끊임없이 애호를 받아왔던 것은, 본질적으로 한시에는 서구시나 현대시와는 달리 <더불어 하나>되는 특성을 가지고 있기 때문인 듯하다.

현대인들은 그 누구나 소외당한 자들이다. 과학 문명에게 그 스스로의 주인된 자리를 물려주고 인간은 스스로 객체가 되어 과학 문명에게 소외되었다. 소외된 현대인들에게 도대체 <더불어 하나>될 수 있는 것이란 없다. 모두가 이방인이고, 우주에 홀로 버려진 미아일 뿐이다. 바닷가의 모래알처럼 각각 흩어져 모두가 <더불어 하나>되지 못하고 소외되어 있는 것이다. 이와 같은 현대인들이 인간성 상실감, 즉 소외 현상은 본질적으로 서구의 진

〈흙과 〈더불어 하나〉되어 수천 년을 살아온 정통 농경민족 중국인들이 그렇게 즐기며 생활하여온 한시에는 〈더불어 하나〉(주객일체)의 특징을 가지고 있다.〉

보주의 문화(去文化)에 그 원인이 있다고 한다. 서구인 그들은 본향本鄕을 떠나 앞으로 나아가기만(去) 하면 Utopia에 도달할 것이라고 믿었다. 뒤를 되돌아본다(歸)는 것은 퇴보의 징조라고 믿어왔던 서구의 관념이, 현대인들로 하여금 고향(원형)을 떠나게(去) 만들었었고 또한 마음의 고향인 그 고향을 잃어버리게 만들어 우주의 미아로 만들었다고 Humanist들은 말한다. 현대인들은 그 누구와도 가까이 지내면서도 또한 그 누구와도 <더불어 하나>되지 못하는 '대중 속의 소외'를 느끼고 있다.

필자가 순환 회귀성(歸) - 여女 - <더불어 하나>라는 어려운 도식을 사용하면서 까지 한시의 가장 본질적인 특성이 <더불어 하나>(물아일체 주객일체 혼연일체 정경융합情景融合 천인합일)에 있다는 것을 밝히려는 이유가 바로 여기에 있는 것이다. 한시 그것이 다른 어느 나라 문학 장르보다 뛰어난 것은, 그 한시를 지음으로 혹은 읊음으로 우리는 소외되지 않고 원형과 <더불어 하나>될 수 있다. 현대와 같이 과학문명의 영향으로 대중 속의 인간소외(<더불어 하나>되지 못한 상태)가 극에 달했을 때, 한시는 정신적 빈곤에 허덕이는 현대인들에게 새로운 출로를 열어줄 수 있는 방법론을 제시해줄지도 모른다. 수천 년을 흙과 <더불어 하나>되어 살아온 정통 농경민족인 중국인, 그들이 그렇게 즐기며 생활하여 온 이 한시에는 세계 어느 문학도 해결하지 못했던 인간 소외를 해결할 방법론을 제시해줄 수 있을 것이다.

6) 술(忘憂物)

한시에는 술이 문학적 소재로 많이 등장하고 있다. 달밤에 술을 마시면서 친구를 그리워(思) 하고, 님을 그리워(思) 하며, 고향을 그리워(思) 한다. 또한 술을 마시면서 님과 혹은 친구와 혹은 자연과 <더불어 하나>되는 작품도 적지 않다. 술을 마심으로 현실의 속됨을 잊어버리고 원형과 하나 되어 즐기고자 하는 것이다. 한시에서처럼 이렇게 술이 문학적 소재로 많이 등장하는 문학작품도 전 세계 문학사에서 별로 없는데, 이는 술이 현실의 근심으로 잊어버리게 하는 '망우물忘憂物'의 특징을 가지고 있어, 술을 마심으로 현실의 속됨을 잊어버리거나 도피하여 님과 친구와 고향과 자연과 <더불어 하나>되어 즐기고자 하는 한시의 특징 때문이라 할 수 있다. 이백의 <장진주將進酒> 마지막 구절에 술을 마시고 "그대와 더불어 함께 인생의 영원한 시름 없애리라!"(與爾同銷萬古愁)라고 한 것처럼 술은 시름을 없애는 망우물로 그것을 마심으로 현실의 근심을 잊고 원형으로 회귀하여(歸) <더불어 하나>되어 즐기고자 함에 그 원인이 있다 할 것이다. 술이 소재가 된 시로 백거이의 <문유십구問劉十九>를 읽어보자.

> 부글부글 새 술이 이제 막 익었고,
> 화로에 숯불도 피워 놓았다네.
> 저녁인데 눈이 내리려나보네.
> 여보게 한 잔 어떠신가?
> 綠蟻新醅酒　　녹의신배주
> 紅泥小火爐　　홍니소화로
> 晩來天欲雪　　만래천욕설
> 能飮一杯無　　능음일배무

이 시는 백거이가 강주사마江州司馬로 좌천되었을 때 지은 시이다. 해 저물녘 잔뜩 찌푸린 하늘에서 금새 눈이라도 내릴 것 같은 날씨, 이런 날씨엔 세상사 잊고 친구와 술이나 나누는 것이 어떠한가? 라고 읊고 있다. 술 그것은 이렇게 온갖 속세의 근심을 잊게 하고(忘憂物) 친구와 자연과 <더불어 하나>되게 해 수는 매개불인 섯이다.

술을 마심으로 허무한 인생을 잊어버리고 그냥 즐기자는 시나, 술을 마심으로 속세를 벗어나 자연으로 돌아가(歸) 자연을 즐기며 읊은 자연시 부류나, 술을 마심으로 현실을 도피해 기녀의 품에 안겨 인생을 즐기자는 염정시 기녀시 부류나, 술을 마심으로 과거로 돌아가(歸) 그 과거를 회상하는 회고시 부류나 모두 술을 매개로 삼아 늘 chaos 상태로 인식되어온 현실을 벗어나고 있다. 한시에서 이렇게 술이 시의 소재로 많이 등장하는 가장 본질적인 이유는, 술이 늘 chaos 상태로 모호하게 인식되어온 현실(속세)을 잊게 해 주는(忘憂物) 매개물이라는데 있다. 전원시인 도연명은 아예 <음주飮酒>란 제목의 시 20수를 짓기도 했다. 그 중 한 수를 읽어보자.

옛 친구들이 나를 반기어
술병 들고 함께 왔다네.
소나무 밑에 허술한 자리 깔고
몇 잔 술에 이미 다시 취하네.
어르신네들은 두서없이 떠들고
술잔도 순서 없이 돌아가네.
내가 있는 것조차도 깨닫지 못하니
어찌 물건이 귀한 줄 알겠는가?
아득히 혼미함 속에 머무르니
술 속에 깊은 맛이 있네.

故人賞我趣[145]	고인상아취
挈壺相與至	설호상여지
班荊坐松下	반형좌송하
數斟已復醉	수짐이부취
父老雜亂言	부노잡난언
觴酌失行次[146]	상작실항차
不覺知有我	불각지유아
安知物爲貴[147]	안지물위귀
悠悠迷所留	유유미소류
酒中有深味	주중유심미

145) 은퇴한 생활태도와 高雅한 취향을 즐김.

146) 순서

147) 외적인 모든 사물을 귀하게 여김.

도연명은 "아득히 혼미함 속에 머무르니, 술 속에 깊은 맛이 있네."라고 했다. 친구와 함께 술을 마셔 속세의 티끌을 잊어버리고 마냥 전원생활을 즐기고 있는 것이다. 이처럼 한시에서는 서구시와는 달리 술이 시의 소재로 많이 등장하는데, 농경민족 중국인 그들은 망우물인 술을 마심으로 속세의 온갖 시름 근심을 잊어버리고 자연과 님과 그리고 고향과 <더불어 하나>되어 즐기고자 했던 것이다. 술을 소재로 한 이백의 <객중작客中[148]作>을 한 수 읽어보자.

난릉의 좋은 술 울금향 풍기고,
옥잔에 채우면 호박빛 나네.
단지 주인이 객을 능히 취하게 해 준다면,
어느 곳이 타향인지 알지 못하리로다.

蘭陵[149]美酒鬱金香[150]　난릉미주울금향
玉椀盛來琥珀[151]光　옥완성래호박광
但使[152]主人能醉客　단사주인능취객
不知何處是他鄉　부지하처시타향

타향에서 술을 마심으로써 고향으로 돌아가지(歸) 못한 슬픔을 잊고자 하고 있다. 타향에서 떠돌아다니는(去) 자신의 처지를 불운한 상태로 여기고 그 현실을 잊게 해 주는 매개물로 망우물인 술이 등장하고 있는 것이다. 술을 마시면 "어느 곳이 타향인지 알지 못하리로다."라고 하고 있다. 이백의 <산중여유인대작山中與幽人[153]對酌>이란 시를 읽어보자.

---

148) 여행 도중

149) 술의 산지로 알려진 산동성의 지명

150) 향료가 되는 풀 이름. 여기서는 향기로운 술을 뜻함.

151) 송진이 화석화한 황색 광물

152) 단지 … 하기만 한다면

153) 속세를 떠나 숨어사는 사람

두 사람이 마주하고 술을 마시니 산꽃이 피었고
한 잔 한 잔 또 한 잔
나는 취해서 잠이 오니 그대 먼저 돌아가게나.
내일 아침 생각 있거든 거문고 안고 오게나.
兩人對酌山花開　　양인대작산화개
一杯一杯復一杯　　일배일배복일배
我醉欲眠卿[154]且去[155]　　아취욕면경차거
明朝有意抱琴來　　명조유의포금래

친구와 더불어 망우물인 술을 마셔 현실의 근심에서 벗어나 자연과 <더불어 하나>되어 즐기고 있다. 현실에 집착하지 않고 자연 속에서 술을 마시며 유유자적하게 살고 싶어 한다. 이백의 그 유명한 <장진주將進酒>란 시에서도 이백은 술을 마셔 함께 취해 모든 걱정 근심 잊어버리고(忘憂物) 즐기자고 노래하고 있다. 또 다른 이백의 시 <독작獨酌>을 읽어보면 한시에서 술의 의미가 무엇인지를 알 수 있다.

하늘이 만약 술을 좋아하지 않는다면,
술별이 하늘에 있지 않을 테고,
땅이 만약 술을 좋아하지 않는다면,
술 샘이 땅에 없어야만 하리라.
하늘과 땅도 술을 좋아하니,
술 좋아하는 것은 하늘에 부끄러울 것 없네.
예로부터 맑은 술은 성인에 비겼고,
또 탁주는 어진 사람 같다고 일러왔네.
어진 사람과 성인 같은 것을 이미 마셔왔으니,
꼭 신선되기 바랄게 무엇 있으랴?
석 잔을 마시면 위대한 도에 통하고,
한 말을 마시면 자연과 합치되네.
다만 취중의 취향을 얻은 것이니,

---

154) 성인 남자 사이에서 상대방을 높여 부르는 말

155) 다른 일을 미루어 두고 우선 가다.

술 안 먹는 자에겐 전할 것도 없는 거네.

天若不愛酒　　천약불애주
酒星[156]不在天　　주성부재천
地若不愛酒　　지약불애주
地應無酒泉　　지응무주천
天地旣愛酒　　천지기애주
愛酒不愧天　　애주불괴천
已聞淸比聖[157]　　이문청비성
復道濁如賢　　부도탁여현
賢聖[158]旣已飮　　현성기이음
何必求神仙　　하필구신선
三盃通大道[159]　　삼배통대도
一斗合自然[160]　　일두합자연
但得醉中趣[161]　　단득취중취
勿爲醒者[162]傳　　물위성자전

이백은 "석 잔을 마시면 위대한 도에 통하고, 한 말을 마시면 자연과 합치되네."라고 하고 있다. 술을 마심으로 속세의 근심을 모두 잊어버리고(忘憂物) 우주 자연의 위대한 도와 통할 수 있고, 술을 마심으로 인간 본연의 아무런 욕망도 없는 순박한 상태 즉 자연 상태로 되돌아갈(歸) 수 있다는 것이다. 애써 수도하여 속된 세상을 초월하여 신선이 되려고 애쓸 필요가 없고, 간단히 술 속에서 신선의 경지를 얻을 수 있다고 이백은 노래하고 있다.

156) 《晉書 天文志》에 "軒轅(별 이름) 오른쪽 모퉁이 남쪽의 세 별을 酒旗라 한다. 酒官의 旗로써 잔치할 적의 음식을 주관한다. 五星酒旗를 지키면 온 천하가 술을 마시게 된다."라고 하였다.

157) 맑은 술을 聖人에 비겼다.

158) 탁주와 청주

159) 도가에서 말하는 우주의 본체가 되는 위대한 도

160) 인간의 모든 욕망이나 감정을 잊고 사람 본연의 순박한 상태로 되돌아가는 것.

161) 취중의 취향

162) 술에 취하여 있지 않은 사람. 즉 술을 마실 줄 모르는 사람.

〈술잔 들어 달을 노래한 이백의 모습. 한시에는 이처럼 술이 시의 소재로 많이 등장한다. 술로 속세의 근심을 잊고자한 것이다.〉

서구시에는 이와 반대로 술이 소재로 등장하는 작품은 거의 없다. 괴테, 세익스피어, 마리아나 릴케 등 그 어느 서구 시인의 작품에도 술이 소재로 등장하는 경우는 별로 없다. 아마 전 세계에서 한시에서처럼 이렇게 많이 술이 시의 소재로 등장한 예는 그 유래를 찾아보기 힘들 것이다. 이는 모호하게 속세 혹은 chaos 상태로 인식된 시인 자신의 현실을 술을 매개로 하여 그것을 잊어버리고 다시 원형으로 회귀하여(歸) 그것을 즐기고자하는 농경민족 중국인들의 기본적인 심성 때문이라고 할 수 있다.

또한 한시에는 속된 현실 혹은 님과 떨어져 있는 현실을 벗어나고자 꿈이 그 매개물로 등장하는 경우가 많다. 꿈에 님을 만나고, 꿈에 타향을 떠나 고향에 돌아가는 것을 읊은 시가 적지 않다. 잠참岑參(715 - 770)의 <춘몽春夢>도 봄꿈에 님을 만나는 것을 그리고 있다.

그윽한 새색시 방에 지난 밤 봄바람이니,
님 생각은 멀리 상강 가로 달린다.
베갯머리에 잠시 봄꿈을 꾸노라면,
강남 수천 리를 두루 돌아다닌다.

洞房[163]昨夜春風起　　동방작야춘풍기
遙憶美人湘江水[164]　　요억미인상강수
枕上片時春夢中　　침상편시춘몽중
行盡江南[165]數千里　　행진강남수천리

님과 만나기 위해 꿈속에서 님이 가있는 강남땅을 두루 돌아다니고 있다. 현실에서 만날 수 없는 님을 꿈속에서 만나고 싶은 것이다. 꿈속에서 님을 만나고 친구 만나고 고향으로 돌아가는 것을 읊은 시는 적지 않다. 그러나 이와 반대로 서구시에서 읊은 꿈은 대체로 희망(dream)을 의미하는 경우가 많다. 고래 잡는 꿈을 꾸고, 님과 청순한 사랑을 이루는 꿈을 꾸는 것이다.

7) 기타

(1) 이동, 머묾, 전송 그리고 만남의 소재

한시에는 이동과 머묾, 전송 그리고 만남을 나타내는 동사가 서구시의 그것보다 훨씬 많이 쓰인다. 오다(來), 가다(去, 跡, 行, 之, 征), 돌아오다 돌아가다(還, 返, 回, 廻, 歸, 到), 만나다(逢, 合), 떨어지다(落), 오르다(登, 登高, 登樓), 떠돌아다니다 흘러가다(遊, 游, 流, 徘徊), 들어가다(入, 込), 나가다(出), 건너다(度, 渡, 渡江, 渡船), 헤어지다(離, 別, 離別, 留別), 이르다(至, 及), 거처하다 머물다(居, 泊, 宿, 宿泊, 棲), 보내다 전송하다(送), 지나가다 거쳐가다(過), 바라보다(望) 등등의 시어가 그것인데, 한시에는 이런 시어가 굉장히 많이 보인다. 이는 한시에 변방생활(변새시)과 나그네 생활(유자시 객수시)의 고독과 또한 고향으로 돌아가(歸) 님이나 친구를 만나고 싶은 심정과 그렇게 될 수

163) 그윽하고 깊은 방. 후세에는 花燭洞房이라 하여 신부의 방을 주로 가리킨다.

164) 湘水. 옛부터 瀟水와 함께 여기에 내리는 비는 쓸쓸하기로 유명하다.

165) 님이 가있는 장강 이남 지방, 그리운 님을 좇아 수천 리 강남땅을 두루 돌아다닌다는 뜻.

없는 비애감을 읊조린 시(규원시 규방시 행역시 사향시 회향시), 님 그리는 시가 많기 때문이다. 또한 한시에는 헤어짐(離, 別, 離別, 留別, 送)의 아쉬움을 읊은 시(별리시 송별시 증별시) 역시 적지 않으며, 자연 전원 산수로 돌아가(歸) 그것을 즐기는 시(자연시 산수시 전원시 한적시 산중우거시) 역시 굉장히 많다.

이 중 화자話者에게로 가까워지거나 만남 그리고 머묾을 나타내는 시어인 오다(來), 돌아오다 돌아가다(還, 返, 回, 廻, 歸, 到), 만나다(逢, 合), 들어가다(入, 込), 이르다(至, 及), 거처하다 머물다(居, 泊, 宿, 宿泊, 棲) 등의 의미는 대체로 시인 자신에게 긍정적인 의미로 많이 사용되어 있고, 화자에게서 멀어지거나 헤어짐 그리고 떠남을 나타내는 시어인 가다(去, 跡, 行, 之, 征), 떨어지다(落), 오르다(登, 登高, 登樓), 떠돌아다니다, 흘러가다(遊, 游, 流, 徘徊), 나가다(出), 건너다(度, 渡, 渡江, 渡船), 헤어지다(離, 別, 離別, 留別), 보내다 전송하다(送), 지나가다 거쳐가다(過) 등의 의미는 대체로 시인 자신에게 부정적인 의미로 많이 사용되어지고 있다. 중국 시인들은 오고 돌아오고 만나고 머물고 싶지, 떠나고 헤어지고 보내고 싶지는 않은 것이다. 농경민족 특유의 원형회귀적(歸)인 심성이 그대로 반영된 것이다. 우무릉于武陵(810 - ?)의 <객중客中>이란 시를 읽어보자.

초나라 사람 죽지곡竹枝曲을 노래하면
'떠돌아다니는(遊)' 나그네 눈물 옷깃을 적시네.
낯선 땅에서 오랫동안 나그네 되어
찬 밤에 자주 '돌아가는(歸)' 꿈꾸네.
한 통의 편지 '돌아오지 않고(未返)'
모든 나무에서 잎사귀 모두 떨어졌네.
남쪽으로 동정호를 '지나가면(過)'
응당 더욱 소식 드물어지리.
楚人歌竹枝[166] 초인가죽지

166) 가곡의 이름. 그 지방 풍물을 노래하여 哀調를 띄고 있음.

'遊'子淚沾[167]衣	'유'자누첨의
異國[168]久爲客	이국구위객
寒宵頻夢'歸'	한소빈몽'귀'
一封書'未返'	일봉서'미반'
千樹葉皆飛	천수엽개비
南'過'洞庭水	남'과'동정수
更應消息稀	갱응소식희

우무릉이 남방 초 지방으로 핍적逼適되어 가는 와중에 읊은 객수시이다. 위 시에서 2구의 "떠돌아다니는(遊)"과 5구의 "돌아오지 않고(未返)"와 7구의 "지나가면(過)"은 모두 시인 자신의 입장에서 부정적인 의미로 쓰이고 있으나, 4구의 "돌아가는(歸)"만 시인 자신의 입장에서 긍정적인 의미로 쓰이고 있다. 시인은 이런 나그네 생활(去)을 청산하고 고향으로 돌아가고픈(歸) 것이다. 한시에서는 대부분 이처럼 돌아오다 만나다 머물다 등등은 긍정적인 의미로 많이 쓰이고, 떠나다 헤어지다 보내다 등등은 부정적인 의미로 많이 사용되고 있다. 또 다른 시인 온정균溫庭筠의 <상산조행商山[169]早行>을 읽어보자.

새벽에 일어나 말방울 움직이며 '가려할 때(征)'
나그네는 '떠나면서(行)' 고향을 슬퍼한다.
닭소리 들리고 초가 주막에 달 걸리니
서리 내린 판자다리 위에 사람이 '지나간 자국(迹)' 나 있다.
떡갈나무 산길에 '떨어져 있고(落)'
탱자나무 꽃 주막집 담장을 밝히는구나.

---

167) 적시다.

168) 초나라를 가리킴.

169) 지금의 섬서성 商縣 동남쪽에 있는 산 이름으로 楚山이라고도 하였다. 漢 初에 東園公, 綺里季, 夏黃公, 用里先生 4인이 이곳에 은거하여 수염과 눈썹이 모두 희어졌다 하여 이들을 '商山四皓'라고 불렀다 한다.

하염없는 생각에 고향 장안 꿈을 꾸니
들오리와 기러기 굽어진 연못에 가득 차 있으리라.

晨起動'征'鐸[170]	신기동'정'탁
客'行'悲故鄕	객'행'비고향
鷄聲茅店[171]月	계성모점월
人'迹'板橋霜	인'적'판교상
槲葉[172]'落'山路	곡엽'낙'산로
枳花[173]明驛牆	지화명역장
因思杜陵[174]夢	인사두릉몽
鳧雁[175]滿回塘[176]	부안만회당

이 시는 시인이 상산商山에서 아침 일찍 다시 객지로 떠나면서 그 때 느끼는 쓸쓸한 감정과 그리고 고향을 그리는 마음을 함께 읊은 작품이다. 1구의 "가려할 때(征)"와 2구의 "떠나면서(行)" 그리고 4구의 "지나간 자국(迹)" 등은 모두 시인의 입장에서 부정적인 의미로 사용되고 있다.

한시에는 길과 관련된 시어(路, 徑, 道)나 강이나 배와 관련된 시어(船, 舟, 江, 河, 水, 柳, 泊) 그리고 객사와 관련된 시어(店, 酒店, 客店, 客舍, 驛, 宿)가 많이 등장한다. 모두 떠남(去)이나 떠돌아다님(去, 遊)에 대한 비애감과 고독을 읊조리고 있다는 공통점이 있으며, 또한 항상 타지의 객사(店, 酒店, 客店, 客舍, 驛, 宿)에서 자신의 유랑하는 처지를 슬퍼하며 고향이나 님 그리고 친구를 그리고(思) 있다는 공통점을 가지고 있다. 이런 시들은 대개 시기적으

170) 역마차나 말의 목에 다는 방울

171) 띠 지붕을 얹은 시골 객주집

172) 잎이 크고 겨울에도 나뭇가지에 그대로 매달려 있다가 이듬해 봄 새싹이 돋을 때 비로소 지기 시작하는 나무인 떡갈나무

173) 탱자나무 꽃. 봄에 흰 꽃이 핀다.

174) 長安 동남쪽에 있는 한 宣帝의 릉. 시인의 고향이 그 근처에 있다.

175) 물오리와 기러기

176) 굽어진 연못

로 가을이나 겨울을 배경으로 하여 읊은 경우가 가장 많은 듯하다. 가지賈至의 <송이시랑부상주送李侍郎赴常州>란 시를 읽어보자.

눈 개이고 구름 흩어지니 북풍이 더욱 찬데
초楚와 오吳지방의 산과 물, '길(道路)'은 더욱 험난하구나.
오늘 그대 보내나니 모름지기 마음껏 취하라.
내일 아침이면 서로 그리워해도 '길(路)'만 아득하리.

雪晴雲散北風寒	설청운산북풍한
楚水吳山'道路'難	초수오산'도로'난
今日送君須盡醉	금일송군수진취
明朝相憶'路'漫漫	명조상억'노'만만

시인이 이시랑李侍郎을 지금의 강소성인 상주常州로 전송하며 읊은 시로 보내기(去) 싫은 마음이 한껏 들어있다. 2구의 길(道路)과 4구의 길(路)은 친구가 가야할 길이며 그 길로 가면 다시 언제 돌아올(歸) 지 모르는, 혹은 영원히 돌아오지(歸) 못하는 아득한 길이다. 이런 별리시 증별시 유별시 등에도 길이나 강 혹은 떠나가는 배가 많이 등장한다. 유자시 계열로 장적張籍의 <야도어가夜到漁家>란 시를 읽어보자.

어부 집은 '강어귀(江口)'에 있고
'밀물(潮水)'은 사립문까지 들어오네.
지나가는 나그네 '들어가서 자고(投宿)' 갈까 하는데
주인은 아직 돌아오지 않았네.
대숲은 깊고 '마을 길(村路)'은 멀어
달이 떴는데 '낚싯배(釣船)' 드무네.
멀리 모래사장 언덕을 바라보니
봄바람에 도롱이가 흔들리는구나.

漁家在'江口'	'어가재'강구'
'潮水'入柴扉	'조수'입시비
行客欲'投宿'	행객욕'투숙'

主人猶未歸　　주인유미귀
竹深'村路'遠　　죽심'촌로'원
月出'釣船'稀　　월출'조선'희
遙見尋沙岸　　요견심사안
春風動草衣　　춘풍동초의

나그네가 떠돌아다니다 한 어부 집에 하루를 묵고자 하나 주인이 없어 그 주인을 기다리는 모습을 읊고 있다. 1구의 강어귀(江口), 2구의 밀물(潮水), 3구의 들어가서 자고(投宿), 6구의 낚싯배(釣船) 등은 모두 움직이고 떠나가는 것이라 시인은 이런 시어를 읊음으로 항상 떠돌아다닐(去) 수 밖에 없는 나그네의 슬픔과 비애를 느끼게 하고 있다. 맹호연의 <송두십사지강남送杜十四之江南>도 객선客船에서의 나그네의 외로움을 읊은 시이다.

형荊땅과 오吳땅은 서로 이어져 물의 마을이라 하는데
그대 가는 봄 강은 불어 바로 끝없이 넓을터
날 저물면 그대 '외로운 배' 어디에 정박할까?
하늘 끝 한번 바라보니 사람 창자 끊는구나.
荊吳[177]相接水爲鄕　　형오상접수위향
君去春江[178]正淼茫[179]　　군거춘강정묘망
日暮'孤舟'何處泊　　일모'고주'하처박
天涯一望斷人腸[180]　　천애일망단인장

두십사杜十四를 강남땅으로 송별하며(去) 지은 시로, 두십사가 강남땅으로 가면 그가 탄 '외로운 배(孤舟)'는 또 어디에 정박할까 하고 그 외로움을 슬피 노래하고 있다. 한시에는 이처럼 주舟, 선船, 객선客船, 고주孤舟

177) 楚나라. 현재 강남 지방을 이름.

178) 봄이 되어 물이 불어난 강

179) 끝없이 넓은 상태

180) 창자가 끊어질 듯한 비통한 생각

등을 타고 외롭게 떠돌아다니는 나그네의 슬픔을 읊은 시가 부지기수로 많다. 왕안석의 <박선과주泊船瓜洲[181]> 역시 배에 몸을 의탁해 강 언덕에 정박시키고 있는 나그네의 심정을 쓸쓸히 읊은 시이다.

> 경구京口에서 과주瓜洲 사이는 강물 하나 사이,
> 종산鍾山은 오직 몇 겹 산 저쪽일세.
> 봄바람은 또 강 언덕 푸르게 하는데,
> 밝은 달은 어느 때 다시 내가 돌아가는 모습 비추리.
>
> 京口[182]瓜洲一水間　　경구과주일수간
> 鍾山[183]只隔數重山　　종산지격수중산
> 春風又綠江南岸　　춘풍우록강남안
> 明月何時照我還　　명월하시조아환

다시 재상으로 발탁되어 서울 변경汴京으로 배를 타고 올라가면서 읊은 것인데, 그 내용상 재상이 된 기쁜 마음으로 읊었다기보다는 외로운 나그네 된 심정으로 끝 구에 "밝은 달은 어느 때 다시 내가 돌아가는 모습 비추리."라고 하며 읊고 있다. 이는 배를 타고 간다는 그 자체가 쓸쓸하고 외로운 나그네와 동격으로 느껴져 재상이 되었음에도 불구하고 기뻐지지 않았기 때문이라 여겨진다.

한시에는 누대를 나타내는 시어(樓, 閣, 臺, 欄, 軒)나 높은 곳을 나타내는 시어(登, 上, 高, 山, 陵)가 많이 쓰이는데, 앞의 누대는 그 곳에 올라 멀리 고향을 바라보거나 혹은 그 곳에서 님이나 친구를 그리며(思) 눈물짓는 경우를 읊은 시에 많이 등장하고, 또한 그 누대에서 잔치를 베풀어 시를 읊조리거나 혹은 권세가들이 백성들의 고난은 아랑곳없이 그 누대에서 잔치만 베

---

181) 熙寧 8년(1,075) 2월 왕안석이 2번째로 재상이 되어 汴京으로 올라가면서 지은 시. 과주는 지금의 강소성 江都縣 남쪽 장강의 북쪽 기슭.

182) 강소성 鎭江, 경구에서 장강을 건너 단숨에 과주로 간 것이다.

183) 지금의 남경 紫金山. 왕안석은 젊어서 아버지를 따라 江寧(지금의 남경)에 머물러 산 인연으로 첫 번째 재상에서 물러나 이곳 종산에 와서 살았다.

〈왕안석의 〈박선과주〉를 그린 그림. 한시에는 만남과 머묾은 긍정적 의미로 헤어짐과 떠남은 부정적 의미로 많이 사용되고 있다.〉

푼다고 읊은 시들에 많이 쓰인다. 또한 뒤의 높은 곳(登, 上, 高, 山, 陵)은 대개 그 곳에 올라 고향을 바라보거나 님이나 친구 생각을 하며 지은 시에 많이 등장한다. 두보의 유명한 <등악양루登岳陽樓[184]>를 읽어보자.

옛날에 동정호 소문을 들었는데,
오늘에야 ‘악양루에 오르는구나.(上岳陽樓)’
오吳와 초楚는 동과 남으로 터졌고,
하늘과 땅은 밤낮으로 떠 있구나.
친척과 친구에게선 한 통의 편지 없고
늙어 병들었는데 오직 외로운 배만 있다.
군마軍馬는 관산關山의 북에 있어
‘난간에 기대니(憑軒)’ 눈물과 콧물만 흐른다.

昔聞洞庭水[185]	석문동정수
今‘上岳陽樓	’금‘상악양루’
吳楚東南坼	오초동남탁
乾坤[186]日夜浮	건곤일야부
親朋無一字	친붕무일자
老病有孤舟	로병유고주
戎馬關山[187]北	융마관산북
‘憑軒’涕泗流	‘빙헌’체사류

2구의 “악양루에 오르는구나.”(上岳陽樓)와 8구의 “난간에 기대니”(憑軒)

184) 동정호 근처에 있는 누각

185) 호남성에 있는 중국 제일의 호수 동정호

186) 하늘과 땅 또는 삼라만상

187) 關所가 있는 산. 경계를 이루는 산

에서, 시인은 악양루에 올라 사방을 바라보면서 안사 전란에 고향을 떠나 유랑하며 고향 소식 하나 듣지 못하는 자신의 신세를 생각하며 난간에 기대어 눈물만 흘린다고 하고 있다. 이처럼 한시에는 누대나 높은 곳에 올라 고향이나 님 친구를 그리며 읊은 시가 적지 않다.

(2) 한시에 보이는 색깔 - 백白 청淸 소素 옥玉 청靑 창蒼 벽碧 비취翡翠 한寒 랭冷과 홍紅 녹綠 황黃

한시에는 색깔을 나타내는 시어로 백白 청淸 소素 옥玉 청靑 창蒼 벽碧 비취翡翠 한寒 랭冷 등이 많이 사용된다. 이 중 '백白'과 '청淸'이란 시어가 더욱 많이 사용되는 것으로 보이는데, 이는 극도로 <정심淨心에의 추구>를 하는 사상인 참선을 위주로 하는 선불교와 수행을 중시하는 수련도교, 도가사상, 내단內丹의 단학, 인격도야 정신수양 도덕함양 등을 중시하는 성리학 등등의 영향으로 '맑고 깨끗한 것'을 선호하는 당시 중국인들의 심성이 반영된 것으로 보인다. 또한 이들 시어가 계절적으로는 가을과 겨울에 읊은 시, 나그네의 객수나 변방에서의 생활을 읊은 시, 혹은 규원시 행역시 궁원시 사우시 등 시인 자신이 객지에 떨어져 있어 님과 친구와 함께 하지 못하는 상황을 읊은 시 속에 많이 등장한다. 시인 자신이 인정하든 하지 않든 자신의 처지가 chaos 상태에서 자신의 고독과 슬픔 비애감 등등을 읊조린 시에서 '흼(白)'과 '맑고 깨끗함(淸)'이란 시어가 많이 보이는 것이다. 이 '백白'과 '청淸'은 '고孤' '독獨' '한寒' '고적孤寂' '수愁' '애哀' '랭冷' '한閑' '한恨' 등등의 시어와 함께 어울려 사용되는 경우도 적지 않다. 또한 탄로시 계열의 시에서도 백발白髮 백두白頭 등의 용어로 '백白'자가 많이 쓰이며, 또한 선시禪詩나 한적시 산중우거시 은둔시 등등에도 '백'과 '청'이란 시어가 많이 보인다. 이 때 사용된 '백'과 '청'이란 시어에는 속세에 물들지 않은 '맑고 깨끗하며 정결하다'는 의미가 내포되어져 있는 경우가 많다. 중국인들이 극도로 중시한 <정심에의 추구> 때문에 한시에 청신淸新 고아高雅

고고孤高 청정淸淨 고결高潔 관조觀照 청음淸陰 등 맑고 깨끗하며 가볍고 청신한 정서를 드러낸 작품이 굉장히 많다. 그러나 이와 반대로 한시에는 '黑(검음)'이나 '濁(탁함)'이란 시어가 등장하는 경우는 별로 없다. 위양韋驤의 <매계梅溪>란 시를 읽어보자.

맑은 그림자 차가운 물에 드리우고
그윽한 향기 저녁 바람을 다툰다.
알아주는 사람 이미 멀어졌지만
시냇가에서 스스로 무더기로 향기롭다.
淸影寵寒水　　청영총한수
幽香逐晩風　　유향축만풍
和羹[188]人已遠　　화갱인이원
谿上自芳叢계　　상자방총

시냇가에 핀 매화를 칭송한 작품이다. 매화는 "알아주는 사람 이미 멀어졌지만, 시냇가에서 스스로 무더기로 향기롭다."라고 하고 있다. '청영淸影' '한수寒水' '유향幽香' '만풍晩風' '계상谿上'같은 시어가 대체로 맑고 서늘하며 그윽하다는 느낌을 주고 있다. 시 작품 전체가 차가운 느낌을 주는 두목의 <추석(秋夕)>을 읽어보자.

은촉의 가을 빛에 차가운 그림 병풍
경라輕羅의 작은 부채로 반딧불이를 쫓는다.
섬돌가의 밤 빛, 서늘하기가 물과 같은데
앉아서 견우성과 직녀성을 바라본다.
'銀'燭秋光冷'畵屛[189]　　'은'촉추광'랭'화병
輕羅[190]小扇撲流螢　　경라소선박유형

---

188) 殷나라 高宗 때 傅說이라는 사람을 후대인들이 '和羹鹽梅'라고 칭송하였는데, 식초를 쳐서 국 맛을 고르게 잘 맞춘다는 뜻으로 나라의 정치를 잘 보좌하는 재상을 비유한 말.

189) 그림이 그려진 병풍

190) 가벼운 비단

天階[191]夜色'凉'如水　　천계야색'량'여수
坐看牽牛織女星　　좌간견우직녀성

'은銀' '냉冷' '량凉'같은 시어가 전체적으로 차고 서늘한 느낌을 준다. 맑고 깨끗한 느낌을 주는 선시 계열로 상건常建의 <파산사후선원破山寺[192]後禪院>이란 시를 읽어보자.

맑은 새벽 옛 절로 들어가니
갓 떠오른 햇살 높이 자란 숲을 비춘다.
굽은 길은 그윽한 곳으로 통하고
선방 둘레엔 꽃과 나무 우거졌다.
산 빛은 새의 마음을 기쁘게 하고
연못그림자 사람의 마음을 비우게 한다.
온갖 소리 여기서는 다 고요한데
종소리 풍경소리만 은은히 들려온다.
淸晨入古寺　　청신입고사
初日照高林　　초일조고림
曲徑通幽處　　곡경통유처
禪房花木深　　선방화목심
山光悅鳥性　　산광열조성
潭影空人心　　담영공인심
萬籟[193]此皆寂　　만뢰차개적
惟餘鐘磬音　　유여종경음

'청신淸晨' '고림高林' '유처幽處' '심深' '산광山光' '담영潭影' '공空' '적寂' 등의 시어에서 맑고 깨끗함을 느낄 수 있다. '맑고 깨끗한' 느낌을 주는 시로 왕유王維의 <죽리관竹籬館[194]>이란 시를 읽어보자.

---

191) 皇宮이 돌계단. 입설에는 露天의 돌계단으로 풀이한다.

192) 興福寺라고도 함. 지금의 강소성 常熟縣 虞山에 있음.

193) 온갖 소리. 籟는 원래 구멍에서 나오는 소리를 뜻하나 일반적으로 그냥 소리의 의미로도 씀.

194) 대숲 속의 별채. 輞川 20景의 하나. 대나무 숲 속에 위치하고 있기 때문에 붙여진 이름이다.

홀로 그윽한 대숲 속에 앉아
거문고 퉁기다가 다시 길게 휘파람분다.
깊은 숲이라 사람들은 알지 못하는데
밝은 달이 찾아와 비추어준다.

獨坐幽篁裏	독좌유황리
彈琴復長嘯	탄금복장소
深林人不知	심림인부지
明月來相照	명월래상조

맑은 달빛 비치는 대숲 속에서의 한적한 삶을 읊고 있다. 한시에는 이처럼 '맑고 깨끗함'을 느끼게 하는 시가 적지 않다. 송나라 철학자 소옹邵雍(1,011-1,977)이 지은 <청야음淸夜吟>이란 시를 읽어보자.

달은 하늘 가운데 떠있고,
수면엔 소슬바람이 잔물결 일으킨다.
이처럼 청신한 맛,
아는 사람 적을 것이다.

月到天心[195]處	월도천심처
風來水面時	풍래수면시
一般[196]淸意味	일반청의미
料得[197]少人知	료득소인지

읊은 내용이 맑고 깨끗하며 청신하다. 한시에는 이런 정서의 시가 많다.

또한 한시에는 격정적인 표현보다는 평담한 표현이 눈에 많이 띈다. 매요신梅堯臣의 <잡시雜詩>를 읽어보자.

---

195) 하늘 한가운데

196) 이처럼의 뜻

197) 마음 속으로 헤아리는 것.

강물을 건너 나는 고추잠자리가
사람을 따라서 팔랑팔랑 날고 있네.
오직 배를 따르는 것이 가볍다는 것만 알았지
배가 멀리 간다는 것을 모르고 있네.

度水紅蜻蛇[198]	도수홍청정
傍人[199]飛款款[200]	방인비관관
但知隨船輕	단지수선경
不知船去遠	부지선거원

〈소옹의 〈청야음〉을 써넣은 접시. 정심淨心에의 추구와 탈속 은둔문화의 발달로 중국 한시에는 이처럼 맑고 깨끗한 시어가 많다.〉

고추잠자리가 배를 따라 팔랑팔랑 날고 있는 모습을 평담하게 그리고 있다. 한시에는 이처럼 관조하듯이 평담한 심정으로 그린 작품이 많다. 감정을 주체하지 못해 격정적인 표현을 일필휘지로 그려낸 천재시인 이백은 그런 면에서 본다면 한시 시인 중 아주 드물고 독특하다 하겠다.

또한 한시에는 붉은 색깔 계열의 '홍紅', '적赤'이나, 누른 색깔 계열의 '황黃'보다는 푸른 색깔 계열인 '벽碧', '비취翡翠', '청靑', '창蒼' 등이 훨씬 많이 등장한다. '홍紅'은 염정시나 기녀시 등에서 여인네의 아름다움이나 화장 등을 묘사할 때나 봄날의 아름다운 경치를 묘사할 때 주로 보이고, 또한 '황黃'은 황혼黃昏 황천黃泉이란 단어에서만 주로 보인다. 이렇게 푸른색 계통의 시어가 많이 사용되는 것은 그것 자체가 맑고 깨끗함을 나타내며, 또한 눈이 부시게 푸르거나 짙푸른 것은 그것 자체가 서글픔과 비애감을 자아내게 하는 것이니, 한시의 기본적인 정서인 비애감과 여성적 애조 등등과 잘 맞아 한시에 '벽碧', '비취翡翠', '청靑', '창蒼' 등의 시어가 많이 사용되는 것이 아닌가 한다.

198) 잠자리

199) 사람을 따라

200) 홀로 즐기는 모양, 천천히 움직이는 모양, 팔랑팔랑

참고문헌

풍우란 저, 박성규 옮김, 《중국철학사 상》, 까치글방, 1,999

풍우란 저, 박성규 옮김, 《중국철학사 하》, 까치글방, 1,999

풍우란 저, 《新原道》, 商務印書館, 1,945

풍우란 저, 《中國哲學史新篇》(전 6권), 人民出版社, 1,982-1,990

풍우란 저, 《三松堂全集》, 河南人民出版社, 1,982-1,992

풍우란 저, 류창훈 역, 《중국철학사(상)》, 서울, 1,975

풍우란 저, 정인재 역, 《(한글판)중국철학사》, 형설출판사, 1,989

풍우란 저, 곽신환 역, 《중국철학의 정신(新道篇)》, 서광사, 1,993

풍우란 저, 涂又光 역, 《中國哲學簡史》, 北京大學出版社, 1,985

鄺士元 저, 이태형 역, 《중국학술사상》, 학고방, 2,007

候外廬 외 저, 박완식 역, 《송명이학사》 1-2, 이론과 실천, 1,993, 1,995

심재룡 편저, 《중국불교철학사》, 철학과 현실사, 1,994

勞思光 저, 정인재 역, 《중국철학사》(漢唐篇), 탐구당, 1,971

북경대 철학과 연구실, 홍원식 역, 《중국철학사 3》, 자작아카데미, 1,979

송영배 편저, 《제자백가의 사상》, 현음사, 1,994

조셉 니담, 이석호 외 역, 《중국의 과학과 문명》, 을유문화사, 1,988

김용옥 역, 《노자 - 길과 얻음》, 통나무, 1,989

김종무 저, 《釋紛訂誤 - 論語新解》, 민음사, 1,989

남만성 역주, 《예기》, 평범사, 1,980

김인호 저, 《중국 한시의 이해 - <歸>의 문학 -》, 신아사, 2,016

김인호 저, 《巫와 중국문화의 경전 저서》, 민속원, 2,001

김인호 저, 《巫와 중국문학》, 민속원, 2,001

김인호

서울대 중문학과 졸업
동 대학원 중문학과 졸업(문학박사)
현 부산 동의대 중국어학과 교수

《巫와 중국문화와 경전 저서》, 《巫와 중국문학》, 《楚辭와 무속》,
《중국 漢詩의 이해 - <歸>의 문학 -》, 《현대중국의 이해》,
《중국문화의 이해》 외 다수

중국철학과 농경문화

초판 1쇄 발행 _ 2019년 12월 10일

저　　자 • 김 인 호
발 행 인 • 정 현 걸
발　　행 • 신 아 사
인　　쇄 • 대명프린팅
출판등록 • 1956년 1월 5일 (제9-52호)
주　　소 • 서울시 은평구 통일로 59길 4 (2F)
전　　화 • 02)382-6411 · 팩스 02)382-6401
홈페이지 • www.shinasa.co.kr
E – MAIL • shinasa@daum.net

ISBN 978-89-8396-366-6 (93150)

정가 20,000원